KB071492

Single Subject Research

개별 대상 연구

| 양명희 저 |

학지사

이 저서는 2011년 정부(교육부)의 재원으로
한국연구재단의 지원을 받아 수행된 연구임(NRF-2011-812-B00080).

머리말

『개별 대상 연구』는 개별 대상 연구를 체계적이고 전문적으로 실행할 수 있는 방법을 설명한 책이다. 전체 3부로 구성된 이 책의 1부에서는 연구의 기초와 측정 방법을, 2부에서는 연구 설계 방법을, 3부에서는 자료 평가와 연구 보고서 작성을 다루고 있다. 구체적으로 1부에서는 연구의 기초 지식, 개별 대상 연구의 특성, 연구 질문의 선정, 연구 대상의 기술 내용과 방법, 종속 변수의 관찰과 측정 방법을 소개하였다. 2부에서는 개별 대상 연구의 설계 방법으로 중재 제거 설계, 복수 기초선 설계, 중재 비교 설계, 기준 변경 설계, 통합 설계의 특징과 적용 방법을 제시했다. 3부에서는 그래프 그리는 방법, 자료 분석 방법, 사회적 타당도 평가, 반복 연구의 필요성을 설명하고 연구 내용을 보고서로 작성하는 방법을 소개하였다.

이 책은 개별 대상 연구를 이해하고 적용하려는 사람들을 위한 것이다. 연구란 크게 자료 수집, 연구 설계, 자료 평가 부분으로 나눌 수 있다. 그래서 이 책은 1, 2, 3부를 그러한 순서로 집필하였다. 먼저, 1부를 살펴보면 연구 방법에 대한 선수 지식이 없는 사람도 이 책을 읽고 개별 대상 연구를 실행할 수 있도록 1장에서는 연구에 관한 가장 기본적 지식을 다루고, 2장에서는 다른 연구 방법과 비교하여 개별 대상 연구만의 특징을 설명했다. 이어지는 장들에서는 연구의 첫 단계로 연구 질문을 선정하는 방법과 연구 대상의 선정과 기술 방법을 설명하고, 종속 변수의 관찰과 측정 방법을 소개했다. 다음으로 2부에서는 개별 대상 연구의 다섯 가지 설계를 소개했다. 각 장에서는 각 설계의 특징과 적용 방법을 설명하고, 기본 설계의 변형을 소개했으며, 각 설계에 해당하는 실제 연구의 예를 제시하였다. 마지막으로 3부의 평가 부분에서는 제일 먼저, 수집된 자료를 그래프에 옮기고 분석하는 방법을 제시했다. 특히, 컴퓨터로 그래프 그리는 방법을 제시하고, 자료를 시각적으로뿐 아니라 통계적으로 분석하는 방법도 제시했다. 그 외에도 중재의 실행 가능성을 평가하기 위한 사회적 타당도와 외적 타당도를 높이기 위한 반복 연구에 대해 구체적으로 설명했다. 마지막으로 연구의 내용을 체계적으로 정리하여 전문적으로 보고하는 방법을 소개하였다. 이 책에서 제시하는 내용은 독자들이 개별 대상 연구를 전체적으로 이해하고, 자신이 원하는 설계를 선택하여 단계별로 적용할 수 있도록 도와줄 것이다.

'개별 대상 연구'는 연구실의 연구자만을 위한 것이 아니라 교육과 임상 현장의 현장 전문가들을 위한 것이기도 하다. 개별적이고 객관적이며 귀납적인 접근 방법을 사용하는 개별 대상 연구는 교사나 임상가 같은 현장 전문가들이 자신의 직업을 충실히 수행하면서 동시에 자신에게 찾아오는 학생이나 환자를 대상으로 실행하기 쉬운 연구 방법이기 때문이다. 필자는 계속적으로 새로운 연구를 이해하고 적용하는 능력이 절실히 요구되는 교육과 임상 현장에서 개별 대상 연구가 활발히 적용되어 실천 현장과 연구가 더욱 긴밀한 관계를 맺어 그 간극이 줄어들고, 실천적 연구자들을 통해 연구가 더욱 발전되기를 소망하며 이 책을 집필하였다.

이 책이 나오기까지 보이지 않는 수고와 인내로 섬겨 주신 많은 분들과 사랑하는 가족 그리고 방대한 분량의 자료를 수집하는 데 많은 도움을 준 박지혜 선생님께 감사한다. 또한 이 책이 출판되도록 허락한 학지사의 관계자 여러분과 적지 않은 분량의 원고를 보기에도 좋고 읽기에도 편안한 책으로 애써 다듬고, 집어 들고 싶도록 멋지게 꾸며 준 편집부 직원들과 관계자 여러분께 감사한다.

많은 책들을 짓는 것은 끝이 없고 많이 공부하는 것은 몸을 피곤하게 하느니라.
일의 결국을 다 들었으니 하나님을 경외하고 그의 명령들을 지킬지어다.
이것이 모든 사람의 본분이니라. (전도서 12: 12-13)

2015년의 더위를 맞이하면서
양명희

차 례

제3부 자료 평가와 연구 보고

제**15**장 연구 보고서 작성 ● 487

제1부

연구의 기초와 측정

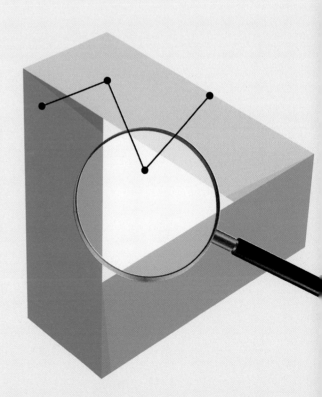

연구의 기초

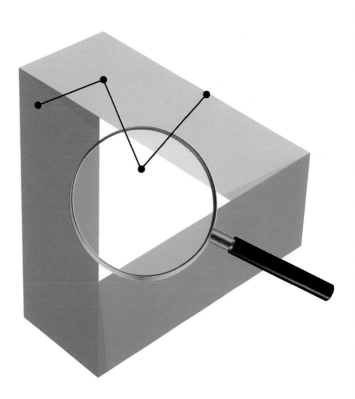

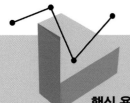

핵심 용어의 정의

연구

객관적 지식 체계를 만들기 위해 연구 질문에 대한 답을 찾는 체계적인 전체 과정이다.

변수

여러 가지 다른 값을 갖는 속성을 의미한다. 독립변수란 다른 변수에 영향을 주는 변수이고, 종속변수란 다른 변수에 의해 영향을 받는 변수이다.

외생 변수

독립 변수가 아닌데도 종속 변수에 영향을 주는 변수를 뜻한다.

기능적 관계

두 변수 간의 예측 가능한 관계를 뜻한다.

통제

독립 변수를 조절하거나 외생 변수를 규제 또는 고정시킨다는 의미다.

신뢰도

관찰자 신뢰도는 관찰자가 종속 변수를 일관성 있게 측정해 내는 정도를 뜻하고, 독립 변수 신뢰도란 연구자의 일관성 있는 중재 실행 정도를 의미한다.

타당도

외적 타당도는 연구 결과를 일반화할 수 있는 정도를 의미하고, 내적 타당도란 실험 후 나타난 변화가 실험에서 실시한 중재 때문인지 입증할 수 있는 정도를 뜻한다.

이 책은 실험 연구 방법 중의 하나인 개별 대상 연구(single subject research)의 구체적 내용과 방법을 소개하는 것이 목적이다. 그러나 곧바로 개별 대상 연구를 설명하면 전반적인 연구 방법에 대한 기본 지식이 부족한 독자는 연구와 관련한 낯선 용어 때문에 이해하기 어려울 수 있다. 따라서 이 장에서는 연구에 대한 기본적 이해를 돕고자 연구란 무엇인지, 일반적으로 연구는 어떻게 진행하는지, 연구 이해에 반드시 필요한 핵심 개념은 무엇인지, 연구에는 어떤 종류가 있으며 개별 대상 연구는 그중에 어디에 위치하는지, 실험 연구의 진행에 따른 윤리적 문제는 무엇인지 등을 설명한다. 이미 연구에 대한 이러한 기본 지식을 지니고 있는 독자는 1장을 건너뛰어도 개별 대상 연구 방법의 이해에 어려움이 없을 것이다.

1 연구의 정의

연구란 무엇인가? 간단히 정의하면, 연구란 연구 질문에 대한 답을 찾는 전 과정이다. 일반적으로 연구를 하는 목적은 관심 영역에 대한 객관적인 지식 체계를 만들고, 그 객관적 지식 체계를 이용하는 것에 있다고 할 수 있다. 그러므로 목적과 관련하여 연구를 정의하면, 연구란 객관적 지식 체계를 만들기 위해 연구 질문에 대한 답을 찾는 체계적인 전체 과정이라고 할 수 있다.

간단한 정의를 넘어서 좀 더 구체적으로 연구가 무엇인지 이해하려면 그 특성을 살펴보는 것이 도움이 될 것이다. 연구의 특성은 다섯 가지로 나누어 볼 수 있다(김석우, 2002; 김재은 1995; 성태제, 2001). 첫째, 연구는 연구 질문에 대한 답을 찾기 위한 과정이 개인적 상식이나 논리적 사고 수준에서 이루어지는 것이 아니라 분명하게 구별되며 공적으로 실행된다. 둘째, 연구는 변수들에 대해 분명한 조작적 정의를 갖고 있다. 예를 들면, '이 연구에서는 ○○을 ~이라고 정의한다.'와 같은 형식으로 표현되는 조작적 정의를 가지고 하나의 연구 안에서 일관성 있게 그 정의를 적용한다. 셋째, 질적 연구를 제외한 대부분의 연구에서는 측정을 통해 정보를 수량화한다. 이때 측정의 방법과 내용은 타당하고 신뢰할 만해야 한다. 넷째, 연구는 반복이 가능한 절차로 이루어진다. 다른 사람들도 같은 연구를 수행할 수 있도록 구체적인 절차를 갖고 있다는 뜻이다. 특히, 실험 연구는 이 부분이 더욱 강조된다. 다섯째, 연구는 수집된 정보에 대해 객관적으로 분석하여 그 결과를 발표한다. 분석을 통해 결과를 발표할 때는 반드시 절대적 진리로 선포하는 것이 아니라 자료에 근거하여 최대한 보수적인 결론으로 발표해야 한다.

2 연구의 절차

연구는 연구 방법의 종류와 상관없이 일반적으로 다섯 단계의 공통적인 절차로 이루어진다. 이러한 연구 절차를 간단히 표현하면 [그림 1-1]과 같다.

[그림 1-1] **연구의 절차**

첫 번째 단계는 연구 주제를 선정하고 연구 질문을 개발하는 것이다. 앞에서 살펴 보았듯이 질문에 대한 답을 찾는 과정이 연구라면, 어떠한 질문도 없이 연구를 시작 할 수는 없다. 연구의 첫 번째 단계에서는 연구를 통하여 답을 찾고 싶은 질문을 결 정하고, 이에 대해 찾고자 하는 답의 가설을 설정하거나, 연구를 통해 달성하고자 하 는 구체적인 연구 목표를 진술해야 한다. 그런데 실천 현장에서 해답을 찾고 싶었던 질문이 곧바로 연구 질문으로 직결될 수도 있지만, 연구 질문을 찾기 위해서 관심 분야의 선행 연구나 문헌을 고찰하는 과정이 우선되는 것이 일반적이다. 따라서 첫 번째 단계에서 연구의 주제와 방향을 결정하게 되는 문헌 검토가 이루어져야 한다. 문헌 검토의 기능은 1) 연구 주제에 대해 알려진 것과 알려지지 않은 것이 무엇인지 분명하게 알게 해 주며, 2) 연구의 이론적 근거와 기초를 제공해 주며, 3) 선행 연구 에서 성공적이었던 중재, 측정 방법, 연구 설계 등을 더욱 발전시킬 수 있는 방법을 알게 해 줄 뿐 아니라 선행 연구에서 밝혀진 문제점들을 좀 더 해결할 수 있는 길을 모색할 수 있게 해 준다는 것이다(김석우, 2002). 이 세 가지 기능 중에서 연구 주제 와 관련해서 지금까지 알려진 지식을 정리하여 제공하는 것은 연구자 외의 다른 사 람들을 위한 것이다. 반면에 연구에 대한 이론적 근거와 연구의 발전을 위한 해결책 에 대한 근거를 제공하는 것은 연구자 자신의 연구에 도움이 되는 부분이다.

연구의 두 번째 단계는 연구 질문에 알맞은 연구 종류 또는 연구 설계를 선택하여 연구를 계획하는 것이다. 연구자는 자신이 알아보고자 하는 질문의 해답을 가장 효 율적으로 제공할 수 있는 방법이 무엇인가를 생각하여 적절한 연구 종류를 선택하 는 것이 중요하다. 그리고 선택된 연구 종류에 알맞게 연구를 계획해야 한다. 즉, 연 구 대상의 선정, 재료와 도구 선정, 중재 방법 선정, 자료 수집과 분석 방법의 선정 등을 계획해야 한다. 따라서 이 단계에서 연구 계획서 작성이 요구된다. 연구 계획 서는 연구를 실행하기 전에 연구의 모든 계획을 밝히는 것으로, 자신의 연구 실행을 위한 안내자 같은 역할을 할 뿐 아니라 연구 실행 가능성을 가늠해 볼 수 있는 중요 한 판단 근거가 된다. 그렇기 때문에 학위 논문을 위한 연구 시행의 허락을 받거나 연구 지원비를 받기 위한 연구 과제를 신청하는 경우에는 연구 실행 가능성을 판단 하기 위한 자료로 연구 계획서가 요구되는 것이다.

연구의 세 번째 단계는 연구의 계획대로 연구를 진행하면서 지속적으로 정보를 수집하고 기록하는 것이다. 이 단계에서 실험 연구는 연구 대상을 선정하여 중재를 실행하면서 관찰과 측정을 하고, 조사 연구는 설문지를 제작하여 조사하면서 자료를 수집한다.

연구의 네 번째 단계는 세 번째 단계에서 수집한 자료를 분석하고 평가하고 해석해야 한다. 이 단계는 연구의 종류에 따라 통계적 분석이나 시각적 분석이 이루어지고, 선행 연구나 문헌 검토에 비추어 연구 결과를 해석하는 과정이 필요하다.

마지막으로 연구의 다섯 번째 단계에서는 연구 질문에 대한 답으로 결론을 맺고, 미래 연구의 방향을 제시하는 연구 보고서를 작성하는 것으로 마무리한다. 이러한 연구의 전체 과정에서 잊지 말아야 할 것은 연구를 윤리적으로 실행해야 한다는 것이다.

3 연구의 핵심 개념

개별 대상 연구는 실험 연구이며 양적 연구에 해당한다. 여기에서는 개별 대상 연구의 이해를 위해서 기본적으로 알아야 하는 모든 실험 연구의 공통 핵심 개념인 변수, 기능적 관계, 통제, 신뢰도, 타당도의 의미를 개별 대상 연구를 중심으로 설명한다.

1) 변수

(1) 변수의 뜻

우리나라의 연구자들이 변인(變因) 또는 변수(變數)라고 부르고 있는 variable이라는 단어의 영어 사전적 의미는 '변화하는 것, 변할 수 있는 것'이다(민중서림, 2002). 변인과 변수의 국어사전적 의미를 찾아보면, 변인은 '변화의 중요한 원인'이고 변수는 '어떤 상황의 가변적 요인 또는 수학에서 어떤 관계에 있어서 어떤 범위 안의 임의의 수 값으로 변할 수 있는 수'라고 되어 있다(민중서림, 2001). 그런데 연구에서 variable은 여러 가지 서로 다른 값이 부여되는 속성으로 연구자가 연구하는 개념을 의미한다(김석우, 2002; 이은해, 이미리, 박소연, 2006). 예를 들어, 교육 영역의 연구에서 variable은 나이, 학년, 성적 등이다. 그러므로 서로 다른 속성에는 다른 명칭을 부여할 수 있는 것이다. 그렇다면 연구에서는 변화의 원인이라는 의미를 갖는 '변인'이라는 용어보다는 가변적이라는 의미를 포함하는 '변수'라는 용어가 연구에서 사용되는 의미를 더 잘 반영해 준다고 할 수 있다. 따라서 이 책에서는 변수라는 단어를 사용하겠다.

변수는 구분하는 기준에 따라 양적 변수와 질적 변수, 연속적 변수와 비연속적 변수, 독립 변수와 종속 변수 등으로 구분할 수 있다. 변수가 지니고 있는 속성을 수량화할 수 있느냐를 중심으로 구분하면 양적 변수와 질적 변수로 구별된다. 변수의 속성을 연속적 값으로 매길 수 있느냐에 따라서는 연속적 변수와 비연속적 변수로 구분한다. 또한 변수는 인과 관계에 의해 독립 변수, 종속 변수, 외생 변수로 구분된다. 이때 변수를 구분하는 기준은 변수가 독립적인가, 아니면 종속적인가 하는 점이다. 만일 어떤 변수가 다른 변수에 영향을 미칠지도 모른다고 생각하면, 그런 영향력을 가졌는지 확인하기 위해 그 변수를 조정해 보면 된다. 이때 다른 변수에 영향을 주는 변수를 독립 변수, 다른 변수에 의해 영향을 받는 변수를 종속 변수라고 한다. 그리고 독립 변수가 아닌데도 종속 변수에 영향을 주는 변수를 외생 변수라고 한다.

(2) 독립 변수

독립 변수(independent variable)는 설명한 대로 다른 변수에 영향을 주는 변수다. 실험 연구에서 독립 변수는 연구자가 직접 중재하는 것을 뜻하기 때문에 중재 변수라고도 한다. 중재 변수는 연구 결과를 유도하기 위해 연구자가 임의로 조작할 수 있는 조건을 말한다. 실험에서 중재(intervention), 처치(treatment), 치료(therapy) 등이 독립 변수 또는 중재 변수다. 이 책에서 독립 변수라는 용어는 중재라는 용어와 동의어로 사용한다.

연구자가 독립 변수를 직접 조작(manipulation)할 수 있다는 점이 실험 연구를 다른 연구와 구별되게 하는 특성이다. 연구자가 조작할 수 있는 변수는 실험 상황에서 독립적이기 때문에 독립 변수라고 하는 것이다. 개별 대상 연구의 독립 변수는 행동의 원인, 행동에 대한 설명, 행동에 영향을 주는 자극을 뜻하는 것으로, 연구자가 행동을 변화시키기 위해 조정할 수 있는 중재나 교수 방법 등을 의미한다. 그 예로는 '문제 해결 기술의 교수' '정답에 대한 언어적 촉구' '감각 통합 치료' '과제 지향적 운동 치료' 등이 될 수 있다.

(3) 종속 변수

종속 변수(dependent variable)는 다른 변수에 의해 영향을 받는 변수다. 종속 변수는 독립 변수에 따라 종속적으로 변화하는 변수다. 즉, 연구에서 연구자가 독립 변수를 조작하면서 관심을 갖고 관찰하게 되는 것이 종속 변수다. 개별 대상 연구의 대부분의 종속 변수는 독립 변수(중재나 교수 방법)를 통해 변화되어야 할 연구 대상의 표적 행동의 측정치를 의미한다. 즉, 개별 대상 연구에서 행동 변화를 기록하기 위해 측정하는 내용이 종속 변수를 의미한다. 개별 대상 연구의 종속 변수 예로는 '분당 읽은 단어 수' '자해 행동 시간 길이' '자리 이탈 빈도' 등으로, 중재에 의해 변화된 연구 대상의 구체적 행동을 들 수 있다. 연구 질문은 변수에 의해 서술되는데, 〈표 1-1〉에 개별 대상 연구의 질문을 예로 들어 종속 변수와 독립 변수를 구분하여 보았다.

표 1-1 **종속 변수와 독립 변수의 구분**

번호	연구 질문

1	기능 분석을 이용한 행동 중재 프로그램이 주의력 결핍 과잉 행동 장애 아동의
	        독립 변수
	 자리 이탈 행동에 영향을 미치는가?
	   종속 변수

2	수중 강제 유도 운동 치료가 편마비를 가진 뇌성마비 아동의 상지 기능과 일상생활 동작에 독립 변수 종속 변수 어떤 영향을 미치는가?
3	근전도 바이오 피드백을 이용한 훈련이 안면신경마비 환자의 운동 학습에 효과가 있는가? 독립 변수 종속 변수

(4) 외생 변수

앞에서 종속 변수에 영향을 주기 위한 것이 독립 변수라고 했다. 그런데 연구자가 조작한 독립 변수가 아닌데도 종속 변수에 영향을 주는 변수들이 있다. 이를 외생 변수(extraneous variable)라고 한다. 외생 변수의 또 다른 이름으로는 오염, 혼재 또는 혼동 변수(confounding variable), 간섭 또는 매개 변수(intervening variable), 잡음 변수

(nuisance variable), 가외, 외재 또는 외생 변수(extraneous variable), 관련 변수(concomitant variable), 숨은 변수(hidden variable) 등이 있다(Best & Kahn, 2006). 각각의 영어 이름은 조금씩 그 의미가 다르지만 공통적으로는 독립 변수 외에 종속 변수에 영향을 준다는 의미를 포함하고 있다. 그러나 이 책에서는 독립 변수 밖에서 발생했다는 의미를 전달해 주는 외생 변수라는 용어를 사용하기로 한다.

실험 연구에서는 외생 변수가 발생하지 않도록 얼마나 잘 통제하느냐가 실험 연구의 성패를 좌우한다고 할 수 있다. 실험 연구에서 연구자가 고려해야 할 외생 변수로는 실험을 반복할 경우에 나타날 수 있는 독립 변수의 누적 효과, 실험 기간 중 연구 대상의 자연적 성숙, 사전 사후 검사를 할 경우에 사전 검사의 기억이나 검사에 대한 지식의 획득, 연구 대상의 나이, 성별, 사회 계층 등을 예로 들 수 있다. 예를 들어, 개별 대상 연구에서도 중재(독립 변수)와 상관없이 그 전날의 수면 부족이나 아침식사 거르기 등이 교실 문제 행동(종속 변수)의 수준 변화에 영향을 줄 수 있다. 그렇다면 수면이나 식사의 양은 외생 변수다. 이렇게 개별 대상 연구에서 외생 변수의 영향은 자료의 변화 정도에 의해 나타날 수 있다. 즉, 아주 특이한 자료는 외생 변수 영향의 가능성을 보여 주는 자료로 해석될 수 있다.

2) 기능적 관계

실험 연구를 간단히 표현하면 최대한 외생 변수를 통제하면서, 연구 대상에 대한 독립 변수와 종속 변수의 기능적 관계를 입증하는 것이라고 할 수 있다. '기능적 관계(functional relation)'란 독립 변수의 변화에 따라 종속 변수가 체계적으로 변화하는 관계, 즉 독립 변수의 변화로 종속 변수의 변화를 예측할 수 있는 관계를 뜻한다(Sugai & Tindal, 1993). 이를 개별 대상 연구의 예를 들어 설명해 보자. 예를 들어, 경수의 읽기 속도를 향상시키기 위해 직접 교수법이라는 중재를 적용했다고 하자. 여기에서 교사가 조정할 수 있는 직접 교수법이라는 중재는 독립 변수가 되고, 경수의 읽기 속도는 종속 변수가 되는 것이다. 직접 교수법을 적용하기 전에는 느린 수준의 읽기 속도를 보이던 경수가 직접 교수법을 적용하면서부터 읽기 속도가 향상되었다면, 직접 교수법과 읽기 속도는 기능적 관계일 가능성이 높다. 여기에서 기능적 관계를 갖는다는 것은 읽기 속도라는 종속 변수의 변화는 다른 어떤 것 때문이 아니라 직접 교수법이라는 독립 변수의 변화에 종속되어 있다(의존하고 있다)는 뜻이다. 그러므로 독립 변수와 종속 변수의 기능적 관계를 밝힌다는 것은 연구 대상의 행동 변화가 다른 요인 때문이 아니라 중재만의 효과임을 입증하는 것을 의미한다.

그런데 기능적 관계를 의미하는 영어 단어 사용에 주의가 필요하다(Kennedy, 2005). 독립 변수의 체계적 조작에 의해 종속 변수가 변화하는 실험 통제를 입증하는 것에 대해 functional relationship이라는 용어를 사용하는 경우가 종종 있다. 그러나 relationship이라는 단어는 인간 상호 간의 사회적 관계를 의미할 때 쓰는 단어다. 따라서 기능적 관계의 영어 표현은 두 변수 간의 추상적 관련성을 묘사할 수 있는 relation이라는 단어를 사용하여 functional relation이라고 해야 한다.

3) 통제

(1) 통제의 뜻

실험 연구에서 가장 흔히 사용되는 용어가 통제, 통제 집단, 실험 집단이라는 용어일 것이다. 연구에서 '통제(control)'란 독립 변수에 대해서는 조절한다는 의미를 갖고, 외생 변수에 대해서는 규제하거나 고정시킨다는 의미를 갖는다(성태제, 2001). 즉, 독립 변수를 통제한다는 것은 연구자가 독립 변수를 넣고, 빼고, 더하는 등, 자유자재로 조작한다는 뜻이며, 외생 변수를 통제한다는 것은 독립 변수를 제외하고 종속 변수의 변화에 영향을 줄 수 있는 모든 다른 변수의 영향을 제거한다는 뜻이다. 그런데 한 단어가 두 가지 의미를 갖기 때문에 독립 변수의 통제에 대해서는 주로 '조작(manipulation)'이라는 단어를 사용하고, 외생 변수의 통제에 대해서만 '통제(control)'라는 용어를 사용하는 경우가 흔하다.

앞에서 외생 변수를 통제하는 것은 종속 변수에 대한 외생 변수의 영향을 제거하는 것이라고 했다. 그런데, 사람을 상대로 하는 현장 연구에서는 실험실에서 하는 연구와는 달리 모든 외생 변수의 영향을 제거하는 것은 불가능하다. 따라서 집단 연구에서는 비교하는 집단 간의 외생 변수를 똑같게 만들어 주는 것을 통제라고 한다. 예를 들어, 한 집단의 연구 대상의 연령이 10대라면, 다른 집단의 연구 대상도 10대에서 선정하여 연령에 대한 변수를 같게 할 수 있다. 또 다른 예로, 한 집단의 연구 대상을 특정 중재에 대한 경험이 없는 학생들로 구성했다면, 다른 집단의 연구 대상도 마찬가지로 그 중재를 경험하지 않은 학생들로 구성하는 것이다. 이런 방법으로 외생 변수가 적절하게 통제된다면, 두 집단을 동질 집단으로 볼 수 있다. 이러한 두 동일 집단 중에서 중재를 실행하는 집단을 실험 집단이라고 하고, 중재를 실행하지 않는 비교 집단을 통제 집단이라고 한다. 이때 실험 집단의 종속 변수에 나타나는 변화는 독립 변수에 의한 것이라고 생각할 수 있다.

개별 대상 연구의 경우에는 연구 대상과 비교할 다른 대상이 없으므로, 연구 설계를 통하여 외생 변수를 통제한다. 예를 들어, 중재 실행 기간과 중재 비실행 기간을 번갈아 가면서 연구를 수행하여, 중재 기간마다 행동이 변하고 중재가 없는 기간마다 중재가 전혀 없었던 처음 상태로 행동 수준이 되돌아간다면, 행동 변화는 다른 어떤 외생 변수(예: 교사의 교체, 자연적 성숙 등)가 아니라 중재(독립 변수) 때문으로 볼 수 있을 것이다. 즉, 개별 대상 연구의 외생 변수 통제는 설계를 통한 독립 변수의 체계적 조작으로 종속 변수가 일관성 있게 변화하는 것으로 보여 줄 수 있다.

(2) 실험 집단과 통제 집단

실험 연구는 연구 대상 집단에게 연구자가 관심 있는 어떤 중재를 실시했을 때 나타나는 결과를, 중재가 없었을 때의 결과와 비교하는 것으로 이루어진다. 즉, 연구 대상 집단에게 어떤 중재를 하기 전에 사전 검사를 실시하고, 일정 기간 동안에 의도적인 중재(독립 변수)를 실행한 다음, 중재 전과 동일한 사후 검사를 실시하여 사후 검사에서 나타난 변화의 양을 통해 중재의 효과를 밝히는 것이다. 그러나 사전 검사의 경험, 즉 사전 검사에 대한 기억이나 지식이 사후 검사에 영향을 주어 종속 변수의 변화를 가져올 수 있다. 이와 같은 문제를 해결하기 위하여 집단을 두 개로 만들어 비교할 수 있다. 즉, 한 집단에는 중재를 실시하지 않고 다른 집단에는 일정 기간 동안 중재를 실시한 뒤에, 두 집단 간의 종속 변수의 차이를 비교하는 것이다. 이럴 경우 특정 중재를 실시하지 않은 집단을 통제 집단(control group)이라고 하고, 중재를 실시한 집단을 실험 집단(experimental group)이라고 한다.

그러므로 통제 집단이란 실험 집단의 외생 변수가 잘 통제되었음을 보여 주어 실험 집단의 변화가 독립 변수 때문임을 입증하기 위한 것이다. 이때 연구자는 중재, 즉 독립 변수를 제외한 다른 조건에서는 두 집단이 최대한 동일하도록 만들어 주어 외생 변수를 통제하도록 해야 한다. 그런데 두 집단을 인위적으로 동일하게 만들 수는 없다. 따라서 집단들을 최대한 동일하게 하는 주요 방법은 연구에 참가한 대상을 무작위로 실험 집단과 통제 집단에 배치하는 것이다. 각 집단에 미칠 수 있는 외생 변수의 영향을 최소화할 수 있는 가장 효과적인 방법이 연구 대상의 무선 배치다.

그런데 개별 대상 연구에서는 연구 대상과 비교하는 대상을 따로 두지 않는다. 따라서 한 연구 대상 내에서 중재를 실시하지 않은 기간이 중재를 실시한 기간에 대한 통제 집단의 역할을 하게 된다. 연구 대상은 동일한 한 사람이므로 중재 적용 때와 그렇지 않을 때의 비교를 통해 외생 변수가 통제되었음을 보여 주는 것이다.

4) 신뢰도

(1) 종속 변수 신뢰도

실험 연구에서 객관성은 대단히 중요한 요소다. 측정한 자료가 객관적이라는 것은 한 명 이상의 관찰자/검사자에 의해 동일한 결과를 얻는 것이 가능하다는 것을 의미한다(Pellegrini & Bjorklund, 1998). 측정한 자료의 객관성을 의미하는 종속 변수 신뢰도는 수집된 자료가 정확한지, 믿을 만한지를 알아보는 것이다.

종속 변수를 검사를 통해 측정했다면 검사의 신뢰도를 측정해야 하고, 관찰을 통해 측정했다면 관찰자의 연구 대상에 대한 종속 변수의 관찰과 측정이 얼마나 일관성 있게 이루어졌는지 관찰자 신뢰도를 측정해야 한다. 검사의 신뢰도는 동일한 검사를 동일한 연구 대상에게 열 번 실시하였을 경우 검사 점수들 간의 일치 정도가 높으면 그 검사의 신뢰도는 높다고 할 수 있다. 검사의 신뢰도를 알아보는 방법은 검사–재검사 신뢰도, 동형 검사 신뢰도, 반분 검사 신뢰도, 문항내적 합치도 등이 있다(김석우, 2002). 또한 검사를 여러 사람이 평가하는 경우에 객관식 검사가 아닌 투사법에 의한 검사인 경우에는 검사 결과에 대한 신뢰도를 평가해야 한다. 이러한 채점자 신뢰도는 채점자 간의 점수 차이로 확인하는데, 채점자 신뢰도를 높이기 위해서는 채점 기준을 객관화, 표준화하고 검사에 영향을 줄 수 있는 여러 사항들을 검사 요강에 구체적으로 자세히 설명할 필요가 있다.

관찰자 신뢰도는 관찰자가 종속 변수를 측정할 때 일관성 있게 같은 측정치를 산출해 내는 정도를 말한다. 이때 한 명의 관찰자가 연구 전체 기간 동안 얼마나 일관성 있게 측정했는지를 나타내는 것을 관찰자 내 신뢰도(intraobserver reliability) 또는 관찰자 내 일치도(intraobserver agreement)라고 한다. 또한 두 명 이상의 관찰자들이 관찰을 얼마나 일치되게 했는지, 즉 한 관찰자가 다른 관찰자와 얼마나 유사하게 측정했는지 나타내는 것을 관찰자 간 신뢰도(interobserver reliability) 또는 관찰자 간 일치도(interobserver agreement)라고 한다. 그런데 '관찰자 신뢰도'라는 용어는 관찰의 일관성뿐 아니라 정확성의 의미도 포함한다. 따라서 관찰의 일관성을 의미할 때는 '관찰자 일치도'라는 용어를 사용하는 것이 더 바람직하다. 관찰자 일치도와 관찰자 훈련에 대해서는 5장에서 자세히 설명한다.

(2) 독립 변수 신뢰도

실험 연구에서 실험 결과가 객관적이라는 것은 중재(독립 변수)가 본래의 목적대로 일관성 있게 적용되었는지를 측정할 수 있고, 실험이 다른 연구자에 의해서도 동일하게 반복될 수 있음을 의미한다(Pellegrini & Bjorklund, 1998). 즉, 실험 결과의 객관성은 독립 변수 신뢰도의 측정을 통해 확인할 수 있다. 독립 변수 신뢰도란 연구자가 연구에서 실행한 중재를 얼마나 일관성 있게 실시했는지를 묻는 것이다. 중재가 충실하게 적용되지 않아서 효과가 없는 것으로 결과가 나타날 수도 있으므로, 연구에서 독립 변수 신뢰도를 측정하는 것은 중요하다. 독립 변수 신뢰도는 중재 충실도(intervention fidelity), 처치 성실도(treatment integrity), 중재 수행 신뢰도(implementation reliability)라고도 한다(Gast, 2010; Kennedy, 2005; Morgan & Morgan, 2009).

독립 변수 신뢰도를 측정하기 위해서는 제일 먼저, 실시되어야 하는 모든 중재 절차를 조작적으로 정의하여, 구체적으로 표기한 목록표를 작성한다. 그다음, 중재 절차의 목록표 내용을 보고 수치로 측정할 수 있도록 평정 척도를 만든다. 만들어진 평정 척도를 가지고 제2관찰자가 실험의 각 단계마다 무작위로 선택된 1~2회기에 대해 연구자가 중재를 실행하는 적절성 정도를 평가하게 하여 독립 변수 신뢰도를 구할 수 있다. 보통 중재의 각 절차를 수행하는 정도가 적절한지, 보통인지, 적절하

지 않은지 등으로 3점 또는 5점 척도로 평가한다. 또한 실험 연구자도 주기적으로
중재 절차에 대한 목록표를 스스로 점검하며 확인하는 것이 필요하다.

독립 변수 신뢰도의 측정은 일관성 있는 중재의 실시를 위해서 그리고 신뢰할 수
있는 반복 연구를 위해서도 반드시 필요하다(Neef, 1995; Schlosser, 2002). 그럼에도
개별 대상 연구에서 독립 변수 신뢰도에 관한 주제는 연구자들의 관심을 받지 못하
고 있다고 보고되고 있다(McDougall, Skouge, Farrell, & Hoff, 2006). 그러나 독립 변수
신뢰도는 연구자에게도 임상가에게도 더 많은 주목을 받을 만한 충분한 가치가
있다.

5) 타당도

(1) 내적 타당도

실험 연구의 내적 타당도(internal validity)란 실험 후 나타난 변화가 실험에서 실
시한 중재 때문인지 아니면 다른 것 때문인지를 나타내는 것이다. 즉, 독립 변수를
적용한 후 나타난 종속 변수의 변화가 독립 변수 때문인지 아니면 다른 것 때문인지
를 나타내는 것이 내적 타당도다. 그러므로 내적 타당도가 높다는 것은 종속 변수의
변화가 실제로 독립 변수의 조작 때문임을 입증하는 것이고, 동시에 외생 변수가 잘
통제되었음을 의미하는 것이다.

내적 타당도를 Campbell과 Stanley(1963)는 '연구자에 의해 통제된 변수들의 범
위'라고 정의했으며, Cook과 Campbell(1979)은 '두 변수 간의 인과 관계를 추론할
수 있는 정도'라고 정의했다. 실험 연구에서 두 변수 간에 인과 관계가 있다고 결론짓
기 위해서는, 우선 독립 변수가 종속 변수와 관련되어 있다는 증거가 있어야 하고 시
기적으로 독립 변수는 종속 변수보다 선행되어 발생해야 한다. 그러나 이것은 인과 관
계의 추론을 위한 충분조건은 아니다. 종속 변수의 변화가 외생 변수에 의해 영향을
받지 않았음이 입증되어야만, 독립 변수에 의한 결과로 종속 변수가 변했다고 할 수 있
기 때문이다. 그러나 실험 연구에서는 실험 자체와는 상관없는 외생 변수들이 실험
결과에 영향을 주는 경우가 있기 때문에 내적 타당도를 높이기 위해서는 외생 변수
의 통제가 절실히 필요하다. 연구자는 내적 타당도를 위협하는 요인들을 최대한 통

제해야 하지만 실제로 내적 타당도를 위협하는 모든 변수를 연구자가 통제한다는 것은 불가능한 일이다. 하지만 실험의 내적 타당도를 저해할 수 있는 외생 변수의 특성을 잘 알고 연구와 관련된 변수들을 추가, 제거, 또는 변화시키지 않고 연구의 처음부터 끝까지 일관성 있게 유지한다면, 외생 변수를 최대한 통제할 수 있을 것이다.

(2) 내적 타당도를 위협하는 외생 변수

외생 변수가 종속 변수의 변화에 영향을 준다면 그것은 연구의 내적 타당도를 위협하는 것이다. 집단 연구나 개별 대상 연구 같은 실험 연구에서 내적 타당도를 위협할 수 있는 일반적인 외생 변수를 10가지로 나누어 볼 수 있다(Campbell & Stanley, 1963; Borg & Gall, 1989).

○○ 사건/역사

사건/역사(event/history)는 실험에서 계획된 것이 아니라, 중재가 시행되는 동안에 발생하여 종속 변수에 영향을 미치는 특별한 외적 사건을 뜻한다. 중재 기간에 발생하여 중재와 혼합되어 결과에 영향을 미치는 모든 사건이 여기에 해당되며, 중재 기간이 길어질수록 위협 요인이 될 가능성이 커진다. 예를 들어, 진수에게 타임아웃이라는 중재를 적용하여 공격적 행동이 감소했는데, 진수에게 타임아웃을 적용하기 시작하던 날부터 교사가 바뀌는 사건이 있었다면 진수의 공격적 행동 감소는 새로운 교사 때문인지 타임아웃 때문인지 밝히기 어려워진다. 이렇게 새로운 교사라는 변수가 연구 결과에 영향을 줄 수 있는 경우는 내적 타당도가 높다고 하기 어렵다. 개별 대상 연구에서 사건/역사에 의한 내적 타당도의 위협을 줄이기 위해서는 동일 조건의 연구 대상자를 여러 명 확보하여 한 연구 안에서 실험 결과를 반복하여 입증하거나, 체계적 반복 연구를 수행해야 한다.

○○ 성숙

성숙(maturation)은 시간이 지남에 따라 연구 대상들에게 자연스럽게 나타나는 신체적, 지적, 정서적 변화를 말한다. 이러한 생물학적이고 심리적인 변화가 연구 대상들의 수행에 영향을 미칠 수 있다. 특별히 장기간의 연구에서 훈련에 따른 학습 효과나 익숙함, 참가자들의 연령 증가에 따른 성장 등이 중요한 성숙 요인이다. 성장 속도가 빠른 아동을 대상으로 실험을 하거나 실험 기간이 길어질 때는 항상 성숙 요인의 개입을 검토해 보아야 한다.

○○ 도구 사용

내적 타당도를 위협하는 것으로 도구 사용(instrumentation)이 있는데, 이는 실험 시기에 따라 종속 변수를 측정하는 방법이 변할 수 있음을 의미한다. 즉, 연구 도중에 측정 도구가 바뀐다면 내적 타당도가 크게 위협받을 것이다. 집단 연구의 경우에 사전 검사와 사후 검사에 각각 다른 검사 도구가 사용되거나 난이도가 다른 검사가 실시된다면 내적 타당도가 저해될 가능성이 크다. 즉, 사전 검사나 사후 검사에 사용되는 측정 도구 자체의 특성이 바뀔 때 내적 타당도는 위협받는다.

개별 대상 연구와 같이 사람의 관찰을 통해 연구 자료가 수집되는 경우에는 관찰자의 태도, 육체적·심리적 조건, 관찰 기술, 관찰 과정 등 관찰자 특성이나 측정 방법상의 변화에 따라 관찰 자료의 일치도가 떨어질 수 있다. 즉, 연구가 진행되는 동안에 관찰자의 관찰 기준이 달라질 때 실험의 내적 타당도가 떨어진다고 할 수 있다. 연구에서 관찰 도구가 사람인 경우, 관찰자는 연구 대상에게 좋은 변화가 일어나기를 기대하기 때문에 중재가 계속 진행되면 점점 더 좋은 점수를 주려고 할 수 있다. 따라서 내적 타당도를 높이기 위해서는 일관성 있는 도구 사용이 필요하고, 관찰자를 사용하는 경우에는 두 명 이상의 관찰자를 두어 관찰자 간 일치도를 정기적으로 검사하면서 확인해야 한다.

○○ 탈락

탈락(mortality)이란 연구 참가자들이 연구로부터 이탈하거나 도태되는 경우를 말한다. 집단 연구의 경우에는 연구 대상의 중도 탈락으로 인해 집단의 특성이 바뀔 수도 있다. 연구에 흥미가 없어서 중도 탈락하거나, 실험 참가를 위해 많은 노력이 필요하거나 실험 기간이 길어질 경우에도 중도 탈락이 있을 수 있다. 그런 경우에는 탈락한 사람들 때문에 남아 있는 사람들의 평균적 특성이 달라질 수 있다. 실험 기간이 길고 참가자의 협조가 요구되는 실험에서 끝까지 실험에 남은 참가자들은 그렇지 않은 사람들과 처음부터 구별되는 특성을 지녔을 가능성이 높기 때문이다.

개별 대상 연구에서도 연구 기간 동안에 연구 대상자가 이동되거나 연구 참여를 중단하는 경우가 있으므로 연구 대상자를 선택할 때 연구 도중에 도태될 가능성이 있는지를 반드시 고려해야 하고, 애초에 필요한 인원보다 더 많은 연구 대상을 선정하는 것이 안전하다.

◎○ 통계적 회귀

통계적 회귀(statistical regression)는 연구 대상이 점수 분포의 양극단에서 선정되는 경우에 발생하는 하나의 통계 현상을 의미한다. 즉, 실험에서 극단의 점수를 받은 아이들의 경우에 다시 한 번 비슷한 검사를 하면 아주 잘한 아이는 조금 못한 점수를 얻게 되고 아주 못한 아이는 조금 나은 점수를 얻게 되는 경향이 있다는 것이다. 회귀는 중재와는 관계없이 언제나 평균 쪽 방향으로 일어나므로, 집단 연구에서 극단의 점수를 받은 사람을 연구 대상으로 중재 효과를 알아보는 경우에는 종속 변수의 변화가 중재에 의한 것인지 통계적 회귀에 의한 것인지 면밀히 검토할 필요가 있다.

◎○ 차별적 선택

차별적 선택(differential selection)이란 연구의 시작 단계에서부터 이미 차이가 있는 집단을 연구 대상으로 선정한 경우에 연구 결과에 영향을 미칠 수 있음을 의미한다. 즉, 연구 대상을 무선 배치하지 않은 경우에 내적 타당도가 위협받을 수 있다. 연구 초기에 실험 집단과 통제 집단의 동질성이 보장되지 않았기 때문에 실험 이전에 이미 차이가 있으므로 종속 변수의 변화가 중재에 의한 것이라고 보장할 수 없게 되는 것이다. 따라서 초기의 집단 간 동질성을 알아보기 위한 사전 검사가 시행되어야 할 것이다.

◎○ 검사 효과

검사 효과(testing effect)는 사전 검사가 사후 검사의 점수 변화에 영향을 주는 것을 뜻하며, 사전 검사 민감도(pretest sensitization)라고도 한다. 이는 사전 검사와 사후 검사가 비슷할 때 사전 검사를 받은 연구 대상은 기억이나 학습 효과로 인해 사후 검사에서 좀 더 나은 수행 결과를 나타낼 가능성이 높아짐을 의미한다. 특히, 사전 검사와 사후 검사 사이의 시간 간격이 짧거나 기억하기 쉬운 실제의 정보를 측정할 때는 더욱 사전 검사의 효과가 내적 타당도를 저해할 수 있다.

◐◑ 중재 효과의 전파

중재 효과의 전파(experimental treatment diffusion)란 중재 효과가 좋을 경우에 통제 집단의 대상이 중재에 접근하여, 중재를 받지 않고도 실험 집단을 만나는 것만으로도 영향을 받을 수 있는 경우를 의미한다. 이는 실험 집단과 통제 집단의 접근을 통제하는 것으로 예방할 수 있다. 개별 대상 연구에서 대상 간 복수 기초선 연구 설계를 적용하는 경우에 중재 효과의 전파가 있을 수 있다. 이는 중재가 실시될 때 연구 대상들을 같은 물리적 공간에 배치하지 않는 것으로 예방할 수 있다.

◐◑ 보상 경쟁

보상 경쟁(compensatory rivalry)은 통제 집단이 중재를 받지 않았는데도 실험 집단과 경쟁의식을 가져서 자기들의 평소 수준보다 더 잘하게 되는 것을 의미한다. 이를 통제 집단의 보복적 비도덕화(resentful demoralization of the control group)라고도 한다. 즉, 통제 집단이 생각하기를 실험 집단만 좋은 것을 받는다고 생각해서 중재 없이 스스로 바람직한 변화를 만들어 내게 되는 현상을 의미한다. 보상 경쟁을 John Henry 효과라고도 하는데, 이 이름은 John Henry가 사람이 철도 선로에 못을 박던 작업을 기계화하려는 것에 대항하여 기계보다 못을 더 잘 박았다는 전설 같은 얘기에서 유래한다.

◐◑ 중재의 보상적 동등화

중재의 보상적 동등화(compensatory equalization of treatments)는 실험 집단에게 시행하는 중재 자체가 바람직하고 좋은 것이라면 연구 관련자들은 자기도 모르게 통제 집단에게도 중재는 아닐지라도 그에 상응할 만한 좋은 것을 주려고 시도하게 된다는 것을 의미한다. 따라서 그런 경향 때문에 통제 집단이 실험 집단과 비슷한 효과를 가져올 수도 있다. 즉, 통제 집단이 진정한 통제 집단이 되지 못하고 또 다른 중재 집단이 되어 버린 것이다.

위에서 설명한 10가지 외생 변수들은 단독으로 나타나기도 하지만 여러 외생 변수가 상호 작용하여 문제를 일으킬 수도 있다. 연구를 시작하면서 무선 배치를 통하여 실험 집단과 통제 집단을 동질적으로 구성하였다고 해도 일반적으로 두 집단이 몇몇 가지 주요 요인 정도가 아니라 모든 점에서 동질적이기는 힘들다. 그리고 실험 연구에 있어서 내적 타당도를 보장받았다고 하여 외적 타당도가 보장되는 것은 아니며, 내적 타당도와 외적 타당도는 각기 별개의 문제다. 다음에서 외적 타당도를 살펴보자.

(3) 외적 타당도

실험 연구의 외적 타당도(external validity)는 내적 타당도가 확립되었다는 전제 아래에 연구 결과를 일반화할 수 있는 정도를 뜻하는 것이다. Campbell과 Stanely(1963)는 외적 타당도를 '실험 결과가 적용될 수 있는 상황의 범위'라고 정의했다. 즉, 실험에서 얻은 결과를 실험 장면을 넘어서 다른 상황에도 적용할 수 있다면 이는 외적 타당도가 높다고 할 수 있다. 외적 타당도는 실험 결과를 실험 대상 집단(표집단)에서 연구자가 관심을 갖고 있는 전체 대상(모집단)으로 일반화할 수 있는 정도를 말하므로, 집단 연구의 경우에 연구에 참여한 집단이 모집단을 잘 대표할 수 있어야 한다. 개별 대상 연구에서는 연구 결과의 일반화를 입증하기 위해 연구에 사용된 중재를 연구 대상 외의 다른 사람들에게 적용해 보는 반복 연구 방법을 실시한다. 일반적으로 연구자는 외적 타당도에 비해서 내적 타당도에 관심과 주의를 기울이는 경향이 많은데, 만일 연구 결과가 실험 상황 밖에서 일반화될 수 없다면 실험 연구의 적절성과 실효성은 의심받게 될 것이므로 외적 타당도도 연구자의 관심이 필요한 부분이다.

(4) 외적 타당도의 위협 요인

일반적으로 실험 연구의 외적 타당도에 영향을 주는 외생 변수로 알려진 것은

8가지가 있다(Bracht & Glass, 1968; Campbell & Stanley, 1963).

○○ 중재에 대한 명백한 설명

중재에 대한 명백한 설명은 중재가 연구자 이외의 다른 사람에 의해서도 똑같이 재생될 수 있도록 해 주기 때문에 연구 결과의 일반화에 큰 영향을 미친다. 특별히 개별 대상 연구에서 중재에 대한 명백한 설명은 외적 타당도를 높여 줄 수 있는 중요한 변수다.

○○ 복수 중재 간섭

복수 중재 간섭(multiple-treatment interference)은 동일한 연구의 대상들이 연속해서 하나 이상의 중재를 받을 때 중재끼리 서로 방해가 되거나 중재의 순서에 의해 영향을 받는 것을 뜻한다. 이전에 받은 중재가 나중에 받은 중재에 영향을 미쳐 상호 간섭을 일으킬 경우 중재 효과가 축소되거나 확대될 수 있기 때문이다. 그렇게 되면 실험 결과가 어느 중재 때문에 나타난 것인지 평가하기 어렵게 된다. 연구 결과가 중재의 어떤 요소 때문인지 밝힐 수 없다면 연구 결과를 일반화하기는 쉽지 않다.

○○ 호돈 효과/반동 효과

호돈 효과(Hawthorne effect)는 연구 대상이 실험 중재와 상관없이 연구에 참여했다는 이유만으로 변화를 나타내는 경우를 말한다. 즉, 연구 대상이 실험에 참여하는 자체로 특별한 관심을 받고 있다고 느끼거나 자신만 실험에 선택되었다는 생각이 행동을 변화시킬 수 있다는 것이다. 호돈 효과라는 용어는 미국의 Hawthorne이라는 전구 제조 공장에서 전구의 밝기와 생산량의 관계를 알아보는 실험을 한 데서 유래한다. 그 실험 연구에서 '조명이 밝을수록 생산성이 증가한다.'는 가설과는 달리, 전구 조명의 혜택을 받지 못한 나쁜 조명 아래에서 일한 집단에서 생산성이 더 증가한 결과가 나왔다. 이는 연구 대상으로 주목받고 있다는 연구 대상의 인식이 연구 결과에 영향을 미칠 수 있음을 나타내 준 것이다. 호돈 효과는 반동 효과(reactive effect)라고도 한다. 반동 효과란 연구 대상이 실험 연구에 참여한 것을 의식하여 평소와 다르게 반응할 수 있음을 의미하며, 이런 경우에는 실험 상황을 겪지 않은 사람들에게 연구 결과를 일반화하는 데 제한점을 갖게 된다.

◎● 신기성과 일탈 효과

신기성과 일탈 효과(novelty and disruption effects)란 중재의 내용 때문이 아니라 중재가 단순히 새로운 것이어서 이전과는 다르다는 이유만으로 그에 대한 관심과 동기 또는 호기심 때문에 효과를 나타내는 경우를 의미한다. 이런 경우에도 연구 결과의 일반화는 어렵다.

◎● 실험자 효과

실험자 효과(experimenter effect)는 실험 실시자에 따라 실험 효과가 달라질 수 있음을 말한다. 실험자의 능력과 태도가 실험 효과에 영향을 준다는 의미다. 실험자에 따라 연구 결과가 달라진다면 그 연구 결과를 일반화하는 데는 제한이 따른다.

◎● 사전 검사 효과

사전 검사 효과란 사전 검사를 받은 연구 대상들이 그 실험 중재에 대한 관심이 달라져서 중재에 대해 다르게 반응할 수 있음을 의미한다. 다시 말하면, 집단 연구에서 사전 검사를 받은 참가자는 그렇지 않은 참가자보다 중재에 다르게 반응할 수 있다. 예를 들어, 장애 차별에 대한 주제의 사전 검사를 받고 중재를 받은 집단은 그 주제에 대한 관심과 함께 태도의 변화가 생겨서 사전 검사 없이 중재를 바로 받은 집단과는 다른 효과를 나타낼 수 있다는 것이다. 따라서 사전 검사의 경험이 있는 참가자 집단을 대상으로 한 연구 결과를 사전 검사의 경험이 없는 일반인 집단에게 적용할 때 문제가 발생할 수 있음을 의미한다.

◎● 선택과 중재의 상호 작용

선택과 중재의 상호 작용(selection biases interacting with experimental treatment)은 내적 타당도와 관련된 '차별적 선택'과 유사하다. 이는 차별적으로 선택된 연구 대상의 특성과 중재 효과가 상호 작용하여 실험 결과가 나타났다면, 이를 폭넓은 대상에게 일반화하기 어렵다는 것을 의미한다. 예를 들어, 스스로 연구에 지원한 사람을 연구 대상으로 하였다면 연구에 스스로 지원한 사람들과 그렇지 않은 사람들은 중재에 다르게 반응할 수 있으므로, 이런 연구 대상의 실험 결과를 일반화할 경우에는 주의가 필요할 것이다.

○○ 중재 충실도

중재 충실도(treatment fidelity)란 실험 연구자가 실험 중재를 얼마나 정확하고 충실하게 따랐느냐에 따라 결과가 달라질 수 있음을 의미한다. 개별 대상 연구의 경우에 반복 연구에 의해 외적 타당도가 입증되는데, 이때 중재 충실도는 중요한 의미를 갖는다.

이상으로 외적 타당도에 영향을 주는 외생 변수 8가지를 살펴보았는데, 외적 타당도를 높이기 위해 연구자가 여러 외생 변수의 통제를 강화하면 할수록 실험 환경은 더욱 인위적이 될 것이다. 그러므로 지나치게 인위적인 환경에서의 실험 결과를 일반적이고 자연스러운 환경에 그대로 일반화하는 데는 한계가 따른다는 사실도 명심해야 할 것이다.

(5) 사회적 타당도

사회적 타당도란 사회적 중요성의 입장에서 보아도 실험 결과가 일반화할 만한 가치가 있는가를 묻는 것이다. Wolf(1978)는 사회적 타당도를 연구 목표의 중요성, 실험 절차의 적절성, 실험 효과의 실용성이라는 세 가지 수준에서 살펴보아야 한다고 했다. 첫째, 연구 목표가 연구 대상에게 정말로 유익하고 중요한 것인지 그 중요성을 물어야 하고, 둘째, 연구에서 사용된 중재가 사용하기 쉬운지, 강압적이지는 않은지, 내용이 긍정적인지 등의 적절성을 알아보아야 하고, 셋째, 연구 대상의 연구 결과 자료를 연구 대상이 아닌 또래나 동료의 수준과 객관적으로 비교하여 효과의 실용성을 평가할 수 있어야 한다.

개별 대상 연구의 경우에 가장 많이 공격받는 것이 실험 결과에 대한 수량화된 객관적 해석을 할 수 있는 표준화된 기준이 없다는 점이다. 따라서 실험 효과를 해석하는 데 있어서 객관적 자료를 더해 주려는 시도로 1) 연구 대상의 표적 행동이 사회적으로 중요한 행동임을 보증하고, 2) 실험 중재가 이끌어 낸 변화가 실질적인 가치가 있어서 치료적으로도 의미가 있다고 확증하고, 3) 연구자 외의 다른 사람들의 실험 결과에 대한 생각을 포함시키는 노력이 필요하다. 한마디로, 실험 결과가 사회적으로 일반화할 만큼 중요한 것임을 입증하여 사회적 타당도를 높이는 것이 요구된다. 개별 대상 연구의 사회적 타당도는 13장에서 자세히 다루고 있다.

4 연구의 종류

연구의 방법은 다양하고, 연구 방법을 분류하는 기준도 다양하다. 실제로 사용될 지식 개발을 목적으로 하면 응용 연구, 이해 자체를 목적으로 하면 기초 연구로 구분할 수 있다. 또한 연구의 결과를 수량화할 수 있으면 양적 연구, 그렇지 않으면 질적 연구로 구분한다. 또 다른 분류는 연구자가 의도적으로 변수를 조작하면 실험 연구, 그렇지 않으면 비실험 연구로 나눌 수 있다. 이런 기준들에 비추어 보면 개별 대상 연구는 응용 연구이며, 양적 연구이고, 실험 연구다.

여기에서는 연구를 연구자의 의도적 변수의 조작에 따른 실험 연구와 비실험 연구로 구분하여 그 종류를 알아보고 그 안에서 개별 대상 연구의 위치를 찾아본다. 모든 연구 방법을 구체적으로 알아보는 것이 이 책의 목적은 아니므로 각 연구 방법은 대표적 설계를 중심으로 최대한 간략하게 설명하고자 한다.

1) 연구 종류의 소개

연구를 실험 연구와 비실험 연구로 구분하여 그 종류를 살펴보면 [그림 1-2]와 같다.

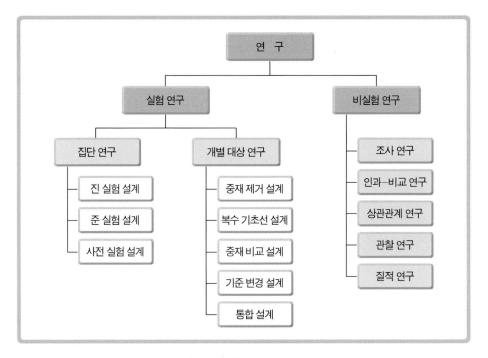

[그림 1-2] **연구의 종류**

[그림 1-2]에서 보는 것처럼 연구는 실험 연구와 비실험 연구로 구분되고, 실험 연구는 다시 실험 대상이 집단인지 개별인지에 따라 집단 연구와 개별 대상 연구로 구분된다. 실험 연구의 실험 설계는 매우 다양하다(Borg & Gall, 1989; Campbell & Stanely, 1963; Tawney & Gast, 1984). [그림 1-2]에서 보는 것처럼 집단 연구의 실험 설계는 진 실험 설계, 준 실험 설계, 사전 실험 설계로 나누어 볼 수 있고, 개별 대상 연구의 실험 설계는 중재 제거 설계, 복수 기초선 설계, 중재 비교 설계, 기준 변경 설계, 통합 설계로 구분된다. 그리고 독립 변수의 조작 없이 이루어지는 비실험 연구는 조사 연구, 인과-비교 연구, 상관관계 연구, 관찰 연구, 질적 연구로 나누어 볼 수 있다(김석우, 2002; 이순형 외, 2008; Borg & Gall, 1989). 각각의 비실험 연구도 다양한 연구 설계가 있지만 여기에서는 소개하지 않는다.

연구를 실험 연구와 비실험 연구로 구분할 때, 실험 연구는 연구 질문에 대한 답을 찾는 도구로서 실험을 사용한다는 것이 구별되는 특징이다. 즉, 실험 연구는 독립 변수의 조작을 통해 독립 변수가 종속 변수에 미치는 영향을 알아보는 것이고,

비실험 연구는 연구자가 독립 변수를 조작하지 않는다는 것이다. 즉, 실험 연구는 인과 관계를 추론해 내는 것이 핵심이다. 실험 연구는 연구자의 의도적인 독립 변수의 조작에 따라 어떤 결과가 발생할 것인가에 대한 해답을 체계적이고 논리적인 방법으로 제공하는 것이라고 할 수 있다(Best & Kahn, 2006). 그렇기 때문에 실험 연구는 독립 변수의 조작과 독립 변수 이외에 종속 변수에 영향을 주는 외생 변수의 통제 여부가 연구의 질을 좌우한다고 할 수 있다. 따라서 좋은 실험 연구가 되기 위해서는 세밀한 계획과 정교한 절차가 요구된다.

2) 실험 연구

(1) 집단 연구

집단 연구는 실험을 집단에게 실시하여 그 효과를 평가하는 것으로, 독립 변수를 언제 실시했는지, 종속 변수는 언제 측정했는지, 통제 집단이 있는지, 연구 대상을 무선 배치했는지에 따라 진 실험 설계, 준 실험 설계, 사전 실험 설계로 나눌 수 있다. 여기에서는 주로 Campbell과 Stanley(1963)가 소개한 연구 설계를 중심으로 소개하고자 한다. 집단 연구의 실험 설계에 대한 내용을 도식화할 때 일반적으로 Campbell과 Stanley(1963)가 사용한 기호가 널리 사용되고 있으므로 여기에서도 그 기호를 사용한다. 그 기호와 의미는 다음과 같다.

- R: 연구 대상의 무선 배치
- C: 통제 집단
- X: 독립 변수/중재를 가한 실험 집단
- O: 종속 변수의 관찰 또는 측정

① 진 실험 설계

진 실험 설계(true experimental designs)는 연구 대상을 무선 선발하여 통제 집단과 실험 집단에 무선 배치하여 이루어지는 연구 방법인데, 최소한 무선 배치만이라도 해야 진 실험 설계라고 할 수 있다. 연구 대상을 무선 배치할 수 없으면, 준 실험 설계를 사용하면 된다.

ⓐ 사후 검사 동질 통제 집단 설계:

$$R \quad X \quad O_1$$
$$R \quad C \quad O_2$$

사후 검사 동질 통제 집단 설계(posttest-only, equivalent control group design)는 사전 검사는 하지 않고 단지 사후 검사만을 실시하는 것으로 연구 대상들을 실험 집단과 통제 집단에 무선 배치한 후, 실험 집단에는 중재를 가하지만 통제 집단에는 중재를 가하지 않은 채 그대로 두었다가 두 집단 모두에게 사후 검사만을 실시하여 이 두 집단의 사후 검사치의 차이로 중재(독립 변수)의 효과를 알아보는 방법이다.

ⓑ 사전-사후 검사 동질 통제 집단 설계:

$$R \quad O_1 \quad X \quad O_2$$
$$R \quad O_3 \quad C \quad O_4$$

사전-사후 검사 동질 통제 집단 설계(pretest-posttest, equivalent control group design)는 연구 대상을 실험 집단과 통제 집단으로 무선 배치한 후, 실험 집단과 통제 집단에 각각 사전 검사(O_1, O_3)를 실시한다. 사전 검사 후, 실험 집단에는 중재(X)를 가하고 통제 집단에는 아무런 중재도 가하지 않은 다음, 실험 집단과 통제 집단에 각각 사후 검사(O_2, O_4)를 실시하여 이들 두 집단의 사전-사후 검사치의 차이(O_2-O_1, O_4-O_3)를 비교하여 중재(독립 변수)의 효과를 평가하는 방법이다. 이때 실험 집단의 사전-사후 검사치의 차이가 통제 집단의 차이보다 통계적으로 유의미하게 클 경우, 중재의 효과가 있다고 말한다.

ⓒ 솔로몬 4집단 설계:

$$R \quad O_1 \quad X \quad O_2$$
$$R \quad O_3 \quad C \quad O_4$$
$$R \quad \quad X \quad O_5$$
$$R \quad \quad C \quad O_6$$

이 설계는 앞서 설명한 사후 검사 동질 통제 집단 설계와 사전-사후 검사 동질 통제 집단 설계의 두 실험 설계를 합친 형태로 볼 수 있다. 첫째 집단에는 사전 검사(O_1)를 하고 중재를 한 후에 다시 사후 검사(O_2), 둘째 집단에는 사전 검사(O_3)를 하고 얼마 있다가 중재 없이 사후 검사(O_4), 셋째 집단에는 사전 검사 없이 중재를 가한 다음 사후 검사(O_5), 넷째 집단에는 사후 검사(O_6)만을 실시하는 것으로 이루어진다. 실험 결과가 $O_2 > O_1$, $O_2 > O_4$, $O_5 > O_6$, $O_5 > O_3$가 되면 중재(독립 변수)의 효과가 나타났다고 할 수 있다.

ⓓ 요인 설계:

위에서 설명한 세 가지 진 실험 설계들은 독립 변수 하나만을 변화시키고 다른 변수들이나 실험 조건들은 일정하게 유지시켜서 하나의 독립 변수가 종속 변수에 미치는 영향을 알아보는 것이었다. 그런데 요인 설계(factorial design)는 2개 이상의 독립 변수를 동시에 고려하면서 독립 변수들이 개별적으로 작용하거나 또는 상호 작용하는 것을 조사하는 방법이다. 즉, 하나의 종속 변수에 대한 각 독립 변수의 주 효과와 종속 변수에 대한 둘 이상의 독립 변수 간의 상호 작용 효과를 결정하기 위하여 독립 변수를 배열하는 방법이다. 독립 변수의 수에 따라 일원적 요인 설계, 이원적 요인 설계, 다원적 요인 설계로 구분한다.

② 준 실험 설계

준 실험 설계(quasi-experimental designs)는 연구 대상을 무선 배치하지 못하거나 통제 집단이 없는 경우에 시행하는 연구 방법이다. 이는 실험 통제를 완전하게 이루지 못한 상황에서 실험 연구를 시행하는 것으로, 실험실이 아닌 일상의 상황에서 연구자가 독립 변수를 조작하여 행하는 현장 실험 연구가 대부분 여기에 속한다고 할 수 있다. 무선 배치도 비교 집단 사용도 불가능하면, 준 실험 설계를 사용할 수 있다. 준 실험 연구는 자연적 상태에서 중재를 한 것이기 때문에 그 결과를 실제 상황에 적용할 수 있는 일반화 가능성이 높다.

ⓐ 사전-사후 검사 비동질 통제 집단 설계:

$$O_1 \quad X \quad O_2$$
$$O_3 \quad C \quad O_4$$

사전-사후 검사 비동질 통제 집단 설계(pretset-posttest, nonequivalent control group design)는 실험 대상을 무선으로 선발하고 배치할 수 없는 경우에 두 개의 원래 있는 자연 집단을 그대로 사용하여 한 집단에게만 중재를 함으로써 실험의 효과를 알아보고자 하는 설계다. 즉, 실험 집단과 통제 집단이 있지만 두 집단에 연구 대상을 무선으로 배치하지 못하는 경우에 사용할 수 있는 설계다. 연구 대상의 무선 배치를 통한 두 집단의 등질화를 제외하고는 사전-사후 검사 동질 통제 집단 설계와 같다.

ⓑ 시간 배열 설계:

$$O_1 \quad O_2 \quad O_3 \quad O_4 \quad X \quad O_5 \quad O_6 \quad O_7 \quad O_8$$

시간 배열 설계(time-series design)는 어느 한 개인이나 집단을 대상으로 검사 점수가 안정적일 때까지 반복적으로 사전 검사를 실시한 후, 중재를 하고, 중재 후에도 주기적으로 사후 검사를 실시하는 설계다. 중재 전후에 검사를 여러 번 반복 실시함으로써 시간에 따른 변화를 알아볼 수 있다. 만약 여러 번의 사전 검사 점수가 안정적이고 중재에 따른 변화가 뚜렷하다면 연구자는 한 번의 사전 사후 검사를 했을 때보다 중재의 효과에 대해서 확신을 가질 수 있을 것이다.

ⓒ 평형화된 설계:

평형화된 설계(counterbalanced design)는 모든 집단이 모든 중재를 부여받지만 그 순서만 다르게 하는 것이다. 집단이 중재를 받는 순서는 무선으로 결정된다. 이 설계는 대체로 자연 집단이 활용되고, 사전 검사 실시가 불가능할 때 사용된다. 〈표 1-2〉는 A, B, C, D라는 4개의 집단에 대해 적용한 평형화된 설계의 예다.

표 1-2 평형화된 설계의 예

반복실험	$X_1 \ O_1$	$X_2 \ O_2$	$X_3 \ O_3$	$X_4 \ O_4$
1	집단 A	집단 B	집단 C	집단 D
2	집단 B	집단 D	집단 A	집단 C
3	집단 C	집단 A	집단 D	집단 B
4	집단 D	집단 C	집단 B	집단 A

이때 중재의 효과를 결정하기 위해 각 중재에 대한 집단의 평균 성적을 계산하고 비교한다. 모든 집단에 대한 첫 번째 중재의 사후 검사 점수를 모든 집단에 대한 두 번째 중재의 사후 검사 점수와 비교하고 또 그다음과 비교하는 방식으로 중재의 효과를 평가한다.

③ 사전 실험 설계

사전 실험 설계(pre-experimental design)는 연구 대상의 무선 배치도 없고 통제 집단도 없이 한 집단에게 시행하는 간단한 연구 방법이다. 이 연구 방법은 본격적 실험 전에 시험적으로 실시하는 사전 조사의 성격을 가지기 때문에 전 실험 연구 또는 예비 실험 연구라고도 불린다.

ⓐ 단일 사례 연구 설계:

$$X \qquad O$$

단일 사례 연구 설계(one-shot case study design)는 일회적 사례 연구라고도 하며, 단 하나의 연구 대상에게 어떤 중재를 주고 한 번의 사후 검사를 통해 효과를 알아보려는 설계다. 이 설계는 과학적 실험 가치가 있다고 할 수는 없다.

ⓑ 단일 집단 사전-사후 검사 설계:

$$O_1 \qquad X \qquad O_2$$

단일 집단 사전-사후 검사 설계(one-group pretest-posttest design)는 단일 집단에게 사전 검사를 하고 중재를 시행한 후에 사후 검사를 실시하여, 두 검사 결과의 차이를 살펴봄으로써 중재의 효과를 평가하는 설계다. 단일 집단 사전-사후 검사 설계의 형식을 하나의 대상에게 적용하면 질적 연구에 포함되는 사례 연구의 형태와 같게 된다. 다만 질적 연구에 포함되는 사례 연구는 연구 대상의 행동변화를 사전과 사후로 검사하여 그 차이를 비교하는 실험 설계를 갖추고 있기도 하지만, 연구 결과에서 질적 자료와 연구자의 주관적 해석에 많이 의존하고 있기 때문에 질적 연구로 분류된다.

ⓒ 정태적 집단 비교 설계:

X	O
C	O

정태적 집단 비교 설계(static-group comparison design)는 한 집단의 연구 대상들에게 중재를 하고 사후 검사를 실시한 다음에, 중재를 하지 않은 집단에게 검사를 실시하여 두 집단 간 검사의 측정치를 단순히 비교하는 방법이다. 이때 통제 집단은 실험 집단과의 비교를 목적으로, 실험 집단에게 중재를 실시한 후에 선발한다.

(2) 개별 대상 연구

개별 대상 연구 설계(single subject research design)는 연구 대상을 집단으로 다루지 않고 개별적으로 다루며, 종속 변수를 중재 전, 중재 도중, 중재 후에 계속적으로 측정하며, 중재 전후의 자료가 통제 집단의 역할을 한다는 점이 집단 연구와 다르다. 즉, 연구 대상은 스스로 중재 대상과 통제 대상의 역할을 동시에 한다고 볼 수 있다. 개별 대상 연구는 단일 사례 실험 연구, 단일 피험자 실험 연구, 단일 대상 연구, 소수 사례 실험 연구 등의 다양한 이름으로 사용되고 있다(이소현, 박은혜, 김영태, 2000; 조현춘 외, 2009).

그런데 개별 대상 연구의 가장 두드러진 특징은 연구 대상의 자료가 집단으로 처리되지 않고 개별적으로 다루어진다는 점이다. 현실적 어려움이 있지만 이론상으로는 아주 많은 수의 연구 대상을 가지고도 개별 대상 연구는 가능하다. 다만 모든 연구 대상의 자료를 동시에 개별적으로 관리할 연구자 능력이 제한되어 있을 뿐이다. 그러므로 연구 대상이 한 명이거나 소수이어야 한다는 인상을 주는 용어보다는 연구 대상을 개별적으로 다룬다는 특징을 가장 잘 표현해 주는 '개별 대상 연구'라는 용어를 사용할 것을 권하면서, 이 책에서도 개별 대상 연구라는 용어를 사용하기로 한다. 여기에서는 개별 대상 연구의 기본이 되는 다섯 가지 설계를 간단히 소개하고, 각 설계의 자세한 내용은 책의 II부에서 장별로 다루기로 한다.

① 중재 제거 설계

중재 제거 설계(withdrawal design)는 연구의 하나 혹은 그 이상의 단계에서 중재를 제거하여 종속 변수에 미치는 영향을 알아보고자 하는 설계다(Tawney & Gast, 1984). 중재 제거 설계를 이용하여 연구자가 연구 대상에게 중재를 실시하거나 제거함으로써 표적 행동(종속 변수)을 일관성 있게 증가 또는 감소시킬 수 있다면 실험적 통제를 확실히 보여 주는 셈이다. 중재를 실시하자 종속 변수가 증가되다가 중재를 제거하자 중재 이전 상태로 되돌아가고 다시 중재를 실시하자 종속 변수가 증가된다면, 중재가 종속 변수의 변화를 일으켰다고 할 수 있는 것이다. 중재 제거 설계는 다양한 변형이 가능하다.

② 복수 기초선 설계

복수 기초선 설계(multiple baseline design)는 여러 개의 기초선을 측정하고 순차적으로 중재를 적용하며 그 이외의 조건을 동일하게 함으로써 종속 변수의 변화가 오직 중재 때문임을 입증하는 설계다(Tawney & Gast, 1984). 동시에 여러 개의 기초선 자료를 측정하다가 하나의 기초선 자료와 연관 있는 종속 변수에 대해 중재를 실시하고 그 종속 변수에서 중재의 효과가 나타날 때, 또 다른 기초선과 관련 있는 종속 변수에 중재를 실시하는 방법을 나머지 기초선에 대해서도 동일한 방법으로 반복 적용하는 방법이다. 중재가 도입되었을 때에만 종속 변수에 변화가 일어나고, 중재가 없을 때에는 변화가 없다면 중재 효과가 입증되는 것이다. 복수 기초선 설계는 크게 대상 간 복수 기초선 설계, 상황 간 복수 기초선 설계, 행동 간 복수 기초선 설계로 나눌 수 있다. 또한 복수 기초선 설계에서 자료 수집의 빈도와 시기를 변형시키면 복수 간헐 기초선 설계와 지연된 복수 기초선 설계가 된다.

③ 중재 비교 설계

중재 비교 설계는 여러 중재 효과를 서로 비교하여 어느 중재가 더 효과적인지 알아볼 수 있는 것으로 복수 중재 설계(multitreatment design/multiple treatment design), 중재 교대 설계(alternating treatments design), 동시 중재 설계(simultaneous treatment design), 평행 중재 설계(parallel treatments design) 등이 있다(Tawney & Gast, 1984). 복수 중재 설계는 한 중재 기간과 다른 중재 기간 사이에 기초선 기간 또는 또 다른 중재 기간을 집어넣어 중재 간 효과를 비교하는 설계다(Birnbrauer, Peterson, & Solnick, 1974). 중재 교대 설계는 한 대상자에게 여러 중재를 교대로 실시하여 그 중재들 간의 효과를 비교하는 방법이다(Barlow & Hayes, 1979). 동시 중재 설계는 중재 교대 설계와 매우 유사하지만, 중재 교대 설계가 여러 중재를 교대로 번갈아 가며 적용하는데 반해, 동시 중재 설계는 두 중재를 동시에 제시하여 대상자가 그중에서 선택하도록 하는 것이다(Kazdin & Hartmann, 1978). 평행 중재 설계는 독립적이지만 난이도가 유사한 행동에 대한 중재 기법 간의 효과를 간접적으로 비교할 수 있는 설계다(Wolery, Bailey, & Sugai, 1988).

④ 기준 변경 설계

기준 변경 설계(changing criterion design)는 중재를 적용하면서 행동의 기준을 계속 변화시켜 가는 설계다. 기준 변동 설계는 기초선과 중재 기간만을 갖고 있지만 단순히 기초선과 중재 기간으로 이루어지는 것이 아니라 중재 단계에서 행동의 기준이 계획적으로 미리 지정된다(Hartman & Hall, 1976). 행동의 기준이란 행동이 중재 적용 동안에 얼마만큼 변화해야 한다고 미리 정해 놓은 달성 수준을 의미한다. 중재 효과는 행동이 주어진 기준에 도달하는 변화를 나타냈는지에 의해 결정된다. 기준의 단계적 변화에 맞추어 행동이 일관성 있게 변화한다면 행동의 변화는 중재 때문임을 입증하게 된다. 한 중재 구간은 뒤이은 중재 구간에 대한 기초선 역할을 하게 되고, 기준이 변할 때마다 바람직한 행동의 변화를 보여 주는 것으로 기능적 관계를 입증하게 된다.

⑤ 통합 설계

통합 설계(combination design)는 여러 연구 설계를 통합하거나 각 설계의 요소를 통합한 설계를 의미한다. 통합 설계는 연구 시작 전부터 계획하기도 하고, 연구를 진행하면서 자료를 수집하다가 예상하지 못했던 외상 변수를 만나게 되면 그 문제에 대해 실험 통제를 입증하기 위해서 설계를 변형시키거나 추가하면서 만들어지기도 한다. 이러한 유연성이 개별 대상 연구의 큰 장점이다. 통합 설계의 장점은 한 연구에서 여러 개의 연구 질문에 답할 수 있다는 것과, 통합된 설계 중에서 하나의 설계가 실험 통제를 잘 보여 주지 못하고 미약한 변화를 보이더라도 다른 설계가 실험 통제를 입증할 수 있다는 것이다.

3) 비실험 연구

(1) 조사 연구

조사 연구(survey research)는 많은 양의 자료를 수집하여 있는 현상을 사실대로 기술하며 관계를 조사하는 연구다. 단순 기술 연구라고도 한다. 조사 연구는 변수에 대한 연구자의 의도적 조작이 없이 변수들 간의 관계를 조사하는 것이므로 변수들 간의 인과 관계를 규명하지 못한다.

(2) 인과-비교 연구

인과-비교 연구(causal-comparative research)는 독립 변수의 조작도 없고, 집단들을 무선 배치하지도 않고 이미 분류되어 있는 변수를 사용하여 비교하는 것으로, 집단 간의 차이가 확률적으로나 통계적으로 의미 있는 것인지를 확인하는 연구 방법이다. 이는 인과 관계를 알고 싶은데 실험 조작으로는 알아보기 어려운 경우에 사용한다.

(3) 상관관계 연구

상관관계 연구(correlation research)는 어떤 현상에 내재되어 있는 변수들 간에 어떤 관계가 있는지 통계적 방법으로 알아보는 연구다.

(4) 관찰 연구

관찰 연구(observational research)는 관찰자의 관찰에 의하여 연구 대상의 특성을 파악하고 분석하는 연구다. 관찰 대상이 다수이고 관찰 내용이 양화되어 분석되면 양적 연구가 되고, 관찰 대상이 소수이고 관찰 내용이 질적인 기록으로 이루어지면 질적 연구가 된다.

(5) 질적 연구

질적 연구(qualitative research)가 앞서 소개한 비실험 연구들과 다른 점은 연구 결과를 모두 수량화하지 않는다는 것이고, 실험 연구와 다른 점은 독립 변수를 조작하지 않는다는 것이다. 질적 연구는 관찰 연구, 역사 연구, 사례 연구로 구분하기도 하지만 서로 병행하기도 한다. 가장 기본이 되는 사례 연구(case study)는 특정 연구 대상의 어떤 문제나 특성에 대해 면접, 참여적 관찰, 검사, 문서와 기록의 검토 등을 통해 심층적으로 조사하여 얻은 폭넓은 자료를 자세히 분석하는 연구다. 즉, 특정 사례에 대해 매우 상세하고 구체적이며 다양한 정보를 얻고자 할 때 사용하는 연구 방법이다. 사례 연구는 연구 대상이 개별적이라는 점이 개별 대상 연구와 같지만, 객관적이고 양적인 자료보다는 질적인 자료가 대부분이고 수집된 자료에 대해 연구자의 주관적 해석이 큰 몫을 차지하는 점이 개별 대상 연구와 다른 점이다. 또한 단일 집단 사전-사후 검사 설계와 같은 형식의 설계를 하나의 집단이 아니라 한 개인에게 적용한 사례 연구는 연구 대상의 행동 변화를 사전과 사후로 검사하여 그 차이를 비교하기도 하지만, 개별 대상 연구는 연구 대상의 행동을 중재 전부터 중재가 끝난 뒤까지 계속적으로 관찰하고 측정하며 한 실험 내에서 중재의 효과를 반복해서 입증할 수 있다는 차이가 있다.

5 | 연구의 윤리

연구자는 연구의 실행과 성공을 위해 어떤 방법이든 동원하려는 경향이 있다. 그러나 연구자는 연구의 윤리 문제를 소홀히 해서는 안 된다. 미국 연구윤리국(ORI: Office of Research Integrity)은 책임 있는 연구를 실행하는 방법이 학문별로 다를 수는 있지만, 모든 연구자가 공통적으로 추구해야 할 가치는 정직성, 정확성, 효율성, 객관성이라고 했다(교육인적자원부, 2006). 정직성이란 연구를 위한 모든 정보를 정직하게 전달하고 연구 실행을 위한 약속을 지키는 것을 의미한다. 정확성이란 연구 결과를 정확하게 보고하고 오차를 피하도록 최선을 다하는 것을 의미한다. 효율성이란 연구에 필요한 자원을 현명하게 사용하고 낭비하지 않는 것을 뜻한다. 객관성이란 다른 설명이 필요 없을 만큼 명확하게 사실을 밝히고, 부당한 편견을 피해야 함을 뜻한다.

미국의 연구윤리국에서 연구의 윤리 훈련 과정을 돕기 위해 제작한 '*Introduction to the Responsible Conduct of Research*'라는 책을 교육인적자원부가 한국학술진흥재단과 함께 번역하여 『연구윤리 소개』라는 제목으로 출판하여 대학에 배포한 바 있다(교육인적자원부, 2006). 그 외에도 다수의 연구윤리에 관한 책들이 출판되어 있으므로 연구자는 자신의 연구 영역에 해당하는 연구윤리 규정에 대해 배워야 한다(예: 서이종, 2013; 송성수, 2014). 여기에서는 여러 기관과 연구자들의 연구윤리에 관한 주장을 종합하여 전반적인 모든 종류의 연구 과정에서 고려해야 할 윤리 문제와 개별 대상 연구처럼 인간을 대상으로 하는 연구의 윤리 문제를 구분하여 살펴보겠다.

1) 연구의 각 과정에서 발생하는 윤리 문제

(1) 연구 계획 단계의 윤리

연구를 계획하는 과정에서 가장 기본적으로 문제가 되는 것은 연구자의 자질이다. 제대로 계획되지 않은 연구는 연구 대상들에게 피해를 줄 수 있으므로, 연구자가 자신의 능력이나 관점, 성격 등을 연구의 계획 단계에서 충분히 검토해야 한다. 즉, 연구자는 자신의 능력 범위 안에서 연구를 수행해야 한다는 뜻이다. 또한 자신의 가치관이나 편견이 연구 전체의 일관성을 잃게 하지 않도록 해야 할 것이다. 연구 대상들의 복지와 관련된 문제도 연구의 계획 단계에서 다루어져야 하는데, 이는 다음에서 설명할 '인간을 대상으로 하는 연구의 윤리 문제'에서 설명하겠다.

또한 연구비를 지원받는 연구자는 연구를 시작하기 전에 다음의 세 부분에서 이해관계의 문제가 있을 것을 예상하고 대비해야 한다(교육인적자원부, 2006). 첫째, 금전적 이익 문제다. 금전적 이해관계의 상충은 개인적인 금전적 이익과 연구의 근본적 가치(정직성, 정확성, 효율성, 객관성) 사이에 긴장을 야기시킬 수 있다. 그러므로 연구자는 자료 수집을 위한 도구를 선택하거나 그러한 선택 상황에 개입하는 일이 재정적인 문제와 관련될 때 각별히 주의해야 한다. 두 번째, 연구 활동에 대한 헌신의 문제다. 연구에 대한 헌신 요구의 상충은 연구에 사용하는 시간 배분과 연구에 대한 헌신 정도에 있어서 경쟁적인 요구가 있을 때 나타날 수 있다. 따라서 연구자는 자신이 헌신하기로 약속한 연구 시간이 자신의 여러 다른 활동이나 다른 연구 때문에 지켜지지 못하는 일이 없도록 주의해야 한다. 셋째, 개인적 문제다. 개인적인 문제들의 상충은 연구자 자신이 잘 알고 있는 사람의 연구를 심사하는 것과 같은 일을 할 때 나타날 수 있다. 그러므로 연구자는 개인적 이해관계의 상충을 공개하여 그런 일을 방지할 수 있어야 한다.

(2) 연구 실행 단계의 윤리

연구를 실행하는 단계에서 나타나는 가장 큰 윤리 문제는 자료의 소유, 수집, 저장, 공유의 문제다(교육인적자원부, 2006). 연구자가 자료를 수집해도 연구비를 지원받는 경우에는 자료 소유권이 연구자에게만 있는 것이 아닐 수 있으므로 연구자는 이에 대해 알고 있어야 한다. 자료 수집 방법은 신뢰할 만해야 하고, 수집을 위한 승인이 필요한지 반드시 확인해야 한다. 수집된 자료가 다시 필요할 때를 위해 저장해야 하는데, 얼마 동안 어떻게 보관할 것인지도 고려해야 한다. 어떤 자료를 언제, 어느 정도, 누구에게 공개할 것인지도 신중하게 고려해야 한다.

실험 연구를 수행하는 경우에는 중재의 종료 시기를 결정하는 문제도 중요하다(APA, 1992). 이러한 문제는 중재의 종료 시기가 연구 대상의 요구와 일치하지 않을 때 또는 중재의 효과가 지속되고 있는데 연구 계획에 따라 중단해야 하는 경우에 발생할 수 있다. 연구자는 계획된 중재를 종료해야겠지만 연구 참여자들이 아직 마음의 준비가 되지 않은 경우나 효과가 나타나고 있음을 알면서도 연구 계획에 따라 중재를 종료한다는 것은 쉽지 않은 일이다. 이런 경우 연구 참여자에게 미칠 피해를 고려해야 한다.

또한 실험 연구를 수행하면서 나타날 수 있는 또 다른 윤리 문제는 중재를 받지 않은 통제 집단에게 발생할 수 있는 불이익의 문제다. 즉, 실험 집단은 특별한 훈련이나 혁신적인 프로그램에 참가할 기회를 갖는데 통제 집단은 아무런 기회도 갖지 못하는 경우다. 연구자는 그러한 경우에 통제 집단에게 어떻게 할 것인지를 고려해야 한다.

(3) 연구 결과 발표 단계의 윤리

연구의 전체 과정에서 요구되는 정직성과 정확성은 특히 연구 결과 발표 단계에서 더욱 중요해지는데, 이와 관련하여 미국 과학기술정책국(Office of Science and Technology Policy: OSTP)은 '연구의 부정행위'를 '연구의 계획, 수행 혹은 심사 또는 연구 결과 보고에 있어서 위조(fabrication), 변조(falsification), 표절(plagiarism) 행위'라고 정의하고 있다(www.ostp.gov). 각각의 정의는 아래와 같다:

- 위조: 있지 않은 자료, 결과 기록, 보고를 제출하는 것
- 변조: 연구 자료나 장비 혹은 과정을 조작하거나 자료 또는 결과를 바꾸거나 생략하여 연구 기록이 정확하게 표현되지 않도록 하는 것
- 표절: 다른 사람의 아이디어, 연구 과정, 연구 결과 혹은 표현을 적절한 출처를 명시하지 않고 유용하는 것

지적 소유권과 관련되어 있는 표절 문제를 해결하기 위해 연구자는 다른 연구자의 발표 내용을 자신의 연구에서 인용하는 방법을 알고 있어야 하고, 직접적 인용이 아닌 경우에는 본인의 말로 의역하고 출처를 밝히는 양식도 알고 있어야 한다.

연구 결과 발표 단계에서 생길 수 있는 또 다른 윤리적 문제는 연구의 발표 양식이다. 문제가 되는 것은 하나의 연구 결과를 여러 부분으로 쪼개어 발표하는 부분 보고가 있고, 비슷한 문제로 같은 연구 결과를 여러 다른 학회지에 발표하는 이중 보고가 있다(김석우, 2002; 이은해, 이미리, 박소연, 2006). 이러한 보고 방법들은 독자들에게 혼선을 주며, 다른 연구자들이 자신의 연구를 발표할 기회를 상대적으로 박

탈시킬 수 있다. 또한 공동 연구의 경우에 연구 결과를 누구 이름으로 발표할 것인가는 공동 연구자들의 기여도를 충분히 고려한 후 결정해야 할 것이다.

마지막으로 연구자는 연구 결과를 발표하는 것이 연구 대상과 사회에 어떤 영향을 미칠 것인지도 고려해야 한다. Cronbach(1975)는 과학자는 자신이 관심을 가지고 있는 어떤 분야이든지 연구하고 그 결과를 발표하는 데 자유로워야 하지만, 동시에 자신의 연구 보고에 따른 사회적인 책임을 받아들여야 한다고 했다.

2) 인간을 대상으로 하는 연구의 윤리 문제

(1) 연구 대상의 권리

연구 대상의 연구 참여는 자발적으로 이루어져야 한다. 즉, 연구자는 연구 참여에 대한 연구 대상의 자유를 존중해야 한다는 뜻이다. 연구 대상의 자발적 연구 참여와 관련하여 사전 동의의 원칙이 지켜져야 할 것이다. 즉, 연구자는 연구 대상에게 연구 참여 여부에 영향을 줄 만한 연구의 모든 특징과 연구의 절차에 대해 알려 주고, 언제든지 참여를 중단할 자유도 있음을 설명한 후에 참여 여부를 연구 대상 자신이 직접 결정하게 해야 한다. 이와 같은 절차를 통하여 연구 대상자는 자신의 정보가 수집되기 이전에 참여를 거절할 기회를 갖게 된다.

연구 대상이 아동인 경우에 아동은 성인보다 스트레스에 더 취약하고 지식과 경험이 적어 연구 참여가 어떤 의미를 가지는지 스스로 평가하기 어렵다. 따라서 아동 연구를 위해서는 아동의 동의와 더불어 부모의 동의도 필요하다. 때로는 학교장이 미리 부모의 동의를 얻어 부모를 대신해서 각 연구에 대해 참여 여부를 결정할 수도 있다. 이때 연구 참여에 대한 동의는 연구 특징과 연구 대상의 권리를 설명한 내용을 서면으로 문서화하여 이루어지는 것이 바람직하다. 연구 참여 서면 동의서에 포함되어야 할 내용은 다음과 같다(Salkind, 2003).

- 연구의 목적
- 연구자의 이름과 직위
- 연구 대상이 연구에서 하는 활동 내용

- 연구에 참여하는 시간과 전체 연구 기간
- 연구 참여를 거부할 수 있는 연구 대상의 권리
- 연구의 이점과 연구 참여의 혜택
- 연구가 해를 끼칠 수 있는 잠재적 가능성
- 비밀 유지와 사생활 보호 방법
- 질문할 수 있는 연락처

　참고로 필자의 연구에서 사용한 학생용과 부모용 연구 참여 동의서를 [그림 1-3] 과 [그림 1-4]에 소개한다. 연구 대상이 글을 읽기 어려운 경우에는 동의서 내용을 읽어 주어야 한다.

연구 참여 동의서
(학생용)

이름: _____

　저는 ○○○대학의 박사 과정에서 ○○○을 공부하는 ○○○입니다. 저는 학생들이 수업 중 자기 행동을 비디오 테이프로 본다면 더 잘 배우고 더 나은 학교생활을 할 수 있는지 보고자 합니다. ○○○ 가 5주 동안 이 프로젝트에 참여하기를 바랍니다. ○○○는 수학 시간이 끝나면 수학 시간의 자기 모습 을 담은 비디오 테이프를 10분간 시청할 것입니다.

　원하지 않으면 참여하지 않겠다고 말하면 됩니다. 언제든지 어떠한 불이익 없이 그만둘 수 있습니다. 이것과 관련하여 궁금한 것이 있으면 언제든지 물어보십시오. 친절하게 답해 드리겠습니다. 이 활동은 재미있고 유익할 것이며, 학업이 향상될 기회를 갖게 될 것입니다.

　프로젝트의 결과를 발표할 때는 누가 참여했는지 확인할 수 없도록 본명을 사용하지 않을 것입니다. 더 궁금한 것이 있으면 저에게 전화하세요. 제 전화번호는 ○○○ – ○○○ – ○○○○입니다.

　이 프로젝트에 참여하기를 원하면 아래에 서명해 주십시오. 감사합니다.

이름: _____ (서명)
날짜: _____

[그림 1-3] 연구 참여 동의서 (학생용)

연구 참여 동의서
(부모용)

_____의 부모님께

    저는 ○○○ 대학의 박사 과정에서 ○○○을 전공하는 학생 ○○○입니다. 학위 과정 중에 아동들의 학습과 사회적 행동을 향상시키는 연구를 수행하고 있습니다. 귀댁의 자녀가 저의 연구에 참여할 수 있도록 허락해 주시기를 구하고자 이 편지를 드립니다.

    이 연구는 아동들이 자신의 수업 중 행동을 비디오 테이프를 통해 다시 보는 것이 학습 능력과 수업 참여 행동을 향상시키는지 보고자 하는 것입니다. 연구 결과가 학교에 도움이 되고 교사들의 교수를 증진시키는 데 도움이 되기를 바랍니다.

    교사가 본 연구 참여를 통해 ○○○에게 혜택이 있을 것으로 판단하여 귀 자녀를 추천해 주었습니다. 귀댁의 자녀가 본 연구에 참여하면 비디오 테이프를 통해 자신의 수업 중 행동을 보는 것으로 교실에서 사회적 행동이 향상될 기회를 갖게 될 것입니다. 본 연구에서 사용되는 자기 관리 전략은 자기 관찰과 자기 기록으로 이루어집니다.

    귀댁의 자녀는 ○○○○년 ○○월 ○○일부터 ○○월 ○○일까지 매 수학 수업이 끝날 때마다 수학 시간의 자기 행동을 녹화한 비디오 테이프를 10분간 시청할 것입니다. 연구에 참여하는 전체 기간은 5주입니다.

    이 연구는 어떠한 위험이나 일반 교실에서 경험할 수 없는 활동이 포함되어 있지 않습니다. 하지만 만약 어떤 어려움이라도 경험하게 된다면 저에게 즉시 연락을 하시면 됩니다. 연구 기간 동안 귀댁의 자녀는 매 수학 시간마다 10분씩 녹화될 것입니다. 또한 제가 수학 시간에 교실에서 귀 자녀의 수업 참여 행동과 사회적 행동이 향상되는지 관찰할 것입니다. 그때 귀 자녀는 평소와 같이 교사의 감독과 지도하에 수업을 할 것입니다.

    연구 결과를 발표할 때는 귀 자녀의 신분 노출을 피하기 위해 본명을 사용하지 않을 것이며 비밀이 지켜질 것입니다. 비디오 테이프를 저 외에는 누구에게도 보여 주지 않을 것입니다. 귀 자녀는 어느 때에라도 본인이 원하지 않으면 어떤 불이익도 없이 연구 참여를 중단할 수 있습니다.

    귀 자녀의 연구 참여는 완전히 자발적인 것입니다. 부모님께서 자녀의 참여를 원하지 않으시면 어떠한 불이익도 없이 참여를 허락하지 않을 수 있습니다. 부모님께서 자녀의 연구 참여를 원하시면 아래 동의서에 날짜와 함께 서명하셔서 교사나 저에게 돌려주시면 됩니다. 이 연구에 관해 의문이 있으면 언제라도 저에게 연락을 주십시오. 저의 전화번호는 ○○○-○○○-○○○○입니다. 감사합니다.

○○○대학교 대학원 박사 과정 학생

○○○ 드림

서면 동의서

나는 나의 자녀 ○○○이/가 위에서 설명한 연구에 참여하는 것을 찬성합니다.

     부모 서명: _____

     날   짜: _____

[그림 1-4] 연구 참여 동의서 (부모용)

(2) 연구 대상의 안전

연구자는 연구 대상에게 신체적이거나 심리적인 불편, 해, 위험을 줄 수 있는 연구를 해서는 안 된다(교육인적자원부, 2006). 즉, 연구 대상이 연구에 참여하는 것 때문에 신체적으로나 심리적으로나 어떤 해로운 영향을 받을 가능성은 없는지 살펴보고 연구 대상에 대한 위험성을 최소화해야 한다. 이를 위해, 연구 실행 전에 연구 계획서를 심사하여, 연구에서 나타날 수 있는 모든 신체적, 심리적 위험의 가능성을 살펴보고 그에 대해 어떤 조치가 취해져야 하는지 결정해야 할 것이다.

신체적인 상처나 고통의 해는 비교적 쉽게 드러날 수 있다. 예를 들어, 연구를 위해 영양 공급이나 신체 활동을 심하게 제한한다면 건강에 직접적 위협을 줄 것이다. 그런데 심리적이고 정신적인 해는 명확히 나타나지 않을 수 있다. 그러므로 연구자는 예상되는 모든 신체적, 심리적 해를 반드시 밝히고 최대한 그 부정적인 영향을 최소화할 수 있는 방법을 모색해야 한다.

(3) 연구 대상의 사생활 보호

연구자는 연구 대상에 대해서 획득한 모든 개인 정보를 보호하고 비밀로 지켜야 한다(김석우, 2002). 이를 위해서 연구 대상의 연구 참여에 대해 사전 동의를 구할 때 연구자는 연구의 과정이나 결과의 발표를 통해 연구 대상의 신상이나 연구 결과가 타인에게 알려진다는 사실을 연구 대상에게 알려 주어야 한다. 동시에 연구 대상이나 연구에 관련된 사람들의 사생활과 비밀 보장의 권리가 어떻게 지켜질 수 있는지도 설명해야 한다. 예를 들면, 연구 과정이나 연구 결과를 발표할 때 연구 대상에게 별명이나 번호를 부여하여 익명성을 확보할 계획임을 설명할 수 있다.

인간을 대상으로 하는 연구를 수행할 때는 윤리적 문제가 더욱 민감해지기 마련이다. 미국의 경우는 연구 대상을 보호하기 위해 1991년에 '일반 규칙(Common Rule) 45 CFR 46, Subpart A~D'라고 부르는 연구 대상 보호에 대한 규정을 채택하였다(교육인적자원부, 2006). 그 규정은 인간을 대상으로 하는 연구는 기관윤리심의위원회를 두어서 반드시 연구 계획서를 검토하고 승인받아 시행하도록 하고 있다. 필자도 90년대 초 미국 유학 중에 초등학생을 대상으로 하는 연구를 수행하기 위해, 대학 자체의 연구윤리위원회와 연구 대상이 다니고 있는 초등학교가 속해 있는 지방의 교육청의 연구윤리위원회에 각각 연구 계획서를 제출하여 승인받는 길고 까다로운 절차를 밟아야 했음을 기억한다. 연구 계획서에는 연구 대상뿐 아니라 같은 교실에 있는 다른 학생들의 권리와 안전과 사생활 보호에 관한 계획도 밝히고 승인을 받아야 했다.

이상으로 연구의 각 과정에서 발생하는 윤리 문제와 인간을 대상으로 하는 연구의 윤리 문제를 살펴보았는데, 연구자가 연구의 윤리적 기준을 준수할 수 있도록 돕는 제도적 장치가 마련되어 모든 연구 분야로 확산되어야 할 것이다.

개별 대상 연구의 개요

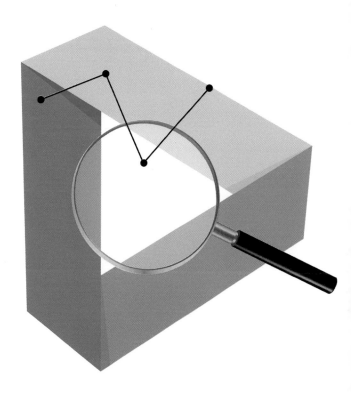

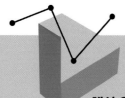

핵심 용어의 정의

개별 대상 연구

개별 대상에게 중재를 실시하여 중재 전과 중재 적용 기간, 중재 이후에 대상의 행동 수행 수준의 변화를 지속적으로 관찰하여 중재와 행동 변화의 기능적 관계를 밝히고자 하는 실험 연구 방법이다.

응용 행동 분석

행동의 향상을 위해 가설적인 행동 원리를 적용해 보고, 동시에 그러한 적용이 행동의 변화를 가져오는지, 변화가 있다면 어떤 부분 때문에 변화가 있었는지를 평가하는 과정이다.

기초선 자료

연구 대상에게 어떠한 중재도 적용하기 전의 표적 행동의 현행 수준을 의미한다.

개별 대상 연구는 개별적, 객관적, 귀납적 접근 방법을 사용하는 연구 방법이다. 먼저, 개별 대상 연구는 개별적 접근 방법을 사용한다. 여러 사람들의 평균적인 행동을 보고자 하는 것이 아니라 개개인이 어떻게 행동하는지를 보고자 하는 것이다. 한 사람이 어떤 행동을 어떤 상황에서 왜 하는지 알아보고, 다른 사람도 그와 같은 처지에서 같은 행동을 하는지 알아보고자 하는 것이다. 둘째, 개별 대상 연구는 객관적 접근 방법을 사용한다. 개별 대상 연구의 변수는 관찰이 가능한 것이다. 종속 변수는 측정할 수 있는 것이며, 독립 변수는 조작할 수 있는 것이다. 개별 대상 연구는 볼 수 없는 사적인 영역을 다루지 않는다는 뜻이다. 셋째, 개별 대상 연구에서는 인간 행동 이해를 위해 귀납적 접근을 사용한다. 연역적 연구는 사람이 어떻게 행동한다는 이론이 먼저 있고 그 이론이 맞는지 시험해 보는 것인 반면에, 개별 대상 연구는 인간 행동의 성질을 직접 탐험해 보고 거기에서 모아진 자료로 이론을 발전시켜 나간다.

1 개별 대상 연구의 등장 배경

개별 대상 연구의 발전의 기반이 될 수 있었던 선구자적인 학문 영역은 생물학과 의학과 심리학이다. 이 세 학문은 생명이 있는 것을 대상으로 하면서 고유한 관심 학문 영역을 설명하기 위해 개별적이고, 객관적이고, 귀납적인 접근을 한다는 공통점을 가지고 있다(Kennedy, 2005). 생명체의 발달을 연구하는 생물학, 의학, 심리학의 연구들은 공통적으로 객관적으로 관찰하기, 한 번에 하나씩 변수를 조작하기, 다른 변수는 그대로 변함없이 유지하기, 발견에 대해 꼼꼼히 기록하기, 결과를 반복해서 입증하기라는 방법들을 통해 지속적으로 발전해 오고 있다.

특히, 개별적이고, 객관적이고, 귀납적인 접근 방법으로 인간 행동을 연구하는 심리학은 Pavlove, Thorndike, Watson, Skinner로 이어 가면서 '응용 행동 분석'을 발전시켰다. 동물 행동을 계속적으로 관찰하고 체계적으로 분석하는 행동주의자들의 연구는 동물 행동을 지배하는 원리가 인간 행동에도 적용되는지 알아보고자 실험실에서 인간 행동을 연구하는 것으로 발전했다. 그러다가 자연스러운 실제 상황에서 인간 행동을 바꾸기 위해 행동 수정 기법을 적용하면서부터 이러한 방법을 '응용 행동 분석'이라고 명명했다. 1968년에는 Journal of Applied Behavior Analysis(JABA)라는 전문 학술지를 만들어 응용 행동 분석에 대한 연구 결과들을 출판하기 시작했다. 학술지의 창간호에서 Baer, Wolf, Risely(1968)는 응용 행동 분석을 다음과 같이 정의했다.

> 응용 행동 분석이란 어떤 특정 행동의 향상을 위해 가설적인 행동 원리를 적용해 보고, 동시에 그러한 적용이 행동의 변화를 가져오는지, 변화가 있다면 어떤 부분 때문에 변화가 있었는지를 평가하는 과정이다. 한마디로, 행동을 연구하는 전체 과정을 검증하는 분석적 행동주의 절차의 적용을 의미한다. (p. 91)

그들의 정의에서도 볼 수 있듯이 응용 행동 분석은 다음 세 가지 요소를 포함하고 있다: (1) 인간 행동을 설명하는 규칙인 행동 원리, (2) 행동을 관찰하고 평가하기 위한 체계적인 행동 측정, (3) 행동 변화에 따른 또 다른 중재의 결정을 하기 위한 평가.

또한 Baer, Wolf, Risely(1968)는 응용 행동 분석의 본질적 특성을 7가지로 나누어 설명하고 있다. 첫째, 응용 행동 분석은 '실용적(applied)'이다. 즉, 실제 문제를 다룬다는 것이다. 지금까지 응용 행동 분석은 실제로 학교에서의 학습과 행동 문제뿐만 아니라 공포증, 쓰레기 투기 문제, 음주 문제, 전화번호 안내 과다 사용 문제, 비만증, 결혼 문제, 과속 운전 문제 등 다양한 유형의 문제 행동을 다루어 왔다. 둘째, 응용 행동 분석은 '행동 중심(behavioral)'이다. 그 뜻은 정말로 사람들이 행하고 있는 행동에 초점을 둔다는 것이다. 셋째, 응용 행동 분석은 '분석적(analytic)'이다. 이는 적용된 기법이 효과적인지의 여부를 결정하기 위해 사용되는 객관적인 행동 측정 방법과 의사 결정 절차(decision-making rules)를 사용한다는 뜻이다. 넷째, 응용 행동 분석은 '기술(technological)'을 강조한다. 즉, 사용하는 중재나 교수 절차를 명확하게 구체적으로 제시한다. 다섯째, 응용 행동 분석은 '개념상으로 체계적(conceptually systematic)'이다. 그 의미는 응용 행동 분석은 행동 원리를 포함한 이론에서 도출된 기법들로 이루어졌음을 뜻한다. 여섯째, 응용 행동 분석은 '효과적(effective)'인 기법을 추구한다. 즉, 실질적인 가치가 있는 변화를 가져오는 기법을 찾는다는 것이다. 일곱째, 응용 행동 분석은 '일반화(generalization)' 효과를 지향한다. 일반화란 습득한 행동/기술을 여러 상황에서 사용할 수 있는 것을 의미한다.

이러한 특성을 지닌 응용 행동 분석은 특수교육 영역에서 학생들의 문제 행동을 변화시키려는 교사들에게 특별한 환영을 받았다. 왜냐하면 첫째는 응용 행동 분석의 개별화 원리가 특수 아동의 개인차 문제를 다루어 주기 때문이다. 응용 행동 분석은 가설적인 행동 원리를 적용하여 그 효과를 결정하기 위해 행동을 정의하고 관찰하고 측정하고 평가하는 절차를 포함한다. 그러한 절차는 문제가 되는 행동마다에 적용되는 것이므로 개별적으로 이루어진다. 그런데 특수 아동은 개인차로 말미암아 각 아동의 문제 행동이 각기 다 다르기 때문에 개별 접근을 해야 하는 어려움이 있다. 따라서 응용 행동 분석은 아동마다 다양한 종류와 수준으로 문제 행동의 개인차를 보이는 특수 아동들에게 적용하기에 적절한 방법으로 환영을 받은 것이다.

다음으로 응용 행동 분석은 교사들이 아동의 행동을 개선시키기 위해 노력한 결과를 객관적으로 입증해 줄 수 있는 방법을 제공하기 때문에 환영을 받았다. 사실 특수 아동들에게 적용한 중재의 효과는 두드러진 차이를 나타내지 않는 경우도 많아서 행동의 변화 정도에 대한 구체적 자료가 없이는 효과를 입증하기가 어려웠다. 그런데 응용 행동 분석은 개별적으로 적용한 중재 효과를 체계적으로 명확하게 평가할 수 있도록 행동을 관찰하고, 측정하고, 측정된 자료를 그래프에 옮겨 분석하는 방법 등을 제공하기 때문에 객관적 입증 방법으로 사용될 수 있는 것이다. 이렇게 개별적이고, 객관적이고, 귀납적인 접근 방법을 사용하는 응용 행동 분석은 특수 아동들에 대한 교육과 연구 방법으로 환영을 받으면서 특수교육 영역에서 개별 대상 연구 방법을 발전시켜 왔다.

개별 대상 연구는 아동과 환경 간의 관찰 가능한 상호 작용을 분석하여 개인의 행동 과정을 발견하려고 하는 특수교육 영역뿐 아니라 여전히 개별적이고 객관적인 접근이 요구되는 모든 학문 영역(예: 작업 치료, 물리 치료, 언어 치료, 의학, 생물학, 간호학, 심리학, 검안학 등)에서 계속해서 귀납적인 방법으로 학문을 발전시키는 연구 방법으로서 사용되고 있다. 〈표 2-1〉은 지금까지 미국에서 출판된 개별 대상 연구 방법 단행본 목록이다.

표 2-1 미국에서 출판된 개별 대상 연구 방법 단행본 목록

출판 연도	저자	책 제목	출판지(사)
1960	Sidman, M.	*Tactics of scientific research.*	New York: Basic Books.
1969	Davidson, P. O., & Costello, C. G.(Eds.)	*N=1: Experimental studies of single cases.*	New York: Van Nostrand/Reinhold.
1973	Jayaratne, S., & Levy, R. L.	*Empirical clinical practice.*	Irvington, NY: Columbia University Press.
1975	Glass, G. V., Wilson, V. L., & Gottman, J. M.	*Design and analysis of time-series experiments.*	Boulder, CO: Colorado Associated University Press.
1975	Bailey, J. S.	*A handbook of research methods in applied behavior analysis.*	Gainesville, FL: University of Florida.
1978	Fischer, J.	*Efficient casework practice: An eclectic approach.*	New York: McGraw-Hill.
1978	Kratochwill, T. R.(Ed.)	*Single subject research: Strategies for evaluating change.*	New York: Academic Press.
1979	Cook, T. D., & Campbell, D. T.(Eds.)	*Quasi-experimentation: Design and analysis issues for field settings.*	Chicago: Rand McNally.
1979	Robinson, P. W., & Foster, D. F.	*Experimental psychology: A small-n approach.*	New York: Harper & Row.
1980	McCleary, R., & Hay, R. A., Jr.	*Applied time-series analysis for the social sciences.*	Beverly Hills, CA: Sage.
1980	Johson, J. M., & Pennypacker, H. S.	*Strategies and tactics of human behavioral research.*	Hillsdale, NJ: Lawrence Erlbaum Associates.
1980	McDowall, D., McCleary, R., Meidfinger, E. E., & Hay, R. A., Jr.	*Interrupted time-series analysis.*	Beverly Hills, CA: Sage.
1981	Gottman, J. M.	*Time-series analysis: A comprehensive introduction for social scientists.*	Cambridge, England: Cambridge University Press.
1981	Wodarski, J. S.	*The role of research in clinical practice: A practical approach for human services.*	Baltimore: University Park Press.

1982 2011	Kazdin, A. E.	*Single-case research designs: Methods for clinical and applied settings* (2nd & 3rd ed.).	New York: Oxford University Press.
1982	Kazdin, A. E., & Tuma, A. H.(Eds)	*Single-case research designs.*	San Francisco, Jossey-Bass.
1983	McReynolds, L. V., & Kearns, K. P.	*Single-subject experimental designs in communicative disorders.*	Baltimore: University Park Press.
1984	Barlow, D. H., Hayes, S. C., & Nelson, R. O.	*The scientist practitioner: Research and accountability in clinical and educational settings.*	New York: Pergamon.
1984	Tawney, J. W., & Gast, D. L.	*Single subject research in special education.*	Columbus, OH: Merrill.
1984	Yin, R. K.	*Case study research: Design and methods.*	Beverly Hills, CA: Sage.
1985	Barlow, D. H., & Hersen, M.	*Single case experimental designs: Strategies for studying behavior change* (2nd ed.).	New York: Pergaomon.
1985	Behling, J. H., & Merves, E. S.	*The practice of clinical research: The single-case methods.*	Lanham, MD: University Press of America.
1986	Bromley, D. B.	*The case-study method in psychology and related disciplines.*	New York: Wiley.
1986	Cryer, J. D.	*Time series analysis.*	Boston, MA: Duxbury Press.
1986	Poling, A., & Fuqua, R. W.(Eds.)	*Research methods in applied behavior analysis: Issues and advances.*	New York: Plenum Press.
1986	Valsinger, J.(Ed.)	*The individual subject and scientific psychology.*	New York: Plenum Press.
1992	Kratochwill, T. R., & Levin, J. R.(Ed.)	*Single-case research design and analysis: New directions for psychology and education.*	Hillsdale, NJ: Lawrence Erlbaum Associates.
1994	Tripodi, T.	*Single-subject design for clinical social workers.*	Washington DC: NASW Press.
2005	Kennedy, C. H.	*Single-case designs for educational research.*	Boston, MA: Allyn & Bacon.

2009	Barlow, D. H., Nock, M. K. & Hersen, M.	*Single case experimental designs: Strategies for studying behavior change* (3rd ed.).	New York: Pearson.
2009	Morgan, D. L., & Morgan, R. K.	*Single-case research methods for the behavioral and health sciences.*	Thousand Oaks, CA: SAGE Publications.
2009	Johnston, J. M., & Pennypacker, H. S.	*Strategies and tactics of behavioral research.*	New York: Routledge.
2010	Gast, D. L.	*Single subject research methodology in behavioral sciences.*	New York: Routledge.

〈표 2-1〉에서 제시하는 개별 대상 연구 방법에 관해 지금까지 미국에서 출판된 단행본 책의 목록만 보아도 개별 대상 연구가 적용되는 영역과 역사적 발전 과정을 한눈에 볼 수 있을 것이다.

〈표 2-2〉는 2000년 이후 우리나라의 다양한 학문 영역에서 개별 대상 연구를 소개하거나 해당 학문 영역에서 이미 발표된 개별 대상 연구들을 분석하는 내용의 학술지 논문 목록이다. 〈표 2-2〉를 보면 우리나라에서도 특수교육 영역에서뿐 아니라 다양한 학문 영역에서 개별 대상 연구가 이루어지고 있음을 알 수 있다.

표 2-2 개별 대상 연구를 분석하는 내용의 학술지 논문 목록

출판 연도	저자	논문 제목	학술지
2003	김권일.	특수체육학에서의 단일대상연구 적용.	용인대학교 특수체육연구, 1(1), 57-67.
2005	박은영, 김삼섭, 조광순.	우리나라 단일대상연구의 내용과 방법에 관한 고찰.	특수교육학연구, 40(1), 65-89.
2005	한성희, 남윤석.	특수교육에서의 단일대상연구 적용의 질적 개선을 위한 문헌분석.	특수교육학연구, 40(2), 103-130.
2007	이미경, 한경근.	자폐아동의 의사소통 능력 향상을 위한 단일대상 연구 문헌분석.	정신지체연구, 9(2), 147-171.

2008	이미애, 권회연, 전병운, 한성희.	통합 환경에서의 장애유아 중재 연구 동향 분석: 단일대상연구를 중심으로.	유아특수교육연구, 8(3), 21-40.
2008	이경순.	특수교육학과 특수체육학에서의 단일대상연구 적용.	석사학위논문. 용인대학교 교육대학원.
2009	이은경, 석동일.	단일대상 언어치료 연구방법의 문제점 분석과 개선모형 제시.	언어치료연구, 18(3), 171-190.
2011	김유리, 노진아.	발달지체 유아를 대상으로 한 단일대상연구 문헌의 연구 방법 분석	특수아동교육연구, 13(4), 357-393.
2011	서화자, 서한보미, 박현주.	단일대상연구를 중심으로 한 학습장애 아동의 읽기 중재 연구 분석	학습장애연구, 8(3), 53-80.
2011	윤희봉, 최영종, 강민채.	긍정적 행동지원 관련 단일대상 연구의 메타분석	특수아동교육연구, 13(4), 605-624.
2012	최유임, 김은주, 박은영.	한국 작업치료분야 단일대상연구의 질적 수준에 대한 고찰: 대한작업치료학회지를 중심으로.	대한작업치료학회지, 20(4), 111-124.
2013	김동일, 이재호, 이미지.	쓰기 학습장애 중재 단일대상연구에 대한 메타분석	학습장애연구, 10(2), 73-82.

2 │ 개별 대상 연구 방법과 다른 연구 방법의 비교

1) 사례 연구와 시간 배열 설계 연구, 개별 대상 연구의 관계

개별 대상 연구(single subject research)와 사례 연구(case study)를 혼동하는 경우가 많은데, 1장에서 연구의 종류를 설명한 바와 같이 사례 연구는 개별 대상 연구가 아니다. Backman과 Harris(1999)는 사례 연구란 계획된 관찰을 포함하고 있는 서술적 연구(descrptive research)의 일종이며 관찰과 면담과 평가 검사 등을 포함하는 질적이면서 동시에 양적인 연구라고 했다. 또한 그들은 사례 연구는 연구 설계가 없는 비실험 연구로 임상 업무를 기술하는 보고서의 일종으로 분류하기도 했다.

전형적 사례 연구는 체계적으로 기록된 관찰과 개인의 특성과 중재에 대한 반응을 서술적으로 기록한 것으로 이루어진다. 사례 연구의 기록은 미래의 또 다른 연구의 가설을 만들어 내는 자료가 될 수 있다. 즉, 잘 수행된 사례 연구는 특정 중재 전략의 사용에 대한 근거를 제시해 주고 어떤 중재의 수정이나 더 효율적인 접근법을 제안한다. 즉, '~할 것이다'라는 가설을 만들어 내기는 하지만 가설을 직접 시험해 볼 수는 없다. 왜냐하면 변수를 조정하거나 통제할 수 없으므로 변수 간의 인과 관계를 입증할 수 없기 때문이다. 한 사례에 대한 비교 대상이나 통제 대상이 없기 때문에 중재 효과를 입증할 수 없고 결과를 일반화할 수도 없다. 따라서 사례 연구는 일반적이지 않은 특이한 임상 상황에 처해 있거나 아주 드문 조건을 가진 사람에 대한 특정 중재의 반응을 기록하는 보고서를 작성하는 방법으로 사용된다. 그러므로 사례 연구의 결과는 앞으로 시험해 볼 만한 연구 질문의 형태로 재진술될 수 있다.

개별 대상 연구에서는 개별 대상에게 중재를 실시하여 중재 전과 중재 중의 수행 수준의 계속적 변화를 비교하여 중재 효과를 입증한다. 사례 연구가 한 개인에게 중재를 적용한다는 점에서는 개별 대상 연구와 같지만, 중재를 적용하는 과정 중의 계속적 자료 수집이 없고 연구자의 주관적 해석이 연구 결과 입증의 구성 요소라는 것이 개별 대상 연구와 구별되는 점이다.

개별 대상 연구를 이 책의 1장에서 소개한 시간 배열(time-series) 설계로 간주하는 경우도 있다. Kazdin(2011)은 시간 배열 설계를 포함하는 준 실험 설계를 개별 대상 연구의 주요 설계의 하나로 소개하면서, 적극적으로 시간 배열 설계를 사용할 것을 주장하고 있다. 개별 대상 연구와 시간 배열 설계의 유사점은 체계적 관찰, 측정, 그래프를 통한 시각적 분석, 조작적으로 정의된 표적 행동 등을 포함한다는 것이다. 시간 배열 설계에서도 사전 검사는 중재의 실행 이전에 여러 번 측정된다. 개별 대상 연구에서는 사전 검사의 측정을 기초선(baseline) 측정이라고 부른다. 시간 배열 설계와 동일한 방식으로 개별 대상 연구에서도 일정 기간 동안 기초선 측정을 실시함으로써 성숙과 같은 내적 타당도의 위협 요소들을 통제할 수 있다. 또한 두 연구 모두, 내적 타당도를 높이기 위해 표적 행동에 대한 반복 측정을 통해 자료의 변화 경향이 우연일 가능성을 감소시킨다. 그러나 시간 배열 설계에서는 중재 기간에 표적 행동에 대한 측정이 없다. 반면에 개별 대상 연구에서는 중재가 적용되는 동안에도 다양한 관점에서 대상의 수행을 계속 측정한다. 개별 대상 연구에서 중재 기간에 종속 변수를 측정하는 것은 시간 배열 설계에서 생길 수 있는 역사라는 내적 타당도의 위협 요소를 감소시킬 수 있다.

2) 집단 연구와 개별 대상 연구의 관계

집단 연구와 개별 대상 연구는 독립 변수와 종속 변수의 기능적 관계를 입증하려 하는 실험 연구다. 대부분 전통적인 실험 연구는 집단 연구 설계를 많이 사용한다. 이것은 바라는 결과가 다른 집단 또는 모집단에도 일반화되기를 의도하고 있기 때문이다. 반면에 개별 대상 연구는 개인에게 초점을 두고 있고, 전 연구 과정에 걸쳐 복잡한 측정을 요구하기 때문에 연구 결과를 관련된 모집단에 일반화시킬 수 없으므로 일반화를 위한 연구에는 적절하지 않은 것으로 알려져 있다. 대부분 개별 대상 연구는 치료적인 효과에 일차적 강조를 두는 임상 연구에 많이 사용되기 때문에 우선하는 목표가 모집단에 대한 일반화보다는 특정한 개인을 변화시킬 중재 전략을 알아내는 것에 있다.

집단 연구는 일반화를 목적으로 한다고 했다. 그러나 집단 연구의 결과도 집단 내의 어느 개인에게 직접적으로 적용할 수 없다는 일반화 문제를 갖고 있다. 집단 연구에서는 연구 질문과 자료의 초점이 집단에 맞추어져 있으며, 중재 전·후로 한 집단의 수행 수준의 평균 점수의 변화 정도를 비교하거나, 실험 집단과 통제 집단의 수행 수준을 중재 전·후로 비교하여 중재 효과를 입증한다. 그러므로 집단 연구는 연구 결과를 집단 전체에 대하여 적용한다. 하지만 집단 연구는 집단의 효과만 입증할 뿐이지 중재가 각 개인에게 미치는 개별적 효과에 대한 정보는 제시하지 못한다. 따라서 집단 대부분의 대상에게는 효과적이지만 몇몇 대상에게는 전혀 효과가 없는 경우에 전혀 효과가 없는 대상들은 집단 연구의 사각지대에 놓이게 된다. 즉, 집단 연구와 개별 대상 연구는 각각 고유한 일반화 문제를 가지고 있다고 볼 수 있다.

집단 연구에서는 일반화를 위해 강조하는 것이 연구 대상의 무작위 선정인 반면에, 개별 대상 연구에서는 연구 결과의 일반화를 위해 반복 연구를 강조한다. 개별 대상 연구에서는 연구자가 같은 연구 설계를 사용하여 같은 중재를 참가자 각자에

게 개별적으로 적용하고, 대부분의 경우에 동일한 결과를 얻는다면 조사 결과를 일
반화할 수 있다는 확신을 가질 수 있을 것이다.

두 종류의 연구의 또 다른 차이는 결과 해석 방법이다. 개별 대상 연구는 자료에
대한 시각적 분석을 주로 하는데, 집단 연구는 자료에 대한 통계의 유의미성을 강조
한다. 또한 개별 대상 연구는 통제 집단이 필요 없는 반면에 집단 연구는 중재 효과
의 입증을 위해 실험 처치를 받지 않은 통제 집단을 요구하고 있기 때문에 아무런
중재를 받지 않는 통제 집단에 대한 윤리적이거나 철학적인 문제가 생긴다.

3 개별 대상 연구의 특성

1) 연구 대상 행동의 일관성 있는 반복 측정

개별 대상 연구에서는 한 사람의 행동을 다른 사람의 행동과 비교하는 것이 아니
라, 시간의 흐름에 따라 같은 조건 또는 다른 조건에서 동일한 사람의 행동 변화를
비교한다(Hersen & Barlow, 1976). 즉, 개별 대상의 행동 변화를 시간의 흐름과 함께
실험 조건에 따라 비교하는 것이다. 이렇게 동일한 대상의 행동 변화를 비교 · 분석
하기 위해서는 연구 대상의 변화시키고자 하는 표적 행동을 체계적 방법으로 일관
성 있게 지속적으로 반복하여 관찰하고 측정해야 한다. 연구 대상의 표적 행동에 대
한 작은 변화도 측정할 수 있는 관찰 방법을 사용하여 지속적으로 주나 일 또는 회기
단위로 반복하여 측정함으로써 개별 대상의 행동 변화 정도를 분석하는 것이다. 이
는 흔히 중재의 적용 전과 후에 한 번씩만 표적 행동을 측정하여 그 양적인 차이를
논하는 집단 연구나 사례 연구와 구별되는 개별 대상 연구만의 두드러진 특징이다.

개별 대상 연구에서는 중재를 적용하기 전부터 중재가 끝난 뒤까지 매 회기마다
그 행동을 측정함으로써 개별 대상의 행동이 어떻게 변화하는지 그 경향을 분석한
다. 중재를 적용하기 전에 계속적으로 측정한 종속 변수에 대한 자료는 중재가 없는
자연스러운 상황에서 종속 변수 자료가 어떤 패턴과 경향을 보였는지 알 수 있게 해
준다. 또한 중재 적용과 함께 계속되는 종속 변수의 측정은 종속 변수의 변화가 중

재 적용과 함께 일어나는지 보여 준다. 즉, 종속 변수의 계속적인 반복 측정을 통해 중재 전에는 규칙적이거나 안정적인 경향을 보이던 자료가 중재나 다른 변수들이 개입되거나 제거되면 변화를 나타내는지 볼 수 있다. 이렇게 계속적인 반복 측정은 표적 행동의 변화가 중재에 의한 것인지 여부를 밝혀 줄 뿐 아니라, 중재 이외의 다른 변수들이 개입되었는지 여부에 대한 정보도 제공해 준다. 따라서 개별 대상 연구에서는 계속적인 반복 측정을 위해 연구 문제에 알맞은 종속 변수의 측정 단위와 측정 방법을 선택하는 것이 중요하다. 측정에 대한 구체적 내용은 이 책의 5장 '관찰과 측정'에서 다루고 있다.

2) 동일 연구에서 중재 효과의 반복 입증

개별 대상 연구는 중재 효과가 동일 연구 안에서 반복하여 나타난다는 특징이 있다 (Alberto & Troutman, 2006; Tawney & Gast, 1984). 이것 또한 동일 연구에서 한 가지 중재의 효과를 대부분 한 번 입증하는 집단 연구와 다른 점이다. 개별 대상 연구에서 중재 효과의 입증이란 연구 대상에 대한 독립 변수와 종속 변수의 기능적 관계를 입증하는 것이다. 기능적 관계란 독립 변수의 변화에 따라 종속 변수가 체계적으로 변화하는 관계, 즉 독립 변수의 변화로 종속 변수의 변화를 예측할 수 있는 관계를 뜻한다.

개별 대상 연구에서는 독립 변수와 종속 변수의 기능적 관계, 즉 중재 효과를 시간의 경과에 따라 동일한 대상자에게서 또는 동일 대상자는 아니라 하더라도 동일 연구 설계 내에서 반복적으로 입증할 수 있다는 특징이 있다. 예를 들어, 중재 제거 설계에서는 중재의 적용과 제거에 따라 동일 대상에 대한 반복된 중재 효과를 나타내며, 복수 기초선 설계에서는 대상자(또는 행동이나 상황)마다 중재 효과를 반복하여 보여 줄 수 있다. 즉, 중재가 소개되었을 때만 표적 행동이 목표하는 방향으로 변화하고 그렇지 않을 때는 중재가 소개되기 전인 기초선 수준인 것을 반복해서 보여 주는 것이다. 이러한 중재 효과의 반복 입증은 연구 대상의 행동 변화가 다른 변수 때문이 아니라 중재에 의한 것임을 보여 주는 셈이다. 한 연구 내에서 중재 효과를 반복하여 보여 주는 것은 독립 변수의 효과에 대한 예측성과 검증력을 같은 연구 내에서 되풀이하여 보여 주는 것이므로 연구의 내적 타당도를 높여 준다. 따라서 연구의 이러한 중재 효과의 입증을 위해서 연구자는 연구 기간 동안 중재 이외의 다른 변수들을 가능한 범위 내에서 최대한 통제하는 것이 필요하다.

3) 기초선 설정

기초선 자료는 연구 대상에게 어떠한 중재도 적용하기 전의 표적 행동의 현행 수준을 의미한다. 개별 대상 연구에서 중재 적용 전의 수준을 의미하는 기초선 자료의 의미는 무엇일까? 개별 대상 연구에서는 중재 효과를 입증하기 위해 개별 대상의 수행 수준이 시간의 흐름에 따라 중재 전과 중재 이후에 나타낸 변화를 분석한다고 했다. 따라서 중재를 실시하기 전의 자료를 보여 줄 수 있는 기초선의 설정은 개별 대상 연구에서 중재 효과를 입증할 수 있는 중요한 비교 기준을 세우는 것이다(Kazdin, 2011; Richards, Taylor, Ramasamy, & Richards, 1999; Tawney & Gast, 1984). 중재 효과를 개별 대상 내에서 비교해야 하는 개별 대상 연구에서 기초선은 집단 연구의 통제 집단과 같이 중재 효과의 비교 기준의 역할을 한다. 즉, 중재 기간 동안 행동 변화의 자료를 중재 적용 전인 기초선 기간의 자료와 비교하여 중재의 효과를 평가하는 것이다.

기초선이 중재 효과의 비교 기준의 역할을 할 수 있는 주된 이유는 기초선 자료가 연구 대상의 종속 변수에 대한 현행 수준을 기술하는 동시에 종속 변수의 미래 수준을 예언해 주기 때문이다. 기초선 기간에 연구 대상의 표적 행동의 자료를 그래프에 옮겨 놓은 기초선 자료를 통해 연구자는 문제가 존재하는지, 문제가 있다면 그 정도가 어떠한지 알게 되므로 기초선 자료에 근거하여 중재를 적용할 것인지 결정할 수 있다. 또한 기초선 자료는 연구 대상에게 중재가 적용되지 않는다면 계속하여 어떤 수준을 나타낼 것인지를 연구자가 예측할 수 있게 해 준다. 중재가 적용되지 않는다면 종속 변수는 기초선 수준을 계속 나타낼 것으로 추측할 수 있으므로, 중재를 적용하여 자료에 변화가 나타난다면 기초선 자료를 근거로 하여 중재 효과가 있었는지 결정할 수 있는 것이다. 그러므로 기초선 자료는 집단 연구에서의 사전 검사 결과 또는 통제 집단의 자료와 같은 역할을 한다고 할 수 있다.

그러므로 기초선 자료는 자료의 방향을 예측할 수 있도록 안정적인 경향을 보여 주는 것이 바람직하다. 기초선 자료가 안정적이지 못할수록 중재를 언제 시작할지 결정하기 어렵고, 중재 효과를 결정하기도 어려워진다. 사실 기초선 측정의 목적은 중재가 적용되기 전에 행동이 얼마나 자주, 얼마나 오랫동안 지속되는지 등을 관찰·측정하여 자연스럽게 발생하는 연구 대상 행동에 대한 설명을 제공하는 것에 있다. 즉, 기초선 자료는 중재의 효과를 결정하기 위한 비교 자료로서 제공된다. 따라서 연구 대상의 대부분의 행동이 매우 안정적이라면 가장 이상적인 기초선 자료라고 할 수 있다. 그러나 자연스러운 상황에서 인간의 행동은 다양하고 때로는 변화무쌍하다. 그러므로 실험실이 아닌 현장에서 이루어지는 응용 연구에서는 기초선 자료에서 어떤 뚜렷한 경향성(예: 증가, 감소)이 나타나지 않고, 자료의 분산 정도가 비교적 작으면 안정적이라고 할 수 있다. 만일 기초선 자료에서 증가나 감소의 경향이 뚜렷이 보이면, 중재 이후 이 경향이 반대 방향으로 나타나지 않는 한 명료한 결론을 얻기 어렵다. 또한 행동의 변화 폭이 심하면 예측 가능한 기초선 자료를 얻기 위해서는 더 많은 자료의 측정이 필요하다.

그렇다면 기초선 자료가 안정적인 경향을 보여 주기 위해서는 얼마나 많은 기초선 자료가 필요할까? 많은 연구자들이 중재가 시작되기 전에 최소 3~5개의 연속된 자료가 필요하다고 얘기하지만, 기초선 자료가 얼마나 필요한지는 연구 대상의 행동 패턴(특히 변화의 정도)과 실험 상황에 따라 달라질 수 있다. 적절한 기초선 기간의 길이는 중재 기간과 비교가 가능한 행동 패턴이 형성되는 만큼이라고 할 수 있다 (Kennedy, 2005). 물론, 중재가 시작되기 전에 행동이 아주 예측하기 쉬운 패턴이나 안정적인 패턴을 갖게 되면 좋다. 그러나 안정적인 패턴을 기다리느라 중재 적용을 미루기에는 표적 행동이 너무 위험하다면 그렇게 많은 기초선 자료를 모으는 것은 윤리적 문제가 따르므로 주의해야 한다.

4) 시각적 분석

개별 대상 연구에서는 개별 대상의 행동을 지속적으로 반복하여 관찰하고 측정한 자료를 통계적 방법보다는 주로 그래프에 옮겨 시각적으로 분석하고 평가한다(Kazdin, 1982; Richards, Taylor, Ramasamy, & Richards, 1999; Tawney & Gast, 1984). Martin(1985)

은 개별 대상 연구는 통계적 활용을 요구하지 않으며, 연구 결과를 시각적으로 제시하여 해석하기 쉽다는 것을 개별 대상 연구의 큰 장점으로 지적했다. 시각적 분석에서는 한 실험 단계(기초선, 중재, 유지 등) 내의 자료나 실험 단계 간의 자료의 수준, 경향, 변화율, 중첩의 정도를 분석한다. 자료의 시각적 분석에 대해서는 이 책의 12장에서 구체적으로 설명했다. 자료의 시각적 분석은 중재 방법의 변화가 왜, 언제, 얼마 동안 있었는지에 대한 자세한 정보를 제공해 준다. 시각적 분석의 내용과 방법은 집단 연구 방법의 통계 처리에 비해 상대적으로 쉽게 사용될 수 있다. 그런데 전통적으로 개별 대상 연구는 시각적 분석으로 평가해 왔으나, 시각적 분석 결과의 신뢰도에 대한 의심이 제기되면서 개별 대상 연구에서도 통계적 분석을 시각적 분석과 함께하자는 주장이 나오고 있다(Campbell, 2005; Oliver & Smith, 2005; Park, Marascuilo, Gaylord-Ross, 1990; Wolery & Harris 1982). 하지만 통계적 분석을 하더라도 실천 현장의 연구가 주를 이루는 개별 대상 연구의 자료 분석에서 중재 효과의 일차적 기준은 임상적 중요성이지 통계적 유의미성이 아님을 기억할 필요가 있다.

5) 기타 특징

일관성 있는 반복 측정과 관련한 또 다른 개별 대상 연구의 특징은 유연성이다. 유연성이란 연구 도중에라도 중재와 연구 설계를 변경하는 것이 가능함을 의미한다. 개별 대상 연구에서는 표적 행동을 체계적 방법으로 일관성 있게 지속적으로 반복하여 관찰하고 측정하여 그 자료를 그래프로 옮기기 때문에 중재 도중에라도 그 효과를 분석하는 것이 가능하다. 그렇기 때문에 연구 자체를 위해서 효과 없는 중재를 계속 진행시킬 수 없는 경우에는 자료에 근거하여 중재 도중에라도 중재를 중단 또는 변경시키는 결정을 할 수 있다. 따라서 연구 도중에라도 연구를 다시 시작하지 않고 설계를 변경하는 것이 가능하다.

또 다른 개별 대상 연구의 특징은 한 사람도 제외되는 사람이 없이 연구에 참여하는 모든 대상에게 중재가 적용된다는 것이다. 집단 연구에서는 한 집단에 속한 개인은 다른 집단에 속한 사람과 다른 독립 변수를 경험하고, 두 집단의 수행의 차이는 서로 다른 독립 변수에 기인한다고 보기 때문에 통제 집단에 속한 개인은 중재의 적용에서 제외된다. 그러나 개별 대상 연구에서는 개별 대상의 행동 변화를 시간의 흐름과 함께 실험 조건에 따라 비교하는 것이기 때문에 중재가 적용되지 않은 연구 대상이 있을 수 없다.

그 외에도 개별 대상 연구는 한 연구를 다른 연구자가 반복하여 실행하는 것이 가능할 만큼 중재에 대해 구체적으로 기록한다는 특징을 가지고 있다. 중재에 대한 자세한 기록이 필요한 이유는 반복 연구를 가능하게 하여 연구의 외적 타당도를 높여 주기 위해서다. 중재 절차가 충분하게 기록되지 않거나 중요한 요소를 빠뜨리고 기록한다면 반복 연구의 성공은 기대하기 어렵다. 그뿐만 아니라 중재에 대한 구체적 기록은 효과적인 연구 결과를 바로 교육 및 치료 현장에 적용하기 쉽도록 도와준다.

또한 일반적으로 개별 대상 연구는 한 명 또는 소수의 참여자를 대상으로 이루어진다는 특징을 가지고 있다. 그런데 개별 대상에 대한 행동을 오랜 기간 집중적으로 연구하여야 하므로 한 연구자가 동시에 다수를 대상으로 모두 개별화하여 연구하기는 어렵다. 예를 들어, 한 연구자가 30명이 넘는 연구 대상의 문제 행동을 직접 관찰하고 기록하고 각각의 대상에게 중재를 실시하는 것은 어려운 일이다. 이러한 이유로 개별 대상 연구는 주로 소수의 연구 대상으로 이루어지지만 그 적정 인원이 정해져 있는 것은 아니다. 그러나 개별 대상 연구가 반드시 소수의 연구 대상으로 이루어져야 하는 것은 아니다. 방법론적으로 보면, 연구 대상의 수에 상관없이 연구 대상 자체를 개별화하기만 하면 된다(Foster, Watson, Meeks, & Young, 2002). 예를 들어, 5명의 아동에 대해 한 아동씩 개별화하여 연구하든지 15명의 아동에 대해 5명씩 묶어서 세 집단을 한 집단씩 개별화하는 것도 가능하다. 물론 개별 대상 연구는 아직까지 일반적으로 한 사람 또는 소수를 대상으로 개별화하여 이루어지고 있는 경우가 가장 많지만, 소수의 집단을 개별화하여 적용할 수도 있다는 것이다.

6) 개별 대상 연구의 제한점

개별 대상 연구는 몇 가지의 제한점을 가지고 있다. 먼저, 가장 중요한 제한점은 연구의 결과를 일반화하기가 어렵다는 것이다. 사례수가 제한되어 있기 때문에 연구의 외적 타당도가 낮은 것은 당연하다. 그러므로 개별 대상 연구를 사용하는 연구자는 개별 대상 연구에서 얻은 결과를 지나치게 일반화하려는 시도를 하지 않아야 한다. 그런데, 개별 대상 연구의 결과를 일반화하기 어렵다는 것은 제한점이기도 하지만 앞서 언급한 것처럼 이것은 개별 대상 연구의 특성이면서 긍정적으로 생각될 수 있는 점이기도 하다. 왜냐하면, 집단 연구를 통해 얻어진 '일반적인' 결과보다는 실제 현장에서 유용하게 적용될 수 있는 지식은 개별 대상 연구가 초점을 맞추는 특정의 구체적인 개인에 대한 자세한 정보이기 때문이다. 그러므로 개별 대상 연구에서는 연구 대상에 대하여 정확하고 구체적인 정보를 제공해야 한다. 연구 대상에 대한 정확하고 구체적인 정보를 제공해 주면, 첫째, 연구 결과를 읽는 독자는 연구 결과가 일반화될 수 있는 범위를 판단할 수 있고, 둘째, 다른 연구자들은 반복 연구를 위한 자료로 사용할 수 있으며, 셋째, 현장에서 중재를 적용하는 자는 중재 효과의 가능성이 있는 대상을 찾기가 더 쉬워진다(양명희, 최호승, 2004). 연구 대상의 정보를 기술하는 것에 대해서는 4장에서 구체적으로 다루었다.

그리고 개별 대상 연구는 빈번하게 발생하며 반복해서 측정될 수 있는 행동이 아닌 경우에는 적용하기 어렵다는 제한점이 있다. 왜냐하면 개별 대상 연구는 관찰과 측정이 가능한 구체적인 행동에 초점을 두기 때문이다. 즉, 개별 대상 연구는 겉으로 드러나는 명백한 행동의 평가를 중심으로 이루어진다. 또한 관찰할 수 있는 행동이라 할지라도 1년에 한두 차례 발생하는 행동에는 개별 대상 연구를 적용하는 것이 적절하지 않다.

4 실천 현장에서 개별 대상 연구의 필요성

교사나 임상 전문가가 자신이 사용한 중재를 통해 학생이나 환자가 많이 향상되었다고 말할 때 관련자들은 무슨 행동이 어떻게 얼마나 달라졌으며, 그 변화가 정말로 그들이 사용한 중재의 결과인지 궁금해할 것이다. 이런 상황에서 교사나 임상 전문가가 자기가 사용한 중재와 개별 대상의 행동 사이의 관계를 명확히 하여 각 개별 대상의 행동 변화를 위해 자신이 노력한 모든 과정과 결과를 객관적 자료로 입증할 수 있어야 한다. 이처럼 교육과 임상 현장이야말로 계속적으로 새로운 연구를 이해하고 적용하는 능력이 절실히 요구되는 곳이다.

임상 전문가와 교사들에게는 연구 결과를 읽고 해석하는 능력, 연구가 수행되는 과정에 대한 지식, 연구 활동을 수행할 수 있는 기술이 요구된다(Lewis & Blackhurst, 1983). 현장에서 일하는 그들이 현행 연구 결과를 읽고 해석할 수 있다면 현장 전문가로서 가장 최신의 지식을 보유할 수 있게 될 것이다. 또한, 현장연구에 관한 절차에 대한 지식과 기술을 갖추고 있을 경우 자신이 일하는 현장에서 손쉽게 연구를 수행하면서 새로운 전문 지식을 확장시키는 일에 참여할 수 있게 될 것이다. 즉, 연구와 현장을 연결시키는 역할을 감당하며 훌륭한 연구 생산자가 될 수 있다. 그러므로 현장 전문가들의 현장 연구에 대한 지식과 기술 습득이 절실히 필요하다. 현장 전문가들이 매일 자신의 실천 현장에서 일어나는 일을 연구와 연결시킨다면 실천 현장과 연구는 더욱 긴밀한 관계를 맺게 되어 그 간극이 줄어들 것이며, 실천적 연구자들을 통해 연구는 더욱 발전하게 될 것이다. 그 결과는 또 다른 현장 전문가들의 실천 현장을 발전시키는 선순환 구조를 만들어 갈 것이다.

일반적으로 실험 연구자가 지녀야 할 특성은 다음과 같다(Gast, 2010).

1) 문제를 발견하고 분석할 수 있어야 한다.
2) 창의적인 해결 방안을 개발할 수 있어야 한다.
3) 중재를 체계적인 방법으로 적용할 수 있어야 한다.
4) 중재의 효과에 대해 증거 자료를 제시할 수 있어야 한다.
5) 자료에 근거해서 결정할 수 있어야 한다.

위에서 제시한 실험 연구자에게 요구되는 모든 특성을 살펴보면 임상 전문가나 교사에게도 동일하게 요구되는 특성임을 알 수 있다. 따라서 연구자와 현장 관계자가 따로 구분되는 것이 아니라 현장에서 이루어지는 현실을 연구로 발전시킬 수 있도록 독려하고 현장 전문가의 연구 능력을 향상시키는 일이 절실히 필요하다.

다양한 현장 연구 방법이 있지만 현장 전문가가 자신의 직업을 충실히 수행하면서 동시에 자신에게 찾아오는 학생이나 환자를 대상으로 실행하기 쉬운 연구가 바로 개별 대상 연구다. 교사나 임상 전문가가 개별 대상 연구 방법을 알면 자신들이 적용하는 중재의 효과를 체계적으로 평가할 수 있을 뿐 아니라, 여러 전문 학술지에서 현장 연구로 끊임없이 발표되고 있는 수많은 실험 연구 결과를 더욱 쉽게 이해하고 자신의 현장에 있는 교육과 치료 대상들에게 연구에 기반을 둔 최신 중재를 적용할 수 있을 것이다. 나아가 자신들의 중재 효과를 입증할 수 있는 연구자가 되게 해 줄 것이다. 사실 미국의 경우에는 교육 현장에서 학생들의 문제 행동에 대한 중재 연구로 가장 보편적으로 사용되고 있는 연구 방법이 개별 대상 연구 방법이다(Mooney, Epstein, Reid, & Nelson, 2003). 그뿐만 아니라 교사나 임상 전문가들은 연구에 대해 긍정적인 관심을 보이고 있다(Cooke, Test, Heard, Spooner, & Courson, 1993). 실제로 미국의 경우, 계속해서 실천 현장에서 개별 대상 연구 사용이 증가하고 있는데(Hammond & Gast, 2010), 우리나라의 경우는 아직도 특정 학문 영역에서만 조금씩 수행되고 있는 실정이다(박은영, 김삼섭, 조광순, 2005).

실천 현장에서 개별 대상 연구 방법이 필요한 이유는 다음과 같다. 첫째, 실천 현장에서는 평균에서 벗어난 예외적인 소수의 대상들에게 중재가 필요한 경우가 많다. 그러한 대상들은 대부분 집단 연구의 결과 적용에서 예외가 될 수 있는 경우에 해당하며, 전체의 1% 또는 5%에 해당한다. 그런데 그 1%나 5%에 해당될 수 있는 개인들은 전체에 비해 숫자로도 소수일 뿐 아니라 서로 개인차도 심하다. 이러한 대상들을 중심으로 실험 집단을 구성할 만큼의 동질 집단을 충분히 구하기는 어렵다. 그뿐만 아니라 현장 전문가들은 개인의 중재에 대한 반응이 어떤지가 중요하기 때문에, 집단의 평균 점수보다는 개인 내에서 변화의 비교를 필요로 한다. 이렇게 실천 현장에서 중재를 필요로 하는 대상들의 특성과 현장 전문가들의 필요를 고려할 때, 개개인의 대상에게 개별적으로 중재를 적용하면서 행동 변화를 기록하는 개별 대상 연구는 교육 및 임상 현장 연구로 적절한 연구 방법이다.

둘째, 실천 현장에서 다루는 문제에 관한 연구 질문은 대부분 매우 구체적이다. 예를 들어, '반복적 단일 운동 치료와 과제 지향적 운동 치료가 뇌졸중 환자의 상지 기능에 미치는 효과' '음식 만들기 놀이를 통한 편식 행동의 향상' '감각 통합 치료가 자폐 범주성 장애 아동의 지속적인 몰두에 미치는 영향' '자기 관찰 기법을 통한 함묵 아동의 말하기 행동의 향상' 등 매우 구체적인 경우가 대부분이다. 이렇게 개별 대상에게 실시하는 구체적인 행동에 대한 중재 효과를 입증하고자 하는 경우 개별 대상 연구가 유용하다.

   셋째, 실천 현장에서 통제 집단을 구하기가 쉽지 않다. 첫 번째 이유와 동일하게 통제 집단을 위해 동일한 문제를 가진 다수를 구하기도 어렵지만, 어떠한 개입이라도 해야 하는 교육 및 임상 현장에서 아무런 중재도 실시하지 않는 통제 집단을 만든다는 것은 윤리적으로도 옳지 않다. 이렇게 통제 집단을 구성하기 어려운 경우에도 개별 대상 연구는 유용한 연구 방법으로 사용될 수 있다.

   넷째, 교육 및 임상 현장에서는 연구 도중에라도 연구 내용(즉, 중재 내용)을 수정해야 하는 경우가 많다. 교육 현장에서는 연구만을 위한 연구 진행은 이루어질 수 없으며, 연구 도중에라도 연구 내용을 바꾸거나 그 외의 다른 결정을 해야 하는 경우가 있다. 이런 경우에 연구 도중에도 중재 효과가 없는 것으로 나타나면 중재 내용을 바꾸거나 설계 자체의 수정이 가능한 유연성을 지닌 개별 대상 연구를 사용할 수 있다. 개별 대상 연구는 중재와 측정 방법이 대상에게 개별적으로 적용되고, 절차의 특성상 연구 대상과 중재를 수행하는 동안에 연구를 진행하는 교사에게 중재 과정 동안 지속적인 피드백을 줄 수 있다. 이는 피드백에 따라 중재 방법(독립 변수)이 바뀔 수 있음을 의미하는데, 개별 대상 연구는 이렇게 중재 방법의 변화가 있더라도 연구를 중단 없이 진행할 수 있는 장점이 있다.

5 개별 대상 연구의 절차

   개별 대상 연구의 절차는 다른 종류의 실험 연구 절차와 크게 다르지 않지만, 개별 대상 연구만의 특성 때문에 조금 다른 부분도 있다. Hemmeter와 그의 동료들(1996)은 현장 전문가가 개별 대상 연구를 수행하며 스스로 점검해 볼 수 있도록 연구 진행 순서에 따른 체크리스트를 개발하였다. 여기서는 그들이 개발한 체크리스트를 우리나라의 현장 연구 실정에 맞게 수정하여 [그림 2-1]에 제시하였다. [그림 2-1]에서 제시하는 체크리스트에 따른 연구 수행은 연구의 내적 타당도 위협 요소를 어느 정도 예방하도록 도와주고 연구의 원활한 진행을 안내해 줄 것이다.

단계		연구 수행 내용	수행 여부
도입 단계	1	연구 질문 찾기	
	2	연구를 위한 중재 수행 장소 찾기	
	3	연구 질문 정하고 연구 설계 방법 선택하기	
	4	연구 대상 선정하기	
	5	동의서 구하기/부모 허락 얻기	
	6	연구 대상에 대한 필요 정보 구하기	
	7	중재 방법 결정하기	
	8	종속 변수의 조작적 정의하기	
	9	관찰 자료 수집 방법 정하기	
	10	연구에 필요한 자료 구입 또는 제작하기	
	11	중재 충실도 점검표 제작하기	
실행 단계	12	관찰자 간 일치도 측정하기	
	13	관찰 자료 수집하고 요약하기	
	14	중재 적용과 중재 충실도 점검하기	
마무리 단계	15	연구 관계자에게 감사 인사하기	
	16	연구 대상 정보 수정하기	
	17	연구 결과 분석하기	
	18	부모에게 자료 제공하기	
	19	사회적 타당도 구하기	
	20	연구 논문 작성하고 발표하기	

출처: 양명희(2013)

[그림 2-1] 개별 대상 연구의 연구 단계 수행 체크리스트

[그림 2-1]의 내용을 단계별로 간단히 설명하면 다음과 같다.

단계 1. 연구 질문 찾기:

평소 실천 현장에서 문제가 되고 있는 것이나, 관심 있는 주제에 대한 선행 연구를 중심으로 폭넓은 잠정적 연구 질문들을 찾는다.

단계 2. 연구를 위한 중재 수행 장소 찾기:

1단계에서 찾은 주제들과 관련하여 현장과 현장의 잠재적 연구 대상이 연구를 수행하기에 적절한지 확인한다.

단계 3. 연구 질문 정하고 연구 설계 방법 선택하기:

1단계에서 찾은 연구 질문들과 관련하여 연구 질문을 좁혀 가고 구체화한다. 먼저, 연구 질문이 개별 대상 연구에 적합한지 확인하고, 연구 질문에 가장 적합한 개별 대상 연구 설계를 찾는다. 연구 질문에 독립 변수와 종속 변수가 명확히 제시되었는지 확인한다. 이때 반드시 고려해야 하는 것은 연구자가 연구 질문에 맞는 연구 설계에 따라 연구를 수행할 능력(예: 연구 방법에 대한 이해, 현장에서 관찰과 측정과 중재를 수행할 시간 등)이 있는지에 대한 확인이다. 연구 질문의 결정에 대해서는 3장을, 연구 설계 선택에 대해서는 6~10장까지를 참고할 수 있다.

단계 4. 연구 대상 선정하기:

연구 대상을 선정할 때는 연구 질문, 독립 변수, 출결 기록, 부모 허락 가능성, 건강 상태 등을 고려하여 가장 합당한 대상을 선정해야 한다. 또한 연구 도중에 연구 대상이 감소할 가능성을 고려하여 여분의 연구 대상을 선정해 놓을 필요가 있다.

단계 5. 동의서 구하기:

연구 참여자가 어리다면 동의서(예: [그림 1-4])를 부모에게 보내서 서명 확인을 받고 복사본은 부모에게 보내고 원본은 연구자가 보관하도록 한다. 그 내용은 예상되는 연구 개시일과 종료일, 연구에 참여하는 인원, 연구 참여 허락 내용, 연구 목적, 연구를 통한 혜택, 원하는 때에 연구 탈퇴 가능성, 연락처, 비밀보장, 연구에 필요한 연구 대상의 정보 조사 동의가 포함되어야 한다. 이 과정에서 연구 대상 본인의 연구 참여 동의서(예: [그림 1-3])도 구해야 한다.

단계 6. 연구 대상에 대한 필요 정보 구하기:

연구 대상에 대해 연구 당시의 생활 연령, 진단 여부, 검사 기록과 결과, 약물 복용, 건강 문제, 강점과 약점 등의 정보를 수집한다. 필요하다면 부모나 치료사, 교사와의 면담을 통한 정보 수집도 이루어질 수 있다. 연구 대상에 대한 기술 내용은 4장을 참고할 수 있다.

단계 7. 중재 방법 결정하기:

연구 질문의 답을 찾기 위한 중재 내용을 누구라도 반복하여 적용할 수 있을 만큼 구체적으로 계획하고 작성한다. 중재 방법을 결정할 때는 현장에서 중재를 수행할 수 있는지 확인해야 한다. 예를 들어, 현장에서 구할 수 없는 도구가 필요하지는 않은지, 현장 밖으로 이동해야 한다면 그런 이동이 허락되는지 등을 확인해야 한다. 중재 방법을 찾는 쉬운 방법은 선행 연구의 고찰이다.

단계 8. 종속 변수의 조작적 정의하기:

중재를 통하여 변화되기를 기대하는 종속 변수는 자주 발생하여 반복 측정이 가능한 것이어야 한다. 종속 변수를 관찰이 가능하고 측정이 가능한 용어를 사용하여 조작적으로 정의해야 한다. 종속 변수의 조작적 정의에 대해서는 5장을 참고할 수 있다.

단계 9. 관찰 자료 수집 방법 정하기:

종속 변수의 조작적 정의에 따라 알맞은 관찰 방법을 선택하고 관찰 용지를 제작한다. 연구자 외의 관찰자가 있는 경우에는 관찰과 기록과 측정의 방법에 대한 설명서를 작성하여 관찰자를 훈련해야 한다. 관찰 방법은 5장을 참고할 수 있다.

단계 10. 연구에 필요한 자료 구입 또는 제작하기:

중재를 적용하는 동안에 연구 대상에게 줄 강화물을 구입하고, 연구 기간에 사용할 수 있는 충분한 양의 관찰 기록 용지를 준비하고, 관찰에 필요한 기록 도구나 중재에 사용되는 도구 등을 준비하거나 제작한다.

단계 11. 중재 충실도 점검표 제작하기:

7단계에서 작성한 중재 계획을 참고하여 중재 적용 과정을 과제 분석하고 그 순서대로 적용하는지 확인할 수 있는 중재 충실도 점검표를 평정 척도로 작성한다.

단계 12. 관찰자 간 일치도 측정하기:

9단계에서 결정한 관찰 방법으로 관찰자 간 일치도를 측정해 본다. 실험이 시작

된 후에는 주 1회 또는 실험 상황마다 최소 1회 관찰자 간 일치도를 측정한다. 일치
도가 기준보다 낮다면 더 자주 일치도 측정을 하고, 필요하다면 관찰자를 재훈련한
다. 이 단계는 5장을 참고할 수 있다.

단계 13. 관찰 자료 수집하고 요약하기:
관찰을 통해 기초선 자료를 수집하고, 수집된 자료를 요약한다. 요약된 자료를 회
기마다 그래프에 옮겨 그린다. 자료 요약은 5장을, 그래프 그리기는 11장을 참고할
수 있다.

단계 14. 중재 적용과 중재 충실도 점검하기:
7단계에서 결정한 중재를 적용하면서 13단계의 관찰 자료 수집을 계속 수행한다. 이
단계에서는 11단계에서 작성한 중재 충실도 점검표에 따라 중재가 계획대로 적용되
고 있는지 점검한다. 중재 충실도 점검은 중재 중간쯤과 끝부분에 하는 것이 좋다.

단계 15. 연구 관계자에게 감사 인사하기:
연구가 종료된 후에는 연구와 관련된 모든 사람들(예: 연구 참여자, 부모, 현장 기관
장, 관찰자 등)에게 감사를 표시한다.

단계 16. 연구 대상 정보 수정하기:
연구를 진행하는 동안 연구 대상에 대한 정보가 변경된 내용이 있는지 검토하고
수정한다.

단계 17. 연구 결과 분석하기:
그래프에 나타난 자료를 시각적으로 분석하여 연구 결과를 해석하고 기록한다.
자료 분석은 12장을 참고할 수 있다.

단계 18. 부모/연구 대상에게 자료 제공하기:
연구를 진행하는 동안에 수집된 연구 대상의 종속 변수 자료의 변화에 대한 요약

내용을 구체적인 일화 기록 내용과 함께 부모 또는 연구 대상에게 제공하는 것이 바람직하다.

단계 19. 사회적 타당도 구하기:

연구의 사회적 타당도를 구하기 위해 중재 목표의 중요성, 중재 절차의 적절성, 중재 결과의 실용성에 대해 평가할 수 있는 설문지를 제작하고, 연구 대상과 연구에 참여하지 않은 연구 대상의 주변 사람들에게 작성하게 한다. 이 내용은 13장을 참고할 수 있다.

단계 20. 연구 논문 작성하고 발표하기:

논의와 함께 연구 논문을 작성한다. 학술지, 학술 대회 등을 통해 연구 내용을 발표한다. 연구 보고서 작성에 대해서는 15장을 참고할 수 있다.

연구 질문

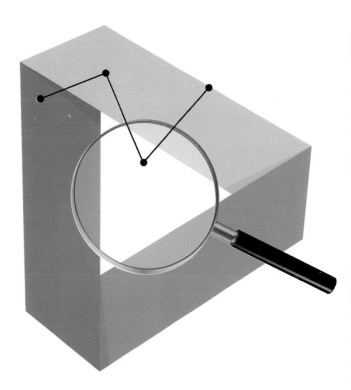

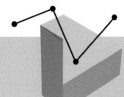

핵심 용어의 정의

문헌 검토

연구 질문의 도출과 연구의 이론적 근거를 제공하기 위해 문헌을 찾아 읽고 정리하는 과정을 의미한다.

증명 질문

독립 변수와 종속 변수 사이에 기능적 관계가 있는지를 묻는 질문이다.

비교 질문

동일한 종속 변수에 대해 두 가지 이상의 독립 변수의 효과를 비교하는 질문이다.

매개 변수 분석 질문

독립 변수에서 어떤 매개 변수의 양을 변화시키는 것이 종속 변수의 변화와 관련이 있는지 묻는 질문이다.

구성 요소 분석 질문

독립 변수의 요소들을 낱낱이 분석할 필요가 있을 때, 독립 변수의 효과에 있어서 무엇이 왜 작용하는지 묻는 질문이다.

 1장에서 연구란 연구 질문에 대한 답을 찾는 과정이라고 했다. 즉, 연구의 출발선이 연구 질문이라고 할 수 있다. 무엇을 연구할 것인지가 연구 질문에서 결정된다. 그러므로 훌륭한 연구의 전제 조건으로 좋은 연구 질문이 요구된다. 연구 질문이 잘 만들어지면 연구 진행이 쉽고 즐거울 뿐 아니라 실천 현장에 도움이 되는 연구 결과를 산출할 수 있지만, 그렇지 못하면 고생은 고생대로 하면서 연구 진행도 어렵고 그 결과도 실천 현장에 큰 도움이 되지 못할 수 있다. 그러므로 좋은 연구 질문을 개발하는 것은 연구의 성공을 이끄는 중요한 열쇠라 할 수 있다. 여기에서는 연구 질문의 중요성과 연구 질문의 종류를 중심으로 연구 질문을 개발하는 방법을 설명하겠다.

1 연구 질문을 찾을 수 있는 자원

 연구 질문을 어디서 어떻게 찾을 것인가? 김재은(1995)은 연구 질문을 찾을 수 있는 자원으로 연구자 자신의 관찰과 경험, 탐구와 독서, 선행 연구와 관계 문헌의 분석, 특정 분야에 대한 지식의 분석, 실천 현장의 필요에 대한 분석, 과거 연구의 반복 또는 확대, 진행 중인 연구의 분석 등을 들고 있다. 이러한 여러 자원들은 1) 기존의 연구들, 2) 현장에서 만나는 문제들, 3) 전문 영역의 이론이나 원리 등으로 나눌 수 있다(Wolery & Lane, 2010).

 먼저, 새로운 연구를 찾기 위해 기존 연구를 검토할 수 있다. 기존 연구의 문헌 검토를 통해 연구할 만한 질문을 찾을 수 있는 것이다. 특히 선행 연구에서 제시하는 연구의 제한점이나, 선행 연구의 논의 부분에서 미래 연구를 위해 제언하는 내용 중에서 연구 주제를 찾을 수도 있다. 예를 들어, 송우진 등(2013)은 연하 장애를 가진 뇌성마비 아동의 구강 기능에 대한 구강 감각 치료의 효과를 알아본 연구에서 후속 연구에서는 뇌성마비의 마비 유형과 장애 유형을 고려해서 각 유형 간의 구강 기능의 차이를 알아보는 연구가 필요하다고 했다. 그러한 제언을 받아들여서 자신의 연구 질문으로 발전시킬 수 있다. 또한 기존의 선행 연구를 체계적으로 반복하는 것도 연구 질문을 찾는 훌륭한 방법이다. 예를 들어, 선행 연구의 연구 대상, 상황, 절차, 측정, 설계 등에서 한 부분만 달리하여 연구를 수행하는 것도 좋은 연구 질문이 될 수 있다. 예를 들어, 자폐 아동에 대한 자기 모델링 중재 효과를 묻는 연구가 있었다면, 연구 대상을 달리하여 정신지체 아동에 대한 자기 모델링 중재 효과를 묻는 연구 질문을 만들 수 있다. 이미 완성된 연구를 체계적으로 반복하는 연구는 연구의 많은 부분이 실행되어 있기 때문에 실패할 부담이 적어 연구의 초보자가 시행하기에 좋은 방법이다. 대부분 현장에서 적용할 수 있는 증거 기반의 실제들은 단 하나의 연구 결과에서 나온 것이 아니라 같은 연구 주제로 이루어진 여러 개의 반복 연구 결과로 이루어지는 것이다. 반복 연구는 일반화를 입증하는 좋은 자료가 된다. 그런데 기존 연구의 문헌을 통해 찾는 연구 질문은 연구를 위한 연구에 머무를 수 있고, 창의성이 떨어지며, 현실과 동떨어지기 쉽다는 비판을 받기도 하므로 주의가 필요하다(Johnston & Pennypacker, 1993).

두 번째로 연구 질문을 찾을 수 있는 자원은 실천 현장이다. 실천 현장의 일상에서 연구 대상으로서의 가능성이 있는 사람들을 주의 깊게 관찰하는 것을 통해 연구 질문을 찾을 수 있다. 잠정적인 연구 대상에 대한 관찰은 그들의 행동과 환경적 사건에 대해 질문을 갖게 해 줄 것이고, 그러한 질문을 연구 질문으로 발전시킬 수 있다. 또한 매일 마주치는 실질적인 문제들을 해결하는 과정에서도 연구 질문을 찾을 수 있다. 예를 들어, 교사가 수업 중에 학생들에게 과제를 수행하는 순서를 선택할 수 있게 해 주었더니 수업 방해 행동이 감소하는 것을 발견했다면, 과제 수행 순서에 대한 선택권을 주는 것이 학생들의 수업 방해 행동과 기능적 관계가 있는가라는 연구 질문을 만들 수 있다.

세 번째로 연구 질문을 찾을 수 있는 자원은 실천 현장의 전문 영역에 대한 원리 또는 이론이다. 즉, 이미 이론으로 정립되어 있는 원리를 현장에 적용해 보는 연구를 수행할 수 있다는 뜻이다. 예를 들어, 어떤 행동 뒤에 유쾌 자극이 주어지면 그 행동의 미래 발생률이 증가한다는 정적 강화 원리가 현장의 구체적인 문제 행동에도 효과가 있는지 알아보는 연구를 진행할 수 있다. 연구 결과, 현장의 구체적 문제 행동에도 효과가 있는 것으로 밝혀지면, 그 원리를 다시 한 번 입증하는 것일 뿐 아니라 현장에서 그 원리를 적용할 수 있는 일반화 범위가 그만큼 확대되는 것이다.

2 연구 질문 선정 과정

위에서 연구 질문을 찾을 수 있는 자원으로 기존 연구, 현장에서 만나는 문제, 전문 영역의 이론이나 원리를 살펴보았다. 이러한 자원은 연구 질문을 찾는 별개의 것들이 아니라 서로 연결되어 있다. 연구자는 일반적으로 이러한 자원들을 고루 이용하여 연구 질문을 찾아간다. 대부분의 연구 질문을 선정하는 과정에는 반드시 선행 연구나 이론에 관한 문헌의 검토가 따르게 마련이다. 여러 학자들이 연구 질문을 찾는 과정으로 제안한 것들을 종합해 보면 1) 관심 분야의 결정, 2) 문헌의 검토, 3) 연구 질문의 선정이라는 세 단계로 요약할 수 있다(김석우, 2002; 문수백, 2003; 이강현, 황택주, 박여범, 1998; Gast, 2010). 즉, 여러 자원을 통해 연구자의 관심 영역을 좁힌 후, 문헌을 근거로 하여 가능한 여러 연구 질문 중에서 한 가지를 선정하게 되는 것이다.

1) 관심 분야의 결정

연구자는 앞에서 설명한 연구 질문을 찾을 수 있는 여러 자원들을 통해 자신이 관심 있는 분야를 발견할 수 있다. 그런데 무엇을 연구할 것인지에 대한 연구자의 개인적 관심이 중요한 이유는 연구자의 관심과 흥미가 연구에 몰입하도록 하는 동력이 되어 연구를 성공적으로 마칠 수 있도록 도와주기 때문이다. 연구자가 별 관심이 없는 분야에 대해 문헌을 찾고 요약하고 평가하고 기술하는 것은 참으로 지루하고 고된 작업이 될 것이다. 따라서 연구자는 평소에 관심이 있는 분야 중에서 연구 질문을 끌어내야 한다.

평소에 관심 있던 분야가 있으면 그에 대한 질문 목록을 여러 개 만들어서 고르는 것도 한 방법이다. 예를 들어, 평소 장애아 통합 교육에 관심이 있다면 이에 대한 여러 질문들을 작성해 보고, 그중에서 선택하여 그 질문에 대한 문헌들을 검토해 보는 것이다. 관심 분야가 없다면 전공 관련 학술지나 전공 서적을 자주 읽어 보면서 관심을 끄는 영역이 있는지 살펴보는 것이 도움이 된다. 전공 관련 학술지에 실린 논문 제목들을 훑어보면서 관심 가는 제목에 표시하는 것도 좋은 방법이다. 그런 방법으로 관심 분야가 몇 가지로 좁혀지면 표시된 제목의 학술지 초록을 검토한다. 초록을 읽으면서도 흥미가 계속되는 논문은 전문을 찾아 읽어 보는 방법으로 관심 분야를 더 좁혀 갈 수 있다. 또한 전문가들을 만나서 최근 논쟁이 되는 문제나 그들의 연구에서 직면하는 어려움을 들어 보는 것도 관심 분야를 찾을 수 있는 한 방법이다.

2) 문헌의 검토

(1) 문헌 검토의 목적

연구의 관심 분야가 결정되면 그 분야와 관련된 이론이나 선행 연구를 고찰하여 관심 분야에 대한 체계적 이해와 지식을 쌓아야 한다. 그런데 초보 연구자 중에는 문헌 검토는 연구 질문이 만들어진 다음에 그와 관련된 문헌을 찾아 검토하는 것으로 오해하는 경우가 있는데, 그렇지 않다. 문헌 검토는 연구 질문을 선정하기 위해서도 필요하고, 선정된 연구 질문에 대한 잠정적인 답의 근거를 제시하기 위해서도 필요하다(문수백, 2003). 연구 질문은 단순한 호기심으로 결정될 수 없고, 이론적 또는 경험적 근거를 가지고 제시되어야 한다.

관심 분야를 찾는 과정에서 연구자는 고찰한 문헌과 이론에 입각하여 지금 관심을 갖는 현상에 대해 설명과 예언을 할 수 있다. 그런데 거기에서 그치지 않고 관심 현상에 대한 이론적 설명과 예언이 사실인지 경험적으로 확인해 보고 싶을 수 있다. 그러한 궁금증이 연구 질문이 되는 것이다. 또한 선행 연구의 고찰을 통해 관심 있는 영역의 연구가 현재 어느 정도로 이루어졌는지 알게 될수록 그 분야에서 미개척 부분의 새로운 연구 질문을 찾기가 쉬워진다. 그러므로 연구 질문 선정을 위해서 문헌 검토가 반드시 요구된다. 또한 연구 질문에 대한 잠정적인 답(연구 가설)에 대한 근거 자료를 제공하기 위해서도 문헌 검토는 요구되는 것이다. 그러므로 검토된 문헌이 두 가지 모두의 경우에 공통적으로 인용될 수 있지만 그 목적이 다르므로 인용되는 정보도 다를 수 있음을 이해해야 한다. 쉽게 설명하자면, 논문의 '서론' 부분에서 연구 질문이 나오게 된 배경을 설명하기 위한 문헌 검토가 필요하고, 논문의 '이론적 배경 및 선행 연구의 고찰' 부분에서 연구 질문에 대한 잠정적 답에 대한 근거를 제공하기 위한 문헌 검토도 필요하다.

　연구자가 선정한 연구 질문에 대한 잠정적 답이 여러 가지일 수 있다. 예를 들어, '칭찬은 지적장애 아동의 교사 지시 따르기 행동에 영향을 미치는가?'라는 연구 질문에 대해 다음과 같은 세 가지 잠정적 답이 있다고 하자: 1) 칭찬은 지적장애가 있는 아동의 교사 지시 따르기 행동을 증가시킬 것이다, 2) 칭찬은 지적장애가 있는 아동의 교사 지시 따르기 행동을 감소시킬 것이다, 3) 칭찬은 지적장애가 있는 아동의 교사 지시 따르기 행동에 아무런 영향을 주지 않을 것이다. 세 가지 잠정적 답 중에서 연구자는 문헌 검토를 통해 가장 확실한 지지적 근거를 확보할 수 있는 답을 자신의 연구 질문에 대한 잠정적 답으로 선택한다. 그 답이 '칭찬은 지적장애가 있는 아동의 교사 지시 따르기 행동을 증가시킬 것이다.'라면 그 답의 근거가 될 수 있는 자료들을 수집하고 검토하고 분석하여 '이론적 배경 및 선행 연구 고찰' 부분에 제시해야 한다. 따라서 문헌 검토는 연구 질문을 선정하기 위해서도, 선정된 연구 질문의 잠정적 답에 대한 근거를 제시하기 위해서도 필요한 것이다.

　그 외에도 문헌 검토의 구체적 목적으로 김석우(1997)는 다섯 가지를 제시했다. 첫째, 연구자는 문헌 검토를 통해 자신의 연구 문제의 범위를 정할 수 있다. 즉, 문헌 검토를 통해 다른 연구자들이 어떻게 연구 문제의 영역을 한정했는지를 알 수 있게 된다는 것이다. 둘째, 연구자는 문헌 검토를 통해 다른 연구자들이 간과한 새로운 방법과 영역을 발견할 수 있다. 즉, 자신의 관심 영역에서 이루어진 선행 연구들을 검토하면서 다른 연구자들이 미처 보지 못한 부분을 찾을 수 있다. 셋째, 연구자는 문헌 검토를 통해 이전에 효과가 없었던 비효율적인 접근 방법을 알게 될 수 있다. 이를 통해 불필요한 시간 낭비를 줄일 수 있다. 넷째, 연구자는 문헌 검토를 통해 문제 해결을 위한 방법적 통찰을 할 수 있다. 즉, 문헌 검토에서 연구 결과 외에 의외로 얻게 되는 다른 정보가 자신의 연구 계획에 도움이 될 수 있다. 다섯째, 연구자는 문헌 검토를 통해 후속 연구를 위한 제언을 살펴볼 수 있다. 이를 통해 연구 주제를 발견할 수 있다. 김주아 등(2013)은 가독성 높은 문헌 검토란 개별적인 선행 연구들이 서로 어떻게 연관되며, 공통적으로 지지하는 방향은 무엇이고, 그 가운데서 아직 발견하지 못한 부분은 무엇인지, 이런 내용들이 연구자가 추진하려는 연구와는 어떻게 관련이 있는지 등의 지식과 정보를 제시해 주는 것이라고 했다.

특히 선행 연구를 검토하는 이점은 연구하려는 주제에 대해 지금까지 밝혀진 것이 무엇인지, 현장에 시사하는 바가 무엇인지, 연구 결과를 제한하는 요인은 무엇인지, 지금까지 어떤 연구 질문들은 대답이 되었고 어떤 연구 질문들은 대답이 되지 않았는지 등을 알 수 있다는 것이다. 또한 문헌 검토를 통해 다른 연구자들이 직면한 문제점들과 성공한 부분들을 아는 것은 자신의 연구에 큰 도움이 될 것이다. 그뿐 아니라 다른 연구자들이 연구 대상의 행동을 어떻게 측정했으며, 내적 타당도를 위협하는 요소를 어떻게 통제했는지 또는 통제하지 못했는지, 중재를 어떻게 실행했는지에 대한 정보는 자신의 연구를 어떻게 계획할 것인지에 대한 많은 단서를 제공해 준다.

정리하면 문헌 검토의 목적은 관련 문헌들을 수합하고 분석하여 연구 질문이 나오게 된 배경을 논리적으로 설명하고, 연구자의 연구 질문에 대한 잠정적 답을 지지하는 이론과 선행 연구 결과들을 집약하기 위한 것이라고 할 수 있다.

(2) 문헌 검토의 절차

문헌 검토의 절차에 대해서 김석우(1997)는 1) 연구 주제 좁히기, 2) 문헌 목록 카드 작성하기, 3) 핵심어 목록 작성하기, 4) 자료 검토하기, 5) 자료 핵심 내용 읽고 요약하여 종합하기로 구분했다. Gast(2010)의 경우는 문헌 검토 절차를 1) 주제 영역 선정하기, 2) 주제 좁히기, 3) 관련 자료 찾기, 4) 관련 문헌 읽고 정리하기, 5) 자료 구분하기, 6) 문헌들 조직하고 문헌 검토 부분 쓰기로 구분했다. 여러 학자들이 제시한 문헌 검토에 대한 다양한 절차들을 종합하면 1) 관심 분야의 문헌 자료 찾기, 2) 문헌 자료 읽고 정리하기, 3) 문헌 검토 결과 쓰기의 세 단계로 구분할 수 있다(김석우, 1997; 문수백, 2003; 이강현, 황택주, 박여범, 1998; Gast, 2010).

① 관심 분야의 문헌 자료 찾기

문헌을 찾는 일은 끈기와 체계적 전략이 요구되는 작업이다. 문헌 찾기는 관심 영역에 대해 지금까지 알려진 것들이 무엇인지 아는 데 목적이 있기는 하지만, 그렇다고 해서 모든 관련 문헌을 다 찾을 수는 없다. 따라서 검토할 자료에서 어떤 것은 포함시키고 어떤 것은 제외시킬지에 대한 기준을 만들 필요가 있다.

문헌 검토의 자료 선정에 대한 기준으로는 문헌이 출판된 형식, 출판 시기, 출판 언어 등이 될 수 있다. 출판 형식은 관심 영역에 대한 정보를 주로 어떤 종류의 자료에서 얻고 싶은지를 결정하는 것이다. 즉, 자료를 학술지, 학위 논문, 단행본, 학술대회 자료집 중에서 어느 것으로 한정할 것인지 결정하는 것이다. 출판 시기는 검토할 문헌을 10~15년 전 것으로 제한하는 것이 일반적이지만 정해진 기준이 있는 것은 아니다. 그러나 다음 세 경우는 반드시 최근의 문헌을 검토하는 것이 바람직하다: 1) 과거에 그 분야에서 광범위한 문헌 검토가 있었던 경우, 2) 최근에 그 분야의 중요한 개념이 학계에 논문으로 발표된 경우, 3) 최근에 그 분야의 연구에 영향을 주는 역사적 또는 정치적 사건(예: 2007 장애인 등에 관한 특수교육법 제정 등)이 있는 경우(Gast, 2010). 이러한 경우들은 그 이후의 문헌들을 반드시 검토해야 한다. 출판 언어는 연구자에 따라 그리고 연구 영역에 따라 어떤 언어로 쓰인 연구까지 포함할 것인지 결정할 수 있다.

문헌을 찾는 가장 일반적인 방법은 전자 검색이다. 전자 검색 자료의 예로는 ERIC, PsycINFO, Medline, RISS, newnonmun, 국회전자도서관 등이 있다. 전자 검색은 검색어로 자료의 범위를 쉽게 제한할 수 있다. 그런데 한 가지 방법의 전자 검색으로 문헌을 찾을 수 없는 경우도 있으므로 여러 가지의 전자 검색 자료를 병행하여 이용하는 것이 좋다. 전자 검색으로 문헌 자료를 찾을 수 있는 웹사이트를 국내 자료와 국외 자료로 구분하여 [그림 3-1]과 [그림 3-2]에 각각 제시했다.

국내 문헌 자료 탐색에 유용한 웹사이트(가나다순)

- 공공데이터포털 http://www.data.go.kr
- 교보문고 http://www.kyobobook.co.kr
- 구글-학술검색 http://scholar.google.co.kr
- 국립중앙도서관 http://www.nl.go.kr
- 국립중앙도서관-국가전자도서관 http://www.dlibrary.go.kr
- 국회전자도서관 http://www.nanet.go.kr
- 디비피아-학술논문 http://www.dbpia.co.kr
- 학지사-뉴논문 http://www.newnonmun.com
- 한국교육학술정보원-학술연구정보서비스 http://www.riss.kr
- 한국학술정보 http://search.koreanstudies.net
- NDSL(National Digital Science Links) 논문 http://scholar.ndsl.kr

---

[그림 3-1] 국내 문헌 자료 탐색을 위한 웹사이트

국외 문헌 자료 탐색에 유용한 웹사이트(가나다순)

- 공공데이터포털 http://www.data.go.kr
- 구글-학술검색 http://scholar.google.com
- 국립중앙도서관 http://www.nl.go.kr
- 국립중앙도서관-국가전자도서관 http://dlibrary.go.kr
- 국회전자도서관 http://nanet.go.kr
- 디비피아 학술논문사이트 http://www.dbpia.co.kr
- 아마존닷컴 http://amazon.com
- 한국교육학술정보원-학술연구정보서비스 등 http://www.riss.kr
- 한국학술정보 외국학술문헌 http://www.kstudy.com
- 해외석사박사 학위논문 http://proquest.umi.com
- 해외박사 학위논문 원문서비스 http://ddod.riss.kr
- Education Resources Information Center http://www.eric.ed.gov

---

[그림 3-2] 국외 문헌 자료 탐색을 위한 웹사이트

검색어로 찾아진 논문들은 데이터베이스에서 제공하는 초록을 통해 문헌 검토에 포함시킬 것인지 결정할 수 있다. 예를 들어, 자신의 관심 분야이기는 하지만 초록을 살펴보니 연구 대상의 연령이 생각보다 너무 어리다면 제외시켜 관련 문헌 검토의 범위를 제한할 수도 있다. 이런 기준이 세워지면 논문의 문헌 검토 부분에서 자신의 문헌 검토 범위를 밝혀 주어야 한다. 이를 위해서 전자 검색을 할 때마다 1) 어떤 검색어를 사용했는지, 2) 찾은 문헌이 몇 개인지, 3) 그중에 문헌 검토할 연구는 몇 개인지 등을 기록할 필요가 있다. 그리고 그 기록 내용은 문헌 검토 부분에서 밝혀 주는 것이 바람직하다. 이렇게 찾은 연구들은 정해진 양식에 따라 참고문헌 목록으로 작성해 놓아야 한다.

또한 문헌 검토 범위의 기준에는 해당하지만 전자 검색으로 찾아지지 않았던 자료도 찾을 수 있어야 한다. 이런 자료는 이미 찾은 문헌에서 제공하는 참고문헌 목록을 읽으면서 찾을 수 있다. 또한 관심 영역의 주요 학술지를 찾아 목차와 초록을 읽는 과정을 통해 문헌을 찾을 수도 있다. 이런 방법은 시간이 걸릴지라도 유용한 자료를 찾는 데 도움이 된다. 그 외에도 지금까지 찾아 놓은 연구 목록에서 자주 반복되어 나타나는 저자가 있다면 그 저자의 이름으로 전자 검색을 하면 또 의외의 좋은 문헌 자료를 찾을 수도 있다. 이렇게 해서 찾은 연구 목록을 읽어 보고 최종적으로 문헌 검토에 포함시킬 연구 논문을 결정하면 된다.

② 문헌 자료 읽고 정리하기

문헌 검토에 포함시킬 문헌을 결정하고 찾은 다음에는 관심 있는 변수를 중심으로 선행 연구들을 읽고 비판하면서 요약하여 정리해야 한다. 개별 대상 연구의 경우는 연구 목적이나 연구 질문, 연구 대상, 실험 장소, 종속 변수, 독립 변수, 종속 변수의 측정 방법, 연구 결과, 연구 설계, 반복 연구 여부, 내적 타당도의 위협 정도 등의 중요한 요소에 따라 요약 정리한다. 문헌의 양이 많을 때는 이렇게 요약한 것 중에서 연구의 질을 평가하여 연구 절차가 엄격하게 지켜진 수준 높은 선행 연구를 중심으로 먼저 검토하는 것이 좋다.

이렇게 요약 정리한 문헌 자료를 고찰하는 과정에서 연구자는 자신의 연구를 통해 해답을 찾을 수 있는 다양한 연구 질문을 도출할 수 있다. 문헌 검토를 통해 법칙에 따른 어떤 새로운 현상에 대한 의문이 연구 질문이 될 수 있다. 예를 들어, 어떤 연구자는 문헌을 통해 정적 강화는 행동의 미래 발생률을 증가시킨다는 법칙을 알게 되었는데, 칭찬도 정적 강화로서 효과가 있는지 의문을 가질 수 있다. 즉, 정적 강화의 법칙으로부터 예언된 칭찬이라는 특정 현상이 현실 속에서 사실일 수 있는 가능성과 사실이 아닐 수 있는 가능성이 여전히 존재하기 때문에 연구를 통해서 사실 여부를 경험적으로 확인할 필요가 있는 것이다. 연구 질문은 그야말로 하나의 일반화 가능성을 묻는 것이기 때문에 그 진위 여부를 과학적인 방법으로 확인해 보아야 한다. 연구자는 자신의 관심 분야에 대해 무한한 일반화 가능성을 지니고 있는 이론에 근거하여 설명하고 예언할 수 있다. 그러한 설명과 예언이 사실인지를 경험적으로 검증하려는 것이 연구다. 즉, 연구해 보아야 할 질문거리가 되는 것이다.

또한 선행 연구들의 고찰을 통해 어떤 변수가 어떤 변수와 어떤 방법으로 연구되었는지를 요약 정리하는 과정에서 연구 문제를 찾을 수도 있다. 예를 들어, 어떤 연구자가 칭찬의 효과에 대해 관심이 있다면 연구자는 연구 질문을 선정하기 위해 칭찬에 대한 문헌을 검토할 수 있다. 각 선행 연구들 간의 관계를 검토하고, 각 연구의 문제점을 파악하는 과정에서 지금까지의 칭찬에 대한 선행 연구들에서 발견된 결정적 문제점을 수정하거나 보완하여 연구 질문으로 만들고 반복 연구를 할 수 있다. 이때 연구 질문이 선정된 경우라면 문헌 자료를 읽고 정리하는 과정에서 자신의 연구 질문에 대한 잠정적 답을 지지해 주는 선행연구들을 집약하는 작업을 할 수 있다.

③ 문헌 검토 결과 쓰기

문헌 검토 결과의 내용은 대부분의 학위 논문에서 1장에 해당하는 '서론'과 2장에 해당하는 '이론적 배경 및 선행 연구의 고찰' 부분에서 사용하게 된다. 서론은 연구 질문이 나오게 된 배경을 문헌에 근거하여 설명하는 것인데, 이에 대해서는 다음에 설명하는 연구 질문 진술에서 좀 더 구체적으로 설명하겠다. 그리고 이론적 배경 및 선행 연구의 고찰은 연구 질문에 대한 답의 근거를 문헌에서 찾아 쓰는 것인데, 이에 대해서는 15장에서 구체적으로 설명하겠다.

3) 연구 질문의 선정과 진술

연구자는 문헌 검토를 통해 자신의 연구로 해답을 찾을 수 있는 다양한 연구 질문을 도출하게 된다. 그러면 여러 개의 연구 질문 중에서 뒤에서 설명하게 될 다섯 가지 연구 질문의 선정 기준(연구 질문의 참신성, 실행 가능성, 내용의 명확성, 연구의 기여도, 연구의 윤리성)에 따라 평가하여 자신이 연구할 수 있는 연구 질문을 최종적으로 선정하여 진술한다. 이 과정에서 연구 질문의 도출 배경이 되는 문헌의 근거를 정리하여 논리적으로 기술하고 연구 질문을 다듬는 작업이 요구된다. 이때에 선정된 연구 질문에 대한 잠정적 답을 지지하는 문헌들도 함께 모아 '이론적 배경 및 선행 연구 고찰'을 쓸 준비를 하는 것이 도움이 된다.

연구자는 연구 질문을 제시하기 전에 자신의 연구 질문이 단순한 호기심이 아니라 분명한 논리적 근거가 있음을 체계적으로 설명해야 한다. 연구 질문 속에 포함된 변수들이 어떤 이론적 또는 경험적 근거에서 나오게 된 것인지 논리적으로 설명하는 것이 필요하다. 즉, 변수와 변수의 관계에 대해 의문을 갖게 된 이유를 제시하는 것이다. 그리고 연구 질문의 도출 배경을 설명하는 것에 이어서 그러한 질문에 대한 해답이 아직까지 이론적으로 설명되지 못한 부분을 자신의 연구에서 얼마나 설명해 줄 수 있는지 또는 현실 문제의 해결에 얼마나 유용하게 사용될 수 있는지에 대해 근거를 가지고 설명하는 내용을 포함시킬 수 있다. 즉, 연구의 중요성을 제시하는 것을 의미한다. 물론, 연구의 중요성을 따로 떼어 독립적 장으로 설명하는 경우도 있다. 연구의 중요성을 설명하고 난 후에, 연구 질문을 진술하는 것이 순서다.

연구의 이론적 또는 경험적 근거를 기술하는 여러 형식을 〈표 3-1〉에 제시했다(Gast, 2010). 〈표 3-1〉을 보면 자신의 연구에서는 어떤 형식을 취할 것인지에 대한 도움을 얻을 수 있을 것이다.

표 3-1 연구의 이론적 또는 경험적 근거를 제시하는 방법

1. 증거 축적 형식	1) 연구 주제에 대한 일반적 진술 2) 주제 관련 최근 지식에 대한 인용문 진술 3) 선행 연구의 결함 진술(연구 계획에 대한 이론적 근거를 끌어내기 위함) 4) 연구 목적과 연구 질문 진술
2. 대조 형식	1) 연구 주제에 대한 일반적 진술 2) 한 가지 대안에 대한 진술 3) 다른 한 가지 대안에 대한 진술 4) 두 가지 대안의 대조

	5) 최근 연구에 대한 이론적 근거 6) 연구 목적과 연구 질문 진술
3. 역사적 관점 제시 형식	1) 연구 주제에 대한 일반적 진술 2) 연구 주제와 관련한 증거 자료 진술 3) 연구 주제와 관련한 증거의 확장을 위한 다음 단계 제시 4) 그 단계 연구의 필요에 대한 타당성 제시 5) 연구 목적과 연구 질문 진술
4. 현장 적용의 문제점 제시 형식	1) 연구 주제에 대한 일반적 진술 2) 연구를 지지하는 현장에 대한 진술 3) 현장을 지지하는 데 있어서 일관성 있게 발견되는 연구의 부족한 점과 이 부족한 점이 왜 현장에서 문제가 되는지에 대한 진술 4) 연구 목적과 연구 질문 진술
5. 상반된 증거 제시 형식	1) 연구 주제에 대한 일반적 진술 2) 연구 주제에 대한 지금까지 알려진 지식의 진술 3) 연구 주제에 대한 지금까지 알려진 결함 있는 지식의 진술 4) 결함 있는 지식에 대한 잠재적 해결책 필요 제시(연구가 필요한 근거 자 료로 이끌어 줌) 5) 연구 목적과 연구 질문 진술
6. 확장 적용 형식	1) 연구 주제에 대한 일반적 진술 2) 선행 연구 결과의 적용 효과에 대한 진술 3) 적용 확장의 필요에 대한 근거 진술(새로운 연구 대상, 새 상황, 새 기술 등) 4) 연구 목적과 연구 질문 진술

출처: Gast(2010).

위에서 설명한 과정을 거쳐 연구 질문이 선정되면 연구자는 실험을 시작하기 전에 연구 질문을 체계적으로 다듬어 명문화해야 한다. 연구 질문을 만드는 것은 쉬운 것 같지만 좋은 연구 질문을 만드는 것은 그리 간단하지 않다. 하지만 좋은 연구 질문은 성공하는 연구를 이끌 가능성이 높으므로 연구의 시작 단계에서 연구 질문을 다듬는 작업은 중요한 단계다. 서두른 결과, 결점 있는 연구나 해석이 어려운 연구 결과를 얻지 않으려면 잘 다듬어진 연구 질문이 필요하다.

명확한 연구 질문을 만들어 보는 과정은 연구자에게 처음에는 고려하지 않았던 다양한 절차상의 문제(무엇을 측정할 것인가? 독립 변수가 행동 변화에 어떤 결과를 가져올 것인가? 연구 설계는 외생 변수를 잘 통제할 수 있는가?)를 생각하도록 요구한다. 또한 연구 질문을 다듬는 과정은 연구자에게 자기 생각을 더 평가하도록 할 뿐 아니라 다른 사람들에게는 그 생각에 대해 비평할 수 있도록 명확한 의사소통을 이끌어 주어서 결국은 더 나은 연구 계획을 만들어 내게 한다.

공식적으로 명문화된 연구 질문은 무엇보다도 연구자가 연구의 목적과 목표에 집중하도록 도와준다. 연구 질문 자체가 연구에서의 측정 방법, 중재 절차, 연구 대상, 연구 설계의 내용과 범위를 설정하도록 이끌어 주기 때문에, 연구 질문은 연구 전체의 방향을 잡아 주는 방향키와 같은 역할을 한다고 할 수 있다. 예를 들어, '주의 집중력 훈련이 경증 치매 노인의 일상생활 수행 능력에 영향을 미치는가?'라는 연구 질문이 있다고 하자. 연구자는 그 연구 질문을 중심으로 주의 집중력 훈련의 구성 내용, 경증 치매 노인의 선정 기준, 일상생활 수행 능력의 측정 방법, 연구의 설계 등을 계획하게 된다.

명문화된 연구 질문은 연구자뿐 아니라 연구 결과를 읽는 독자에게도 연구의 목적에 초점을 맞추도록 도와준다. 독자가 연구 목적에 초점을 맞출 수 있도록 하기 위해서, 연구 보고서를 작성할 때도 마지막 문단은 연구 질문을 다시 언급하여 독자로 하여금 연구 방법이 연구 질문에 맞았는지 판단할 수 있도록 하는 것이 바람직하다.

연구 질문을 진술하는 것에 대한 절대적 형식이 있는 것은 아니지만 Kerlinger(1988)와 Tuckman(1988)은 공통적으로 1) 가능하면 의문문 형식으로 진술하고, 2) 독립 변수와 종속 변수 간의 관계로 진술하며, 3) 변수는 측정 가능한 용어로 진술하여 변수 간의 관계가 경험적으로 해결 가능하도록 진술해야 하며, 4) 간결하고 분명하게 진술해야 한다고 했다.

또한 이와 비슷하게 Kennedy(2005)는 개별 대상 연구의 연구 질문의 진술에 반드시 포함해야 하는 세 가지 요소는 연구 대상, 독립 변수(X), 종속 변수(Y)라고 했다. 이때 독립 변수를 먼저 진술하고 종속 변수를 나중에 진술할 것을 추천하는 경우도 있지만(Tuckman, 1988), 연구 질문의 기술에서 세 가지 구성 요소를 나열하는 순서는 다음처럼 다양하게 할 수 있다: 1) X가 ○○ 연구 대상의 Y에 영향을 미칠까?, 2) ○○ 연구 대상의 Y는 X에 의해 영향을 받는가?, 3) ○○ 연구 대상에 대한 X는 Y에 영향을 미치는가? 이런 세 가지 요소가 갖추어진 연구 질문은 독자로 하여금 실험에서 무엇이 행해질 것인지, 어떤 행동이 측정될 것인지, 누구를 대상으로 하는 것인지에 대한 정보를 제공해 준다. 예를 들어, 독립 변수가 요리 활동, 종속 변수가 편식, 연구 대상이 유아라면 연구 질문은 다음 세 가지 형태가 될 수 있다: 1) 요리 활동이 유아의 편식에 영향을 미치는가?, 2) 유아의 편식은 요리 활동에 의해 영향을 받는가?, 3) 유아에 대한 요리 활동은 편식에 영향을 미치는가? 그리고 이러한 연구 질문을 보면, 독자는 유아를 대상으로 요리 활동을 실시하여 편식 정도를 측정하고자 하는 연구임을 알 수 있게 된다. 여기에서 예를 든 것처럼 연구 문제를 '이 연구의 목적은 …… 하려는 데 있다.'와 같은 평서문이 아니라 'X는 Y에 영향을 미치는가?'와 같은 의문문 형식으로 표현하는 것은 연구자가 연구하고자 하는 문제를 더욱 분명하게 제시할 수 있어서 좋다.

연구 질문의 진술에서 독립 변수의 효과에 대해 예측하는 형식으로 진술할 것인지 중립적 형식으로 진술할 것인지에 대해서는 학자마다 의견이 다르다(Kennedy, 2005). 먼저, 효과에 대해 예측하는 형식으로 연구 질문을 진술하기보다는 결과를 예측할 수 없도록 중립적인 형식으로 기술하는 것이 좋다는 주장이 있다. 즉, 'X는 ○○의 Y를 증가시키는가?'보다는 'X는 ○○의 Y에 영향을 미치는가?' 또는 ○○에 대한 X와 Y 사이에는 기능적 관계가 있는가?' 등으로 진술하는 것이 바람직하다는 것이다. 예를 들어, '요리 활동은 유아의 편식을 개선시키는가?'보다는 '요리 활동은 유아의 편식에 영향을 미치는가?'로 진술하는 것이 바람직하다는 것이다. 이러한 주장은 독립 변수의 효과에 대해 분명한 예측이 가능하도록 연구 질문을 진술하면 연구자는 특정한 연구 결과에 구속되어 다른 결과의 가능성을 고려하지 못할 수 있다는 것이다. 이에 대한 반대 의견은 문헌 검토를 통해 연구자는 연구 질문에 대한 잠정적 답을 가지고 있으므로, 그것이 연구 질문에서 드러나야 한다는 입장이다. 어느 입장이 더 바람직한지에 대한 정답은 없다.

또한 연구에서 하나의 독립 변수에 대해 종속 변수가 여러 개일 때는 종속 변수를 하나의 질문에 모두 나열하는 것보다는 종속 변수별로 의문문 형태로 기술하는 것이 더 좋다. 이렇게 할 때 독자는 연구 방법에서 종속 변수별로 초점을 맞추어 볼 수 있다. 예를 들어, 사회적 강화가 발달지체 유아의 착석 행동과 지시 따르기 행동에 미치는 영향을 보고자 하는 연구라면, 다음과 같이 두 개의 연구 질문을 만들 수 있다: 1) 사회적 강화가 발달지체 유아의 착석 행동에 영향을 미치는가? 2) 사회적 강화가 발달지체 유아의 지시 따르기 행동에 영향을 미치는가?

3 │ 연구 질문의 종류

개별 대상 연구의 연구 질문은 다음 네 종류로 나누어 볼 수 있다: 1) 증명을 요구하는 질문, 2) 독립 변수들을 비교하는 질문, 3) 매개 변수를 분석하는 질문, 4) 구성 요소를 분석하는 질문(Gast, 2010; Kennedy, 2005). 연구 질문의 각 종류는 연구 설계와 밀접한 관련이 있으므로, 6장부터 10장까지 소개한 여러 연구 설계에 대한 설명을 읽은 후에 이 부분을 다시 읽으면 명확한 이해에 도움이 될 것이다.

1) 증명 질문

증명을 요구하는 질문은 독립 변수와 종속 변수 사이에 기능적 관계가 있는지 증명하는 것에 초점이 맞추어진다. 증명을 요구하는 질문의 가장 기본적인 형태는 '이 중재는 효과가 있는가?' 또는 '독립 변수는 종속 변수를 변화시킬 것인가?'다. 이러한 연구 질문의 예로는, '유창한 말에 대한 모델링이 말을 더듬는 아동의 비유창성을 감소시키는가?' 또는 '요리 활동은 아동의 편식 행동에 효과가 있는가?'다.

또한 이런 연구 질문은 연구자로 하여금 특정 독립 변수가 어떻게, 왜 행동을 변화시키게 되는지에 계속 관심을 갖고 연구하도록 이끌어 준다. 예를 들어, 모델링이 행동을 변화시킨다는 것을 증명했다면, 연구자에게 모델링이 어떻게, 왜 행동을 변화시킬 수 있는지에 관심을 갖도록 한다는 것이다. 증명을 요구하는 연구 질문에 대한 연구 결과가 쌓일수록 연구자는 다른 사람이 어떤 중재가 효과가 있는지 물을 때 쉽게 답해 줄 수 있을 뿐 아니라 그 효과의 유형이 어떨지도 알려 줄 수 있게 된다.

2) 비교 질문

또 다른 유형의 연구 질문은 독립 변수들을 비교하는 것이다. 즉, 동일한 종속 변수에 대해 두 가지 이상의 독립 변수의 효과를 비교하는 질문이다. 비교하는 연구 질문의 가장 기본적인 형태는 '어떤 중재가 더 효과적인가?' 또는 'A 중재와 B 중재 중 어느 것이 종속 변수를 더 크게 변화시킬 것인가?'다. 이러한 연구 질문의 예로는,

'수화를 구화와 함께 가르치는 것이 수화만 가르치는 것보다 아동의 표현 언어와 수용 언어 습득에 미치는 영향이 더 클 것인가?' 또는 '조이스틱 방식의 포인팅 기기 사용과 트랙볼 방식의 포인팅 기기 사용 중 어느 것이 클릭 정확도가 높은가?' 등이 있다.

연구자들은 여러 다른 종류의 중재 효과를 알고 싶을 때 비교하는 연구 질문을 사용한다. 즉, 어느 중재가 더 효과적인지, 어떤 중재가 얼마나 더 많은 변화를 가져오는지 보고자 할 때 사용하는 것이다. 또한 연구자는 중재의 효율성에 관심이 있을 때 비교하는 연구 질문을 사용한다. 즉, 종속 변수의 변화에 요구되는 시간과 노력의 투자를 알고자 할 때 비교하는 연구 질문을 사용한다. 연구자가 중재의 효과와 효율성을 모두 보고자 하는 경우에도, 비교하는 질문을 사용하여 중재가 종속 변수에 대해 효과가 있는지, 얼마나 빨리, 얼마나 많이 효과가 나타나는지 알 수 있다.

이러한 비교 질문은 연구자로 하여금 단순히 중재가 효과가 있는지를 넘어서 무엇이 왜 그런 효과를 가져오는지에 관심을 갖도록 이끌어 준다. 예를 들어, 과제의 어려움이 아동의 문제 행동 원인이라고 생각한다면, 실제로 문제의 난이도를 다양하게 해서 그 효과를 비교해 볼 수 있다. 아동이 어려운 문제를 주면 심한 문제 행동을 보이고, 쉬운 문제를 주면 그런 문제 행동을 보이지 않는다면 어려운 문제가 문제 행동을 부적으로 강화하는 자극임을 알 수 있게 된다. 즉, 문제 행동의 원인이 될 수 있는 가능성이 있는 변수들을 조정해 보는 것으로 문제 행동의 원인을 찾을 수 있다.

3) 매개 변수 분석 질문

매개 변수 분석 질문이란 독립 변수에서 어떤 매개 변수의 양을 체계적으로 변화시키는 것과 종속 변수의 변화가 관련 있는지 알아보는 것이다. 이런 연구 질문은 단순히 중재가 효과 있는지 묻는 것보다는 중재와 종속 변수의 관계에 대한 좀 더 깊은 이해를 하게 해 준다. 매개 변수 분석 질문의 가장 기본적인 형태는 '중재의 수준을 증가시키는 것이 종속 변수에 어떤 영향을 미칠까?' 또는 '중재의 수준을 더하거나 줄이는 것 중에 어느 것이 더 효과적일까?'다. 이러한 연구 질문의 예로는, '1분 타임아웃과 5분 타임아웃 중에서 4세 유아의 문제 행동 감소에 더 효과적인 것은 무엇인가?' 또는 '칭찬 시간 간격을 늘리는 것은 과제 완성도에 어떤 영향을 미칠 것인가?' 또는 '1주일에 1회 3시간씩 달리기하는 것과 매일 30분씩 달리기하는 것은 근력 향상에 어떤 변화를 가져올까?' 등이다.

매개 변수를 분석하는 연구 질문에서는 독립 변수의 어떤 요인을 체계적으로 증가 또는 감소시키는 것이 중요하다. 즉, 독립 변수의 양, 강도, 밀도, 시간 등을 조절하는 것인데, 어느 정도로 조절할 것인가는 연구 질문의 특성에 따라 달라질 수 있다. 예를 들어, 특정 약물과 위약 복용을 비교하면서 칭찬 시간 간격을 늘렸을 때, 위약을 복용할 때는 칭찬 시간 간격과 아무 상관이 없었으나 특정 약물의 복용에서는 칭찬 시간 간격이 짧을수록 문제를 푸는 문항 수가 더 많아진 경우가 있다고 하자. 이러한 매개 변수적 연구 질문은 현장에서 중재의 양을 어느 정도로 할 때에 어느 정도의 효과가 나타나는지 이해할 수 있게 해 준다.

4) 구성 요소 분석 질문

구성 요소를 분석하는 연구 질문은 여러 가지 요소로 구성된 독립 변수(예: 패키지 중재)의 요소들을 낱낱이 분석할 필요가 있을 때 사용한다. 즉, 연구자는 독립 변수의 효과에 무엇이 왜 작용하는지 알고자 할 때 이런 연구 질문이 필요하다. 이런 연구 질문을 통해 독립 변수의 한 요소씩 제거하면서 어떤 특정 요소가 종속 변수에 영향을 주는지 알아낼 수 있다. 즉, 구성 요소를 분석하는 연구 질문은 중재의 효율성을 알아보는 동시에 중재의 필수적 요소를 찾기 위해 사용할 수 있는 연구 질문이다.

구성 요소를 분석하는 연구 질문의 가장 기본적인 형태는 '복합 요소로 이루어진 독립 변수에서 한 요소를 제거/추가하는 것은 종속 변수의 수준을 변화시키는가?' 또는 '중재의 모든 요소를 다 실행하는 것과 부분만 실행하는 것 중에 어떤 경우가 더 효과적일까?' 또는 '중재에 특정 요소가 있을 때와 없을 때 중에 어느 경우가 더 효과적인가?' 등이다. 예를 들어, '복합 촉진의 점진적 제거가 정신지체 아동의 지시 따르기 행동의 변화에 영향을 미치는가?' 또는 '타임아웃에 반응 대가를 추가하면 충동적 행동 감소에 더 효과적인가?' 등의 연구 질문이 있다.

구성 요소를 분석하는 연구 질문은 독립 변수의 여러 구성 요소 중에서 필요 없는 요소를 찾고자 할 때나, 꼭 필요한 요소를 찾고자 할 때 사용할 수 있다. 이때 독립 변수의 각 요소는 구분하여 적용할 수 있어야 한다. 그리고 구성 요소를 분석하는 연구 질문을 사용하려면 어떤 요소를 언제 제거할 것인지 계획을 세울 수 있어야 하는데, 이런 결정은 쉽지 않다. 왜냐하면 어떤 요소들은 서로 의존적이기 때문이다. 즉, 상호 의존적인 요소들은 한 요소를 제거하려면 다른 요소도 같이 제거해야 하는 문제가 생길 수 있다. 각 요소를 하나씩 제거할 수 있는지 살펴보는 과정을 통해서 중재 안에 상호 의존성이 존재하는지 알 수 있게 된다.

위의 네 가지 연구 질문을 종합해 보면, 증명 질문이나 비교 질문은 중재 효과의 유무에 관심이 있는 반면에 매개 변수 질문이나 구성 요소 질문은 중재를 체계적으로 분석하고자 하는 데 더 관심이 있는 질문임을 알 수 있다. 즉, 매개 변수 질문이나 구성 요소 질문은 증명 질문이나 비교 질문의 연구 수행 결과를 바탕으로 하는 질문인 것이다. 위에서 설명한 네 가지 연구 질문의 기본 형태를 정리하면 〈표 3-2〉와 같다.

표 3-2 개별 대상 연구의 네 가지 연구 질문의 형태

증명 질문	• 중재는 효과가 있는가? • 독립 변수는 종속 변수를 변화시킬 수 있는가?
비교 질문	• 어떤 중재가 더 효과적인가? • 중재 A가 중재 B보다 더 효과 있는가? • 중재 A와 중재 B 중에서 어느 것이 종속 변수를 더 크게 변화시킬 것인가?
매개 변수 분석 질문	• 중재의 수준을 더하는 것과 줄이는 것 중에 어느 것이 더 효과적일까? • 독립 변수의 강도를 증가/감소시키는 것이 종속 변수에서 어떤 변화를 가져올 것인가?
구성 요소 분석 질문	• 복합 요소로 이루어진 독립 변수에서 한 요소를 제거/추가하는 것이 종속 변수의 수준을 변화시키는 데 영향을 미치는가? • 중재의 모든 요소를 다 실행하는 것과 부분만 실행하는 것 중에 어떤 경우가 더 효과적일까?

4 연구 질문의 선정 기준

연구 질문의 선정 기준에 대해서는 학자마다 다양한 의견들이 있다(김석우, 2002; 이종승, 1984; Fraenkel & Wallen, 1996). 연구 질문을 개발할 때 유의해야 할 연구 질문 선정 기준의 내용을 종합해 보면 다음 다섯 가지로 요약할 수 있다: 1) 연구 질문의 참신성, 2) 연구의 실행 가능성, 3) 연구 내용의 명확성, 4) 연구의 기여도, 5) 연구의 윤리성.

1) 연구 질문의 참신성

연구 질문의 내용은 참신해야 한다. 즉, 지금까지 만족스러운 해답이 제시되지 않은 새로운 것이어야 한다는 의미다. 따라서 이미 일반적인 해결이나 설명이 분명하게 성공적으로 이루어진 것이라면 그것은 확장된 지식의 일부이기 때문에 새로운 연구 문제가 아니라 가르치고 전달할 과제에 속하게 된다. 하지만 참신성이란 아무도 해 보지 않은 새로운 연구만을 의미하는 것은 아니다. 선행 연구를 재검증하기 위해 의도적으로 반복하는 연구도 필요하기 때문이다. 사실 중요한 연구들은 실천 현장에서 수용되기까지 계속하여 반복 연구되어야 하는 경우가 많기 때문에 반복 연구의 필요성이 계속 증가하고 있다. 개별 대상 연구의 경우에 반복 연구라 할지라도 기존 연구와 다른 변수가 분명히 있기 때문에 완전히 같은 연구 질문이라고 볼 수는 없다. 반복 연구에 관해서는 14장을 참고할 수 있다.

2) 연구의 실행 가능성

연구 질문의 개발 목적은 좋은 연구 질문을 만드는 것에 있지 않고 궁극적으로는 연구를 수행하기 위한 것에 있다. 따라서 연구 질문을 개발할 때 고려해야 할 중요한 변수는 연구 질문에 대해 연구자가 얼마나 관심이 있느냐는 것과 연구의 실현 가능성이 있느냐는 것이다. 연구자의 관심도는 필수 조건은 아니지만, 연구자의 관심이 높은 연구 질문에 대한 연구 수행은 완성도가 높고 연구 과정도 즐거울 수 있기 때문이다.

　　연구의 실현 가능성을 고려할 때는 먼저 연구 질문이 해답을 찾을 수 있는 질문인지 확인해야 한다. 즉, 연구 결과로 내놓은 해답이 맞는지 틀린지 판단할 수 있는 질문이어야 한다. 그리고 연구 실행 가능성을 살피려면 연구자가 연구 방법에 대해 충분한 지식과 기술이 있어서 연구를 수행할 수 있는지 확인해야 한다. 또한 연구자는 자신의 주어진 조건에서 연구를 수행할 수 있는지 판단해 보아야 한다. 예를 들어, 적절한 연구 대상을 충분히 확보할 수 있는지 따져 보아야 한다. 이때 연구자는 잠정적 연구 대상에게 접근할 수 있는 가능성이 있는지도 살펴보아야 한다. 특히, 연구 참여 동의서를 받을 수 있는지, 연구 대상의 관찰이 가능한지 확인해야 한다. 또한 관찰을 통한 자료 수집을 할 수 있는 시간이 충분한지도 검토해야 한다. 지속적이고 반복적인 관찰이 요구되는 개별 대상 연구에서는 관찰 시간의 확보는 중요한 요소다. 관찰자 간 일치도를 구하기 위해 제2의 관찰자를 구할 수 있는지, 관찰을 위해 카메라 같은 도구를 사용할 경우에는 경비 문제나 비디오 테이프를 통한 관찰 시간이 충분한지, 매일 자료를 요약하고 그래프에 옮기며 자료를 분석할 수 있는 시간이 있는지 등이 검토되어야 한다. 그 외에도 중재를 계획대로 충실하게 수행할 수 있는지 확인해야 한다. 마지막으로 연구자가 정해진 연구 기간 안에 연구를 완수할 수 있는 연구 질문인지 고려해야 한다. 이때 반드시 연구자가 바꿀 수 없는 것으로 마감이 정해진 기한(예: 방학, 졸업, 퇴원 등)의 가능성을 미리 조사하고 그 전에 연구를 마칠 수 있는지 검토해야 한다. 예상치 못한 일정 등이 중재 실행을 방해할 수도 있으므로 예상 기간보다 1~2개월 정도의 여유 시간을 확보하는 것이 바람직하다.

　　그리고 연구자가 전임 연구원이 아니고 실천 현장에 있는 경우에는 연구를 수행하는 데 필요한 행정적 뒷받침을 받을 수 있는지도 알아보아야 한다. 연구에 따라서는 기관의 행정적 협조를 제대로 받지 못하면 연구를 추진해 나가는 것이 어려울 수도 있다. 또한 연구에 소요될 경비를 미리 추정해 보고 연구비를 어떻게 조달할지도 생각해 보아야 한다. 아무리 좋은 연구 질문이라도 필요한 연구비를 감당할 수 없다면 연구 수행은 어렵다.

3) 연구 내용의 명확성

개별 대상 연구는 연구 질문과 자료의 초점이 개인에게 맞춰지기 때문에 연구 질문은 구체적이어야 한다. 따라서 연구 질문은 다른 사람들이 연구 질문의 내용에 대해서 그 의미를 이해하고 동의할 수 있을 만큼 명확하게 진술되어야 한다. 연구 질문의 범위가 너무 넓거나 그 내용이 막연하고 추상적이면 연구를 어디에서 시작할지 알 수 없어 연구를 진행하기 어렵다. 예를 들면, '○○○ 중재가 ○○의 행복감에 영향을 미치는가?'라는 연구 질문이 있다면, 많은 사람들이 행복감이 무엇을 말하는지 이해하지 못할 수 있다. 모호해서 사람마다 각기 다른 해석을 할 수 있는 단어들은 명확히 이해되도록 분명하게 표현해야 한다.

4) 연구의 기여도

연구의 기여도란 연구 질문이 연구해 볼 가치가 있을 만큼 중요한 것이냐는 것이다. 즉, 연구의 중요성을 의미한다. 이종승(1984)은 연구는 이론적, 실용적, 방법론적 측면에서 중요한 가치가 있어야 한다고 했다. 첫째, 이론적 측면에서 이 연구를 통하여 얻어지는 결과가 그 분야의 학문 발전에 얼마나 공헌할 것이냐 하는 점이다. 이론적 의의란 크게는 새로운 이론을 구축하거나 과거의 이론을 수정·보완하는 것이고, 작게는 미소한 것이나마 증거를 하나 더 첨가시킴으로써 학문의 발전에 이바지하는 것을 뜻한다. 둘째, 실용적 측면에서 이 연구를 함으로써 현장의 현실적인 문제를 해결하는 데 얼마나 도움이 될 것이냐 하는 것이다. 즉, 실천 현장에서 그 연구를 통해 실제 당면하고 있는 문제들 중에 구체적으로 어떤 문제에 어떤 해결책을 제시할 수 있느냐는 것이다. 개별 대상 연구에서는 실용적 가치와 관련하여 연구 과정과 결과에 대해 사회적 타당도를 검토하는 것을 권장하고 있는데, 이 부분이 연구 질문의 개발 단계에서부터 고려되어야 한다는 것이다. 사회적 타당도는 13장을 참고할 수 있다. 셋째, 방법론적 측면에서 이제까지 사용하지 않았던 새로운 연구 방법을 적용하여 그 방법의 효용성을 입증한다면, 그 연구의 가치는 연구 방법론에 있는 것이다. 어떤 분야에서 새로 적용된 연구 방법은 후속 연구자들에게 큰 도움을 주게 된다. 연구자는 연구 질문을 개발할 때 이러한 기여도를 계산해 볼 수 있어야 한다.

5) 연구의 윤리성

인간을 대상으로 하는 개별 대상 연구의 경우, 연구 질문을 개발할 때부터 연구 대상의 권리와 안전(신체적, 심리적)과 사생활에 피해를 주는 연구가 되지 않을지 검토해야 한다. 연구의 윤리에 관하여는 1장에서 충분히 다루었으므로 참고하기 바란다.

연구 대상

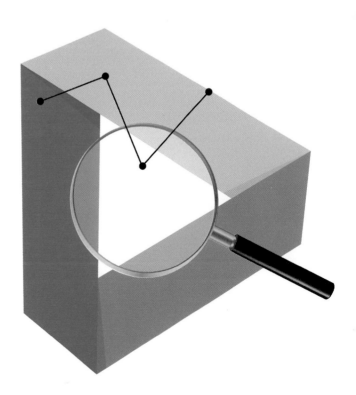

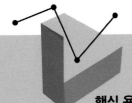

핵심 용어의 정의

연구 대상의 지위 변수

연구 대상의 나이, 성(性), 학년, 지능, 성취도, 가정의 사회·경제적 상태 등을 의미한다.

기초선 상태 정보

연구 대상의 지위 상태, 연구 대상의 선정 기준/절차, 연구 대상의 기초선 수준, 연구 대상의 기초선 수행 변화에 영향을 주는 특별 요인 등을 포함하는 정보를 뜻한다.

개별 대상 연구에 있어서 연구 대상에 대한 자세한 기술은 좋은 연구 질문의 개발만큼이나 중요하다. 개별 대상 연구에서는 연구 질문과 자료의 초점이 연구 대상 개개인에게 맞추어지기 때문에 연구 대상에 대한 정확하고 구체적인 정보를 제공하는 것이 필수다. 앞에서 설명한 것처럼 연구 대상에 대한 정보는 실제 현장에서 유용하게 적용될 수 있는 지식이기 때문이다. 이 장에서는 개별 대상 연구에서 연구 대상을 기술하는 것의 중요성과 그 지침을 설명하겠다.

1 연구 대상 기술의 필요성

개별 대상 연구의 주요 목적은 연구 결과를 통해 이론을 정립하거나 지지 또는 수정하는 것이며, 또한 실천 현장에서 연구 결과를 적용하여 더 나은 실제를 제공하는 것이다(양명희, 김황용, 2002). 연구 결과를 실천 현장에 적용하기 위해서는 연구의 외적 타당도가 입증되어야 한다. 연구의 외적 타당도란, 연구 결과를 일반화할 수 있는 정도를 의미한다. 개별 대상 연구에서는 연구 결과의 일반화를 입증하기 위해 연구에 사용된 실험 처치를 연구 대상 외의 다른 사람들에게 적용해 보는 체계적 반복 연구 방법이 실시된다. 반복 연구를 위해서는 동일한 연구 결과를 가져올 가능성이 높은 대상을 찾는 것이 필요한데, 원 연구에서 연구 대상에 대한 기술의 내용이 빈약하거나 제한적이면 연구 결과의 평가도 어려워질 뿐 아니라 중재가 연구 대상 외의 사람들에게도 효과가 있을지 결정하기도 어렵다(Council for Learning Disabilities [CLD], 1992, 1993; Hammill, Bryant, Brown, Dunn, & Marten, 1989; Lessen, Dudzinski, Karsh, Van Acker, 1989). 즉, 연구 대상에 관한 기술의 내용이 부족하거나 적절하지 못하면 다른 연구자에 의한 반복 연구가 어렵게 되고, 같은 중재를 사용한 연구들이 서로 다른 결과를 나타내어 연구의 외적 타당도 입증이 어려워지며, 이는 결국 연구 결과의 실천 현장 적용을 방해하게 된다. 또한 연구 대상에 대한 충분한 정보가 제공되지 않으면, 연구의 외적 타당도뿐 아니라 연구의 내적 타당도도 위협받게 된다 (Brookshire, 1983). 왜냐하면 연구 결과를 읽는 독자들은 연구 결과가 독립 변수 때문인지 아니면 연구 내용에서 기술되지 않거나 통제되지 않은 다른 변수 때문인지 확신할 수 없기 때문이다. 서로 상반되거나 일관성 없는 연구 결과들을 비교할 경우 연구 결과의 비일관성이 연구 대상 차이 때문인지 확인할 수 없게 된다는 뜻이다. 역으로 연구 대상에 대한 기술이 적절한 경우는 연구 결과를 그 연구의 연구 대상 외의 다른 사람들에게 일반화할 수 있는지에 대한 정확성을 증가시켜 연구 결과를 현장에 쉽게 적용할 수 있게 하고, 반복 연구를 할 때 연구 결과가 가장 잘 적용될 대상을 찾는 데도 도움을 줄 것이다. 연구 대상에 대한 적절한 기술은 연구 결과를 읽는 독자에게 연구 결과를 믿게 해 줄 뿐 아니라 독자의 지식과 관련하여 연구 결과를 평가할 수 있게 해 준다.

여러 연구들을 검토 · 분석하여 연구 대상에 대한 기술 내용의 정도를 조사한 연구들이 있다(Brookshire, 1983; Hammill et al., 1989; Lessen et al., 1989; Lovitt & Jenkins, 1979; Wickstrom, Goldstein, & Johnson, 1985). Lovitt과 Jenkins(1979)는 3개의 학습장애 관련 연구를 분석한 결과 연구 대상에 대한 기술에 일관성이 없었다고 보고했다. Brookshire(1983)는 4개의 학회지에 1970년대에 10년 동안 실린 52개의 실어증 성인에 대한 연구의 연구 대상에 대한 기술 내용을 분석한 연구에서 대부분의 연구가 일관성을 보이지 못했으며, 연구 대상의 어떤 한 가지 특성에 대해 기술하는 정보의 양이 연구마다 크게 달랐다고 했다. 또한 검토한 연구의 65% 이상에서 연구 대상의 나이를 제외한 다른 특성의 기술은 없었다고 보고했다. Wickstrom 등(1985)은 1978년부터 1983년까지 언어장애 아동을 대상으로 하는 실험 연구를 검토한 결과 검토된 모든 연구에서 연구 대상의 나이, 성, 진단명은 밝히고 있지만, 그 외의 연구 대상 변수에 대해서는 일관성이 없어 연구 결과를 해석하고 적용하고 확장하기 어렵다고 했다. Hammill 등(1989)은 Council for Learning Disabilities: CLD(1984)에서 추천한 연구 대상에 대한 기술 내용 일곱 가지를 중심으로 1984년에서부터 1987년 사이에 학습장애와 관련된 연구 277개를 조사한 결과 4개의 연구만이 위원회에서 추천한 내용으로 연구 대상에 대해 기술했음을 보고하면서 검토된 대부분의 연구의 외적 타당도가 의심스럽다고 결론지었다. 또한 Lessen 등(1989)의 연구에서도 1977년부터 1987년까지 학습장애 아동에게 학습과 관련된 중재를 적용한 135개의 실험 연구들을 검토·분석한 결과, 3개의 연구만 그들이 제안한 16개의 변인을 모두 제공했다고 보고했다. 그들은 연구 결과를 현장에 그대로 적용할 수 있다고 제안하고 있는 많은 연구가 연구 대상에 대한 기술 내용이 빈약하여 연구 결과를 현장에 적용하기 어렵다고 결론지었다. 양명희와 최호승(2004)은 1968년부터 2003년까지 '정서·행동장애 연구'에 발표된 개별 대상 연구의 연구 대상에 대한 기술 내용을 분석하였다. 그들이 분석한 연구들에서는 연구 대상에 대한 8가지 항목(나이, 성, 지능, 성취도, 사회·경제 수준, 연구 대상 선정 절차, 기초선 수준, 기초선 수행에 영향을 주는 특별 요인) 중에서 평균 4개의 항목을 기술하고 있다고 보고했다. 그들은 연구 대상에 대한 기술 내용이 체계적으로 충분히 제공되고 있지 않아서 연구 결과를 현장에 적용하는 것과 발표된 연구에 대한 체계적 반복 연구를 어렵게 한다고 했다.

살펴본 바와 같이, 개별 대상 연구에서 연구 대상에 대한 기술이 중요한데도 연구 대상에 대한 기술 지침에 관한 일치된 의견이나 기준은 없다. 여기에서는 연구 대상에 대한 기술 내용을 제안한 여러 연구들을 바탕으로 개별 대상 연구에서의 연구 대상에 대한 기술 지침을 제공한다.

2 연구 대상에 대한 기술 지침

1) 연구 대상에 대한 기술 지침의 필요성

집단 실험 연구의 결과는 개개인에게 일반화하기 어렵다는 문제를 갖고 있지만, 개별 대상 연구는 구체적으로 개인에 대한 일반화를 위해서 설계된 연구라고 할 수 있다(Wolery & Ezell, 1993). 개별 대상 연구 결과의 일반화, 즉 연구의 외적 타당도를 높이기 위해서는 연구 대상 외의 다른 대상에게서도 같은 중재 결과를 가져와야 하는데, 그러기 위해서는 먼저 종속 변수의 변화에 직접적 영향을 주는 요인이 무엇인지 찾아야 한다.

독립 변수 외에 종속 변수의 변화에 영향을 줄 수 있는 요인, 즉 외적 타당도의 위협 요소는 1장에서 살펴보았다. 그중에서 개별 대상 연구를 실행할 때 가장 큰 영향을 줄 수 있는 것은 실험자 효과, 중재에 대한 명백한 설명, 중재 충실도 등이라고 할 수 있다. 실험자 효과는 중재를 실행하는 중재자에 대한 것으로 중재자의 자질과 중재 실시의 경험, 중재의 동기 등이 중요한 요인이 된다. 예를 들어, 동일한 내용의 정적 강화를 제공하더라도 정적 강화 제공의 경험이 풍부한 자가 부드럽고 상냥하게 정적 강화를 제공하는 경우와 무경험자가 딱딱하고 무뚝뚝하게 정적 강화를 제공하는 경우는 같은 결과를 기대하기 어려울 수 있다.

다음으로 외적 타당도를 위협할 수 있는 것으로 중재에 대한 명백한 설명과 중재 충실도를 들 수 있다. 즉, 원 연구에서 중재 실시 과정이 계획대로 정확하게 기술되고 그대로 시행되어야 한다는 뜻이다. 원 연구에서 실시한 중재에 대한 절차가 부정확하게 기술되어 있다면, 중재 효과를 신뢰하기도 어려울 뿐 아니라 원 연구의 중재를 그대로 반복하기도 어렵다. 또한 반복 연구가 원 연구와 동일하게 시행되려면 원 연구에서 먼저 중재 상황에 대한 기술이 있어야 하며, 반복 연구의 중재 상황이 원 연구의 중재 상황과 유사해야 한다. 예를 들어, 원 연구에서 중재를 실시하는 물리적 환경이 반복 연구의 물리적 환경과 다르다면 같은 중재라 할지라도 다른 결과를 가져올 수 있다. 동일한 중재이지만 학급 인원이 많지 않은 시골 학교에서 실행하는 것과 도시의 과밀 학급에서 실시하는 것은 동일한 결과를 가져오리라고 기대하기 어렵다.

앞에서 설명한 세 가지 외에도 연구의 외적 타당도를 위협하는 요소는 다섯 가지가 더 있다. 1장에서 설명한 8가지의 외적 타당도의 위협 요소는 집단 연구와 개별 대상 연구 모두에 적용되는 것이다. 그런데 8가지의 외적 타당도의 위협요소 외에 종속 변수에 영향을 줄 수 있는 중요한 요인으로 연구 대상 자신에 대한 것이 있다. 이는 반복 연구의 연구 대상 특성이 원 연구의 연구 대상 특성과 유사할수록 반복 연구의 성공 가능성이 높아진다는 뜻이다. 집단 연구의 경우에 연구에 참여한 연구 대상이 모집단을 잘 대표하도록 표집했다는 전제를 가지고 있지만, 개별 대상 연구의 연구 대상은 모집단을 대표하는 것이 아니다. 그래서 개별 대상 연구는 반복 연구를 통해 외적 타당도를 입증하고자 한다. 그러므로 개별 대상 연구의 외적 타당도를 높이기 위한 반복 연구를 위해서는 연구 대상에 대한 기술이 정확하고 구체적이어야 할 필요가 있다.

연구 대상에 대한 기술 내용과 관련하여 연구 대상에 대해 무엇을 기술할 것인지 그 내용의 기준을 제시한 연구는 Lovitt & Jenkins(1979), Brookshire(1983), CLD(1984), Wickstrom et al. (1985), Lessen et al. (1989), Wolery & Ezell(1993) 등이 있다. 그들의 연구를 종합해 보면, 연구 대상에 대해 기술해야 할 내용으로 제안한 것은 1) 연구 대상의 지위 상태(나이, 성, 지능 등), 2) 연구 대상의 선정 기준 또는 절차, 3) 연구 대상의 기초선 수준, 4) 연구 대상의 기초선 수행에 영향을 주는 특별요인 등으로 정리할 수 있다. 여기에서 이 네 가지를 살펴보겠다.

2) 연구 대상의 지위 상태

연구 대상에 대한 지위 상태 변수는 연구 대상의 나이, 성(性), 학년, 지능, 성취도, 가정의 사회ㆍ경제적 상태 등을 포함한다. 이는 다시 인류통계학적 변수(연령, 성별, 인종, 사회 경제적 지위)와 환경과 대상의 상호 작용에 대한 변수(학년 수준, 지능, 성취도)로 나눌 수 있다. 이러한 연구 대상의 지위 상태를 연구 대상에 대한 기술 내용에 포함시키는 것에 대해서는 학자마다 다른 의견이 있다. 언급한 바와 같이 연구 대상에 대한 기술 내용을 제안한 연구들에서 공통적으로 연구 대상의 지위 상태를 보고해야 한다고 했지만, Wolery와 Ezell(1993)은 CLD(1993)가 추천한 연구 대상의 지위 상태 변수는 실제로는 연구에서 유용성이 전혀 없다고 주장했다. 인류통계학적 변수는 중재에 의해 영향을 받지 않고, 환경과 대상의 상호 작용에 대한 변수도 중재 아닌 것에 의해 영향을 충분히 받을 수 있기 때문이라는 것이다. 즉, 연구 대상에 대한 지위 상태 변수가 같아도 중재 효과가 다르게 나타날 수 있고, 연구 대상에 대한 지위 상태 변수가 전혀 달라도 중재 효과가 동일하게 나타날 수 있다는 것이다. 그럼에도 연구 대상에 대한 지위 상태 변수는 종속 변수의 수행에 영향을 주는 연구 대상 변수를 찾는 중요한 출발점 역할을 한다(Kazdin, 1981a).

CLD(1993)는 학습장애에 대한 실험 연구에서 연구 대상에 대한 기술 내용에 포함되어야 하는 가장 중요 요인으로 연구 대상의 지위 상태 변수를 제안했다. Hammill 등(1989)도 CLD(1993)가 제공한 7가지의 연구 대상 지위 상태 변수(연구 대상의 수, 남녀의 수, 나이, 인종, 사회 경제적 지위, 지능, 관련된 성취 수준)는 반드시 제공되어야 한다고 주장했다. 예를 들어, 7가지 중에서 3가지(나이, 남녀의 수, 연구 대상 수)만 제공된다면 3명의 3학년 남학생이라고 하는 경우, 세 연구 대상이 모두 IQ 105 이상이며 높은 경제적 지위를 가진 가정의 아이들이었다면, 반복 연구에서 경제 수준이 낮은 가정의 아이들이면서 IQ 90 이하인 남자아이들 3학년을 대상으로 연구했을 때, 원 연구와 다른 결과를 가져올 확률이 높아질 것이므로 연구 대상에 대한 7가지 정보가 모두 제공되어야 한다고 했다. 실제로 양명희 · 김황용(1997)의 연구에서 사회적 고립 행동을 나타내는 3명의 같은 학년 연구 대상에게 자기 관찰이라는 동일한 중재 방법을 사용했으나, 연구 대상의 인지 학습 능력 수준에 따라 다른 결과가 나타났다. 이렇게 중재가 모든 연구 대상에게 동일한 결과를 가져오지 않았을 때, 연구 대상의 지위 상태 변인(예: 지능)은 후속 연구의 연구 대상 선정에 좋은 기준을 제공해 줄 수 있다.

이와 같이 연구 대상의 지위 상태 변수를 연구 대상에 대한 기술 내용에 포함시키는 것에 대한 다양한 의견이 있지만, Kazdin(1981b)이 주장한 바와 같이 연구 대상의 지위 상태 변수는 기초선 기간에 연구 대상의 종속 변수 수행에 영향을 주는 요인을 찾아내는 데 기초 자료로 사용될 수 있다. 왜냐하면 Wolery와 Ezell(1993)의 주장처럼 어떤 연구에서 연구 대상의 지위 상태 변인은 제외하고 기초선 기간에 연구 대상의 종속 변수 수행 수준과 기초선 수행에 영향을 주는 다른 요인만을 밝혔다면, 그 연구를 반복하는 데 있어서 모든 종류의 지위 상태에 있는 사람들(나이, 성, 지능, 학년, 학업 성취도, 경제적 지위 등) 속에서 종속 변수 수행 수준 등의 조건에 만족하는 연구 대상을 선정해야 하므로, 시간적 경제적 어려움을 겪을 수 있기 때문이다. 예를 들어, 어떤 사람이 '지시 따르기' 행동에 문제가 있어 타임아웃 중재를 적용한다고 할 경우, 종속 변수의 기초선 수행 수준이 비슷하다고 할지라도 대상의 연령에 따라 타임아웃 중재 내용과 방법은 달라져야 하는데, 연구 대상의 지위 상태에 대한 정보가 없으면 낮은 연령 아동에게 적용되었던 타임아웃 중재를 높은 연령의 연구 대상에게 그대로 적용하여 바람직한 중재 결과를 가져오지 못할 수도 있다. 따라서 연구 대상의 지위 상태 변수가 제공되면 반복 연구에서 연구 대상 선정의 단계를 단축시키는 효과를 기대할 수 있다. 또한 연구 대상의 지위 상태 변수가 밝혀진 경우에, 종속 변수의 변화에 직접적 영향을 주는 다른 요인이 모두 통제되고 연구 대상의 지위 상태 변수 중 한 가지를 다르게 하여 연구를 실시하여 동일한 중재 효과를 가져왔다면 연구 결과의 일반화 범위가 넓어졌음을 증명하는 것이 된다. 이러한 이유로 연구 대상의 지위 상태 변수를 연구 대상에 대한 기술 내용에 포함하는 것이 바람직하다.

필자는 CLD(1993)가 추천한 연구 대상 기술 내용을 연구 대상의 지위 상태라고 묶었으며, 그들이 추천한 일곱 가지 항목 중에서 연구 대상 숫자에 대한 항목을 제외한 여섯 가지 항목(예: 나이, 성, 사회 · 경제 수준, 성취도, 지능, 인종)을 연구 대상 지위 상태에서 제공하여야 한다고 본다. 연구 대상 숫자를 제외한 이유는 개별 대상 연구에서는 각 연구 대상에 대한 자료가 제시되어야 하므로 연구 대상 숫자는 자연히 밝혀지는 것이기 때문이다. 또한 예전이라면 우리나라 연구에서는 인종에 대한 항목이 필요 없었겠지만, 다문화 가정이 늘고 있는 현실에서는 우리나라의 개별 대상 연구에서도 연구 대상의 인종을 밝힐 필요가 증가할 것이므로 이 항목은 제외하지 않는 것이 바람직하다. 그리고 연구 대상의 학년과 나이가 서로 큰 차이를 보이는 경우도 있으므로 나이 대신에 학년만 밝히기보다는 나이를 함께 밝히는 것이 좋다. 또한 연구 대상의 지능 지수와 성취도에 대해 검사 도구의 이름 없이 점수만 기록하거나, '연구 대상 아동의 학업 성취도는 일반 아동의 수준이었다.'는 식으로 주관적 진술만 하는 경우는 바람직하지 않다. 연구 대상의 지능 지수와 성취도에 대해서는 반드시 검사 도구의 이름을 밝혀서, 반복 연구를 할 때 사용할 검사 도구를 선정하는 데 도움을 주고, 검사 결과를 비교할 수 있게 해 주어야 한다. 예를 들어, '한국에서 표준화된 Doll의 봐인랜드(Vineland) 사회성숙도 검사로 아동의 어머니와 담임 교사를 면접해 작성한 결과 사회 연령은 2세였고(서경희, 1987, p. 26)'라는 식으로 구체적 검사 도구 이름과 방법을 밝히는 것이 바람직하다.

연구 대상의 지위 상태에 대한 정보를 제시할 때는 먼저 [그림 4-1]과 같이 표를 만들어 일목요연하게 제시한 다음에 문장으로 설명하는 것이 연구를 읽는 독자의 이해를 도울 수 있다.

〈표〉 연구 대상의 지위 상태

대상	성별	나이/학년	인종	지능지수 (○○검사)	사회·경제 수준	성취도 검사 (○○검사)
대상 1						
대상 2						
대상 3						

[그림 4-1] 연구 대상의 지위 상태 정보를 제시하는 방법의 예

또한 연구 대상의 지위 상태 정보를 제시하는 부분에서 연구 대상의 일반적 행동 특성을 제시한 연구들이 있는데, 그러한 일반적 정보는 연구 대상의 종속 변수 수행과 직접적 관련이 없는 경우가 많다. 예를 들어, 종속 변수는 '청소기로 청소하기'인데 연구 대상에 대한 기술에서 연구 대상의 비만 상태, 식습관, 수업 방해 행동 등에 대해 설명한 경우다. 연구 대상의 일반적 행동 특성보다는 종속 변수와 직접 관련 있는 행동 특성이나 그와 관련된 성취도를 밝히는 것이 훨씬 바람직하다.

3) 연구 대상 선정 기준 또는 절차

다음으로 연구 대상에 대한 기술 내용에 포함되어야 하는 것은 연구 대상 선정 기준이다(Wickstrom et al., 1985). 연구 대상 선정 기준은 연구에 참여시키거나 탈락시키는 기준을 제시하는 것으로 반복 연구를 계획하고 수행하는 데 중요한 정보가 되며, 실천 현장에 연구 결과를 적용하는 기준이 될 수 있다. 연구 대상의 선정 기준에서는 연구 대상의 성취 수준, 독립 변수(중재)의 경험 정도, 선수 기술 습득 유무 등이 구체적으로 밝혀져야 한다. 연구 대상의 이러한 변수도 종속 변수의 변화에 영향을 미치는 중요한 요인이 될 수 있기 때문이다. 이때 연구 대상 선정 기준뿐 아니라 연구 대상 선정 절차도 구체적으로 밝혀야 한다. 이는 반복 연구를 하는 사람에게 자신의 연구에서 연구 대상 선정을 위해 어떤 기준으로 어떤 절차를 밟아야 하고 자신이 어떤 절차를 밟을 수 있는지에 대한 아이디어를 제공해 준다. 연구 대상을 선정할 때 선정 기준을 엄격하고 명확하게 구체적으로 세워 놓으면 연구의 일관성 있는 결과를 기대할 수 있을 것이다. 그러므로 연구 대상 선정 기준이나 절차에 관한

내용은 반복 연구자나 현장 적용자가 그대로 따를 수 있을 만큼 구체적으로 제공되는 것이 바람직하다.

예를 들어, 신혜정(1997)은 자신의 연구에서 연구 대상 선정 기준에 대해 '대구대학교 부설 정서 · 학습 장애 클리닉에 소속된 유아 중에서, 1) 소아정신과 의사에 의하여 이미 자폐로 진단받은 유아, 2) DSM-IV의 자폐아 진단 기준에 의해 자폐로 평정된 유아, 3) 자폐로 평정된 유아 중 손위 형제자매가 있는 유아, 4) 사회/언어적 발달 시기가 비슷한 5~6세 유아로 성별은 통제하지 않고 선정하였다. (p. 142)'고 밝혔다. 이런 경우에 독자는 자폐아 중에서 어떤 기준으로 연구 대상을 선정했는지에 대해 명확하고 구체적인 정보를 제공받을 수 있다. 고동희와 이소현(2003)의 연구에서도 그들은 수업 시간에 문제 행동을 보이는 아동들을 교사에게 의뢰받은 후, Eyberg 아동 행동 검사를 실시하여 문제 행동 심도 점수가 160점, 문제 행동의 수가 13점인 아동들을 선정했다고 보고했다. 이러한 경우 반복 연구에서 수업 시간 문제 행동이 있는 아동들을 대상으로 중재하고자 할 때, 연구 대상 선별을 위해 구체적으로 사용할 수 있는 검사 도구와 그 기준에 대한 정보를 제공받을 수 있다.

언급한 바와 같이 연구 대상의 선정 기준이나 절차 부분에서 연구 대상의 독립 변수에 대한 경험의 정도를 밝혀 주는 것도 필요하다. 예를 들어, 양명희와 김미선(2002)은 '대상 아동은 이전에 비디오 테이프를 이용한 자기 관찰 방법을 경험한 바가 없었다.'고 밝히고 있는데, 이때 만일 아동이 중재에 대한 이전 경험이 있는 경우라면 중재 효과에 대한 해석은 달라질 수밖에 없다. 그러므로 연구 대상의 독립 변수에 대한 경험의 정도를 밝혀야 한다.

연구 대상의 선정 절차를 밝힌 또 다른 예로는 양명희와 김황용(1997)의 연구가 있다. 그들은 먼저 한 초등학교의 교장과 교감에게 실험 목적과 내용을 설명하여 학교 내에서 실험할 수 있는 승인을 받은 후, 1학년 학급 담임 교사 회의에서 연구 목적과 내용을 설명하고, 교사들에게 각 학급에서 사회적으로 고립되어 있는 아동들을 추천하도록 했다. 이렇게 하여 교사들이 추천한 아동들을 대상으로 연구자가 1주일간의 직접 관찰을 통하여 일반 아동과 비교하여 또래와의 상호 작용이 극히 제한되어 있는 세 명의 아동을 선정했다. 이러한 선정 절차는 중재의 대상이 정해지지 않은 상태에서 중재에 적합한 대상을 찾고자 할 때 어떤 방법과 경로로 대상을 찾을 수 있는지에 대한 아이디어를 제공해 준다.

4) 연구 대상의 기초선 수준

개별 대상 연구에서 연구 대상에 대한 기술 내용에 포함되어야 할 것 중에 가장 중요한 것 중의 하나는 기초선 기간에 연구 대상의 종속 변수 수행 정도를 나타내는 기초선 수준에 관한 자료다. 실험 집단의 실험 결과를 통제 집단과 비교하는 집단 연구와는 달리 개별 대상 연구는 연구 대상에 대한 중재 결과를 연구 대상의 중재 전 상태인 기초선 수준과 비교한다. 즉, 개별 대상 연구에서는 연구 대상 스스로 통제 조건이 되어 실험 조건 간의 연구 대상의 수준 및 상태를 비교한다. 한 조건에서 의 연구 대상의 수행은 다른 조건에서의 수행과 비교되어 한 연구 대상 내에서 또는 한 연구의 연구 대상 간에 실험 조건 간의 비교에 따른 반복 연구로 연구의 외적 타당도 입증이 가능하다. 그러나 또 다른 연구에서도 연구 대상 외의 다른 사람이 연구 대상의 기초선 수준이나 상태와 비슷할수록 연구 결과의 일반화 가능성은 더욱 높아진다(Birnbrauer, 1981; Wolery & Ezell, 1993). 반복 연구에서 연구 대상의 종속 변수 수행 수준이 원 연구의 연구 대상의 기초선 수행 수준과 비슷할수록 중재 효과를 서로 비교하기 쉽기 때문이다. 개별 대상 연구에서 일반화의 핵심 열쇠는 기초선 상태의 유사성에 있다. 이때 기초선 상태 중에서 기초선 기간에 연구 대상의 종속 변수 수행 수준을 의미하는 기초선 수준은 가장 기본이 되는 정보다.

대부분의 개별 대상 연구에서는 중재 전의 연구 대상의 종속 변수 수행 수준, 즉 기초선 수준에 대해서는 연구의 결과 부분에서 중재 적용 효과와 비교하여 밝히고 있다. 그런데 연구 대상의 기초선 수준은 연구 결과에서뿐 아니라 연구 대상의 정보를 제공하는 부분에서도 제시되어야 한다. 개별 대상 연구에서는 연구 대상 자신이 통제 조건이 되므로 중재 전 종속 변수의 수행 수준은 연구 대상의 상태에 대한 가장 중요한 정보이기 때문이다. 따라서 연구 대상의 중재 전 종속 변수의 수행 수준은 연구 대상에 대한 특성을 기술하는 부분에서 구체적으로 제시하여, 연구 대상의 문제 행동이 구체적으로 무엇인지 그 수준이 어떠한지 알려 주어야 한다. 예를 들어, 최호승과 양명희(2003)는 '연구 대상' 부분에서 중재를 실시하기 전에 연구 대상

의 읽기 수준이 어떠했는지 밝히고 있다. 그들은 연구 대상에게 중재 전에 받침 없
는 유의미 단어 10개와 무의미 단어 10개씩으로 이루어진 7종류의 자료를 읽게 한
결과, 받침 없는 유의미 단어는 47%, 받침 없는 무의미 단어는 29%의 정확성으로
읽었다고 연구 대상의 읽기에 대한 기초선 수준을 제시했다. 이러한 정보는 연구 대
상 선정에서 단순히 읽기에 어려움이 있는 아동이라는 막연한 범위에서 구체적으로
어느 정도의 읽기 수준인 사람을 대상으로 할 수 있는지, 그 기준을 제공해 준다. 연
구 대상의 기초선 수준에 대한 정보는 중재 기간의 종속 변수 수준에 대해 보고해야
하는 만큼 구체적으로 제시해야 한다.

　연구 대상의 기초선 수준을 '연구 결과' 부분에서 밝힌 연구라 할지라도 기초선 수
준의 행동을 퍼센트 등으로 수량화하여 표현하였음에도 불구하고, 종속 변수에 대
한 조작적 정의가 빠져 있다면 연구 대상의 문제 행동이 무엇인지 구체적으로 알기
어렵다. 어떤 경우는 문제 행동을 구체적으로 밝히기는 했으나, 수량화 과정에서 오
류를 범한 연구도 있다. 예를 들어, 자해 행동이 평균 10회라고 밝혔지만, 관찰 시간
을 밝히지 않아 행동의 시간당 발생률을 알 수 없어 비교 기준을 제시하지 못한 논
문도 있다. 어떤 경우는 유아의 사회적 상호 작용을 정적·부적 시도 및 반응으로
나누어 빈도를 산출했으나 조작적 정의가 없어 정적·부적 시도 및 반응이 구체적
으로 어떤 행동인지 알기 어려운 경우도 있다. 어떤 연구는 자리 이탈, 주의 산만,
충동적 행동, 적대 행동의 빈도를 측정했으나, 그 구체적 행동 내용과 측정 방법을
밝히지 않은 경우도 있다. 이런 경우, 반복 연구를 실행하려는 자는 종속 변수로서
무슨 행동을 얼마 동안 어떻게 측정해야 하는지 알 수 없다.

　연구 대상의 기초선 자료에 대한 정보를 제시할 때는 중재가 실시되기 전의 연구
대상 종속 변수 수행 수준을 밝히되, 관찰 가능하고, 측정 가능한 용어로 진술한 조
작적 정의와 함께 구체적으로 제시하는 것이 바람직하다. 종속 변수를 조작적 정의
로 진술한 예로, 양명희와 김미선(2002)의 연구에서는 대상 아동의 표적 행동인 말
하기 행동을 다음과 같이 정의하였다: '아동의 말하기 행동이란 아동이 교사나 또래
의 질문에 대답하는 행동이다. 즉, 교사나 또래가 집단으로 혹은 개별적으로 아동에
게 질문을 할 때 아동이 청자가 인식할 수 있을 정도의 목소리로 대답하는 것이다.
이때 청자가 인식할 수 있을 정도란 어떠한 명료화에 대한 재요구(예: 다시 한 번 말해

봐라, 크게 말해 봐라 등) 없이 단어나 문장으로 대답하는 것을 뜻한다.(p. 64)' 이와 같은 경우에 독자는 표적 행동인 말하기 행동에는 연구 대상 아동이 대답하는 말은 포함되지만 말을 걸거나 질문하는 것과 같은 자발적 말하기 행동은 포함되지 않았음을 분명히 알 수 있게 된다.

일반적으로 보건의료 계열의 연구에서는 연구 질문과 관련한 연구 대상에 대한 기초선 수준 자료를 구체적으로 제공하는 경우가 많다. 예를 들어, 최유진과 김경미(2008)의 연구를 살펴보면, 신경 발달 치료 원리에 기초한 일상생활활동 훈련이 뇌성마비 아동의 분리된 움직임과 앉은 자세 균형에 미치는 효과를 연구한 것을 알 수 있다. 그들은 종속 변수인 '분리된 움직임과 앉은 자세 균형'과 관련하여 검사 도구의 결과뿐 아니라 연구 대상 아동의 자세 긴장도, 운동 발달 수준, 이동 수단, 양손 조작 활동 상태, 활동에 대한 집중 시간 정도, 신체 도식에 대한 인지 능력 정도 등에 대한 기초선 수준 정보를 구체적으로 제시하였다. 이런 정보를 통해 반복 연구를 하려는 자들에게 연구 대상을 선정할 수 있는 범위를 구체적으로 알려 준 셈이다. 또한 이러한 기초선 수준 정보는 반복 연구의 결과를 원 연구와 비교할 수 있는 기준이 되기도 한다.

그런데 기초선 자료란 단순히 연구 대상의 종속 변수에 대한 자료만을 의미하지는 않는다. 기초선 수준을 제시할 때는 중재가 주어지기 전에 연구 대상이 놓여 있는 환경에 대한 설명도 필요하다. 즉, 연구가 수행되는 환경에 대한 설명이 있어야 한다는 뜻이다. 환경의 구성과 기능, 즉 물리적 환경, 공간의 크기, 가구의 구조, 직원들의 일반적 특성 등도 설명해야 한다. 또한 연구 대상이 접촉하는 사람들(예: 친구, 교사, 직원, 치료사 등)에 대한 정보도 중요하다. 누구와 상호 작용하느냐뿐 아니라 상호 작용이 일어나는 방식에 대한 설명도 필요하다. 물론 이러한 정보는 '연구 대상'을 기술하는 부분이 아니라 따로 '실험 장소' 등의 제목을 마련하여 제시할 수도 있지만, 여의치 않은 경우에는 '연구 대상'의 정보를 밝히는 부분에서 설명할 수도 있다.

5) 연구 대상의 기초선 수행에 영향을 주는 특별 요인

마지막으로 연구 대상에 대한 기술에 포함되어야 하는 내용은 연구 대상의 기초선 수행 변화에 영향을 주는 특별 요인이다(Wolery & Ezell, 1993). 기초선이 안정적 상태라면 새로운 연구 대상도 비슷하게 안정적인 기초선 수준을 보일 때 중재 효과의 일반화는 더욱 정확해지지만, 연구 대상의 기초선 수준이 안정적이지 못하고 변화가 심할 때는 그 변화의 요인을 찾아내야 한다. 기초선 수행의 변화에 영향을 주는 요인을 찾아서 밝힌다면, 다른 대상이 이와 유사한 요인을 갖고 있을 때 동일한 연구 결과가 반복될 가능성이 높아질 것이다. 예를 들어, 자폐 아동의 자해 행동에 대한 중재를 실시하고자 하는데 자해 행동의 변화가 심하다면 자해 행동에 영향을 주는 요인을 밝힐 필요가 있다. 자해 행동이 관심 조건이나 놀이 조건보다는 요구 조건과 고립 조건에서 더 자주 나타난다는 것과 같은 정보는 주어지는 상황과 조건에 따라 불안정하게 나타나는 연구 대상의 자해 행동 수준의 원인을 이해할 수 있게 해 준다. 나아가서 그러한 정보는 중재의 종류를 선택하는 데 중요한 역할을 할 것이다. 기초선 수행에 영향을 주는 특별 요인은 모든 개별 대상 연구에서 연구 대상에 대한 기술 내용으로 반드시 제공해야 하는 것은 아니다. 그러나 위의 예와 같이 연구 대상의 종속 변수에 대한 기능 분석이 요구되는 경우나 기초선 수준이 매우 불안정한 경우에는 기초선 수행에 영향을 주는 요인이 무엇인지 밝혀서 제시하는 것이 매우 바람직하다.

3 기초선 상태 정보 제공 형식

　살펴본 바와 같이 연구 대상에 대한 기술은 연구 결과를 읽는 독자로 하여금 연구 결과가 일반화될 수 있는 범위를 판단할 수 있는 정보를 제공하는 것이라고 할 수 있다. 그뿐만 아니라 연구자들이 연구 대상을 기술하는 특정 기준을 따른다면, 다른 연구자들이 반복 연구를 실행하기 좋을 것이고, 그들의 연구 결과를 현장에 적용하기도 쉬워질 것이다. 앞에서 개별 대상 연구에서는 다음 네 가지의 연구 대상에 대한 기초선 상태 정보를 제공할 것을 제안했다.

- 연구 대상 지위 상태: 나이, 성, 인종, 지능, 성취도, 사회·경제 수준
- 연구 대상 선정 기준/절차: 구체적 선정 절차 또는 기준, 중재 경험 유무
- 연구 대상 기초선 수준: 종속 변수의 조작적 정의와 함께 수량화된 기초선 수준

● 연구 대상의 기초선 수행 변화에 영향을 주는 특별 요인: 기초선 자료가 불안정할 때 필요

이러한 연구 대상의 기초선 상태에 대한 정보의 내용을 결정하는 기준은 그 내용이 연구 대상이 갖고 있는 특성 중에서 종속 변수에 대한 연구 대상의 수행에 영향을 줄 수 있느냐는 것이다. 즉, 연구 대상에 대한 기술 내용은 그 내용의 변화가 종속 변수의 변화에 영향을 주어 독립 변수가 특정 결과를 가져올 가능성을 증가시키는 것이어야 한다.

위에서 제안한 네 가지의 연구 대상에 대한 기초선 상태 정보를 양명희와 최호승(2004)이 제안한 것처럼 [그림 4-2]와 같이 소제목으로 나누는 형식을 갖추어 기술한다면, 독자들은 연구 대상에 대한 정보를 더욱 쉽고 빠르게 이해할 수 있을 것이다.

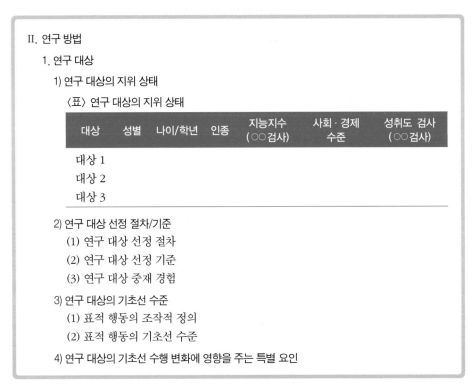

II. 연구 방법

　1. 연구 대상

　　1) 연구 대상의 지위 상태

　　　〈표〉 연구 대상의 지위 상태

대상	성별	나이/학년	인종	지능지수 (○○검사)	사회 · 경제 수준	성취도 검사 (○○검사)
대상 1						
대상 2						
대상 3						

　　2) 연구 대상 선정 절차/기준

　　　(1) 연구 대상 선정 절차

　　　(2) 연구 대상 선정 기준

　　　(3) 연구 대상 중재 경험

　　3) 연구 대상의 기초선 수준

　　　(1) 표적 행동의 조작적 정의

　　　(2) 표적 행동의 기초선 수준

　　4) 연구 대상의 기초선 수행 변화에 영향을 주는 특별 요인

출처: 양명희, 최호승(2004).

[그림 4-2] 연구 보고서에서 연구 대상에 대한 기초선 상태 정보 제시의 예

위에서 네 가지 기초선 상태 정보를 제안했지만 연구자는 자신의 연구 분야에 따라 종속 변수에 영향을 줄 수 있는 연구 대상의 정보로서 더 요구되는 내용이 있는지 계속 검토해야 한다. 예를 들어, 정서 및 행동장애아로 분류되는 함묵 아동 같은 경우 함묵중 지속 기간이나 함묵 장소 등과 같은 특별한 정보가 요구되는지에 대한 지침도 필요할 것이다. 연구 대상과 관련된 추가 정보가 필요하다고 주장한 연구들도 있다. 예를 들어, Wickstrom 등(1985)은 언어장애 아동에게만 요구되는 항목으로 아동의 언어 발달사, 언어 수준, 의학적 지식에 대한 정보를 추가할 것을 제안했다. 또한 CLD(1984)는 학습장애와 관련한 항목으로 아동의 특수교육 역사, 아동의 배치, 동기 수준을 추가할 것을 제안했으며, Brookshire(1983)는 실어증과 관련한 정보로 발병시기, 실어증 종류에 대한 정보도 포함되어야 한다고 주장했다. Lovitt과 Jenkins(1979)는 학습장애와 관련하여 동기 변인, 교사의 수나 자질 등의 정보를 제공할 것을 제안하기도 했다.

양명희와 김황용(1997)은 사회적 고립을 보이는 연구 대상에 대해서는 다음과 같은 정보를 제공할 것을 주장했다.

'사회적 고립 아동에 대한 향후의 연구는 다음과 같은 연구 대상 특성을 고려해야 한다. (1) 또래와의 상호 작용 빈도, (2) 또래 아닌 다른 아이들과의 상호 작용 빈도, (3) 또래들로부터 거절당하는 증거 유무(예: 놀림, 거절), (4) 또래들로부터의 수용 및 배척의 정도, (5) 또래들의 거절을 유발시키는 괴상하거나 괴롭히는 행동, (6) 상황적 불안의 증거(예: 울음, 말더듬, 무해 상황의 회피), (7) 아동의 불평이나 불만의 직접적인 보고, (8) 수동적이고 자기 주장적이지 못한 태도(예: 자기 물건을 가져가도 내버려 둠, 자기 차례를 빼앗겨도 아무 말 못함), (9) 지나친 백일몽, (10) 가족 구성원과의 낮은 상호 작용 빈도, (11) 과잉 행동, 행동 장애, 야뇨증 등 다른 임상적 문제 등이 이에 해당한다. 연구 대상에 대한 이러한 객관적 목록의 검사는 사회적 고립의 표준화된 조작적 정의를 내리는 데 도움을 줄 것이고, 개별 연구 대상 간의 동질성 정도를 알려 줌으로써 연구 대상 선택 기준을 제시해 줄 것이다. 더 나아가서는 연구 결과를 유사한 행동 특성을 나타내는 다른 아동에게 반복 실시하여 입증함으로써 연구 결과의 외적 타당도를 높이는 데 도움이 될 것이다. (p. 279)'

개별 대상 연구는 독립 변수와 종속 변수 사이의 기능적 관계를 밝히는 것으로 내적 타당도를 입증하고, 체계적 반복 연구 결과를 통해서 외적 타당도를 높인다. 개별 대상 연구의 외적 타당도가 높다는 것은 연구 결과를 일반화할 수 있음을 말한다. 연구 결과가 일반화된다는 것은 연구 대상이 아닌 다른 사람들에게도 동일한 중재 효과를 기대할 수 있다는 것이다. 이때, 연구 대상에 대한 기술의 내용이 빈약하거나 제한적이라면 연구 결과의 평가도 어려워질 뿐 아니라, 중재가 연구 대상 외의 사람들에게도 효과가 있을지 결정하기 어렵다. 역으로 연구 대상에 대한 충분한 정보는 연구의 외적 타당도를 높여 줄 뿐 아니라, 현장에서 중재를 적용하는 자가 잠재적 연구 대상을 찾을 가능성도 높여 준다. 그러나 많은 개별 대상 연구가 연구 대상에 대한 충분한 정보를 제공하고 있지 않아서 연구를 실천 현장에 적용하기가 쉽지 않은 실정이다. 개별 대상 연구는 반드시 반복 연구가 쉽게 이루어지고 실천 현장 적용자들이 수월하게 중재를 실행할 수 있도록 연구 대상의 기초선 상태에 대한 충분한 정보를 제공해야 한다.

제**5**장

관찰과 측정

1. 행동의 형성적 직접 관찰과 측정의 필요

2. 행동의 측정 단위와 자료 요약 방법

3. 행동의 직접 관찰 방법의 종류

4. 행동 관찰과 측정의 일치도

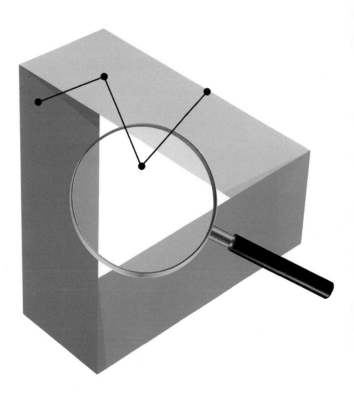

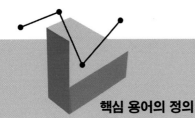

핵심 용어의 정의

형성적 관찰

관찰자가 오랜 시간 동안 행동을 규칙적으로 계속 반복하여 관찰하는 것을 의미한다.

직접 관찰

연구 대상의 행동을 객관적이고 체계적인 형식을 갖추어 관찰하고 기록하는 것을 뜻한다.

행동 결과물 기록

관찰할 행동과 그 행동의 결과가 무엇인지 정의한 다음, 행동이 발생한 다음에 그 결과를 관찰하여 그 빈도를 기록하는 것이다.

행동 특성 중심 관찰 기록

발생한 행동을 중심으로 행동의 특성을 직접 관찰하고 기록하는 방법으로 빈도 기록, 지속 시간 기록, 지연 시간 기록, 반응 기회 기록, 기준치 도달 기록 등이 있다.

시간 중심 관찰 기록

시간을 중심으로 행동이 발생하고 있느냐를 기록하고 측정하는 방법으로, 전체 간격 관찰 기록, 부분 간격 관찰 기록, 순간 관찰 기록 등이 있다.

관찰과 측정의 일치도

같은 것을 측정할 때 일관되게 같은 결과를 산출할 수 있는 정도를 의미한다.

연구 질문이 선정되면 연구에 대한 계획을 세워야 하는데, 연구 계획은 다시 1) 종속 변수 측정, 2) 연구 설계, 3) 자료 분석으로 나눌 수 있다. 여기에서는 종속 변수 측정을 다루고, 연구 설계는 6장부터 10장까지에서, 자료 분석은 12장에서 다루고자 한다. 2장에서 개별 대상 연구는 종속 변수에 대한 일관성 있는 반복 측정을 특성으로 한다고 설명했다. 이러한 반복 측정은 개별 대상 연구의 설계나 자료 분석과 밀접한 관련이 있다. 이 장에서는 연구 대상의 행동에 대한 직접적이고 반복적인 관찰과 측정의 필요성과 함께, 행동의 측정 단위의 종류와 행동을 관찰하고 측정하는 구체적인 방법들을 살펴보고 관찰과 측정의 일치도를 설명하겠다. 이 장은 필자(2012)의 『행동지원』 4장을 수정·증보한 것이다.

1 행동의 형성적 직접 관찰과 측정의 필요

1) 관찰과 측정의 개념

관찰이란 막연히 바라보는 것이 아니라 보고자 하는 것에 초점을 맞추고 집중하여 살펴보는 것을 통한 정보 수집을 의미한다(양명희, 임유경, 2014). 관찰을 통한 정보 수집 방법은 1) 행동을 기술하고 설명하는 질적인 방법과 2) 행동을 규칙에 따라 객관적이고 체계적으로 측정하는 양적인 방법이 있다. 개별 대상 연구에서 이루어지는 측정은 주로 후자에 속한다. 개별 대상 연구에서는 정확하고 믿을 만하며 반복적인 측정을 통한 양적 정보가 요구되기 때문이다.

행동을 관찰하고 측정하기 위해서는, 첫째, 관찰하고 측정하려는 행동이 무엇인지 결정하고, 둘째, 그 행동에 대한 조작적 정의를 내린 후, 셋째, 그 행동의 특성에 따라 측정 단위를 정하고, 넷째, 행동을 관찰하고 기록할 방법을 선정하는 것이 순서다. 무엇을 관찰하고 측정할지는 연구 질문과 중재 목표에 달려 있다. 때로는 자신의 연구에서 무엇을 관찰해야 할지 다른 연구자들에게 자문을 구할 필요가 있을 수도 있다. 무엇을 관찰하고 측정할 것인지 결정되면, 그 행동에 대한 일관성 있는 객관적 관찰이 이루어질 수 있도록 정의를 내려야 한다.

행동을 정의할 때 따라야 할 기준으로 Hawkins와 Dobes(1977)는 객관성, 명료성, 완전성을 제시했다. 객관성(objectivity)이란 눈으로 관찰이 가능한 용어로 정의되는 것을 뜻한다. 명료성(clarity)이란 처음 그 정의를 대하는 사람도 추가의 설명 없이 그 행동의 관찰이 가능하도록 정의하는 것을 의미한다. 완전성(completeness)이란 행동의 범위를 설정하는 것을 뜻한다. 즉, Hawkins와 Dobes(1977)가 제시한 행동 정의의 기준은 행동을 조작적으로 정의할 것을 요구한다.

행동의 조작적 정의는 행동에 대해 보편적이고 일반화된 정보를 제시하는 행동의 명칭이나 행동 특성의 진술을 의미하는 것이 아니다. 행동의 조작적 정의란 행동을 관찰 가능하고 측정이 가능한 용어로 정의하는 것을 의미한다(Sugai & Tindal, 1993). 행동의 관찰이 가능하다는 것은 한 행동의 시작과 끝이 분명하여 관찰자가 행동의 정도를 분별할 수 있다는 뜻이며, 측정이 가능하다는 것은 수량화가 가능하다는 의미다. 행동을 수량화하면 발생한 행동에 대해 불확실한 기억에 의존하지 않아도 되고, 연구 결과에 대해서도 정확한 보고가 가능하며, 연구 대상의 행동 패턴을 알 수 있게 된다는 장점이 있다(Kennedy, 2005).

행동의 조작적 정의는 행동에 대한 객관적이고 구체적인 정보 수집이 가능하도록 해 준다. 따라서 조작적 정의가 있으면 행동을 직접 관찰하고 측정하는 것이 쉬워진다. 또한 행동의 조작적 정의는 행동에 대한 개인의 주관적 편견을 최소화해 주고 관찰된 행동과 그 상황에만 관심의 초점이 모아지게 하는 장점이 있다. 따라서 행동의 조작적 정의는 서로 다른 관찰자가 하나의 행동을 보고 행동이 발생했는지에 대해 서로 동의하기 쉽게 해 줄 뿐 아니라 같은 관찰자가 행동을 관찰할 때에도 관찰할 표적 행동이 발생했을 때 다른 행동들과 변별할 수 있게 도와준다. 행동의 조작적 정의가 내려지면, 조작적 정의에 따른 측정 단위와 방법을 선택해야 한다. 행동 측정의 단위와 방법은 이 장의 뒷부분에서 설명하겠다.

2) 직접적이고 형성적인 관찰의 필요

행동의 관찰과 측정은 직접적이어야 하고 형성적이어야 한다(Sugai & Tindal, 1993). 먼저, 직접 관찰이란 관찰자의 주관성이 들어가고 행동의 전반적인 것을 요약하는 간접 관찰에 대응되는 것으로, 많은 시간을 들여 연구 대상의 행동을 체계적 형식을 갖추어 객관적으로 관찰하는 것을 뜻한다.

연구 대상의 행동을 직접 관찰하고 측정해야 할 이유는 다음과 같다. 첫째, 행동을 정확하게 관찰하고 측정하는 것은 연구 대상의 행동이 바뀌어야 할 행동인지 결정하는 데 도움이 된다. 즉, 행동의 관찰과 측정으로 연구 대상의 행동에 대한 현재 수준과 패턴을 정확히 알 수 있으므로 그 행동에 대한 적절한 의사 결정을 할 수 있다. 둘째, 행동의 정확한 관찰과 측정은 중재 프로그램의 효과를 정확히 평가할 수 있게 해 준다(Alberto & Troutman, 2006). 어떤 행동에 대해 시행하고 있는 중재 효과를 계속적인 관찰과 측정의 결과에 기초하여 판단하고, 중재의 지속, 수정, 종결 등의 의사 결정을 할 수 있게 도와준다. 셋째, 행동의 정확한 관찰과 측정 결과는 중재 효과를 입증하고 전문가나 연구 대상, 연구 대상의 부모와 의사소통하는 데 효과적으로 사용될 수 있다. 그러므로 많은 시간과 노력이 요구되지만 개별 대상 연구에서 관찰과 측정은 반드시 필요한 부분이다.

다음으로, 행동의 관찰과 측정은 형성적이어야 한다. 형성적 관찰과 측정이란 행동을 관찰자가 계속적이고 규칙적으로 반복 관찰하는 것을 뜻한다. 즉, 형성적 관찰과 측정을 통한 평가란 오랜 시간을 두고 자연적인 상황에서 연구 대상의 수행을 자주 반복하여 관찰하고 측정한 결과를 평가하는 것이다. 행동을 형성적으로 관찰하고 기록하면 행동의 변화 방향이나 변화 정도를 쉽게 파악할 수 있다. 반면에 총괄적 관찰 평가란 일정 시간 간격을 사이에 두고 수행을 그 시간 간격 전후로 한 번씩 측정하고 비교하는 방법을 뜻한다.

형성적 관찰과 측정의 중요성을 살펴보기 위해, 총괄적 관찰 측정과 형성적 관찰 측정을 [그림 5-1]의 그래프를 통하여 비교해 보자.

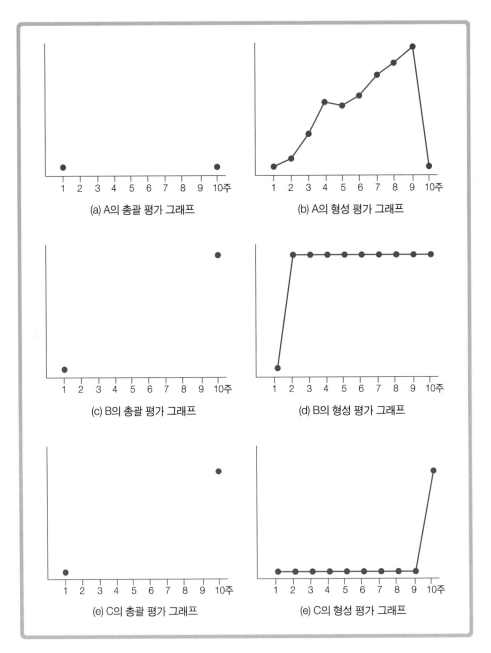

(a) A의 총괄 평가 그래프

(b) A의 형성 평가 그래프

(c) B의 총괄 평가 그래프

(d) B의 형성 평가 그래프

(e) C의 총괄 평가 그래프

(e) C의 형성 평가 그래프

[그림 5-1] 총괄 평가와 형성 평가의 비교

[그림 5-1]에서, 왼쪽의 총괄 평가 그래프들은 중재가 시작되기 전의 첫 주와 중재가 끝난 직후에 측정된 자료만을 보여 주는 반면, 오른쪽의 형성 평가 그래프들은 1주부터 10주(마지막)까지 중재 직전과 직후뿐 아니라 중재가 적용되는 기간에도

매주 측정된 행동 변화의 자료를 보여 준다. 총괄 평가 그래프인 (a), (c), (e)에서 A, B, C의 표적 행동은 첫째 주와 마지막 주의 자료를 비교할 때 A는 중재의 효과가 없고 B와 C는 중재의 효과가 있는 것으로 나타난다(종속 변수의 증가가 중재 효과를 의미한다). 그러나 중재를 적용하는 과정의 자료를 살펴보지 않고 처음과 마지막의 자료만 가지고 결론을 내리는 것은 위험하다. 중재 효과에 대한 정확한 결정을 내리기 위해서는 중재가 적용되는 전체 과정의 자료가 있어야 한다. 형성 평가를 적용한 (b), (d), (e)에서 보는 바와 같이 A는 중재 적용과 함께 점진적인 향상을 보이다가 열째 주에 행동의 갑작스러운 감소가 나타났고, B는 중재 적용 즉시 즉각적인 향상을 나타낸 후 계속 향상된 상태를 유지하고 있으며, C는 아홉째 주까지 아무런 진전을 보이지 않다가 열째 주가 되는 날 극적으로 향상된 행동을 나타냈다. 그러므로 A의 마지막 자료만 보고 중재 효과가 없었다고 결론짓기보다는 열째 주에 특별한 경험이나 사건이 있었기 때문이 아닌지 의심해 보아야 한다. 마찬가지로 C의 행동 변화도 마지막 자료만 보고 중재 효과가 크다고 결론 내리기보다는 열째 주에 특별한 경험이나 사건이 있었는지 의심해 볼 수 있다. 즉, A와 C의 경우에는 더 많은 자료수집이 요구된다. B는 중재 적용 즉시 변화를 가져왔는데도 중재 도중의 자료가 없다면 중재가 언제부터 얼마나 큰 영향을 주었는지 파악하기 어렵다.

　살펴본 바와 같이 형성적 관찰은 자료의 패턴이나 경향을 알려 주며, 더욱 효율적이고 시기적절한 결정을 할 수 있도록 도와준다. 다시 말하면 행동에 대한 형성적 관찰 자료는 중재가 실행되고 있는 동안에도 중재 효과를 평가하고 수정하도록 도와준다. 반면, 중재의 시작과 종료 때만 행동을 관찰하는 총괄적 관찰 자료는 시간의 흐름에 따른 행동의 정확한 정보를 제공해 주지 못한다. 즉, 체계적이고 형성적인 관찰이 없이는 각 연구 대상의 행동 수준을 정확히 알기 어렵다. 연구 대상의 행동을 직접적이고 형성적으로 관찰하고 측정하면 연구 대상 행동의 변화 방향과 변화 정도와 안정도 등을 쉽게 파악할 수 있기 때문에, 측정 결과에 근거하여 중재의 선택과 적용, 그리고 수정을 결정할 수 있다. 물론 직접적이고 형성적인 관찰 자료에 대한 보충 자료로서 중재 전후로만 측정하는 관찰 자료가 중재 결과의 해석에 도움이 되는 경우도 많다. 따라서 행동 변화의 전체적 이해를 위해서는 한 가지 이상의 관찰을 하는 것이 유익하다.

2 행동의 측정 단위와 자료 요약 방법

1) 행동의 측정 단위의 선택

설명한 것처럼 행동의 측정이란 어떤 행동을 일련의 규칙에 따라 체계적이고 객관적으로 수량화하는 것이며, 행동의 측정을 쉽게 하려면 행동의 조작적 정의가 필요하다. 그런데 행동은 어떤 차원을 가지고 조작적 정의를 하느냐에 따라서 다양한 방법으로 관찰되고 측정되며 요약될 수 있다. 행동은 6가지 차원, 즉 빈도, 지속 시간, 지연 시간, 위치나 장소, 형태, 강도를 사용하여 조작적으로 정의할 수 있다 (Alberto & Troutman, 2006; Sugai & Tindal, 1993). 〈표 5-1〉에 행동의 6가지 차원의 정의와 예를 제시하였다.

표 5-1 행동의 6가지 차원의 정의와 예

차원	정의	예
빈도	행동의 발생 수	• 자리를 이탈하는 횟수 • 손을 드는 횟수
지속 시간	행동이 지속되는 시간의 길이	• 손가락을 빠는 시간 • 컴퓨터 게임을 하는 시간
지연 시간	선행 자극과 반응 행동의 시작 사이에 걸리는 시간 길이	• 지시 후, 지시를 따르기까지 걸리는 시간 • 시작 종이 울리고 자리에 앉기까지 걸리는 시간
위치	행동이 일어난 장소	• 통학 버스 안 • 운동장 • 바지에 오줌 싸기
형태	반응 행동의 모양	• 두 주먹으로 얼굴을 침 • 머리카락을 잡아당김
강도	행동의 힘 또는 세기(force)	• 행동의 직접적 강도: 89dB • 행동이 환경에 미치는 정도: 청자가 알아들을 수 있는 목소리 크기, 3일간 지속되는 이빨 자국 등 • 평가 척도의 사용

6가지 차원을 사용하여 조작적으로 정의한 행동은 횟수(명, 개, 번), 시간(분, 초,

주), 길이(cm, km), 무게(g, t), 소리의 세기(dB) 등의 직접적 측정 단위를 사용하거나 정해진 기준에 따라 수행의 정확도로 측정될 수 있다. 가장 흔히 사용되는 행동의 측정 단위를 다음에서 설명했다.

○○ 빈도/횟수

빈도/횟수는 정해진 기간 안에 사건이나 행동이 발생한 수를 의미한다. 빈도로 행동을 측정하는 경우에는 관찰할 행동이 시작과 끝이 분명하여 각 행동의 발생 여부를 구별할 수 있어야 한다. 관찰 시간이 매번 일정하거나 반응할 기회의 수가 일정하게 정해진 경우에는 행동을 빈도로 측정하는 것이 좋다. 예를 들어, 매일 30분간의 수학 시간에 자리를 이탈하는 횟수를 측정하거나, 구조화된 환경에서 열 번 인사할 기회를 주어서 바르게 인사한 횟수를 측정하는 경우다.

○○ 시간의 길이

시간의 길이를 단위로 사용하여 행동을 측정하고자 하는 경우는, 측정 목적에 따라 세 가지로 나누어 볼 수 있다. 먼저, 행동이 시작되는 시각부터 마치는 시각까지 걸리는 지속 시간(duration)의 양을 나타내는 경우에 시간의 길이를 사용한다. 예를 들어, 자주 소리 지르지는 않지만 한 번 소리 지르면 상당 시간 동안 계속 소리를 지른다면 그런 행동은 소리를 지르는 행동의 시간 길이를 측정해야 할 것이다. 두 번째로, 선행 사건(또는 변별 자극이 주어진 시간)으로부터 그에 따르는 행동(또는 반응)이 시작되는 시각까지 걸리는 지연 시간(latency)의 양을 나타낼 때 시간의 길이를 사용할 수 있다. 예를 들어, 교사의 지시를 따르기는 하지만 교사의 지시를 따르기 시작할 때까지 걸리는 시간이 오래 걸리는 경우에 지연 시간을 측정할 수 있다. 세 번째로 행동(반응)이 끝나고 다음 행동의 시작까지 걸리는 행동 간 시간(interresponse time)의 양을 나타낼 때 시간의 길이를 사용한다. 예를 들어, 특정 행동이 어떤 시간 간격으로 분포되어 나타나는지 알고자 할 때 행동과 행동 사이에 걸리는 시간의 길이를 측정할 수 있다.

◯◯ 기타

행동의 강도를 직접 측정하는 경우는 측정 도구를 사용해야 하며, 행동에 따라 그 측정 단위가 달라진다. 소리의 크기는 데시벨(dB)을, 공을 얼마나 멀리 던지느냐는 길이의 단위(cm, m, km 등)를, 얼마나 무거운 것을 들어올리느냐는 무게의 단위(g, kg, t) 등을 사용할 수 있다.

또한 행동의 강도 측정은 미리 정해 놓은 평정 척도를 근거로 측정할 수도 있다. 강도의 평정은 정서적 반응의 측정에 주로 사용된다. 예를 들어, 우는 행동을 강도에 따라 1~5점 척도를 사용하여, a) 5점: 매우 큰소리 지르며 울기, b) 4점: 큰소리로 울기, c) 3점: 보통 크기의 소리로 울기, d) 2점: 작은 소리로 칭얼대며 울기, e) 1점: 숨죽여 흐느끼며 울기 등으로 강도를 구분할 수 있다. 이형복과 양명희(2009)의 연구에서는 연구 대상의 음식 섭취 행동의 정도에 대해, a) 4점: 스스로 잘 먹기, b) 3점: 조금씩 천천히 먹기, c) 2점: 언어적 지시에 의해 먹기, d) 1점: 먹여 주면 조금 먹기, e) 0점: 전혀 먹지 않기 등의 척도로 구분하여 관찰했다. 이와 같이 평정 척도를 사용할 때는 척도상의 각 점수가 의미하는 것을 분명하게 기술해야 한다.

앞에서 행동의 6가지 차원과 측정 단위를 설명했다. 그런데 행동의 측정 단위는 연구 질문과 중재의 목적을 고려하여 선택하여야 한다. 예를 들어, 수학 문제 풀이에서 낮은 점수를 받는 경우를 생각해 보자. 수학 점수가 낮다는 공통점은 있지만, 수학 문제를 푸는 방법은 아는데 풀이 속도가 느린 경우나 실수를 자주 하는 경우와 문제 푸는 방법을 모르는 경우는 각각 중재 목적이 다를 것이다. 그에 따라 변화시키고 싶은 행동의 차원이 다를 수 있으므로 행동 측정 단위도 달라져야 한다.

2) 측정된 행동의 요약 방법

행동을 6가지 차원을 사용하여 조작적으로 정의하고, 그에 따른 측정 단위를 선택하여 행동을 관찰하고 자료를 수집한 다음에는 자료를 요약하여 나타내야 한다. 자료를 요약하는 방법은 직접적 측정단위를 사용하거나, 비율 또는 백분율로 요약하는 방법이 있다. 예를 들어, 교사의 질문에 대답하는 행동을 '교사가 집단으로 또는 개별적으로 연구 대상에게 질문을 할 때 연구 대상이 청자가 인식할 수 있을 정도의 목소리로 5초 이내에 대답하는 행동'으로 조작적 정의를 했다고 하자. 이 경우에, 연구 대상의 대답하는 행동의 빈도를 측정하기로 했다면, 구해진 자료는 빈도수 자체로 나타낼 수도 있고, 정해진 수업 시간의 길이에 대해 교사의 질문에 대답하는 비율(예: 시간당 1회)로 요약할 수도 있고, 관찰된 행동의 수를 주어진 반응 기회(교사의 질문)의 수에 대한 비율, 즉 백분율로 요약할 수도 있다. 관찰자료의 요약 방법은 좀 더 구체적으로 살펴보면 아래와 같다.

○○ 행동의 직접적 측정 단위로 요약

행동의 직접적 측정 단위인 횟수, 시간의 길이, 거리의 단위, 무게의 단위, 강도의 단위 등은 그 자체로 행동의 요약을 나타낼 수 있다. 이는 각 측정 단위의 합 또는 평균값으로 표현할 수 있다. 행동의 빈도를 측정한 경우에는 관찰 시간 동안 발생한 표적 행동의 전체 수로 행동 자료를 요약할 수 있는데, 매 회기의 관찰 시간이 일정하다면 각 관찰 시간의 총 행동 빈도수는 서로 비교가 가능하다. 행동의 지속 시간을 측정한 경우는 전체 관찰 시간 동안 표적 행동의 각 지속 시간을 합하여 누적된 지속 시간으로 나타낼 수도 있고, 그 시간을 행동의 수로 나누어 주어 행동이 한 번 일어날 때 걸리는 평균 시간으로 나타낼 수도 있다. 또 행동의 각 지연 시간을 합하여 행동의 빈도로 나누어 주면 한 번 반응하는 데 걸리는 평균 지연 시간을 나타낼 수 있다. 행동 간에 걸리는 시간도 합하여 행동 간 간격의 수로 나누어 주면 행동이 나타나는 평균 시간 간격을 알 수 있다.

○○ 비율로 요약

비율(rate)이란 정해진 시간 안에 발생한 행동의 수를 시간으로 나누어 단위 시간 당 나타나는 행동의 빈도율을 의미한다. 비율은 영어로 rate라는 단어를 많이 사용하는데, celeration이라는 단어로 설명하는 경우도 있다(Kennedy, 2005; Morgan & Morgan, 2009). 비율은 전체 회기에 걸쳐 매 회기마다 관찰한 시간이 다를 때 행동의 양을 일정한 척도로 바꾸어 줄 수 있는 장점이 있다. 또한 비율은 반응의 정확도뿐만 아니라 숙련도나 유창성에 대한 정보도 제공해 준다. 얼마나 자주 발생하는지 알고 싶을 때는 시간당 또는 분당 반응수로 나타낼 수 있다.

자료를 비율로 요약할 때 좋은 점은 관찰 시간이 매 회기마다 일정하지 않은 경우에도 회기별 자료를 비교할 수 있다는 것이다. 따라서 비율은 연구 대상이 자유롭게 반응하는 행동에 대한 자료를 요약하는 데 사용하기 적절하다. 행동을 비율로 요약하는 경우의 예로 수업 시간의 자리 이탈 행동을 들어 보자. 관찰된 자리 이탈 행동의 횟수를 관찰한 수업의 전체 시간 길이(분)로 나누면 1분당 자리 이탈 비율을 알 수 있다. 여기에서 비율은 단위 시간당 행동의 빈도를 나타내는 경우로만 그 범위를 제한하고, 관찰한 전체 시간에 대한 관찰된 행동이 차지하는 시간의 비율은 백분율로 요약하여 나타낼 수 있다.

○○ 백분율(percentage)로 요약

백분율이란 전체를 100으로 했을 때 관찰된 행동이 차지하는 비율을 나타내는 것이다. 예를 들어, 교사의 10개의 질문에 대해 6개의 정답 반응을 한 경우에 백분율을 구하려면 정답 반응의 횟수 6을 교사의 질문의 수 10으로 나누어 100을 곱하여 백분율 60%를 구할 수 있다. 이때 구해진 백분율 60%는 교사의 전체 질문을 100으로 가정할 경우에 정답 반응이 차지하는 비율을 의미한다. 또 다른 예로, 수업 시간에 소리 지르며 우는 시간의 길이를 백분율로 구하려는 경우, 50분 수업 중 소리 지르며 운 각 행동의 지속 시간의 합이 20분이라면, 관찰 시간 동안에 소리 지르며 우는 행동이 발생한 시간의 합 20을 전체 관찰 시간 50으로 나누어 100을 곱하면 된다. 이렇게 구해진 백분율 40%는 관찰한 전체 시간을 100으로 가정한 경우에 소리 지르며 우는 행동이 차지한 비율을 의미한다.

위의 두 예에서 보는 바와 같이 백분율로 구하는 경우는 매 회기마다 반응 기회의 수나 관찰 시간이 동일하지 않아도 같은 기준으로 볼 수 있도록 해 주기 때문에 누구나 이해하기 쉽다는 장점이 있다. 또한 아무리 행동 발생이 많아도 작은 숫자로 요약이 가능하다는 장점도 있다. 그러나 행동의 발생 기회가 적거나 관찰 시간이 짧을 경우에는 한 번의 행동 발생이 백분율에 미치는 영향이 크기 때문에 행동의 변화를 민감하게 나타내 주지 못하므로 주의해야 한다. 예를 들어, 같은 행동이라 할지라도 행동의 발생 기회가 5회였다면 1회의 행동은 전체 기회의 20%가 되지만 행동 발생 기회가 50회였다면 1회의 행동은 전체의 2%가 된다. 또한 백분율은 행동 발생의 시간과 관련한 정보는 주지 못한다.

3 행동의 직접 관찰 방법의 종류

1) 직접 관찰 방법의 선택 기준

관찰할 행동을 조작적으로 정의하고, 관찰할 행동의 차원을 결정한 후에는, 관찰 결과의 자료를 기록할 실질적이고 신뢰할 만한 기록 방법을 찾아야 한다. 적절한 기록 체계 없이는 어떠한 실험 결과의 해석도 명확할 수 없기 때문이다. 그러나 모든 종류의 표적 행동, 모든 치료의 목적, 모든 물리적 환경에 알맞은 한 가지 관찰 방법 이란 없다. 그러므로 관찰 방법을 선택할 때는 다음과 같은 사항을 먼저 고려해야 한다.

- 관찰할 표적 행동의 특성이 무엇인가?
- 중재의 목적이 어떤 것인가?
- 물리적 환경에 따른 관찰의 제약은 없는가?
- 관찰 방법이 행동 변화를 보여 줄 만큼 민감한가?

연구자는 관찰 기록 방법을 선택한 뒤에, 다시 한 번 선택된 관찰 기록 방법이 자신의 연구에서 묻고자 하는 바를 충분히 나타내 줄 수 있는지, 연구자가 관심 있어 하는 연구 대상의 표적 행동을 정확하게 기록하여 보관할 수 있는지, 관찰과 기록이 지속적으로 실행 가능한 것인지 확인해야 한다.

2) 행동 결과물 기록

행동의 직접 관찰 방법은 행동 결과물 기록, 행동 특성 중심 관찰 기록, 시간 중심 관찰 기록으로 나눌 수 있다. 먼저, 행동 결과물 기록 방법(permanent product recording)

은 행동의 결과가 반영구적으로 남는 것을 관찰할 때 사용할 수 있는 것으로, '영속적 행동 결과 기록' 또는 '수행 결과물 기록'이라고도 한다. 이 방법은 관찰할 행동과 그 행동의 결과가 무엇인지 정의한 다음, 행동이 발생한 다음에 그 결과를 관찰하여 그 빈도를 기록하는 것이다. 이 방법을 사용하는 기본 절차는 다음과 같다.

a. 반응 행동 양상과 행동의 결과를 명확하게 정의한다.
b. 행동이 기록되는 장소 및 상황을 정의한다.
c. 행동을 관찰하는 시간을 기록한다.
d. 행동의 결과를 기록한다.
e. 자료를 요약한다.

행동 결과물 기록의 단점은 즉시 기록하지 않으면 다른 사람들이 행동의 결과를 치워 버릴 수 있다는 것이다. 예를 들어, 부러뜨린 연필을 교실 바닥에 던진 경우 다른 아이가 쓰레기통에 버릴 수 있다. 또한 이 관찰 기법을 사용하면 같은 행동의 결과를 서로 비교하기 어렵다. 예를 들면, 훔친 연필도 그 종류나 크기, 질 등이 다를 수 있는데 단순히 훔친 연필의 숫자만 기록하면 서로 비교하기가 어렵다. 그뿐만 아니라, 행동 결과물 기록은 연구 대상 행동의 강도나 형태나 시간 등의 양상을 설명해 주지 못한다. 찢겨진 책이 몇 장인지에 대한 정보로는 연구 대상이 책장을 찢을 때의 강도와 형태 등에 대한 정보를 제공해 주지 못한다. 행동 결과물 기록 방법으로 측정할 수 있는 행동의 예로는 학습 상황에서 쉽게 볼 수 있는 연구 대상의 시험 답안지, 집어던진 연필의 수, 훔친 지우개의 수, 손을 씻은 후 비누통에 남아 있는 물비누의 양, 제자리에 꽂혀 있지 않은 책의 수, 놀이터에 남겨진 개인 소지품(예: 겉옷, 책, 가방 등), 식사 후 식탁에 떨어트린 음식물의 양, 빠진 머리카락의 수 등이다. [그림 5-2]에 행동 결과물 기록 방법을 적용한 관찰지의 사용 예를 제시하였다.

연구 대상#1: 김 완	연구 대상#2: 권 준		연구 대상#3	
관찰자: 이순신 (임진초등학교 4학년 4반 담임교사)				
관찰 장소 및 상황: 임진초등학교 4학년 4반 교실, 점심시간 직전의 수학 시간. 김완은 입구 쪽 줄의 중간 부근에 자리하고 권준은 왼쪽에서 두 번째 줄의 앞자리에 위치. 전체 학생 수는 22명				

행동 결과	정의
#1 바닥에 떨어진 학용품	연구 대상의 책걸상 주위(각각의 모서리에서 30cm 거리 안쪽)에 떨어진 학용품(연필, 지우개, 자, 풀, 크레용 등)
#2 바닥에 떨어진 휴지	연구 대상의 책걸상 주위(각각의 모서리에서 30cm 거리 안쪽)에 떨어진 종이류(대각선의 길이가 3cm 이상)

일시	유아	행동 결과	발생 횟수	합계
5/3 11:30~ 12:10	김완	학용품	////	4개
		휴지	///// //	7개
	권준	학용품	//	2개
		휴지	/////	5개
5/4 11:30~ 12:10	김완	학용품	///	3개
		휴지	/////	5개
	권준	학용품	////	4개
		휴지	///// //	7개

[그림 5-2] 행동 결과물 기록 관찰지의 예

　[그림 5-2]의 예에서 관찰자는 4교시 수학 시간이 끝나고 연구 대상들이 급식실로 떠난 다음에 관찰 대상인 김 완과 권 준의 주변에 떨어진 학용품과 휴지 조각의 수를 세어 관찰지에 기록하면 된다. 5월 3일의 경우를 보면 4교시 후에 김 완의 책상 주변에는 4개의 학용품과 7개의 휴지 조각이 있었고, 권 준의 책상 주변에는 2개의 학용품과 5개의 휴지 조각이 떨어져 있었다. 이와 같이 관찰지를 사용하면 3명의 각기 다른 두 가지의 행동 결과를 측정할 수 있음을 알 수 있다.

녹음기나 비디오 카메라를 사용하여 녹음이나 녹화를 한 후, 테이프를 통해 행동을 관찰 또는 측정하는 경우를 행동 결과물 기록으로 분류하는 경우가 있다. 하지만 결국은 테이프를 통해 행동 특성 중심 관찰 기록이나 시간 중심 관찰 기록을 하게 되므로 여기에서는 그런 경우를 행동 결과물 기록으로 분류하지 않는다.

3) 행동 특성 중심 관찰법

행동의 직접 관찰 방법인 행동 특성 중심 관찰 기록은 행동 발생을 기록한다는 점에서는 행동 결과물 기록과 비슷하지만, 행동의 특성을 직접 관찰한다는 점이 다르다. 행동 특성 중심 관찰 기록은 '사건 중심 기록(event-based recording)' 또는 '사건 기록(event recording)'이라고 소개되는 경우도 있다(양명희, 2012; Sugai & Tindal, 1993). 그러나 그러한 용어는 뒤에서 설명하게 될 행동의 횟수를 측정하는 빈도 기록과 동일한 명칭으로 사용되는 경우가 종종 있어서, 혼돈을 피하기 위하여 여기에서는 행동 특성 중심 관찰 기록이라는 용어를 사용하기로 한다. 행동 특성 중심 관찰 기록은 발생한 행동의 특성을 중심으로 관찰하고 기록하는 것으로, 관찰할 행동은 반드시 시작과 끝이 분명한 행동이어야 한다. 행동 특성 중심 관찰 기록에는 빈도 기록, 지속 시간 기록, 지연 시간 기록, 반응 기회 기록, 기준치 도달 기록 등이 있다.

(1) 빈도 기록

빈도 기록(frequency recording)이란 주어진 시간 안에 발생한 행동의 수를 세어 기록하는 것이다. 빈도 기록은 전체 관찰 시간을 짧은 시간 간격으로 구분하여, 연구 대상을 관찰하고 하나의 시간 간격 안에 발생한 행동의 빈도를 기록한다. 빈도 기록 방법의 기본 절차는 다음과 같다.

a. 전체 관찰 시간을 짧은 시간 간격으로 나눈다. (시간 간격으로 나누지 않고 전체 관찰 시간을 그대로 두고 관찰해도 된다.)
b. 연구 대상 행동을 관찰한다.
c. 하나의 시간 간격 안에 행동이 발생할 때마다 빈도를 기록한다.

d. 자료를 빈도수 또는 비율로 요약한다.

　이 관찰 방법의 장점은 진행 중인 수업이나 프로그램을 직접적으로 방해하지 않으며, 비교적 사용하기가 쉽다는 것이다. 또한 시간 간격마다 행동 발생 빈도를 기록하였기 때문에 문제 행동이 나누어진 시간 간격 중 언제 가장 많이 발생하는지 시간 흐름에 따른 행동 발생 분포를 알 수 있다는 것도 장점이다. 그러나 단점은 행동의 빈도만 가지고는 행동 형태가 어떤지를 설명해 주지 못한다는 것과 지나치게 짧은 시간 간격으로 자주 또는 오랜 시간에 걸쳐 일어나는 행동에는 적용하기 어렵다는 것이다. 예를 들어, 연필로 책상 두드리기나 눈 깜빡이기 같은 행동은 매우 짧은 행동이어서 횟수 측정이 어렵고, 컴퓨터 게임하기 같은 행동은 긴 시간 동안 지속되는 경우가 많기 때문에 횟수를 측정하는 것이 의미가 없을 수 있다. 빈도 기록 방법을 이용하여 관찰할 수 있는 행동은 자리 뜨기, '고맙습니다' 또는 '감사합니다'라고 말하기, 손들기, 교사 허락 없이 말하기 등 비교적 짧은 시간 동안 지속되는 행동으로 시작과 끝이 분명하여 행동 간의 구별이 되어야 한다. [그림 5-3]에 빈도 기록 관찰 용지의 사용 예를 제시하였다.

연구 대상: 이중섭 (빛고을초등학교 3학년, 9세)

관찰자: 박선희 (교생 실습 교사)

관찰 장소 및 상황: 빛고을 초등학교 식당. 점심시간. 약 150명의 학생이 식사를 하고 있거나 배식을 위해 줄지어 대기. 시끄럽고 혼란스러운 분위기

표적 행동: 식사 중 자리 이탈 행동

표적 행동의 조작적 정의: 음식을 담은 식판을 식탁에 놓고 자리에 앉아 숟가락이나 젓가락을 잡은 후 엉덩이가 자리에서 10cm 이상 떨어진 상태에서 3초 이상 지속

날짜	시간	행동 발생	합계	관찰 시간	빈도/시간	분당 비율
9/12	12:35~13:05	✔✔✔✔ ✔✔✔✔ ✔✔	12	30분	12/30	0.4회/분
9/13	12:30~12:55	✔✔✔✔ ✔✔✔✔	10	25분	10/25	0.4회/분
9/14	12:30~13:00	✔✔✔✔ ✔✔✔✔	9	30분	9/30	0.3회/분
9/15	12:35~13:10	✔✔✔✔ ✔✔✔✔ ✔✔✔✔	14	35분	14/35	0.4회/분

[그림 5-3] 빈도 기록 관찰 용지의 예 1

[그림 5-3]의 관찰 용지는 1회기의 전체 관찰 시간을 짧은 시간 간격으로 나누지 않고 있음을 볼 수 있다. [그림 5-3]의 예에서 관찰자는 급식실에 가서 중섭이가 조작적 정의대로 자리를 이탈할 때마다 체크 표시(✔)를 하여 행동을 기록하고, 행동의 총 빈도를 전체 관찰 시간으로 나누어 비율을 기록하면 된다. 9월 12일의 경우에 중섭이는 급식 시간에 자리 이탈을 총 12번 하였으며, 이는 분당 0.4회 자리 이탈을 한 셈이다. 이런 경우에 매일 관찰한 시간의 길이가 달랐어도 행동 요약을 비율로 하였기 때문에 매일의 급식 시간 자리 이탈 행동을 서로 비교할 수 있다.

또 다른 빈도 기록 관찰 용지 사용 예를 [그림 5-4]에 제시했다.

연구 대상: 이예솔 (빛나리초등학교 4학년, 11세)
관찰자: 서영경 (교사)
관찰 장소 및 상황: 빛나리초등학교 4학년 2반 교실. 수학 시간(45분). 1명의 교사와 30명의 학생이 모둠별로 앉아 수업을 하고 있다.
표적 행동: 수업 중 자리 이탈 행동
표적 행동의 조작적 정의: 교사의 허락 없이 자기 의자를 떠나는 행동으로, 연구 대상의 엉덩이가 의자에서 떨어진 모든 상태(예: 의자 위에 무릎 세워 앉기, 다른 자리로 이동하기 등)

날짜	시간	행동 발생									총 빈도
		1	2	3	4	5	6	7	8	9	
6/1	13:15~14:00					/	//		///	////	10
6/2	9:00~9:45								//	///	5
6/4	9:55~10:40						/	//		///	6
6/5	14:10~14:55					/	/	//	///	////	11

[그림 5-4] 빈도 기록 관찰 용지의 예 2

[그림 5-4]의 관찰 용지는 1회기의 전체 관찰 시간 45분을 5분 간격으로 나누어 관찰하게 되어 있음을 볼 수 있다. 관찰자는 수학 시간마다 예솔이가 정의대로 자리 이탈을 할 때면 사선 표시(/)를 하고 행동의 총 빈도를 세어 기록하면 된다. 6월 1일의 경우에 예솔이는 수학 시간에 자리 이탈을 총 10번 했음을 알 수 있다. 이 경우에는 매번 관찰한 수학 시간의 길이가 45분으로 같기 때문에 총 빈도수로 매 수학 시간의 급식 시간 자리 이탈 행동을 서로 비교할 수 있다. 또한 전체 관찰 시간 45분을 5분 간격으로 나누어 관찰했기 때문에 수학 시간 중 어느 때에 자리 이탈이 많은지 분석할 수 있다. 예솔이의 경우, 주로 수학 시간이 끝나 가는 때에 자리 이탈이 많고, 오전보다는 오후 시간에 자리 이탈이 많은 것을 볼 수 있다.

또 다른 형태의 빈도 기록 관찰 용지를 [그림 5-5]에 제시했다.

연구 대상: 이무경, 김국진, 박수정, 양기쁨, 정세화, 이민우 (하늘초등학교 3학년)

관찰자: 김희영 (특수 교사)

관찰 장소 및 상황: 하늘초등학교 3학년 5반 교실. 국어 시간(45분). 1명의 교사와 6명의 연구 대상이 앉아 수업을 하고 있다.

표적 행동: 소리 내어 읽기

표적 행동의 조작적 정의: 별도로 제시된 조작적 정의에 따라 연구 대상이 읽는 단어에서 대체, 발음 오류, 삽입, 반복 등의 오반응이 발견되면 해당 칸에 체크 표시(✓)를 하시오.

날짜	연구 대상 / 반응	무경	국진	수정	기쁨	세화	민우
4/3	대체	✓✓✓✓				✓	✓✓✓✓✓
	발음 오류		✓✓✓✓✓		✓✓✓✓✓ ✓		✓
	삽입	✓		✓✓✓✓✓		✓	
	반복					✓✓✓✓✓ ✓✓	
4/4	대체						
	발음 오류						

[그림 5-5] 빈도 기록 관찰 용지의 예 3

[그림 5-5]를 보면 6명의 연구 대상들의 단어 읽기 오류의 종류별로 빈도를 측정했음을 알 수 있다. 4월 3일의 관찰 결과를 보면, 무경이와 민우는 단어를 다른 단어로 대체하는 오류가 많고, 국진이와 기쁨이는 단어의 발음 오류가 많으며, 수정이는 없는 단어를 삽입하며, 세화는 같은 단어를 반복하여 읽는 경우가 많음을 알 수 있다. 이렇게 여러 명의 연구 대상의 행동에 대한 빈도를 측정하는 관찰지를 한 장에 작성할 수도 있다.

(2) 지속 시간 기록

지속 시간 기록 방법(duration recording)은 표적 행동이 시작될 때의 시간과 그 행동이 끝날 때의 시간을 기록하여 행동이 지속된 시간을 계산하여 기록하는 방법이다. 명칭의 뜻처럼, 행동이 지속되는 시간을 관찰하여 기록하는 것이다. 이때에 스톱워치를 사용하면 편리하다. 이 방법을 사용하는 기본 절차는 다음과 같다.

  a. 행동이 시작될 때 시간을 기록하거나 스톱워치를 작동한다.

  b. 행동이 끝날 때 시간을 기록하거나 스톱워치 작동을 멈춘다.

  c. 행동이 지속된 시간을 계산하여 기록한다.

  d. 각 행동의 지속 시간을 합하여 총 지속 시간을 기록한다.

  e. 총 지속 시간을 행동의 총 횟수로 나누어 평균 지속 시간을 기록한다.

  f. 총 지속 시간을 총 관찰 시간으로 나누어 100을 곱하여 관찰한 전체 시간에 대
     한 행동의 지속 시간 퍼센트를 기록한다. (이렇게 구한 퍼센트는 매 회기의 관찰 시간
     이 동일하지 않아도 같은 기준으로 볼 수 있도록 해 주기 때문에 누구나 이해하기 쉽다.)

  지속 시간 기록 방법은 행동이 지속되는 시간 길이에 관심이 있을 때에 사용할 수
있다. 지속 시간 기록 방법은 지나치게 짧은 시간 간격으로 발생하는 행동에는 적용
하기 어렵기 때문에 지속 시간의 길이를 측정할 수 있을 만큼은 지속되는 행동이어
야 한다. 또한 지속 시간 기록 방법은 행동의 강도를 설명해 주지 못한다는 단점이
있다. 지속 시간 기록 방법으로는 식사를 마치는 데 시간이 얼마나 걸리는지, 화장
실에 얼마나 오래 머무는지, 주어진 과제를 마치는 데 얼마만큼의 시간이 걸리는지,
손가락을 얼마 동안 빠는지, 협동놀이에 참여하는 시간은 어느 정도인지 등의 행동
을 측정할 수 있다. [그림 5-6]에 지속 시간 기록 관찰 용지의 사용 예를 제시하였다.

연구 대상: 김평강 (서라벌초등학교 2학년)					관찰자: 박온달	
표적 행동: 손가락 빨기 행동 입술 안쪽으로 5mm 이상 손가락을 집어넣거 나 이빨로 손톱을 깨무는 행동					관찰 장소: 2학년 3반 교실 오전 국어 시간. 전체 학생 35명. 연구 대상은 교실의 중간쯤에 위치	
일시	행동 발생				관찰 결과 요약	
7/9 9:25~ 9:55	#1 1'	#2 2'10"	#3 1'20"	#4 1'30"	#5 1'	전체 관찰 시간	30분
						전체 지속 시간	7분
	#6	#7	#8	#9	#10	지속 시간 백분율	23%
						평균 지속 시간	1분 24초
7/10 9:25~ 9:55	#1 2'	#2 1'30"	#3 1'	#4 1'20"	#5 1'30"	전체 관찰 시간	30분
						전체 지속 시간	9분 30초
	#6 1'	#7 1'10"	#8	#9	#10	지속 시간 백분율	32%
						평균 지속 시간	1분 21초
	#1	#2	#3	#4	#5	전체 관찰 시간	
						전체 지속 시간	
	#6	#7	#8	#9	#10	지속 시간 백분율	
						평균 지속 시간	

[그림 5-6] 지속 시간 기록 관찰 용지의 예

[그림 5-6]의 경우, 관찰자는 국어 시간에 평강이가 손가락을 빨기 시작하면 스톱 위치를 작동하고 손가락을 입술에서 꺼내면 스톱위치의 작동을 멈추어서 한 번의 손가락 빼는 행동이 지속되는 시간을 기록한다. 이렇게 매번 손가락 빼는 데 걸리는 시간을 합한 전체 지속 시간을 전체 관찰한 시간으로 나누어 100을 곱하면 지속 시간 백분율을 구할 수 있다. 그리고 행동의 총 발생 빈도를 전체 지속 시간으로 나누면 평균 지속 시간을 구할 수 있다.

7월 9일의 기록에 의하면 평강이는 30분의 국어 시간 동안에 전부 5번 손가락을 빨았고, 매번 손가락을 빼는 데 각각 1분, 2분 10초, 1분 20초, 1분, 30초, 1분이 걸렸다. 각각 손가락을 빤 시간을 합하면 7월 9일 국어 시간에 손가락을 빼는 데 걸린 전체 지속 시간은 7분이 된다. 그 7분을 전체 관찰 시간 30분으로 나누고 100을 곱하여 지속 시간 백분율 23%를 구하였다. 이는 평강이가 국어 수업 시간의 23%에 해당하는 시간 동안 손가락을 빨았다는 뜻이다. 5번 손가락 빤 빈도를 손가락을 빤 전체 지속 시간 7분으로 나누어 평균 지속 시간 1분 24초를 구한 것을 볼 수 있다.

(3) 지연 시간 기록

지연 시간 기록 방법(latency recording)은 선행 사건과 표적 행동 발생 사이에 지연되는 시간을 계산하여 기록하는 것이다. 이 방법의 기본 절차는 다음과 같다.

a. 선행 자극 또는 선행 사건을 정의한다. (예를 들어, 읽기 시간에 교사의 지시 따르기 행동을 보고자 할 때 선행 사건인 교사의 지시는 '첫 문장의 첫 단어에 손가락을 짚으시오.'라고 정의할 수 있다.)
b. 관찰 시간 동안 주어질 선행 자극의 수를 결정한다. (선행 자극의 수가 일정하지 않은 경우에는 이 단계를 생략할 수 있다.)
c. 선행 자극을 주고, 시간을 기록하거나 스톱워치를 작동한다.
d. 연구 대상의 행동이 시작될 때 시간을 기록하거나 스톱워치 작동을 멈춘다.
e. 행동이 시작될 때까지 지연된 시간을 계산하여 기록한다.
f. 각 행동의 지연 시간을 합하여 행동의 횟수로 나누어 표적 행동의 평균 지연 시간을 기록한다.

이 방법으로 관찰할 수 있는 행동으로는 질문에 답하기, 지시 따르기 등이 있다. [그림 5-7]에 지연 시간 기록 관찰 용지의 사용 예를 제시하였다.

연구 대상	이름		학교/학년		나이
	김유진		봉산초등학교 3학년		9
관찰자	양기철		담임 교사	민정자	
표적 행동	지시 따르기: 수학 시간에 개별 과제(예: 연습문제 풀기)를 시작하기 위해 교사가 연구 대상 혹은 교실 전체의 학생들에게 말하는 지시의 내용대로 행동한다.				
선행 사건	개별 과업을 위해 교사가 "○○쪽의 연습문제를 노트에 풀어 적으세요."라고 말하거나 "(유인물의) 연습문제를 풀기 시작하세요."라고 말한다.				
상황 요인	수학 시간, 25명의 학생이 수업에 참여. 연구 대상은 교탁 부근에 위치. 앞뒤좌우에 유천, 재중, 준수, 효리가 있고 준수가 옆 짝이다.				

일시	행동 발생				행동 결과 요약	
5/18	#1 1′10″	#2 1′	#3 30″	#4 50″	전체 지연 시간	5분 50초
	#5 1′20″	#6 1′	#7	#8	선행 사건 횟수	6회
	#9	#10	#11	#12	평균 지연 시간	58초
	#1	#2	#3	#4	전체 지연 시간	
	#5	#6	#7	#8	선행 사건 횟수	
	#9	#10	#11	#12	평균 지연 시간	

[그림 5-7] 지연 시간 기록 관찰 용지의 예

[그림 5-7]을 사용하는 관찰자는 교사의 지시가 끝나면 스톱워치를 작동하여 연구 대상인 유진이가 연습문제를 풀기 시작하면 스톱워치 작동을 멈추어, 교사의 지시 후 유진이가 연습문제를 풀기 시작하기까지 지연된 시간을 측정한다. 교사의 매번 지시마다 유진이의 반응이 지연된 시간을 기록한 것을 합하여 전체 지연 시간을 구하고, 교사의 지시 빈도를 선행 사건 횟수에 기록한다. 전체 지연 시간을 선행 사건 횟수로 나누면 평균 지연 시간을 구할 수 있다. 5월 18일의 예에서 수학 시간에 교사의 지시는 6번 있었으며, 교사의 지시마다 유진이가 과제를 풀기 시작할 때까지 걸린 지연 시간은 각각 1분 10초, 1분, 30초, 50초, 1분 20초, 1분이었다. 이를 합

하면 전체 지연 시간은 5분 50초가 된다. 전체 지연 시간 5분 50초를 교사의 전체 지시 빈도 6으로 나누어 평균 지연 시간 58초를 구한 것을 알 수 있다.

행동과 행동 사이에 걸리는 시간의 길이를 측정하는 행동 간 시간 기록 방법은 지연 시간 기록과 동일한 방법을 사용할 수 있다. 다만 선행 사건 후에 표적 행동이 시작될 때까지의 시간을 측정하는 것이 아니라 한 행동이 끝나고 다음 행동이 시작될 때까지 걸리는 시간을 측정하는 것만 다르다. 이런 방법을 통해서는 다음 행동이 발생할 때까지 걸리는 평균 시간을 알 수 있다. 즉, 행동이 어떤 시간 간격으로 분포되어 나타나는지 알 수 있다.

(4) 반응 기회 기록

반응 기회 기록 방법(controlled presentations recording)은 행동의 기회가 주어졌을 때 표적 행동의 발생 유무를 기록하는 것이다. 이 방법은 교사나 치료자에 의해 연구 대상이 반응할 기회가 통제된다는 특징을 제외하면 빈도 기록과 같은 방법이다. 이 방법의 기본 절차는 다음과 같다.

a. 연구 대상에게 주어지는 기회가 무엇인지 명확하게 정의한다. (예: 교사가 개별 연구 대상에게 질문하는 것을 반응 기회로 정의할 수 있다.)
b. 연구 대상 행동을 관찰할 시간 길이나 그 시간 동안에 연구 대상에게 주어질 기회의 수를 미리 설정한다.
c. 주어진 시간 동안에 연구 대상에게 기회를 제공한다.
d. 표적 행동이 발생했는지의 여부를 관찰하고 기록한다.
e. 발생한 표적 행동의 수를 주어진 기회의 수로 나누고 100을 곱하여, 주어진 기회 수에 대한 표적 행동의 발생 횟수의 퍼센트를 기록한다.

이 방법에 알맞은 예는 매일 50분의 수학 시간에 교사의 10개 질문에 대해 정답을 말하는 횟수를 기록하는 것 등이다. [그림 5-8]에 반응 기회 기록 관찰 용지의 사용 예를 제시하였다.

연구 대상: 이하림 (강촌초등학교 2학년, 8세)			
관찰자: 이을이			
관찰 장소 및 상황: 강촌초등학교 4학년 4반 교실, 수학 시간			
표적 행동: 교사의 질문에 정답을 말하는 행동			
기회의 조작적 정의: 교사의 한 자릿수의 덧셈이나 뺄셈에 대한 구두 질문(예: "2 더하기 6은?" "7 빼기 5는?")			
날짜	정반응	전체 기회 수	백분율
5/ 4	✓ ✓ ✓ ✓	10	40%

[그림 5-8] 반응 기회 기록 관찰 용지의 예 1

[그림 5-8]을 보면, 5월 4일에 하림이는 교사의 덧셈이나 뺄셈의 구두 질문 10개에 대해 4개의 질문에 정반응을 하여 전체 질문의 40%만큼 정반응하였음을 알 수 있다.

위의 [그림 5-8]을 [그림 5-9]처럼 정반응과 오반응의 빈도를 구분하여 기록하도록 만들 수도 있다.

연구 대상: 이하림 (강촌초등학교 2학년, 8세)												
관찰자: 이을이												
관찰 장소 및 상황: 강촌초등학교 4학년 4반 교실, 수학 시간												
표적 행동: 교사의 질문에 정답을 말하는 행동 (정답은 +, 오답은 −로 표시)												
기회의 조작적 정의: 교사의 한 자릿수의 덧셈이나 뺄셈에 대한 구두 질문(예: "2 더하기 6은?" "7 빼기 5는?")												
날짜	기회와 반응										정반응 수	백분율
	기회	1	2	3	4	5	6	7	8	9	10		
5/ 4	반응	+	−	+	+	−	−	+	−	−	−	4	40%
	반응												

[그림 5-9] 반응 기회 기록 관찰 용지의 예 2

반응 기회 기록 방법을 사용한 또 다른 예로 최호승(2003)이 자신의 연구에서 연구 대상의 단어 읽기를 관찰한 관찰 용지를 [그림 5-10]에 제시하였다.

대상자 이름: _____ 날짜: 년 월 일 ~ 월 일

관찰자 이름: _____ 행동: 20개 단어 중 정확하게 읽은 단어 수

학습 부진 연구 대상 문자지도 결과표

자료 / 문항 / 날짜	자료 1 월 일	자료 2 월 일	자료 3 월 일	자료 4 월 일	자료 5 월 일	자료 6 월 일	자료 7 월 일
1	아가	기수	고기	구두	가거라	드리다	파자마
2	파다	피부	이모	부츠	오너라	로보트	두루미
3	하마	바보	누나	두부	기리다	스스로	수제비
4	사자	수리	오리	다리	어머니	다리미	아저씨
5	차다	조사	나무	소주	아버지	스피커	아주머니
6	나라	미소	우리	가다	부수다	마시다	카나리아
7	파자	바지	이사	우주	푸르다	리어카	사투리
8	하자	사소	허파	두루	구르다	고사리	타자기
9	사라	마루	고모	고파	그치다	저고리	다시마
10	바다	소파	고추	자아	오로지	기러기	피아노
11	가파	보더	으퍼	차거	크리머	허수가	히투퍼
12	하타	토니	키흐	쿠자	오수가	스사히	자보트
13	나자	차카	히가	허푸	구수미	나다라	자피기
14	카라	아터	프너	타처	가라미	보무스	트코머
15	사바	초푸	투로	더저	크디러	이즈쿠	거더두
16	차바	즈치	코미	치투	바소서	초터파	타프보
17	마사	기바	처부	가트	도부사	하피트	누라우
18	차카	노러	자우	히피	크리키	쿠츠초	츠너프
19	나파	도므	구프	소루	머하시	아서보	스모가
20	라라	시저	후키	파히	고소호	무디라	으시자
1~10 정답수							
%							
11~20 정답수							
%							

(표시: ○ 정확하게 읽은 문자, × 정확하게 읽지 못한 문자)

[그림 5-10] 받침 없는 단어 읽기 관찰 용지(반응 기회 기록 관찰지의 예)

[그림 5-10]에 있는 관찰지를 사용할 때는 연구 대상에게 미리 계획한 읽기 자료를 주고 연구 대상으로 하여금 자료에 있는 단어를 구두로 읽도록 한다. 관찰자는 관찰지에 날짜를 기록한 다음, 해당 자료에 대한 연구 대상의 읽기를 관찰하여 연구 대상의 반응을 표시한다. 정반응에 대해서는 단어에 동그라미 표시를 하도록 했다. 20개의 문항을 다 실시하여 문항마다 연구 대상의 반응을 표시한 다음, 1번부터 10번까지의 받침 없는 의미 단어에 대한 정답수와 백분율을 기록하고, 11번부터 20번까지의 받침 없는 무의미단어에 대한 정답수와 백분율을 기록한다. 이때 연구 대상에게 주어지는 단어의 수는 언제나 의미 단어 10개, 무의미 단어 10개로 일정하다.

(5) 기준치 도달 기록

기준치 도달 기록 방법(trials to criterion recording)은 도달해야 할 기준이 설정되어 있는 경우에 그 기준치에 도달했는지의 여부를 기록하는 것이다. 이는 '준거 제시 시도 기록'이라고도 불린다. 이 방법의 기본 절차는 다음과 같다.

a. 연구 대상에게 제시할 기회가 무엇인지 명확하게 정의한다.
b. 한 번의 행동 시도에 대한 인정할 만한 기준을 설정한다.
c. b가 몇 번 이루어져야 하는지에 대한 도달 기준치를 설정한다.
d. 연구 대상에게 반응 기회를 제시한다.
e. b의 기준에 도달한 행동의 발생(정반응, 무반응, 오반응)을 기록한다.
f. 연구 대상의 행동이 c의 기준치에 도달하면 종료하거나 새로운 기준치로 다시 시작한다.
g. 기준치에 도달하기까지의 행동 시도 수를 기록한다.

예를 들어, 이 방법을 사용하여 교사의 지시 3초 내에 교사의 반복 지시 없이 수행하는 것을 연속 3회 수행하는 행동 등을 측정할 수 있다. [그림 5-11]에 기준치 도달 기록 관찰지의 사용 예를 제시하였다.

| 연구 대상: 김숙경 | | | | | | | | 관찰자: 오하인 | | | | |
| 교사: 최정인 | | | | | | | | 관찰 장소: 2학년 3반 교실, 국어 시간 | | | | |

표적 행동의 정의: 교사의 지시 3초 내에 교사의 지시 반복 없이 지시를 수행하는 것

반응 기회의 정의: 교사가 연구 대상에게 행동을 수행하도록 요구하는 모든 지시
예: '교과서 00쪽을 펴라' '제자리에 앉아라' '책을 소리 내어 읽어라' 등

기준치: 교사의 지시에 연속 3회 수행하기

기록 방법: 교사의 지시가 주어지고 3초 이내에 지시 내용을 수행하면 +, 그렇지 않은 경우에는 − 표시를 하세요.

날짜	목표 도달 기준치	기회에 대한 연구 대상의 반응										기준치 도달까지 걸린 횟수
		1	2	3	4	5	6	7	8	9	10	
4/2	연속 3회 수행	−	−	−	−	−	−	−	+	+	+	10
4/3	연속 3회 수행	−	−	−	+	−	+	+	+	−	−	9
4/4	연속 3회 수행	−	−	+	−	−	+	+	+	−	+	8
4/5	연속 3회 수행	−	+	−	+	+	+	−	+	+	−	6
4/6	연속 3회 수행	+	−	−	+	+	−	+	−	−	+	6

[그림 5-11] 기준치 도달 기록 관찰 용지의 예

[그림 5-11]을 보면, 숙경이는 4월 2일에 기준치까지 도달하는 데 10회의 지시가 있었고, 4월 3일에는 9회, 4월 4일에는 8회로 기준치까지 도달하는 횟수가 감소하고 있음을 알 수 있다.

위에서 지금까지 설명한 모든 행동 특성 중심 관찰 기록의 공동 절차는 다음과 같다.

a. 표적 행동을 명확하게 정의한다.

b. 행동이 발생하는 상황을 정의한다.

c. 관찰하는 전체 시간을 기록한다.

d. 행동 발생을 기록한다.

e. 자료를 요약한다.

여기까지 살펴본 행동 특성 중심 관찰 기록법들은 사용하기 쉽고 관찰자가 연구 대상의 행동을 직접 볼 수 있다는 장점이 있는 반면에, 한 명의 관찰자가 한 장소에서 동시에 여러 명의 연구 대상이나 여러 행동을 관찰할 때는 사용하기가 쉽지 않다. 한 연구 대상을 관찰하는 경우에도 매우 짧은 시간 간격으로 높은 빈도를 보이는 행동은 행동 특성 중심 관찰 기록법을 사용하기 어렵다. 예를 들면, 심하게 눈을 깜박이거나 팔을 흔드는 행동을 계수하거나 그 지속 시간을 측정하기는 어렵다. 또한 지속 시간의 변화가 심한 행동도 행동이 일어난 횟수나 평균 지속 시간만으로 문제 행동의 양상을 정확히 알아내기 어려울 수 있다. 예를 들어, 수업 시간에 어떤 때는 5초 동안 어떤 때는 10분 동안 자리를 이탈한다면, 자리 이탈의 횟수나 평균 지속 시간만으로는 그 행동의 문제점을 정확하게 설명하지 못한다. 그러한 경우에는 뒤에서 설명하는 시간 중심 관찰 기록 방법을 사용할 수 있다.

(6) 기타

행동 특성 중심 관찰 기록에는 위에서 소개한 다섯 가지 방법 외에도 행동의 특성을 직접 측정하는 방법이 있다. 예를 들면, 연구 대상이 먹은 음식의 무게, 마신 물의 양, 달린 거리 등을 직접 관찰하고 측정하는 것이다. 또한 여러 기계적 도구를 사용하여 정신생리학적(psychophysiological) 측정을 하는 방법도 있다. 예를 들어, 섭취한 음식의 칼로리, 심장 박동수, 혈압, 체온, 근긴장도 등을 기계로 측정하는 것이다.

4) 시간 중심 관찰 기록

(1) 시간 중심 관찰 기록의 특성

행동 특성 중심 관찰 기록이 행동 자체의 특성을 중심으로 관찰하고 측정하는 방법이라면, 시간 중심 관찰 기록은 시간을 중심으로 행동이 발생하고 있느냐를 기록하고 측정하는 방법이다. 시간 중심 관찰 기록은 '시간 간격별 기록' 또는 '동간기록법'이라고도 하며, 행동 특성 중심 관찰 기록이 어려운 경우에 사용될 수 있다. 행동 특성 중심 관찰 기록이 어려운 경우란 많은 연구 대상을 관찰하거나, 한 연구 대상의 여러 행동을 관찰할 경우, 또는 행동의 빈도가 매우 높거나 지속 시간의 변화가 심한 경우 등이다.

　시간 중심 관찰 기록은 수업이나 치료 활동을 방해하지 않고 사용할 수 있다는 장점 외에도 관찰 결과를 수량화할 수 있어 통계적 처리가 가능하다는 큰 장점이 있다. 그리고 시간 중심 관찰 기록은 미리 표적 행동을 조작적으로 정의하고 범주를 나누어 관찰 시간 간격에서 조작적으로 정의된 행동이 발생하는지를 확인하는 것이기 때문에 객관성이 높고 시간 간격별로 기록의 일치 정도를 확인하는 방법으로 일치도 측정이 가능하다. 또한 관찰 내용을 서술하는 것이 아니라 부호화하여 기록하기 때문에 비교적 짧은 시간에 다량의 자료를 수집할 수 있고 빠르게 결과를 해석할 수 있다는 효율성이 있다. 그뿐만 아니라 시간 중심 관찰 기록은 한꺼번에 여러 대상들을 관찰하거나 한 연구 대상의 여러 행동을 관찰하는 것이 가능하다. 예를 들어, 첫 번째 관찰 시간 간격 동안에 첫째 대상을 관찰하고, 두 번째 관찰 시간 간격 동안에 둘째 대상을 관찰하는 방법으로 여러 연구 대상을 차례로 관찰하는 것이다. 이런 식으로 하면 한 대상에 대해서 계속 관찰할 수는 없지만 결국은 연구 대상들을 고르게 동일한 양의 시간 동안 관찰할 수 있고 행동의 일반적 경향을 찾아낼 수도 있다. 또한 한 명의 대상에 대한 여러 행동을 관찰하는 것은 하나의 시간 간격에서 행동 범주를 다르게 부호화하여 표시하도록 하면 가능하다.

　그러나 시간 중심 관찰 기록은 정해진 시간 간격에서 행동의 발생 여부만 보기 때문에 행동의 전후 관계를 통한 행동의 원인이나 상호 관계 등을 알 수 없다는 단점이 있다. 또한 표적 행동에 대한 조작적 정의와 관찰 범주가 미리 정해져 있기 때문에 관찰자는 관찰 범주에 맞는 행동을 찾으려고 애씀으로써 중요한 다른 행동을 쉽게 간과해 버릴 수 있다는 점도 단점이 된다.

　또한 시간 중심 관찰 기록은 행동의 직접적인 양이 아닌 행동 발생률의 대략치를 측정하는 방법임을 기억해야 한다. 즉, 시간 중심 관찰 기록은 행동의 정확한 빈도나 지속 시간으로 요약하거나 관찰 시간에 대해 표적 행동 발생이 차지하는 백분율로 보고하면 안 되고, 반드시 관찰된 전체 시간 간격 수에서 표적 행동이 발생한 시간 간격 수가 차지하는 백분율로 보고해야 한다. 예를 들어, 어떤 대상의 공격적 행동을 10분간 1분씩의 시간 간격으로 나누어 관찰했는데 6개의 시간 간격에서 공격적 행동이 발생했다고 하자. 이때 공격적 행동이 전체 관찰 시간의 60%만큼 발생했다고 하면 표적 행동을 하고 있었던 시간이 총 6분이라는 뜻이 된다. 그러나 전체 간격 관찰 기록으로 관찰했다면 공격적 행동은 실제로는 6분보다 길었을 수도 있다. 그리고 부분 간격 관찰 기록법이나 순간 관찰 기록법으로 관찰했다면 공격적 행동을 하고 있었던 시간은 실제로는 6분보다 짧았을 수 있다. 그러므로 관찰한 전체 시간 간격 수에 대한 60%의 시간 간격에서 공격적 행동이 발생했다고 요약하는 것이 정확하다.

(2) 시간 중심 관찰 기록의 종류

① 전체 간격 관찰 기록

전체 간격 관찰 기록은 관찰 시간을 짧은 시간 간격으로 나누어 행동이 각각의 시간 간격 동안 지속적으로 발생했는지를 관찰하여 기록하는 방법이다. 관찰한 시간 간격 동안 행동이 계속 지속된 경우만 그 시간 간격에 행동이 발생한 것으로 인정한다. 즉, 정해진 하나의 시간 간격 전체에서 행동이 계속 관찰되어야 한다.

전체 간격 관찰 기록법으로 30초라는 하나의 관찰 시간 간격에서 행동이 발생한 것으로 인정할 수 있는 경우와 그렇지 않은 경우를 그림으로 설명하면 각각 [그림 5-12] 와 [그림 5-13]과 같다. 그림에서 짙은 색은 표적 행동이 지속되고 있는 시간을 의미한다.

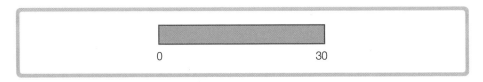

[그림 5-12] 전체 간격 관찰 기록에 의해 행동 발생으로 인정되는 경우

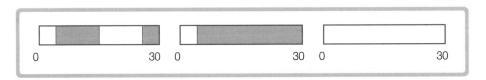

[그림 5-13] 전체 간격 관찰 기록에 의해 행동 발생으로 인정되지 않는 경우의 예

위의 [그림 5-12]에서 보는 것처럼 하나의 관찰 시간 간격 동안에 모든 시간 동안

표적 행동이 지속되고 있어야만 행동이 발생한 시간 간격으로 인정하고, [그림 5-13]
처럼 하나의 관찰 시간 간격 동안에 어느 순간이라도 표적 행동이 지속되지 않은 시
간이 있다면 행동이 발생한 시간 간격으로 인정할 수 없는 것이다.

전체 간격 관찰 기록법의 기본 절차는 다음과 같다.

a. 시간 간격 크기를 결정한다.
b. 하나의 시간 간격 동안 행동을 관찰한다.
c. 그 시간 간격 전체에 걸쳐 행동이 지속되었으면 +를 표시하고, 행동이 발생하지
   않았거나 그 시간 간격 전체 동안 행동이 지속된 것이 아니라면 -를 표시한다.
d. 다음 시간 간격 동안 행동을 관찰하고 c를 반복한다.
e. 시간 간격 전체에 걸쳐 행동이 발생한 시간 간격의 수를 관찰한 전체 시간 간격
   의 수로 나누어 100을 곱하여, 행동이 관찰된 시간 간격의 퍼센트를 기록한다.

② 부분 간격 관찰 기록
부분 간격 관찰 기록은 관찰 시간을 짧은 시간 간격으로 나누어 각각의 시간 간격
동안에 행동이 발생했는지를 관찰하여, 관찰한 시간 간격 동안에 행동이 최소한 1회
이상 발생하면 그 시간 간격에 행동이 발생한 것으로 기록하는 방법이다. 즉, 정해
진 하나의 시간 간격의 어느 부분에서라도 행동이 관찰되면 행동 발생으로 인정하
는 것이다.

부분 간격 관찰 기록법으로 30초라는 하나의 관찰 시간 간격에서 행동이 발생한 것
으로 인정할 수 있는 경우와 그렇지 않은 경우를 그림으로 설명하면 [그림 5-14]와 [그
림 5-15]와 같다. 그림에서 짙은 색은 표적 행동이 지속되고 있는 시간을 의미한다.

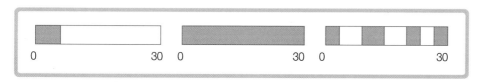

[그림 5-14] 부분 간격 관찰 기록에 의해 행동 발생으로 인정되는 경우의 예

[그림 5-15] 부분 간격 관찰 기록에 의해 행동 발생으로 인정되지 않는 경우

위의 [그림 5-14]에서 보는 것처럼 하나의 관찰 시간 간격 동안에 표적 행동이 어느 순간에라도 발생했다면 그 시간 간격에는 표적 행동이 발생한 것으로 인정하고, [그림 5-15]처럼 하나의 관찰 시간 간격 동안에 표적 행동이 전혀 나타나지 않았을 때만 행동이 발생하지 않은 시간 간격으로 인정할 수 있다.

부분 간격 관찰 기록법의 기본 절차는 다음과 같다.

a. 시간 간격 크기를 결정한다.

b. 행동이 발생했다고 기록할 만한 행동양의 기준치를 정의한다.

c. 하나의 시간 간격 동안 행동을 관찰한다.

d. 그 시간 간격 동안에 기준치만큼의 행동이 발생했으면 +를 표시하고, 행동이 기준치 이하로 발생했으면 −를 표시한다.

e. 다음 시간 간격 동안 행동을 관찰하고 d를 반복한다.

f. 행동이 기준치만큼 발생한 것으로 기록된 시간 간격의 수를 관찰한 전체 시간 간격의 수로 나누어 100을 곱하여, 행동을 관찰한 전체 시간 간격의 수에 대하여 행동이 관찰된 시간 간격의 백분율을 기록한다.

③ 순간 관찰 기록

순간 관찰 기록법(momentary-interval recording)은 관찰 시간을 짧은 시간 간격으로 나누고, 각각의 시간 간격이 끝나는 순간에 관찰 대상을 관찰하여 표적 행동의 발생여부를 기록하는 방법이다. 즉, 시간 간격이 끝나는 때에 행동이 발생하고 있다면 그 시간 간격 동안에 행동이 발생한 것으로 계산한다. 다시 말하면 정해진 하나의 시간 간격의 끝에서 행동이 관찰되면 된다. 이 방법이 전체 간격 관찰 기록법이나 부분 간격 관찰 기록법과 다른 점은 시간 간격 끝에 한 번만 관찰하면 다음 시간 간격이 끝날 때까지는 관찰하지 않아도 된다는 점이다. 이렇게 수업이나 치료 활동을 방해하지 않고 사용할 수 있으며 관찰 시간을 절약해 준다는 장점 때문에 순간 관찰 기록법은 주로 교사들에게 환영받는 관찰 기록법이다.

시간 간격이 끝나는 순간의 행동만 관찰한다는 특성 때문에 '순간 표집법(momentary time sampling)' '순간-간격 기록(momentary-interval recording)' 또는 '시간 표집법 (time-sampling)'이라고도 한다(Kennedy, 2005). 시간 간격이 시작하는 순간에 관찰하는 것도 동일한 관찰 기록 방법이 될 수 있으나 대부분 시간 간격의 끝부분을 관찰하는 것을 선호한다. 동일한 시간 간격의 시작이나 끝부분에 신호음이 나도록 하기 위해서는 녹음기를 사용할 수도 있고, 동일한 시간 간격으로 벨이 울리도록 프로그램화되어 있는 핸드폰의 자명종 시계를 사용할 수도 있다.

시간 간격이 끝나는 순간을 관찰하는 순간 관찰 기록법으로 30초라는 하나의 관찰 시간 간격에서 행동이 발생한 것으로 인정할 수 있는 경우와 그렇지 않은 경우를 그림으로 설명하면 [그림 5-16]과 [그림 5-17]과 같다. 그림에서 짙은 색은 표적 행동이 지속되고 있는 시간을 의미한다.

[그림 5-16] 순간 관찰 기록에 의해 행동 발생으로 인정되는 경우의 예

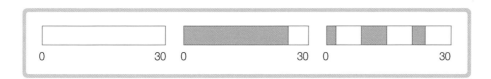

[그림 5-17] 순간 관찰 기록에 의해 행동 발생으로 인정되지 않는 경우의 예

위의 [그림 5-16]에서 보는 것처럼 하나의 관찰 시간 간격 동안에 관찰 시간 간격이 끝나는 순간에 표적 행동이 발생하고 있다면 그 시간 간격에는 표적 행동이 발생한 것으로 인정하고, [그림 5-17]처럼 하나의 관찰 시간 간격 동안에 표적 행동이 얼

마나 많이 발생했는지와는 상관없이 시간 간격이 끝나는 순간에 행동이 발생하지 않았으면 그 시간 간격은 표적 행동 발생으로 인정하지 않는다.

순간 관찰 기록법의 기본 절차는 다음과 같다.

a. 시간 간격의 크기를 정의한다.
b. 하나의 시간 간격 동안 행동을 관찰한다.
c. 그 시간 간격 끝에 표적 행동이 발생했으면 +를 표시하고, 발생하지 않았으면 -를 표시한다.
d. 다음 시간 간격의 끝에 행동을 관찰하고 c를 반복한다.
e. 시간 간격 끝에 행동이 발생한 시간 간격의 수를 관찰한 전체 시간 간격의 수로 나누어 100을 곱하여, 행동을 관찰한 전체 시간 간격 수에 대해 행동이 관찰된 시간 간격의 백분율을 기록한다.

(3) 시간 중심 관찰 기록법 사용의 주의 사항

위에서 살펴본 세 종류의 시간 중심 관찰 기록 중에서 한 가지를 선택할 때는 제일 먼저 관찰자가 관찰에 어느 정도의 시간과 노력을 들일 수 있는지를 고려해야 한다. 전체 간격 관찰 기록법을 사용하기 위해서는 관찰하는 시간 간격 동안 행동이 지속되는지를 보아야 하기 때문에 관찰 대상에게서 눈을 뗄 수 없다. 즉, 전체 간격 관찰 기록법은 관찰자의 지속적 관찰이 가능할 때 사용할 수 있다. 부분 간격 관찰 기록법을 사용할 때는 하나의 시간 간격 동안에 대상을 관찰하다가 표적 행동이 나타나면 즉시 기록하고 다음 관찰 시간 간격이 시작될 때까지는 대상을 눈여겨볼 필요는 없다. 부분 간격 관찰 기록은 전체 간격 관찰 기록보다는 상대적으로 사용하기 편하다. 순간 관찰 기록법을 사용할 때는 시간 간격의 끝을 알리는 신호음이 들리는 순간에만 대상을 관찰하고 기록하면 되기 때문에 관찰자가 대상을 교수하거나 치료 활동에 함께 참여하면서도 관찰하는 것이 가능하다.

또한 시간 중심 관찰 기록 방법 중의 하나를 선택할 때는 관찰할 행동의 특성을 고려해야 한다. 표적 행동이 비교적 오래 계속되는 행동이면 전체 간격 관찰 기록법을 선택하는 것이 좋고, 표적 행동이 비교적 짧게 나타나는 행동이라면 부분 간격 관찰 기록법을 선택하는 것이 바람직하다. 순간 관찰 기록법은 이러한 행동 특성과 관계없이 사용할 수 있다.

　다음 [그림 5-18]을 통해 동일한 행동에 대해서 시간 중심 관찰 기록법의 종류에 따라 관찰 결과 자료가 어떻게 달라지는지 살펴보자. 1분의 관찰 시간을 4개의 15초 시간 간격으로 나누어 행동을 관찰할 때, 표적 행동이 5초에 발생하여 37초까지 지속되었다고 해 보자. 이것을 시각적으로 표현하면 [그림 5-18]의 맨 위의 그림처럼 짙은 색으로 표현할 수 있다. 이제 그 행동을 각각 다른 세 종류의 시간 중심 관찰 기록 방법을 사용하여 행동이 발생한 것으로 간주되는 시간 간격에는 +를 표시하고 발생하지 않은 것으로 간주되는 시간 간격에는 −를 표시하면 [그림 5-18]의 아래쪽 그림처럼 표현할 수 있다.

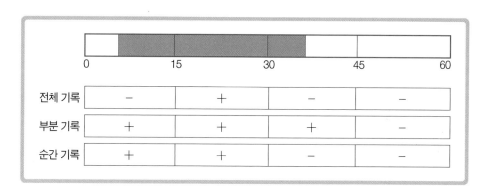

[그림 5-18] 행동 발생의 시각적 표현

　먼저 전체 간격 관찰 기록법을 사용한 경우를 살펴보면, 15초라는 하나의 시간 간격 동안 행동이 지속적으로 발생한 것으로 표시된 시간 간격은 관찰한 전체 시간 간격 4개 중에서 두 번째 시간 간격 하나뿐이므로 전체 시간 간격 수의 25%에서 표적 행동이 발생한 것으로 계산된다. 부분 간격 관찰 기록법을 사용한 경우를 살펴보면 나누어진 4개의 시간 간격 동안에 표적 행동이 발생한 것으로 표시된 것은 첫 번째, 두 번째, 세 번째 시간 간격이므로 전체 시간 간격 수의 75%에서 표적 행동이 발생한 것으로 계산된다. 순간 관찰 기록법을 사용한 경우를 보면 4개의 시간 간격 중에서 시간 간격이 끝나는 부분에 표적 행동이 발생한 것은 첫 번째와 두 번째 시간 간격이므로 전체 관찰 시간 간격의 50%에서 표적 행동이 발생한 것이 된다. 이렇게 동일한 행동에 대해서도 관찰 기록법의 종류에 따라 추정되는 행동 발생량이 달라질 수 있음에 주의해야 한다. 이와 같이 시간 중심 관찰 기록법 중에서 한 가지를 선택할 때는 관찰자의 능력과 관찰할 표적 행동의 특성을 고려하여야 한다.

시간 중심 관찰 기록법의 한 종류를 선택할 때 관찰할 표적 행동의 특성도 고려해야 하지만 연구자가 하나의 관찰 시간 간격의 길이를 어느 정도로 할 것인지도 고려해야 한다. 관찰 시간 간격의 시간 길이를 결정할 때, 시간 길이를 길게 하면 관찰자는 편하지만 빈도가 높은 행동의 수의 경우는 자료를 놓치기 쉬워 정확성이 떨어질 수 있고, 시간 길이가 너무 짧으면 자료를 놓칠 염려는 없지만 관찰자가 힘들어진다. 또한 하나의 관찰 시간 간격의 길이가 지나치게 긴 경우에 전체 간격 관찰 기록법을 사용하면 표적 행동이 발생했는데도 기록상으로는 발생되지 않는 것으로 기록될 수 있고, 부분 간격 관찰 기록법을 사용하면 표적 행동이 여러 번 발생했어도 한 번의 시간 간격에서 발생한 것으로 기록될 수 있다. 즉, 관찰 시간 간격의 길이가 길면 관찰 자료가 실제보다 과소평가될 수 있다. 이렇게 시간 간격의 시간 길이와 시간 중심 관찰 기록법의 종류에 따라 수집된 자료가 표적 행동의 양을 얼마나 잘 대표해 주는지 결정되므로 주의해야 한다.

Cooper와 Heron, Heward(2010)는 하나의 관찰 시간 간격의 시간 길이를 6~15초로 할 것을 추천하고, Alberto와 Troutman(2006)은 30초 미만을 추천하고 있다. 그러나 표적 행동에 따라 적절한 시간 간격의 길이는 달라질 수 있다. 정해 놓은 시간 간격 동안에 표적 행동이 여러 번 발생한다면 시간 간격의 길이를 짧게 하는 것이 좋고, 표적 행동이 하나의 시간 간격 동안에 끝나지 않고 지속되는 경우가 많다면 시간 간격의 길이를 길게 하는 것이 좋다. 즉, 표적 행동이 비교적 자주 짧게 발생하는 경우는 시간 간격 길이를 짧게 하고, 한 번의 행동이 지속되는 시간이 상대적으로 긴 경우는 시간 간격 길이를 길게 한다는 뜻이다. 시간 간격의 길이를 결정할 때는 행동의 평균적 지속 시간 같은 특성 외에도 관찰 대상의 수, 기록 양식의 복잡성, 관찰자의 피곤 정도, 기록의 상세 요구 정도 등을 고려하여 결정할 수 있다.

또한 시간 간격을 결정할 때는 관찰자 간 일치도를 높이기 위하여 관찰을 위한 시간 간격 사이에 기록을 위한 시간 간격을 넣는 것이 바람직하다. 예로, 양명희(1996)

는 비디오 테이프 자기 관찰 기법을 적용하여 문제 행동을 감소시키는 연구에서 연구 대상의 수업 시간 방해 행동을 10초의 시간 간격 동안 관찰하고 5초 동안 기록하도록 했다.

(4) 시간 중심 관찰 기록의 사용 예

시간 중심 관찰 기록의 세 가지 종류는 관찰 방법에서의 차이일 뿐, 관찰 용지는 세 종류를 구분하여 개발할 필요는 없다. 관찰 양식은 관찰자의 필요에 따라 다양한 형태를 따를 수 있다. 그런데 시간 중심 관찰 기록은 여러 대상을 동시에 관찰하거나 한 대상의 여러 행동 범주를 동시에 관찰할 수 있기 때문에 관찰 기록을 실시하기 전에 미리 표적 행동에 대한 정의와 하위 행동 범주에 대한 기호 체계를 갖춘 관찰 기록 용지를 개발해야 한다. 이때 기호 체계는 논리적이고 규칙적이어서 관찰자가 쉽게 사용할 수 있어야 한다. 기호로는 행동 범주를 뜻하는 한글 단어의 첫 글자를 사용하거나, 영어 단어의 첫 철자를 사용하는 경우가 많다. 행동 범주에 대한 기호를 기록할 때는 직접 기호를 용지에 기록하거나, 이미 기록되어 있는 기호 위에 표시하거나, 표적 행동의 출현 유무만 체크 표시하는 방법 등이 있다.

전체 간격 관찰 기록법을 적용하여 한 유아의 수업 참여 행동을 관찰하는 관찰 기록 용지의 예를 [그림 5-19]에 제시했다.

관찰 시간: 대집단 시간 (10:20 ~ 10:40 am)

관찰 대상 유아: 해인

수업 참여 행동의 정의
- 교사가 말을 할 때는 조용히 교사를 바라본다.
- 교사가 가리킨 교구나 칠판, 화면을 바라보거나 지시한 활동을 한다.
- 교사의 허락을 받고 말을 한다.

1. 2분의 시간 간격 동안 대상 유아의 수업 참여 행동을 관찰하세요.
2. 시간 간격 동안 내내 수업 참여 행동을 지속했다면 해당 칸에 ✓표시를 하세요.
3. 관찰 후 수업 참여 행동이 발생한 시간 간격 수를 기록하세요.
4. 총 관찰 시간 간격 수와 표적 행동 발생 시간 간격 수의 합을 기록하고, 표적 행동이 발생한 시간 간격 수의 백분율을 계산하여 기록하세요.

시간 간격 \\ 날짜	1	2	3	4	5	6	7	8	9	10	합계	백분율
4월 12일		✓		✓						✓	3	3/10(30)%
4월 13일	✓	✓		✓		✓	✓	✓		✓	7	7/10 (70)%
4월 14일			✓	✓			✓		✓		4	4/10 (40)%

[그림 5-19] 전체 간격 관찰 기록 용지 사용의 예: 수업 참여 행동

[그림 5-19]에서 4월 12일에 해인이는 20분 동안의 대집단 시간에 전체 시간 간격 10개 중에서 3개의 시간 간격 동안 수업 참여 행동을 보인 것으로 관찰되었다. 전체 관찰한 시간 간격 수의 30%의 시간 간격에서 수업 참여 행동이 발생한 것이다.

[그림 5-20]에 부분 간격 관찰 기록 방법을 적용하여 수업 방해 행동을 관찰한 관찰 용지를 제시하였다(Kim, 1994).

날짜	6월 23일	시간	오전 10:10 ~ 11:00
유아	혜민, 동희, 신성, 현규		

T(Talking-Out): 허락 없이 말하기   **S**(Out-Of-Seat): 자리 이탈
N(Making Noise): 소음 만들기   **L**(Looking Around): 다른 곳 쳐다보기
O(Touching Other Things or Students): 다른 유아 건드리기

1. 괄호 안에 관찰할 유아의 이름을 기록하세요.
2. 해당하는 시간 간격 동안에 문제 행동이 발생하면 알맞은 철자 위에 '/' 표시를 하세요.
3. 관찰 후 유아마다 각 문제 행동 발생 시간 간격 수를 기록하세요.
4. 유아마다 총 관찰 시간 간격 수와 문제 행동 발생 시간 간격의 합을 기록하고, 행동 발생 백분율을 계산하여 기록하세요.

	(혜민)	(동희)	(신성)	(현규)	( )
1	T̸SNLO	TSNLO	T̸SNLO̸	T̸SNLO	TSNLO
2	TSNLO	TSNLO̸	T̸SNLO	TSNLO	TSNLO
3	T̸S̸LO	TSNLO	T̸SNLO̸	TSNLO	TSNLO
4	T̸SNLO	TSNLO	TSNLO	T̸SNL̸O	TSNLO
5	TS̸LO	TSNLO	TSNLO	TSNLO	TSNLO
6	TSNLO	TSNLO	T̸SNLO	TSNLO	TSNLO
7	T̸SNLO	TSNLO̸	T̸SNLO̸	T̸S̸LO	TSNLO
8	TSNLO	TSNLO̸	TSNLO	TSNLO	TSNLO
9	T̸SNLO	TSNLO	TSNLO	T̸S̸NLO	TSNLO
10	TSNLO	TSNLO	T̸SNLO	TSNLO	TSNLO
합	T: 5 S:____ N: 2 L:____ O:____	T:____ S:____ N:____ L:____ O: 3	T:____ S: 6 N:____ L:____ O: 3	T: 4 S: 1 N: 1 L: 1 O:____	T:____ S:____ N:____ L:____ O:____
%	6 /10 (60)%	3 /10 (30)%	6 /10 (60)%	4 /10 (40)%	__/__ ( )%

[그림 5-20] **부분 간격 관찰 기록지 사용의 예 1: 수업 방해 행동**

[그림 5-20]의 관찰 기록 용지를 보면 수업 방해 행동을 다섯 가지로 구분하여 관찰했음을 알 수 있다. 혜민이의 경우를 보면, 관찰된 총 10번의 시간 간격 동안에 허락 없이 말하기가 관찰된 시간 간격이 5개이었고 소음을 만들어 낸 행동이 관찰된 시간 간격은 2개이었으므로, 이는 각각 관찰된 총 시간 간격 수의 50%와 20%임을 알 수 있다. 그러나 3회기에서 두 가지 문제 행동이 함께 발생했으므로, 전체적인 문제 행동 발생 백분율은 관찰된 총 시간 간격의 60%다. [그림 5-20]의 관찰 기록 용지는 각 아동의 구체적인 수업 방해 행동의 종류와 양도 알 수 있도록 제작되어 있다.

[그림 5-21]에 부분 간격 관찰 기록 방법을 사용하여 아동들의 사회적 상호 작용 행동을 관찰한 관찰 기록 용지의 사용 예를 제시하였다. 실제 연구에서 Kim(1995)은 아동의 사회적 상호 작용 행동을 여섯 가지로 분류하여 정의했는데, 그 정의가 길어서 관찰 용지에 기록하지 않고 별도로 작성하여 사용하였다.

[그림 5-21]의 관찰 기록 용지를 사용할 때는 먼저 관찰할 아동의 이름을 C1, C2, C3, C4 난에 각각 기록한다(C는 Child의 약자를 뜻한다). 이 관찰 용지에서는 아동의 행동을 또래와의 긍정적인 대인 행동(+C), 또래와의 부정적인 대인 행동(C−), 긍정적인 고립 행동(+A), 부정적인 고립 행동(A−), 성인과의 긍정적인 대인 행동(+T), 성인과의 부정적인 대인 행동(T−), 적용 불능(N)으로 구별하였다. 하나의 시간 간격 동안에 발생한 행동에 대해서 해당하는 약자(C, A, T) 양 옆에 있는 기호(+ 또는 −) 위에 '/' 표시를 한다. 어느 경우에 해당하는지 확신이 서지 않거나 그 시간 간격에 아동의 행동을 관찰하지 못한 경우는 적용 불능에 해당하는 N 글자 위에 사선 표시를 하면 된다. 예를 들어, 또래와 부정적 대인 행동이 발생했다면 C의 오른쪽에 있는 − 위에 '/' 표시를 하고, 교사에게 인사하는 것과 같은 긍정적 상호 작용 행동을 했다면 T의 왼쪽에 있는 + 위에 '/' 표시를 하면 된다. 관찰이 끝나면 각 아동의 여러 사회적 상호 작용 행동의 발생 빈도를 아래 난에 있는 약자(C, A, T)의 양 옆에 있는 빈 칸 '__'에 기록한다. 마지막으로 맨 아래의 요약 부분에는 관찰한 전체 시간 간격 수에 대한 각 행동이 관찰된 시간 간격 수의 백분율을 기록하면 된다. [그림 5-21]의 관찰지는 다소 복잡해 보이지만 아동의 사회적 상호 작용 행동 유형을 구체적으로 알고자 할 때는 매우 유용한 관찰 기록지 양식이다.

날짜	2013. 5. 9.	시간	12:30 ~ 13:10	관찰자	김수미
상황	점심식사 후 아이들이 운동장에서 놀고 있다.				

C1 주원	C2 동훈	C3 영아
+C⁄ +A- +T- N	+C- ⁄A- +T- N	+C- +A- +T⁄ N
+C- +A⁄ +T- N	+C- ⁄A- +T- N	+C- +A- +T⁄ N
+C- +A⁄ +T- N	+C- ⁄A- +T- N	+C- +A- +T⁄ N
+C- +A⁄ +T- N	+C- ⁄A- +T- N	+C- +A⁄ +T- N
+C⁄ +A- +T- N	+C- ⁄A- +T- N	+C- +A⁄ +T- N
+C⁄ +A- +T- N	+C- ⁄A- +T- N	+C- +A⁄ +T- N
+C⁄ +A- +T- N	+C- ⁄A- +T- N	⁄C- +A- +T- N
+C- +A- +T⁄ N	+C- ⁄A +T- N	+C- +A⁄ +T- N
+C- +A⁄ +T- N	+C- ⁄A- +T- N	+C- +A⁄ +T- N
+C- +A⁄ +T- N	+C- ⁄A- +T- N	+C- ⁄A- +T- N
+C⁄ +A- +T- N	+C- ⁄A- +T- N	+C- +A⁄ +T- N
+C⁄ +A- +T- N	+C- ⁄A +T- N	+C- +A⁄ +T- N
+C- +A⁄ +T- N	+C- ⁄A- +T- N	+C- +A⁄ +T- N
+C⁄ +A- +T- N	+C- ⁄A- +T- N	+C⁄ +A- +T- N
+C⁄ +A- +T- N	+C- ⁄A- +T- N	+C- +A⁄ +T- N
+C⁄ +A- +T- N	+C- ⁄A +T- N	+C- +A⁄ +T- N
+C- +A- +T⁄ N	+C- ⁄A +T- N	+C⁄ +A- +T- N
+C⁄ +A- +T- N	+C- ⁄A- +T- N	+C- ⁄A- +T- N
+C⁄ +A- +T- N	+C- ⁄A- +T- N	+C⁄ +A- +T- N
+C⁄ +A- +T- N	+C- ⁄A- +T- N	+C⁄ +A- +T- N

C 12 A 6 T 2   C 19 A 1 T   1 C 4 2 A 10 T 3

%C+	%C- 60	%C+	%C-	%C+ 5	%C- 20
%A+	%A- 30	%A+ 95	%A-	%A+ 10	%A- 50
%T+	%T- 10	%T+ 5	%T-	%T+	%T- 15

출처: Kim(1995).

[그림 5-21] 부분 간격 관찰 기록지 사용의 예 2: 사회적 상호 작용 행동

[그림 5-21]을 보면 점심식사가 끝나고 놀이터에서 놀고 있는 주원이, 동훈이, 영아를 각각 20개의 시간 간격 동안에 부분 간격 관찰 기록 방법을 사용하여 관찰한

것을 알 수 있다. 세 아동에게서 가장 많이 관찰된 주된 행동을 중심으로 관찰 결과를 설명하면, 주원이의 또래와의 부정적인 대인 행동(C-)이 12개의 시간 간격에서 관찰되었으므로 관찰한 전체 시간 간격 수의 60%만큼 또래와 부정적인 대인 행동을 했음을 알 수 있다. 동훈이의 긍정적인 고립 행동(+A)이 19개의 시간 간격에서 관찰되었으므로 관찰한 전체 시간 간격 수의 95%만큼 긍정적인 고립 행동을 보인 것이다. 영아의 경우, 부정적인 고립 행동(A-)이 10개의 시간 간격 동안 관찰되었으므로 관찰한 전체 시간 간격 수의 50%만큼 부정적인 고립 행동이 관찰된 것이다. Kim(1995)은 이 관찰 기록 용지를 사용하여 부분 간격 관찰 기록 방법으로 아동의 사회적 행동을 관찰하였지만, 동일한 관찰 기록 용지로 전체 간격 관찰 기록이나 순간 관찰 기록 방법을 사용할 수도 있다.

시간 중심 관찰 기록법의 관찰 기록지에는 준비형과 부호형이 있다. 앞에서 제시한 [그림 5-20]이나 [그림 5-21]에서 보는 것처럼 관찰할 여러 행동에 대해 T, S, N, L, O나 +C-, +A-, +T-, N과 같은 문자 부호를 관찰 기록 용지에 미리 써 놓는 것을 '준비형'이라고 하고, 다음에 제시하는 [그림 5-22]처럼 관찰할 행동에 해당하는 부호를 관찰한 시간 간격의 빈 난에 직접 기록하도록 하는 것을 '부호형'이라고 한다(Alberto & Troutman, 2006). 어떤 형태이든지 사용자의 편리에 따라 만들면 된다.

아동: 이은교 (강물 유치원, 6세)	날짜: 5월 15일

관찰자: 오나완

관찰 장소: 강물 유치원 기린반 교실, 대집단 시간 35분

표적 행동: 수업 비참여 행동(떠들기, 학업 중지, 신체 접촉)

표적 행동의 조작적 정의:
떠들기(N): 유아가 음성 또는 비음성적 소음을 만들어내는 행동(연필 두드리기 등)
한눈팔기(O): 교사를 바라보지 않고 다른 곳을 응시하는 행동
신체 접촉(P): 유아의 신체 일부로 다른 유아의 신체에 접촉하는 행동(예: 쓰다듬기, 때리기)

관찰 방법: 15초 동안 아동의 행동을 관찰하고 해당하는 행동이 발생한 경우 관찰한 시간 간격에 해당 부호(N, O, P)를 적는다.

1	2	3	4	5
O O O	O N N	O O O	O P P	O O

6	7	8	9	10
O P O	O O O O	O N	O O	O O O O

11	12	13	14	15
O O O P O	O O	O O O	O N N O	O O O

16	17	18	19	20

[그림 5-22] 부분 간격 관찰 기록지 사용의 예 3: 수업 비참여 행동

[그림 5-22]의 관찰 기록 용지를 사용할 때는 대상 유아를 15초 동안 관찰하면서 대상 유아가 떠들기(N), 학업 중지(O), 신체 접촉(P) 중 하나의 행동에 해당하는 행동을 하는 순간, 해당 부호를 관찰한 시간 간격에 기록한다. 만약에 관찰한 15초 동안 세 가지의 모든 행동을 했다면 NOP라고 기록하면 된다. 그리고 세 가지 행동 중 어느 행동도 발생하지 않은 경우는 빈 칸으로 두며, 이는 수업에 참여한 것으로 간주한다. 이렇게 기록하면 대상 유아가 어떤 종류의 수업 비참여 행동을 가장 많이 하는지, 수업에 참여하지 않는 시간 간격은 전체 시간 간격에 비해 어느 정도인지 알 수 있을 것이다. [그림 5-22]를 보면, 은교는 대집단 시간에 교사를 바라보지 않고 다른 곳을 보는 행동을 가장 많이 하고 있음을 알 수 있다.

순간 관찰 기록을 적용하여 3명의 연구 대상의 상동 행동을 관찰한 관찰지를 [그

림 5-23]에 제시했다.

날짜: <u>4월 30일</u>

상동 행동: 몸 흔들기, 머리 흔들기, 얼굴 앞에서 손 흔들기, 손바닥으로 얼굴이나 머리 두드리기

* 시간 간격을 알리는 벨 소리가 들리면 3명의 연구 대상을 관찰하고 위에 기록된 상동 행동 중에 한 가지 이상의 상동 행동을 하는 경우, 해당 시간 간격에 ✓표시를 하세요. 관찰 후 연구 대상마다 ✓가 표시된 시간 간격의 총 수를 기록하고 백분율을 기록하세요.

시간 간격 연구 대상	1	2	3	4	5	6	7	8	9	10	합계	백분율
수미		✓		✓						✓	3	3/10(30)%
진섭	✓	✓		✓		✓	✓	✓		✓	7	7/10 (70)%
상헌			✓	✓			✓		✓		4	4/10 (40)%

[그림 5-23] 순간 관찰 기록지 사용의 예 1: 상동 행동

[그림 5-23]은 3명의 연구 대상의 상동 행동을 순간 관찰 기록으로 관찰한 내용을 보여 준다. 시간 간격의 끝을 알리는 소리가 들릴 때 동시에 3명의 연구 대상을 관찰하고, 상동 행동을 하고 있다면 해당 난에 ✓를 표시한다. 시간 간격의 길이는 필요에 따라 정할 수 있으며, 연구 대상의 이름을 적는 대신에 행동의 종류를 기록하면 한 연구 대상의 여러 행동을 종류별로 관찰할 수 있다.

[그림 5-24]는 순간 관찰 기록 방법을 적용하여 자유 선택 활동 시간에 3명의 유아의 놀이 행동을 관찰한 관찰지다. 이 관찰 용지는 표시할 문자 부호가 기록지에 미리 쓰여 있는 준비형이다.

날짜: 6월 1일　　　　　　　관찰자: 정태우

놀이 행동: 비참여 행동, 방관자적 행동, 단독놀이, 병행놀이, 연합놀이, 협동놀이

각 표적 행동의 조작적 정의:

- 비참여 행동(비): 어떤 놀이에도 참여하지 않는다.
- 방관자적 행동(방): 다른 친구들의 놀이를 바라보기만 한다.
- 단독놀이(단): 친구와 상관없이 혼자서만 논다.
- 병행놀이(병): 다른 친구들과 비슷한 놀이를 하지만 서로 접촉이나 간섭이 없다.
- 연합놀이(연): 친구들과 함께 놀기는 하지만 놀이 내용이 조직적이지 않다.
- 협동놀이(협): 지휘권이 있는 아이가 있고 역할을 분담하여 공동 목표를 가지고 노는 조직적 놀이 형태다.

* 시간 간격을 알리는 벨 소리가 들리면 세 명의 유아를 관찰하고 위에 기록된 놀이 행동 중에 한 가지 이상의 행동을 하는 경우, 해당 시간 간격의 표적 행동 첫 글자에 ○표 하세요. 관찰 후 유아마다 표시된 첫 글자의 수를 기록하고 전체 관찰한 시간 간격의 수에 대한 첫 글자가 표시된 시간 간격 수의 백분율을 기록하세요.

유아	시간 간격					요약		
수진	1	2	3	4	5	비 3/10 (30)%	방 4/10 (40)%	단 3/10 (30)%
	ⓑ방단 병연협	ⓑ방단 병연협	비⑲단 병연협	ⓑ방단 병연협	비방ⓓ 병연협			
	6	7	8	9	10	병 0/10 (0)%	연 0/10 (0)%	협 0/10 (0)%
	비⑲단 병연협	비⑲단 병연협	비⑲단 병연협	비방ⓓ 병연협	비방ⓓ 병연협			
진영	1	2	3	4	5	비 1/10 (10)%	방 3/10 (30)%	단 4/10 (40)%
	비방ⓓ 병연협	비방ⓓ 병연협	비방ⓓ 병연협	ⓑ방단 병연협	비⑲단 병연협			
	6	7	8	9	10	병 2/10 (20)%	연 0/10 (0)%	협 0/10 (0)%
	비⑲단 병연협	비⑲단 병연협	비방단 ⑱연협	비방단 ⑱연협	비방ⓓ 병연협			
영범	1	2	3	4	5	비 2/10 (20)%	방 2/10 (20)%	단 3/10 (30)%
	비방ⓓ 병연협	ⓑ방단 병연협	ⓑ방단 병연협	비방ⓓ 병연협	비방ⓓ 병연협			
	6	7	8	9	10	병 3/10 (30)%	연 0/10 (0)%	협 0/10 (0)%
	비⑲단 병연협	비⑲단 병연협	비방단 ⑱연협	비방단 ⑱연협	비방단 ⑱연협			

[그림 5-24] 순간 관찰 기록지 사용의 예 2: 놀이 행동

[그림 5-24]에서 수진이의 경우 전체 관찰된 시간 간격의 수에 대해서 비참여 행동이 표시된 시간 간격의 수는 30%이고, 방관자적 행동이 표시된 시간 간격의 수는 40%이며, 단독 놀이에 표시된 시간 간격의 수는 30%인 것을 알 수 있다. 수진이는 아직 낮은 수준의 사회적 놀이를 하고 있음이 관찰되었다. 이러한 관찰 기록을 통해 각 대상 유아의 사회적 놀이 수준을 알 수 있고, 연령별 평균 놀이 수준도 알 수 있다.

앞에서는 직접 관찰을 통한 행동의 관찰과 측정 방법으로 행동 결과물 중심 관찰 기록, 행동 특성 중심 관찰 기록, 시간 중심 관찰 기록을 살펴보았다. 그런데 이 책에서는 자세히 소개하지 않았지만, 행동을 수량화할 수 있는 직접 관찰 방법으로는 기계화된 다양한 자동 기록 방법(예: Gast, 2010; Kahng & Iwata, 1998)과 행동 목록 관찰법이나 행동 평정 척도 관찰법(예: 양명희, 임유경, 2014; Friman, P. C., 2009)도 개별 대상 연구에서 사용되고 있다. 그 외에도 행동을 수량화하기는 어렵지만 직접 관찰하는 방법에는 일화 기록이나 A-B-C 관찰 기록, 자기 보고 등도 있다(예: 양명희, 임유경, 2014).

5) 관찰 방법에 따른 자료 요약

연구 대상 행동을 직접 관찰한 결과를 요약한 자료는 연구 대상 행동의 현재 수준을 알려 주고, 다른 사람과 연구 대상의 행동에 대해 의사소통하는 것을 도와주며, 중재 효과를 결정하고 중재에 대한 새로운 결정을 하는 것을 도와준다. 앞에서 언급한 바와 같이 문제 행동을 직접 관찰하여 측정한 자료는 다양하게 요약될 수 있다. Sugai와 Tindal(1993)은 행동 관찰 방법의 종류에 따른 자료 요약 방법을 〈표 5-2〉와 같이 분류했다.

표 5-2 **관찰 기록의 종류에 따른 자료 요약 방법**

관찰 기록 방법	자료 요약 방법	예
행동 결과물 중심 관찰 기록	횟수 비율 백분율	부러진 연필 7개 시간당 집어던진 책 7권 준비물의 70%를 준비하지 못함
빈도 기록	횟수 비율	자리 이탈 43회 허락 없이 말하기 분당 0.8회

지속 시간 기록	시간의 누계 평균 지속 시간 백분율	50분에서 35분 동안 자리 이탈 평균 과제 집중 시간 4분 관찰 시간의 20% 동안 협동놀이
지연 시간 기록	평균 지연 시간	교사의 지시 후 지시를 따르기까지의 평균 지연 시간 2분
반응 기회 기록	횟수 백분율	10번의 기회에서 6번의 지각 문제 해결 전략 단계의 40% 수행
기준치 도달 기록	횟수	기준치 도달까지 4회(기준: 연속 3회 90% 정 확도로 수행)
시간 중심 관찰 기록: 　－ 전체 간격 관찰 기록 　－ 부분 간격 관찰 기록 　－ 순간 관찰 기록	백분율	관찰된 시간 간격의 70%에서 수업 방해 행동

출처: Sugai & Tindal(1993).

위의 〈표 5-2〉에 나타난 바와 같이 행동 결과물 중심 관찰 기록과 행동 특성 중심 관찰 기록을 사용한 행동 관찰 결과는 행동의 직접적인 발생 양으로 요약되지만, 시간 중심 관찰 기록은 행동 발생의 대략치로 요약된다. 그러므로 앞에서 설명한 바와 같이 시간 중심 관찰 기록 방법을 사용할 경우에는 관찰 시간에 대해 문제 행동 발생이 차지하는 백분율로 보고하면 안 되고, 반드시 관찰된 전체 시간 간격 수에서 문제 행동이 발생한 시간 간격 수가 차지하는 백분율로 보고해야 한다.

6) 직접 관찰 기록지 개발을 위한 고려 사항

관찰한 행동을 기록하는 방법은 종이와 펜을 이용하는 방법도 있지만 비디오 카메라나 컴퓨터를 이용한 관찰 기록 방법도 계속 개발되고 있다(Kahng & Iwata, 1998, 2000; Sidener, Shabani, & Carr, 2004; Sidener, Shabani, Carr, & Roland, 2006; Tapp & Walden, 2000; Tapp, Wehby, & Ellis, 1995). 또한 개별 대상 연구를 위한 관찰 기록지를 손쉽게 그리는 컴퓨터 프로그램도 있다(Dixon, 2003). 그러나 모든 상황에서 컴퓨터를 사용할 수 있는 것은 아니며, 컴퓨터로 관찰지를 만들 때에도 연구자는 관찰 용지 개발에 대한 원칙을 알고 있는 것이 바람직하다(Miltenberger, Rapp, & Long, 1999).

행동을 측정하고 관찰하는 용지는 가능한 한 간단하면서도 필요한 모든 정보를 포함할 수 있어야 한다. 표적 행동을 직접 관찰하는 관찰 용지는 표준화된 것이 있는 것이 아니라 관찰자가 직접 개발하여 사용할 수 있다. 다른 사람들이 개발한 다양한 관찰지를 살펴보는 것이 도움이 될 것이다.

이때 선택한 직접 관찰 방법은 무엇보다도 자료의 일치도와 타당도를 극대화할 수 있는 것이어야 한다. 즉, 관찰하고자 하는 행동을 정확하고 일관성 있게 측정할 수 있어야 한다. 또한 직접 관찰 방법은 연구 대상의 수업이나 치료 활동을 최소한으로 방해하면서도 사용법이 쉽고 간편한 것이어야 한다. 연구자가 직접 관찰을 할 수 있는 행동 관찰 용지를 개발하기 위한 일반적 유의 사항은 아래와 같다.

- 가능한 많은 행동을 측정할 수 있어야 한다.
- 같은 행동의 반복은 같은 양으로 나타낼 수 있어야 한다.
- 관찰자, 관찰 대상, 날짜, 시간을 기록할 난이 있어야 한다.
- 관찰할 행동과 상황의 기록난이 있어야 한다.
- 기록 방법은 간편해야 한다.
- 관찰한 행동의 양을 전체적으로 요약할 난이 있어야 한다.

4 행동 관찰과 측정의 일치도

1) 관찰과 측정의 일치도 개념

관찰과 측정의 일치도란 같은 것을 측정할 때 일관되게 같은 결과를 산출할 수 있는 정도를 의미한다. 일치도가 높은 관찰이란 자료가 관찰자에 따라 달라지지 않을 뿐 아니라, 같은 관찰자가 동일한 방법으로 다시 관찰해도 같은 결과를 얻을 수 있는 것을 말한다. 같은 행동에 대해서 여러 사람이 관찰해도 같은 결과를 얻을 수 있을 때 관찰자 간 일치도가 높다고 한다.

두 관찰자가 연구 대상의 행동 발생 여부에 대하여 완전히 일치했다 하더라도 행동이 정말로 발생했는지는 정확히 알 수 없다(Deitz, 1988). 따라서 관찰자 간 일치도를 이야기할 때는 정확성을 표현하는 용어(예: accuracy, exactness, truthfulness)보다는 일관성을 표현하는 용어(예: agreement, consistent)를 사용하고 있음을 주목해야 한다. 이는 관찰자 간 일치도는 행동 발생의 여부에 대해 두 사람이 일관성 있게 동의하는지를 평가하는 것이지, 그들의 기록이 정확한지를 평가하는 것은 아니다. 그렇기 때문에 이 책에서도 기록의 정확성을 의미할 수 있는 관찰자 신뢰도(reliability)라는 용어보다는 관찰의 일관성을 의미할 수 있는 관찰자 일치도(agreement)라는 용어를 사용하기로 한다.

대부분 개별 대상 연구의 내적 타당도에 대한 가장 큰 위협 중의 하나는 도구 사용, 즉 측정 도구의 비신뢰성과 비일관성이다. 반복 측정이 개별 대상 연구의 주요 특성이기 때문에, 연구 대상의 행동을 일관성 있게 측정하는 것은 특히 중요하다. 개별 대상 연구는 종속 변수로서 관찰된 행동의 변화에 주목하기 때문에, 관찰 조건(장소, 시간 등)이 바뀌지 않고 일정해야 한다. 만일 한 명의 관찰자가 관찰한다면 관찰자 내(intraobserver) 일치도가 보장되어야 하고, 여러 명의 관찰자가 관찰을 한다면 관찰자 간(interobserver) 일치도가 보장되어야 한다. 중재 상황에서 기초선 상황으로 옮길 때 측정의 일관성이 특히 중요한데, 만일 측정 과정의 변화가 새로운 중재 조건이 시작하는 것과 동시에 일어난다면, 그 결과는 중재 효과의 평가를 무색하게 할 수 있기 때문이다.

개별 대상 연구에서 관찰자 간 일치도를 구해야 하는 이유를 다음 세 가지로 생각해 볼 수 있다(Kazdin, 2011; Kennedy, 2005). 첫째, 관찰자 간 일치도는 행동이 얼마나 잘 정의되었는지 나타내 주는 것으로서, 새로운 관찰자를 훈련할 때의 기준으로 사용될 수 있기 때문이다. 둘째, 관찰자 간 일치도는 관찰자들이 관찰할 때 얼마나 일관성이 있었나를 알 수 있게 해 주기 때문이다. 높은 일치도를 보인다면 종속 변수의 변화가 중재 때문임을 더욱 뒷받침해 준다. 셋째, 관찰자 간 일치도를 구하는 것은 관찰자 간의 편견을 드러내 주거나 최소화해 주므로 관찰자의 표류(drift)를 피하게 해 준다. 관찰자 표류를 막기 위해 연구 도중 관찰자 간 일치도를 구해 볼 수도 있고, 관찰자 훈련 기간에 사용했던 비디오 테이프를 이용하여 다시 관찰 기록을 하도록 하여 관찰자 내 일치도를 구하기도 한다.

그렇다면 관찰자 일치도는 어느 정도가 적절할까? 관찰자 일치도는 통상적으로 80%에서 85%를 넘을 것을 추천한다(Gast, 2010; Kazdin, 1982; Kennedy, 2005). 그리고 바람직한 일치도 수준을 이야기할 때 어떤 일치도 계산공식을 사용했느냐도 중요하고, 독립 변수에 의한 행동 변화의 민감성이 어떠한지도 중요하다. 같은 자료를 사용해도 일치도 공식에 따라 일치도는 다르게 나올 수 있다. 또 행동 변화율이 심한 경우는 관찰자 일치도가 높아야 할 것이다.

연구 전체 기간 동안 관찰자 일치도는 최소한 관찰 자료의 20% 정도에서 구해야 하고, 최적으로는 자료의 33% 정도 구하는 것이 좋다(Gast, 2010; Kennedy, 2005). 관찰자 일치도가 높으면 관찰자 일치도를 자주 구하지 않아도 되고, 반대로 관찰자 일치도가 낮으면 관찰자 일치도는 더욱 자주 구해야 할 것이다.

그런데 관찰자 일치도는 연구에서 정보 수집을 위한 관찰 체계의 성실성을 보는 것이지 연구 결과를 의미하는 정보가 아니다. 그런데 관찰자 간 일치도 검사의 결과라는 의미에서 '연구 결과'의 첫 부분에 보고하는 경우가 종종 있다. 하지만 연구 결과 보고서를 작성할 때 관찰자 간 일치도는 '연구 결과'가 아니라 '연구 방법'에서 보고하는 것이 바람직하다.

2) 관찰과 측정의 정확성과 일치도를 높이는 방법

관찰자 일치도에 영향을 미칠 수 있는 것으로는 1) 관찰과 측정에 대한 반응성, 2) 관찰자의 표류, 3) 관찰자의 기대, 4) 관찰의 복잡성 등이다. 먼저, 관찰과 측정에 대한 반응성을 살펴보자. 직접 관찰은 자연스러운 상태에서 연구 대상의 행동을 관찰한다는 데 큰 의의가 있는데, 직접 관찰을 하게 되면 연구 대상은 다른 사람이 자신의 행동을 관찰한다는 것을 의식하여 행동을 더 잘하게 되거나 긴장하여 더 못하게 될 수가 있다. 이러한 현상을 반응성(reaction)이라고 하는데, 관찰 대상의 반응성을 감소시키기 위해서는 연구 대상의 행동을 비디오 카메라에 녹화한 후 비디오 테이프를 통하여 관찰할 수 있다. 또한 비디오 카메라를 사용하든지 관찰자가 직접 관찰하든지 연구 대상이 관찰 과정에 익숙해지는 적응 기간을 두어 자신의 행동이 관찰된다는 사실을 의식하지 않도록 할 수 있다. 즉, 실제 관찰이 시작되기 며칠 전부터 관찰자가 교실에 가 있거나 비디오 카메라를 설치하여 둠으로써 실제 관찰이 시작되었을 때 연구 대상이 관심을 기울이지 않게 하는 것이다. 이러한 반응성은 관찰자에게도 나타난다. 일반적으로 관찰자는 관찰 일치도를 검사한다는 사실을 알고 있을 때, 그렇지 않을 때보다 더 정확한 관찰을 하게 된다.

두 번째로 관찰자 표류(observer drift)를 살펴보자. 관찰자 표류란 시간이 흐르면서 관찰자의 관찰 기준이 점진적으로 바뀌는 현상을 의미한다. 즉, 관찰자가 행동에 대한 원래의 정의로부터 바람에 떠밀리듯이 표류하게 된다는 것이다. 관찰자 표류를 막기 위해서는 관찰자가 두 명 이상이라면 관찰 도중에는 두 관찰자가 서로 영향을 받지 않도록 관찰자 간의 접촉을 최소화하는 것이 좋다. 아니면 중간중간 새로운 관찰자를 사용한 관찰자 간 일치도를 구하여 관찰자 표류 현상이 드러나게 하는 방법도 있다. 또한 관찰자가 수시로 관찰 기준을 점검할 수 있도록 표적 행동의 조작적 정의와 관찰 기준에 대한 성문화된 관찰 지침서를 작성하고, 필요하다면 연구 도중에라도 관찰자 훈련을 다시 반복해야 한다.

세 번째로 관찰자의 기대가 관찰에 영향을 줄 수 있다. 관찰자가 중재의 목적을 알고 있거나 연구자로부터 관찰에 대해 피드백을 받게 되는 경우, 중재 효과를 의식하여 관찰 기준이 느슨해질 수 있다. 그러므로 관찰자는 중재 목적을 모르는 것이 좋다.

마지막으로 관찰의 복잡성 정도다. 한 관찰자가 여러 행동을 관찰해야 하거나 관찰 과정이 복잡하다면 일관성 있는 관찰을 기대하기 어려울 수 있다. 그러므로 관찰과 측정의 일치도를 높이고 정확한 관찰이 이루어지려면 관찰자를 훈련시켜야 한다. 먼저, 관찰자에게 무엇을 관찰하고, 어떻게 기록할 것인지, 즉 관찰 내용, 관찰 방법, 관찰 규칙 및 기록 방법을 훈련시켜야 한다. 관찰자 훈련은 관찰해야 할 표적 행동에 대한 정의를 설명하고, 관찰 부호에 대해 해당하는 행동의 예와 그렇지 않은 예를 들어 설명하는 것으로 시작한다. 그다음에는 관찰 도구 사용법과 관찰과 기록 방법을 가르친다.

이와 같은 훈련을 마친 후 실제 관찰 상황을 담은 비디오 테이프를 반복 관찰하여 훈련 시 문제가 있었던 점이나 예상하지 못했던 점에 대해 논의할 필요가 있다. 특히 비디오 테이프를 보면서 표적 행동이 발생할 때마다 기록해 보게 하여 기록 상황에 오차가 있을 경우 원인을 분석하여 관찰자 간 일치도를 증진시켜야 한다. 관찰 장소에서 관찰을 시작하기 전에 관찰자 훈련 기간에 높은 일치도 기준을 설정하여 관찰 훈련을 하는 것이 바람직하다. 일반적으로 연구에서 관찰자 일치도는 80%에서 85%를 넘을 것을 추천하고 있는데(Gast, 2010; Kazdin, 1982; Kennedy, 2005), 훈련 기간의 관찰자 일치도는 95%를 넘는 것이 좋다. 또한 관찰 훈련이 끝나고 실제 관찰을 시작한 후에도 관찰자 간의 일치도를 정기적으로 조사해야 한다. 중재가 시작되고 관찰하는 도중에 관찰자의 관찰 기준이 바뀌지 않았는지 검토하는 것이 필요하기 때문이다.

관찰자 일치도가 높고 정확한 관찰을 하기 위해서는 관찰에서 다음과 같은 사항이 지켜져야 한다(Wolery, Bailey, & Sugai, 1988).

- 관찰하고자 하는 행동을 관찰 가능하고 측정 가능한 용어로 조작적 정의를 내린다. 이때 행동은 빈도, 지속 시간, 강도, 위치, 지연 시간, 형태 등으로 설명된다.
- 행동을 관찰하는 장소와 시간이 일관성 있고 규칙적이어야 한다.
- 행동 변화 양상을 보여 줄 수 있는 직접적이고 형성적인 관찰을 해야 한다.
- 관찰, 측정, 기록의 절차를 명확하게 명시한다.
- 실제 상황에서 관찰하기 전에 충분한 연습을 한다.
- 관찰 즉시 자료를 기록한다.
- 행동 관찰의 정확도를 높이기 위해, 필요하다면, 스톱워치, 비디오 테이프, 녹음기, 신호 발신 장치(beeper) 등의 기구를 사용한다.

3) 관찰자 일치도 측정 방법

(1) 행동 특성 중심 관찰 기록의 일치도
행동 특성 중심 관찰 기록에 대한 관찰자 일치도를 구하는 방법은 다음과 같다.

○○ 빈도 기록 방법의 일치도

빈도 기록을 사용한 경우는 한 회기에서 발생한 행동의 전체 빈도에 대하여 일치도를 산출한다. 이렇게 총 빈도수로만 비교할 때는 두 관찰자가 관찰한 행동의 발생 빈도에 대해 (작은 수)/(큰 수)×100으로 일치도를 산출한다. 예를 들어, 한 관찰자가 연구 대상이 한 회기에 자리 이탈을 10번 했다고 보고하고 다른 관찰자는 8번 자리 이탈을 했다고 보고하면 두 관찰자 간 일치도는 8/10×100 ＝ 80(%)이 된다. 행동 결과물 기록을 사용한 경우는 빈도 기록과 동일한 방법으로 관찰자 일치도를 구할 수 있다. 즉, 행동 결과물에 대해서 두 관찰자가 관찰한 행동 발생에 대해 (작은 수)/(큰 수)×100으로 일치도를 산출하면 된다.

◯◉ 지속 시간 기록 방법의 일치도

지속 시간 기록 방법을 사용하여 연구 대상 행동을 관찰한 경우는 한 회기에 관찰된 행동의 지속 시간의 누계에 대해 일치도를 산출한다. 두 관찰자가 관찰한 행동의 지속 시간의 누계에 대해 (짧은 시간)/(긴 시간)×100으로 일치도를 계산한다. 예를 들어, 한 관찰자는 연구 대상의 손가락 빠는 시간의 지속 시간을 한 회기에 15분으로 측정했는데 다른 관찰자는 총 12분 동안 손가락을 빤 것으로 측정했다면 12/15×100 ＝ 80(%)의 일치도가 산출된다.

◯◉ 지연 시간 기록방법의 일치도

지연 시간 기록 방법으로 관찰한 경우는 한 회기에서 측정된 평균 지연 시간에 대해 일치도를 산출한다. 두 관찰자가 측정한 평균 지연 시간에 대해 (작은 수)/(큰 수)×100으로 두 관찰자 간의 일치도를 측정한다. 예를 들어, 연구 대상이 한 회기 동안 교사의 지시를 따르는 데 걸리는 평균 지연 시간을 한 관찰자는 5분으로 측정했고 다른 관찰자는 4분 30초로 측정했다면 두 관찰자 간 일치도는 4.5/5×100 ＝ 90(%)이 된다.

◯◉ 반응 기회 기록 방법의 일치도

반응 기회 기록 방법으로 관찰한 경우는 한 회기에서 발생한 각 행동을 정반응 또는 오반응으로 측정했는지에 대해 일치도를 산출할 수 있다. 반응 기회 기록 방법의 일치도를 구하는 방법을 [그림 5-25]와 같이 연구 대상이 한 회기에 10개의 단어를 읽을 때 바르게 읽으면 ◯표 틀리게 읽으면 ×표를 하여 관찰한 경우를 예로 들어 보자.

반응 기회	1	2	3	4	5	6	7	8	9	10
관찰자 A	○	○	×	○	○	○	○	×	×	○
관찰자 B	○	○	×	×	○	○	○	○	×	○
일치 정도	일치	일치	일치	불일치	일치	일치	일치	불일치	일치	일치

[그림 5-25] 반응 기회 기록 방법을 이용한 행동 발생의 일치 정도

각 행동마다 관찰자 간에 일치한 정도를 보고자 하면 (일치한 반응의 수)/(전체 반응의 수) × 100으로 일치도를 산출할 수 있다. 위의 예의 경우는 반응기회 1, 2, 3, 5, 6, 7, 9, 10에서 관찰자 간에 일치했으므로 8/10 × 100 = 80(%)의 일치도가 산출된다.

○○ 기준치 도달 기록 방법의 일치도

기준치 도달 기록 방법을 사용한 경우는 기준치에 도달하기까지 걸린 횟수에 대해 일치도를 구할 수 있다. 두 관찰자가 측정한 횟수에 대해 (작은 수)/(큰 수) × 100으로 일치도를 측정할 수 있다. 예를 들어, 한 관찰자는 연구 대상이 기준치에 도달하기까지 5회가 걸렸고 다른 관찰자는 4회가 걸렸다고 한다면 두 관찰자 간 일치도는 4/5 × 100 = 80(%)이 된다.

앞에서 설명한 내용을 살펴보면, 반응 기회 기록을 제외하고 대부분의 행동 특성 중심 관찰 기록에서는 작은 수를 큰 수로 나누는 방법으로 관찰자 일치도를 구하는 것을 알 수 있다. 즉, 행동 특성 중심 관찰 기록을 사용한 경우에는 두 관찰자가 각각의 행동 발생에 대한 기록을 일일이 비교하는 것이 쉽지 않다. 이런 방법을 적용하면 일치도만 가지고는 두 관찰자가 하나의 행동에 대해서 서로 일치했는지는 확인할 수 없다는 것이 가장 큰 단점이다.

(2) 시간 중심 관찰 기록 방법의 일치도

시간 중심 관찰 기록을 사용한 두 명의 관찰자가 수집한 자료가 [그림 5-26]과 같을 때, 관찰자 간 일치도는 다음 네 가지로 계산할 수 있다(Page & Iwata, 1986).

시간 간격	1	2	3	4	5	6	7	8	9	10
관찰자 A	−	+	+	−	+	+	+	+	+	+
관찰자 B	+	+	+	−	+	+	+	+	−	+
일치 정도	불일치	발생 일치	발생 일치	비발생 일치	발생 일치	발생 일치	발생 일치	발생 일치	불일치	발생 일치

[그림 5-26] 관찰자 간 행동 발생에 대한 일치도 결과

목적에 따라 아래의 네 가지 중의 한 가지 방법을 선택하여 사용할 수 있다.

◉◉ 전체 일치도(total agreement)

전체 일치도는 전체적으로 행동이 발생한 수에 대한 일치도를 의미한다. 이는 두 관찰자 중에서 더 적은 수의 시간 간격에서 행동이 발생한 것으로 보고한 시간 간격의 수를 더 많은 시간 간격에서 행동이 발생한 것으로 보고한 시간 간격의 수로 나누어 100을 곱하여 백분율로 나타낸다. 위의 예에서 관찰자 A와 B가 모두 행동이 8번 발생한 것으로 보고하였으므로, 전체 일치도는 8/8 × 100 ＝100(%)이 된다. 그러나 전체 일치도를 보아서는 두 관찰자가 같은 행동에 대해 발생의 일치를 나타낸 것인지 알기가 어렵다. 위의 예에서도 볼 수 있듯이 시간 간격 1과 9에서 관찰자는 서로 행동 발생에 대한 의견이 일치하지 않았는데도 전체 일치도는 100%로 계산될 수 있다.

◉◉ 시간 간격 일치도(interval agreement)

시간 간격 일치도는 관찰자 간에 각각의 행동 발생 유무에 대한 일치도를 의미한다. 이는 두 관찰자가 행동의 발생 유무에 대해 서로 일치하는 시간 간격의 수를 두 관찰자가 서로 일치한 시간 간격의 수와 일치하지 않은 시간 간격의 수를 합한 수로 나누어 100을 곱하여 계산한다. 위의 예에서 두 관찰자는 시간 간격 1과 9를 제외한 8개의 시간 간격에서 행동 발생 유무에 대해 서로 일치한 의견을 나타냈으므로, 시간 간격 일치도는 8/(8+2) ＝ 80(%)이다.

○○ 발생 일치도(occurrence agreement)

발생 일치도는 행동의 발생에 대한 일치도를 의미한다. 이는 두 관찰자가 행동의 발생에 대해 서로 일치하는 시간 간격의 수를 행동 발생에 대해 일치하는 시간 간격의 수와 일치하지 않는 시간 간격의 수를 합한 수로 나누어 100을 곱하여 계산한다. 위의 예에서 두 관찰자가 행동의 발생에 대해 일치한 시간 간격은 2, 3, 5, 6, 7, 8, 10으로 7개의 시간 간격이고 행동의 발생에 대해 불일치한 시간 간격은 1과 9이므로, 발생 일치도는 7/(7+2) = 78(%)이다. 발생 일치도는 행동의 발생 빈도가 낮은 행동에 사용할 수 있다.

○○ 비발생 일치도(nonoccurrence agreement)

비발생 일치도는 행동의 비발생에 대한 일치도를 의미한다. 이는 두 관찰자가 행동의 비발생에 대해 일치한 시간 간격의 수를 행동의 비발생에 대해 일치한 시간 간격의 수와 일치하지 않은 시간 간격의 수를 합한 수로 나누어 100을 곱하여 계산한다. 위의 예에서 두 관찰자가 행동의 비발생에 대해 일치한 것은 네 번째 시간 간격 하나이고 비발생에 대해 일치하지 않은 시간 간격은 1과 9이므로, 비발생 일치도는 1/(1+2) = 33(%)이다. 비발생 일치도는 행동의 발생 빈도가 높은 행동인 경우에 사용할 수 있다.

위에서 소개한 방법들 외에 관찰자 간 일치도를 구하는 방법으로 상관 계수(correlation coefficients)를 구하는 것이 있는데 이는 간편한 계산 방법이지만, 관찰자끼리 행동 발생에 대해 전혀 일치한 적이 없는데도 일치도가 높게 나올 수 있는 허점이 있다(Kazdin, 2011). 이런 문제를 해결하기 위해 Hartmann(1977)이나 Watkins와 Pacheco(2001)는 Cohen(1960)의 kappa 공식을 소개하고 있다. 그들은 kappa는 일치에 대한 백분율을 구하는 것보다는 복잡하지만, kappa를 사용하면 관찰자들이 우연히 일치하는 것을 제외시킬 수 있다고 주장한다. 즉, 발생 빈도가 높은 행동에서 관찰자 간에 행동 발생에 대한 일치가 우연일 확률이 커지는 문제를 해결한다는 것이다. 그러나 상관 계수나 kappa 공식은 개별 대상 연구에서 실제로 잘 사용하지 않기 때문에 여기서는 다루지 않는다.

제2부

연구 설계

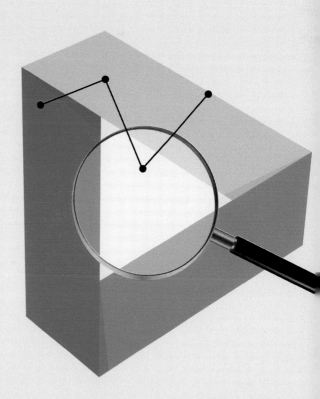

중재 제거 설계

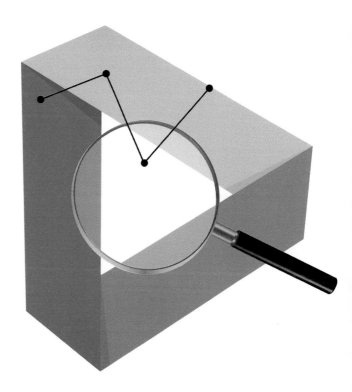

핵심 용어의 정의

중재 제거 설계
──────────────────────────
실험 상황 중 두 개의 상황에서 중재를 제거하여 종속 변수에 미치는 영향을
알아보고자 하는 연구 설계다.

중재 제거 설계는 개별 대상 연구의 가장 기본이 되는 설계다. 한 명의 연구 대상에 대해 중재의 효과를 반복해서 입증할 수 있는 중재 제거 설계는 다양한 이름으로 불리고 있다. Baer와 Wolf, Risley(1968)는 반전 설계(reversal design)라고 하고, Leitenberg(1973)는 철회 설계(withdrawal design)라고 하며, Glass와 Wilson, Gottman (1975)은 조작적 설계(operant design)로 명명하고, Campbell과 Stanley(1963)는 동등한 시간 연속 설계(equivalent time series design)라고 명명했다. 우리나라에서도 중재 제거 설계는 반전 설계, A-B-A-B 설계, 중재 철회 설계 등의 명칭으로 사용되고 있다. 여기에서는 설계의 특징을 가장 쉽게 보여 주는 '중재 제거 설계'라는 명칭을 사용하기로 한다.

1 중재 제거 설계

1) 개별 대상 연구 설계의 기초

개별 대상 연구의 설계를 A-B-A-B처럼 영어 알파벳으로 표기하는 것은 다른 종류의 설계에서도 흔하게 볼 수 있으므로, 설계의 구체적 설명에 앞서 설계 명칭을 영어 알파벳으로 표기하는 것에 대해 먼저 알아보도록 하자. 일반적으로 개별 대상 연구에서 설계를 나타낼 때 사용되는 알파벳 A는 기초선을 뜻하며, B, C 등 다른 알파벳은 서로 다른 중재를 의미한다. 한 중재 상황에서 두 가지 이상의 중재를 통합하여 사용한 경우는 두 알파벳을 연이어 쓰도록 한다. 예를 들어, 정적 강화(B) 중재와 용암법(C) 중재를 함께 적용했다면 BC로 표기한다. 그러나 한 중재 상황에서 중재 B와 중재 C를 교대로 적용했다면 B/C로 표시한다. 또한 프라임 부호(´)는 동일한 중재이지만 중재의 어떤 절차가 약간 바뀐 것을 나타내기 위해 사용한다. 예를 들어,

중재가 30초의 타임아웃이었는데, 2분의 타임아웃으로 바뀐 경우에 이를 구분하기 위하여 B와 B′로 표기한다. 알파벳과 알파벳 사이의 연결부호 하이픈(−)은 중재 상황이 바뀌었음을 알리기 위한 것이다. 그리고 $_1$, $_2$와 같은 아래 첨자는 실행된 순서를 의미한다. A−B−A−B 설계를 A_1−B_1−A_2−B_2로 표기하면 A_1은 중재를 시작하기 전의 자연스러운 상태에서 표적 행동의 수준을 관찰하는 상황을 뜻하며, 이를 제1기초선 기간이라고 한다. B_1은 표적 행동에 대해 처음으로 중재를 실시하는 상황을 뜻하며, 이를 제1중재 기간이라고 한다. A_2는 실시하던 중재를 제거하여 상황을 제1기초선 상태로 되돌리는 것을 뜻하며, 이를 제2기초선 기간이라고 한다. B_2는 제1중재 기간에 사용했던 중재를 다시 실시하는 기간을 의미하며, 이를 제2중재 기간이라고 한다.

중재 제거 설계를 설명하기 전에 모든 개별 대상 연구 설계의 기초가 되는 '기초선 논리(baseline logic)'를 먼저 설명하고자 한다. Sidman(1960)이 소개한 기초선 논리란 기초선(A)과 중재(B)라는 두 개의 인접한 상황에서 종속 변수(표적 행동)를 반복하여 측정하는 것과 관계가 있다. 이는 계속하여 반복적으로 측정된 기초선(A) 자료와 비교하여 중재(B)를 적용한 후에 종속 변수의 자료에 변화가 있다면, 아마도 중재의 적용이 종속 변수의 변화를 가져왔을 것으로 가정할 수 있다는 것이다. 이때 기초선(A)의 자료는 기초선(A) 이후의 자료에 대한 예측을 확신할 수 있을 만큼 안정적일 필요가 있다. 그래야 중재(B)를 적용한 후에 종속 변수의 자료에 변화가 있을 때 확인하기 쉽다. 여기까지는 A−B 설계다. 그런데 연구자는 중재 적용이 종속 변수의 변화를 가져왔을 것이라는 가정을 증명하려면 중재를 제거해서 자료가 기초선 수준으로 되돌아오는지 보는 것이 필요하다. 즉, 두 번째 A 상황이 필요한 것이다. 그러면 여기까지는 A−B−A 설계가 된다. 이때 두 번째 A 상황에서 종속 변수가 처음 기초선 수준으로 되돌아온다면 종속 변수의 변화는 중재 때문일 가능성이 높아지는 것이다. 그런 다음에 중재를 다시 한 번 더 적용하는 것으로 실험 통제를 더욱 확실히 보여 줄 수 있다. 이제 설계는 A−B−A−B가 된다. 이렇게 중재 효과를 반복해서 보여 줄수록 중재가 종속 변수의 변화를 가져왔다고 더욱 확신할 수 있게 되는 것이다. 이러한 기초선 논리는 모든 개별 대상 연구의 기본이 된다. 따라서 모든 개별 대상 연구의 설계는 기본적인 A−B 구조를 확장하거나 발전시킨 것이라고 할 수 있다.

2) 중재 제거 설계의 기본 개념

중재 제거 설계는 중재 효과를 입증하기 위한 개별 대상 연구 방법 중 하나로, 실험 상황 중 두 개의 상황에서 중재를 제거하여 종속 변수에 미치는 영향을 알아보고자 하는 연구 설계다(Tawney & Gast, 1984). 연구자는 중재 제거 설계를 이용하여 중재(독립 변수)를 실시하거나 제거하여 표적 행동(종속 변수)이 일관성 있게 증가 또는 감소되는 것을 보여 줌으로써 실험적 통제를 입증할 수 있다. 종속 변수가 중재를 실시하자 향상되다가 중재를 제거하자 중재 이전 상태로 되돌아가고 다시 중재를 실시하자 향상된다면, 중재가 종속 변수의 향상을 일으켰다고 할 수 있는 것이다. 즉, 중재 제거 설계에서 제1과 2의 중재 기간에만 중재 효과가 나타나고, 제2기초선 기간에 행동이 제1기초선 자료의 수준으로 되돌아가는 경우에 독립 변수(중재)와 종속 변수(표적 행동)의 기능적 관계가 성립된다고 할 수 있다. 기능적 관계란 독립 변수에 의한 종속 변수의 예측이 가능한 관계를 의미한다.

기초선 측정 후 중재가 시작되면서 자료가 기초선 자료와 반대 수준이 되거나 반대 경향을 나타내면 중재 때문에 행동이 변했다고 생각할 수 있다. 그러나 중재 외의 외생 변수가 작용했을 수 있으므로 의도적으로 다시 한 번 기초선 기간을 넣어 보는 것이다. 그렇게 했을 때 자료가 처음 기초선 수준으로 돌아가고 두 번째로 중재를 도입했을 때도 동일한 중재 효과를 반복해서 나타내면, 행동의 변화는 외생 변수가 아닌 중재 때문인 것이다. 이럴 때 독립 변수와 종속 변수는 기능적 관계가 있고, 연구의 내적 타당도가 있다고 할 수 있다. 중재 제거 설계에서는 상황이 바뀔 때 종속 변수의 변화가 즉각적으로 크게 나타날수록, 그리고 두 번째 기초선 자료가 첫 번째 기초선 자료의 수준으로 완전히 되돌아갈수록 내적 타당도가 높다고 할 수 있다. 또한 연구의 외적 타당도를 입증하기 위해서는 같은 종속 변수를 지닌 여러 명의 연구 대상자나 여러 개의 비슷한 표적 행동들을 확보하여 동일한 독립 변수를 적용한 중재 제거 설계의 반복 연구를 실시하면 된다. 따라서 여러 학자들(Barlow, Nock, Hersen, 2009; Gast, 2010; Horner et al., 2005)이 추천하는 것처럼, 개별 대상 연구를 진행할 때는 설계의 종류와 상관없이 3명 이상의 연구 대상자를 확보하는 것이 바람직하다.

Kazdin(2011)은 중재 제거 설계의 핵심 논리를 '기술(describe), 예측(predict), 시험 (test)'이라는 세 가지 용어를 사용하여 설명했다. 첫째, 중재 제거 설계에서 한 상황 (phase)의 자료는 그 상황에서 표적 행동이 어떤 수준인지를 기술하여 설명해 주는 역할을 한다. 둘째, 한 상황의 자료는 조건이 달라지지 않는 한, 다음 상황에서 어떻 게 될지를 예측해 주는 역할을 한다. 셋째, 한 상황의 자료는 바로 그 앞의 상황의 자 료를 가지고 예측했던 것과 차이가 나는지를 시험하여 확인해 주는 역할을 한다. 즉, 한 상황의 자료는 그 상황에 대한 기술, 뒷 상황에 대한 예측, 앞 상황에 대한 시 험의 역할을 한다.

이를 [그림 6-1]에 그림으로 제시하여 구체적으로 설명해 보자.

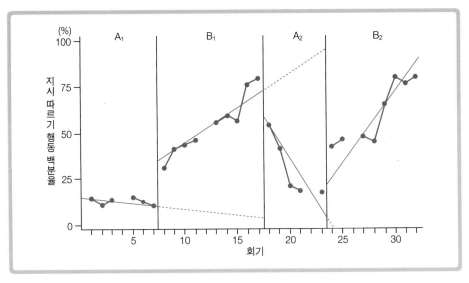

[그림 6-1] 중재 제거 설계에서 각 상황 자료의 역할을 설명하는 자료 예

[그림 6-1]에서 보는 것처럼, 중재를 적용하기 전의 A_1 자료는 기초선 기간의 표적 행동이 어떠했는지 그 수준을 기술해 주는 중요한 역할을 할 뿐 아니라, 중재가 적용 되지 않는다면 미래에 나타날 수 있는 자료의 경향을 예측(A_1에서 B_1으로 이어지는 점 선의 경향선으로 표시함)하게 해 준다. [그림 6-1]의 그래프에서 보면 A_1에서 연구 대 상 아동의 지시 따르기 행동은 주어진 기회에 대한 20% 이하의 낮은 수준에서 약간

감소하고 있음을 알 수 있고, B_1에서는 약한 수준의 감소가 예측된다.

　B_1의 자료도 A_1의 자료와 마찬가지로 기술과 예측의 기능이 있다. 즉, B_1의 자료는 중재(B_1)를 적용하는 동안의 자료가 어떤지를 기술해 주고 중재(B_1)가 계속될 때 자료가 어떻게 될지를 예측(B_1에서 A_2로 이어지는 점선의 경향선으로 표시함)해 준다. [그림 6-1]의 그래프에서 보면 B_1에서 연구 대상 아동의 지시 따르기 행동은 중재적용과 함께 증가하여 75%를 넘는 수준을 나타냈으며, 중재가 계속된다면 지속적 향상이 예측된다. B_1 자료가 갖는 또 다른 기능은 A_1에서 중재가 없었다면 계속되었을 것으로 예측했던 것보다 자료가 벗어나는지 시험할 수 있다는 것이다. [그림 6-1]의 그래프에서 보면 B_1 자료는 A_1 자료가 예측했던 것보다 훨씬 웃도는 자료를 보여 주었다. 실제로 A_1에서 예측했던 것보다 B_1의 자료가 벗어났다면 그것은 변화를 의미한다. 그러나 여전히 그 변화가 B_1 때문이라고 확신하기는 어렵다. 성숙이나 사건 등이 변화의 원인이 될 수도 있기 때문이다. 따라서 A_2를 도입하여 기술, 예측, 시험을 다시 반복해 보아야 하는 것이다. A_2는 중재가 제거되고 A_1과 같아진 상태를 의미한다.

　A_2 자료도 A_2 상태에서 자료가 어떤지를 기술해 주고, A_2 상태가 계속될 때 자료가 어떻게 될지를 예측(A_2에서 B_2로 이어지는 점선의 경향선으로 표시함)해 준다. [그림 6-1]의 그래프에서 보면 A_2 자료는 중재(B_1)를 제거하자 연구 대상 아동의 지시 따르기 행동이 빠른 속도로 감소하는 것을 보여 주었고, A_2 상태가 계속된다면 지속적 감소가 있을 것을 예측해 준다. 그리고 A_2 자료가 B_1에서 예측했던 것과 비교하여 벗어났는지 시험해 볼 수 있다. B_1의 자료는 중재가 계속된다면 자료가 어떨지를 예측할 수 있게 해 주는데, A_2 자료는 그 예측대로 이루어졌는지 시험하는 것이다. [그림 6-1]의 그래프에서 A_2 자료가 B_1에서 예측했던 것과는 정반대의 경향을 보여 줌을 확인할 수 있다. A_2 자료가 B_1에서 예측했던 것과 다르다면 무언가가 자료를 예측에서 벗어나게 한 것이라고 할 수 있다. 또한 A_2 자료의 또 다른 기능은 A_1 자료로 예측했던 것이 A_1과 같은 조건인 A_2에서 발생하는지도 시험하는 것이다. 즉, B_1을 적용하다가 제거했을 때 A_2 자료가 A_1에서 처음에 예측했던 대로 되는지 확인하는 것이다. [그림 6-1]의 그래프에서 A_2 자료는 A_1에서 예측했던 수준으로 급속히 감소하고 있음을 확인할 수 있다. A_2의 자료가 A_1에서 예측했던 대로 된다면 A_1에서의 예측이 정확하다는 뜻이 된다. 즉, 중재가 없다면 자료는 그런 수준이 될 거라는 것이 확인되는 것이다.

B₂ 자료도 다른 상황의 자료와 마찬가지의 기능을 갖는다. 즉, B_2 상황 동안의 자료 수준을 기술해 주고, B_2 자료가 이전 상황(A_2)에서 예측된 수준에서 벗어나는지 시험하고, B_2 자료가 B_1에서 예측한 것과 같은 수준인지 확인하는 것이다. [그림 6-1]의 그래프에서 보면, B_2 자료는 중재의 재적용과 함께 연구 대상 아동의 인사하기 행동이 다시 증가하고 있음을 보여 주고, A_2에서 예측되었던 수준과 상당히 동떨어져 있음을 보여 준다. 또한 B_2 자료는 B_1에서 예측한 것과 같이 비슷한 기울기로 상승하고 있음을 확인할 수 있다. 물론, B_2에 이어 다음 상황이 주어진다면 B_2의 자료는 다음 상황을 예측하는 데 사용될 수 있다. 살펴본 것처럼, A_1-B_1-A_2-B_2에서 각 상황의 자료는 현재의 수준에 대한 정보를 주고, 조건이 바뀌지 않을 때 나타날 수 있는 미래의 자료 수준을 예측해 주고, 이전 상황에서 예측한 것이 정확한지를 확인하게 하는 역할을 한다. 중재 제거 설계의 다른 변형들도 동일한 논리를 적용할 수 있다.

앞의 [그림 6-1]에서 보는 것처럼 제2기초선 자료의 경향이 첫 번째 중재 기간의 자료와 반대 경향이면서 제2기초선 자료의 수준이 제1기초선 수준만큼으로 점진적으로 되돌아갈 때 내적 타당도를 보여 준다. 또한 [그림 6-2]처럼 중재 적용과 함께 자료의 변화 수준이 즉각적으로 나타나면서 제2기초선 자료가 제1기초선 수준으로 완전히 돌아갈 때도 높은 내적 타당도를 보여 준다.

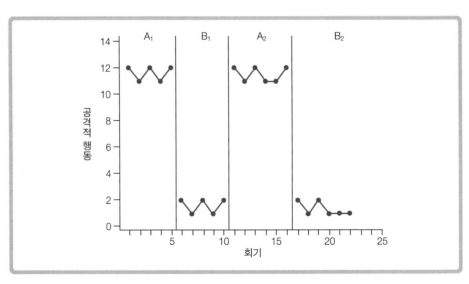

[그림 6-2] 내적 타당도를 보여 주는 A-B-A-B 설계 예

 그러나 중재의 효과가 있는 듯하지만 기능적 관계를 입증하지 못하는 경우도 있다. [그림 6-3]은 중재 제거 설계를 사용했지만 기능적 관계를 입증하지 못한 연구 결과의 예를 그래프로 옮긴 것이다.

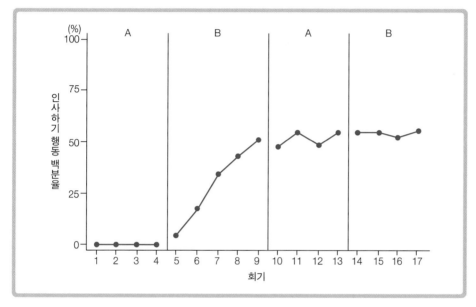

출처: 양명희(2012).

[그림 6-3] 중재 제거 설계로 기능적 관계를 입증하지 못한 연구 결과의 예

 [그림 6-3]의 그래프에서 보면 처음 기초선 기간에 연구 대상 아동의 인사하기 행동은 전혀 이루어지지 않았는데 중재가 적용되면서 점진적으로 증가하여 9회기에는 주어진 기회의 60% 정도 인사를 했다. 그러나 중재를 제거했을 때 대상 아동의 인사하기 행동은 제1기초선 수준으로 떨어지지 않고 50%에서 60% 수준을 유지했으며 중재가 다시 적용되어도 더 이상 증가하지 않고 계속 같은 수준을 유지하는 것을 볼 수 있다. 어쩌면 이런 경우에는 대상 아동은 인사하기 행동을 할 줄 몰라서 인사를 못하고 있다가 중재를 통해 인사하기 행동이 습득되었다고 볼 수 있다. 인사하기 행동이 습득되기는 했으나 사용된 중재를 통해서는 인사하기 행동이 주어진 기회의 60%를 넘지 못함을 알 수 있다. 그래프의 이러한 자료는 대상 아동에게 인사하기 행동을 더 향상시키기 위한 또 다른 중재가 필요함을 시사해 준다.

2) 중재 제거 설계의 특징과 장단점

중재 제거 설계의 첫 번째 장점은 기초선 자료의 패턴과 중재 효과의 반복 입증을 뚜렷이 구별되게 보여 줄 수 있는 설계라는 것이다. 중재 제거 설계인 $A_1-B_1-A_2-B_2$의 $A_1-B_1-A_2$ 부분에서 중재의 도입(B_1)에서만 효과가 나타나고 중재가 없으면(A_1과 A_2) 효과 없음을 보여 줄 수 있다. 또한 $B_1-A_2-B_2$ 부분에서도 중재의 도입(B_1과 B_2)에서만 효과가 있고 중재 없으면(A_2) 효과 없음을 반복해서 다시 보여 줄 수 있다. 중재 제거 설계의 두 번째 장점은 연구 대상에게 효과적인 중재를 적용하는 상태에서 연구를 마치기 때문에 현장에서 사용하기에 윤리적인 설계라는 것이다. 세 번째로 생각할 수 있는 중재 제거 설계의 장점은 개별 대상 연구의 다른 설계들과 마찬가지로 설계가 융통적이라는 것이다. 예를 들어, 연구자가 중재 제거 설계를 적용하기로 계획하고 중재(B)를 적용했는데 전혀 효과가 나타나지 않고 기초선(A)과 같은 수준을 계속 보일 경우에 실망하고 연구를 그만둘 필요가 없다. 왜냐하면 개별 대상 연구에서는 이러한 경우에 다른 연구 설계로 변경할 수 있는 융통성을 갖고 있기 때문이다. 원래의 중재(B)를 변경시키거나(예: B′ 또는 BC) 전혀 새로운 중재(C)를 새로 적용할 수 있다. 연구 도중에라도 중재 제거 설계인 A-B-A-B 설계를 A-B-BC-B-BC 또는 A-B-C-B-C 설계로 바꿀 수 있다. 이러한 복수 중재 설계에 대해서는 8장에서 설명하였다.

중재 제거 설계의 장점이라고 할 수는 없지만, 이 설계를 사용할 때 표적 행동과 기능적으로 비슷한 다른 행동들을 동시에 관찰해 본다면 반응 일반화(response generalization)가 일어나는 것을 발견할 수 있다는 것도 이 설계의 특징이다. 예를 들어, 한 가지 사회성 기술에 대해 중재 제거 설계를 적용하면서 다른 사회성 기술도 관찰했더니 그 행동도 긍정적으로 변화했다면 반응 일반화가 일어났을 가능성을 시사해 주는 것이다. 그뿐만 아니라 기능적으로 비슷하지 않은 행동에서 변화가 일어날 수도 있다. 예를 들어, 수업 시간의 충동적 행동에 대해 중재를 실시했더니 충동적 행동이 감소할 뿐만 아니라 학업 성적도 향상되는 뜻하지 않은 부수적 효과를 얻게 되는 경우도 있다. 이처럼 긍정적인 경우도 있지만, 반대로 친구를 때리는 공격적 행동에 대해 중재를 실시했더니 공격적 행동은 감소했으나 자해 행동이 증가하는 경우처럼 부정적인 경우도 있을 수 있다. 어떤 경우이든지, 표적 행동이 아닌 행동을 관찰하는 것은 임상가나 교사 모두에게 시사점이 있을 수 있다.

중재 제거 설계를 사용할 때, 설계로서의 문제라기보다는 현장에서 실질적이고 윤리적인 문제 때문에, 연구 대상의 표적 행동의 특성에 따라서는 중재 제거 설계를 사용하는 것이 적절하지 않은 경우가 있다. 첫째, 표적 행동이 위험한 행동인 경우다. 예를 들어, 표적 행동이 공격적 행동과 같이 직접적으로 다른 사람이나 자신을 해치는 행동인 경우는 제2기초선 기간을 두어 중재를 제거하는 것은 윤리적으로 문제가 되기 때문이다. 중재를 통해 이미 향상된 표적 행동을 A_2를 통해 A_1 수준으로 되돌리려는 것은 윤리적으로 바람직하지 않다.

두 번째로, 중재 후에 기초선 수준으로 되돌리기 어려운 표적 행동의 경우에도 중재 제거 설계를 사용하는 것은 적절하지 않다. 중재 적용 후에 A_2에서 종속 변수가 A_1 수준으로 돌아가지 않는 경우는 다음 네 가지로 생각할 수 있다: 1) 처음에는 중재 때문에 표적 행동의 변화가 시작되었지만 그러한 변화 자체가 계속적인 변화를 불러일으키는 경우(예: 인사하기), 2) 학습이나 기술 습득과 관련된 표적 행동의 경우(예: 구구단 암기), 3) 중재자 외의 다른 사람들(예: 교사, 부모)이 A_2 상황인 줄 모르고 실수로 중재를 적용하는 경우, 4) 표적 행동의 변화가 극적이고 영속적인 경우(예: 함묵증 아동이 중재를 통해 즉각적으로 말을 잘하게 된 경우). 이런 경우는 중재 제거 설계로 중재 효과를 입증하기가 어렵다.

셋째로, 여러 가지 중재의 효과를 비교해야 할 경우도 중재 제거 설계를 사용하는 것이 적절하지 않다. 이와 같이 표적 행동 수준을 기초선 수준으로 되돌리는 것이 바람직하지 않거나, 표적 행동이 기초선 수준으로 되돌아가기 어려운 경우이거나, 연구자가 다른 중재들과도 그 효과를 비교하고자 하는 경우에는 중재 제거 설계를 사용하기 어렵기 때문에 뒤에서 소개하는 개별 대상 연구의 다른 설계들을 적용해야 한다.

2 중재 제거 설계의 변형

1) 중재 제거 설계의 변형 요소

중재 제거 설계는 다음 네 가지 요소에 따라 설계가 무한정으로 다양하게 변형될 수 있다(Kazdin, 2011): 1) 제2기초선(A_2)의 구성 조건, 2) 상황 도입의 순서, 3) 상황의 수, 4) 중재의 수. 첫째, 표적 행동을 반전시키기 위한 A_2의 조건을 어떻게 구성하느냐에 따라 중재 제거 설계의 변형이 만들어질 수 있다. 중재 제거 설계에서는 표적 행동의 변화가 중재 때문인지 보기 위해서 A_2에서 중재를 중지 또는 제거한다. 그런데 A_2의 조건을 다음 세 가지 종류로 변형하여 적용할 수 있다: 1) A_2의 조건을 A_1의 조건과 동일한 조건으로 되돌리는 경우, 2) A_2의 조건을 중재를 약화시키거나 덜 효과적이 되도록 하는 것으로 만드는 경우, 3) A_2의 조건을 중재를 직접 적용받고 있는 표적 행동에 대해서만 중재를 제거하도록 만드는 경우.

둘째, 상황을 도입하는 순서에 따라 다양한 중재 제거 설계의 변형이 만들어질 수 있다. 중재 제거 설계를 적용하고 싶지만 현장의 여러 사정이나 표적 행동의 위험성 등 때문에 바로 중재를 적용해야 하는 경우는 상황 도입 순서가 바뀌게 된다(예: B-A-B-A). 또한 표적 행동이 한 번도 발생한 적이 없고 발생할 가능성조차 없는 경우에도 처음에 A_1자료를 수집하는 순서를 고집하는 것은 무의미할 것이다. 이에 대해서는 뒤에서 좀 더 구체적으로 설명하겠다.

셋째, 상황의 수를 몇 개로 하느냐에 따라 다양한 중재 제거 설계의 변형이 만들어질 수 있다. 중재 제거 설계는 A-B 설계를 기초로 한다고 했다. 그러나 A-B 설계는 타당도 위협에 대해 무방비이기 때문에 진정한 실험이라고 할 수 없다. A-B-A 설계는 '기술, 예측, 시험'의 논리를 설명할 수 있는 최소한의 상황 수를 확보하고 있는 설계다. 하지만 한 연구 내에서 중재 효과를 반복해야 한다는 개별 대상 연구의 요구를 따르자면 A-B-A-B 설계가 적절한 상황 수를 포함하는 설계다. 물론 A-B-A-B-A-B 설계도 가능하다. 이렇게 A-B가 추가될수록 그리고 '기술, 예측, 시험' 논리가 반복해서 입증될수록 중재의 효과를 더욱 확신할 수 있게 된다.

넷째, 서로 다른 중재의 종류가 몇 개인가에 따라 다양한 중재 제거 설계의 변형이 만들어질 수 있다. 중재 제거 설계를 적용하는 현장에서는 중재(B) 효과가 없거나 미미할 때, 중재를 변형(예: B′)하거나 중재에 다른 것을 추가(예: BC)하는 경우가 있다. 이러한 융통성이 개별 대상 연구의 장점이기도 하다. 또한 처음부터 연구자가 중재 B와 중재 C를 비교하고자 계획하는 경우도 있다(예: A-B-C-B-C-A 또는 A-B-C-A-B-C). 이런 경우는 복수 중재 설계에 해당한다.

살펴본 것처럼 중재 제거 설계는 네 가지 요소에 따라 얼마든지 다양하게 변형시킬 수 있다. 연구자가 어떤 설계를 선택하느냐는 것은 연구의 목적, 첫 번째 중재 상황(B_1)에서 종속 변수의 변화가 나타난 정도, 상황의 위급성이나 제약 등에 따라 결정될 수 있다.

2) B-A-B 설계

B-A-B 설계는 처음 기초선 기간이 없는 설계다. 연구자의 입장에서는 중재 적용 전에 종속 변수가 어떠하였는지에 대한 증거가 없는 셈이다. 이처럼 실험 통제에 대한 입증이 약한 설계이기 때문에 B-A-B 설계를 사용한 연구가 발표되는 경우는 많지 않다.

그러나 현장에서는 이런 설계가 유용한 경우가 있다(Gast, 2010; Kennedy, 2005). 첫째로 이런 설계가 유용한 경우는 종속 변수(표적 행동)가 자해 행동이나 신체적 공격 행동처럼 연구 대상자 본인이나 다른 사람들에게 해가 되는 경우다. 해가 되는 표적 행동에 대해 어떤 중재도 실시하지 않고 기초선 자료를 수집하는 것은 윤리적이지 못하다. 이런 경우에 연구를 실행하고자 한다면 B-A-B 설계를 사용하되, 이때에도 기초선 기간은 실험 통제를 보여 줄 수 있을 만큼만 매우 짧게 설정해야 한다.

두 번째로 B-A-B 설계가 유용한 경우는 연구 대상이 표적 행동을 전혀 수행해 본 적이 없는 경우다. 예를 들어, 기초선 자료를 수집하기 위해 전혀 글을 읽을 수 없는 아동에게 반복해서 읽기를 측정하는 것은 불필요하다.

세 번째로 B-A-B 설계가 유용한 경우는 현장에서 사전에 연구에 대한 계획 없이 중재를 이미 사용하고 있는데 연구로 발전시키고자 하는 경우다. 이때, 사용하고 있는 중재의 유무에 대해 종속 변수가 민감하다면 그 효과를 확실히 입증할 수 있다. 또한 기초선 기간을 한 번 더 넣어 주면(B-A-B-A), 더욱 분명하게 실험 통제를 보여 줄 수 있게 된다.

3) A-B-A′-B 설계

A-B-A-B 설계를 Baer와 Wolf, Risley(1968)는 반전 설계(reversal design)라고 명명했다. 그런데 Leitenberg(1973)는 이 설계를 중재 제거 설계(withdrawal design)라 명명하면서 중재 제거 설계와 반전 설계는 구별되어야 한다고 주장했다. Leitenberg에 의하면 중재 제거 설계란 세 번째 상황에서 단순히 중재 내용을 제거하는 것이며, 반전 설계란 제2기초선 기간에 표적 행동에 대한 중재를 제거하는 동시에 표적 행동과 양립할 수 없는(incompatible) 행동에 대해서 중재를 적용해야만 '반전' 상황이 되는 것이라고 했다. 즉, 반전이란 중재가 제공되는 상황과 반대가 되는 상황을 의미하는 것이지, 단순히 중재만 제거하는 것은 아니라는 것이다.

예를 들어, 아동의 상호 작용 행동을 변화시키려고 하는 경우를 알기 쉽게 [그림 6-4]와 같이 그래프로 나타내 설명해 보자.

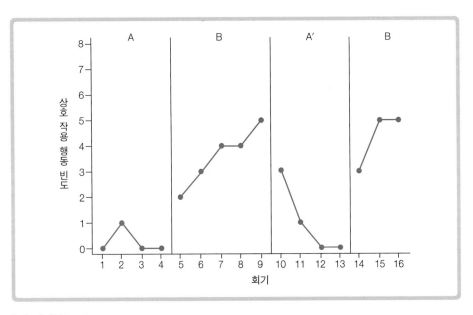

출처: 양명희(2012).

[그림 6-4] A-B-A′-B 설계의 예

[그림 6-4]의 그래프에서 처음 기초선 기간에는 대상 아동의 상호 작용 행동에 대해 어떤 특별한 중재도 적용하지 않고 평소와 같은 상황을 유지했다. 평소 상황은 주로 아동이 고립 행동을 나타낼 때에 어른의 관심이 주어지는 것이었다. 이때 아동의 상호 작용 행동은 0에서 1회 정도이었다. 처음 중재를 적용하는 기간에 아동의 또래와의 상호 작용 행동에 대해 관심을 주는 중재를 적용하자 아동의 상호 작용 행동은 2회에서 5회까지의 범위를 나타내면서 점진적으로 증가했다. 그다음에 상황을 반전시키자 아동의 상호 작용 행동은 다시 제1기초선 수준만큼 감소했다. 이때 상황을 반전시킨다는 것은 또래와의 상호 작용 행동에 대한 관심을 제거할 뿐만 아니라 상호 작용 행동에 반대되는 고립 행동에 의도적으로 관심을 주는 것이다. 그런데 이러한 반전 기간은 제1기초선 상황과 똑같지 않다. 왜냐하면 제1기초선 기간에 아동의 고립 행동에 관심이 주어졌다 하더라도 모든 고립 행동에 관심이 주어진 것도 아니며 다른 행동에도 관심이 주어졌을 수 있기 때문이다. 그러므로 제2기초선은 중재 전의 제1기초선과 똑같은 상황으로 되돌리는 것이 아니라 제1중재 기간과 반대되는 상황, 즉, 상호 작용 행동과 반대되는 고립 행동에 관심을 주도록 하는 것이다. 즉 제2기초선은 제1기초선과 조건이 달라지는 것이다. Leitenberg는 이렇게 제2기초선에서 단순히 중재를 제거한 것이 아니라 처음 중재 상황을 반전시키는 설계는 A-B-A-B 설계가 아니라 A-B-A′-B 설계로 명명되어야 한다고 주장했다. 왜냐하면 제1기초선과 제2기초선의 절차가 동일하지 않기 때문이다. Leitenberg가 주장하는 A-B-A′-B 설계를 적용하기 위해서는 위의 예에서 설명한 상호 작용 행동과 고립 행동처럼 두 가지의 양립할 수 없는 종속 변수가 필요하다. 그러나 발표된 개별 대상 연구에서 Leitenberg가 주장하는 A-B-A′-B 설계를 찾는 것은 쉽지 않다(Gast, 2010).

그런데 A-B-A′-B 설계를 A-B-C-B 설계로 오해하는 일은 없어야 할 것이다. A-B-C-B 설계는 앞에서 중재 제거 설계의 융통성을 설명하면서 중재 B의 효과가 없을 때 다른 중재 C를 적용하여 설계를 바꿀 수 있다고 설명하면서 소개한 복수 중재 설계(예: A-B-C-B-C)의 기본 형태라고 할 수 있다.

3 | 중재 제거 설계를 사용한 연구의 예

〈표 6-1〉은 중재 제거 설계와 그 변형 설계를 이용한 논문들의 예다.

표 6-1 중재 제거 설계와 그 변형 설계를 사용한 연구 논문의 예

강선영, 박승희(2012). 학급차원의 구어적 또래칭찬 중재가 초등학생들의 문제 행동과 자
   아개념에 미치는 영향. 정서·행동장애연구, 28(2), 49-74.
강희정, 김영일(2006). 시지각 훈련 프로그램이 정신지체학생의 주의집중 행동에 미치는
   효과. 특수아동교육연구, 8(3), 213-232.
김경민(2010). 백색소음이 ADHD 아동의 주의집중과 과제수행에 미치는 영향. 정서·행동
   장애 연구, 26(3), 113-126.
김환희, 장문영, 심제명(2007). Fresnel Prism을 이용한 시야확보가 뇌졸중 환자의 편측무
   시 감소에 미치는 영향: 단일 사례 연구. 대한작업치료학회지, 15(3), 63-72.
박윤이, 박수현, 유은영, 이지연(2012). 공의자 적용이 자폐범주성아동의 교실 내 문제 행동
   과 주의집중 및 착석행동에 미치는 영향. 대한작업치료학회지, 20(1), 43-56.
신갑영, 이성한(2009). 아동·청소년상담: 교사와의 종이 조형 활동을 통한 학령기 ADHD
   경향아동의 행동변화 사례 연구. 상담학연구, 10(3), 1611-1626.
이택영, 이강성(2005). 발 보조기의 착용이 뇌성마비아동의 보행과 작업수행에 미치는 영
   향. 대한작업치료학회지, 13(3), 51-57.
양복욱, 김기홍(2011). 스노젤렌공간이 정신지체아동의 문제 행동에 미치는 영향. 특수체육
   연구, 8, 39-54.
장미순, 김은경(2012). 자기관리 훈련이 아스퍼거 증후군 학생의 식사 행동에 미치는 영향.
   정서·행동장애연구, 28(3), 59-81.

〈표 6-1〉에 소개된 연구 중에서 김환희, 장문영, 심제명(2007)의 논문과 김경민
(2010)의 논문을 살펴보자.

- 연구 논문의 예 I:
   김환희, 장문영, 심제명(2007). Fresnel Prism을 이용한 시야확보가 뇌졸중 환
      자의 편측무시 감소에 미치는 영향: 단일 사례 연구. 대한작업치료학회지, 15(3),
      63-72.
- 연구 대상: 편측무시 현상이 나타나는 53세 뇌졸중 환자 1명

- 독립 변수: 일반시력교정용 안경에 프레넬 프리즘을 착용하는 것
- 종속 변수: 편측무시 현상
- 종속 변수 측정 방법:

  • 선 나누기 검사

  다양한 길이의 20개의 선들이 왼쪽, 중앙, 오른쪽에 각 6개씩 배열되어 있으며, 상단과 하단에 각각 하나의 선이 놓여 있는 흰 A4 용지에 펜으로 각 선의 중앙점을 표시하도록 하여, 각 선의 실제 중앙점과 대상자가 표시한 중앙점 사이의 거리를 밀리미터로 측정하여 대상자의 중앙점에서 실제의 중앙점을 뺀 값에 실제의 중앙점을 나누고 100을 곱하여 값을 구한 후 18개의 선의 값의 평균치로 계산하여 오차 범위를 퍼센트로 기록함

  • 알버트 검사

  흰 A4 용지에 무작위로 배열되어 있는 40개의 선들을 대상자가 모두 찾아 표시하도록 하여 대상자가 찾지 못한 선의 총 개수를 구함

  • 'X' 지우기 검사

  흰 A4 용지에 가로 10줄, 세로 5줄로 구성되어 섞여 있는 50개의 알파벳 중에서 20개의 'X'를 체크하도록 하여 찾지 못한 'X' 수를 구함

- 연구 결과 그래프:

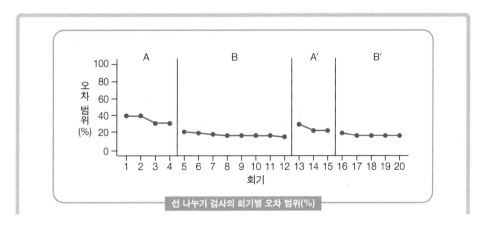

선 나누기 검사의 회기별 오차 범위(%)

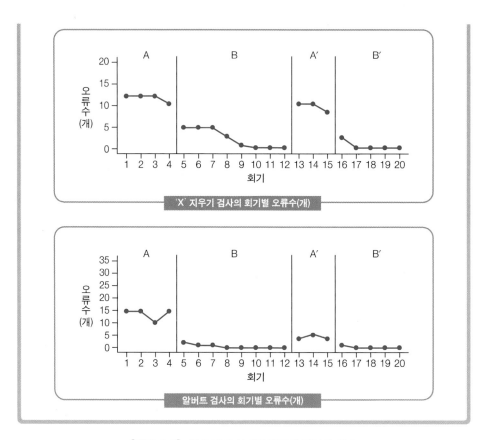

[그림 6-5] 중재 제거 설계를 적용한 연구의 예 1

● 연구 설계: 중재 제거 설계

논문의 저자들도 종속 변수의 검사가 학습 효과를 지닐 수 있음을 우려하여 검사 결과에 대해 연구 대상에게 알리지 않았다고 논문에서 밝히고 있다. 그런데 [그림 6-5]를 보면 A_1과 A_2의 자료가 매우 안정적이므로 기초선 상황에서 검사의 단순 반복 자체는 학습 효과가 없었음을 입증해 준다고 할 수 있다. 그러나 그래프에서 A_2가 B_1보다 악화된 결과를 보이기는 했으나 A_1 수준만큼으로 완전히 돌아가지는 않았다. 이는 프레넬 프리즘을 착용한 상황에서는 반복 학습효과가 있을 수 있음을 의심하게 한다. 또한 B_1의 자료가 완만하기는 하지만 편측무시 현상이 감소되는 경향을 보여 주고 있다. 이러한 결과는 B_1에서 프레넬 프리즘을 착용할 때 연구 대상에게 더 잘 보였던 경험이 A_2에 영향을 주었을 수 있음을 시사한다. 즉, 그래프의 자료는 B_1이 A_2에 영향을 미치는 이월 영향(carryover effect)의 가능성을 나타내 준다. 전체적으로 볼 때, A_2가 A_1 수준만큼으로 돌아가지 않은 것과 B_1의 자료가 감소되는 경향을 보여 준 것은 연구의 전 과정에 걸쳐 실시된 작업치료가 편측무시 현상의 감소에 어느 정도는 영향을 미쳤을 수도 있음을 시사한다. 물론 그럼에도 A_2에서 자료가 B_1보다 증가한 것은 프레넬 프리즘의 효과를 입증한 것이다. 이 연구에서 연구 조건(예: 충분한 시간, 충분한 연구 대상자 수 등)이 허락된다면 실험 통제를 더 명확히 하기 위해서 A_2의 기간을 연장하여 A_2 자료가 A_1 수준으로 돌아가는지 살펴보거나, 중재 제거 설계보다는 대상자 간 복수 기초선 설계를 적용하거나, 아니면 대상자 간 복수 기초선 설계와 검사(행동) 간 복수 기초선 설계를 통합한 설계를 적용한다면 더욱 확실한 실험 통제를 보여 줄 수 있을 것이다.

● 연구 논문의 예 II:

김경민(2010). 백색소음이 ADHD 아동의 주의집중과 과제수행에 미치는 영향. 정서·행동장애 연구, 26(3), 113-126.

● 연구 대상: ADHD로 진단받은 10세 이상의 아동 5명

● 독립 변수: 60dB 수준으로 휴대용 소음 측정기를 통해 백색소음 들려주기

● 종속 변수: 주의집중 지속 시간, 과제수행 정확도

● 종속 변수 측정 방법:

• 주의집중 지속 시간 측정

컴퓨터의 모니터와 자판에서 눈을 돌려 다른 곳을 5초 이상 보거나, 말을 하거나, 자리에서 일어날 경우는 주의집중을 하지 않는 것으로 간주하였으며, 주의집중이 시작될 때의 시간과 끝날 때의 시간을 기록하여 주의집중이 끝날 때의 시간에서 주의집중이 시작될 때의 시간을 뺀 시간을 초단위로 환산하여 기록함

• 과제수행 정확도

받아 올림이 있는 세 자릿 수 덧셈 60문항에 대한 정답수의 백분율을 구함

● 연구 결과 그래프:

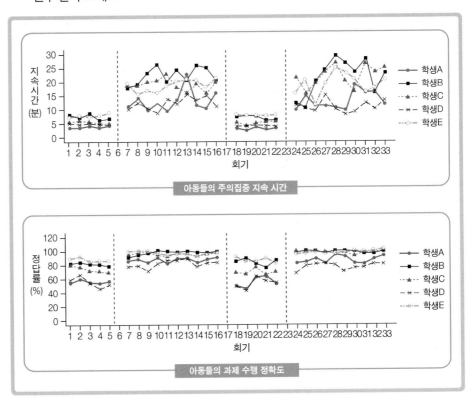

[그림 6-6] 중재 제거 설계를 적용한 연구의 예 2

● 연구 설계: 중재 제거 설계

이 연구의 종속 변수인 주의집중 행동은 반전 가능한 행동이지만, 덧셈의 정확도는 학습될 경우 반전되지 않을 수 있는 가능성이 있다. 반전되지 않을 수 있는 행동에 대해 중재 제거 설계를 사용하는 것은 바람직하지 않으나, [그림 6-6]의 그래프에서 보듯이 이 연구 결과는 B_1에서 A_1보다 향상된 결과를 보여 주고 A_2에서 A_1 수준으로 되돌아가는 것을 보여 주고 있다. 이는 반복을 통한 학습의 효과는 없었다고 가정할 수 있으며, 백색소음을 들려주는 중재가 종속 변수 향상에 기여했음을 알 수 있다. 논문에서 관찰자 간 일치도를 구할 때 부분 간격 관찰 기록법에 의한 관찰자 일치도를 구했다고 설명했는데, 이것이 과제 정확도에 관한 것이라면 부분 간격 관찰 기록법에 의한 일치도라기보다는 문항별 일치도라고 설명하는 것이 적절할 것이다. 또한 이 연구 논문에서는 주의집중에 대해서 주의집중 지속 시간을 측정하였다고 했는데, 또 다른 방법으로는 관찰 시간을 여러 간격으로 나누어 관찰하는 부분 간격 관찰 기록을 사용하여 주의집중 행동 발생률을 측정할 수도 있다. 일반적으로 한 그래프 안에 세 종류 이상의 자료 표시선을 나타내지 않는 것이 바람직하므로 연구 대상을 두 명과 세 명으로 나누어 두 개의 그래프로 나누어 그리면 독자의 이해가 더 쉬울 것이다.

복수 기초선 설계

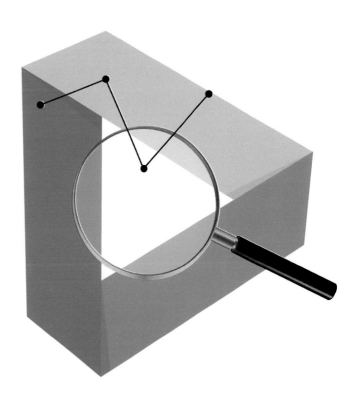

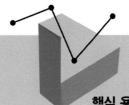

핵심 용어의 정의

복수 기초선 설계

동일한 조건을 갖는 여러 기초선 층에 각각 다른 시간대에 중재를 순차적으로 실시하는 것으로, 시간의 흐름이나 어떤 외적 사건에 의해서가 아니라 중재에 의해 종속 변수가 변화된 것을 보여 주려는 설계다.

복수 간헐 기초선 설계

복수 기초선 설계의 변형으로 중재가 아직 적용되지 않은 여러 기초선에서 매 회기의 자료를 수집하는 것이 아니라 간헐적으로 자료를 수집하는 복수 기초선 설계를 뜻한다.

지연된 복수 기초선 설계

복수 기초선 설계의 변형으로 모든 기초선 상황에서 자료를 수집하는 것이 아니라 중재를 적용하기 직전에만 기초선 자료를 수집하는 설계다.

복수 기초선 설계는 'multiple'이라는 영어 단어의 번역에 따라 복식 기초선 설계, 복합 기초선 설계, 중다 기초선 설계, 다중 기초선 설계 등으로 다양하게 불리고 있다(이소현, 박은혜, 김영태, 2000; 홍준표, 2009). 여기에서는 기초선이 여러 개의 층을 이루고 있다는 의미를 가장 잘 전달해 주는 복수 기초선 설계라는 용어를 사용하기로 한다. 복수 기초선 설계의 종류에는 행동 간 복수 기초선 설계(multiple baseline across behaviors design), 상황 간 복수 기초선 설계(multiple baseline across conditions design), 대상자 간 복수 기초선 설계(multiple baseline across students design)가 있다. 여기에서는 이 세 가지 종류의 복수 기초선 설계, 그리고 그 변형인 복수 간헐 기초선 설계와 지연된 복수 기초선 설계를 살펴보겠다.

1 복수 기초선 설계

1) 복수 기초선 설계의 기본 개념

복수 기초선 설계는 Baer와 Wolf, Risely(1968)가 소개한 설계다. 복수 기초선 설계(multiple baseline design)는 여러 개의 기초선을 측정하고 순차적으로 중재를 적용하며 그 이외의 조건을 동일하게 함으로써 표적 행동의 변화가 오직 중재 때문임을 입증하는 설계다(Tawney & Gast, 1984). 기초선이 여러 개이므로 한 개 이상의 종속변수를 동시에 분석할 수 있는 설계다.

복수 기초선 설계는 여러 개의 A-B 설계에서, 각각의 행동(또는 연구 대상, 장소/상황)에 대해 중재(B)가 시작될 때까지 기초선(A)이 조금씩 더 연장되도록 하는 것이 기본이다. 복수 기초선 설계의 기본 모양을 그림으로 나타내면 [그림 7-1]과 같다.

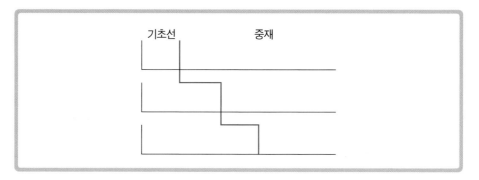

[그림 7-1] 기본적인 복수 기초선 설계의 모습

[그림 7-1]에서 보는 것처럼 여러 기초선을 여러 층으로 쌓아 놓은 모습 때문에 복수 기초선 설계에서 하나의 A-B 설계를 '층(tier)'이라는 용어를 사용하여 부르기도 한다. 복수 기초선 설계에서는 여러 개의 A-B 설계에서, 동시에 기초선(A) 자료를 측정하다가 기초선 자료가 안정적인 '층'의 행동/대상/상황에 대해 중재(B)를 실시한다. 그리고 그 행동/대상/상황에서 자료의 수준이나 방향의 변화를 통해 중재의 효과가 나타날 때 또 다른 층의 행동/대상/상황에 중재를 실시하는 방법을 나머지 층에 대해서도 동일하게 반복 적용한다. 즉, 중재를 적용하면 변화가 나타나고, 중재의 적용이 없으면 변화가 없는 것을 보여 주는 것으로 내적 타당도를 입증한다. 이 설계에서는 '층'별로 중재 적용을 지연시키는 것을 통해 사건/역사, 성숙, 검사 효과 등 때문에 나타날 수 있는 내적 타당도에 대한 위협을 평가할 수 있다. 따라서 복수 기초선 설계에서는 적절한 시점에 중재를 순차적으로 도입하는 것이 매우 중요하다.

복수 기초선 설계는 연구 대상의 반응에 따라 중재 시점을 유연하게 결정할 수 있으며, 중재를 제거하지 않기 때문에 현장의 상황을 가장 방해하지 않는다는 실용성이 있고, 중재의 순차적 도입을 통해 내적 타당도를 비교적 정확하게 입증할 수 있다.

2) 복수 기초선 설계의 장단점

복수 기초선 설계의 가장 큰 장점은 기능적 관계를 입증하기 위해서 기초선 조건으로 되돌아갈 필요가 없다는 점이다. 즉, 단일 설계 내의 중재 효과 반복 입증을 위해서 효과를 나타내고 있는 중재를 철회할 필요 없이 다른 기초선 층에 중재를 실시하면 된다는 것이다. 이런 점 때문에 중재 제거 설계보다는 복수 기초선 설계가 현장의 실정에 더 적합한 설계라고 할 수 있다. 따라서 중재 제거 설계를 적용하기 어려운 경우에 복수 기초선 설계의 적용을 고려해 볼 수 있다. 중재 제거 설계를 적용하기 어려운 경우란 종속 변수가 기능적으로 반전될 수 없는 것(예: 구구단 암기 같은 학업 기술)이거나 종속 변수를 이전 수준으로 되돌리는 것이 윤리적으로 문제가 있는 경우(예: 연구 대상이나 다른 사람을 해치는 행동) 등이다.

복수 기초선 설계의 단점은 다수의 기초선을 동시에 측정해야 한다는 것이다. 관찰자가 한 명인 경우에 동시에 여러 명 또는 여러 종류의 행동을 계속적으로 관찰하고 측정하는 것은 시간이 많이 소요될 뿐 아니라 까다롭고 비실용적이다. 관찰자가 여러 명이라 할지라도 비용이 많이 든다는 문제가 발생한다.

그 외에도 복수 기초선 설계는 기초선 기간이 길어질 수 있다는 단점도 있다. 첫 번째 중재 기간에서 효과가 나타날 때까지 두 번째 또는 세 번째 기초선에는 중재를 실시할 수 없기 때문에 기초선 기간이 길어질 수밖에 없다. 기초선이 길어지는 것은 연구 대상을 지치게 할 수도 있고, 치료적 중재의 적용을 지연한다는 점에서 윤리적 지적을 받을 수도 있다. 이렇게 두 번째와 그다음의 종속 변수에 대해서는 중재의 적용이 지연되어야 하기 때문에 즉각적인 변화를 요구하는 종속 변수의 경우에는 복수 기초선 설계가 적절하지 않다.

이러한 장단점을 고려해 볼 때, 복수 기초선 설계는 다음 경우에 사용하기 적절하다: 1) 종속 변수를 이전 수준으로 되돌리는 것에 대한 윤리적 문제로 중재 제거 설계를 적용하기 어려운 경우, 2) 중재가 필요한 표적 행동, 상황, 연구 대상이 여럿인 경우, 3) 독립 변수의 영향이 철회되거나 반전될 수 없는 경우.

3) 복수 기초선 설계의 종류

(1) 행동 간 복수 기초선 설계

행동 간 복수 기초선 설계(multiple baseline desgin across behaviors)에 대한 이해를 돕기 위해 [그림 7-2]에 가상 자료를 사용한 그래프로 예를 제시했다. [그림 7-2]는 한 아동의 양말 신기, 바지 입기, 스웨터 입기라는 세 가지 행동에 대해 같은 중재를 적용한 복수 기초선 설계의 사용 예다.

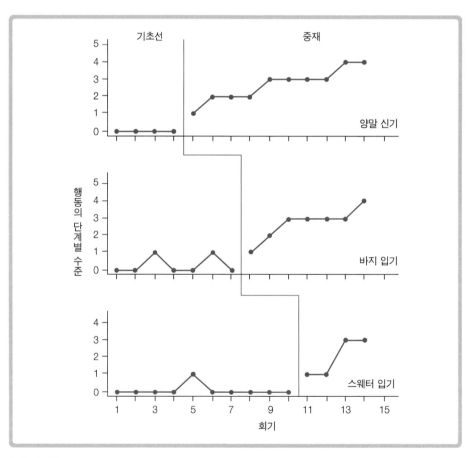

출처: 양명희(2012).

[그림 7-2] 행동 간 복수 기초선 설계의 예

[그림 7-2]의 그래프의 세로 좌표 제목이 '행동의 단계별 수준'인 것으로 보아서, 양말 신기, 바지 입기, 스웨터 입기 행동은 행동을 완성하는 데 여러 단계를 거치며

각 회기마다 아동의 양말 신기, 바지 입기, 스웨터 입기가 어느 단계까지 진전이 있는지 측정했음을 알 수 있다. 양말 신기 행동은 기초선 기간에는 전혀 이루어지지 않았으나 중재가 적용되는 5회기부터 1단계부터 점차적으로 높은 단계를 수행하게 되었다. 바지 입기 행동은 양말 신기 행동이 향상되어도 변함없이 낮은 단계에 머물러 있었지만, 중재가 적용되는 8회기부터 점진적 향상을 보이고 있다. 마찬가지로 스웨터 입기 행동도 양말 신기나 바지 입기 행동이 변화해도 여전히 낮은 단계에 있었으나 10회기부터 중재가 적용되자 점차 높은 단계로 변화했다. 세 가지 행동 모두, 중재가 적용되었을 때에야 비로소 향상되는 변화를 나타냄으로써 각 행동과 중재 간의 기능적 관계를 입증하고 있다.

행동 간 복수 기초선 설계를 적용하기에 적절한 연구 질문의 예로는 '기능적 의사소통 기술은 아동의 우는 행동, 자해 행동, 공격적 행동을 감소시키는가?' 또는 '과제 분석을 통한 행동 연쇄법은 아동의 전자레인지 사용하기, 진공청소기 사용하기, 세탁기 사용하기 행동에 효과적인가?' 등이 있을 수 있다.

[그림 7-2]에서 본 바와 같이 한 아동의 여러 행동에 대해 중재를 순차적으로 실시하여 중재가 적용되지 않은 행동은 안정적이고, 중재가 적용된 행동에만 변화가 나타나는 것을 통해 행동의 변화가 중재 때문임을 입증하는 것을 행동 간 복수 기초선 설계라고 한다.

행동 간 복수 기초선 설계를 적용할 때는 다음과 같은 점을 주의해야 한다. 먼저, 이월 효과(carryover effect)를 주의해야 한다. 행동 간 복수 기초선 설계는 한 연구 대상의 여러 행동에 실시하는 설계이기 때문에, 중재를 받은 것은 한 행동뿐일지라도 중재가 적용되지 않은 다른 행동도 영향을 받을 가능성이 높아진다. 그렇게 되는 경우에는 실험적 통제가 나타나지 않는다. 또한 행동 간 복수 기초선 설계를 적용할 때는 어떤 행동의 감소가 다른 부적절한 행동의 증가를 가져올 수 있으므로 주의해야 한다. 예를 들어, 중재 적용 후, 침 뱉기는 감소하나 때리기와 던지기는 증가하는 경우다. 그리고 표적 행동이 사회적 행동인 경우에는 한 연구 대상에게서 기능적으로 독립적인 행동들을 찾기 어렵다는 점도 주의해야 한다. 예를 들어, 몸치장하는 행동, 옷을 단정히 입기, 입안 청결히 하기 등은 서로 밀접한 관련이 있어서, 한 가지 행동에 중재를 받을 때 서로 영향을 받을 가능성이 매우 높다.

(2) 상황 간 복수 기초선 설계

행동 간 복수 기초선 설계와 동일한 방법으로 한 아동의 같은 행동에 대해 여러 상황에서 적용하는 것을 상황 간 복수 기초선 설계라고 한다. [그림 7-3]에 상황 간 복수 기초선 설계의 사용 예를 제시했다.

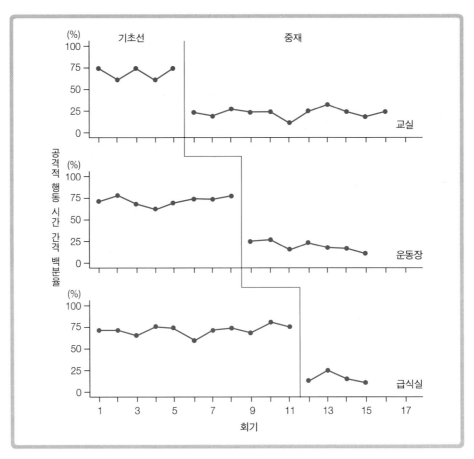

출처: 양명희(2012).

[그림 7-3] 상황 간 복수 기초선 설계의 예

[그림 7-3]에서 보면, 아동은 기초선 기간에 교실과 운동장과 급식실에서 모두 높은 수준의 공격적 행동을 나타낸 것을 볼 수 있다. 그러다가 교실에서 중재를 시작한 6회기부터 교실에서의 공격적 행동이 급격히 감소했다. 그러나 이때에도 여전히 운동장과 급식실에서의 공격적 행동이 높은 수준인 것을 알 수 있다. 9회기부터 운

동장에서도 중재를 적용하자 운동장에서 공격적 행동은 감소했으나 급식실에서의 공격적 행동에는 변함이 없었다. 11회기부터 급식실에서도 중재를 적용하자 드디어 급식실에서의 공격적 행동까지 감소했다. 세 장소에서의 공격적 행동은 각각의 장소에서 중재가 적용되었을 때만 감소하는 변화를 나타내어, 세 가지 상황에서 중재와 공격적 행동 간의 기능적 관계를 입증했다.

상황 간 복수 기초선 설계를 적용하기에 적절한 연구 질문의 예로는 '자기 기록 방법은 아동의 수학 시간, 음악 시간, 사회 시간의 자리 이탈 행동을 감소시키는가?' 또는 '칭찬 기법은 교실, 운동장, 식당에서 아동의 인사하기 행동을 증가시키는가?' 등이다. 살펴본 바와 같이 상황 간 복수 기초선 설계는 한 연구 대상의 한 가지 표적 행동에 대해 중재를 여러 상황에서 순차적으로 실시하여 중재가 적용되지 않은 상황에서 표적 행동은 안정적이고, 중재가 적용된 상황에서만 변화가 나타나는 것을 보여 주는 것으로 행동의 변화가 중재 때문임을 입증하는 설계다. 상황 간 복수 기초선 설계는 자연스러운 많은 상황에서 일반화된 중재 효과를 이끌어 낼 중재 프로그램을 찾아 입증하는 데 도움을 줄 수 있다.

(3) 대상자 간 복수 기초선 설계

행동 간 또는 상황 간 복수 기초선 설계와 동일한 방법을 여러 연구 대상의 기능적으로 유사한 행동에 적용하는 경우를 대상자 간 복수 기초선 설계라고 한다. [그림 7-4]에는 대상자 간 복수 기초선 설계를 적용한 예를 제시했다.

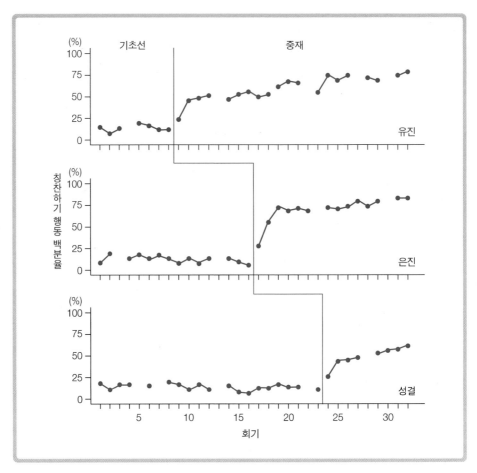

출처: 양명희(2012).

[그림 7-4] 대상자 간 복수 기초선 설계의 예

　　[그림 7-4]에서 보면, 유진이는 기초선 기간에 칭찬하기 행동이 매우 낮은 수준이었는데 9일째부터 중재를 적용하자 점점 증가하여 증가된 수준을 유지하였다. 한편 유진이에게 중재가 적용되어 변화를 나타내어도 은진이는 기초선 기간에 행동의 변화가 없다가 17일째 은진이에게 중재를 적용하자 칭찬하기 행동이 증가하기 시작했다. 은진이와 마찬가지로 성결이도 성결이에게 중재가 적용되기 전까지는 칭찬하기 행동에 변화가 없다가 24일째에 성결이에게 중재를 적용하자 행동이 증가하기 시작한 것을 알 수 있다. 세 아동은 자신에게 중재가 적용되었을 때만 행동에 변화를 나타내서 중재와 행동 간의 기능적 관계를 입증했다.

　　대상자 간 복수 기초선 설계를 적용하기에 적절한 연구 질문의 예로는 '사회성 기술 훈련이 다희, 재현, 예린이의 공격적 행동을 감소시키는가?' 또는 '계산기 사용이 진철, 애라, 지아의 계산 정확도를 증가시키는가?' 등이다.

살펴본 바와 같이 대상자 간 복수 기초선 설계는 여러 연구 대상들의 비슷한 표적 행동에 대해 중재를 순차적으로 실시하여 중재가 적용되지 않은 연구 대상의 표적 행동은 안정적이고, 중재가 적용된 연구 대상에게서만 변화가 나타나는 것을 통해 행동의 변화가 중재 때문임을 입증하는 설계다. 그런데 연구 대상이 여러 명인 경우에 주의해야 할 점이 있다. 예를 들어, 어떤 연구 대상에게 중재를 적용할 때 다른 연구 대상이 같은 장소에 있다면 중재의 부수적 효과, 모델링 효과, 대리적 강화 효과 등이 발생할 수 있다. 즉, 기초선 단계에 있는 연구 대상자가 중재를 받고 있는 연구 대상의 행동 변화 또는 그 연구 대상에게 주어지는 특전이나 나타나는 어떤 변화 등에 영향을 받을 수 있다는 것이다. 이런 문제를 피하기 위해서는 비슷한 행동을 나타내지만 다른 상황 가운데 있는 연구 대상자를 찾을 필요가 있다.

4) 복수 기초선 설계의 주의 사항

복수 기초선 설계는 여러 기초선 층에 각각 다른 시간대에 중재를 실시하는 것으로, 시간의 흐름이나 어떤 외적 사건에 의해 종속 변수가 변한 것이 아니고 중재에 의해 변화된 것을 보여 주려는 설계다. 그런데 Kazdin(1975)은 이러한 복수 기초선 설계 자체가 지니고 있는 기본 가정과 논리에 문제가 있음을 지적했다. 복수 기초선 설계의 기본 가정은 만약 행동의 변화가 중재가 아닌 다른 외적 사건 때문이라면 중재가 적용되지 않은 모든 기초선에서도 그 변화가 나타날 것이라는 것이다. 그런데 또 다른 복수 기초선 설계의 가정은 중재에 의한 변화는 중재를 실시한 행동에만 변화를 일으킬 것이라는 것이다. 중재 또한 외적 사건의 하나로 볼 수 있기 때문에 이 두 가정은 서로 충돌한다. 이 두 가지 가정은 다음과 같이 요약할 수 있다. 첫째, 외적으로 일어나는 방해 요소는 하나 이상의 행동에 영향을 미칠 것이다. 둘째, 중재가 특정 행동에 실시될 때에 중재는 그 행동에만 변화를 일으킬 것이다. 그러나 문제는 중재 외의 외적 요소도 표적 행동에 영향을 미칠 수 있고, 중재도 표적 행동 외의 여러 행동에 영향을 미칠 수 있다는 것이다.

이러한 복수 기초선 설계의 가정에 대한 문제를 해결하기 위해 Kazdin(1975)은 세 가지 방법을 추천했다. 첫째, 서로 독립적인 기초선을 선택하라는 것이다. 기초선 자료를 수집해야 하는 행동/상황/대상들은 가능하면 서로 독립적이어야 한다는 것이다. 이때, 독립적이라는 것은 반응들과 반응 유형의 유사성 간에 상관관계가 작은 것을 의미한다. 그러나 엄밀히 살펴보면 독립성은 기초선 수준에서 잘 나타나지 않고 또 예상하기도 힘들다. 예를 들어, 수염 깎는 행동과 사회적 상호 작용 행동에서 매우 낮은 수준을 보이는 연구 대상에 대해 칭찬이라는 중재를 적용하는 경우를 생각해 보자. 기초선 수준에서 보면 두 행동은 독립적으로 보인다. 하지만 연구 대상이 수염을 깎고 외모가 단정해지자 사회적 상호 작용 행동에 대해 아무런 중재를 적용하지 않았는데도 사람들이 연구 대상 곁으로 모여들기 시작하여서 연구 대상의 사회적 상호 작용 행동이 증가하였다면, 두 행동은 독립적이라고 하기 어렵다는 것이다.

두 번째, 여러 층의 기초선을 사용하라는 것이다. 여러 기초선을 적용하는 경우 한 층의 기초선에 중재를 적용했을 때, 중재를 적용하지 않은 어떤 다른 기초선 층에 변화가 나타나더라도 기초선 층이 여럿이라면 아무런 변화를 나타내지 않은 다른 기초선이 더 많은 경우에는 중재 효과를 입증할 수 있기 때문이다. 따라서 최소한 셋 이상의 기초선을 사용해야 한다.

세 번째, 복수 기초선 설계의 여러 층 중에서 한 층에 중재 제거 설계를 적용하라는 것이다. 여러 기초선 층 중에서 하나 정도의 층에 중재 다음에 제2기초선 기간을 설정하라는 것을 의미한다. 이렇게 했을 때 제2기초선 상황에서 자료가 제1기초선 수준으로 되돌아가지 않는다면 중재 효과가 일반화되었음을 입증하는 것이 된다. 복수 기초선 설계의 한 층에 중재 제거 설계를 삽입한 설계 모형을 그림으로 나타내면 [그림 7-5]와 같다.

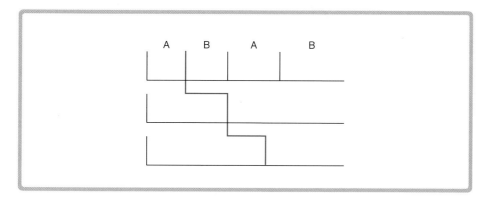

[그림 7-5] 복수 기초선 설계의 한 층에 중재 제거 설계를 삽입한 설계 모형

앞에서 Kazdin(1975)이 이야기한 두 가지 가정의 충돌을 피하기 위한 것으로, Tawney와 Gast(1984)도 복수 기초선 설계를 사용하려면 표적 행동/대상/상황은 기능적으로 독립적이면서 기능적으로 유사해야 한다고 했다. 첫째 조건은 각각의 표적 행동/대상/상황은 **기능적으로 독립적**(functionally independent)이어야 한다는 것이다. 그래서 중재가 적용될 때까지 종속 변수의 자료가 안정된 상태로 남아 있어야 한다는 것이다. 행동 간 복수 기초선 설계를 예로 들어 설명하면, 하나의 표적 행동에 중재가 적용되었을 때 중재가 적용되지 않은 다른 표적 행동들이 따라서 자동적으로 영향을 받지 않아야 한다는 뜻이다. 예를 들어, 어떤 아동의 표적 행동이 욕하기, 발로 차기, 침 뱉기인데 욕하기 행동에 어떤 중재를 적용하여 변화가 나타나자 발로 차는 행동과 침 뱉는 행동에는 아직 중재를 적용하지 않았는데도 변화가 나타난다면, 이 행동들은 기능적으로 독립적이라고 보기 어렵다. 이 설계를 대상자 간 복수 기초선으로 적용할 경우에 연구 대상들이 기능적으로 독립적이라는 것은 한 연구 대상에게 중재를 적용하여 변화가 있을 때 다른 연구 대상에게는 변화가 나타나지 않아야 한다는 뜻이다. 따라서 대상자 간 복수 기초선 설계의 경우에는 첫 연구 대상에게 중재가 적용될 때 기초선 자료를 측정해야 하는 다른 연구 대상들에게는 중재가 노출되지 않도록 서로 같은 장소에 있지 않게 해야 할 필요가 있다. 상황 간 복수 기초선 설계의 경우도 한 상황에서 중재를 적용하여 종속 변수에 변화가 있을 때 다른 상황에서는 종속 변수에서 변화가 나타나지 않아야 기능적으로 독립적이라고 할 수 있다.

  기초선들이 기능적으로 독립적이라는 예측이 맞지 않았을 때는 중재가 적용되지 않은 층들에서 공변(covariation) 현상이 나타난 것으로 볼 수 있다. [그림 7-6]은 [그림 7-3]의 자료를 변형하여 중재가 적용되지 않은 층에서 공변 현상이 일어난 경우를 보여 주는 그래프다.

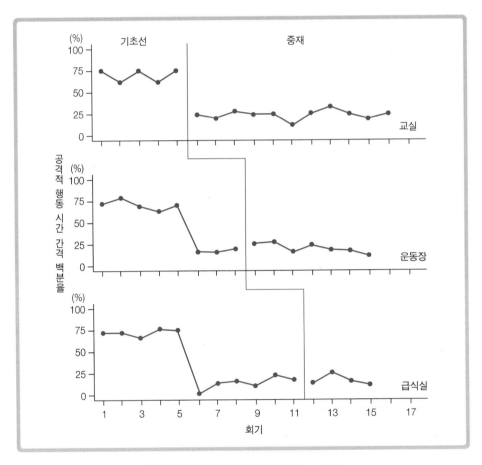

[그림 7-6] 공변 현상을 보여 주는 그래프

  [그림 7-6]처럼 공변 현상이 나타나면 중재가 적용된 층에서 보이는 변화가 중재 때문이라고 확신하기 어려워진다. 그러므로 중재가 아직 적용되지 않은 층의 자료가 중재를 적용한 층을 따라서 함께 변하는 공변 현상을 막기 위해서는 기능적으로 독립적인 표적 행동/대상/상황을 찾아야 한다. 공변 현상이 나타난다면, 중재 효과가 다른 층에까지 일반화된 것인지 아니면 통제되지 못한 어떤 다른 변수들(역사/사

건, 성숙, 검사 효과) 때문인지 밝힐 필요가 있다.

두 번째 조건은 각각의 표적 행동/대상/상황은 **기능적으로 유사**(functionally similar) 해야 한다는 것이다. 그래서 동일한 중재에 대해서는 비슷하게 반응해야 한다는 것이다. 이는 각각의 표적 행동/대상/상황이 같은 기능을 갖고 있어서 한 가지 중재를 적용했을 때 같은 반응을 기대할 수 있음을 뜻한다. 예를 들어, 머리 빗기, 세수하기, 양치하기 행동이 모두 과제 분석이라는 중재를 적용하여 변화를 가져온다면 세 가지 행동은 기능적으로 유사하다고 할 수 있다. 그런데 각각 주의력 결핍 과잉 행동장애, 자폐장애, 지적장애가 있는 세 아동의 자리 이탈 행동에 대해 반응 대가라는 중재를 적용했는데 어떤 아동에게는 효과가 있고 어떤 아동에게는 전혀 효과가 없어서 일관성 없는 중재 효과를 보여 주었다면 세 아동의 자리 이탈 행동 혹은 세 아동의 장애는 기능적으로 유사하다고 볼 수 없는 것이다. 그러므로 기능적으로 유사한 표적 행동/대상/상황을 찾아야 하는 이유는 일관성 없는 중재 효과를 피하기 위한 것이다.

앞에서 제시한 [그림 7-2], [그림 7-3], [그림 7-4]의 예에 있는 표적 행동/대상/상황은 결과적으로 볼 때 기능적으로 독립적이면서도 유사한 것이라고 볼 수 있다. 왜냐하면 각 그래프에서 세 가지의 표적 행동/대상/상황은 모두 중재가 적용될 때까지 기초선에서 안정적 자료를 보여 주었고(기능적으로 독립적), 같은 중재가 적용되었을 때 모두 중재의 효과를 나타냈기(기능적으로 유사) 때문이다.

복수 기초선 설계에서 내적 타당도를 위협하는 요인으로 제일 먼저 생각할 수 있는 것은 시간의 흐름(역사)이다. 시간의 흐름에 대한 실험적 통제를 보여 주려면 독립 변수의 적용과 함께 종속 변수의 극적인 변화를 보여 주어야 한다. 이런 변화를 보여 주기 위해서, 여러 기초선 층 중에서 하나의 기초선 층에 대해 중재 제거 설계를 적용하여 제2기초선 상황에서 자료가 제1기초선 수준으로 되돌아가는 것을 보여 주면 된다. 그 외에도 복수 기초선 설계를 연구 대상자 간과 행동 간을 함께 통합하여 실시하는 방법을 적용하는 것도 내적 타당도를 보여 줄 수 있는 좋은 방법이다. 이런 통합 설계에서는 행동 간에서 공변 현상이 발생하더라도 연구 대상 간에서 중재 효과를 입증할 수 있다. 이러한 통합 설계의 모형은 10장의 [그림 10-6]과 [그림 10-7]을 참고할 수 있다.

복수 기초선 설계에서 외적 타당도를 위협하는 요인으로는 연구 대상 내의 일반화 문제를 생각할 수 있다. 연구 대상 내의 일반화란 종속 변수의 변화가 시간이 지나도 유지되는지, 장소나 사람이 달라져도 유지되는지, 그리고 종속 변수와 밀접한 관련이 있는 다른 행동들도 변화하는지에 대한 것이다. 즉, 연구 대상 내에서 일어나는 시간에 대한 일반화(유지), 자극 일반화, 반응 일반화를 의미한다. 그런데 많은 연구에서 일반화 조사를 체계적으로 실시한 경우는 흔하지 않다. 복수 기초선 설계에서 중재가 적용되지 않은 기초선 층에서 공변 현상이 발생하는 경우에, 이 설계 자체에서 목적하지 않은 자극 조건이나 행동에서 일반화를 일으킨 것이라고 보기는 어렵다. 그렇기 때문에 체계적 일반화 조사가 필요하다. 이를 위해서는 처음부터 중재 자료와 일반화 자료를 따로 측정하거나 중재 적용이 끝난 다음에 일반화 조사를 위한 기간을 따로 두어 측정할 수 있다.

지금까지 살펴본 것처럼, 복수 기초선 설계는 변형이 쉬운 유연성과 이해가 쉬운 설계의 단순성을 특징으로 한다. 문헌에서도 쉽게 찾을 수 있고 가장 흔히 사용되는 개별 대상 연구 설계가 복수 기초선 설계일 것이다. 그런데 복수 기초선 설계를 사용한 연구를 찾다 보면 전형적이고 기본적인 복수 기초선 설계보다는 복수 기초선 설계와 다른 설계를 통합한 경우 또는 다음에서 살펴볼 복수 간헐 기초선 설계나 지연된 복수 기초선 설계 같은 변형들을 자주 만나게 될 것이다. 다음에서 복수 기초선 설계를 변형한 복수 간헐 기초선 설계와 지연된 복수 기초선 설계를 설명하겠다. 복수 기초선 설계와 다른 설계를 통합한 경우는 10장에서 살펴보도록 하자.

2 복수 기초선 설계의 변형

1) 복수 간헐 기초선 설계

(1) 복수 간헐 기초선 설계의 특징
복수 기초선 설계의 변형으로는 복수 간헐 기초선 설계(multiple probe design)가 있다(Horner & Baer, 1978; Poling, Methot, & LeSage, 1995). 복수 간헐 기초선 설계는

복수 기초선 설계(muliple baseline design)와 간헐적 조사 설계(probe design)를 합해 놓은 것이다. 복수 간헐 기초선 설계라는 개념을 최초로 소개한 사람은 Horner와 Baer(1978)다. 복수 간헐 기초선 설계를 영어로는 multiple probe design(Horner & Baer, 1978)이라고도 하고 multiprobe multiple baseline design(Kennedy, 2005)이라 고도 한다. 이름이 의미하는 바와 같이 복수 간헐 기초선 설계는 중재가 아직 적용 되지 않은 여러 기초선에서 매 회기 자료를 수집하는 것이 아니라 간헐적으로 자료 를 수집(조사)하여 자료 수집의 빈도를 줄이도록 한 것이다. 복수 간헐 기초선 설계 가 복수 기초선 설계와 다른 점은 중재 전 자료를 수집하는 빈도의 차이다. 그런데 복수 간헐 기초선 설계에서 중재 전 자료 수집의 빈도는 미리 계획된 것이어야 한 다. 연구 대상의 건강 문제 등으로 자료를 수집하지 못한 경우는 여기에 해당하지 않는다는 뜻이다. 따라서 복수 간헐 기초선 설계는 모든 표적 행동/상황/대상에 대 해 매 회기마다 관찰과 측정을 하기 어려운 경우에 사용하기 적절한 설계다.

복수 기초선 설계는 앞에서 설명한 것처럼 기초선 자료의 측정 기간이 길어지는 것이 문제가 된다. 어떤 경우는 중재 적용과 함께 동시에 변화할 가능성이 없는 기 초선도 있다. 이러한 기초선 자료의 측정은 모양새를 갖추기 위한 형식일 뿐, 의미 가 없다. 예를 들어 덧셈, 뺄셈, 곱셈, 나눗셈에 대한 복수 기초선 설계의 실험에서 덧셈에 대한 중재를 실시하고 있을 때부터 계속 나눗셈에 대한 기초선 자료를 수집 하는 것은 무의미하다. 왜냐하면 연구 대상은 덧셈, 뺄셈, 곱셈을 알기 전에는 나눗 셈을 알 수 없기 때문이다. 또 어떤 경우는 중재가 적용되지 않은 다른 기초선에서 도 변화가 일어나는 경우가 있다. 즉, 중재가 적용되지 않은 다른 기초선에서 중재 효과의 일반화가 일어날 수도 있다.

이러한 복수 기초선 설계의 두 가지 제한점을 해결하기 위해, Stolz(1977)는 행동 이 중재와는 독립적으로, 자연적 결과로 나타나는지 보기 위해 시험 과정(probe procedure)을 실시할 수 있다고 했다. 이러한 시험 과정을 복수 기초선 설계에 적용 하는 절차는 다음과 같다:

- 한 연구 대상이나 한 가지 표적 행동에 대해 중재가 적용되는 시점마다 다른 표 적 행동 또는 다른 연구 대상에 대해 기초선 자료를 수집한다. (a)

● 중재가 적용되고 있는 어떤 행동이나 연구 대상이 기준에 도달할 때 다른 연구 대상이나 행동에 대해 기초선 자료를 수집한다. (b)

● 소위 참 기초선 자료 수집은 중재(독립 변수)가 적용되기 직전에 3회기 이상 실시한다. (c)

Stolz(1977)가 제안한 절차를 보여 주는 복수 간헐 기초선 설계의 예를 [그림 7-7]에 제시했다.

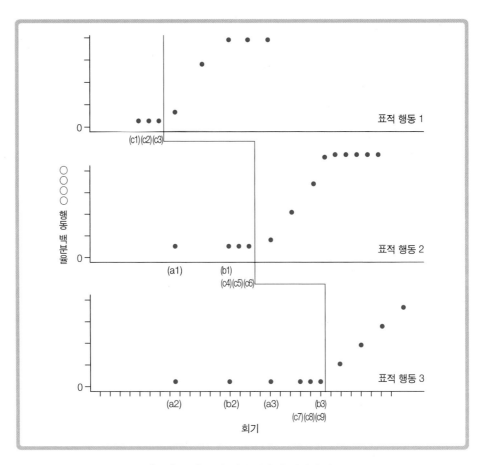

[그림 7-7] 복수 간헐 기초선 설계의 예

[그림 7-7]에서 보면 자료 a_1과 a_2는 표적 행동 1에 대한 중재가 시작될 때 표적 행동 2와 3에 대한 기초선 자료를 측정한 것이고, a_3는 표적 행동 2에 대한 중재가 시작될 때 표적 행동 3에 대한 기초선 자료를 측정한 것임을 알 수 있다. 또한 자료

b_1과 b_2는 표적 행동 1에 대한 중재 효과가 기준에 도달했을 때 표적 행동 2와 3에 대한 기초선 자료를 측정한 것이고, b_3는 표적 행동 2에 대한 중재 효과가 기준에 도달했을 때 표적 행동 3에 대한 기초선 자료를 측정한 것이다. 자료 $c_1 \sim c_9$는 각 표적 행동에 대해서 중재가 적용되기 전에 참 기초선 자료를 세 번씩 측정한 것을 나타낸다. 이 절차를 반드시 지켜야 하는 것은 아니지만 복수 간헐 기초선 설계를 사용하려는 연구자에게는 중요한 기준이 될 수 있다.

기초선 자료를 지속적으로 측정하는 대신에 간헐적으로 조사해도 되는 이유는 세 가지다. 첫째, 중재를 적용하지 않는 기초선의 자료를 측정하는 것은 합리적이거나 실질적이지 않다. 기초선 자료를 간헐적으로 조사함으로써 관찰자의 시간을 좀 더 많은 연구 대상자, 좀 더 많은 행동, 또는 좀 더 많은 장소 등에 활용할 수 있다. 둘째, 중재가 실시되지 않은 기초선 기간이 길어지면 자료를 반동적으로 측정하는 일이 생길 수 있다. 이런 경우에 관찰자는 긴 기간 동안에 기초선 자료를 측정할 때 나타날 수 있는 소거, 지루함, 피로 등을 극복할 수 있어야 한다. 셋째, 기초선에서 안정적인 자료를 보장할 수 있는 경우는 기초선 자료의 측정이 불필요하다. 앞서 예를 들었던 나눗셈에 대한 자료처럼 안정성을 보장할 수 있는 기초선 자료의 측정은 모양새를 갖추기 위한 형식일 뿐이다.

(2) 복수 간헐 기초선 설계의 장점과 단점

복수 간헐 기초선 설계의 장점은 다음 세 가지다. 첫째, 불필요한 계속적 기초선 자료를 측정할 필요가 없다. 모든 표적 행동을 매일 추적하기 어려운 경우에 참 좋은 설계다. 또한 길어지는 기초선의 자료 측정이 불필요하거나, 반동적이거나, 실질적이지 않은 경우에 사용하는 설계다. 예를 들어, 연구 대상들이 완전히 새로운 기술을 배울 때는 그 기술을 배우지 않은 상태에서 반복해서 연습하는 것만으로 습득할 수 있는 경우는 드물기 때문에 연구 대상이 할 수 없는 기술을 계속 측정하는 것은 시간 낭비다. 둘째, 연장되는 기초선 때문에 발생할 수 있는 부적절한 행동을 피할 수 있다. 예를 들어, 기초선 자료 측정을 위해 중재를 실시하지 않고 연구 대상이 할 수 없는 것을 계속하게 한다면 부적절한 행동을 보일 가능성이 생긴다. 즉, 기초선 자료 수준이 매우 낮거나, 연구 대상이 중재 적용 없이는 표적 행동을 획득할 기회가 없는 경우에 복수 간헐 기초선 설계가 적절하다. 셋째, 계속해서 기초선 자료를 측정하는 시간을 절약할 수 있다.

복수 간헐 기초선 설계의 단점은 두 가지다. 첫째, 자료가 변화율이 심한 경우는 간헐적으로 측정하는 기초선 기간을 연장할 수밖에 없다. 그렇지 않으면 다른 변수(역사, 성숙, 연습)의 통제 여부를 알기 어렵다. 둘째, 첫 행동에 대한 통제 효과가 두 번째 행동에서도 중재 없이 나타날 때, 복수 기초선 설계는 계속적인 기초선 자료가 그것을 설명해 주지만 복수 간헐 기초선 설계에서는 그런 부분을 찾아내기 어렵다. 즉, 반응 일반화(response generalization)를 발견하기 어렵다는 뜻이다. 따라서 공변 현상에 대처하기 어렵게 된다.

2) 지연된 복수 기초선 설계

(1) 지연된 복수 기초선 설계의 특징

복수 기초선 설계의 또 다른 변형으로는 지연된 복수 기초선 설계(delayed multiple baseline design)가 있다(Kennedy, 2005; Richards, Taylor, Ramasamy, & Richards, 1999). 이름이 의미하는 바와 같이 지연된 복수 기초선 설계는 모든 기초선에서 자료를 수집하는 것이 아니라 각각의 연구 대상/상황/표적 행동에 대한 중재를 적용하기 직전에만 기초선 자료를 수집하는 설계다.

대상 간 지연된 복수 기초선 설계의 모형은 [그림 7-8]과 같다.

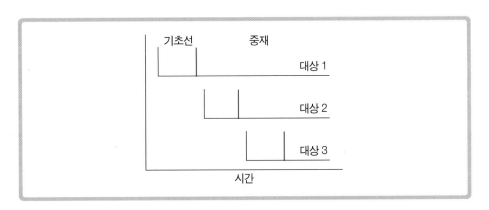

[그림 7-8] 지연된 복수 기초선 설계의 모형

지연된 복수 기초선 설계는 여러 A-B 설계를 동시에 실시하는 것이 아니라 각 A-B 설계를 다른 시간대에 실시할 수 있다는 것이 특징이다. 따라서 다른 A-B 설계의 시간차는 클 수도 있고 작을 수도 있다. 이러한 시간적 특성 때문에 이 설계를 '비동시발생(nonconcurrence) 복수 기초선 설계'라고도 한다(Kennedy, 2005; Watson & Workman, 1981). Watson과 Workman(1981)이 비동시발생 복수 기초선 설계와 동시발생 복수 기초선을 최초로 구분하여 소개했다. 그들은 대상자 간 복수 기초선 설계에서 모든 대상에게 동시에 종속 변수 자료를 측정하지 않는 경우를 제시하면서 그러한 설계를 비동시발생 복수 기초선 설계라고 명명하였다. 현실적으로 실천 현장에서는 대상/행동/상황에 대한 자료 측정을 동시에 하는 경우는 그리 많지 않다. 그럼에도 출판되어 보고되는 연구 보고서에는 그래프에 동시에 자료 측정이 이루어진 것처럼 착각할 수 있도록 그려 놓은 경우가 많다. 그러므로 연구 논문을 보고할 때는 자료의 측정이 동시에 이루어졌는지 그렇지 않은지를 구분하여 밝히는 것이 바람직하다(Harvey, May, & Kennedy, 2004).

지연된 복수 기초선 설계는 다음 두 가지의 경우에 사용하는 것이 적절하다. 첫째, 연구자가 처음에는 중재 제거 설계를 사용하려 했으나 예기치 못한 사건으로 말미암아 중재 제거 설계를 사용하지 못하게 된 경우에 지연된 복수 기초설 설계를 적용할 수 있다. 연구자가 지금까지 수집한 자료를 살려서 계속 중재를 적용하면서, 다른 사람, 다른 상황, 또는 다른 행동에 대한 기초선 자료를 수집하고 중재를 적용하면 된다. 두 번째, 연구 도중에 중재를 필요로 하는 새로운 행동과 상황과 연구 대상이 나타나게 되는 경우다. 예를 들어, 연구 대상이 연구 도중에 표적 행동과 기능적으로 비슷하면서도 독립적인 새로운 행동을 보이는 경우다. 또한 이전에는 그런 상황에서 보이지 않았던 표적 행동을 하는 경우나, 이전에는 표적 행동을 보이지 않던 사람이 표적 행동을 나타내는 경우도 마찬가지로 지연된 복수 기초선 설계를 적용할 수 있다. 이처럼 지연된 복수 기초선 설계는 미리 계획되지 않았던 경우라 할지라도 연구가 가능한 설계다.

(2) 지연된 복수 기초선 설계의 장점과 단점

지연된 복수 기초선 설계의 가장 큰 장점은 연구자가 계획하지 않았던 표적 행동,

상황, 연구 대상에게 연구를 확장하여 체계적 연구를 할 수 있게 해 준다는 것이다. 하지만 Cooper와 그 동료들(2010)이 주장했듯이 이 설계의 단점도 있다. 첫 번째 단점은 전형적인 복수 기초선 설계에서와 마찬가지로 다른 연구 대상, 상황, 또는 표적 행동에 대한 중재가 지연된다는 것이다. 두 번째 단점은 기초선 자료가 적어서 기초선마다 길이가 다르다는 점이다. 세 번째 단점은 새로 출현한 행동, 상황, 연구 대상에게 중재를 적용할 때 종속 변수에 대한 독립 변수의 영향이 가려질 수 있다는 점이다. 즉, 연구자가 중재가 적용되었을 때 다른 기초선의 자료가 안정적인 것을 덜 입증하려 할 수도 있다는 것이다. Cooper와 그의 동료들(2010)의 주장대로 지연된 복수 기초선 설계는 미리 계획된 복수 기초선 설계에서 기능적 관계를 더욱 확실하게 더 보여 주고 싶을 때 덧붙일 수 있는 설계로 사용할 수 있을 것이다.

3 복수 기초선 설계를 사용한 연구의 예

〈표 7-1〉은 복수 기초선 설계/복수 간헐 기초선 설계를 이용한 논문들의 예다. 〈표 7-1〉을 보면 다양한 학문 영역에서 복수 기초선 설계가 사용되고 있음을 알 수 있다. 많은 연구들이 행동/상황 간 복수 기초선 설계보다는 대상자 간 복수 기초선 설계를 적용하고 있는데, 이는 독립적인 기초선을 확보하는 것에 대한 어려움을 보여 준다고도 할 수 있다.

표 7-1 복수 기초선 설계와 그 변형 설계를 이용한 논문들의 예

김명진(1997). 목적 있는 운동훈련이 편마비 환자의 좌우 대칭적 서기자세에 미치는 영향. 한국전문물리치료학회지, 4(1), 63-69.
 - 대상자 간 복수 기초선 설계
김정완(2013). 알츠하이머병 치매 환자의 인지재활. 말소리와 음성과학, 5(1), 27-38.
 - 대상자 간 복수 기초선 설계
김주연, 김정연(2012). 지역사회중심의 여가활동지도가 지적장애 중학생의 볼링기술과 사회적 행동에 미치는 효과. 재활복지, 16(2), 209-229.
 - 대상자 간 복수 간헐 기초선 설계
김원호, 박은영, 장기연(2002). 근전도 바이오 피드백을 이용한 훈련이 안면신경마비 환자의 운동 학습에 미치는 영향. 한국전문물리치료학회지, 9(3), 101-111.

   – 대상자 간 복수 기초선 설계

김태용, 최하영(2013). 장점강화활동이 지적장애 초등학생의 수업참여행동에 미치는 영향.
   특수교육, 12(1), 107-132.

   – 대상자간 복수 간헐 기초선 설계

민지영, 김은경(2011). 긍정적 행동지원이 ADHD 아동의 수업참여 행동과 공격행동에 미
   치는 효과. 정서·행동장애연구, 27(2), 1-33.

   – 상황간 복수 기초선 설계

박은영, 곽창화, 정경수(2000). 전기 자극을 이용한 피드백의 형태가 무릎성형수술 환자의
   넙다리 네갈래근 등척성 운동 학습에 미치는 영향. 한국전문물리치료학회지, 7(3), 81-
   89.

   – 대상자 간 복수 기초선 설계

유현정, 김기홍(2008). 멈춤신호놀이프로그램이 ADHD아동의 충동성과 자기통제력에 미
   치는 효과. 특수체육연구, 5, 55-72.

   – 대상자 간 복수 기초선 설계

윤현숙(2007). 구조화 접근을 통한 부모교육이 자폐스펙트럼 장애를 가진 학령기 아동의
   문제 행동 및 언어발달에 미치는 효과. 대한작업치료학회지, 15(2), 43-54.

   – 대상자 간 복수 기초선 설계

이다연, 김기홍(2011). 촉각중심 감각통합훈련이 ADHD 아동의 주의집중에 미치는 효과.
   특수체육연구, 9, 108-181.

   – 대상자 간 복수 기초선 설계

이미경, 박경옥, 한경근(2010). 직접교수가 AAC체계를 사용하는 비구어 뇌성마비 학생들
   의 음운인식과 단어재인에 미치는 영향. 특수교육연구, 17(1), 199-222.

   – 대상자 간 복수 기초선 설계

이성용(2011). 비디오 모델링이 중도 지적장애 초등학생의 자전거 타기에 미치는 효과. 특
   수교육연구, 18(2), 205-228.

   – 대상자 간 복수 간헐 기초선 설계

이신희, 이효근, 이미경(2013). 그래픽 조직자 전략이 지적장애 성인의 수용어휘력과 읽기
   이해력 향상에 미치는 효과. 지적장애연구, 15(3), 317-344.

   – 대상자 간 복수 기초선 설계

이미경, 박경옥, 한경근(2010). 직접교수가 AAC체계를 사용하는 비구어 뇌성마비 학생들
   의 음운인식과 단어재인에 미치는 영향. 특수교육연구, 17(1), 199-222.

   – 대상자 간 복수 기초선 설계

이안나, 김은경(2012). 기능평가에 근거한 상황이야기 중재가 고기능 자폐성 장애 초등학생
   의 문제 행동 및 대체행동에 미치는 영향. 특수교육저널: 이론과 실천, 13(2), 65-93.

   – 행동 간 복수 기초선 설계

이은주, 박래준, 노효련(2009). 탄성밴드 운동이 양하지 뇌성마비 아동의 대근운동 기능과
   균형능력에 미치는 효과: 사례 연구. 한국특수체육학회지, 17(4), 249-267.

   – 대상자 간 복수 기초선 설계

이지현, 석동일(2006). CAI를 활용한 프로그램이 청각장애아동의 듣기 및 말하기 능력 향

상에 미치는 효과. 대구대학교 특수교육재활과학연구소, 24(1), 103–119.

    – 대상자 간 복수 기초선 설계

정영주, 김영태(2008). 음악을 이용한 언어중재가 지적장애 아동의 상대어 개념 습득에 미치는 효과. 특수교육, 7(2), 139–159.

    – 대상자 간 복수 기초선 설계 (일반화 검사 실시함)

이화영, 이소현(2004). 가족이 참여하는 긍정적 행동 지원이 정신지체 초등학생의 문제 행동에 미치는 영향. 특수교육, 3(1), 103–123.

    – 대상자 간 복수 간헐 기초선 설계

조혜희, 박은혜(2012). 수정–교수 전략 모델(A–SIM)을 적용한 태블릿 PC기반 AAC중재가 뇌성마비 성인의 머리대화기술에 미치는 영향. 재활복지, 16(3), 193–218.

    – 대상자 간 간헐 복수 기초선 설계

황미화, 오세철(2010). 촉각활동 중심 감각통합프로그램이 중도, 중복장애 아동의 손 빠는 상동행동에 미치는 영향. 한국지체부자유아교육학회, 53(4), 365–388.

    – 대상자 간 복수 기초선 설계

〈표 7–1〉에 소개된 연구 중에서 이안나, 김은경(2012)의 연구와 김원호, 박은영, 장기연(2002)의 연구를 살펴보자.

- 연구 논문의 예 Ⅰ:

  이안나, 김은경(2012). 기능평가에 근거한 상황이야기 중재가 고기능 자폐성 장애 초등학생의 문제행동 및 대체행동에 미치는 영향. 특수교육저널: 이론과 실천, 13(2), 65–93.

- 연구 대상: 자폐성 장애 아동 1명

- 독립 변수: 상황 이야기 중재

  상황 이야기의 주제는 '수업 준비 및 정리하기' '틀린 문제 및 어려운 문제 도움 요청하기' '쉬는 시간 요청하기'이고, 중재자가 파워포인트를 이용하여 작성한 넷북을 대상 아동과 함께 보며 중재자가 상황 이야기의 주제를 읽은 후 아동이 직접 상황 이야기를 읽는 형식으로 이루어짐

- 종속 변수: 학습 상황에서의 문제행동과 그에 대한 대체행동

  • 문제행동:

  ① 수업 준비 및 정리하지 않는 행동

    ② 울화행동 및 자해행동

    ③ 과제 거부행동

  • 대체행동:

    ① 수업 준비 및 정리하기 행동

    ② 틀린 문제 및 어려운 문제 도움 요청하기 행동

    ③ 쉬는 시간 요청하기 행동

● 종속 변수 측정 방법:

  • 행동 ①:

  반응 기회 기록법-행동의 기회가 주어졌을 때 표적행동의 발생 유무를 기록함

  • 행동 ②와 ③:

  빈도 기록법-관찰 시간에 발생한 표적행동의 빈도를 기록함

● 연구 결과 그래프:

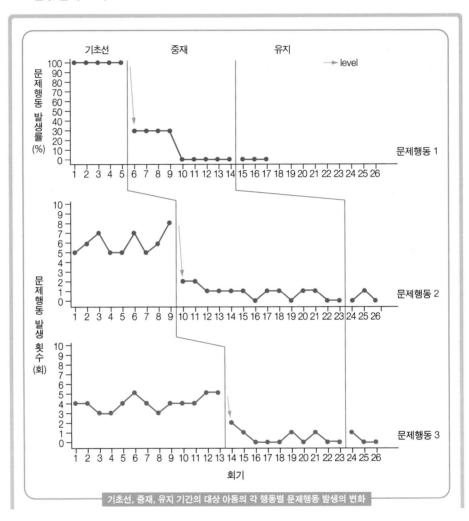

기초선, 중재, 유지 기간의 대상 아동의 각 행동별 문제행동 발생의 변화

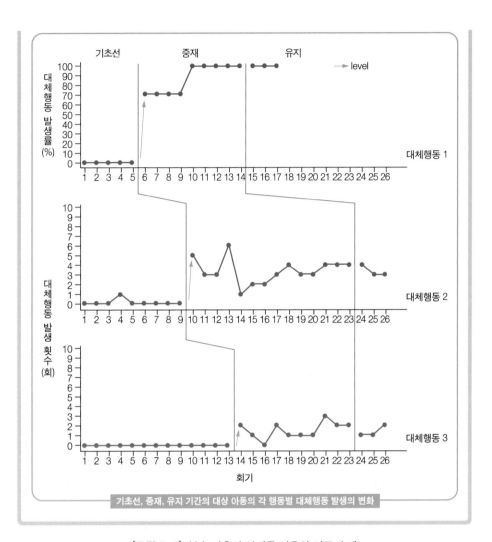

[그림 7-9] 복수 기초선 설계를 적용한 연구의 예

● 연구 설계: 행동 간 복수 기초선 설계를 사용함

[그림 7-9]를 보면, 이 연구에서는 문제행동의 기능 평가에 근거하여 제작한 상황 이야기 중재를 적용하여 치료실 상황에서 고기능 자폐성 장애 아동의 수업 관련 문제행동의 감소와 그에 대한 대체행동의 증가를 행동 간 복수 기초선 설계를 사용하여 입증한 것을 알 수 있다. 또한 중재 효과는 중재 종료 후에도 유지됨을 보여 주었다. 그런데 연구자들이 밝힌 것처럼 일반화 자료가 없는 것이 아쉽다. 이러한 문제를 해결하면서 연구의 외적 타당도를 높이기 위해 설계

를 변형할 수 있다. 예를 들어, 이 연구 설계를 한 가지 문제행동(예: 도움 요청하기)에 대해 그 문제행동이 발생할 수 있는 여러 상황(예: 가정, 학교, 교회 등)에서 상황 이야기 중재를 실시하였을 때도 중재 효과가 있는지 알아보는 상황 간 복수 기초선 설계로 변형할 수 있다. 또한 이 연구 설계를 상황 간 복수 기초선 설계와 통합하는 것도 가능하다. 각 상황에서 동일한 세 가지 문제행동에 대해 상황 이야기 중재를 실시하는 것이다. 그렇게 하면 상황마다 중재자(예: 부모, 학교교사, 주일학교교사 등)를 각기 달리하는 세 개의 통합 설계(행동 간 복수 기초선 설계 + 상황 간 복수 기초선 설계) 연구가 가능해진다.

● 연구 논문의 예 II:

　김원호, 박은영, 장기연(2002). 근전도 바이오 피드백을 이용한 훈련이 안면신경마비 환자의 운동 학습에 미치는 영향. 한국전문물리치료학회지, 9(3), 101–111.

● 연구 대상: 안면신경마비가 있는 환자 3명

● 독립 변수: 근전도 바이오 피드백을 사용하여 대상자가 역치를 넘는 근활성화도를 보이면 청각적 피드백을 줌

● 종속 변수: 최대 수의적 수축 동안의 최대 근활성화도(입둘레근, 눈둘레근, 이마앞쪽근)

● 종속 변수 측정 방법: 근전도 바이오 피드백 기계를 이용하여 측정함

● 연구 결과 그래프: 한국전문물리치료학회지 9권 3호의 106–108쪽을 참고

● 연구 설계:

　이 연구는 대상자 간 복수 기초선 설계를 사용하여 안면신경마비가 있는 세 명의 환자에게 자발적 수축운동을 하는 동안에 자신의 역치를 넘는 근활성화도를 보이면 청각적 피드백을 주는 중재를 적용하여 최대 근활성화도의 변화를 측정하였다. 대상자 1과 3은 입둘레근, 눈둘레근, 이마앞쪽근에서 모두 기초선 상황보다 중재 상황에서 최대 근활성화도가 향상되었다. 미미하기는 하지만 대상자 2에게서도 중재 효과를 확인할 수 있다. 이 연구는 연구 대상자가 자발적 수축운동을 하는 동안에 자신의 역치를 넘는 근활성화도를 보일 때 청각적 피드백을 주는 중재는 최대 근활성화도를 높이는 데 효과가 있음을 입증하였다.

이 연구의 설계는 행동 간 복수 기초선 설계로 변형하거나 또는 대상자 간 복수 기초선 설계와 행동 간 복수 기초선 설계의 통합 설계로 변형해 볼 수도 있다. 행동 간 복수 기초선 설계를 사용하면 연구 대상자에게 한 가지 근(예: 입둘레근)에 대해서만 중재를 적용했는데도 다른 근(예: 눈둘레근과 이마앞쪽근)에서도 근활성화도에 변화가 나타나는지 살펴볼 수 있다. 또한 대상자 간 복수 기초선 설계와 행동 간 복수 기초선 설계의 통합 설계를 적용한다면 중재를 적용하지 않은 근육에 대해서도 변화가 일어나는 현상이 다른 연구 대상들에게서도 발생하는지 확인할 수 있도록 도와줄 수 있을 것이다.

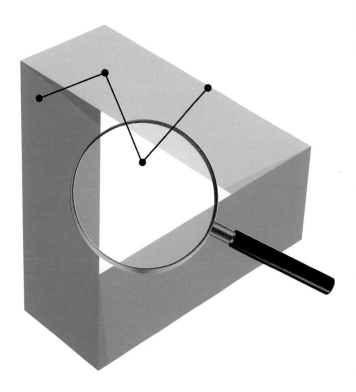

핵심 용어의 정의

복수 중재의 간섭

두 가지 이상의 중재를 적용했을 때 나타날 수 있는 중재 간의 간섭을 뜻한다.

순서 영향

중재의 순서에 의해서 앞선 중재가 뒤이어 실시된 중재 효과에 영향을 미친다는 뜻이다.

이월 영향

중재 제시 순서와는 상관없이, 한 중재가 인접한 다른 중재에 영향을 미치는 것을 의미한다.

교대 영향

빠르게 중재 상황을 교대하는 것이 종속 변수에 미치는 영향을 의미한다.

복수 중재 설계

한 중재 기간과 다른 중재 기간 사이에 기초선 기간 또는 또 다른 중재 기간을 집어넣어 중재 간의 효과를 비교하는 방법이다.

중재 교대 설계

한 대상자에게 여러 중재를 비교적 빠른 속도로 교대하면서 실시하여 그 중재들 간의 효과를 비교하는 연구 방법이다.

평행 중재 설계

난이도가 유사한 행동들에 대한 중재 기법 간의 효과를 비교하는 것으로 두 개의 간헐 복수 기초선 설계를 동시에 실시하는 방법이다.

연구자들은 중재 효과를 비교하고자 할 때 1) 이 중재가 저 중재보다 더 효과적인가? 2) 중재를 좀 더 강하게 하면 더 효과적일까? 3) 중재에서 이 요소를 빼도 효과적일까? 4) 중재에 새로운 요소를 더하면 더 효과적일까? 등의 질문에 답하고 싶어할 것이다. 개별 대상 연구에서 여러 중재 효과를 서로 비교하는 설계로는 크게 복수 중재 설계(multitreatment design)와 중재 교대 설계(alternating treatments design)가 있다(Barlow, Nock, Hersen, 2009; Gast, 2010; Kazdin, 2011). 이 설계들은 모두 중재 효과를 비교하여 가장 효과적인 중재를 찾으려는 데 그 목적이 있지만, 적용 방법은 각기 다르다. 여기에서는 중재를 비교하는 여러 설계를 이해하는 데 필요한 선수 지식을 먼저 살펴본 후, 이어서 각 중재 비교 설계를 설명하고자 한다.

1 중재 비교 설계의 주요 고려 사항

1) 복수 중재의 간섭

대부분의 임상/현장 연구는 중재 외의 것에 영향을 받을 위험을 내포하고 있기 마련이다. 연구 대상을 실험실에 넣어 놓고 연구를 진행하는 것이 아니기 때문에 현장에서는 언제라도 연구 대상이 중재 외의 것에 영향을 받을 수 있다는 것이다. 이와 비슷하게 여러 가지 중재를 비교하는 연구에서는 적용되는 중재가 한 가지가 아니기 때문에 중재 간의 간섭이 있을 수 있다. 이러한 현상을 복수 중재의 간섭(multitreatment interference)이라고 한다(Barlow & Hayes, 1979; Ulman & Sulzer-Azaroff, 1975). 즉, 복수 중재 간섭이란 두 가지 이상의 중재를 적용했을 때 나타날 수 있는 중재 간의 간섭을 의미한다. 그런데 Hains와 Baer(1989)는 복수 중재의 간섭이란 중재끼리 또는 중재 조건끼리의 상호 작용에 의한 것이므로, 복수 중재의 간섭이라는 용어보다는 좀 더 일반적인 용어인 '상호 작용 영향(interaction effects)'이라는 용어를 사용할 것을 제안하기도 했다.

이러한 복수 중재의 간섭은 1) 순서 영향(sequence effects), 2) 이월 영향(carryover effects), 3) 교대 영향(alternation effects)으로 구분해 볼 수 있다(Barlow, Nock, & Hersen, 2009). 먼저, 순서 영향이란 중재의 순서에 의해서 앞선 중재가 뒤이어 실시된 중재 효과에 영향을 미친다는 뜻이다. 즉, 중재 C가 중재 B를 뒤따를 때에 그 효과는 먼저 실시된 중재 B에 의해 간섭받을 수 있다는 것이다. 예를 들어, 중재 B는 칭찬하기이고, 중재 C는 규칙 언급하기일 때 중재 B와 C의 순서로 적용했다면, 중재 C의 효과는 규칙 언급하기만의 효과가 아니라 칭찬 뒤에 규칙이 언급되었기 때문에 효과가 있을 수 있다는 것이다. 순서 영향은 영어로는 order effects, sequence effects, 또는 sequential confounding이라고 한다(Shapiro, Kazdin, & McGonigle, 1982).

이월 영향은 중재를 제시하는 순서와는 상관없이, 한 중재가 인접한 다른 중재에 영향을 미치는 것을 의미한다. 이월 영향은 영어로는 carryover effects 또는 contextual effects라고 한다. 이월 영향은 두 가지로 생각해 볼 수 있다(Barlow & Hayes, 1979). 첫째, 두 가지 중재가 서로 대조적이어서 어떤 중재를 경험한 것 때문에 다른 중재가 나타낼 수 있는 영향이 기대와 달리 역으로 나타날 수 있는 경우다. 이를 contrast(대조)라고 하는데, 이는 어떤 중재의 강도가 너무 강하기 때문에 대조적으로 강도가 약한 중재는 전혀 효과를 발휘하지 못하는 경우를 의미한다. 예를 들어, 20분의 타임아웃을 경험하게 한 뒤에 1분의 타임아웃을 경험하게 한다면 1분 타임아웃은 우습게 여겨서 오히려 반대의 효과를 나타낼 수도 있다는 것이다.

두 번째로 한 중재에서 다른 중재로 중재 효과가 전이될 수 있는 경우다. 이를 induction(유도)이라고 하는데, 이는 이미 중재를 경험해서 그 영향을 알고 있다는 것이지, 중재 효과가 더 좋게 나타난다는 뜻은 아니다. 즉, 중재 B를 단독으로 적용했더라면 효과가 더 컸을 텐데 중재 C와 교대했기 때문에 효과가 경감되는 것이다. 예를 들어, 1분의 타임아웃을 경험했다면 타임아웃이 무엇인지 알기 때문에 20분의 타임아웃이 주어져도 전혀 타임아웃을 경험하지 않은 사람에 비해 그 단독 효과가 떨어질 수 있다는 것이다. 1분이라는 타임아웃의 경험이 20분의 타임아웃 경험에 영향을 주어 20분 타임아웃의 독립적 효과를 방해한 것이다. 이와 같이 contrast(대조)나 induction(유도)의 어떤 경우이든지 한 대상에게 두 중재를 실시할 때에 인접한 중재가 다른 중재에 영향을 미치는 것을 이월 영향이라고 한다.

교대 영향이란 빠르게 중재 상황을 교대하는 것이 종속 변수에 미치는 영향을 의미한다. 이는 두 개의 서로 다른 중재가 상당 기간 동안 비교적 빠른 속도로 교대하며 실시될 때 한 중재의 효과가 다른 중재를 적용하고 있는 상황에서도 계속해서 영향을 미칠 수 있다는 것이다. 개별 대상 연구의 자료는 한 명의 연구 대상에 대해 반복해서 자료를 수집하기 때문에 자료가 연속적 의존성(serial dependence)이 높다(12장 참고). 즉, 연속적인 자료에서 한 자료가 연속적으로 앞뒤에 위치하는 자료 값에 미치는 영향이 크고, 다음에 올 자료에 대한 예측력이 강하다는 것이다. 그런데 중재 교대 설계에서는 두 개의 다른 중재(예: B와 C)가 상당 기간 동안 빠른 교대로 실시된다. 그러면 빠른 교대 때문에 중재 B의 효과가 중재 C를 적용하는 상황에서도 영향을 미칠 수 있다. 그러므로 중재 C만 계속 적용했을 때 한 자료가 다음 자료에 대해 가질 수 있는 예측력은 중재 B의 영향 때문에 약화될 수 있다. 이처럼 중재를 빠르게 교대할 때는 교대하는 중재끼리 미치는 영향도 있지만, 중재의 빠른 교대로 말미암아 연구 대상이 서로 다른 중재를 변별하지 못하는 것 때문에 생기는 문제가 있을 수도 있다.

살펴본 것처럼 복수 중재 간섭은 개념상으로는 세 가지로 구별이 되지만 실제로는 이 세 가지를 명확하게 구분하는 것이 쉽지 않다(Gast, 2010; Hains & Baer, 1989). 순서 때문이든지, 인접성 때문이든지, 교대하는 것 때문이든지 둘 이상의 중재 효과가 서로 영향을 미친다는 것이다. 요약하자면 복수 중재 간섭이란 중재 비교 설계에서 어떤 중재의 효과는 그 중재 단독의 효과라고 보기 어렵고, 중재 효과를 비교하기 위해 제시했던 다른 중재의 영향도 부분적으로 있을 수 있음을 의미하는 것이다.

이러한 복수 중재 간섭의 의미를 이해하는 것은 연구 결과의 일반화 이해에 도움이 된다. 예를 들어, 중재 비교 설계를 적용하여 더 효과 있는 것으로 결과가 나타난 중재를 현장에 적용할 것을 권장할 때에는 일반적으로 더 효과 있는 중재를 단독으로 사용할 것을 제안할 것이다. 그런데 실제로 연구에서는 그 중재를 단독으로 적용하여 비교한 것이 아니라 다른 중재도 적용하여 비교했던 것이다. 그러므로 더 효과 있는 것으로 입증된 중재를 적용하려는 사람은 중재 자체 외에 영향을 받을 수 있었던 복수 중재 간섭과 같은 다른 사항들을 고려해야 한다. 따라서 중재 비교 설계를 사용하는 연구자는 자신의 연구 결과에서 복수 중재 간섭의 가능성을 논의할 필요가 있을 뿐 아니라 복수 중재 간섭을 찾으려고 노력해야 한다. 복수 중재 간섭을 통제하거나 검증하는 방법은 이 장의 뒷부분에서 설명하겠다.

2) 중재 효과의 비반전성 문제

중재 비교 설계에서는 여러 중재를 비교하는 것이 목적이다. 그런데 만약에 표적행동이 쉽게 반전되지 않아서 기초선 수준으로 되돌아갈 수 없는 경우에는 처음에 적용한 중재가 최대치로 효과를 발휘할 수 있다. 그런 경우, 그다음에 다른 중재를 적용해도 그 효과를 처음 중재의 효과와 비교하는 것은 어려워진다. 왜냐하면 이미 첫 번째 중재로 말미암아 최대한의 효과가 나타났기 때문에 더 이상의 효과를 보여줄 수 있는 여지가 없기 때문이다. 그러면 중재 간의 비교는 어렵게 된다. 이렇게 표적 행동의 반전 가능성이 낮을 때는 연속해서 제시되는 다른 중재의 효과를 비교하는 것이 방해받는다. 이를 중재 효과의 비반전성(the nonreversibility of effects) 문제라고 한다(Holcombe, Wolery, & Gast, 1994). 이러한 중재 효과의 비반전성 문제는 앞에서 설명한 복수 중재 간섭의 이월 영향과도 비슷하다. 중재 비교 설계를 사용하려는 연구자는 표적 행동의 반전 가능성을 고려하여야 한다.

3) 중재의 분리성 문제

중재 비교 설계는 대부분 중재 효과를 서로 비교하여 더 우세한 중재를 찾으려는데 사용된다. 그러나 두 개 이상의 중재가 한 가지 표적 행동에 적용될 때 표적 행동의 최종적인 수준은 오직 어떤 한 가지 중재 때문이라고 말할 수는 없다. 즉, 어느한 가지 중재 때문이 아니라 비교하려는 다른 중재들을 모두 적용했기 때문에, 결과적으로 최종적 수준에 도달할 수 있었다고 보는 것이다. 다시 말하면, 각각의 중재의 효과를 분리할 수 없다는 것이다. 이렇게 종속 변수의 최종 수준의 원인을 오직한 가지 중재로 귀속시킬 수 없는 것을 중재의 분리성 문제(the separation of treatment issue)라고 한다(Holcombe et al., 1994). 말하자면 중재 비교 설계에서는 각 중재의 효과를 독립적으로 해석하기 어렵다는 것이다. 그러므로 연구자는 연구 결과 해석에서 이 점을 주의하여야 한다.

2 중재 비교 설계의 종류

1) 복수 중재 설계

(1) 복수 중재 설계의 기본 개념

복수 중재 설계(multiple treatment design/multitreatment design)는 중재 간의 효과를 비교하는 대표적인 방법으로 한 중재 기간과 다른 중재 기간 사이에 기초선 기간 또는 또 다른 중재 기간을 집어넣어 중재 간의 효과를 비교하는 방법이다(Birnbrauer, Peterson, & Solnick, 1974). 이 설계를 Alberto와 Troutman(2014)은 조건 변경 설계(changing condition design)라고 했고, Holcombe와 Wolery, Gast(1994)는 crossover design이라고 했다. 그런데 Kazdin(2011)은 multiple-treatment design이라는 이름을 다른 의미로 쓰고 있다. 그는 중재 제거 설계나 복수 기초선 설계처럼 중재가 바뀔 때 중재 상황이 바뀌지 않고 한 중재 상황 내에서 여러 중재를 적용한다는 의미로 중재 교대 설계나 동시 중재 설계를 multiple-treatment design이라고 소개하고 있으므로, 용어 사용에서 혼돈하지 않도록 주의하여야 할 것이다. 복수 중재 설계는 얼핏 보면 중재 제거 설계와 흡사한데, 실제로 이 설계를 중재 제거 설계의 확장 또는 변형으로 보기도 한다(Barlow, Nock, & Hersen, 2009). 그러나 이 책에서는 중재를 비교한다는 데 초점을 맞추어 복수 중재 설계를 중재 비교 설계 중의 하나로 분류하고자 한다. 복수 중재 설계를 우리나라에서는 중다 처치 설계, 중다 중재 설계, 다중 중재 설계, 조건 변경 설계, 처치 교대 설계 등의 다양한 이름으로 부르고 있다(이소현, 박은혜, 김영태, 2000; 이효신, 2007).

복수 중재 설계는 어떤 중재의 적용, 제거, 재적용이라는 순서를 따르는 것이 중재 제거 설계와 비슷하다. 그런데 중재 제거 설계와 다른 점은 첫 번째 중재를 제거하고 기초선 상황으로 돌아가는 것이 아니라 두 번째 중재를 적용한다는 점이다. 그리고 두 번째 중재를 제거하고 다시 첫 번째 중재를 적용한다. 그러면 A-B-C-B-C 설계가 된다. 이때 중재 상황을 바꾸는 것은 중재 제거 설계에서처럼 자료의 안정성이 결정한다. 즉, 복수 중재 설계에서는 같은 중재 상황(예: B_1과 B_2)에서 종속 변수 자료가 일관성 있는 자료 패턴을 보여 주어야 실험 통제를 입증할 수 있다. 또한 복수 중재 설계는 중재 제거 설계에서처럼 중재를 철회할 경우 행동이 중재 적용 전의 수준으로 되돌아갈 가능성이 있는 행동, 즉 반전 가능성이 있는 행동에 대해서만 사용할 수 있다.

[그림 8-1]에 A-B-A-B-C-B-C 복수 중재 설계를 적용한 예를 제시했다.

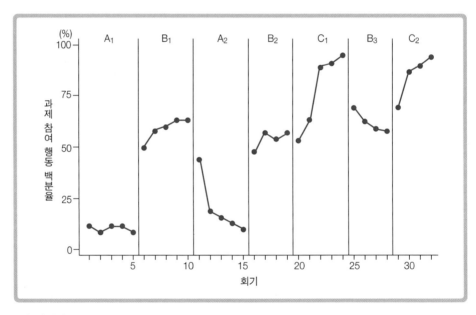

출처: 양명희(2012).

[그림 8-1] A-B-A-B-C-B-C 복수 중재 설계를 적용한 예

[그림 8-1]에서 보면 아동은 처음 기초선 기간(A_1)에는 과제 참여율이 10%를 약간 웃도는 수준이었다. 중재(B_1)가 적용되자 과제에 참여하는 행동이 60% 가까이까지 증가하였다. 중재를 제거하자 두 번째 기초선 기간(A_2)에는 과제 참여율이 급강하하는 것을 볼 수 있다. 다시 중재(B_2)를 적용하자 과제 참여 행동은 처음 중재를 적용했을 때의 수준(B_1)만큼 증가하고 더 이상의 증가는 나타나지 않았다. 그런데 새로

운 중재(C_1)를 적용하자 아동의 과제 참여율은 90% 이상까지 향상하였다. 그러나 새로운 중재(C_1)를 제거하고 처음 중재(B_3)를 적용하자 과제 참여율은 B_1이나 B_2 수준에 가깝게 감소하였다. 마지막으로 다시 새로운 중재(C_2)를 적용하자 과제 참여율은 높은 수준으로 증가하였다. 여기에서 중재 B도 효과적이지만 중재 C는 중재 B보다 더 효과적임을 알 수 있다.

(2) 복수 중재 설계의 특징

복수 중재 설계의 가장 큰 장점은 융통성이다. 복수 중재 설계는 처음부터 여러 중재를 비교하려는 목적으로 실시할 수도 있지만, 현장에서 어떤 중재를 도입했는데 행동의 변화가 전혀 없거나 미미한 경우에 중재를 바꾸어 사용해 보고 싶을 때도 사용할 수 있다. 즉, 복수 중재 설계는 연구 도중에 중재를 변경시킬 수 있다는 장점이 있다. 예를 들어, 아동의 자리 이탈 행동에 대해 30초 타임아웃(B)을 적용했는데 효과가 크지 않아서 3분 타임아웃(B')을 적용하고자 한다든지, 타임아웃(B)에 반응대가(C)를 추가해 보고자 하는 경우(BC)에 복수 중재 설계를 고려해 볼 수 있다.

또한 복수 중재 설계는 반전될 수 있는 표적 행동이라면 얼마든지 다양한 중재의 비교가 가능하다. 서로 다른 중재를 비교할 수 있고(예: A-B-C-B-C), 중재를 개발하거나 패키지 중재의 요소를 분석하는 데도 사용할 수 있으며(예: A-B-BC-B-BC-BCD-BC-BCD 또는 A-BCD-BC-BCD-BC-B-BC-B), 중재의 매개 변수를 연구할 수도 있다(예: A-B-B'-B-B'-B''-B'-B'').

또 다른 복수 중재 설계의 장점에 해당할 수 있는 것은 복수 중재 설계는 기초선 없이도 실행할 수 있다는 점이다. 중재 전 상황과 비교하기 위해 기초선 자료가 필요한 것은 논리적으로 맞는 말이지만, 기초선 없이 두 중재를 비교할 수도 있다. 예를 들어, 교사가 개별적 정적 강화와 집단 정적 강화의 효과를 비교하고 싶은 경우에는 기초선 자료 없이도 두 중재를 비교할 수 있다.

여러 장점이 있지만 복수 중재 설계를 사용할 때는 주의해야 할 사항도 있다. 복수 중재 설계도 다른 설계와 마찬가지로 실험 통제를 충분하게 반복 입증해야 한다. 예를 들어, A-B-C-D 설계는 중재 효과의 반복 입증을 할 수 없으므로 적절하지 않은 설계이지만, A-B_1-C_1-B_2-C_2 설계는 중재 효과의 입증(B_1-C_1)과 두 번의 반복 입증(C_1-B_2, B_2-C_2)을 보여 줄 수 있으므로 적절하다고 할 수 있다. 따라서 복수 중재 설계는 대부분 기간이 길어지게 되는데, 비교하고 싶은 중재가 여럿이면 기간이 더욱 길어지기 때문에 내적 타당도가 위협받을 수 있다. 즉, 행동의 변화가 자연 성숙이 아닌 중재 때문임을 입증하기가 어려워질 수도 있고, 기간이 길어지면서 관찰의 오류가 나타날 수도 있고, 중재를 적용하는 충실성에 문제가 생길 수도 있으며, 대상자를 잃게 되는 일이 발생할 수도 있다.

또한 복수 중재 간섭이 생길 수 있는데, 이 문제는 중재 상황의 길이를 길게 해 보는 것으로 해결할 수도 있다. 중재 상황이 바뀐 직후에는 복수 중재 간섭 때문에 별로 변화가 나타나지 않다가도 시간이 지나면서 바뀐 중재에 대한 반응으로 변화를 보일 수 있으므로 중재 상황의 기간을 길게 할 필요가 있다는 것이다.

앞에서 설명한 것처럼 복수 중재 설계에서는 바로 인접한 중재 상황끼리만 비교가 가능하다. 그러므로 A-B-C-B-C-D-C-D 설계에서 B는 C와만 비교가 가능하고, D는 C와만 비교가 가능하기 때문에, B와 D를 직접 비교할 수는 없다. 또한 모든 중재를 결국 한 가지 표적 행동에 적용하는 것이기 때문에 중재의 분리성 문제가 생기는 것이다. 즉, 어느 한 가지 중재(예: D)가 표적 행동의 최종 수준을 가져왔다고 말할 수 없는 것이다.

또한 복수 중재 설계에서는 중재 상황이 바뀔 때 가능하면 한 중재, 한 요소, 한 매개 변수만 더하거나 빼는 것이 바람직하다. 그러므로 A-BCD-BC-BCD-BC 설계는 적절하지만, A-BCD-B-BCD-B 설계는 적절하지 않다.

앞에서 설명한 복수 중재 설계의 모든 특징들을 고려할 때, 복수 중재 설계는 새로운 행동의 습득을 평가하는 설계로는 적절하지 않고, 반전 가능한 행동에 적용해야 한다. 그런데 복수 중재 설계를 10장의 통합 설계에서 중재 효과의 유지를 평가하는 설계로 소개한 순차적 중재 제거 설계와 혼동해서는 안 된다. 순차적 중재 제거 설계를 복수 중재 설계에 통합하여 적용할 수는 있지만, 순차적 중재 제거 설계가 복수 중재 설계라고 할 수는 없다.

(3) 복수 중재 설계의 변형

복수 중재 설계는 무수히 다양한 변형이 가능한데 다음 기준에 따라 네 종류로 분

류할 수 있다: 1) 각각 다른 중재와 기초선의 비교, 2) 서로 다른 중재끼리의 비교, 3) 둘 이상의 중재의 상호 작용 효과의 비교, 4) 중재의 매개 변수 차이에 따른 비교. 첫 번째 종류는 여러 중재의 효과를 기초선 수준과 비교하는 설계다. 예를 들어, A-B-A-C-A 설계다. A-B-A-C-A 설계의 모형을 [그림 8-2]에 제시했다.

[그림 8-2] A-B-A-C-A 설계의 모형

[그림 8-2]와 같은 이런 종류의 설계에서는 중재 B와 C가 모두 기초선 자료보다 더 효과적인 수준을 나타내도 B와 C의 상대적 비교는 어렵다. 복수 중재 설계에서 어떤 상황을 다른 상황과 비교할 때는 언제나 인접 상황과만 비교가 가능하기 때문이다. 즉, A-B-A-C-A로 설계하는 경우에는 A는 인접한 B와만 비교가 가능하고 B는 인접한 C와만 비교가 가능하므로 B와 C를 직접 비교할 수는 없다.

복수 중재 설계의 두 번째 종류는 서로 다른 중재끼리 직접 비교하는 설계다. 앞에서 예를 든 A-B-A-C-A 설계를 B와 C를 직접 비교하는 설계로 바꾸고 싶은 경우에는 A-B-A-B-C-B-C로 설계하면 된다. A-B-A-B-C-B-C로 설계의 모형을 [그림 8-3]에 제시했다.

[그림 8-3] A-B-A-B-C-B-C 설계의 모형

[그림 8-3]과 같은 A-B-A-B-C-B-C 설계에서 B와 C의 비교는 다음과 같이 설명할 수 있다. 각 상황에 번호를 매겨 A_1-B_1-A_2-B_2-C_1-B_3-C_2 설계라고 하자. 먼저, A_1-B_1-A_2-B_2에서 기초선(A)에 비교하여 중재(B)가 효과 있음을 입증해야 한

다. 이때는 중재 제거 설계와 같이 B_1과 B_2에서 중재 효과가 나타나고 A_2에서 자료가 A_1 수준으로 되돌아가면 중재 효과가 입증된 것이다. 다음으로 $B_2-C_1-B_3-C_2$에서 B에 대한 C, C에 대한 B의 효과를 비교 평가할 수 있다. 즉, C_1과 C_2 자료가 B_2와 B_3보다 효과가 있는 것으로 나타나고 B_3에서 자료가 B_2 수준만큼으로 되돌아간다면 C는 B보다 효과가 있다고 할 수 있다.

복수 중재 설계의 세 번째 종류는 둘 이상의 중재의 상호 작용 효과를 비교하는 설계다. 예를 들어, A-B-A-B-BC-B-BC 설계다. A-B-A-B-BC-B-BC 설계의 모형을 [그림 8-4]에 제시했다.

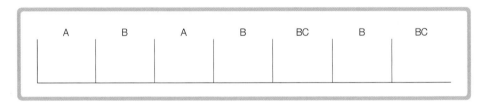

[그림 8-4] A-B-A-B-BC-B-BC 설계의 모형

[그림 8-4]와 같은 이런 설계에서는 B와 BC의 비교가 가능하다. 상호 작용 효과를 비교하는 설계는 특히 현장에서 가장 효과적인 중재를 개발하려 할 때 사용할 수 있는 중요한 설계다. 중재의 여러 요소들 중에 어떤 요소가 효과가 있으며 어떤 요소는 버려도 되는 것인지, 각 요소의 효과를 분석하여 결과적으로 가장 효과적인 중재를 개발하는 것은 참으로 중요한 일이다. 그런데 A-B-A-B-BC-B-BC 설계를 예를 들어 볼 때 BC가 B보다 효과적인 것으로 나타났다 해도 반드시 BC가 B보다 더 효과적이라고 단언할 수는 없다. 그 이유는 이 설계에서는 BC가 언제나 B의 뒤에 적용되었기 때문에 순서 효과를 배제할 수 없기 때문이다. 그럴 경우는 BC를 B보다 먼저 적용했을 때에도 BC가 더 효과적인지 확인할 필요가 있다(예: A-BC-A-BC-B-BC-B). 또한 이런 설계에서는 BC라는 중재의 상호 작용 효과는 나타났지만 중재 C 단독의 효과는 알 수 없다는 제한점도 있다. 따라서 두 중재의 상호 작용 효과를 보고자 할 때는 두 중재의 단독 효과를 따로 평가한 후 상호 작용 효과를 반복 입증할 것을 권하기도 한다(Barlow, Nock, & Hersen, 2009).

복수 중재 설계의 네 번째 종류는 중재의 매개 변수 차이에 따라 비교하는 설계다. 예를 들어, A–B–A–B–B′–B–B′ 설계다. A–B–A–B–B′–B–B′ 설계의 모형을 [그림 8–5]에 제시했다.

[그림 8-5] A-B-A-B-B′-B-B′ 설계의 모형

[그림 8–5]와 같은 A–B–A–B–B′–B–B′ 설계에서는 비교하고자 하는 것이 서로 구별되는 다른 중재가 아니라 같은 중재에서 매개 변수(parametric)에 차이가 있는 것이다. 예를 들면, 타임아웃 시간 30초와 3분을 비교하는 것처럼 타임아웃이라는 중재는 동일하지만 타임아웃의 시간 길이를 달리했을 때를 비교하는 것이다. 이 경우에도 세 번째 종류의 설계와 같이 B′가 B보다 효과적인 것으로 나타났다 해도 순서 효과를 배제할 수 없기 때문에 반드시 B′가 B보다 더 효과적이라고 단언할 수는 없다. 역으로 B′가 B보다 효과가 덜한 것으로 나타나도 B를 먼저 경험했기 때문에 나타난 현상인지 확인되어야 하는 문제가 있다.

(4) 복수 중재 설계를 적용한 연구의 예

〈표 8–1〉은 복수 중재 설계를 이용한 논문들의 예다.

표 8-1 복수 중재 설계를 이용한 논문들의 예

박용천, 김현덕(1996). 운동강도가 자폐아동의 상동행동에 미치는 영향. 한국특수체육학회지, 4(1), 23–34.

송효진, 허승준(2004). 학습장애 아동의 읽기이해력 향상을 위한 중심내용 파악 및 자기점검 전략 훈련의 효과. 특수교육저널: 이론과실천, 5(1), 317–339.

전병운, 이미애, 권회연(2008). 보완–대체의사소통체계의 적용이 비구어 정신지체 아동의 발성에 미치는 효과. 재활복지, 12(1), 46–62.

정희진, 양명희(2014). 사회적 강화와 촉구의 용암에 의한 발달지체 유아의 착석행동 및 지시 따르기의 변화 연구. 특수교육재활과학연구, 53(1), 261–276.

〈표 8-1〉에 소개된 연구 중에서 전병운, 이미애, 권회연(2008)의 연구와 정희진, 양명희(2014)의 연구를 살펴보자.

- 연구 논문의 예 I:

  전병운, 이미애, 권회연(2008). 보완-대체의사소통체계의 적용이 비구어 정신 지체 아동의 발성에 미치는 효과. 재활복지, 12(1), 46-62.

- 연구 대상: 비구어 중도 정신지체 남자 아동 1명
- 독립 변수:
  - 그림 의사소통 상징(PCS) + 점진적 촉진 + 자연스러운 결과로 주어지는 강화: 치료자가 제작한 16개의 그림 상징을 의사소통판과 의사소통수첩에 붙여서 사용하고, 신체적, 시각적, 언어적 촉진과 강화를 사용함(언어적 촉진에서 아동은 치료자의 입 모양을 볼 수 없고 발성에 대한 강화 없음)
  - 음성출력장치(VOCA) + 점진적 촉진 + 자연스러운 결과로 주어지는 강화: 칩톡 8을 사용하여 여덟 종류의 단어나 문장을 녹음하였다가 필요 시 해당 버튼을 눌러 의사 전달을 하는 데 사용하게 하고, 신체적, 시각적, 언어적 촉진과 강화를 사용함(언어적 촉진에서 아동은 치료자의 입 모양을 볼 수 없고 발성에 대한 강화 없음)
  - 보완-대체의사소통 중재(PCS+VOCA) + 점진적 촉진 + 자연스러운 결과로 주어지는 강화: 그림 의사소통 상징과 음성출력장치와 함께 보조 언어 자극 교수 전략으로 촉진자가 보완-대체의사소통 전략을 사용하고 적극적 구어 모델링을 통해 아동은 치료자의 입 모양을 볼 수 있도록 치료자를 향하게 하고 발성을 기다린 후, 발성에 대해 칭찬함
- 종속 변수:
  - 발성: 아동이 발성을 하는 것
  - 의사소통 성공: 의사소통의 기능에 대해 교사가 5초 이내에 반응을 보이는 것
- 종속 변수 측정 방법:
  - 부분 간격 관찰 기록법: 전체 관찰 시간 10분을 10초의 짧은 시간 간격으로 나누어 각각의 시간 간격 동안에 행동이 발생했는지를 관찰하여, 관찰한 시

간 간격 동안에 행동이 최소한 1회 이상 발생하면 그 시간 간격에 행동이 발
생한 것으로 기록하는 방법

• 반응기회 기록법: 행동의 기회가 주어졌을 때 표적 행동(의사소통의 성공)의
발생 유무를 기록하는 것

● 연구 결과 그래프:

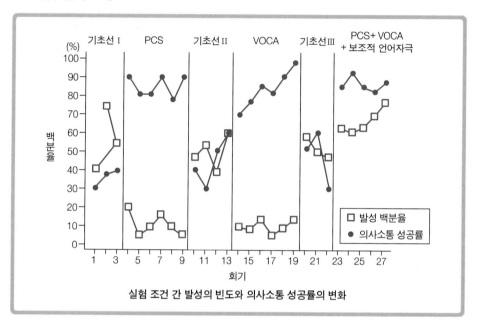

실험 조건 간 발성의 빈도와 의사소통 성공률의 변화

[그림 8-6] 복수 중재 설계를 적용한 연구의 예 1

● 연구 설계:

[그림 8-6]에서 보는 것처럼 이 연구에서는 복수 중재 설계(multitreatment design)
를 사용하여 보완-대체의사소통체계의 보조 도구를 다르게 적용한 중재 기간
에서는 의사소통 요구를 표현하는 발성의 양이 증가되지 않고, 줄어드는 결과
를 보인 반면, 구어 모델링을 통한 언어 중재 전략을 포함하는 보조 언어 자극을
보완-대체의사소통 도구와 동시에 사용했을 때는 발성의 양을 증가시키는 결
과를 보여 주었다. 또한 의사소통 성공률은 모든 중재에서 기초선 상황보다 증
가했음을 알 수 있다.

그런데 기초선 상황에서 발성에 대한 구어 모델링과 5초의 시간지연 후 발성

에 대한 강화가 주어졌으므로 이것 또한 중재로 볼 수 있다. 다시 말하면, 아무런 중재 없는 기초선 상황은 없었던 것이다. 그리고 중재에서 주어진 점진적 촉진과 자연스러운 결과로 주어지는 강화도 각각의 중재로 볼 수 있다. 즉, 구어 모델링과 5초의 시간 지연 후 발성에 대해 강화하는 것을 B로, 그림 의사소통 상징 사용을 C, 음성출력장치 사용을 D, 점진적 촉진을 E, 자연스러운 결과로 주어지는 강화를 F라고 할 수 있다. 그러면 이 연구의 설계는 A-B-A-C-A-D 설계라고 하기보다는 B-CEF-B-DEF-B-BCDEF 설계라고 하는 것이 더 나을 것이다. 이렇게 설계 명칭을 바꾸면 연구 결과와 해석이 달라지는 것은 없지만, B-CEF-B-DEF-B-BCDEF라는 설계 명칭을 가지고 그래프를 볼 때 B의 요소가 발성에 결정적 요인이 될 수 있다는 것과 C나 D는 의사 소통 성공에 효과적이고, C와 D를 함께 사용하면 발성과 의사 소통에 모두 성공적임이 더 잘 드러날 수 있다.

● 연구논문의 예 II:

　　정희진, 양명희(2014). 사회적 강화와 촉구의 용암에 의한 발달지체 유아의 착석 행동 및 지시 따르기의 변화 연구. 특수교육재활과학연구, 53(1), 261-276.

● 연구 대상: 전반적 발달지연으로 진단받은 만 5세 유아 남아 1명

● 독립 변수:

　● 사회적 강화: 표적 행동이 발생했을 때 즉시 사회적 강화함

　● 촉구의 용암: 신체적 촉구, 모방하기 촉구, 몸짓 촉구, 언어적 촉구 순으로 용암시킴

　● 신체적 촉구: 신체적 접촉을 통해 유아의 바람직한 행동을 유발하도록 돕는 것

　● 모방하기 촉구: 교사의 행동을 관찰하고 따라함으로써 새로운 학습을 이루게 하는 것

　● 몸짓 촉구: 신체적으로 접촉하지 않고 교사의 동작이나 자세 등의 몸짓으로 정반응을 이끄는 것

　● 언어적 촉구: 언어로 지시, 힌트, 질문 등을 하거나 개념의 정의나 규칙을 알려 주는 것으로 바람직한 행동을 유발하는 것

- 종속 변수:
  - 착석 행동: 의자에 엉덩이를 1/2 이상 넣어 앉고 두 다리는 바닥을 향해 내려와 있으며, 유아가 의자를 앞뒤, 좌우, 위아래로 움직이지 않는 상태에서 수업을 진행하는 교사나 제시하는 교수 자료, 발표하는 또래를 바라보는 행동
  - 지시 따르기: 교사의 질문이나 지시에 대해 언어 또는 행동으로 정반응하는 것
- 종속 변수 측정 방법:
  - 지속 시간 기록법: 표적 행동이 발생할 때마다 스톱워치로 시간을 재어 기록함

    착석 행동 지속 시간 백분율(%) = 주의집중을 위한 착석 시간 / 총 활동 시간×100
  - 반응 기회 기록법: 주어진 기회에 대해 정반응 발생 때마다 빈도수를 관찰 기록표에 기록함

    지시 따르기 백분율(%) = 지시 따르기 빈도수 / 전체 기회의 수×100
- 연구 결과 그래프:

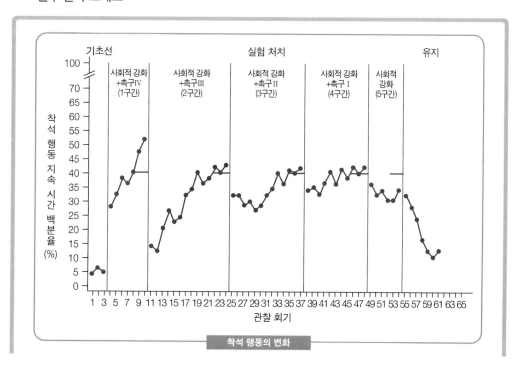

착석 행동의 변화

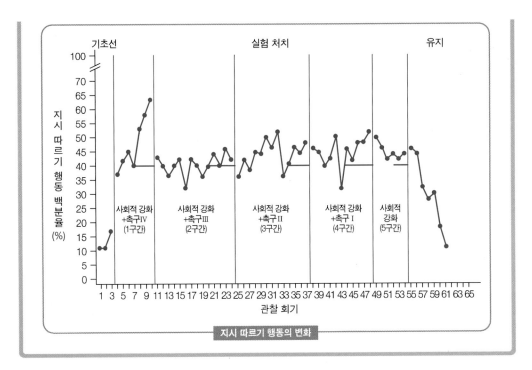

[그림 8-7] 복수 중재 설계를 적용한 연구의 예 2

● 연구 설계:

이 연구에서는 A−BC4−BC3−BC2−BC1−B−A 설계를 사용하여 표적 행동이 정해진 일정한 기준을 만족할 때마다 촉구를 한 가지씩 제거해 가는 방법을 적용하여 두 가지 표적 행동 모두 기초선 상황보다 중재 상황 동안에 증가한 것을 볼 수 있다. 이 연구에서 사용한 설계는 간단하게 표현하면 BC4−BC3−BC2−BC1을 BC로 묶어서 A−BC−B−A 설계라고도 할 수 있다. [그림 8-7]에서 각 중재 상황에 X축과 평행하게 그어진 선은 촉구를 제거할 수 있는 기준을 의미한다. 즉, 착석 행동에서는 지속 시간 백분율이 40% 이상 3일 동안 연속으로 유지되는 기준을 만족할 때마다 촉구를 한 가지씩 제거하고, 지시 따르기에서는 전체 기회의 수에 대한 지시 따르기 행동 백분율이 40% 이상 3일 동안 연속으로 유지됐을 경우, 촉구를 한 가지씩 제거한 것을 볼 수 있다. 따라서 이 연구에서는 표적 행동의 지속적 증가가 목표가 아니고, 독립 변수의 요소가 한 가지씩 제거되어도 목표 기준을 만족할 수 있는지를 보여 주고자 체계적으로 중재를 제거할 수 있는 복수 중재 설계를 사용한 것이다. 또한 이 설계에서는 사회적 강화가 갖는 의미를 A-BC-B-A를 통해 입증해 주었는데, BC를 시행하기 전에 B를 시행하는 A-B-BC-B-A 설계를 적용한다면 B와 BC의 효과를 더욱 명확히 알 수 있을 것이다. 즉, 촉구의 용암이라는 방법 없이도 사회적 강화의 효과가 가능한지 알아볼 수 있을 것이다.

2) 중재 교대 설계

(1) 중재 교대 설계의 다른 명칭들

중재 교대 설계(alternating treatment design)는 다른 개별 대상 연구들과 달리 유난히 여러 가지의 다른 용어들로 불리고 있기 때문에 독자들의 혼돈을 피하기 위해, 중재의 개념을 설명하기 전에 이 설계의 다양한 학술 용어를 먼저 소개하겠다. 설계의 각 명칭과 그 명칭을 소개한 연구자들은 〈표 8-2〉와 같다.

표 8-2 중재 교대 설계의 다른 학술 용어들

설계의 명칭	설계의 소개자
alternating treatments design (alternating conditions design)	Barlow & Hayes(1979) Barlow & Hersen(1984)
multielement design (multielement manipulation)	Sidman(1960) Ulman & Sulzer-Azaroff(1975) Kennedy(2005)
multiple schedule design	Agras, Leitenberg, Barlow, & Thomson(1969) Barlow & Hersen(1973) Leitenberg(1973) Hersen & Barlow(1976)
multitreatment design (multiple treatments design)	Kazdin(1982) Kazdin(2011)
randomization design	Edginton(1972)
simultaneous treatment design	Browning(1967) Kazdin & Geesey(1977) Kazdin(2011)

multielement manipulation이라는 용어는 Sidman(1960)이 처음 사용했다. 그가 사

용한 multielement manipulation이란 표현은 서로 다른 중재는 서로 다른 자극과 연관된 것임을 보여 주는 조작적 조건화 절차를 묘사한 용어다. 이처럼 다른 중재를 다른 자극과 짝지어 소개하는 설계에 대해 Ulman & Sulzer-Azaroff(1975)은 multielement design이라고 했고, Agras, Leitenberg, Barlow, & Thomson(1969), Hersen & Barlow (1976), Leitenberg(1973)는 multiple schedule design이라고 했다. 그들이 설명하려는 설계는 하나의 중재 상황에서 둘 이상의 중재를 실시하되 각각 구별되는 자극 조건과 짝을 지어 중재를 실시한다는 것이 특징이다. 이 설계의 목적은 연구 대상이 다른 중재 조건에서는 다르게 행한다는 것을 보여 주는 것에 있다. 이 설계를 multiple schedule design이라고도 하는 것은, schedule이라는 단어는 강화 스케줄을 의미하는 것으로, 전등을 켜고 끄는 것과 같이 서로 구별이 되는 자극에 대해 각기 다른 강화 스케줄을 적용하는 것을 설명하기 위한 표현이다. 어떤 자극을 한 중재와 짝을 지어 제시하면 그에 대한 반응이 형성되고, 또 다른 자극을 다른 중재와 짝을 지어 제시하면 그에 대한 다른 반응이 나오게 된다. 이렇게 이 설계는 다른 자극에 대해서는 다른 반응을 하는 변별력이 있음을 보여 주는 것으로 사용되었던 것이다. multielement design이라는 용어는 multiple schedule design을 포함하는 개념으로, 이러한 설계가 강화 스케줄을 넘어서 폭넓게 사용될 수 있음을 반영해 주는 용어라 할 수 있다. 즉, multielement design의 주요 특징은 서로 다른 중재는 서로 다른 자극 조건에서 실행한다는 것이다. 이러한 설계를 사용한 예로는 4살 된 유아에게 세 가지 서로 다른 지시를 주고 지시에 따라 100%, 50%, 0%만큼씩 중재를 실행했을 때 유아의 순응 행동이 어떻게 달라지는지 살펴본 연구가 있다(Wilder, Atwell, & Wine, 2006).

randomization design이라는 용어는 Edginton(1972)이 time series 연구의 변형으로서 통계를 적용할 수 있는 설계를 위해 개발한 것이다. randomization design이란 A-B-A-B 설계를 A-B-B-A-B-A-A 등으로 A와 B의 제시 순서를 임의로 적용하는 것과 같다. 즉, 회기마다 다른 중재를 교대하는 것이 아니라, 한 중재를 여러 회기 실행하다가 또 다른 중재를 한 번 또는 여러 회기에 걸쳐 실시하는 식으로 중재를 제시하는 순서를 임의로 한다는 것이다. Edginton(1972)은 중재의 임의적 교대와 교대의 횟수를 강조하면서 중재를 자주 교대하며 반복하는 것은 임의적 관찰에 필요한 수만큼의 임의적 관찰 수를 획득하기 위한 것이라고 했다. 그러나 중재의 임의적 교대와 충분한 교대의 횟수는 중재 교대 설계의 주요 관심사는 아니다.

simultaneous treatment design은 Browning(1967)이 소개한 설계다. 이 설계는 중재 비교 상황에서 여러 가지 중재를 제시하고 연구 대상자가 그중의 하나를 선택하여 반응하도록 하는 것이다. 이런 방법을 사용한 설계를 concurrent schedule design이라고도 했다(Hersen & Barlow, 1976; Kazdin & Hartmann, 1978). 즉, 동시에 두 가지 이상의 중재를 적용한다는 뜻을 포함하고 있다. 이때 연구 대상자는 중재가 동시에 주어지기 때문에 자신이 선호하는 중재를 선택할 수 있다. 그러나 한 중재를 선택하게 되면 선택한 중재만 경험하게 된다. 즉, 각 중재를 똑같은 비율로 경험하지 않게 될 것이라는 점이 문제다. 또한 연구 대상들이 선호하는 중재라고 해서 효과가 더 좋은 것으로 나타나는 것은 아니다. 이 설계의 특징은 여러 중재를 동시에 제시하여 대상자가 그중에서 선택하도록 한다는 것이다. 이 설계를 실행하기 위해서는 중재를 동시에 제시할 수 있도록 각기 다른 중재를 실행할 수 있는 여러 명의 중재자가 필요하다. 이 설계에서 중재가 특정 중재자와 짝지어져 있다는 것은 multielements design과 비슷한 점이다. 그런데 엄밀하게 말하면 여러 중재를 동시에 제시하고 선택한 것이지 중재를 교대로 적용한 것이 아니므로 중재를 비교하는 설계라고 보기는 어렵다.

alternating treatments design이라는 용어는 Barlow와 Hayes(1979)가 소개한 것으로 한 대상자에게 여러 중재를 비교적 빠른 속도로 교대하면서 실시하여 그 중재들 간의 효과를 비교하는 연구 방법을 의미한다.

이상으로 살펴본 용어들이 의미하는 설계의 공통점은 한 대상자에게 여러 중재 상황을 비교적 빠르게 교대한다는 것이다. 살펴본 용어들을 alternating treatment design을 중심으로 그 차이점을 정리하자면, multiple schedule design을 포함하는 multielement design은 서로 다른 중재를 서로 다른 자극 조건에서 실행한다는 것이고, randomization design은 구별되는 설계라기보다는 통계 분석을 위한 무작위 중재 제시를 위한 제안으로 볼 수 있고, simultaneous treatment design은 여러 중재가 동시에 제시된다는 것이다. 이처럼 여러 용어들이 약간씩 그 의미하는 바가 다른 이유는 다른 용어로 불리는 각 설계들이 alternating treatments design의 다양한 변형이기 때문이다.

그런데 동일한 의미의 설계를 서로 다르게 부르고 있는 경우가 있으므로 주의해야 한다. 예를 들어, Kazdin(2011)은 그의 최근의 책에서는 simultaneous treatment design이라는 용어를 alternating treatments design의 동의어로 소개하고 있다. 또한 그는 바로 앞에서 살펴본 여러 중재를 동시에 제시하는 설계는 simultaneous treatment design이 아니라 multiple treatment design의 변형이라고 소개하고 있다. Kazdin(2011)이 의미하는 multiple treatment design이란 여러 중재를 한 대상에게 교대로 적용하는 설계를 뜻하므로, 〈표 8-2〉에서 소개한 모든 설계를 포함하는 개념이다. 따라서 그가 말하는 multiple treatment design은 앞에서 소개한 복수중재 설계를 의미하는 것이 아니므로 혼동하지 않도록 주의해야 한다. 또 다른 예로, Kennedy(2005)는 한 대상자에게 여러 중재를 비교적 빠른 속도로 교대하는 것을 multielement design이라고 부르자고 주장하고 있다. 한편 그는 alternating treatments design이라는 용어는 Barlow와 Hayes(1979)가 소개한 네 가지 상황으로 구성된 설계에 한해서만 사용할 것을 제안하면서, alternating treatments design은 multielement design의 변형의 한 종류라고 했다.

이 책에서는 한 연구 대상에게 다른 중재를 비교적 빠르게 교대하여 그 효과를 비교한다는 공통적 의미가 가장 잘 전달되는 alternating treatments design을 선택하여 이러한 특징의 설계를 대표하는 명칭으로 사용하고, 우리말 명칭은 중재 교대 설계로 사용하기로 한다. 사실, 이 설계에 대한 우리말 명칭도 중재 교대 설계, 교체 처치 설계, 엇갈림 중재 설계 등으로 다양하다(이소현, 박은혜, 김영태, 2000; 홍준표, 2009).

(2) 중재 교대 설계의 기본 개념

중재 교대 설계(alternating treatment design)는 한 대상자에게 여러 중재를 비교적 빠른 속도로 교대하면서 실시하여 그 중재들 간의 효과를 비교하는 연구 방법이다(Barlow & Hayes, 1979). 개별 대상 연구에서 두 가지 중재를 각각 다른 연구 대상에게 실시하여 그 효과를 비교하기는 어렵다. 두 사람이 가지고 있는 개인차 때문에 결과적으로 나타난 차이가 중재의 차이 때문인지 개인차 때문인지 구별하기 어렵기 때문이다. 이렇게 연구 대상자들의 개인차 때문에 두 가지 다른 중재의 비교가 어려울 때에 한 연구 대상자를 둘로 나누어서 두 가지 중재를 실시해 보는 것이 가장 이상적일 것이다. 이러한 생각에서 한 대상자에게 여러 중재를 교대로 실시하는 중재 교대 설계가 나오게 되었다.

중재 교대 설계는 변별 학습 원리에 기초하고 있다. 이는 같은 행동이 다른 자극이 있는 곳에서 다르게 다루어진다면 다른 반응을 나타낼 것이라는 것이다. 즉, 서로 다른 중재에 대해서 다르게 반응할 것이라고 보는 것이다. 그러므로 중재 교대 설계를 적용할 때는 대상자가 중재에 대한 변별 능력이 있음을 전제로 한다.

중재 교대 설계는 한 중재가 다른 중재보다 꾸준히 다른 반응 수준을 나타낼 때, 중재 효과의 차이를 입증하게 된다. 중재 결과를 그래프에 옮길 때는 서로 다른 중재에 대한 종속 변수의 값은 함께 선으로 연결하지 않고, 각 중재에 대한 자료선이 구별되게 긋도록 한다. 그렇게 해서 두 중재 효과의 강도 차이는 각각의 자료선 간의 수직적 거리의 차이로 나타나게 한다. 즉, 수직적 거리가 크면 두 중재의 효과 차이도 큰 것을 의미하며, 자료선이 중복되는 구간이 많으면 중재 효과가 차이를 보이지 못하는 것을 의미한다.

[그림 8-8]은 가상 자료를 이용하여 중재 교대 설계를 그래프로 나타낸 예다.

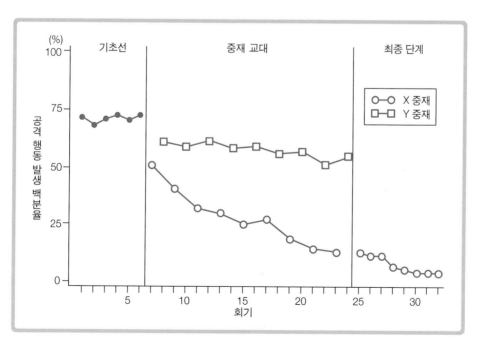

출처: 양명희(2012).

[그림 8-8] 중재 교대 설계의 예

[그림 8-8]에서 보면, 아동은 기초선 기간에 높은 수준의 공격적 행동을 나타내고 있었다. 중재에 들어서면서 회기별로 X 중재와 Y 중재를 번갈아 가며 적용했다. 6회기에서 24회기까지 중재가 적용되는 동안을 살펴보면 Y 중재를 적용하면 공격적 행동이 기초선 수준보다 약간 떨어짐을 볼 수 있고, X 중재는 적용할 때마다 공격적 행동이 점점 더 감소한 것을 볼 수 있다. 결과적으로 X 중재가 Y 중재보다 공격적 행동을 월등한 수준으로 감소시킬 수 있었다. 최종 단계에서는 효과가 더 컸던 X 중재만 단독으로 적용하였고 그 결과 공격적 행동은 계속적으로 더 낮은 수준이 되었다. 중재 교대 설계를 적용하기에 적절한 경우의 예로는 언어 표현이 제한된 자폐 아동에게 구화법과 수화법 중 어느 것이 더 많은 낱말을 습득하게 하는지 알고자 하는 경우 등이다.

Barlow와 Hayes(1979)는 중재 교대 설계를 소개하면서 이 설계는 네 가지의 상황(phase)으로 구성된다고 했다: 1) 기초선 상황, 2) 중재를 교대하는 상황, 3) 더 효과 있는 중재의 적용 상황, 4) 추후(follow-up) 상황. 이 네 가지 상황으로 구성된 설계는 [그림 8-8]의 마지막 상황 다음에 추후 상황을 하나 더 추가한 것과 같다.

Barlow와 Hayes(1979)가 제안하는 네 가지 상황의 필요와 의미를 각각 살펴보도록 하자. 제일 먼저, 표적 행동에 대한 기초선 자료를 수집하는 상황이다. 중재 교대 설계에서 기초선 상황은 필요할까? 사실 기초선 상황의 필요는 연구 질문에 달렸다. 연구 질문이 3장에서 설명한 증명 질문이면 기초선 자료가 꼭 필요하고, 비교 질문이나, 매개 변수 분석 질문이나, 구성 요소 분석 질문이라면 반드시 독립적인 기초선 상황이 필요한 것은 아니다. 그런데 중재 교대 설계는 기본적으로 두 가지 이상의 중재를 한 대상에게 교대로 실시하여 그 효과를 비교하는 것에 있기 때문에, 중재를 교대로 실시하는 상황만으로도 충분하다고 할 수 있으므로 기초선 상황이 반드시 필요한 것은 아니다. 그뿐만 아니라 기초선 자료가 꼭 안정적이어야 하는 것도 아니다. 왜냐하면 실험 통제는 두 중재의 교대 상황에서 보여 줄 수 있기 때문이다. 따라서 기초선 상황 없이도 중재 교대 설계를 적용하는 것이 가능하다. 하지만 두 중재가 서로 차이를 보여 주지 못할 때는 어떤 중재도 효과를 입증하기 어려울 수 있기 때문에 가능하다면 짧게라도 기초선 상황을 실시하는 것이 바람직할 것이다.

그뿐만 아니라 중재 교대 설계에서는 중재 교대 상황이 시작된 다음에도 계속해서 기초선 자료를 수집하는 경우도 있다. 그런 경우는 연구자가 기초선 상황의 자료에 근거하여 중재가 없다면 자료가 어떻게 될지 예측할 필요가 없고, 중재 교대 상황에서 기초선 자료를 직접 수집하여 중재 자료와 비교할 수 있다. 그렇게 하면 중재 교대 상황에서 복수 중재 간섭이 있는지 알아보는 데 도움이 된다. 즉, 중재를 교대하는 상황에서의 기초선 자료가 처음 기초선 상황에서 수집된 자료와 비슷한 패턴을 보이며 안정적이라면 복수 중재 간섭이 별로 없다는 것을 의미하는 것이다. 더나아가서 중재 교대 상황의 자료가 처음 기초선 상황의 자료와 비교할 때뿐 아니라 중재 교대 상황의 기초선 자료와도 뚜렷한 차이를 보이는 것은 중재 효과를 명확하게 입증하는 것이다. 그런데 중재 교대 상황의 기초선 자료가 처음 기초선 상황의 자료보다 수준이나 경향, 변화율에서 차이를 보인다면 이는 복수 중재 간섭을 의심할 수 있다.

다음으로, 두 가지 이상의 중재를 교대하는 상황을 살펴보자. 중재 교대 상황에서는 서로 다른 중재에서 각각 안정된 자료 수준을 보일 때까지 중재를 계속 적용한다. 그리고 한 중재가 다른 중재보나 꾸준히 더 치료적인 수준이나 경향의 자료를 나타내면 더 효과가 있다고 할 수 있다. 중재 효과는 반복 입증되는 것이 바람직한데, 다른 개별 대상 연구와는 달리 중재 교대 설계는 한 상황 내에서 두 중재를 반복하여 교대로 적용하기 때문에 구별되는 한 상황과 다른 상황의 자료를 비교하여 중재 효과를 입증하는 것이 아니다. 두 중재의 자료선 간의 수직적 거리의 차이로 두 중재를 비교할 수 있다. 즉, 수직적 거리가 크면 두 중재의 효과 차이도 큰 것을 의미하며, 자료선이 중복되는 구간이 많으면 중재 효과가 차이를 보이지 못하는 것을 의미한다. 이를 수식을 이용하여 계산하는 방법으로는 각 중재를 적용했을 때 종속변수 자료 값이 서로 중복되지 않은 퍼센트(percentage of non-overlapping data: PND)를 구하는 방법이 있다(Gast, 2010). 한 중재의 자료 값과 상응하는 다른 중재의 자료 값을 비교하여 더 우월한 값을 나타낸 자료가 몇 퍼센트인지 계산하는 방법이다. 예를 들어, 5회기 동안 중재 B와 C를 교대로 적용한 경우에 4회기 동안 중재 B가 중재 C보다 더 향상된 값을 나타내고 한 회기에서만 중재 B가 중재 C보다 더 낮은 값을 보였다면 자료의 80%에서 중재 B가 더 효과 있음을 나타냈다고 분석할 수 있다.

중재 교대 상황에서 중요한 것은 대상자에게 혼돈을 줄 수 있는 여러 자극 조건들의 균형 잡기(counterbalancing)다. 균형 잡기란 중재의 순서를 비롯하여 중재와 같이 제시될 수 있는 자극 조건들(시간대, 중재자, 장소 등)을, 비교하는 중재끼리 균형을 맞추어 제시하는 것을 의미한다. 즉, 두 가지 중재를 적용하는데 한 가지 중재가 특정 자극과만 짝지어지지 않도록 각 중재마다 자극 조건이 번갈아가며 고르게 짝지어지도록 균형을 잡는 계획을 세워 중재를 교대로 실행해야 한다. 예를 들어, 하루 중에 오전, 오후로 두 가지 중재를 교대하며 실시한다면 중재 B는 오전에 중재 C는 오후에 실행하는 것이 아니라, 중재 B와 C의 실행 시간이 오전, 오후에 고르게 분포되도록 한다는 것이다. 중재를 실시하는 장소나 사람 등도 마찬가지로 균형을 맞추어야 한다. 그렇게 균형잡기를 통해서 다른 모든 자극 조건들은 모두 비슷하게 균형이 맞고 다만 중재만 달랐을 때 반응에 차이가 있는지 확인하는 것으로 중재 효과를 비교하는 것이다. 즉, 균형 잡기는 중재에 따른 행동 변화 차이가 중재 자체에 기인하는 것을 보여 주기 위한 것이다.

그다음 상황에서는 다른 중재보다 더 효과가 있는 것으로 나타난 중재만 적용한다. 중재 교대 설계에서 더 효과적인 중재를 적용하는 상황은 꼭 필요할까? (실제 발표된 많은 연구에서는 이러한 상황을 포함하는 경우는 많지 않다.) 그런데 중재 교대 상황 뒤에 더 효과적인 중재를 적용하는 상황이 있다면 복수 중재 간섭의 통제를 보여 주는 데 도움이 된다. 즉, 중재 교대 상황이 끝나고 더 효과적인 중재를 적용하는 상황에서도 자료가 중재 교대 상황과 변함없이 비슷한 패턴을 보여 주면 중재 교대 상황에서 보여 준 차이가 복수 중재 간섭 때문이 아니라 효과 있는 그 중재 때문임을 보여 주는 것이기 때문이다.

마지막으로 추후(follow-up) 상황이다. 모든 중재를 철회한 상황을 마지막에 실행할 수 있다. 이는 중재 제거 설계의 논리를 따른 것이라고 할 수 있다. 하지만 중재 효과를 비교 입증하는 데 꼭 필요한 상황은 아니다.

Barlow와 Hayes(1979)가 제시한 네 가지 상황의 조합에 따라 네 종류의 중재 교대 설계가 가능하다: 1) 네 가지 상황을 모두 포함하는 설계, 2) 기초선 상황과 중재 교대 상황만 있는 설계, 3) 기초선 상황 없이 중재 교대 상황과 더 효과 있는 중재의 적용 상황으로 구성된 설계, 4) 중재 교대 상황만 있는 설계.

중재 교대 설계에서 내적 타당도를 입증하기 위해서는 한 중재가 다른 중재보다

꾸준히 다른 반응 수준을 나타내야 한다. 그럴 때는 복수 중재 설계에서 문제가 되
는 연구 대상자의 역사나 성숙은 문제가 되지 않는다. 왜냐하면 중재 교대 설계에서
중재의 교대는 한 회기 안에서 또는 바로 인접 회기에서 실행하기 때문이다. 그리고
이월 영향과 같은 복수 중재 간섭을 통제하려면 중재를 시작하기 전에 중재를 제시
할 균형 잡힌 계획표를 만들고, 중재의 제시 순서, 중재 실시 시간, 중재를 실시하는
교사/치료자와 같은 변수의 균형을 잡아야 한다.

또한 중재 교대 설계에서는 한 중재가 계속해서 오랫동안 연구 대상자에게 노출
되지 않기 때문에 중재 순서에 따른 영향을 줄일 수 있다. 그러나 중재 B와 C를 교
대하는 중재 교대 설계에서 B가 더 효과 있는 것으로 나타났을 때, 중재 B의 효과가
중재 B를 단독으로 실시했을 때도 같게 나타날 것인지, 또는 중재 B의 효과가 일반
상황에서 일반화될 것인지에 대한 의문이 있을 수 있다. 즉, 중재 B의 효과는 중재 C
와 반복적인 교대를 한 것에 영향을 받았을 수 있다(교대 영향)는 것이다. 중재 교대
설계에서 중재 효과의 차이가 다른 모집단이나 다른 연구 대상자, 다른 행동, 다른
조건 등에서 반복 입증되면 외적 타당도를 입증할 수 있다.

중재 교대 설계는 연구 대상자에게 변별학습이 이루어졌다는 것을 기본 가정으로
한다(Leitenberg, 1973). 만일 변별 학습이 이루어지지 않는다면, A라는 자극에서는
A′라는 반응이 요구되는 상황에서 연구 대상자가 A′라는 반응을 하지 못하게 된다
는 뜻이다. 그렇다면 두 가지 중재의 차이는 아무런 의미를 갖지 못한다. 그러므로
두 중재 적용 결과가 비슷할 때 중재 B와 중재 C의 효과는 서로 차이가 없다는 결론
을 내리기 전에 연구 대상자가 B와 C의 차이를 모르기 때문에 아무렇게나 반응했는
지도 모른다는 의심을 할 수 있다. 따라서 B와 C의 효과 차이를 보고자 할 때는 먼저
대상자가 B와 C가 다르다는 것은 알고 있다는 것이 전제되어야 한다는 뜻이다. 예
를 들어, 과제 수행 행동에 대한 자기 기록과 자기 평가를 비교하는 연구에서 연구
대상자가 두 중재의 차이를 구분하지 못하면 자기 기록을 해야 하는데 자기 평가를
하고 있을 수 있고, 그렇게 되면 과제 수행 행동에 대한 자기 기록의 효과를 볼 수
없게 된다. 즉, 변별이 이루어지지 않으면 중재 효과의 차이는 의미가 없다.

(3) 중재 교대 설계의 특징

중재 교대 설계는 다음과 같은 장점이 있다. 첫째, 이 설계는 한 대상에게 두 가지 중재를 빠르게 교대로 실시하기 때문에 기초선 자료의 측정을 반드시 하지 않아도 되는 장점이 있다. 이렇게 기초선 자료를 요구하지 않기 때문에 형식적 기초선 없이 표적 행동에 대해 즉시 중재에 들어갈 수 있다. 둘째, 교대로 실시하는 중재끼리 비교하는 것이기 때문에 중재 효과를 입증하기 위해 중재를 제거/철회할 필요가 없다. 이 설계에서는 중재와 중재 없는 상황을 비교하고 싶으면 중재 없이 기초선 상황을 길게 관찰할 필요 없이 중재와 기초선 자료를 한 상황에서 교대하는 방법을 사용할 수 있다. 셋째, 복수 중재 설계는 오랜 시간을 두고 중재를 교체하는 데 비해 중재 교대 설계는 회기별로 또는 한 회기 안에서 중재를 교대하기 때문에 상대적으로 중재 효과를 빨리 비교할 수 있다는 장점도 있다. 한 상황에 최소한 세 개 이상의 자료점을 요구하는 복수 중재 설계보다 더 빨리 중재 효과를 알아볼 수 있는 것이다. 따라서 실험을 상대적으로 빨리 끝낼 수 있다. 넷째, 중재 간의 종속 변수 값 차이의 크기로 효과를 입증하기 때문에 중재 기간이 길지 않아도 된다. 다섯째, 중재 제거 설계나 복수 기초선 설계는 중재 시작 전에 기초선 자료의 안정성이 요구되는 반면, 중재 교대 설계는 기초선 자료의 변화율에 상관없이 중재 교대를 할 수 있다는 점이다. 따라서 기초선 자료의 변화율이 심한 경우에도 적용할 수 있는 좋은 설계라고 할 수 있다.

중재 교대 설계의 단점은 다음과 같다. 첫째, 중재를 적용할 때 연구 대상자별로 중재 절차 적용에 대한 높은 수준의 일관성을 요구한다. 둘째, 설계가 상당히 인위적이다. 실제로 일반 학급이나 임상 현장에서 그렇게 빠르게 중재를 교대하여 실시하는 경우는 드물기 때문이다. 셋째, 중재 횟수뿐 아니라 다른 변수(예: 교사/치료자, 시기, 장소, 중재 제시 순서 등)도 균형을 이루어야 하는 어려움이 있다. 따라서 중재 시작 전에 중재를 제시할 균형 잡힌 시간표를 계획해야 한다는 것이다. 중재를 제시할 순서와 시간, 중재를 실시할 교사/치료자와 같은 변수들도 균형을 이루어야 한다. 예를 들어, 같은 날 두 중재를 교대하여 실시한다면 한 가지 중재만 언제나 먼저 실시해서는 안 되고, 중재 제시 순서에 대한 균형을 유지하도록 미리 계획해야 한다. 넷째, 복수 중재 간섭이 쉽게 발견되지 않는다. 왜냐하면 이 설계에서는 중재를 적용한 경우와 중재를 적용하지 않은 경우를 비교하는 경우가 드물기 때문이다. 다섯째, 효과의 차이가 약한 중재끼리는 중재 기간이 길어지면 뚜렷한 차이를 나타내지 못한다는 것도 단점이다. 여섯째, 반전이 가능한 행동에만 적용할 수 있다는 제한점이 있다. 중재 교대 설계에서는 두 가지 이상의 중재 효과를 비교해야 하기 때문에 표적 행동은 중재에 따라 증가 또는 감소될 수 있는 반전 가능한 행동이어야 한다.

중재 교대 설계가 복수 중재 설계와 다른 점은 복수 중재 설계에서는 오랜 시간을 두고 중재를 교대하고, 중재 교대 설계는 회기별로 또는 한 회기 안에서 중재를 교대한다는 것이다. 그리고 복수 중재 설계에서는 중재 회기 수가 중재별로 달라도 되는데, 중재 교대 설계에서 각 중재는 서로 같은 수만큼 제시되어야 한다. 중재 교대 설계가 중재 제거 설계 또는 복수 기초선 설계와 다른 점은 자료의 안정성과 상관없이, 또한 표적 행동의 변화 정도에 상관없이 중재를 교대할 수 있다는 것이다.

(4) 중재 교대 설계의 변형

앞에서 중재 교대 설계의 다양한 명칭을 소개할 때 설명한 복수 요소 설계(multielement design)와 동시 중재 설계(simultaneous treatment design)는 중재 교대 설계의 변형이라고 볼 수 있다. 복수 요소 설계는 중재를 교대하되 서로 다른 중재는 서로 다른 자극 조건과 짝지어 제시하는 것이고, 동시 중재 설계는 중재를 교대하는 것이 아니라 여러 중재를 동시에 제시하여 선택하도록 하는 것이다.

또한 중재 교대 설계는 중재 교대 상황만으로도 연구가 가능한 설계이지만, 기초선 상황이나 효과 있는 중재의 단독 적용 상황 등의 조합에 따라 여러 가지 변형이 나올 수 있다. 그뿐만 아니라 중재를 같은 회기에 교대하느냐 회기별로 교대하느냐에 따라 또는 중재 교대 상황에서 일반화 자료를 수집하느냐에 따라서 설계가 약간씩 달라질 수 있다.

그 외에도 중재 교대 설계의 또 다른 변형으로는 '개선된 중재 교대 설계(adapted alternating treatments design)' '순차적 중재 교대 설계(sequential alternating treatment design)' '평행 중재 설계(parallel treatments design)' 등이 있다(Sindelar, Rosenberg, & Wilson, 1985; Wacker와 그의 동료들, 1990; Wolery, Bailey, & Sugai, 1988).

① 개선된 중재 교대 설계

개선된 중재 교대 설계(adapted alternating treatments design)는 반전되지 않는 행동에 대한 교수 방법을 비교하기 위해 개발된 설계다(Sindelar, Rosenberg, & Wilson, 1985). 특히 새로운 행동의 습득을 위한 교수 방법들을 비교하기에 적절한 설계다. 개선된 중재 교대 설계는 비교하는 모든 중재를 한 표적 행동에 적용하는 중재 교대 설계와는 달리, 여러 표적 행동의 세트에 중재들을 교대로 적용한다. 예를 들어, 다문화 가정의 아이에게 한글을 가르치는데 아이가 아직 모르는 한글 중에서 난이도가 비슷한 낱말들을 서로 다른 교수 방법을 적용하여 더 효과적인 교수법을 입증하려는 경우에, 개선된 중재 교대 설계를 사용할 수 있다.

개선된 중재 교대 설계는 세 개의 상황으로 구성할 수 있다: 1) 기초선 상황, 2) 중재 교대 상황, 3) 추후 상황. 이를 그림으로 나타내면 [그림 8-9]와 같다. 먼저, 기초선 상황에서는 모든 표적 행동 세트에 대한 기초선 자료를 수집한다(①). 다음으로 중재 교대 상황에서는 각 표적 행동 세트에 각각의 다른 중재를 적용한다(②). 각 중재의 적용은 자료가 미리 설정된 기준에 도달할 때까지 계속한다. 어떤 한 중재를 적용하여 자료가 먼저 기준에 도달하더라도 다른 중재는 좀 더 적용하도록 한다. 마지막으로 처음 기초선 상황처럼 중재 없는 상황에서 모든 표적 행동 세트에 대한 자료를 수집한다(③).

[그림 8-9] 개선된 중재 교대 설계의 모형

개선된 중재 교대 설계의 표적 행동들의 조건은 중재 교대 설계와는 다르다. 첫째, 표적 행동들은 반전되지 않는 것이어야 하고, 둘째, 새로 습득할 행동이어야 하며, 셋째, 서로 난이도가 비슷해야 하고, 넷째, 서로 기능적으로 유사하면서도 독립적이어야 한다. 난이도가 비슷하다는 것은 정해 놓은 기준에 도달하는 데 동일한 중재의 양이 요구되어야 한다는 뜻이다. Gast(2010)는 표적 행동들이 서로 난이도가 비슷해야 두 가지 중재를 비교할 수 있다고 하면서 표적 행동들의 난이도를 평가할 수 있는 방법들을 소개하기도 했다(Gast, 2010, p. 359). 표적 행동이 기능적으로 독립적이라는 것은 한 표적 행동에 대한 중재의 적용이 중재를 적용하지 않은 다른 행동의 변화를 가져오지 않는다는 뜻이다. 개선된 중재 교대 설계에서는 다른 중재 비교 설계들에서 나타날 수 있는 중재의 비분리성 문제나 중재 효과의 비반전성 문제는 없다.

개선된 중재 교대 설계와 비슷하게 다른 중재 조건에서 반전되기 어려운 새로운 기술(행동)의 습득을 비교하는 방법으로 Boren(1963)이 소개한 repeated acquisition design이 있다. 이 설계가 개선된 중재 교대 설계와 다른 점은 [그림 8-9]에서 볼 수 있는 기초선 상황들이 없다는 것이다. 이 설계에 대해 더 관심 있는 경우는 Boren(1963)과 Boren & Devine(1968)의 논문을 참고할 수 있다.

② 순차적 중재 교대 설계

순차적 중재 교대 설계(sequential alternating treatment design)는 Wacker와 그의 동료들(1990)이 중재를 적용하기 전에 자연스러운 기초선 자료 수집이 어려운 경우를 위해 개발한 설계다. 이는 중재 교대 설계와 복수 기초선 설계를 통합한 것과 같으므로 통합 설계로 분류될 수도 있다. 이 모형을 그림으로 나타내면 [그림 8-10] 또는 [그림 8-11]과 같다. [그림 8-10]처럼 두 중재를 교대하는 상황(①) 뒤에 각 중재를 따로 적용하는 상황(②, ③)이 이어지게 하거나, [그림 8-11]처럼 두 중재를 교대하는 상황(①) 뒤에 더 효과 있는 중재만 실시하는 상황(②)을 오게 하는 것이다.

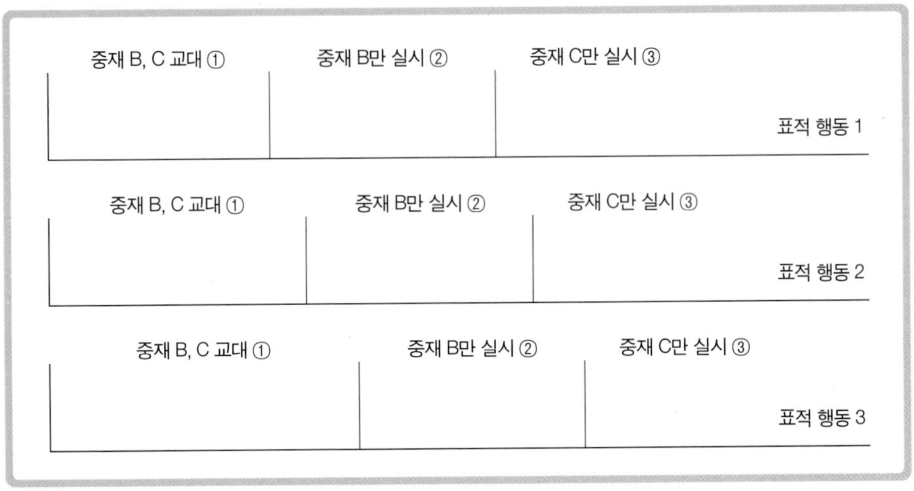

| 중재 B, C 교대 ① | 중재 B만 실시 ② | 중재 C만 실시 ③ |
| 표적 행동 1 |
| 중재 B, C 교대 ① | 중재 B만 실시 ② | 중재 C만 실시 ③ |
| 표적 행동 2 |
| 중재 B, C 교대 ① | 중재 B만 실시 ② | 중재 C만 실시 ③ |
| 표적 행동 3 |

[그림 8-10] 순차적 중재 교대 설계 모형 1

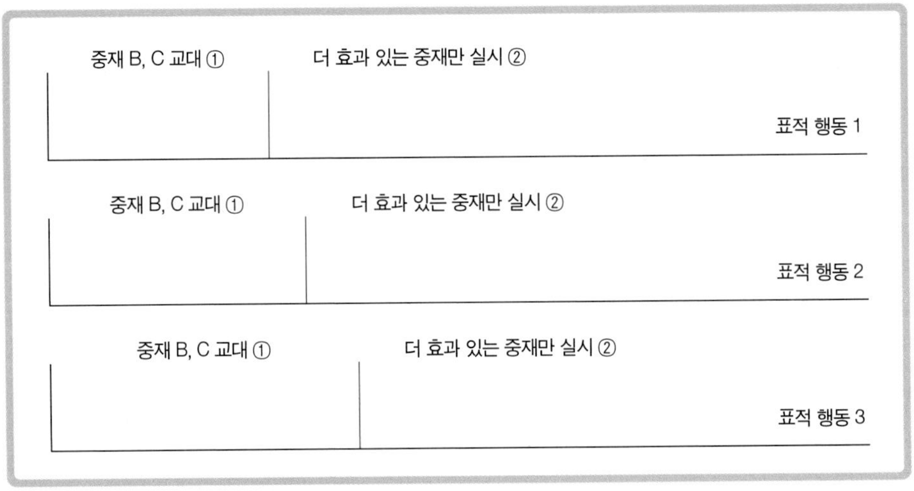

| 중재 B, C 교대 ① | 더 효과 있는 중재만 실시 ② |
| 표적 행동 1 |
| 중재 B, C 교대 ① | 더 효과 있는 중재만 실시 ② |
| 표적 행동 2 |
| 중재 B, C 교대 ① | 더 효과 있는 중재만 실시 ② |
| 표적 행동 3 |

[그림 8-11] 순차적 중재 교대 설계 모형 2

순차적 중재 교대 설계는 복수 중재 간섭을 찾는 방법으로는 적절하지 않다. 그리고 둘 이상의 중재를 비교하면서 두 중재 모두 반전되지 않고 영속적인 결과를 보일 것 같을 때는 다음에서 설명하는 평행 중재 설계를 적용하는 것이 좋다.

③ 평행 중재 설계

개선된 중재 교대 설계와 같이 난이도가 유사한 행동들에 대한 중재 기법 간의 효과를 비교하는 것으로 평행 중재 설계(parallel treatments design)가 있다. 평행 중재 설계는 반전이 어렵고 독립적이지만 난이도가 유사한 행동들에 대한 두 중재 기법 간의 효과를 간접적으로 비교할 수 있는 설계다(Wolery, Bailey, & Sugai, 1988). 이 설계는 두 개의 복수 간헐 기초선 설계를 동시에 실시하는 것과 같다(Gast & Wolery, 1988). 이 설계는 어떤 행동을 감소시키거나 유창성을 향상시키기보다는 새로운 행동을 가르치는 중재를 평가하기에 유용한 설계다. 또한 이 설계는 여러 표적 행동에 적용할 수 있는데, 표적 행동이 갖추어야 할 조건은 개선된 중재 교대 설계와 같다. 그리고 중재를 적용하기 전에는 표적 행동이 변화하지 않을 것을 전제할 수 있어야 한다.

평행 중재 설계의 모형은 [그림 8-12]와 같다.

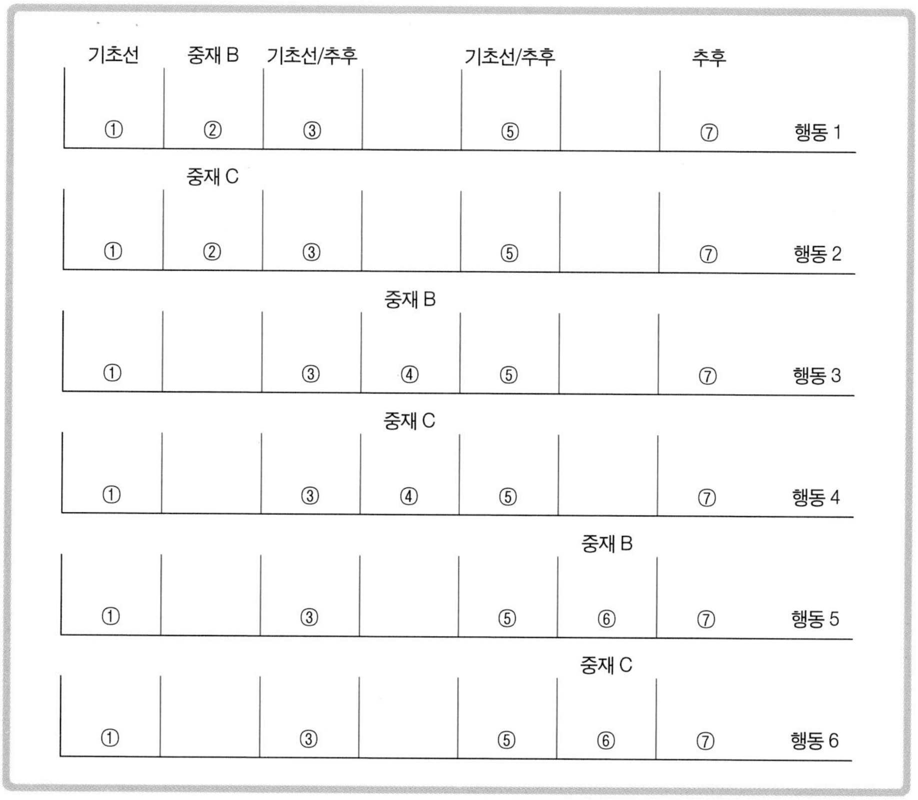

기초선	중재 B	기초선/추후	기초선/추후	추후	
①	②	③	⑤	⑦	행동 1
	중재 C				
①	②	③	⑤	⑦	행동 2
		중재 B			
①		③ ④	⑤	⑦	행동 3
		중재 C			
①		③ ④	⑤	⑦	행동 4
			중재 B		
①		③	⑤ ⑥	⑦	행동 5
			중재 C		
①		③	⑤ ⑥	⑦	행동 6

[그림 8-12] **평행 중재 설계의 모형**

위의 [그림 8-12]에서는 세 가지 표적 행동(1, 3, 5)에 대해 중재 B를 간헐 복수 기초선 설계로 실시하고, 동시에 그와 동일한 스케줄로 세 가지 표적 행동(2, 4, 6)에 대해 중재 C를 간헐 복수 기초선 설계를 실시한 것임을 알 수 있다.

위의 [그림 8-12]에서 보는 것처럼 평행 중재 설계는 7개의 상황으로 구성된다. 처음 상황인 기초선 기간에는 모든 표적 행동 세트에 대해 자료를 수집한다(①). 두 번째 상황에서는 두 중재를 서로 비슷한 난이도를 가진 표적 행동 1과 2에 대해 각각 실시한다(②). 미리 설정된 기준에 만족할 때까지 중재를 실시한다. 세 번째 상황에서는 다시 모든 표적 행동에 대해 기초선 자료를 수집한다(③). 네 번째 상황에서는 두 중재를 서로 비슷한 난이도를 가진 표적 행동 3과 4에 대해 각각 실시하여 미리 설정된 기준에 만족할 때까지 계속한다(④). 다섯 번째 상황에서는 다시 모든 표적 행동에 대해 기초선 자료를 수집한다(⑤). 여섯 번째 상황에서는 두 중재를 서로 비슷한 난이도를 가진 표적 행동 5와 6에 대해 각각 실시하여 미리 설정된 기준에 만족할 때까지 계속한다(⑥). 마지막으로 일곱 번째 상황에서는 모든 표적 행동에 대해 기초선 자료를 수집한다(⑦).

(5) 중재 교대 설계를 적용한 연구의 예

〈표 8-3〉은 중재 교대 설계를 이용한 논문들의 예다.

표 8-3 중재 교대 설계를 이용한 논문들의 예

김미점, 염동삼(2009). 강제유도운동치료가 외상성 뇌손상 환자의 손의 기민성과 놓기 능력에 미치는 효과. 한국고령친화건강정책학회지, 1(1), 51-61.

김원호, 전병진(2005). 수행에 대한 지식과 결과에 대한 지식이 정신지체 성인의 운동학습에 미치는 영향. 대한작업치료학회지, 13(2), 31-39.

김정일, 허유송(2008). 컴퓨터 활용 비디오 모델링이 자폐성 아동의 단어 철자쓰기 증진에 미치는 효과. 재활복지, 12(1), 83-99.

김정효(2007). 선호하는 AAC 양식의 선택을 위한 대화책과 필기도구 중재가 정신지체 고등학생의 의사소통반응행동에 미치는 영향. 특수교육, 6(1), 143-164.

정동훈(2013). 뇌성마비 학생의 컴퓨터 접근성 증진을 위한 포인팅기기의 효율성 비교. 특수교육재활과학연구, 52(2), 33-53.

정병록, 정보인(2009). 자폐아동의 상동행동 치료에서 감각통합치료와 응용 행동 분석의 치료효과 비교. 대한작업치료학회지, 17(1), 17-27.

정옥란, 심홍임, 고도흥(2001). 위계적 고착현상 치료 프로그램의 적용. 음성과학, 8(4), 75-86.

양회송(2003). 동결견 환자의 초음파치료 시 신장여부에 따른 관절가동범위 회복과 통증감소 효과 비교. 한국전문물리치료학회지, 10(1), 129-137.

오세진, 문광수, 이충원(2007). 상이한 성과급 비율이 직무수행에 미치는 상대적 영향력에 대한 체계적 재검증. 한국심리학회지 산업 및 조직, 20(3), 315-333.

오세진, 이요행(2005). 성과급 비율의 차이가 직무수행에 미치는 영향에 대한 검증. 한국심리학회지 산업 및 조직, 18(3), 481-497.

윤은정, 이인경(2011). 신체표현활동중심 교수가 시각장애학생의 의태어 활용력과 신체 표현력 향상에 미치는 영향. 특수교육연구, 18(1), 1-24.

이미숙(2009). 선호하는 물건과의 놀이가 중증 발달지체 아동의 머리 부딪치기 자해행동에 미치는 효과. 한국놀이치료학회지, 12(2), 97-110.

이에리사, 이경선, 성정아(2008). 고무 밴드 자극과 범실횟수 기억이 탁구선수의 범실 줄이기에 미치는 효과. 체육과학연구논총, 18(1), 147-161.

이종길, 이인경(2007). 과제제시 형태와 강화의 연합 교수가 정신지체인의 과제수행에 미치는 영향. 한국특수체육학회지, 15(3), 207-226.

Ko, Do Heung, Jeong, Ok Ran. (1998). Treatment Effect of a Modified Mekidic Intonation Therapy (MMIT) in Korean Aphasics. 음성과학, 4(2), 91-102.

〈표 8-3〉에 소개한 중재 교대 설계 중에서 정동훈(2013)의 연구와 이에리사, 이경선, 성정아(2008)의 연구와 정병록, 정보인(2009)의 연구를 살펴보자.

- 연구 논문의 예 I:
  정동훈(2013). 뇌성마비 학생의 컴퓨터 접근성 증진을 위한 포인팅기기의 효율성 비교. 특수교육재활과학연구, 52(2), 33-53.
- 연구 대상: 뇌성마비로 진단받은 중학교 남학생 3명
- 독립 변수:
  - 조이스틱 방식의 포인팅 기기 사용
  - 트랙볼 방식의 포인팅 기기 사용
- 종속 변수: 과제 수행력
  - 클릭 속도: 스크린에 나타난 타깃을 정확히 클릭하기까지 걸린 시간
  - 클릭 정확도: 타깃을 정확히 조준하여 타깃 내에 커서가 위치한 상태에서 제

한 시간(10초) 내에 클릭이 이루어진 정반응을 할 때 정반응 시 시도한 클릭 횟수

- 드래그 속도: 스크린에 출현한 타깃을 클릭하여 임의의 위치에 표시되는 휴 지통에 드래그하여 정확히 떨어뜨릴 때까지 소요된 시간
- 드래그 정확도: 불필요한 마우스 클릭 없이 단 한 번의 시도로 드래그에 성공 한 비율

● 종속 변수 측정 방법:

- 지속 시간 기록법: 표적 행동이 시작될 때의 시간에서 그 행동이 끝날 때까지 의 시간을 측정하여 기록하는 방법
- 반응 기회 기록법: 행동의 기회가 주어졌을 때 표적 행동이 발생한 유무를 기 록하는 것
- 빈도 기록법: 관찰 시간에 발생한 표적 행동의 빈도를 기록하는 것

● 연구 결과 그래프:

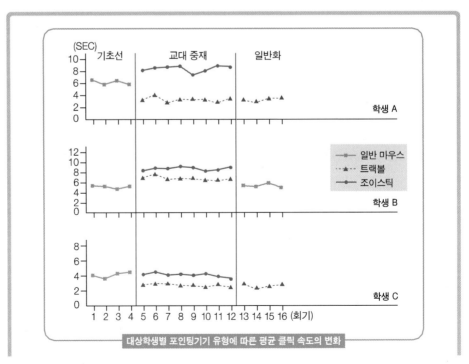

대상학생별 포인팅기기 유형에 따른 평균 클릭 속도의 변화

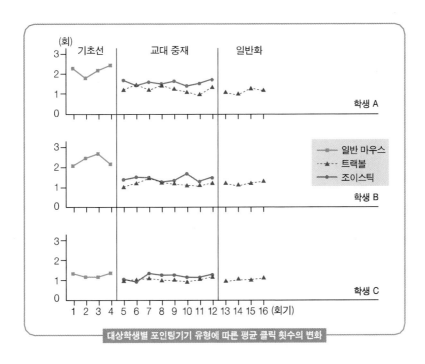

대상학생별 포인팅기기 유형에 따른 평균 클릭 횟수의 변화

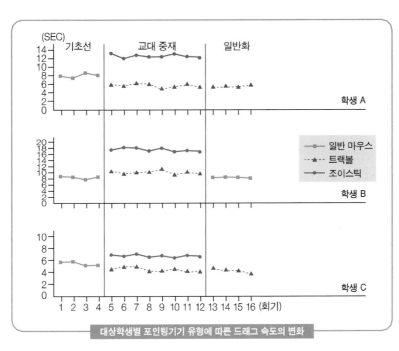

대상학생별 포인팅기기 유형에 따른 드래그 속도의 변화

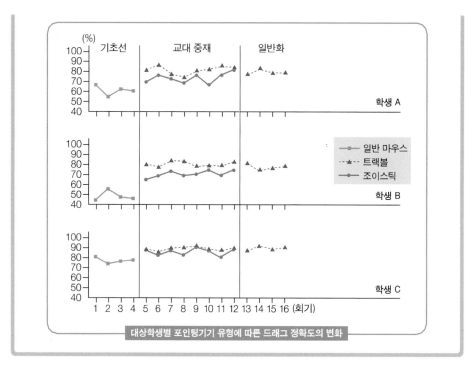

[그림 8-13] 중재 교대 설계를 적용한 연구의 예

● 연구 설계: 중재 교대 설계

이 연구에서는 중재 교대 설계를 사용하여 3명의 연구 대상에게 트랙볼과 조이스틱을 교대로 사용하여 클릭과 드래그 속도와 정확도를 비교하였다. [그림 8-13]에서 보는 바와 같이 두 학생은 클릭과 드래그 속도 모두 트랙볼이 가장 빠르게 나타났고, 클릭과 드래그 정확도는 모두 트랙볼과 조이스틱이 일반 마우스보다 더 효과 있었으며 트랙볼이 조이스틱보다 약간 더 효과적인 것으로 나타났다. 이 연구에서는 [그림 8-13]에서 보는 바와 같이 기초선 상황에서 일반 마우스를 사용하여 종속 변수를 측정하고, 중재 교대 상황에서는 트랙볼과 조이스틱을 교대로 사용하게 했으며, 중재 교대 상황이 끝난 뒤에는 가장 효과적인 방법을 사용하여 종속 변수를 측정하였다. 이러한 설계는 마지막 일반화 상황에서 가장 효과적인 중재를 단독으로 사용했을 때에도 중재 효과가 유지되는 것을 보여 줌으로써 중재 교대의 영향이 아님을 입증했다. 그런데 마지막 상황을 '일반화'라고 하기보다는 '효과 있는 중재'라고 하는 것이 더 적절할 것이다. 이 연구의 설계는 대상자 간 복수 기초선 설계와 중재 교대 설계를 통합하여 순차적 중재 교대 설계를 적용하는 것도 가능하다.

● 연구 논문의 예 II:

이에리사, 이경선, 성정아(2008). 고무 밴드 자극과 범실횟수 기억이 탁구선수의 범실 줄이기에 미치는 효과. 체육과학연구논총, 18(1), 147-161.

● 연구 대상: 여대생 탁구선수 3명

● 독립 변수:

• 범실 횟수 기억하기: 정해진 시간 안에 범실의 횟수를 기억하는 방법

• 고무 밴드 자극 주기: 범실 직후 손목에 착용한 고무 밴드로 자극을 주는 방법

● 종속 변수:

범실 횟수

● 종속 변수 측정 방법:

빈도 기록법: 관찰 시간에 발생한 표적 행동(범실)의 빈도를 기록하는 것

● 연구 결과 그래프: 논문의 152-154쪽 그래프 참고

● 연구 설계: 중재 교대 설계

이 연구에서는 중재 교대 설계를 적용하여 3명의 연구 대상에게 범실횟수 기억하기와 고무밴드 자극하기 중재의 효과를 비교하고자 하였다. 두 가지 중재를 적용했을 때 종속 변수 수준은 기초선 상황의 자료와 비슷하거나 더 증가한 결과를 보여서, 두 가지 중재는 범실 줄이기에 적절하지 않은 것으로 나타났다. 논문의 152-154쪽의 그래프를 보면 이 연구에서는 기초선 상황과 중재를 교대하는 상황으로 설계가 이루어진 것을 알 수 있다. 이러한 설계는 두 가지 중재만 교대하는 설계가 아니고 처음에 기초선 자료가 먼저 있었기 때문에 두 중재의 비교뿐 아니라 중재 상황과 기초선의 비교가 가능했다. 그런데 기초선 자료와 중재를 더욱 확실히 비교하기 위해서는 중재를 교대하는 상황에서 기초선 자료를 측정하거나 중재를 교대하는 상황 뒤에 기초선 자료를 측정하도록 할 수 있을 것이다.

- 연구 논문의 예 III:

  정병록, 정보인(2009). 자폐아동의 상동행동 치료에서 감각통합치료와 응용 행동 분석의 치료효과 비교. 대한작업치료학회지, 17(1), 17-27.

- 연구 대상: 정신지체와 자폐 증상을 지닌 8세 남아 1명

- 독립 변수:

  • 조건부 운동 방법을 통한 응용행동분석: 상동행동이 동시에 일어날 수 없는 과제를 실시하게 하여 수행하면 칭찬과 강화물을 주고, 상동행동을 하면 강제로 과제를 수행하게 함

  • 감각 통합 치료: 촉각 자극활동, 전정감각 자극활동, 고유수용성감각 자극활동 중에서 아동이 선택하도록 함

- 종속 변수:

  • 시각적 상동행동: 물건을 반복적으로 쳐다보는 행동(한 뼘 거리의 손을 1초 이상 쳐다보기, 손에 든 물건을 1초 이상 쳐다보기)

  • 손가락 상동행동: 물건을 집고 손장난하는 행동(엄지와 검지로 물건을 집었다 놓기의 반복 행동, 엄지와 검지로 물건을 집고 돌리기)

- 종속 변수 측정 방법:

  • 부분 간격 관찰 기록법: 관찰 시간을 짧은 시간 간격으로 나누어 각각의 시간 간격 동안에 표적 행동이 발생했는지 관찰하여, 관찰한 시간 간격 동안에 행동이 최소한 1회 이상 발생하면 그 시간 간격에 행동이 발생한 것으로 기록하는 방법

- 연구 결과 그래프: 논문의 22쪽 그래프 참고

- 연구 설계: 중재 교대 설계

  이 연구에서는 중재 교대 설계를 사용하여 연구 대상의 상동행동에 대해 조건부 운동 방법과 감각통합치료를 교대로 실시한 결과, 두 가지 중재 모두 기초선 상황보다 종속 변수에서 향상을 보였으나 두 중재 간의 차이는 나타나지 않았다. 논문의 22쪽 그래프에서 보면 이 연구는 기초선 상황, 중재 교대 상황, 기초선 상황으로 이루어져 있다. 이 연구에서 중재의 효과가 3주 후에도 유지되고 있는 것으로 나타났는데, 이처럼 중재 효과가 반전되지 않은 경우에는 행동 간

복수 기초선 설계와 통합한다면 일반화 효과를 명확히 입증할 수 있을 것이다. 중재 교대 설계에서 두 중재 간의 차이가 나타나지 않을 때는 중재 교대 상황에 이어서 두 중재를 각각 실시하는 방법을 실행하여 중재 교대 상황에서 나타난 효과를 다시 입증할 기회를 갖는 것도 가능할 것이다.

3 중재 비교 설계의 선택 기준

연구자가 중재 비교 설계 중의 한 가지를 선택하려고 할 때는 중재를 빠르게 교대하며 비교할 것인지 아니면 일정한 기간 동안에 한 가지 중재를 적용한 후 다른 중재를 비교할 것인지 결정해야 할 것이다. 또한 표적 행동이 반전될 수 있는 것인지도 판단해야 할 것이다. 중재의 교대 속도와 종속 변수의 반전 가능성에 따라 중재 비교 설계를 [그림 8-14]와 같이 분류할 수 있다(Gast, 2010).

	빠른 중재 비교	느린 중재 비교
표적 행동 반전 가능	중재 교대 설계 복수 요소 설계	복수 중재 설계
표적 행동 반전 불가능	개선된 중재 교대 설계	평행 중재 설계

[그림 8-14] 중재 비교 설계의 선택 기준에 따른 분류

중재 비교 설계들을 그 특징에 따라 [그림 8-15]처럼 비교해 볼 수도 있다(Gast, 2010). 연구자는 자신의 연구 목적에 맞는 중재 비교 설계를 선택하기 위해 이러한 특징들을 고려할 필요가 있다.

	복수 중재 설계	중재 교대 설계	복수 요소 설계	개선된 중재 교대 설계	평행 중재 설계
표적 행동의 반전성	반전 가능	반전 가능	반전 가능	반전 불가능	반전 불가능
연구 대상의 최소 인원	1명	1명	1명	3명	2명
복수 중재 간섭 가능성	있음	있음	있음	있음	있음
중재 효과의 반전성	있음	있음	있음	없음	없음
중재 분리성	없음	없음	없음	있음	있음
중재와 자극 조건 짝짓기	없음	없음	있음	없음	없음

[그림 8-15] 중재 비교 설계들의 특징 비교

4 복수 중재 간섭

1) 복수 중재 간섭의 통제 방법

복수 중재 간섭을 제한하고 통제하기 위해서 다음과 같은 방법들을 사용할 수 있다. 먼저, 중재 교대 설계에서 중재를 제시하는 일정한 순서를 고집하지 않고 무작위로 순서를 바꾸어 적용하면서 순서에 대해 균형 잡기를 하면 된다. 이는 어떤 중재가 언제 주어질지 기대할 수 없도록 중재를 제시하는 것이다. 이때 Edginton(1972)이 제안한 randomization design의 개념을 적용할 필요가 있다. 즉, 회기별로 다른 중재를 적용하는 식으로 중재를 교대하는 것이 아니라, 한 중재를 여러 회기 실행하다가 또 다른 중재를 한 번 또는 여러 회기에 걸쳐 실시하는 식으로 중재를 제시하는 순서를 임의로 해 보는 것이다. 그런데 이와 같은 방법을 적용할 때도 임의적 순서 제시는 순서적 혼란을 통제하는 데 필요한 만큼으로 균형을 맞추어야 하고, 한 가지 중재를 연속적으로 네 번 이상 실시하는 것은 바람직하지 않다(Barlow, Nock,

& Hersen, 2009).

또한 중재 교대 설계에서 한 회기에 두 중재를 교대하는 것이 아니라 회기별로 또는 일별로 중재를 교대하는 방법도 복수 중재 간섭을 최소화하는 방법이다. 즉, 중재에 대한 변별이 가능할 만큼의 속도로 중재를 천천히 교대하라는 것이다(Barlow, Nock, & Hersen, 2009). McGonigle과 그의 동료들(1987)은 중재를 교대하는 사이의 시간을 intercomponent interval이라고 하면서 그 시간 길이를 길게 했을 때 복수 중재 간섭을 최소화할 수 있었다고 했다. 그들은 중재를 구분할 수 있기 위해서는 중재를 교대하여 실시하기 전에 충분한 시간과 변별 자극이 주어져야 한다고 했다.

그런데 반대로 중재 교대 설계에서 복수 중재 간섭을 최소화하기 위해서 한 회기의 중재 시간을 짧게 하고 중재를 빠르게 교대할 것을 추천하기도 한다(Hains & Baer, 1989; Holcombe, Wolery, & Gast, 1994; Ulman, & Sulzer-Azaroff, 1975). 복수 중재 설계처럼 한 가지 중재에 여러 회기에 걸쳐 오랫동안 노출되면 학습 효과로 그 중재의 영향이 남아 있을 수 있는데 중재를 빠르게 교대하면 그 영향을 줄일 수 있다는 의미다. 그러나 중재 교대의 시간을 조정하는 것은 복수 중재 간섭을 최소화한다기보다는 복수 중재 간섭이 일어났는지 확인할 수 있는 방법이라고 할 수 있다.

2) 복수 중재 간섭의 검증 방법

Sidman(1960)은 복수 중재 간섭을 검증하는 방법 두 가지를 제안했다. 첫째, 독립적 검증(independent verification)이다. 이 방법은 중재 중 한 가지를 독립적으로 실시해 보는 것을 의미한다. 중재 B와 C를 비교하는 경우에 복수 중재 간섭을 검증하는 방법을 그림으로 나타내면 [그림 8-16]과 같다.

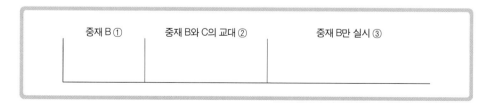

[그림 8-16] 복수 중재 간섭 조사를 위한 독립적 검증 1

[그림 8-16]의 경우 ②에서 중재 B와 C를 교대하여 실시한 후에 중재 C가 더 효과 있었는데, ③에서 중재 B가 ②의 중재 C만큼의 효과 있는 것으로 나타난다면 복수 중재 간섭을 의심할 수 있다.

[그림 8-16]의 설계를 B와 C의 순서를 바꾸어서 실시하면 [그림 8-17]과 같이 될 것이다.

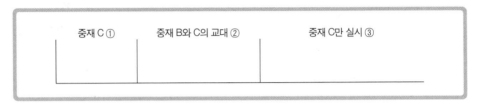

[그림 8-17] 복수 중재 간섭 조사를 위한 독립적 검증 2

또 다른 대상에게 [그림 8-17]과 같이 실시했을 때에도 ③에서 중재 C가 ②의 중재 B만큼의 효과 있는 것으로 나타난다면 복수 중재 간섭이 더욱 분명해지는 것이다.

Sidman(1960)이 제안한 복수 중재 간섭을 검증하는 두 번째 방법은 기능적 조정 (functional manipulation)이다. 기능적 조정이란 두 중재 중 한 가지의 강도를 변화시켜 보는 것이다. 이 모형은 [그림 8-18]과 같다.

[그림 8-18] 기능적 조정의 예

[그림 8-18]의 ① 상황에서는 중재 B와 C를 교대하고, ② 상황에서는 B의 강도를 높인 중재(B')와 중재 C를 교대하여 중재 C에 대한 표적 행동의 수준이 ①과 ②에서 다르게 나타난다면 복수 중재 간섭을 의심할 수 있다.

독립 검증과 기능적 조정 외에도 복수 중재 간섭을 찾을 수 있는 다양한 방법이 있다. 복수 중재 설계에서는 중재 상황을 좀 더 길게 해 볼 수 있다. 복수 중재 설계에서는 중재 상황이 바뀐 직후에는 표적 행동에 별다른 변화가 나타나지 않다가도 시간이 지나면서 바뀐 중재에 의한 변화를 보일 수 있다. 그럴 때 처음에 바뀐 중재에 의한 변화가 없었던 것은 복수 중재의 간섭이라고 볼 수 있다. 또한 복수 중재 설계에서 또 다른 대상자에게 중재 제시 순서를 바꾸어서 실행해 보는 방법도 있다. 즉, B-C-B-C 설계를 다른 대상자에게 C-B-C-B로 실시하는 것이다. 그때 B-C-B-C에서 중재 C에 대한 자료 수준이 C-B-C-B에서 중재 C에 대한 자료 수준과 다르게 나타나면 복수 중재 간섭을 의심할 수 있다.

중재 교대 설계의 경우에는 앞에서 설명한 것처럼 처음에 기초선 상황을 넣거나, 중재 교대 상황에서도 기초선 자료를 측정하거나, 더 효과 있는 중재를 실시하는 상황을 넣는 것이 복수 중재 간섭을 찾는 방법이다. 또한 중재 교대 설계에서 중재를 교대하는 시간의 길이를 서로 다르게 해 보는 것도 복수 중재 간섭을 찾는 방법이다. 즉, 중재와 중재를 교대하는 사이의 시간 길이를 다르게 했을 때 자료 수준이 달라진다면 이는 중재들의 빠른 교대로 말미암은 영향이라고 볼 수 있다.

또한 개선된 중재 교대 설계에서는 또 다른 표적 행동 세트에 대해 중재 없이 계속 기초선 자료만 수집하였는데도 자료에 변화가 나타난다면 복수 중재 간섭을 의심할 수 있다. 이런 방법을 그림으로 나타내면 [그림 8-19]와 같다. [그림 8-19]에서는 중재 B와 C를 실시하는 동일한 기간의 기초선(②) 자료의 변화를 의미한다.

[그림 8-19] 개선된 중재 교대 설계에서 복수 중재 간섭을 찾는 방법 예

평행 중재 설계에서는 중재가 시작된 이후로 아직 중재가 적용되지 않은 표적 행동에 대해 간헐적으로 기초선 자료를 수집했는데 그 기초선 자료에서 변화가 나타나면 복수 중재 간섭을 의심할 수 있다.

3) 복수 중재 간섭을 검증한 연구의 예

복수 중재 간섭을 검증한 실험의 예로는 Shapiro와 Kazdin, McGonigle(1982)의 연구가 있다. 그들이 사용한 중재는 토큰 강화(B)와 반응대가(C)이었다. 중재는 아침 9시와 오후 3시에 같은 교사가 오전, 오후로 중재를 바꾸어 25분씩 실시했다. 토큰 강화는 25분 수업 동안 신호 음악이 울릴 때에 과제를 수행하고 있으면 이름을 부르고 토큰을 주었고, 토큰 14개를 모으면 상을 주는 방법으로 실행되었다. 반응대가는 연구 대상들에게 먼저 18개의 토큰을 주고 신호 음악이 울릴 때에 과제 수행을 하고 있지 않으면 토큰을 빼앗는 방법으로 실행되었다. 연구 설계는 A-A/B-B/C-A/B-B/C-B이었으며, 이를 그림으로 나타내면 [그림 8-20]과 같다. A는 기초선, B는 토큰 강화, C는 반응 대가를 의미한다.

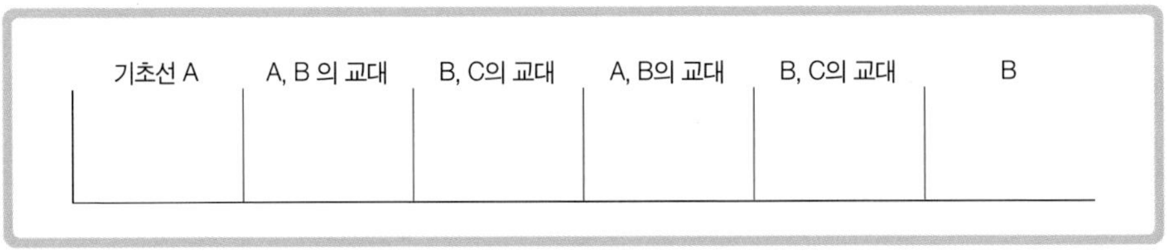

| 기초선 A | A, B 의 교대 | B, C의 교대 | A, B의 교대 | B, C의 교대 | B |

[그림 8-20] **복수 중재 간섭을 검증한 예**

위의 [그림 8-20]에서 토큰 강화의 효과(B)가 기초선(A)과 교대할 때와 반응 대가(C)와 교대할 때가 각각 다르다면 복수 중재 간섭을 의심할 수 있는 것이다. 그런데 연구 결과에서 토큰 강화의 효과는 기초선과 교대할 때나 반응 대가와 교대할 때나 의미 있는 큰 차이를 보이지는 않았다. 하지만 토큰 강화에 대한 자료는 반응 대가와 교대할 때가 기초선과 교대할 때보다 그 변화율이 심했다. 즉, 토큰 강화에 대한 자료는 함께 교대하는 중재에 따라 수준의 차이는 보이지 않았지만 다른 양상(높은 변화율)을 보인 것이다. 이는 복수 중재 간섭을 의미할 수 있다.

또한 이 연구에서 토큰 강화가 반응 대가보다 앞설 때, 즉 토큰 강화를 오전에 실시할 때는 토큰 강화에 대한 자료가 반응 대가에 대한 자료보다 더 높게 나타났다. 이는 순서 영향이 있음을 의미한다. 그리고 네 번째 상황에서 기초선 자료와 토큰 강화에 대한 자료가 모두 두 번째 상황의 자료보다 더 높게 나타난 것은 세 번째 상황의 반응 대가 중재의 영향으로 긍정적인 이월 영향을 보인 것으로 해석할 수 있다.

기준 변경 설계

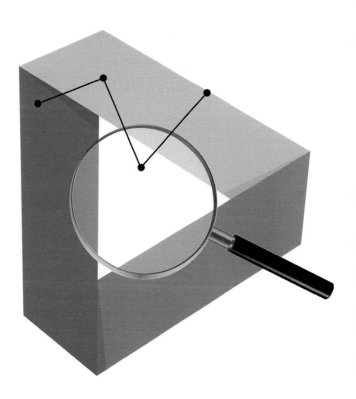

핵심 용어의 정의

기준 변경 설계

미리 계획된 종속 변수의 변화 기준을 따라 종속 변수의 수행 수준이 그대로 변하는지 확인하도록 되어 있는 설계다.

종속 변수의 변화 기준

종속 변수가 중재 적용 동안에 얼마만큼 변화해야 한다고 미리 정해 놓은 달성 수준을 의미한다.

기준 범위 변경 설계

종속 변수 수행 수준이 미리 설정된 기준 범위를 변경할 때마다 그 범위를 만족하는지 확인하도록 되어 있는 설계다.

분산된 기준 변경 설계

여러 종속 변수를 동시에 평가하기 위해 기준 변경 설계에 복수 기초선 설계와 A-B-A-B 설계를 통합한 설계다.

중재가 행동에 미치는 효과를 알아보기 위한 설계 방법 중에, 중재를 적용하면서 종속 변수의 기준을 계속 변화시켜 가는 기준 변경 설계(changing criterion design)가 있다. 기준 변경 설계는 Hall(1971)이 이름 붙인 것으로, 계획적으로 종속 변수의 변화 기준을 변경할 때마다 종속 변수의 수행이 그 기준을 따라 변하는지 확인하도록 되어 있는 설계다. 기준 변경에 따라서 종속 변수의 수행 수준이 같이 변하는 것을 보여 줄 때 중재 효과가 입증된다.

1 기준 변경 설계의 소개

1) 기준 변경 설계의 기본 개념

기준 변경 설계는 먼저 자연스러운 상태에서 종속 변수(표적 행동)에 대한 계속적 관찰을 하는 기초선 상황으로 시작한다. 기초선 상황(A)에 이어서 중재(B) 상황을 시작한다. 그런데 중재 상황은 종속 변수의 변화 기준을 달리 설정한 여러 하위 중재 상황(B_1, B_2, B_3 등)으로 구성한다. 종속 변수의 변화 기준이란 종속 변수가 중재 적용 동안에 얼마만큼 변화해야 한다고 미리 정해 놓은 달성 수준을 의미한다. 기준 변경 설계가 기초선과 중재 상황만을 갖고 있지만 단순한 기초선과 중재 상황으로 이루어지는 A-B 설계와 다른 점은 중재 상황에서 종속 변수의 변화 기준이 계획적으로 지정된다는 것이다(Hartmann & Hall, 1976). 따라서 이 설계를 영어 알파벳으로 표기할 때, 하위 중재 상황들은 모두 동일한 중재를 적용하는 것이기 때문에 알파벳 B는 그대로 사용하고 아래 첨자를 이용한 숫자로 각 하위 중재 상황을 구분하여 표기한다(예: $A-B_1-B_2-B_3-B_4$). 기준 변경 설계를 중재 제거 설계의 변형으로 보는 경우도 있고(Barlow, Nock, & Hersen, 2009), 복수 기초선 설계의 변형으로 보는 경우도 있다

(Gast, 2010). 그러나 이 책에서는 계획적으로 종속 변수의 변화 기준을 지정한다는 특성을 살려 기준 변경 설계를 하나의 독자적 설계로 보고자 한다.

기준 변경 설계에서 첫 번째 중재 상황에서는 먼저 종속 변수의 수행에 대한 첫 번째 기준을 설정하고 적용한다. 종속 변수의 수행이 첫 번째 변화 기준을 만족하여 그 수준을 안정되게 유지하면 좀 더 높은 두 번째 변화 기준을 설정하고 적용한다. 이런 방법을 반복하여 최종 기준이 만족되고 안정된 자료를 보일 때까지 시행한다. 이렇게 종속 변수의 수행 수준이 미리 설정한 변화 기준을 따라 변경되는 것을 보여 줄 때 독립 변수와 종속 변수의 기능적 관계를 입증하게 되는 것이다. 이를 그래프로 옮기면 종속 변수의 수행 수준의 변화가 마치 계단 모양으로 나타나는 것을 볼 수 있을 것이다([그림 9-1] 참조).

개별 대상 연구에서 기초선은 현재의 종속 변수의 수준을 설명해 주고 미래의 종속 변수 수준의 변화를 예측하는 기능이 있다고 설명한 것을 기억할 것이다. 그리고 중재 상황은 기초선 자료의 예측과 다르게 변화가 나타나는지를 시험하는 기능이 있다고 했다. 이와 비슷하게, 기준 변경 설계의 하위 중재 상황들도 예측하고 시험하는 기능이 있다. 각 하위 중재 상황은 각기 다른 종속 변수의 변화 기준을 갖게 된다. 이렇게 나뉜 하위 중재 상황에서 하나의 하위 중재 상황은 뒤이은 하위 중재 상황에 대해서는 기초선 역할을 하게 되고 앞에 있는 하위 중재 상황에 대해서는 예측을 시험하는 역할을 하게 된다. 중재 효과는 종속 변수 수행 수준이 주어진 변화 기준에 도달하는 변화를 나타냈는지에 의해 결정된다. 기준의 단계적 변화에 맞추어 종속 변수가 일관성 있게 변화한다면 그 변화는 중재 때문임을 입증하게 되는 것이다. 반대로 설정된 기준을 따라 변하지 않고 다른 양상을 보인다면 이는 중재가 아닌 외생 변수가 작용했음을 의미하는 것이다. 따라서 기준 변경 설계에서는 종속 변수의 수행 수준이 설정된 변화 기준에 따라 변화하는 것을 보여 주어야 그 변화가 중재 때문이라고 할 수 있고 내적 타당도를 보여 주는 것이다.

[그림 9-1]에 가상의 자료를 사용하여 기준 변경 설계를 적용한 예를 제시했다.

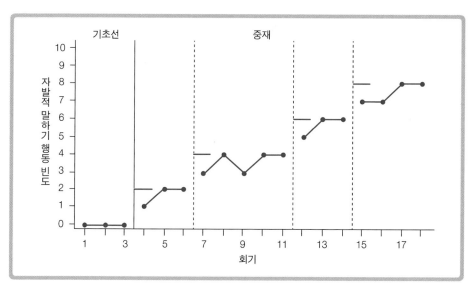

출처: 양명희(2012).

[그림 9-1] 기준 변경 설계의 예

[그림 9-1]의 그래프에서 각 상황 변화선의 바로 오른쪽 편에 X축과 평행하도록 짧게 그려진 수평선들이 각 중재 상황에서 정해진 종속 변수의 변화 기준을 의미한다. [그림 9-1]의 예에서 변화 기준은 연속 2회기 동안 정해진 기준만큼 표적 행동을 하는 것이다. 첫 번째 종속 변수 변화 기준은 2회, 두 번째는 4회, 세 번째는 6회, 네 번째는 8회로 증가되고 있음을 알 수 있다. 기초선 기간에 연구 대상의 자발적 말하기 행동은 전혀 나타나지 않았다. 이 그래프에서 보면 중재가 적용되면서 처음 세워진 변화 기준은 연구 대상이 자발적으로 연속하여 두 번 말하는 것이었는데 5회기와 6회기에 두 번씩 자발적으로 말하게 되어 다음 단계로 넘어간 것을 볼 수 있다. 다음 단계로 이어지면서 자발적으로 말하기 행동의 변화 기준은 네 번, 여섯 번, 여덟 번으로 변동되었고 연구 대상의 자발적 말하기 행동은 그 변화 기준에 따라 향상되는 변화를 나타내어, 자발적 말하기 행동과 중재 간의 기능적 관계를 입증한 것을 볼 수 있다.

2) 기준 변경 설계의 특징과 장단점

기준 변경 설계에서는 중재를 시작하기 전에 기초선 자료는 바람직하지 않은 경향을 보이거나 목표와 반대되는 수준에서 안정적이어야 중재를 시작할 수 있다. 즉, 중재를 통해 증가 또는 감소를 이루어야 할 필요가 있음을 보여 주어야 한다는 것이다. 또한 종속 변수의 변화 기준을 변경하기 위해서는 바로 앞 중재 상황에서 자료가 안정적인 수준을 보여 주어야 한다. 그리고 이 설계에서는 기준 변화에 따른 중재 효과를 최소한 4번 정도 보여 주는 것이 바람직하다.

기준 변경 설계는 표적 행동을 단계별로 변화시킬 수 있는 경우나 기준이 바뀔 때 새롭게 안정적인 수준의 행동을 기대할 수 있는 경우에 적용해야 한다. 즉, 기준 변경 설계는 행동을 할 줄은 알지만 행동의 정확성, 빈도, 길이, 지연 시간, 정도에서 단계별로 증가시킬 필요가 있는 경우에 유용한 설계다. 예를 들면, 읽기 속도, 과제 완성도, 또래 상호 작용 행동 등의 증가다. 또는 반대로, 표적 행동이 지나치게 많아서 단계별로 감소시켜야 할 경우에도 유용하다. 예를 들면, 침 뱉기, 담배 피우기, 음주, 과식 등의 감소다. 실제로 치료실과 학교 같은 현장에서는 행동들의 점진적 변화를 기대하는 경우가 많기 때문에 이 설계는 현장에서 유용할 것이다.

기준 변경 설계의 장점은 중재 제거 설계에서 요구하는 반 치료적 행동 변화를 요구하지 않는다는 점과 복수 기초선 설계에서 요구하는 기능적으로 독립적인 여러 표적 행동을 필요로 하지 않고 하나의 표적 행동을 요구한다는 점이다. 또한 복수 기초선 설계에서처럼 중재를 보류하고 오랫동안 기초선 자료를 수집할 필요가 없다는 것도 장점이다.

그러나 기준 변경 설계를 적용할 때 실험 통제를 보여 주는 데 문제가 될 수 있는 경우들이 있다. 첫째, 종속 변수의 수행 수준이 [그림 9-2]처럼 계속 사선의 모양을 나타내면서 점진적으로 바람직하게 변한다면, 그런 변화가 중재 때문인지 외생 변수(예: 성숙, 시간, 중재의 신기성 등) 때문인지 확인하기 어려울 수 있다. 이런 경우에는 하위 중재 상황을 좀 더 길게 한다거나 종속 변수 기준의 변화를 크게 한다면 실험 통제를 좀 더 잘 보여 줄 수 있을 것이다.

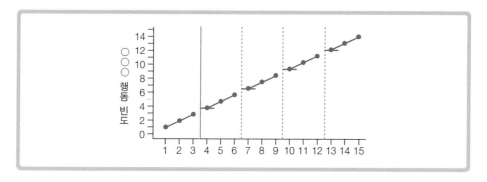

[그림 9-2] 실험 통제를 보여 주지 못하는 기준 변경 설계의 예

둘째, 종속 변수의 수준 변화가 아주 빠른 속도로 설정된 기준을 넘어설 때는 실험 통제를 보여 주기 어렵다. 종속 변수의 수준이 설정된 기준보다 약간 넘어서는 것은 괜찮을 수 있지만 빠른 속도로 설정된 기준보다 월등하게 좋을 때는 그런 변화가 중재 때문이라는 확신을 갖기 어렵기 때문이다. 물론 목표하는 쪽으로의 변화를 빠르게 나타낸 것은 현장에서는 환영할 만한 일이지만 연구로서 중재 효과를 입증하는 데는 어려움이 있다. 이럴 때는 중재 상황 중에서 한 번쯤 중재 목표 방향과 반대되는 방향의 변화 기준을 설정하는 것도 한 방법이 될 수 있다. 즉, 종속 변수의 변화가 자연적으로 발생하는 것이 아니라는 것을 보여 주기 위해서 실험 중간에 그 이전 단계의 종속 변수 변화 기준으로 바꾸어 적용해 보는 것이다.

셋째, 종속 변수의 수준 변화가 설정된 기준과 일치하지 않을 때(안정성이 없을 때)도 실험 통제를 보여 주는 것에 어려움이 있다. 즉, 자료가 기준 변화에 따라 계단식으로 변화하지 않고 들쑥날쑥하게 기준보다 높거나 낮게 나타날 때 중재 효과를 입증하기 어렵다는 것이다. 어떤 연구자들은 각 하위 중재 상황의 평균 점수 변화를 제시하면서 상황의 평균 점수가 기준과 비슷한 것을 주장하기도 한다. 그런데 이럴 때는 종속 변수 기준 설정을 특정 수치가 아닌 일정 범위로 하거나 종속 변수 수준의 목표와 역방향의 기준을 설정한다면 실험 통제를 보여 줄 수 있을 것이다.

넷째, 종속 변수 변화 기준의 크기에 따라서 중재 효과를 입증하기 어려운 경우가 있다. 예를 들어, 종속 변수 변화 기준은 점진적으로 조금씩 커지는데 종속 변수의 자료의 변화율이 크다면 종속 변수 자료의 변화가 기준 변화에 따른 것인지 확신하기 어렵다는 것이다. 즉, 종속 변수 자료의 변화율이 안정적이면 종속 변수 기준의 변화 폭이 작아도 중재 효과를 보여 줄 수 있지만, 종속 변수 자료가 심하게 위아래로 변화를 보이면 기준 변화의 폭을 크게 하지 않으면 종속 변수 기준별로 구별이 쉽게 나타나지 않을 것이다. 그러므로 종속 변수 기준 변화의 크기는 연구 대상이 설정된 기준을 달성할 수 있을 만큼 작아야 하고, 종속 변수 자료의 변화가 중재 때문임을 보여 줄 수 있을 만큼 커야 한다. 이를 해결하는 일반적 방법은 처음 한두 개의 하위 중재 상황에서는 변화 기준을 만족시키기 쉽도록 기준 변화를 작게 하고, 점점 기준 변화의 크기를 키워 가는 것이다. 또 다른 방법으로는 기준 변화의 크기를 결정하는 규칙을 정하여 적용할 수도 있다(Gast, 2010). 예를 들면, 이전 하위 중재 상황 평균값의 10~20%만큼 크거나 작은 기준을 다음 하위 중재 상황의 변화 기준으로 정하는 것이다. 앞에서 나열한 여러 문제들을 해결하기 위하여 기준 변경 설계를 적용할 때 연구자가 고려해야 할 점들을 다음에서 좀 더 구체적으로 설명하겠다. 그러한 고려 사항을 참고하면 기준 변경 설계를 사용할 때 실험 통제를 더욱 명확하게 보여 줄 수 있을 것이다.

3) 기준 변경 설계의 고려 사항

(1) 하위 중재 상황의 수

하위 중재 상황의 수는 몇 개로 해야 하는가? 기준 변경 설계를 사용할 때 하위 중재 상황의 수를 몇 개로 해야 하는지에 대해서는 정해진 기준이 없다. 그러나 기준이 두 번 바뀌는 것은 보여 주어야 하므로 최소한 두 개의 하위 중재 상황이 요구된다. 중재 전에 변화 기준을 설정하고 중재가 시작되면서 자료가 정해진 기준만큼에서 안정성을 보이면, 기준을 바꾸어 적용한다. 그러면 $A-B_1-B_2$ 설계가 된다. 이때 기준 변경에 따른 종속 변수의 수준 변화를 보여 준다면 $A-B_1-B_2$ 설계로도 충분히 실험의 통제를 보여 줄 수 있다. 하지만 이 설계에서는 중재 효과를 최소한 4번 정도 보여 주는 것이 바람직하다(Gast, 2010). 기준 변경 설계는 하위 중재 상황의 수를 몇 개로 하느냐에 따라서 $A-B_1-B_2$ 설계, $A-B_1-B_2-B_3$ 설계, $A-B_1-B_2-B_3-B_4$ 설계, $A-B_1-B_2-B_3-B_4-B_5$ 설계 등이 된다.

(2) 하위 중재 상황의 길이

하위 중재 상황의 길이란 종속 변수의 변화 기준이 바뀌기 전에 하나의 중재 상황에서 자료를 수집하는 기간을 의미한다. 기준 변경 설계에서 각 하위 중재 상황의 길이는 어느 정도여야 하는가? 모두 동일한 길이여야 하는가? 이에 대한 답은 기준 변경 설계의 모든 하위 중재 상황은 종속 변수의 바람직한 변화가 저절로 일어난 것이 아니라는 것을 보여 줄 수 있을 만큼 길어야 한다는 것이다.

그런데 각 중재 상황의 자료는 새롭고 변화된 기준 만큼에서 안정성을 보여 주어야 한다. 즉, 한 중재 상황이 시작되고 나서 다음 중재 상황으로 넘어가기 전까지 자료의 안정성을 의미한다. 이러한 자료의 안정성이 실험 통제를 입증해 주는 것이기 때문에 한 중재 상황의 자료가 안정적이지 못하면 그 상황은 길어져야 한다. 그러므로 하위 중재 상황의 길이는 종속 변수 수준의 안정성에 달린 것이다.

그러므로 한 설계에서 각 하위 중재 상황의 길이가 모두 같아야 할 필요는 없다. 종속 변수의 수행 수준이 변경된 기준만큼 빠른 속도로 변화한다면 그만큼 하위 중재 상황은 짧아질 수 있다.

또한 기준 변경 설계를 사용하여 독립 변수와 종속 변수의 기능적 관계를 입증하기 위해서 의도적으로 각 중재 상황의 기간을 서로 다르게 해 볼 수도 있다. 즉, 기간이 길어져도 자료가 안정성을 유지하는 것을 보여 줌으로써 실험 통제를 입증할 수 있는 것이다. [그림 9-1]에서도 중재 기간이 새로운 기준 제시마다 3회기, 5회기, 3회기, 4회기로 서로 다르게 적용한 것을 볼 수 있다.

(3) 종속 변수 기준 변화의 크기

종속 변수 기준 변화의 크기란 한 중재 상황에서 다음 중재 상황으로 넘어갈 수 있는 종속 변수 기준 변화의 정도를 의미한다. 기준 변경 설계에서 종속 변수 기준 변화의 크기는 어느 정도가 적절한가? 이 질문에 대한 답은 각 중재 상황별 기준 변화는 종속 변수 수행 수준의 변화를 알아볼 수 있을 만큼이어야 한다는 것이다. 종속 변수 기준 변화의 정도는 자료를 그래프로 옮겼을 때 Y축 값의 변화로 나타낼 수 있다. 그런데 한 중재 상황 내에서 자료의 변화 폭이 클 때 종속 변수 기준 변화가 크지 않으면 종속 변수의 수행 수준 변화를 알아보기 어렵다. 종속 변수 기준 변화가 크고 종속 변수 수준도 그에 따라 즉각적으로 변화한다면 중재 효과를 확실하게 입증하는 것이다.

종속 변수 자료의 변화율이 크지 않고 안정적이어도, 실험 통제를 입증하기 위해서 의도적으로 종속 변수 기준의 변경 정도를 동일한 크기가 아니라 다양하게 해 볼 수 있다. [그림 9-1]에서는 자발적 말하기를 매번 2회씩 증가시키도록 계획했지만 이를 1회, 3회, 2회, 4회 등으로 다양하게 적용해 볼 수도 있다. 이렇게 하는 것을 통해 종속 변수의 변화는 독립 변수 때문임을 더 잘 입증할 수 있다.

(4) 종속 변수 수행 수준 변화의 방향

기준 변경 설계를 적용하여 중재를 실행할 때 기대되는 중재 효과는 시간이 가면서 하위 중재 상황이 바뀔 때마다 종속 변수의 수행 수준이 한쪽 방향으로 증가하거나 감소하는 것을 의미한다(예: 운동 시간의 증가, 컴퓨터 게임 시간의 감소). 그러나 각하위 중재 상황에서 설정된 기준에 따라 매우 안정된 자료를 보여 주지 않는 한, 자료가 계속 치료적 방향을 나타낸다고 해서 중재 때문에 그런 결과가 나왔다고 확신하기는 어렵다. 시간이나 성숙 등의 외생 변수의 영향을 알기 어렵기 때문이다. 이럴 때는 실험 통제를 더욱 명확히 보여 주기 위해서 기준을 한쪽 방향만이 아닌 양방향으로 설정해 보는 것이 필요하다. 즉, 하위 중재 상황 중에서 하나는 치료적 방향과 반대되는 쪽으로 변화 기준을 설정하는 것이다. 종속 변수의 변화 기준을 단계적으로 증가시키는 중간에 더 낮은 기준을 제시하여, 그렇게 해도 주어진 기준만큼의 변화를 보이면 독립 변수의 효과임을 강력히 보여 주는 것이다.

이를 가상의 자료로 그래프를 그리면 [그림 9-3]과 같이 된다.

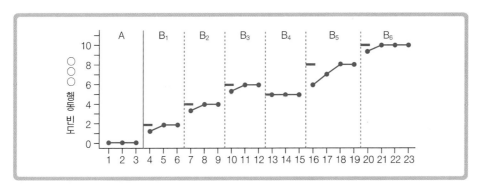

[그림 9-3] 실험 통제를 보여 주는 기준 변경 설계의 예

이는 마치 하위 중재 상황들 중에 B_2-B_3-B_4-B_5에 중재 제거 설계를 도입한 것과 같다. [그림 9-3]에서 네 번째 중재 상황(B_4)은 기준이 감소된 것을 볼 수 있다. [그림 9-3]처럼 자료가 계속 한 방향으로 변하는 것이 아니라 설정된 기준에 따라 반대 방향으로도 변화하는 것을 보여 준다면, 이는 실험 통제를 보여 주는 것이다. 이때 목표 방향과 반대되는 기준이 설정된 중재 상황(B_4)의 자료는 기초선(A) 자료의 수준만큼 되돌아갈 필요는 없고, 여전히 기초선 자료 수준보다는 향상된 수준이지만 바로 이전 중재 상황보다는 살짝 퇴보한 수준을 보여 주면 된다.

2 기준 변경 설계의 변형

1) 기준 범위 변경 설계

기준 변경 설계는 종속 변수의 기준 설정 방식에 따라 설계가 달라질 수 있다. Hartmann과 Hall(1976)이 기준 변경 설계를 소개할 때는 종속 변수의 변화 기준을 구체적인 하나의 수치로 설정할 것을 제안했다. 예를 들어, 담배 피운 개수 20개, 또는 책 읽는 시간 20분 등이다. 그런데 McDougall(2005)이 종속 변수 변화 기준을 구체적인 하나의 수치가 아니라 일정 범위로 설정할 것을 제안하면서, 이런 설계를 '기준 범위 변경 설계(range-bound changing-ciriterion design)'라고 명명했다. 기준을 범위로 설정한다는 것을 책 읽기로 예를 들어 설명하면, 첫 번째 하위 중재 상황의 기준을 10분에서 20분 동안 책 읽기로, 두 번째 하위 중재 상황의 기준은 15분에서 25분 동안 책 읽기로 설정하는 것이다. 종속 변수 기준을 범위로 설정하면, 종속 변수의 자료가 설정된 변화 기준의 범위 안으로만 들어오면 기준을 만족하는 것으로 인정하는 것이다. 주로 연구 대상이 설정된 변화 기준보다 월등히 향상된 수준을 보이는 것보다는 서서히 향상을 보이는 것이 더욱 바람직한 표적 행동의 경우에 이 설계를 사용하는 것이 좋다. 예를 들면, 사고로 다친 경우에 회복을 위해서는 처음부터 과도하게 운동을 하는 것보다는 서서히 운동량을 늘려 가야 한다. 무리해서 어떤 수준 이상으로 운동을 하는 것은 피곤이나 통증을 유발하고 결국 다음 변화 기준을 만족시키는 것에 대해 좌절하게 만들 수 있기 때문이다. 이럴 때 기준 범위 변경 설계를 사용하면 좋다.

이러한 설계의 첫 번째 장점은 종속 변수 수행 수준에 대한 융통성을 주는 것이다. 연구 대상의 수행 수준이 매일 일정 수준으로 동일하기는 쉽지 않다. 그런데 변화 기준이 절대적 수치 하나가 아닌 일정 범위로 설정되어 있을 때는 수행 수준이 좀 저조한 날에도 그 범위의 최소 기준만 만족해도 되기 때문에 연구 대상의 입장에서는 기준 달성이 좀 더 수월해지는 것이다. 두 번째 장점은 범위로 설정된 변화 기준은 종속 변수의 향상된 수준뿐 아니라 꾸준히 수행할 수 있는 일관성을 장려해 준다는 점이다. 첫 번째 장점과 관련하여 기준 범위의 최소값만 만족해도 되기 때문에 포기 없이 꾸준히 하도록 격려받는 셈이다. 이 설계의 세 번째 장점은 연구 대상이 변화 기준 범위 내로 수행한 회기가 어느 정도인지 수량화할 수 있다는 점이다. 즉, 한 중재 상황에서 변화 기준 범위 내로 들어온 회기가 얼마만큼인지 설명할 수 있다는 것이다.

2) 분산된 기준 변경 설계

기준 변경 설계는 주로 하나의 종속 변수(표적 행동)에 대해 적용하도록 되어 있는 설계다. 그런데 여러 가지 표적 행동이나, 여러 장소에서 발생하는 한 가지 표적 행동에 대해서 기준 변경 설계를 적용하고 싶을 때는 '분산된 기준 변경 설계(distributed-criterion design)'를 적용할 수 있다(McDougall, 2006).

  분산된 기준 변경 설계는 이름이 뜻하는 것처럼 변화 기준을 여러 종속 변수에 분산할 수 있다. 이 설계는 시간과 노력을 모든 표적 행동에 동시에 적용할 수 없고, 하나의 표적 행동에 들이는 시간과 노력이 다른 표적 행동에 들이는 시간과 노력에 영향을 주게 되는 경우에 사용할 수 있다. 즉, 시간과 노력을 여러 표적 행동에 분산시키도록 하는 것이다. 종속 변수들이 상호 의존적이고 동시에 모든 종속 변수를 향상시킬 수 없는 경우에 분산된 기준 변경 설계를 적용하는 것이 적절하다. 예를 들어, 한 달 동안 스스로 공부할 수 있는 시간이 매일 3시간이 주어졌는데 한 달 동안 국어, 영어, 수학 문제집을 각각 한 권씩 풀어야 하는 학생이 있다고 하자. 이때 각 문제집의 난이도와 분량이 같다고 하자. 그런데 그 학생은 국어 문제집은 이미 1/3을 끝냈고, 영어 문제집은 1/2을 풀었는데, 수학 문제집은 아직 시작하지 못한 상태다. 이럴 때 분산된 기준 변경 설계를 적용할 수 있다. 이를 가상 자료를 이용하여 그래프를 그리면 [그림 9-4]와 같다.

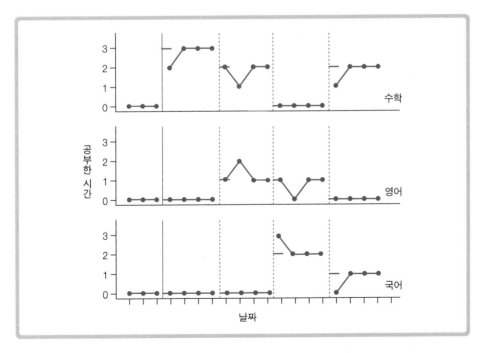

[그림 9-4] 분산된 기준 변경 설계를 적용한 예

  [그림 9-4]에서 보는 것처럼 중재가 시작되면서 첫 하위 중재 상황에는 수학에 대

한 기준을 3시간으로 설정하고, 두 번째 하위 중재 상황에는 수학 2시간, 영어 1시간으로, 세 번째 하위 중재 상황에서는 국어 2시간, 영어 1시간, 수학 0시간으로, 네 번째 하위 중재 상황에서는 국어 1시간, 영어 0시간, 수학 2시간으로 설정한 것을 볼 수 있다. 이와 같은 방법으로 한정된 3시간을 세 과목에 분산시켜 기준을 설정했고, 그에 따라 학생의 공부 시간이 변화하였으므로 중재 효과를 입증한 것이다. 이러한 설계는 기준 변경 설계, 복수 기초선 설계, 중재 제거 설계를 모두 통합한 것이라고 할 수 있다. 이처럼 개별 대상 연구 설계는 서로 다른 여러 설계의 요소를 통합하여 중재 효과를 입증할 수 있는 장점이 있다.

3 기준 변경 설계를 적용한 연구의 예

기준 변경 설계는 피우던 담배 수를 줄이기(Hartmann & Hall, 1976)나 카페인 복용량 감소시키기(Foxx & Rubinoff, 1979)처럼 행동 감소를 위해서도 사용되지만, 어떤 새로운 습관을 형성시키기 위해서도 사용된다. 예를 들어, 운동량 늘리기(DeLuca & Holborn, 1992), '불이야!'라는 소리에 즉각 집에서 뛰쳐나오기(Bibelow, Huynen, & Lutzker, 1993)를 훈련하는 데도 적용이 가능하다. 〈표 9-1〉은 기준 변경 설계를 이용한 논문들의 예다.

표 9-1 기준 변경 설계를 사용한 논문의 예

손지형, 박소연, 김진경(2013). 단계적인 주의 집중력 훈련이 경증치매노인의 기억력과 일
    상생활수행능력에 미치는 효과. 고령자·치매작업치료학회지, 7(1), 1-14.
손태홍(2009). 단일체계설계를 활용한 청소년 인터넷 과다사용에 대한 인지행동적 접근:
    가정용 개입프로그램 개발을 위한 탐색적 모색. 청소년복지연구, 11(1), 145-172.
신화경, 정보인(2001). 기능적 근력강화 운동이 뇌성마비 아동의 기립균형에 미치는 영향.
    한국전문물리치료학회지, 8(3), 97-105.
양명희, 김현숙(2006). 구조화된 놀이상황에서 자극 용암법과 정적 강화 기법 사용이 선택
    적 함묵유아의 말하기 행동에 미치는 효과. 정서·행동장애연구, 22(2), 29-47.
이양희, 조영숙, 구미향(2001). 유분증 아동을 위한 배변훈련프로그램의 효과 연구. 소아·
    청소년정신의학, 12(2), 263-274.

〈표 9-1〉에 소개한 논문 중에서 양명희, 김현숙(2006)의 논문과 손지형, 박소연, 김진경(2013)의 논문과 신화경, 정보인(2001)의 논문을 살펴보자.

● 연구 논문의 예 I:

　　양명희, 김현숙(2006). 구조화된 놀이상황에서 자극 용암법과 정적 강화 기법 사용이 선택적 함묵유아의 말하기 행동에 미치는 효과. 정서 · 행동장애연구, 22(2), 29-47.

● 연구 대상: 함묵증을 나타내는 만 3세 여아

● 독립 변수:

　• 자극 용암법: 대상 유아가 아버지와 역할 놀이를 하는 유치원 교실에 함께 놀 친구를 대상 유아가 유치원 친구들 중에서 한 명씩 선택하여 참여시켜서 놀 이할 친구를 늘려 감

　• 정적 강화: 대상 유아가 함께 역할 놀이를 하는 친구에게 말을 하거나 질문에 답을 하면 정적 강화물을 줌

● 종속 변수:

　• 자발어로 말하기: 유아가 성인이나 또래에게 자발적으로 말을 하는 행동이 며, 이때 유아는 청자가 인식할 수 있을 정도의 목소리로 말하는 것

　• 질문에 대답하기: 성인이나 또래가 집단으로 혹은 개별적으로 유아에게 질문 할 때 유아가 청자가 인식할 수 있을 정도로 명료화에 대한 재요구(예: 다시 한 번 말해 봐라, 크게 말해 봐라 등) 없이 단어나 문장으로 대답하거나 말하는 것

● 종속 변수 측정 방법:

　• 빈도 기록법: 자발적으로 말을 하는 행동의 빈도를 계수하여 기록하는 것

　• 반응 기회 기록법: 질문이 주어졌을 때 대답 행동의 발생 유무를 기록하는 것

● 연구 결과 그래프:

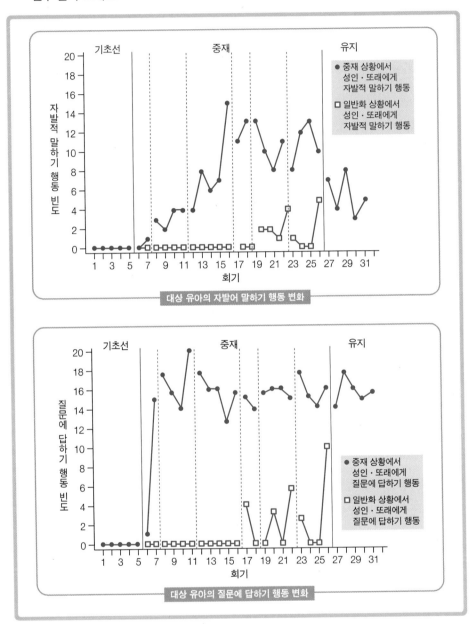

[그림 9-5] 기준 변경 설계를 적용한 연구의 예 1

● 연구 설계: 기준 변경 설계

이 연구는 기준 변경 설계를 적용했는데, 연구자들이 밝힌 바와 같이 설정한 변

3. 기준 변경 설계를 적용한 연구의 예

299

화 기준을 만족했다는 것을 그래프로 보여 주지는 못하고 있다. 이 연구에서 또 다른 새 친구를 투입할 수 있도록 상황을 변경할 수 있는 변화 기준은 대상 유아가 역할 놀이에 새로 참여한 유아에게 자발어로 말하거나 그 또래의 질문에 답하기를 2회 이상 하는 것이었다. 그러나 그러한 기준은 [그림 9-5]의 그래프에 표현하기 어렵다. 또한 기준 변경 설계에서 기준은 정적 강화 기준과 밀접한 관련이 있어야 하는데, [그림 9-5]에서 보면 상황을 변경시키는 기준과 정적 강화에 대한 기준이 서로 달랐다. 이 연구에서 기준 변경의 기준을 놀이 상황에 참여한 사람 모두에 대해서 그들의 질문에 답한 횟수 또는 자발어로 말한 횟수의 점진적 증가로 정한다면 독립 변수와 종속 변수의 기능적 관계를 그래프를 통해 명확하게 입증할 수 있었을 것이다. 그러나 그렇게 할 경우, 놀이 상황에 새로 들어간 사람에 대해 유아가 어떻게 반응하는지 알기 어렵고, 친숙한 사람과의 대화만으로 기준을 만족하게 될 위험이 있다. 이 연구에서 사용한 기준은 자발어로 말하거나 또래의 질문에 답하기를 2회 이상 하는 것으로 일정한 것 같아 보이지만 그 대상이 상황마다 새로운 친구이므로 계속 변경된 것으로 볼 수 있다. 이 연구의 설계는 전형적인 기준 변경 설계라기보다는 그 변형으로 보는 것이 적절하다.

- 연구 논문의 예 II:
  손지형, 박소연, 김진경(2013). 단계적인 주의 집중력 훈련이 경중치매노인의 기억력과 일상생활수행능력에 미치는 효과. 고령자·치매작업치료학회지, 7(1), 1-14.
- 연구 대상: 60세 이상의 경중치매환자 4명
- 독립 변수: 레하컴(Rehacom) 전산화 인지 훈련과 정적 강화
  주의 집중력 훈련인 레하컴 전산화 인지 훈련을 하면서 대상자가 목표 수준(예: 10개 맞추기 성공)에 도달하면 각 대상자의 흥미와 관심이 반영된 강화물을 제공하고, 목표에 도달하지 못하면 목표를 하향 조정함
- 종속 변수:
  - 주의 집중력

- 기억력
- 시공간 구성 능력과 시각적 기억력
- 일상생활수행능력

● 종속 변수 측정 방법:

- 레하컴 검사: 레하컴의 주의 집중력 점수를 측정함
- 숫자 외우기 검사: (중재 전후 검사)

   숫자 바로 외우기: 일련의 숫자들을 듣고 그 숫자들을 말하도록 함

   숫자 거꾸로 외우기: 들려준 숫자를 역순으로 말하게 함

- Rey 복합 도형 검사: (중재 전후 검사) 주어진 그림을 그대로 따라 그리게 함
- 운동 및 처리 기술 검사: (중재 전후 검사) 가구 옮기지 않고 청소하기, 웃옷 입기, 인스턴트 커피 끓이기, 잼 바르기 등의 작업 분석을 기초로 관찰하여 검사함

● 연구 결과 그래프:

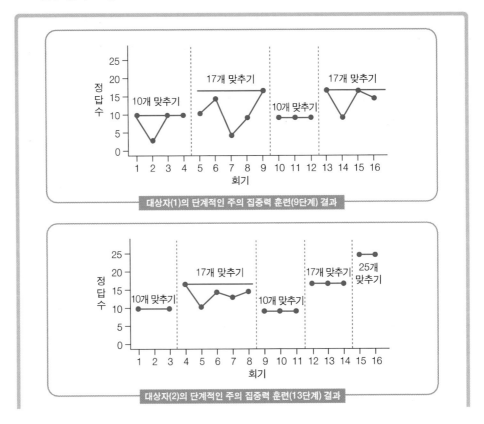

대상자(1)의 단계적인 주의 집중력 훈련(9단계) 결과

대상자(2)의 단계적인 주의 집중력 훈련(13단계) 결과

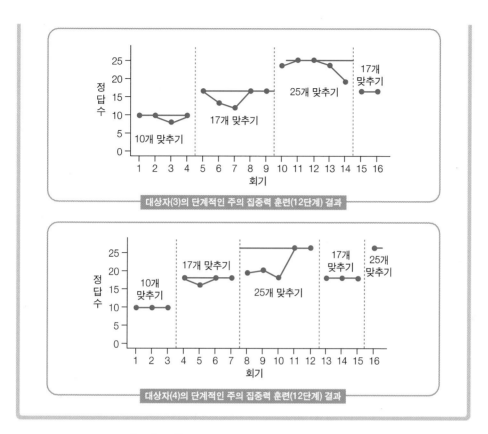

[그림 9-6] 기준 변경 설계를 적용한 연구의 예 2

● 연구 설계: 기준 변경 설계

이 연구에서는 기준 변경 설계를 사용하여 60세 이상의 경증치매환자 4명의 잔존인지능력에 맞게 단계적인 목표를 설정하고 목표에 도달하면 흥미에 맞는 강화물을 제공하는 것으로 과제를 수행할 수 있도록 하였다. [그림 9-6]에서 보는 것처럼 설정된 목표에 따라 종속 변수(집중력 점수)의 수준이 변화하는 것을 보여 주고 있다. 그런데 이 연구에서 사용한 레하컴 전산화 인지 훈련은 중재와 검사를 겸하고 있기 때문에 반복된 검사는 학습 효과가 있을 가능성이 있다. 그러나 이 연구에서 사용한 기준 변경 설계는 종속 변수의 변화는 학습 효과 때문이 아님을 보여 주고 있다. 즉, 연구 대상마다 설정된 목표가 증가하든지 감소하든지 그 목표에 따라 종속 변수의 수준이 변화하는 것을 보여 주는 것으로 종속 변수의 변화는 학습된 효과가 아님을 입증한 것이다. 이렇게 이 연구에서는 연구 대상자에게 레하컴 전산화 인지 훈련을 실시하면서 정적 강화를 적용하여, 중재와 주의 집중력 간의 기능적 관계를 입증하였을 뿐만 아니라 기억력과 공간 지각 능력과 일상생활수행능력에서도 향상이 있었음을 보여 주었다.

이 연구에서 연구자는 기초선 상황에서 대상자의 초기 주의 집중력 수준을 알아보기 위하여 레하컴 인지 훈련을 한 회기당 30분씩 총 4회기 실시하였고, 중재 상황의 훈련은 1회기당 15분씩 주 4회, 총 16회기로 진행하였다고 했다. 기초선 상황에서 중재 상황보다 긴 시간의 훈련이 있었다면 이는 기초선 상황이라고 하기 어렵다. 따라서 30분씩 4회기 동안의 훈련 없이 레하컴 집중력 검사만 실시한 기초선 결과를 그래프에 나타내는 것이 더 바람직할 것이다.

- 연구 논문의 예 Ⅲ:
  신화경, 정보인(2001). 기능적 근력강화 운동이 뇌성마비 아동의 기립균형에 미치는 영향. 한국전문물리치료학회지, 8(3), 97–105.
- 연구 대상: 양하지마비 형태의 뇌성마비로 진단받은 만 7세 남아
- 독립 변수: 기능적 근력강화 운동 두 가지
  - 자전거 에르고미터 운동: 자전거 에르고미터에서 종아리와 발을 페달에 고정하여 아동이 가능한 속도에 메트로놈을 맞춰 20분 동안 실시함
  - 무릎관절의 단계적 조절 운동: 책상에 두 손을 짚고 다리의 무릎관절 굽힘과 폄을 메트로놈에 맞춰 아동이 가능한 속도로 양쪽 각 40회 실시할 때 무릎관절 60° 굽힘 위치에 치료용 공을 놓아서 60° 굽힘에 대한 피드백을 줌
- 종속 변수:
  - 무릎폄근의 근력: 무릎폄근의 최대 등척성 수축을 통한 최대 장력
  - 한 발 기립균형: 한 발을 이용한 정적 기립균형 능력
  - 기능적 전방 팔 뻗기: 기능적 전방 팔 뻗기를 통한 동적 기립균형 능력
- 종속 변수 측정 방법:
  - 역동계 측정: 앉은 자세에서 양쪽 무릎을 70°로 고정하고, 발목에 가죽으로 만든 발목 커프를 착용한 상태에서 등척성으로 최대 수축을 하도록 두 번 지

시하여 역동계로 근력을 측정하고 그 평균치를 계산함

- 한 발 기립 균형 검사: 두 팔은 겹쳐서 가슴 위에 올려 놓고, 측정하고자 하는 쪽의 다리로 체중을 지지하고, 반대쪽 다리의 엉덩관절과 무릎관절은 90°로 굽혀서 테이블에 올려놓고, 초시계로 다리를 올려놓은 후부터 가슴에서 손이 떨어질 때까지의 유지 시간을 측정함
- 기능적 전방 팔 뻗기 검사: 전방 팔 뻗기를 할 때 엉덩관절과 무릎관절의 스쿼트 전략을 모두 허용하여 최대한 몸을 전방으로 이동시킨 상태에서 5초간 유지할 수 있는 거리를 cm 단위로 측정함

- 연구 결과 그래프: 논문의 100, 101쪽 그래프 참고
- 연구 설계:

이 연구의 연구 대상 아동은 기능적 근력강화 운동을 통해 정해진 변화 기준에 따라 기능적 전방 팔 뻗기 검사의 이동거리가 증가했고, 한 발 기립균형 검사에서도 좌우 모두 유지 시간이 증가한 것을 논문의 100, 101쪽 그래프를 통해 볼 수 있다. 이 연구에서 적용한 상황 변경의 기준은 한 발 기립균형 검사에서 3초, 기능적 전방 팔 뻗기 검사에서 1cm의 향상을 보이는 것으로, 3회기 연속하여 기준 목표를 달성하면 다음 기준을 적용하였다. 그런데 기능적 근력강화 운동을 통해 한 발 기립균형 시간과 팔 뻗기 시간이 증가한 것은 분명한데, 아동이 목표 기준을 이루도록 하는 중재는 명확하지 않은 것이 아쉬운 점이다. 즉, 목표 기준에 따라 종속 변수가 바뀐 것인지 목표 기준 없이도 지속적인 기능적 근력 강화 운동을 통해 종속 변수가 변화한 것인지 확인하기가 어렵다. 예를 들어, 아동에게 기능적 근력강화 운동을 하면서 목표 기준에 이르도록 목표를 알려 주고 피드백과 함께 구어적 격려를 했다든지, 종속 변수가 목표 기준에 도달한 경우에 정적 강화를 준 것과 같은 중재가 있었다면 기준 변경 설계를 통해 종속 변수와 독립 변수의 기능적 관계를 입증하는 것이 명확할 수 있다. 또한 이 설계를 사용할 때 중재 진행 중에 이전 상황보다 더 낮은 기준을 설정하여 그 기준에 따라 종속 변수가 변하는 것을 보여 준다면 내적 타당도를 더욱 확실히 보여 줄 수 있을 것이다.

통합 설계

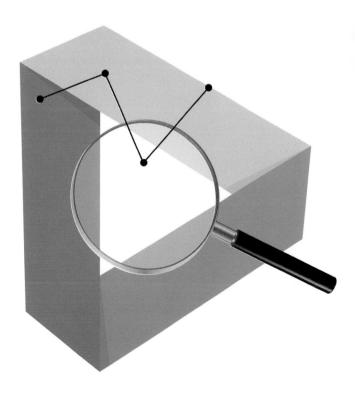

핵심 용어의 정의

통합 설계

개별 대상 연구의 여러 연구 설계를 통합하거나 각 설계의 요소를 통합한 설계를 의미한다.

개별 대상 연구에서는 여러 연구 설계를 통합하거나 각 설계의 요소를 통합한 설계를 사용하기도 한다. 연구 질문에 대해 어떻게 설득력 있는 답을 할 것인가, 즉 어떻게 실험 통제를 잘 보여 줄 것인가를 궁리하다 보면 연구 계획 단계에서부터 통합 설계가 구상될 수 있다. 이렇게 연구 시작 전부터 통합 설계를 계획하기도 하지만 연구를 진행하면서 자료를 수집하다가 예상하지 못했던 외생 변수를 만나게 되면 그 문제에 대해 실험 통제를 입증하기 위해서 설계를 변형시키거나 추가하면서 통합 설계를 이끌어 내기도 한다. 이러한 유연성은 개별 대상 연구의 큰 장점이기도 하다.

1 통합 설계의 특징

통합 설계의 주된 목적은 실험 통제를 더 잘 보여 주려는 데 있다. 예를 들어, 기준 변경 설계에서 중재 목표 방향으로 기준을 변경하다가 반대 방향의 기준을 갖는 상황을 넣어서 자료가 설정된 기준대로 변하는 경우에, 중재 목표 방향으로만 기준을 변경하는 기준 변경 설계를 적용한 경우보다 실험 통제에 대해 더욱 설득력 있는 설명이 가능하다. 마찬가지로, 대상자 간 복수 기초선 설계를 사용하는 경우에 한 대상자에 대해 중재 제거 설계를 추가하여 자료가 반전된다면 중재 효과의 입증은 더 분명해진다.

또한 통합 설계는 앞에서 설명한 각 설계가 지니는 개별적 제한점을 넘어서서 더 복잡한 여러 개의 연구 질문에도 답할 수 있다. 또한 통합 설계에서는 한 설계(예: 복수 기초선 설계)가 실험 통제를 잘 보여 주지 못하고 미약한 변화를 보이더라도 통합된 또 다른 설계(예: 중재 제거 설계)가 실험 통제를 입증할 수 있다는 것도 장점이다. 이러한 이유로 연구자들은 점점 더 많이 통합 설계를 사용하고 있다.

하지만 여러 설계를 통합할 때 주의해야 하는 것은 설계의 복잡성 때문에 실험 통제의 입증을 설명하기 위해서는 개별 대상 연구에 대한 좀 더 깊은 이해가 요구되는 경우가 많다는 점이다. 또한 이론상으로 아무리 매력적인 설계라도 실현 가능해야 한다. 실험 통제에 있어서 완벽한 이론을 갖춘 설계일지라도 실제로 실행할 수 없는 연구라면 의미가 없기 때문이다. 특히 매일매일 대상들을 만나고 있는 실천 현장에서 이루어지는 연구는 실현 가능성이 더욱 중요하다. 그리고 동일하게 중재 효과를 입증할 수 있다면 최대한 간단하게 중재 효과를 입증할 수 있는 설계가 좋은 설계다. 통합 설계들은 중재 효과는 명확하게 입증해 주는 반면, 설계의 이름 붙이기가 어려운 경우가 있다. 하지만 설계의 이름보다 더 중요한 것은 개별 대상 연구의 기본적 논리(설명, 예측, 입증)가 지켜지고, 타당도의 위협을 통제하는 실험 통제를 보여 주는 것이다.

통합 설계에서는 일반적으로 다른 설계에 중재 제거 설계를 통합한 경우가 많다. 즉, 복수 기초선 설계, 중재 교대 설계, 기준 변경 설계 등에서 중재를 제거하는 상황을 넣어서 중재 효과를 더 명확하게 입증하려는 것이다. 복수 기초선 설계, 중재 교대 설계, 기준 변경 설계 등을 기본으로 하는 설계에서는 연구 도중에 중재 제거 설계를 통합시키는 것이 가능하다. 그런데 중재 제거 설계를 기본으로 하는 설계에서는 미리 계획된 경우가 아니라면 다른 설계와 통합하는 것이 쉽지 않다. 예를 들어, 중재 제거 설계를 진행하는 중에 복수 기초선 설계를 통합하려면 필요한 여러 개의 기초선 자료 수집이 불가능하기 때문이다.

2 일반화와 유지의 평가를 위한 통합 설계

1) 일반화를 평가하는 통합 설계

중재의 효과가 일반화되는지를 평가하기 위해서 진행하고 있는 개별 대상 연구에서 중재를 실시하는 동안 중재 상황이 아닌 일반화 상황에서 표적 행동에 대한 자료를 수집하거나, 표적 행동이 아닌 비슷한 다른 행동에 대한 자료를 수집하는 방법이 있다. 예를 들면, 중재 상황에서 측정한 표적 행동이 또래와의 긍정적 상호 작용이라면 중재 상황과 동일한 기간에 학교의 쉬는 시간에 놀이터/운동장/교실에서 또래와의 긍정적 상호 작용 행동을 측정하는 것이다. 이러한 검사를 일반화 검사(probe)라고 하자. 일반화 검사는 지속적으로 실시하는 것이 아니라 필요에 따라 때때로 실시하면 되기 때문에 많은 시간적 노력을 요구하지 않는다. 이 검사 결과에서 중재가 실시되고 있지 않은 상황에서 중재 효과와 비슷하게 자료의 변화가 나타나면 일반화가 일어났다고 볼 수 있고, 그렇지 않으면 일반화가 일어나지 않은 것이므로 일반화에 대한 전략을 세워야 할 것이다. 이렇게 기존 설계에 일반화 검사(probe)를 추가하는 경우는 특별한 설계 이름을 갖는 경우는 드물다. 다만 복수 기초선 설계에서 기초선 상황이나 중재 상황에서 일반화 자료를 산발적으로 수집한다.

2) 중재 효과의 유지를 평가하는 통합 설계

다음으로, 실행 중인 개별 대상 연구에서 중재의 효과가 유지되는지를 평가하기 위해서는 개별 대상 연구의 각 설계에서 부분적으로 또는 점진적으로 중재를 제거하는 방법을 사용할 수 있다. 중재 제거 설계 같은 경우에 짧은 중재 기간 뒤에 갑자기 중재를 제거하면 표적 행동은 대부분 기초선 수준으로 되돌아가기 마련이다. 그런데 중재를 점진적으로 제거하면서 중재 효과가 유지되는지 살펴볼 수 있다. 이렇게 중재의 점진적 제거 방법도 위에서 설명한 일반화를 알아보기 위한 방법처럼 어느 개별 대상 연구의 설계에라도 추가할 수 있는 방법이다. 중재 효과가 분명하게 나타난 뒤에는 그 효과가 유지되는지 알아보기 위해 중재의 요소를 조금씩 점진적으로 제거하는 방법을 추가할 수 있다.

Rusch와 Kazdin(1981)은 개별 대상 연구에서는 행동의 새로운 습득을 알아보고자 하는 설계는 많으나 중재 효과의 유지를 평가하는 설계는 부족하다고 하면서, 유지 효과를 평가하기 위해 중재 요소를 조금씩 점진적으로 제거하는 세 가지 설계를 소개했다: 1) 순차적 중재 제거 설계(sequential-withdrawal design), 2) 부분적 중재 제거 설계(partial-withdrawal design), 3) 부분적이고 순차적인 중재 제거 설계(partial-sequential-withdrawal design). 먼저, 순차적 중재 제거 설계는 여러 요소로 이루어진 중재에서 한 가지 요소씩 제거해 나가는 방법으로, 연구 대상자가 중재 요소가 제거된 것을 변별할 가능성을 줄이기 위해 만들어진 설계다. 가장 기본적인 순차적 중재 제거 설계의 모형을 그림으로 나타내면 [그림 10-1]과 같다.

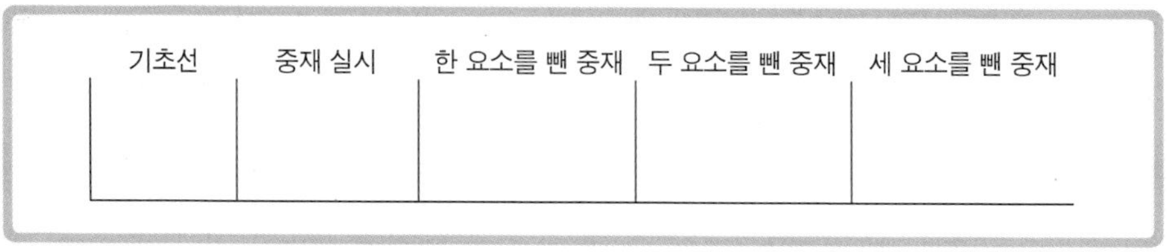

| 기초선 | 중재 실시 | 한 요소를 뺀 중재 | 두 요소를 뺀 중재 | 세 요소를 뺀 중재 |

[그림 10-1] 순차적 중재 제거 설계의 모형

순차적 중재 제거 설계는 주로 A-B, A-B-A, 또는 복수 중재 설계에 적용할 수 있다. 그런데 [그림 10-1]과 같은 설계에서는 중재의 요소들을 순차적으로 제거하는 것이 아니라 모든 요소를 한꺼번에 제거했을 때 그 결과가 어떻게 되었을지 알 수 없다는 단점이 있다. 즉, 반드시 순차적 중재 제거 설계가 필요했는지 확인하기 어렵다는 것이다. 또한 이 설계의 제한점은 중재 요소의 순차적 제거와 용암법 (fading)을 구별해야 한다는 점이다. 이러한 설계의 예로는 Sowers, Rusch, Connis, & Cumming(1980)의 연구가 있다. 복수 중재 설계에 순차적 중재 제거 설계를 적용한 예로 정희진과 양명희(2014)의 연구가 있다. 그들의 설계 모형은 A-BC4-BC3-BC2-BC1-B-A 설계로 [그림 10-2]와 같다.

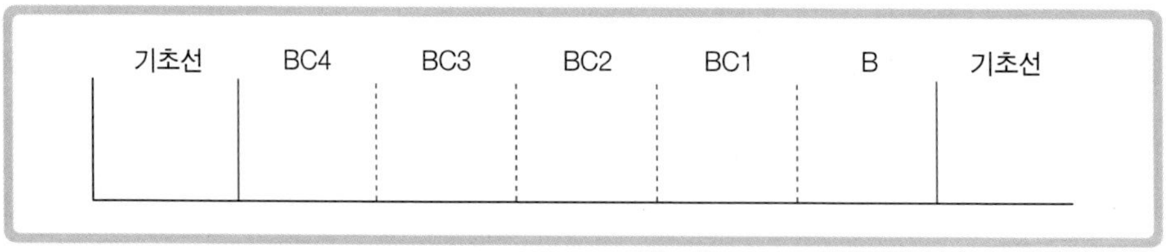

| 기초선 | BC4 | BC3 | BC2 | BC1 | B | 기초선 |

[그림 10-2] 복수 중재 설계 + 순차적 중재 제거 설계

이 설계에서는 사회적 강화와 혼합 촉구를 사용하다가 정해진 일정한 기준을 만족할 때마다 촉구를 한 가지씩 제거해 가다가 마지막에는 모든 중재를 제거하는 방법을 적용했다. 다른 순차적 중재 제거 설계에서 임의적으로 중재 요소를 제거한 것과 달리 정해진 일정한 기준을 만족했을 때 한 가지 요소씩 제거하는 방법을 적용한 것이 특징이다. 즉, 중재 요소를 하나씩 제거해도 대상자가 정한 기준을 만족하는지

보고자 한 것이다. 이 점이 기준을 계속 변경하는 기준 변경 설계와 다른 점이다.

또한 순차적 중재 제거 설계를 복수 기초선 설계에 적용하면 [그림 10-3]과 같은 모형이 된다.

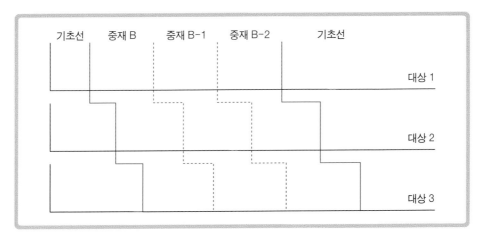

[그림 10-3] 순차적 중재 제거 설계를 적용한 복수 기초선 설계의 모형

두 번째로, 부분적 중재 제거 설계가 있다. 이 설계는 이름이 말해 주듯이 전체 설계의 한 부분에서만 중재를 제거하는 것이다. 즉, 복수 기초선 설계의 한 층에서 중재의 한 요소 또는 전체 요소를 제거한 상황을 넣는 것을 뜻한다. 가장 기본적인 부분적 중재 제거 설계의 모형은 [그림 10-4]와 같다.

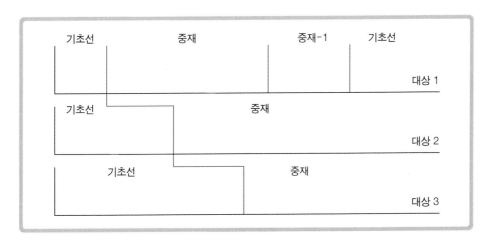

[그림 10-4] 부분적 중재 제거 설계의 모형

이 설계를 사용할 때는 부분적으로 중재를 제거한 층에서 나타난 결과가, 다른 층에 부분적 중재 제거를 할 때와는 다를 수 있음을 유의해야 한다. 이러한 설계의 예로는 Russo와 Koegel(1977)의 연구가 있다.

세 번째로, 부분적이면서 순차적인 중재 제거 설계가 있다. 이는 부분적 중재 제거를 실시하는 복수 기초선 설계의 한 층에서 중재의 요소를 제거하는 경우를 의미한다. 이 모형을 그림으로 나타내면 [그림 10-5]와 같다. 그런데 이러한 설계는 제거하는 중재 요소가 특정 행동이나 대상자와만 상호 작용할 가능성이 있으므로 주의해야 한다.

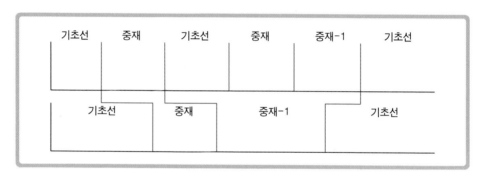

[그림 10-5] 부분적이면서 순차적인 중재 제거 설계의 모형

이상으로 살펴본 세 가지의 유지 효과를 평가하는 설계들은 또 여러 모양으로 얼마든지 변형이 가능하다.

3 통합 설계 유형의 예

통합 설계의 모든 유형을 소개한다는 것은 불가능하다. 개별 대상 연구 설계들은 얼마든지 다양한 조합이 가능하기 때문이다. 여기에서는 그중에 몇 개의 설계 유형을 소개하고, 설계를 이해하기 쉽도록 그림으로 설계를 제시했다. 제시한 설계들의 구체적 내용에 대한 도움을 받을 수 있도록 그러한 설계를 사용한 실제 연구의 예를 소개하였다. 연구자가 다양한 통합 설계를 살펴보는 것은 자신의 연구 질문에 가장 적절한 설계를 구상하는 데 도움이 될 것이다.

1) 행동 간 복수 기초선 설계 + 대상자 간 복수 기초선 설계

행동 간 복수 기초선 설계와 대상자 간 복수 기초선 설계를 통합한 설계의 모형은 [그림 10-6]과 같다.

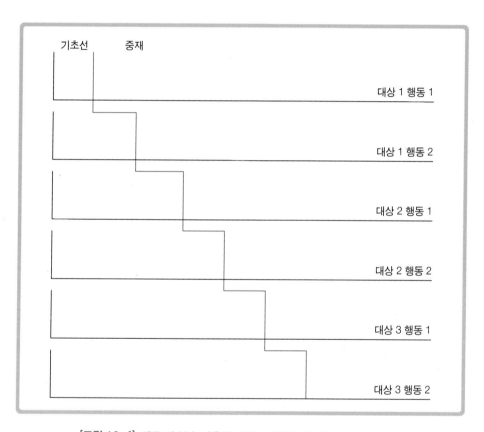

[그림 10-6] 행동 간 복수 기초선 설계 + 대상자 간 복수 기초선 설계 I

[그림 10-6]에서 볼 수 있듯이 행동 간 복수 기초선 설계와 대상자 간 복수 기초선 설계를 통합한 설계에서는 대상 1에게 행동 1과 2를 복수 기초선 설계로 실시하고, 동일한 방법을 대상 2와 3에게 반복한다. 이러한 설계를 사용하면 중재를 적용하지 않은 행동에 대해서도 변화가 일어날 경우에 그런 현상이 다른 대상들에게서도 발생하는지 확인할 수 있도록 도와준다. 행동 간 복수 기초선 설계와 대상자 간

복수 기초선 설계를 통합한 설계를 적용한 예는 Trent와 Kaiser, Wolery(2005)의 연구가 있다.

* Trent, J. A., Kaiser, A. P., & Wolery, M. (2005). The use of responsive interaction strategies by siblings. *Topics in Early Childhood Special Education*, 25, 107–118.

행동 간 복수 기초선 설계와 대상자 간 복수 기초선 설계를 통합한 설계를 다음의 [그림 10-7]의 모형처럼 설계할 수도 있다.

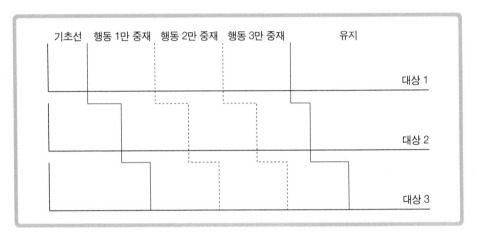

[그림 10-7] 행동 간 복수 기초선 설계 + 대상자 간 복수 기초선 설계 Ⅱ

위 그림의 설계는 중재 상황에서 대상 1, 2, 3에게 행동 1에 대한 중재를 실시할 때는 행동 2와 3에 대해서는 기초선 자료를 수집한다. 마찬가지로 각각 행동 2와 3에 대해서 중재를 실시할 때는 다른 행동들에 대해서는 기초선 자료를 수집한다. 이 설계를 적용한 예는 Cronin과 Cuvo(1979)의 연구가 있다.

* Cronin, K. A., & Cuvo, A. J. (1979). Teaching mending skills to mentally retarded adolescents. *Journal of Applied Behavior Analysis, 12,* 401–406.

또한 [그림 10-7]과 똑같은 설계를 간헐 복수 기초선 설계에 적용할 수도 있다. 즉, 행동 간 간헐 복수 기초선 설계와 대상자 간 간헐 복수 기초선 설계를 통합하는 것이다. 그러한 예는 Charlop-Christy와 Le, Freeman(2000)의 연구가 있다.

* Charlop-Christy, M., Le, L., & Freeman, K. A. (2000). A comparison of video modeling with in vivo modeling for teaching children with autism. *Journal of Autism and Developmental Disorders, 30*, 537-552.

2) 대상자 간 (간헐) 복수 기초선 설계 + 개선된 중재 교대 설계

대상자 간 (간헐) 복수 기초선 설계와 개선된 중재 교대 설계를 통합한 설계의 모형은 [그림 10-8]과 같다.

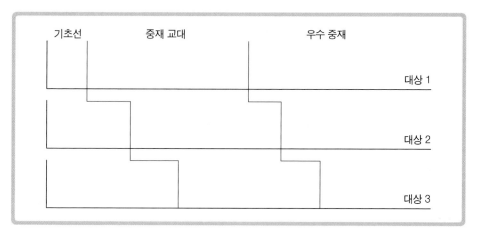

[그림 10-8] 대상자 간 (간헐) 복수 기초선 설계 + 개선된 중재 교대 설계

대상자 간 (간헐) 복수 기초선 설계와 개선된 중재 교대 설계를 통합한 설계에서는 [그림 10-8]처럼 복수 기초선 설계를 적용할 때 중재가 실시될 상황에서 중재를 교대하고, 그다음 상황에서 더 효과적인 중재를 실시하는 것으로 이루어진다.

대상자 간 (간헐) 복수 기초선 설계와 개선된 중재 교대 설계를 통합한 설계를 적용한 예는 Cannella-Malone과 그 동료들(2006)의 연구가 있다.

* Cannella-Malone, H., Sigafoos, J., O'Reilly, M., dela Cruz, B., Edrisinha, C., & Lancioni, G. E. (2006). Comparing video prompting to video modeling for teaching daily living skills to six adults with developmental disabilities. *Education and Training in Developmental Diabilities, 41*, 344-356.

이와 비슷하게 복수 기초선 설계와 중재 교대 설계를 통합한 설계를 Hains(1991)는 순차적 중재 교대 설계(sequential alternating treatment design)라고 명명했다. 그가 소개한 순차적 중재 교대 설계는 기초선 상황이 없는 것으로 그 모형은 [그림 10-9]와 같다.

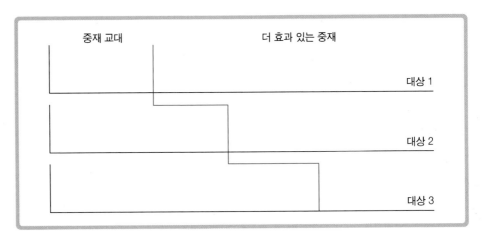

[그림 10-9] 순차적 중재 교대 설계

순차적 중재 교대 설계를 소개한 논문은 Wacker와 그의 동료들(1990)의 연구가 있다.

* Wacker, D., McMahon, C., Steege, M., Berg, W., Sasso, G., & Melloy, K. (1990). Applications of sequential alternating treatments design. *Journal of Applied Behavior Analysis, 23*, 333-339.

3) 중재 교대 설계 + 중재 제거 설계

중재 교대 설계와 중재 제거 설계를 통합한 설계의 모형은 [그림 10-10]과 같다.

[그림 10-10] 중재 교대 설계 + 중재 제거 설계

[그림 10-10]에서 보듯이 중재 교대 설계와 중재 제거 설계를 통합한 설계는 중재 제거 설계에서 중재(B)를 실시할 상황에서 중재를 교대하는 것이다.

⟨표 10-1⟩은 통합 설계를 적용한 연구의 예들이다.

표 10-1 통합 설계를 적용한 연구의 예

> 강삼성, 이효신(2012). 학급수준의 긍정적 행동지원이 통합학급 초등학생의 문제 행동과 학교생활 만족도에 미치는 영향. 정서·행동장애 연구, 28(3), 1-35.
> 김정일(2004). 아스퍼거장애 유아의 부적응 행동 중재를 위한 또래개입 사회상황 이야기 효과. 특수교육연구, 11(2), 425-445.
> 유은정, 오세진, 문광수, 이요행, 이충원(2007). VDT작업환경에서 앉은 자세에 대한 즉각적 피드백과 지연된 피드백의 효과비교. 한국심리학회지 산업 및 조직, 20(2), 135-155.
> 조민희, 전혜인(2011). 비디오 자기관찰을 활용한 자기관리전략이 초등학교 정신지체 학생의 수업행동에 미치는 영향. 정서·행동장애 연구, 27(4), 161-184.
> 차태현, 유은영, 오덕원, 신숙연, 우희순, 오종치(2008). 비위관을 이용하여 섭식하는 뇌졸중 환자들의 연하장애에 대한 전기자극치료와 전통적 연하재활치료의 비교. 대한작업치료학회지, 16(1), 1-10.
> 천승철(2010). 시각되먹임을 차단한 자세수직훈련이 밀기 증후군 환자의 기능회복 및 일상생활동작에 미치는 영향. 대한작업치료학회지, 18(4), 93-102.
> 천승철, 오덕원(2010). 수중 강제유도운동치료가 편마비를 가진 뇌성마비 아동의 상지기능과 일상생활동작에 미치는 영향. 대한작업치료학회지, 18(2), 121-131.
> 최옥주(2003). 자폐아동의 식료품 관련단어 읽기에서 두 반응촉진법의 효과와 효율성 비교. 특수교육연구, 10(1), 319-345.

⟨표 10-1⟩에서 소개한 통합 설계를 적용한 연구 중에서 유은정과 그 동료들(2007)의 연구와 강삼성과 이효신(2012)의 연구와 조민희, 전혜인(2011)의 연구와 천승철과 오덕원(2010)의 연구를 차례로 살펴보자.

- 연구 논문의 예 I:
  유은정, 오세진, 문광수, 이요행, 이충원(2007). VDT작업환경에서 앉은 자세에 대한 즉각적 피드백과 지연된 피드백의 효과비교. 한국심리학회지 산업 및 조직, 20(2), 135-155.
- 연구 대상: 평소 컴퓨터를 사용한 문서 작업을 주요 업무로 하는 직장인 4명

- 독립 변수:
  - 즉각적 피드백: 센서를 부착한 의자를 사용할 때 프로그램 실행 중 일정 시간 올바르지 않은 자세를 유지할 경우 팝업의 형태로 틀린 자세 부위를 그림으로 알려 주는 방법
  - 일일 피드백: 센서를 부착한 의자를 사용할 때 설정된 시간 후 프로그램이 종료될 때 각 부위별 자세가 올바르지 않았던 횟수가 그림에 표시되는 방법
- 종속 변수:
  - 올바로 앉은 자세 유지 시간: 엉덩이 부분을 뺀 나머지 센서들이 모두 접촉 상태로 유지되는 시간
  - 불안전 자세에서 안전 자세로 행동을 변화시킨 횟수
- 종속 변수 측정 방법:
  - 지속 시간 기록법: 표적 행동이 지속된 시간을 측정하여 기록하는 방법[안전한 자세 유지 시간 비율 ＝ (올바른 자세 유지 시간/전체 앉은 시간) × 100]
  - 빈도 기록법: 관찰 시간 안에 발생한 표적 행동의 빈도를 기록하는 방법

- 연구 결과 그래프:

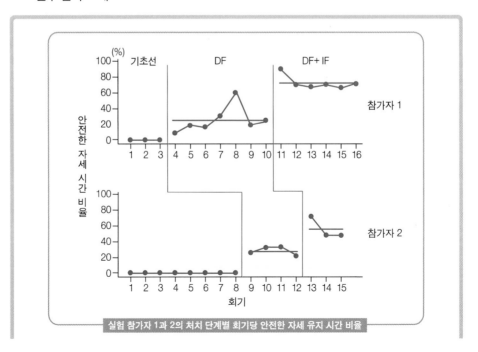

실험 참가자 1과 2의 처치 단계별 회기당 안전한 자세 유지 시간 비율

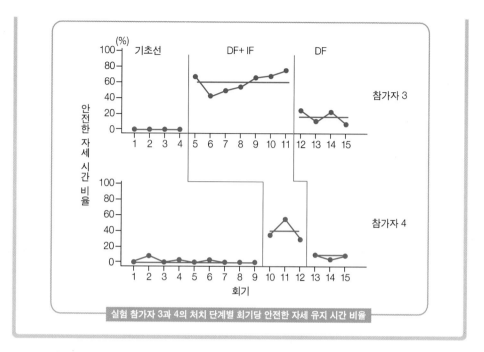

실험 참가자 3과 4의 처치 단계별 회기당 안전한 자세 유지 시간 비율

[그림 10-11] 대상자 간 복수 기초선 설계와 복수 중재 설계를 통합한 설계의 예

● 연구 설계: 대상자 간 복수 기초선 설계 + 복수 중재 설계

이 연구의 설계는 대상자 간 복수 기초선 설계와 복수 중재 설계를 통합한 것이다. [그림 10-11]에서 보는 것처럼 이 연구에서는 두 명의 연구 대상에게는 A-B-BC를 복수 기초선 설계 방법으로 실시하고, 또 다른 두 명의 연구 대상에게는 A-BC-B를 복수 기초선 설계 방법으로 실시하였다. 그 결과 피드백 제공으로 안전 자세 유지 시간 비율이 증가하였으며, 일일 피드백이 즉각적 피드백과 함께 제공되었을 때 안전 자세 유지 시간 비율이 더 증가했음을 볼 수 있다. (그래프로 제시되지 않았지만 불안전 자세에서 안전 자세로 행동을 변화시킨 횟수도 일일피드백이 즉각적 피드백과 동시에 제공되었을 때 변화 횟수가 월등히 많았다.) 이 연구의 설계는 연구 대상을 두 명씩 나누어서 중재 제시 순서를 달리하여 순서 영향을 통제한 것을 보여 준 설계라고 할 수 있다. 또한 이 연구의 설계는 한 대상에게 A-B-BC-B-BC와 같은 설계를 적용할 경우에 중재 기간이 길어져서 내적 타당도를 위협받을 수 있는 것을 예방할 수 있는 설계다. 그런데 중재 B (일일 피드백)의 단독 효과뿐 아니라 중재 C(즉각적 피드백)의 단독 효과도 알 수

있도록 하려면 4명의 연구 대상에게 A-B-C-BC, A-C-BC-B, A-BC-B-C, A-B-BC-C 등의 설계를 대상자 간 복수 기초선 설계 방법으로 실행할 수도 있을 것이다. 또한 연구 대상들이 불안전 자세에서 안전 자세로 행동을 변화시킨 횟수는 그래프의 오른쪽에 세로 좌표를 만들어 변수를 빈도로 하고, 그래프 안쪽에 다른 기하학적 도형으로 자료 표시점을 만들어 표기할 수 있을 것이다.

- ● 연구 논문의 예 II:

  강삼성, 이효신(2012). 학급수준의 긍정적 행동지원이 통합학급 초등학생의 문제 행동과 학교생활 만족도에 미치는 영향. 정서·행동장애 연구, 28(3), 1-35.

- ● 연구 대상: 통합학급 학생 21명(장애 학생 1명 포함)
- ● 독립 변수: 학급수준의 긍정적 행동지원
  - 학급수준의 보편적 지원(학급 전체에 실시): 학급규칙 매트릭스 개발과 기대 행동 정하기, 학급규칙 교수하기, 학급규칙 게시하고 집중 구호 익히기, 학급규칙 준수에 대해 강화하기, 학급질서 도우미제도 운영하기, 자기 점검과 자기 평가하기, 학급 홈페이지 알림장과 일기장을 통한 피드백 주기, 환경 구조화하기
  - 학급수준의 개별적 지원(장애 학생에 대해 실시): 선행 사건과 배경 사건 중재, 대안 기술 교수 중재, 후속 결과 중심 중재, 생활 양식 중재
- ● 종속 변수:
  - 문제 행동: 교실, 복도, 식당에서 학급규칙 위반 행동
  - 학교생활 만족도: 학급 활동, 교우 관계, 교사와의 관계에 대한 만족도
- ● 종속 변수 측정 방법:
  - 부분 간격 관찰 기록법: 관찰 시간을 짧은 시간 간격으로 나누어 각각의 시간 간격 동안에 행동이 발생했는지를 관찰하여, 관찰한 시간 간격 동안에 행동이 최소한 1회 이상 발생하면 그 시간 간격에 행동이 발생한 것으로 기록하는 방법
  - 만족도 질문지 검사: 질문지를 통해 사전 사후로 조사

● 연구 결과 그래프:

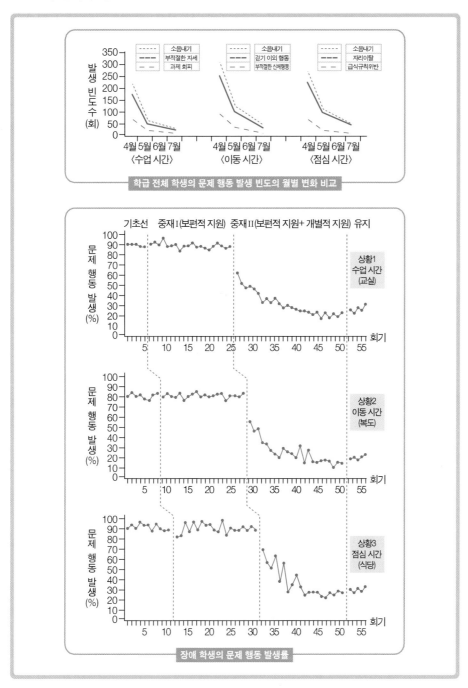

[그림 10-12] 상황 간 복수 기초선 설계와 복수 중재 설계를 통합한 설계의 예

● 연구 설계: 상황 간 복수 기초선 설계 + 복수 중재 설계

[그림 10-12]에서 보는 것처럼 이 연구에서는 상황 간 복수 기초선 설계와 복수 중재 설계를 통합한 설계를 사용하여 보편적 지원은 학급 전체에게는 효과적이었지만 장애 학생의 문제행동 감소에는 긍정적 영향을 끼치지 않았고, 장애 학생에게는 보편적 지원과 개별적 지원을 함께 적용한 것이 효과적이었음을 알 수 있었다. 이 연구에서 학급 차원의 보편적 중재를 B, 개별적 지원을 C라고 하면 한 가지 상황에서 장애 학생에게 적용된 설계는 A-B-BC-A 설계라고 할 수 있다. 이를 수업 시간, 이동 시간, 점심 시간에 교실, 복도, 식당에서 적용하여 복수 기초선 설계 방법으로 실행하였다.

이러한 설계는 연구 대상에게 중재가 적용된 상황에서만 중재 효과를 나타내는 것으로 실험 통제를 입증해 준다. 이 연구에서는 장애 학생의 문제행동에 대해서는 보편적 중재만으로는 효과가 없고, 보편적 중재와 개별적 중재가 함께 사용되었을 때 효과 있음을 명백히 보여 주었다. 그런데 학급 차원에서 보편적 중재가 실행되지 않는 상황에서 개별적 중재만으로 효과가 있었는지 확인하기는 어렵다. 학급 차원의 보편적 중재를 실행하기 전에 개별적 중재를 실행하는 A-C-B-BC-A 설계 또는 A-B-BC-C-A 설계를 적용하여 개별적 중재만의 효과를 보여 준다면 두 중재의 상호 작용 효과를 더욱 잘 이해할 수 있을 것이다.

● 연구 논문의 예 Ⅲ:
조민희, 전혜인(2011). 비디오 자기관찰을 활용한 자기관리전략이 초등학교 정신지체 학생의 수업행동에 미치는 영향. 정서 · 행동장애 연구, 27(4), 161-184.
● 연구 대상: 정신지체로 진단받은 초등학교 저학년 학생 3명
● 독립 변수: 비디오 자기관찰을 활용한 자기관리전략
  • 교사 평정이 포함된 자기관리전략 중재: 참여 행동과 방해행동을 교수받고, 자신의 목표 점수를 정한 후 비디오 관찰을 통해 자신의 모습을 보면서 평가하고 교사와 함께 대조하여 평정이 틀린 것에 대해 지도를 받음
  • 교사 평정을 철회한 자기 관리 전략 중재: 위의 중재 내용에서 교사 평정이

적용하고 그 이외의 조건을 동일하게 함으로써 아동들의 표적행동의 변화가 오직 중재 때문임을 입증해 주었다. 일반적으로 개별 대상 연구에서 A는 기초 선을 의미하므로, 그래프에 '중재 A'라고 표기하기보다는 '중재 B'로 표기하는 것이 바람직하다. 연구에서 사용한 교사 평정이 포함된 자기관리전략 중재를 B, 교사 평정이 철회된 자기관리전략 중재를 B'라고 하면 한 아동에게 적용된 설계는 A-B-B'-A 설계라고 할 수 있다. 그런데 [그림 10-13]에서 보는 것처 럼 B에서 한 가지 요소가 제거된 B'에서 모든 대상 아동의 표적행동은 B에서 보다 더 향상됨을 볼 수 있는데, 이러한 현상이 반복된 중재를 통한 학습 효과 때문이고 교사 평정은 의미가 없는 것인지 확인하기 어렵다.

교사 평정의 유무가 미치는 영향을 확인할 수 있으려면 [그림 10-4]에서 제 시한 부분적 중재 제거 설계를 적용하여 전체 설계의 한 부분에서만 중재를 제 거할 수 있다. 즉, 한 아동에게서만 A-B-B'-A를 실시하고 다른 아동은 A-B- A를 실시하는 것이다. 그뿐만 아니라 종속 변수가 반전이 가능하다면 B와 B' 사이에 A를 넣어서 A-B-A-B'-A 설계를 적용할 수도 있을 것이다. 또한 [그림 10-5]에서 제시한 부분적이면서 순차적인 중재 제거 설계를 적용하여 부 분적 중재 제거를 실시하는 복수 기초선 설계의 한 층에서 중재의 요소를 제거 할 수도 있다.

- 연구 논문의 예 Ⅳ:
  천승철, 오덕원(2010). 수중 강제유도운동치료가 편마비를 가진 뇌성마비 아동의 상지기능과 일상생활동작에 미치는 영향. 대한작업치료학회지, 18(2), 121- 131.
- 연구 대상: 편마비를 가진 뇌성마비로 진단받은 아동 3명
- 독립 변수: 수중 및 지상에서 실시된 강제유도운동치료
  - 건측 제한 방법: 보조기와 끈을 사용하여 건측 상지를 고정시킴
  - 강제유도운동치료-지상 훈련: 환측 상지와 손으로 다양한 크기와 무게의 물 건을 잡고 쥐고 들고 조작하게 함
  - 강제유도운동치료-수중 훈련: 가슴 높이의 물속에서 환측 상지와 손으로 다

양한 크기와 무게의 물건을 잡고 쥐고 들고 조작하게 함

- 종속 변수:
  - 상지기능: 상지의 대근육을 활용한 기민성과 손의 조작 능력
  - 일상생활동작: 환측 상지의 독립적 사용 정도
- 종속 변수 측정 방법:
  - 상자와 나무토막 검사: 1분 동안 나무토막이나 상자를 환측 손으로 집어 다른 쪽으로 옮기는 과제로 옮긴 나무토막의 개수를 측정함
  - 소아용 운동활동척도 검사: 환측 상지를 사용하는 양과 움직임의 질을 척도 검사하여 평균값을 측정함
- 연구 결과 그래프: 논문의 125쪽 그래프 참고
- 연구 설계:

이 연구에서 사용한 설계는 대상자 간 복수 기초선 설계와 중재 교대 설계를 통합한 것이다. 이 연구에서는 기초선 상황 후에 두 가지 중재를 교대하는 상황을 3명의 연구 대상에게 대상자 간 복수 기초선 설계방법으로 적용하였다. 그 결과 두 가지 중재는 모두 기초선 상황보다 상지 기능에서 향상된 효과를 보였고, 두 중재 중에서는 수중에서 하는 강제유도운동치료가 더 효과적인 것으로 나타났다. 더 효과가 있는 것으로 나타났던 수중에서의 강제유도운동치료를 중재교대 상황 뒤에 실시한다면 중재 교대의 영향이 없는 상황에서도 여전히 동일한 수준의 효과를 보이는 것을 입증할 수 있을 것이다. 또는 중재 교대 상황 뒤에 기초선 상황으로 되돌려서 종속 변수의 변화가 반전되는지 확인하거나, 중재 교대 상황 뒤에 기초선과 효과 있는 중재를 교대하는 상황을 실행하여 중재의 효과를 입증할 수도 있을 것이다.

제**3**부

자료 평가와 연구 보고

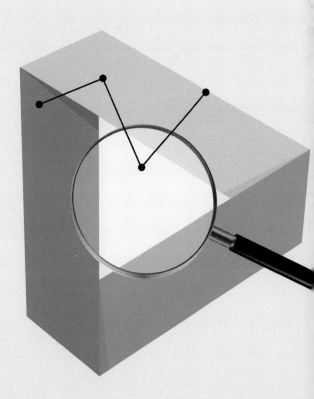

그래프 그리기

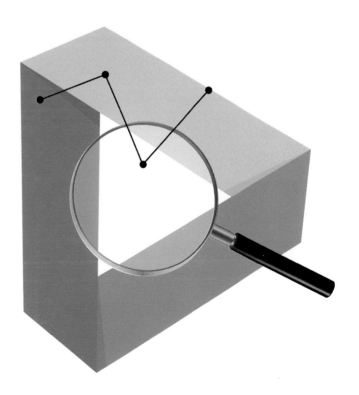

핵심 용어의 정의

선 그래프

X축의 시간을 나타내는 값과 Y축의 종속 변수의 양을 나타내는 값이 교차하는 지점에 기하학적 도형으로 표시하고 그 도형들을 선으로 연결하여 나타낸 그래프다.

막대 그래프

구별되는 자료를 제시하거나 수집된 자료를 비교하는 것으로, 주로 수집된 자료의 평균값을 수직 또는 수평의 막대로 표시하는 그래프다.

누가 그래프

종속 변수가 시간 경과에 따라 변화한 정도를 누적된 형태로 보여 주는 그래프다.

종속 변수를 직접 관찰하여 측정한 자료는 일반적으로 표나 그래프로 정리하여 나타낸다. 표는 주로 전체 자료의 요약을 나타내는 데 사용하기 때문에 표를 통해 자료의 구체적 변화를 알기는 쉽지 않다. 따라서 매번 관찰하고 측정한 종속 변수에 대한 자료는 요약하여 바로 그래프에 옮겨서 연속적인 종속 변수의 변화를 볼 수 있게 하는 것이 좋다. 자료를 그래프에 제시하는 목적은 중재의 평가에 대한 의사소통을 하려는 데 있다. Kerr와 Nelson(1989)은 그래프를 사용하는 이유를, 첫째, 의사결정을 하기에 편리한 방법으로 자료를 요약하기 위해서, 둘째, 중재 효과를 전달하기 위해서, 셋째, 중재에 참여한 자들에게 피드백을 제공하기 위해서라고 했다. 한마디로 그래프는 평가와 의사소통을 위한 도구라고 볼 수 있다.

자료를 그래프에 옮기는 것은 여러 장점이 있다. 먼저, 그래프는 연구 대상의 종속 변수가 중재 적용과 함께 시간의 흐름에 따라 변화한 내용, 즉 연구자가 종속 변수에 대해 수행한 중재의 결과를 효율적으로 한눈에 볼 수 있도록 해 주기 때문에 연구자가 교사 또는 부모와의 의사소통에 유용하게 사용할 수 있다. 그뿐만 아니라 그래프에 있는 자료의 분석을 통해 중재 효과를 지속적으로 평가할 수 있기 때문에, 그래프는 연구자가 평가에 근거한 의사 결정(예: 중재의 지속, 수정 또는 종료)을 할 수 있도록 도와주는 안내서와 같은 역할을 한다. 즉, 그래프에 자료의 새로운 패턴이 나타나면 연구자는 그 자료에 근거하여 중재 전략을 바꿀 수 있다는 것이다. 개별 대상 연구의 형성적 자료를 그래프에 그리는 것으로 얻을 수 있는 또 다른 이점은 연구 대상이 자신의 종속 변수에 대한 변화를 나타내는 그래프를 시각적으로 보는 것만으로도 강화를 받아 종속 변수가 향상되는 반동 효과(reactive effects)를 가져올 수도 있다는 것이다.

그래프는 종속 변수에 대한 자료를 명확하고 간단하고 보기 쉽게 나타내 줄 수 있어야 한다. 그래프를 보면 종속 변수가 무엇인지, 어떤 중재를 사용하였는지, 중재의 기간은 어느 정도인지, 연구 설계가 무엇인지, 종속 변수와 중재 사이의 기능적 관계가 어떤지에 대한 정보를 알 수 있어야 한다. 한마디로 그래프는 시간의 흐름에 따른 연구 대상의 종속 변수 변화의 정도와 방향을 일목요연하게 보여 줄 수 있어야 한다. 이 책 11장의 내용은 필자(2012)의『행동지원』5장의 내용을 수정하여 확장하고, 컴퓨터로 선 그래프 그리기를 추가한 것이다.

1 그래프의 종류

그래프의 종류는 다양하지만(예: 히스토그램, 벤 다이어그램, 분할표) 여기에서는 개별 대상 연구에서 연구 대상의 종속 변수 변화를 보여 주는 자료 제시에서 가장 많이 사용되는 그래프를 소개한다. 연구 자료의 특징에 따른 여러 가지 다른 종류의 그래프를 알고 싶으면 Henry(1995), Tufte(1997), Ware(2000), Wilkinson과 그 동료들(2005) 등의 책을 참고할 수 있다.

1) 선 그래프

일반적으로 꺾은 선 그래프라고도 하는 단순 선 그래프는 X축의 시간의 값과 Y축의 종속 변수의 양을 나타내는 값이 교차하는 지점에 기하학적 도형(예: ●, ■, *)으로 표시하고 그 도형들을 선으로 연결하여 나타낸다. 이때 Y축에 있는 각각의 표시 간격은 동일한 종속 변수의 변화 양을 나타내야 한다. 선 그래프는 누구에게나 친숙하고 이해하기 쉬운 그래프이기 때문에 비전문가나 부모와의 의사소통도 쉽게 해 준다. 또한 선 그래프는 그리기도 쉽고 자료를 분석하기도 용이하다. 선 그래프는 연속적 자료를 나타내기에 가장 좋은 그래프로, 연구 대상의 종속 변수 변화를 시간의 경과에 따라 보여 준다. 따라서 선 그래프를 이용하여 종속 변수에 대한 형성적 관찰 자료를 제시하고 중재 효과에 대한 지속적 평가를 할 수 있기 때문에, 선 그래프는 중재에 대한 시작, 종료, 또는 변화와 같은 의사 결정을 하는 데 큰 도움이 된다.

[그림 11-1]에 선 그래프의 예를 제시했다.

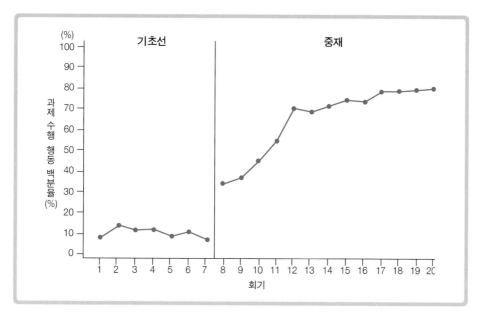

[그림 11-1] 단순 선 그래프의 예

[그림 11-1]의 그래프에 의하면 기초선 기간(중재가 적용되기 전 기간)에는 아동의 과제 수행 종속 변수 백분율이 20% 이하였는데, 8회기에 중재가 시작되면서 계속 회기가 진행됨에 따라 과제 수행 종속 변수 백분율이 점점 증가하여 12회기부터는 80% 이상을 유지하는 것을 볼 수 있다.

2) 막대 그래프

막대 그래프는 일반적으로 구별되는 자료를 제시하거나 수집된 자료를 비교하는 데 사용된다. 예를 들어, 종속 변수에 대해 중재 전에 수집된 자료의 평균값과 중재 기간 동안에 수집된 자료의 평균값을 수직 또는 수평의 막대로 표시하는 것이다. 이 렇게 막대 그래프는 주로 자료의 평균값을 나타내는 데 사용하기 때문에 시간 경과에 따라 시시각각으로 변하는 종속 변수 변화의 추세를 보여 주지는 못한다. 그런 제한점이 있을지라도 중재 효과를 총 정리하여 보고할 때 유용하게 사용될 수 있다. 그뿐만 아니라 시간 요인과 상관없는 독립적인 측정 자료들을 서로 비교할 때도 사용할 수 있다.

[그림 11-2]는 막대 그래프의 예다.

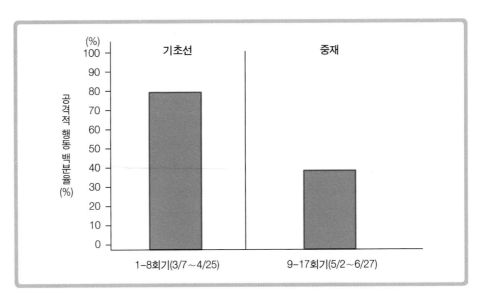

[그림 11-2] 단순 막대 그래프의 예

[그림 11-2]의 그래프는 3월 7일부터 4월 25일까지 8회기의 기초선 기간 동안 아동의 공격적 종속 변수 백분율 평균은 80%였는데, 5월 2일부터 6월 27일까지 9회기의 중재 기간 동안 아동의 공격적 종속 변수 백분율 평균은 40%로 감소했음을 나타내 준다.

위의 [그림 11-2]에서는 기초선 기간과 중재 기간의 자료의 차이를 막대 그래프로 쉽게 보여 주었다. 그런데 [그림 11-3]처럼, 중재 효과가 있었는데도 막대 그래프로는 그 차이를 보여 주지 못하는 경우도 있다.

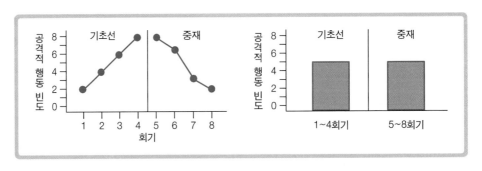

[그림 11-3] 중재 효과에 대한 선 그래프와 막대 그래프의 비교

[그림 11-3]의 왼쪽의 선 그래프를 보면 기초선 자료는 상향이었으나 중재 상황의 자료는 하향으로 완전히 반대의 자료 경향을 보여 주고 있어 중재 효과를 입증해 준다. 그러나 왼쪽의 선 그래프 없이 오른쪽의 막대 그래프만 제시한다면 기초선 자료와 중재 상황의 자료가 동일한 크기의 막대로 나타나 있어 중재의 효과가 없는 것으로 보일 수 있다. 그러므로 연구자가 막대 그래프를 사용할 때는 독자가 연구 결과에 대해 정확한 판단을 할 수 있도록 연구 자료에 대한 가능한 모든 정보를 제공하는 것이 바람직하다.

막대 그래프를 그릴 때 각각의 막대는 하나의 관찰 기간을 나타내고, 막대의 높이 또는 길이는 종속 변수의 양을 나타낸다. 그러나 막대의 넓이는 종속 변수의 양과는 무관하기 때문에 그래프를 읽는 사람이 혼돈하지 않도록 서로 일정한 굵기로 표시해야 한다.

또한 [그림 11-4]에서처럼 하나의 막대를 종속 변수의 분류에 따라 구분하여 제시하면 빠르고 쉽게 두 종류의 자료를 비교할 수 있다.

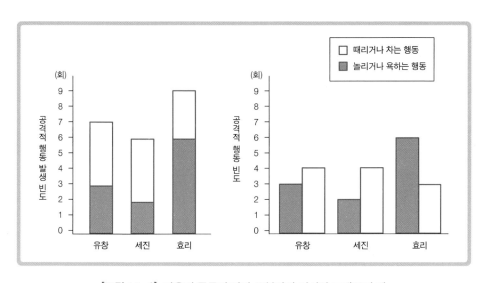

[그림 11-4] 반응의 종류에 따라 구분하여 제시한 그래프의 예

[그림 11-4]의 왼쪽 그래프는 두 가지 종속 변수를 세로로 제시하여 전체 종속 변수의 양에 대한 각각의 종속 변수 양을 하나의 막대에서 비교하기 쉽도록 제시한 것이고, 오른쪽 그래프는 두 가지 종속 변수를 나란히 가로로 제시하여 두 종속 변수

의 양을 막대의 길이로 서로 비교할 수 있도록 한 것이다. [그림 11-4]의 그래프를
살펴보면 유창이와 세진이와 효리라는 세 명의 아동이 공격적 종속 변수를 많이 나
타내는데 각각의 공격적 종속 변수의 구체적 내용은 서로 다름을 알 수 있다. 즉, 유
창이와 세진이는 신체적인 공격적 행동이 더 많고 효리는 언어적인 공격적 행동이
더 많음을 알 수 있다. 개별 대상 연구 자료를 막대그래프를 사용하여 회기별로 나
타낸 연구도 있고(예: O'Callaghan et al., 2006), 여러 종속 변수를 하나의 막대 안에
다시 세분하여 기초선과 중재의 자료가 어떻게 변했는지 쉽게 비교할 수 있도록 제
시한 연구도 있다(예: Nelson et al., 2007).

또한 필요에 따라 [그림 11-5]와 같이 선 그래프와 막대 그래프를 통합하여 자료
를 제시할 수도 있다.

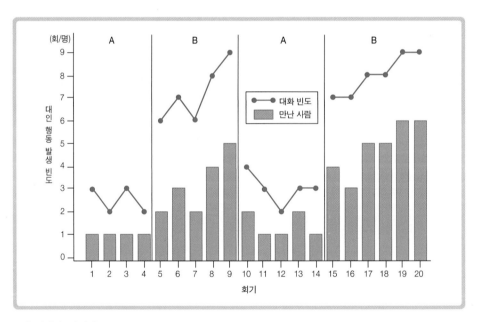

출처: 양명희, 김미선(2000).

[그림 11-5] 선 그래프와 막대 그래프를 통합한 그래프의 예

[그림 11-5]의 그래프를 보면 구별되는 종속 변수를 따로따로 구분하여 아동이
회기마다 대화한 빈도는 선 그래프로 표시하고 대화한 사람의 수는 막대 그래프로
표시하였다. 기초선(A) 기간에는 대화의 빈도나 대화를 나눈 사람의 수도 적었으나

중재(B)를 제시했을 때 아동의 대화 빈도가 증가했을 뿐 아니라, 만나서 대화한 사람의 수도 증가했음을 동시에 보여 주고 있다. 선 그래프와 막대 그래프를 통합한 그래프는 측정 단위가 서로 다른 두 종속 변수를 한 그래프에 나타낸 연구도 있고(예: Simon & Thompson, 2006), 4개 이상의 종속 변수를 한 그래프에 나타낸 연구도 있다 (예: Gutowiski & Stromer, 2003).

3) 누가 그래프와 누가 도표

누가 그래프(cumulative graph)는 연구 대상의 종속 변수가 시간 경과에 따라 변화한 정도를 누적된 형태로 보여 주는 것으로, '누적 그래프'라고도 한다. 연구 대상이 어떤 회기에 수행한 종속 변수의 양은 그 이전에 수행했던 모든 종속 변수의 양과 더해져서 그 회기의 자료로 표시된다. 즉, 회기마다 표시되는 종속 변수의 양(Y축 값)은 그 회기 이전까지의 모든 회기의 자료의 합을 의미한다. 따라서 누가 그래프를 통해서는 각 회기별 연구 대상의 종속 변수 수행 수준이 어떤지는 알기 어렵다. 이러한 특성 때문에 누가 그래프는 일반적인 선 그래프나 막대 그래프보다 자주 사용되지는 않는다. 그러나 특정 기간 동안 관찰된 종속 변수의 전체 수에 관심이 있을 때(예: 1주일간의 공격적 종속 변수의 총 빈도), 또는 특정 기간 동안 습득된 기술을 알고 싶을 때(예: 한 달 동안 습득한 영어 단어의 수) 사용하면 좋다. 누가 그래프를 사용한 연구의 예로는 Porritt et al.(2006), Worsdell et al.(2005), Sundberg, Endicott, & Eigenheer(2000) 등의 연구가 있다.

누가 그래프를 선 그래프로 나타낼 경우, 시간의 흐름(X축)을 중심으로 볼 때 그래프에 나타난 선의 기울기는 종속 변수의 변화가 완만한지 급격한지에 대한 정보를 제공해 준다. 누가 그래프의 선 기울기가 X축과 평행하다는 것은 종속 변수의 변화가 없었음을 의미하며, 선의 기울기가 완만한 경우는 변화의 속도가 느리다는 것을 뜻하고, 선의 기울기가 심하면 종속 변수 변화가 매우 빠른 것을 보여 준다. [그림 11-6]의 두 개의 그래프는 〈표 11-1〉에 제시한 자료를 각각 선 그래프와 누가 그래프로 그린 것이다.

표 11-1 하정이의 수업 방해 종속 변수 빈도

회기	1	2	3	4	5	6	7	8	9	10
빈도	1	1	0	0	1	2	3	1	0	0
누계	1	2	2	2	3	5	8	9	9	9

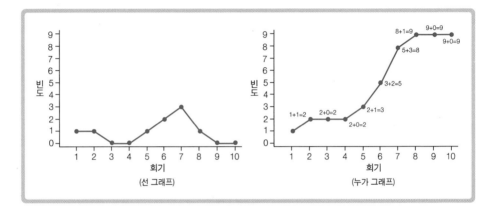

[그림 11-6] 동일한 자료에 대한 선 그래프와 누가 그래프의 비교

[그림 11-6]의 오른쪽에 있는 누가 그래프를 보면 2회기에서 4회기까지는 X축과 수평을 이루고 있다. 누가 그래프에서 이런 수평선은 전체 자료 값의 변화가 없었음을 의미한다. 실제로 〈표 11-1〉을 보면 3회기와 4회기의 자료 값은 각각 0이었다. 또한 6회기에서 7회기의 변화를 보면 자료점을 잇는 직선의 기울기가 가파른 것을 볼 수 있다. 6회기에서 7회기로 가면서 전체 자료 값은 3만큼의 변화가 있어서 다른 회기들보다 변화가 컸음을 알 수 있다.

누가 그래프의 변형으로는 누가 도표(cumulative chart)가 있는데, 이는 연구 대상의 종속 변수의 단계별 수행 정도를 진도에 따라 요약하여 보여 주는 방법이다. Nelson 과 Gast, Trout(1979)가 소개한 누가 도표는 연구 대상의 종속 변수의 목표 수준에 대한 각 하위 단계별로 연구 대상이 수행한 정도를 보여 준다. 따라서 종속 변수 수행 정도에 따른 형성적 평가를 하는 데 효과적으로 사용될 수 있다. 누가 도표는 과제 분석을 통한 연쇄법으로 연구 대상에게 새로운 종속 변수를 가르치고자 하는 경우에 목표를 향한 연구 대상의 수행 정도를 보여 주는 매우 유용한 방법이다.

[그림 11-7]은 누가 도표의 예다. [그림 11-7]을 보면 연구 대상의 인사하기 종속 변수가 회기별로 어느 수준에 도달해 있는지 쉽게 알 수 있다.

단계	1	2	3	4	5	6	7	8	9	10	11	12	13	14	15	16
6. 도움(촉구) 없이 인사하기												/	/	T/80	T/90	X/100
5. 적절한 표정과 동작									/	/	/	T/80	T/100	X/100	▨	▨
4. 준비한 말 실행하기(2초 내)					/	/	/	T/70	T/90	T/70	T/100	X/100	▨	▨	▨	▨
3. 상대에게 접근하기(1.5m 내)			/	/	T/50	T/80	T/100	X/100	▨	▨	▨	▨	▨	▨	▨	▨
2. 인사할 말 준비하기		/	T/70	T/90	T/100	X/100	▨	▨	▨	▨	▨	▨	▨	▨	▨	▨
1. 인사할 상대 구별하기	T/100	X/100	▨	▨	▨	▨	▨	▨	▨	▨	▨	▨	▨	▨	▨	▨
회기	1	2	3	4	5	6	7	8	9	10	11	12	13	14	15	16

T = 훈련 상황
X = 측정에서 기준 도달
/ = 측정에서 기준 미달

0~100 = 각 단계별 정반응 기회 백분율
▨ = 기준 도달 이후 측정하지 않음

[그림 11-7] 인사하기 종속 변수 변화의 누가 도표의 예

[그림 11-7]의 누가 도표는 관찰 기록지와 그래프의 역할을 동시에 할 수 있도록 되어 있다. 회기마다 종속 변수의 단계를 시행하여 기준에 도달한 경우는 X자를, 훈련 중인 경우에는 training의 약자인 T자를 기록하고, 주어진 기회의 몇 %를 수행했는지 그 백분율을 기록하게 되어 있다. 그리고 이전 회기에서 이미 도달한 단계는 다시 시험할 필요가 없으므로 까맣게 칠하여 표시한다. 예를 들어, 10회기를 보면 연구 대상 아동은 인사하기 종속 변수의 3단계는 이미 도달했으며 4단계 수준을 훈련 중인데 4단계를 정해진 기준만큼 해낸 것은 기회의 70%였음을 알 수 있다.

2 그래프의 구조

그래프를 그리기 위해서는 먼저 그래프를 구성하는 요소가 무엇인지 살펴보고, 그 구성 요소를 중심으로 그래프의 기본 틀을 그리는 법과 기본 틀 안에 자료를 표기하는 법을 살펴보아야 한다. 여기에서 제시하는 그래프 그리기 방법은 기본적으로 개별 대상 연구가 가장 많이 발표되고 있는 Journal of Applied Behavior Analysis에서 제시하는 출판 기준인 개별 대상 연구 그래프 제작 기준("Manuscript preparation," 2000)을 따랐다.

그래프를 그리는 데 따라야 할 4대 원칙은 명료성(clarity), 간결성(simplicity), 명백성(explicitness), 적절한 디자인(good design)이다(Tawney & Gast, 1984). 달리 말하면 그래프는 복잡하거나 알아보기 어려워서는 안 된다는 것이다. 또한 절대적인 원칙을 따르기보다는 자료의 특성에 따라 가장 적절한 방법을 선택하는 것이 바람직하다.

1) 그래프의 구성 요소

그래프를 구성하는 기본 요소를 선 그래프를 예로 들어 설명하겠다. 그래프 구성 요소에는 가로좌표, 세로좌표, 원점, 눈금 표시, 상황 제목, 상황 구분 선, 부호 설명, 그림 번호와 설명이 있다. [그림 11-8]은 그래프를 구성하는 모든 기본 요소를 나타내 주고 있다.

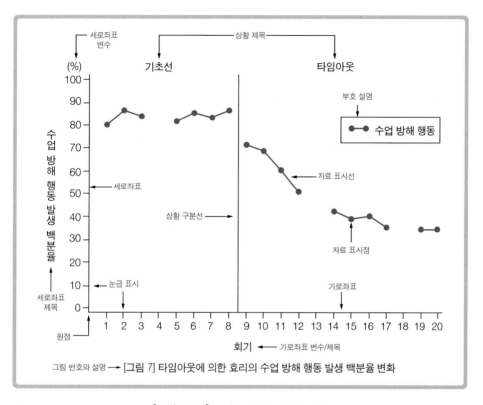

[그림 11-8] 그래프 구성 요소의 명칭

- 가로좌표(abscissa): 가로좌표는 그래프의 수평선(X축)으로 시간, 회기, 날짜, 요일 등의 시간 변인을 나타낸다. 가로좌표는 시간의 흐름을 표시하는 것으로, 그래프에 제시된 기간 동안 자료가 얼마나 자주 수집되었는지를 나타내 준다.

- 세로좌표(ordinate): 세로좌표는 그래프의 수직선(Y축)으로 종속 변수의 양(예: 퍼센트, 빈도, 시간의 길이 등)을 나타낸다. 세로좌표 눈금의 시작점은 가로좌표에서 약간 올라가 있어야 그래프 읽기가 쉽다. 왜냐하면 세로좌표 값이 0인 경우에 가로좌표에 자료 표시점이 놓이게 되면 눈금 표시가 가려져 그래프 읽기가 쉽지 않다(막대 그래프의 경우에도 세로좌표 값이 0인 경우를 표시할 수 없는 어려움이 있다). Journal of Applied Behavior Analysis에서는 세로좌표 눈금의 시작점을 가로좌표에서 약간 올릴 것을 권한다(Manuscript Preparation, 2000). 그러나 연구자에 따라서는 세로좌표 눈금의 시작점을 가로좌표와 만나는 지점으로 하기도 한다. 어떤 경우이든지 세로좌표 값의 시작점은 항상 0에서 시작한다. 또한

세로좌표에 있는 각각의 표시 간격은 동일한 종속 변수 변화의 양을 나타내야 한다. 물론 세로축을 로그 눈금으로 표현하는 준로그 그래프(semilogarithmic graph)에서는 연구 대상의 노력의 정도를 반영해 주는 변화율을 세로축에 표시하기 때문에 세로축의 각 눈금의 간격이 동일 양을 나타내지 않는다. 준로그 그래프의 구체적 내용은 Lindsley(1965)의 연구를 참고할 수 있다.

● 원점(origin): 원점은 그래프에서 가로좌표와 세로좌표가 만나는 지점을 말한다. 원점은 세로좌표 값의 0을 의미할 수도 있고 그렇지 않을 수도 있음을 주의해야 한다.

● 눈금 표시(tic mark): 눈금 표시는 가로좌표와 세로좌표에 값어치를 구분하여 나타내기 위해 사용하는 표시다. 예를 들어, 몇 번째 회기인지, 자료 값이 몇 퍼센트인지 등을 표기할 때 사용하는 짧은 표시선을 말한다.

● 가로좌표 변수(abscissa variable): 가로좌표 변수는 종속 변수를 측정한 시간 변수를 나타내는 것으로 회기, 날짜 등으로 표시한다. 위의 [그림 11-8]에서 가로좌표 아래에 '회기'라고 표시되어 있는 것을 볼 수 있을 것이다. Wolery와 Bailey, Sugai(1988)는 가로좌표 변수를 회기로 표시한 것을 '회기형', 날짜로 표시한 것을 '달력형'으로 구분하였다. 회기형에서는 자료점을 회기별 발생 순서대로 가로좌표의 눈금에 표기한다. 따라서 첫 자료점은 첫 회기를 의미하고, 두 번째 자료점은 첫째와 둘째 자료점 사이에 며칠이 지나갔든지 아니면 같은 날에 오전 오후로 두 번 관찰한 것이든지 상관없이 두 번째 회기를 의미한다. 회기형을 쓰는 경우에는 한 회기가 의미하는 바가 무엇인지 밝혀 주어야 한다. 즉, '1교시의 수학 시간' '50분간의 치료' 등으로 회기를 정의해 주어야 한다. 달력형에서는 토요일과 일요일을 포함한 모든 날을 좌표에 표기한다. 달력형이 자료가 모아진 것을 더 정확히 나타내 주고, 종속 변수에 영향을 미친 변인을 찾는 데 도움이 되기 때문에 회기형보다 더 권장되고 있지만, 발표되는 연구들은 회기형을 사용하는 경우가 더 많다. [그림 11-9]에 한 아동의 종속 변수에 대한 동일한 자료를 가지고 가로좌표 변수를 회기로 표시한 그래프(a)와 가로좌표 변수를 날짜로 표시한 그래프(b)를 비교하여 제시하였다.

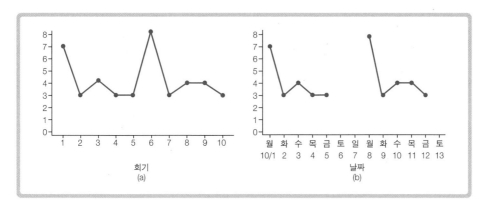

[그림 11-9] 가로좌표의 회기형(a)과 달력형(b) 비교

[그림 11-9]에서 달력형을 보면 자료가 언제 수집되었는지 알 수 있으며, 주말이 지나고 오면 종속 변수가 더 많아지는 것도 알 수 있다.

- 세로좌표 변수(ordinate variable): 세로좌표 변수는 측정한 종속 변수의 양을 나타내는 단위를 의미한다. 시간 변수별로 요약한 값을 나타낸 것이다. 세로좌표의 좌측 상단에 회수, %, kg, 시간 등으로 표기한다. 위의 [그림 11-8]에 세로좌표 좌측 상단에 %로 표기된 것을 볼 수 있을 것이다.

- 가로좌표 제목(abscissa labels): 가로좌표 제목은 대부분 가로좌표 변수를 그대로 사용하거나, 종속 변수를 관찰한 기간 전체를 반영하는 명칭(예: 휴식 시간, 수학 시간 등)을 사용하기도 한다. 가로좌표 제목은 가로좌표의 하단 중앙에 표기한다. [그림 11-8]에서는 가로좌표 제목을 가로좌표 변수를 그대로 사용하여 '회기'라고 표시한 것을 볼 수 있을 것이다.

- 세로좌표 제목(ordinate labels): 세로좌표 제목은 관찰한 종속 변수와 그 종속 변수의 측정 방법을 알려 주는 단위를 표기한 것이다. 예를 들어, '손을 들고 대답한 회수' 또는 '틀린 반응의 빈도' 등으로 표기할 수 있다. 세로좌표 제목을 통해 손을 들고 대답하는 종속 변수와 틀린 반응의 빈도를 측정하였음을 알 수 있다. 세로좌표 제목은 세로좌표와 평행이 되도록 세로로 적고, 세로좌표의 중앙에 위치하게 한다. 위의 [그림 11-8]에서는 세로좌표의 왼편에 세로로 '수업 방해 행동 발생 백분율'이라고 기록한 것을 볼 수 있을 것이다.

● **상황 제목**(condition labels): 상황 제목이란 실험 상황이 달라지는 내용을 한두 단어로 표기하는 것을 말한다. 예를 들어, 기초선 기간 또는 중재 기간이라고 명기하는 것이다. [그림 11-8]에는 각각 '기초선'과 '타임아웃'이라고 표시되어 있다.

● **상황 구분선**(condition change lines): 상황 구분선은 '조건 변경선' 또는 '조건선'이라고도 하는데, 실험의 상황이 바뀌었음을 표시하기 위해 하나의 상황과 또 다른 상황 사이에 긋는 수직 실선이다. 하나의 상황 내에서도 구분하여 표시해야 할 것이 있는 경우는 수직 점선을 사용한다. (연구자에 따라 다른 모양의 선을 선호하기도 한다.) 위의 [그림 11-8]에서는 기초선 기간과 타임아웃 중재 기간을 구별하기 위하여 8회기와 9회기 사이에 상황 구분선을 실선으로 표시한 것을 볼 수 있다.

● **자료 표시점**: 자료 표시점이란 좌표상에 그려진 작은 기하학적 도형 표시를 뜻한다. 자료 표시점은 종속 변수가 발생한 시간에 해당하는 가로좌표의 값과 종속 변수의 양에 해당하는 세로좌표의 값을 찾아서 그 교차점에 표시하는 것으로, 간단한 기하학적 부호(예: ●, ◆, ○, ◇)를 사용하여 표시한다. 자료 표시점은 줄여서 '자료점'이라고 한다.

● **자료 표시선**: 자료 표시선이란 자료 표시점과 자료 표시점을 연결하는 직선을 의미한다. 줄임 말로 '자료선'이라고도 하는 자료 표시선은 자료의 흐름을 보여 준다는 의미로 '자료 통로(data path)'라고도 부른다(홍준표, 2009).

● **부호 설명**(key): 그래프에 나타난 자료는 종류별로 구분할 수 있도록 서로 다른 모양의 기하학적 도표로 표시하는데, 각각의 자료 종류를 한두 단어로 묘사하는 것을 부호 설명이라고 한다. [그림 11-8]에서는 그래프의 자료 표시점이 없는 우측 상단에 사각형 도형을 이용하여 '범례'란을 만들어 자료 표시점의 부호(●)를 수업 방해 종속 변수라고 설명하였음을 볼 수 있다. 그래프 상의 자료 표시점에 직접 화살표를 사용하여 부호를 설명할 수도 있다.

● **그림 번호와 설명**(figure number and caption): 그림 번호는 독자에게 어느 그래프를 보아야 하는지 찾을 수 있도록 그래프에 매긴 번호를 의미하며, 표제는 중재가 무엇인지 표적한 종속 변수가 무엇인지를 간략하고 명확하게 그래프의

내용을 설명해 주는 것이다. [그림 11-8]에서는 그림 번호를 [그림 7]이라고 표시하고 설명을 '타임아웃에 의한 효리의 수업 방해 종속 변수 발생 백분율 변화'라고 기록한 것을 볼 수 있다.

● 눈금 생략 표시(scale break): 눈금 생략 표시(−//−)는 X축이나 Y축의 눈금이 생략되었음을 나타내기 위한 것이다. [그림 11-8]에는 눈금 생략 표시가 없는데, [그림 11-14]에 눈금 생략 표시가 바르게 된 경우를 제시했다.

2) 그래프의 기본 틀

다음은 그래프의 기본 틀을 그리는 것에 대한 설명이다.

● 세로좌표와 가로좌표의 비율: 그래프의 세로좌표와 가로좌표의 비율은 2:3, 3:4, 또는 5:8이 권장된다(Tawney & Gast, 1984; Tufte, 1997). 세로좌표와 가로좌표의 비율을 2:3, 3:4, 또는 5:8로 하는 이유는 세로좌표가 가로좌표보다 짧아야 시각적으로 안정되게 보이기 때문이다. 세로좌표가 권장하는 비율보다 더 커지는 경우에는 자료의 기울기가 가파르게 표현되고, 가로좌표가 권장하는 비율보다 더 커지는 경우에는 자료의 변화율 폭이 낮게 표현되어 왜곡된 해석을 이끌 수 있다. 그러나 세로좌표와 가로좌표의 비율은 가로좌표의 시간의 길이나 세로좌표의 종속 변수의 양의 범위에 따라 융통성 있게 조정할 수 있다. [그림 11-10]은 세로좌표와 가로좌표의 비율이 2:3으로 작성된 틀을 보여 준다.

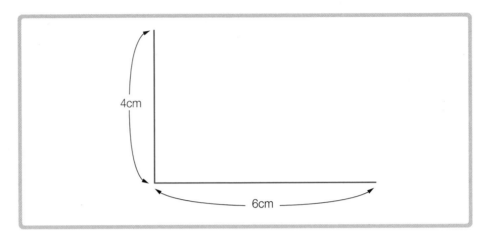

[그림 11-10] 그래프의 가로 세로 비율을 2:3으로 한 기본 틀

● 좌표의 눈금 표시: 세로좌표의 눈금 표시는 모아진 자료의 전 범위를 포함하는
자료의 상한선 값과 하한선 값을 반드시 나타내야 한다. [그림 11-11]에서 그
래프(b)는 눈금 표시를 통해 자료의 범위를 잘 나타내지 못한 경우다. 백분율
을 사용하는 경우는 백분율의 전 범위인 0%에서 100%까지를 보여 주어야 한
다. 40% 이상의 자료 값이 없는 경우라 할지라도 눈금 생략 표시를 사용하여 그
래프(a)와 같이 상한선을 보여 주어야 한다.

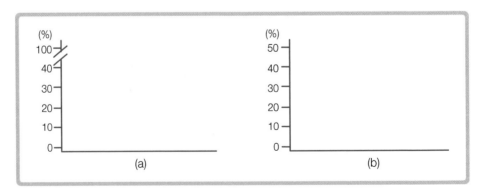

[그림 11-11] 자료의 상한선과 하한선 값이 바르게 표시된 경우(a)와 그렇지 않은 경우(b)

세로좌표의 각 눈금의 간격은 동일한 종속 변수의 양을 나타내야 하며, 숫자 표시
는 일정한 간격을 유지해야 한다. 예를 들어, 각 눈금의 간격이 20%를 나타낼 때, 숫

자 표시는 0, 20, 40, 60, 80, 100으로 20만큼의 동일한 간격을 유지하며 나타낼 수 있다. 그런데 백분율이 아닌 경우에는 관찰된 최고값보다 약간 여유 있게 상한선을 설정하는 것이 좋다. 예를 들어, 세로좌표 변수가 빈도인데, 자리 이탈 빈도가 가장 많이 관찰된 것이 12회라면 하한선을 0으로, 상한선을 15로 하여 0, 3, 6, 9, 12, 15로 숫자 표시를 하는 것이 좋다. 마찬가지로 가로좌표의 눈금 표시도 동일한 간격을 유지해야 하고, 일정 간격으로 숫자를 표시해야 한다. 좌표의 단위 눈금의 모든 값을 표시하면 너무 복잡하고 혼란스럽기 때문이다. 눈금의 간격 표시가 바르게 된 예와 그렇지 못한 예를 [그림 11-12]에 제시하였다.

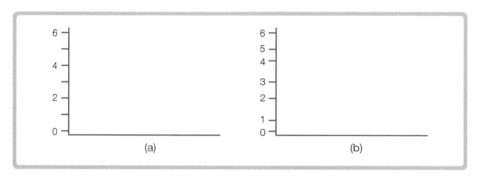

[그림 11-12] 눈금 간격 표시가 바르게 된 경우(a)와 그렇지 않은 경우(b)

눈금 표시선은 그래프의 바깥쪽에 표시하여, 그래프의 안쪽에는 종속 변수의 자료 표시점만 표기되도록 하는 것이 깔끔하고 보기 좋다. 또한 눈금 표시선을 그래프 안쪽에 그려 넣는 경우에 자료 표시점과 눈금 표시선이 겹치게 되어 눈금 표시선이 보이지 않는 경우가 생길 수 있다. 눈금 표시선을 그래프의 안쪽에 표시한 것과 바깥쪽에 표시한 두 경우의 예를 [그림 11-13]에 제시하였다.

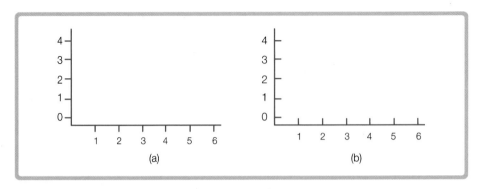

[그림 11-13] 눈금 표시선이 바깥쪽에 있는 경우(a)와 안쪽에 있는 경우(b)

● 눈금 생략 표시: 가로좌표나 세로좌표의 전체 값을 일일이 나타낼 필요가 없을 때는 부분별로 눈금 생략 표시(scale break)를 사용할 수 있다. 예를 들어, 오랫 동안 자료 값이 구해지지 않아 자료 표시점이 없이 가로좌표가 계속되는 경우 나, 구해진 자료 값들이 세로좌표의 상한선 값에 훨씬 미치지 못하여 자료 표시 점이 없이 세로좌표 구간이 넓게 되는 경우, 또는 자료가 낮은 값과 높은 값으 로 분리되는 경우에 눈금 생략 표시를 할 수 있다. 눈금 생략 표시는 가로좌표 나 세로좌표의 불필요한 부분을 지우고 그 부분을 짧게 한 다음 두 개의 사선 으로 그어 표시(예: ---//---)할 수 있다. [그림 11-14]에서 그래프(a)는 눈금 생략 표시가 바르게 된 경우이며, 그래프(b)는 눈금 생략 표시가 바르게 되지 못한 경우다.

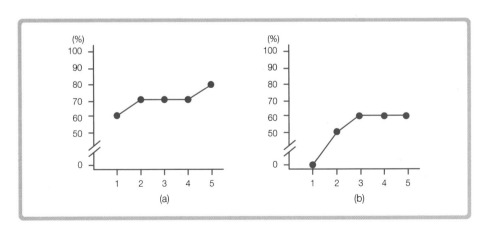

[그림 11-14] 눈금 생략이 바르게 된 경우(a)와 그렇지 못한 경우(b)

[그림 11-14]의 (a)에서는 자료 표시점이 모두 50% 이상이어서 세로좌표의 눈금 생략 표시가 있는 부분에 자료 표시점이 놓이는 경우가 없다. 그러나 (b)에서는 1회기의 값이 0%이기 때문에 2회기의 50%에 해당하는 자료 표시점과 연결하면 0%에서 50%를 나타내는 구간이 눈금 생략 표시선 때문에 짧아졌기 때문에 독자들은 혼동할 수 있다.

- 좌표의 제목: 가로좌표의 제목과 세로좌표의 각 제목은 각 좌표와 평행이 되도록 하여, 각 좌표의 중앙에 놓이게 하는 것이 좋다. 가로좌표 제목은 가로좌표 변수를 그대로 사용하거나, 종속 변수를 관찰한 기간 전체를 반영하는 명칭을 쓰고 괄호 안에 가로좌표 변수를 적어 넣을 수도 있다[예: 휴식 시간(일), 수학 시간(회기)]. 세로좌표의 제목에는 약자나 상징 기호를 사용하지 않는 것이 바람직하다. 또한 측정 단위가 서로 다른 두 개의 종속 변수를 표현하고자 할 때는 세로좌표의 제목을 그래프의 좌우에 각각 나타낼 수 있다(예: Hoch et al., 2002). [그림 11-15]에서 그래프(b)를 보면 세로좌표의 제목이 세로좌표 전체 길이에 비해 위쪽으로 치우쳐 있으며, 가로좌표의 제목도 왼쪽으로 치우쳐 있음을 볼 수 있다.

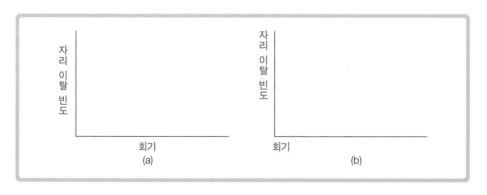

[그림 11-15] 좌표 제목이 중앙에 놓인 경우(a)와 그렇지 않은 경우(b)

- 상황 구분선: 한 상황과 다른 상황을 구분하기 위한 상황 구분선은 한 상황에 있는 자료 표시점과 다른 상황에 있는 자료 표시점 사이에 수직 실선으로 그린다. 한

상황 내에서의 변화를 나타내기 위해서는 수직 점선을 사용한다. [그림 11-16]에서 보면 그래프(a)에서는 기초선과 중재와 유지를 구분하는 상황 구분선을 수직 실선으로 나타낸 것을 볼 수 있다. 같은 중재인데 어떤 부분적인 조건만 바뀐 경우는 [그림 11-16]의 그래프(b)와 같이 상황 제목을 중재B와 중재B′로 기록하고 수직 점선을 사용하여 구분할 수 있다. 이때 수직 점선을 수직 실선보다 약간 짧게 할 수도 있다.

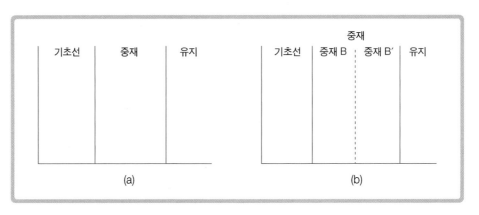

[그림 11-16] 수직 실선의 예(a)와 수직 점선의 예(b)

수직 실선이든 수직 점선이든 상황 구분선은 자료 표시점을 겹쳐 지나지 않아야 한다. 또한 상황 구분선은 가로좌표의 눈금 표시와 겹치지 않도록 눈금 표시와 눈금 표시 사이에 놓이게 그려야 한다. 상황 구분선이 가로좌표의 눈금과 겹치는 경우, 자료점이 상황 구분선과 겹칠 수도 있고 회기나 날짜가 상황 구분선에 묻혀 분별할 수 없게 될 수도 있기 때문이다. 또한 상황 구분선의 길이는 아래로는 가로좌표와 만나되 가로좌표 바깥으로 넘어가지 않게 하며, 위로는 세로좌표의 길이보다 길지 않으면서 상한선 값의 표시보다 짧지 않게 그리는 것이 일반적인 방법이다. [그림 11-17]의 그래프(a)는 상황 구분선이 바르게 그어진 경우다. [그림 11-17]의 (b)는 상황 구분선이 가로좌표의 회기를 나타내는 눈금 표시선을 지나고 있다. [그림 11-17]의 (c)는 상황 구분선이 3회기의 자료 표시점을 지나고 있을 뿐 아니라 가로좌표의 회기를 나타내는 눈금 표시선도 지나고 있다. 그리고 [그림 11-17]의 (d)는 상황 구분선이 세로좌표의 길이보다 길게 그려진 경우다.

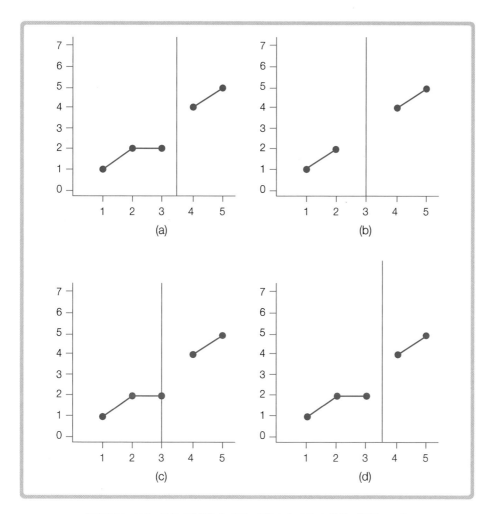

[그림 11-17] **상황 구분선이 바른 경우(a)와 바르지 못한 경우(b, c, d)**

● 상황 제목과 그래프 설명: 상황의 내용을 밝혀 주는 상황 제목들은 세로좌표를 중
 심으로 서로 높이를 같게 하는 것이 보기 좋다. 상황 제목은 단순히 '중재'라고
 쓰기보다는 '정적 강화' 또는 '타임아웃' 등 구체적인 중재 명칭을 직접 쓰는 것
 이 그래프 전체를 읽는 데 도움이 된다. 하지만 공간적 제한으로 모두 써 넣기
 어려운 경우에는 생략어나 영어 머리글자를 쓰고, 그래프 아래에 풀어 설명할
 수 있다. 상황 제목은 한 실험 상황이 차지하는 범위에서 X축을 중심으로 중앙
 에 위치하도록 한다. 또한 가장 높은 수치의 자료 표시점과 겹치지 않을 만큼
 그래프의 위쪽에 놓이게 해야 한다.

그래프의 설명은 그래프의 아래쪽에, 간단하면서도 필요한 정보(예: 연구 대상, 종속 변수, 사용한 중재)를 다 알려 줄 수 있도록 기록하는 것이 바람직하다. 예를 들어, '놀이 시간 동안 대상 아동들이 나타낸 사회적 행동 발생의 시간 간격 백분율(%)'이라는 그림의 설명이 있으면 관찰한 종속 변수는 사회적 행동인데, 이를 시간 간격에 대한 백분율로 표시했으며, 대상 아동은 여러 명의 아동들이고, 관찰한 시간은 놀이 시간이라는 것을 알 수 있다. 그런데 같은 그래프에 대한 설명을 '사회적 행동의 변화'라고만 한다면 충분한 정보를 제공해 주지 못한다.

3) 그래프의 자료 표기 방법

여기에서는 주로 선 그래프의 자료 표기 방법을 살펴보기로 한다. 자료 표시점은 세로좌표와 가로좌표의 값이 교차하는 정확한 위치에 기하학적 도형으로 표시한다. 즉, 그래프 위의 자료 표시점은 가로좌표와 세로좌표의 값을 찾을 수 있는 위치에 놓이게 해야 한다(예: 5회기에 30%를 나타냄). 이때 두 종류 이상의 자료가 있을 경우, 각각의 기하학적 도형은 서로 가장 잘 구분되는 것을 사용하는 것이 좋고(예: ●, □), 도형마다 자료 표시선도 각각 다르게 표시하면 쉽게 구분할 수 있어서 좋을 것이다(예: ...., --------, ━━━, ────).

그래프 내부에 표시되는 자료 표시는 세로좌표에서부터 시작하는데 자료 표시점이 세로좌표 위에 놓이지 않게 해야 한다. 또한 세로좌표의 영(0)점은 가로좌표보다 살짝 윗부분에 표시해서 자료 값이 0인 경우에 자료 표시점이 가로좌표 위에 바로 놓이지 않도록 해야 한다. 만약에 그래프 전체의 종속 변수 값에서 영(0)이 전혀 없다면, 세로좌표의 영(0)점을 반드시 가로좌표보다 위로 가도록 그려야 할 필요는 없다.

[그림 11-18]의 그래프(a)는 가로좌표에 자료 표시점이 놓인 경우이고, 그래프(b)는 세로좌표에 자료 표시점이 놓인 경우다.

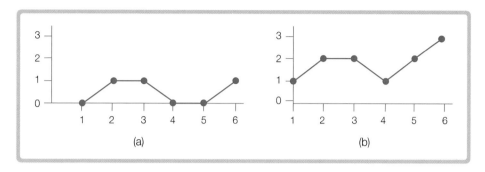

[그림 11-18] 가로좌표에 자료 표시점이 놓인 경우(a)와 세로좌표에 자료 표시점이 놓인 경우(b)

　두 자료 표시점이 가로좌표를 중심으로 연속적일 때는 두 점을 서로 연결하는 자료 표시선을 긋는다. 자료 표시선은 자료의 연속성을 의미하는 것이기 때문에 두 자료가 가로좌표를 중심으로 연속적이지 않는 경우, 즉 시간적 공백이 있는 경우에는 자료 표시점끼리 서로 잇지 않는다. 따라서 가로좌표의 눈금 생략 표시선의 전후에 있는 자료점들도 서로 연결하지 않는다. 또한 두 자료가 가로좌표를 중심으로 연속적이라 할지라도 각각 서로 다른 상황에 놓여 있다면, 한 상황 내에서의 자료 표시점과 다른 상황 내에서의 자료 표시점은 서로 이어 주지 않는다. 즉, 한 상황의 마지막 자료점과 다음 상황의 첫 자료점은 잇지 않는다. 각 상황별로 자료를 분석하고 평가해야 하기 때문이다.

　[그림 11-19]에서 그래프(a)는 바르게 된 것이고, 그래프(b)는 2회기의 자료가 없으므로 1회기와 3회기의 자료가 연속적이 아닌데도 자료 표시점을 이어서 자료 표시선을 그어 준 경우다.

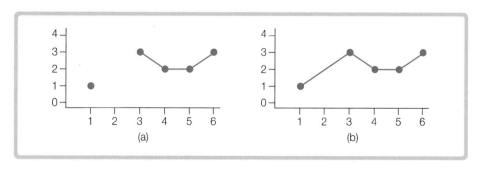

[그림 11-19] 두 자료가 연속적이 아닐 때 자료 표시선이 바른 경우(a)와 바르지 못한 경우(b)

　　[그림 11-20]의 그래프(a)는 자료 표시선이 바르게 된 것이고, 그래프(b)는 3회기와 4회기 사이에 상황 구분선이 있는데도 3회기와 4회기의 자료 표시점을 이어 준 잘못된 경우다.

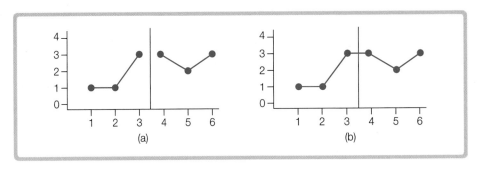

[그림 11-20] 상황 구분선이 있을 때 자료 표시선이 바른 경우(a)와 바르지 못한 경우(b)

　　일반적으로 한 그래프 안에 세 종류 이상의 자료 표시선을 나타내지 않는 것이 바람직하다. 또한 다른 자료들과 구별되는 특이한 자료는 반드시 다르게 표시하고, 논문에서 글로 설명해 주어야 한다. 예를 들면, 중재를 적용하지 않은 상황에서 수학 시간에 대상 아동의 자리 이탈 평균 지속 시간이 계속적으로 5분에서 8분 사이를 유지하고 있었는데 어느 날 중재 적용이 시작되지 않았지만 수학에 관한 만화영화를 보여 주자 자리 이탈 시간이 0분으로 관찰되었다면, 평소와는 다른 특이한 자료이므로 그날 무슨 일이 있었는지를 따로 기록해 두는 것이 필요하다.

　　개별 대상 연구에서 모든 자료는 회기마다 측정하고 그래프에 옮기는 것이 기본 원칙이다. 그러나 필요에 따라서는 매우 많은 회기를 지닌 경우에 자료를 2~3회기 또는 주 단위로 묶어서 그 평균값을 자료점으로 나타내는 선 그래프를 그릴 수도 있다(Gast & Spriggs, 2010; Kazdin, 2011). 예를 들어, Bisconer와 그의 동료들(2006)은 정신병동에 입원한 환자의 매일매일의 공격적 종속 변수를 3개월씩 평균하여 그래프로 나타냈다. 하지만 이런 방법은 실제보다 자료점이 더 적게 표현되므로 자료를 안정적으로 보이게 하고, 원 자료를 왜곡시킬 가능성이 있으므로 주의하여야 한다.

3 선 그래프의 사용 예

위에서 설명한 선 그래프는 사용자의 목적에 따라 다양하게 변형할 수 있다. 여기에서는 실제 연구에서 사용된 여러 형태의 선 그래프들을 몇 가지 소개한다. 제일 먼저 소개하는 [그림 11-21]의 그래프는 관찰자가 연구 대상의 종속 변수를 관찰하면서 기록하는 것이 동시에 그래프가 되도록 개발된 것이다. 즉, 관찰지와 그래프를 통합한 것이다.

날짜 / 시도	2-18	2-20	2-21	2-25	2-27	2-28	3-4	3-6	3-7	3-11	3-13	3-14	3-18	3-20	3-21	
20	20	20	20	20	20	20	20	20	20	20	20	20	20	20	20	100
19	19	19	19	19	19	19	19	19	19	19	19	19	19	19	19	95
18	18	18	18	18	18	18	18	18	18	18	18	18	18	18	18	90
17	17	17	17	17	17	17	17	17	17	17	17	17	17	17	17	85
16	16	16	16	16	16	16	16	16	16	16	16	16	16	16	16	80
15	15	15	15	15	15	15	15	15	15	15	15	15	15	15	15	75
14	14	14	14	14	14	14	14	14	14	14	14	14	14	14	14	70
13	13	13	13	13	13	13	13	13	13	13	13	13	13	13	13	65
12	12	12	12	12	12	12	12	12	12	12	12	12	12	12	12	60
11	11	11	11	11	11	11	11	11	11	11	11	11	11	11	11	55
10	10	10	10	10	10	10	10	10	10	10	10	10	10	10	10	50
9	9	9	9	9	9	9	9	9	9	9	9	9	9	9	9	45
8	8	8	8	8	8	8	8	8	8	8	8	8	8	8	8	40
7	7	7	7	7	7	7	7	7	7	7	7	7	7	7	7	35
6	6	6	6	6	6	6	6	6	6	6	6	6	6	6	6	30
5	5	5	5	5	5	5	5	5	5	5	5	5	5	5	5	25
4	4	4	4	4	4	4	4	4	4	4	4	4	4	4	4	20
3	3	3	3	3	3	3	3	3	3	3	3	3	3	3	3	15
2	2	2	2	2	2	2	2	2		2	2	2	2	2	2	10
1	1	1	1	1	1	1	1	1	1	1	1	1	1	1	1	5
시도 / 회기	1	2	3	4	5	6	7	8	9	10	11	12	13	14	15	%

표적 행동/기술	가득 찬 것과 가득 차지 않은 것 분류하기
준거	3회기 연속적으로 시도의 90% 정반응
자료	식당의 소금통, 후추통, 설탕통, 케첩통, 겨자통, 냅킨통
학생	Carmen

출처: Saunders & Koplik(1975).

[그림 11-21] 선 그래프의 사용 예 1

  [그림 11-21]의 그래프에 적힌 대로 표적 행동은 연구 대상이 가득 찬 것과 가득 차지 않은 것을 분류하는 것이다. 기준치 도달 기록 방법이 적용된 것으로, 연구 대상이 3회기 연속적으로 시도한 것의 90%만큼 정반응하는 것이 기준이다. 이 그래프는 맨 위에 날짜를 기록하게 되어 있고 맨 아래에는 회기가 기록되어 있다. 매 회기마다 연구 대상은 20번 시도할 수 있는 기회가 주어진다. 이 그래프를 사용하는 방법은 다음과 같다.

- 아동의 시도가 정반응이면 시도한 횟수를 가리키는 번호에 동그라미(○)를 하고, 오반응이면 사선(/)을 긋는다.
- 동그라미가 그려진 숫자의 수를 세어 합한다.---- (a)
- 구해진 수만큼에 해당하는 숫자에 네모(□)를 친다.
- 네모 쳐진 숫자들을 회기에 따라 연결하여 선 그래프를 그린다.
- 그래프의 맨 오른쪽에 세로로 있는 숫자는 백분율을 의미한다. 한 회기에서 네모 쳐진 수(정반응 수)가 적혀 있는 가로줄 끝의 숫자가 네모 쳐진 수를 총 시도에 대한 백분율로 전환해 놓은 것이다. 예를 들어, 2회기를 보면, 총 정반응수가 6개이고, 6에 네모가 쳐져 있으며, 그 가로줄의 끝에서 만나는 숫자는 30임을 알 수 있다. 즉, 20회 시도 중 정반응이 6개라면 30%의 정반응률임을 바로 알 수 있다.

  또 다른 선 그래프의 변형인 [그림 11-22]도 역시 관찰 기록과 그래프 그리기를 동시에 할 수 있도록 개발한 것이다.

  [그림 11-22]는 [그림 11-7]에서 소개한 누가 도표를 좀 더 간편하고 손쉽게 사용하도록 만든 그래프라고도 볼 수 있다. 이 그래프의 Y축에 해당하는 곳에 손 씻기 종속 변수의 과제 분석을 통한 연쇄(chaining) 단계가 번호와 함께 제시되어 있는데, 단계의 숫자가 그래프의 세로좌표로 이용된다. 그래프의 아래쪽에는 회기 번호가 있고, 위쪽에는 날짜 기입 난이 있다. 그래프를 통해 같은 날 여러 번의 회기를 진행한 것을 볼 수 있다. 이 그래프에서는 연구 대상이 정반응을 하면 그 숫자에는 아무 표시를 하지 않고 오반응을 했을 경우에는 숫자에 사선(/)을 그었다. 그리고 바르

학생: *Hisa*		과제: 손 씻기											

단계/반응	날짜	9-6	9-6	9-8	9-8	9-10	9-10	9-13	9-15	9-17	9-20	9-22	9-24
25. _____		25	25	25	25	25	25	25	25	25	25	25	25
24. _____		24	24	24	24	24	24	24	24	24	24	24	24
23. _____		23	23	23	23	23	23	23	23	23	23	23	23
22. _____		22	22	22	22	22	22	22	22	22	22	22	22
21. _____		21	21	21	21	21	21	21	21	21	21	21	21
20. _____		20	20	20	20	20	20	20	20	20	20	20	20
19. _____		19	19	19	19	19	19	19	19	19	19	19	19
18. _____		18	18	18	18	18	18	18	18	18	18	18	18
17. _____		17	17	17	17	17	17	17	17	17	17	17	17
16. _____		16	16	16	16	16	16	16	16	16	16	16	16
15. _____		15	15	15	15	15	15	15	15	15	15	15	15
14. _____		14	14	14	14	14	14	14	14	14	14	14	14
13. 휴지통에 수건 버리기		13	13	13	13	13	13	13	13	13	13	13	13
12. 손 비비기		12	12	12	12	12	12	12	12	12	12	12	12
11. 종이 수건 한 장 빼기		11	11	11	11	11	11	11	11	11	11	11	11
10. 종이 수건 빼는 곳으로 가기		10	10	10	10	10	10	10	10	10	10	10	10
9. 찬물 잠그기		9	9	9	9	9	9	9	9	9	9	9	9
8. 더운물 잠그기		8	8	8	8	8	8	8	8	8	8	8	8
7. 손을 3회 비비기		7	7	7	7	7	7	7	7	7	7	7	7
6. 손을 물 밑에 대기		6	6	6	6	6	6	6	6	6	6	6	6
5. 펌프 누르기		5	5	5	5	5	5	5	5	5	5	5	5
4. 손을 비누 펌프 밑에 대기		4	4	4	4	4	4	4	4	4	4	4	4
3. 더운물 틀기(빨강)		3	3	3	3	3	3	3	3	3	3	3	3
2. 찬물 틀기(파랑)		2	2	2	2	2	2	2	2	2	2	2	2
1. 세면대로 가기		1	1	1	1	1	1	1	1	1	1	1	1
	회기	1	2	3	4	5	6	7	8	9	10	11	12

출처: Bellamy, Horner, & Inman(1979).

[그림 11-22] 선 그래프의 사용 예 2

게 수행한 정반응의 수를 합한 것에 해당하는 숫자를 까만 동그라미(●)로 표시한 후, 회기별로 연결하여 선 그래프를 그렸다. 이 그래프를 보면, 연구 대상은 1회기에서 13단계 중에서 5와 12 단계를 바르게 수행했음을 알 수 있다. 두 단계를 바르게 수행했으므로 숫자 2에 까만 동그라미를 표시한 것을 볼 수 있다. 즉, 1회기에서 13단계 중에서 두 단계를 바르게 수행한 것을 알 수 있다.

[그림 11-23]에 소개하는 그래프도 앞에서 소개한 것과 비슷하게 관찰과 그래프 그리기를 함께할 수 있도록 제작된 것이다.

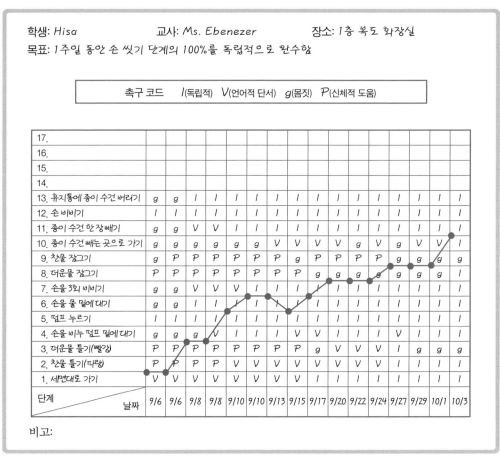

출처: Alberto & Troutman(2006).

[그림 11-23] 선 그래프의 사용 예 3

[그림 11-23]에서 그래프의 왼쪽에는 손 씻기 종속 변수의 연쇄 단계가 번호와 함께 아래에서부터 단계별로 제시되어 있고, 아래쪽에는 날짜를 쓰게 되어 있다. 회기마다 연구 대상에게 13단계의 손 씻기 행동을 하게 하고 각 단계에서 연구 대상이 어느 정도의 도움으로 손 씻기 행동을 할 수 있었는지를 그래프 위쪽에 제시한 촉구 코드로 구별하여 각 단계마다 기록한다. 이 그래프의 1회기를 보면, 연구 대상은 1단계는 언어적 촉구로, 4, 6, 7, 9, 10, 11, 13단계는 몸짓 촉구로, 2와 3단계는 신체적 촉구로 그 단계를 수행할 수 있었음을 알 수 있다. 이 그래프에서는 회기마다 독립적으로 수행한 단계의 수의 합계에 해당하는 숫자(왼쪽에 있는 단계 숫자를 사용함)와 같은 높이의 왼쪽 좌표 아래 부분에 까만 동그라미(●)로 표시하고 회기별로 동그라

미를 연결하여 선 그래프가 되게 했다. 이 그래프를 보면 1회기에서 연구 대상이 독립적으로 수행한 단계의 수는 2개이었음을 알 수 있다.

[그림 11-24]는 반응 기회 기록 방법을 적용한 그래프다.

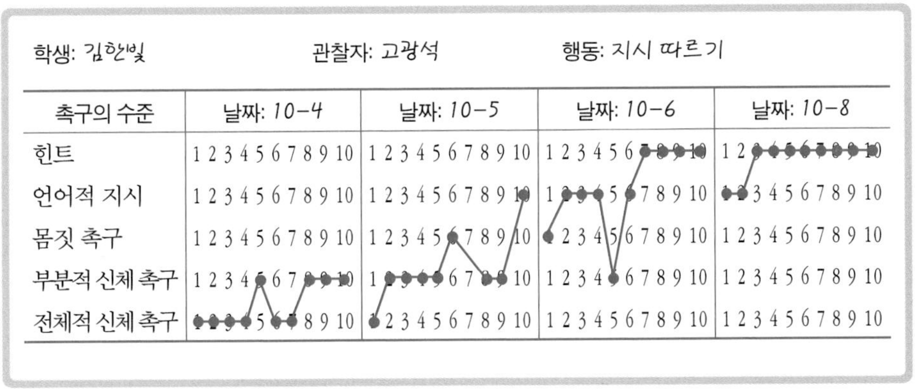

출처: Alberto & Schofield(1979).

[그림 11-24] 선 그래프의 사용 예 4

[그림 11-24]를 보면, 교사의 지시(예: 컵을 주렴, 숟가락을 주렴 등)를 어느 정도 수준의 촉구로 수행할 수 있는지 측정하고 있음을 알 수 있다. 그래프의 세로좌표에 해당하는 부분을 보면 촉구의 정도가 전체적 신체 촉구, 부분적 신체 촉구, 몸짓 촉구, 언어적 지시, 힌트로 구분되어 있다. 이 그래프에는 4회기를 기록할 수 있게 되어 있고, 한 회기마다 10번씩 시도할 수 있게 되어 있다. 교사의 지시에 대해 어느 수준으로 지시를 수행할 수 있는지 관찰하고 해당하는 촉구 수준에 있는 시도 횟수를 의미하는 번호를 찾아 까만 동그라미(●)로 표시하고 동그라미를 서로 연결하여 선 그래프를 그렸다. 이 그래프를 보면 연구 대상은 10월 4일에는 지시 따르기를 수행하는데 주로 전체적 또는 부분적 신체 촉구가 요구되었으나, 점차 향상되어 10월 8일에는 주로 힌트만으로 지시를 따를 수 있게 되었음을 알 수 있다.

다음으로 소개하는 [그림 11-25]는 이형복과 양명희(2009)가 요리 활동을 통해 유아의 편식을 개선하고자 했던 연구에서 사용한 그래프다.

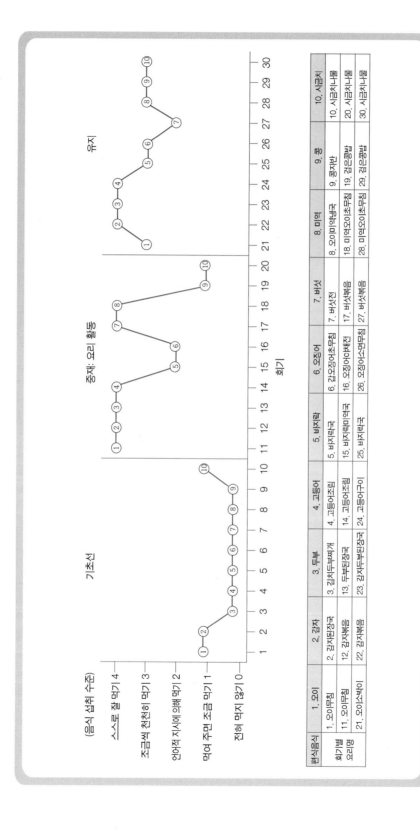

〈그림 11-25〉 선 그래프의 사용 예 5

출처: 이형복, 양명희(2009).

　[그림 11-25]의 그래프는 연구 대상이 회기별로 먹은 음식이 무엇인지 알 수 있도록 그래프 밑에 표가 함께 제시되어 있고, 그래프의 자료점인 동그라미(○) 안에 아동이 그 회기에 먹은 음식이 무엇인지 알 수 있도록 숫자가 기재되어 있다. 그래프의 세로좌표에는 연구 대상의 음식 섭취 수준의 정도를 척도로 구분하여 제시한 것을 볼 수 있다. 여기까지 살펴본 다양하게 변형된 선 그래프들이 보여 주듯이 그래프는 사용자가 자신의 목적에 맞게 여러 모양으로 응용하여 사용할 수 있다.

4 컴퓨터로 선 그래프 그리기

1) 컴퓨터로 선 그래프 그리기의 소개

　위에서 설명한 대로 종이와 펜으로 그래프를 그리는 것은 참으로 불편하고 시간이 많이 걸리는 작업이다. 시간 절약뿐 아니라 연구논문을 온라인으로 제출하도록 요구하는 학술지의 요구를 따르기 위해서도 컴퓨터로 그래프 그리기가 필요하다.

　컴퓨터 프로그램에는 여러 종류의 그래프를 그리도록 도와주는 다양한 프로그램들이 있었지만 Journal of Applied Behavior Analysis(JABA)의 출판 규정에서 요구하는 다음 세 가지 내용을 만족시키는 그래프를 그릴 수 있는 컴퓨터 프로그램이 1997년까지 개발되지 못했다: 1) 자료점들을 연결할 때 자료 표시선과 자료점은 서로 닿지 않도록 한다, 2) 자료점들을 연결할 때 상황 구분선을 지나는 자료 표시선을 긋지 않는다, 3) 세로좌표의 영(0)점은 가로좌표보다 살짝 윗부분에 표시한다. 그런데 Carr와 Burkholder(1998)가 마이크로소프트(MS)사의 엑셀 1997 버전을 이용하여 JABA의 1996년 출판 규정에 맞는 그래프를 그리는 방법을 소개하였다. 그들의 연구에 이어 MS사의 엑셀의 버전 변화에 발맞추어 개별 대상 연구와 JABA의 변경된 출판 규정("Manuscript preparation", 2000)에 맞는 그래프를 좀 더 손쉽게 그리는 방법을 소개하는 연구가 계속 출판되었다(Hillman & Miller, 2004; Moran & Hirschbine, 2002). 그러나 여전히 그래프 그리는 것이 쉽지 않다는 지적에 따라 Lou와 Konard(2007)는 MS사의 2003 엑셀 프로그램을 이용하여 선 그래프 그리는 방법을

115단계로 과제분석하여 구체적 단계를 그림과 함께 제시하고, 실제로 학생들에게
적용하여 그 용이함을 입증하였다. Dixon 등(2009)은 2007 엑셀 프로그램을 이용한
선 그래프 그리기 방법을 개발하였다. 우리나라에서는 홍준표(2009)의 책과 양명희
(2013, 2014)의 논문 등에서 마이크로소프트(MS)사에서 개발한 오피스 엑셀 2007 버
전을 이용하여 종속 변수의 변화를 선 그래프를 이용하여 그리는 방법을 자세히 설
명하고 있다.

여기에서는 지금까지 컴퓨터로 그래프 그리기에 대해 출판된 자료를 참고하여 엑
셀 2013 프로그램으로 중재 제거 설계의 선 그래프 그리는 방법을 제시하였다. 여기
에서 제시하는 그래프 제작 설명서는 엑셀 프로그램에 대한 선수 지식이 부족하더
라도 개별 대상 연구를 실행하려는 연구자라면 누구나 쉽게 따라 그릴 수 있도록 구
성되어 있다.

여기에서 제시하는 그래프 그리기 설명은 다음과 같은 특징이 있다.

- 그래프 그리기를 과제 분석하여 단계별로 번호를 매기고 번호 앞에 표시할 공
  간을 괄호로 제시하여, 어느 단계까지 제작했는지 스스로 검토할 수 있게 했다.
- 글로 설명하는 부분을 최소화하고 각 단계의 과정을 그림으로 제시하여, 초보
  자도 제작 설명서만으로 쉽게 그래프를 따라 그릴 수 있도록 했다.
- 그래프 제작 설명서의 한 단계에 대한 또 다른 방법을 제시하여, 문제를 해결하
  는 다양한 방법을 제공했다.
- 그래프 제작 과정 중간에 바르게 그려진 그래프를 제시하여, 그래프 제작 과정
  에서 지속적으로 즉각적 피드백을 주도록 했다.
- 경향선 그리는 방법을 제시하였다.

2) 자료 입력

(　　　　) ① 엑셀 프로그램 열기

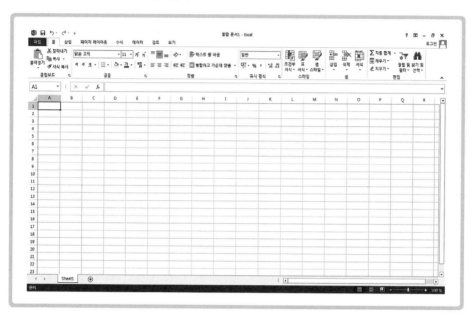

(　　　　) ② A 칸에는 상황 제목을, B 칸에는 회기 번호를, 〈C-1〉부터 〈C-20〉에
는 해당하는 자료 값을, 〈D-1〉부터 〈G-20〉에는 동일한 자료 값을 경
향선을 그리기 위해 아래와 같이 다시 입력하기

	A	B	C	D	E	F	G
1	기초선1	1	5	5			
2		2	6	6			
3		3	7	7			
4		4	5	5			
5		5	6	6			
6	중재	6	4		4		
7		7	5		5		
8		8	2		2		
9		9	4		4		
10		10	3		3		
11		11	4		4		
12		12	3		3		
13	기초선2	13	4			4	
14		14	4			4	
15		15	6			6	
16	중재	16	1				1
17		17	2				2
18		18	0				0
19		19	0				0
20		20	0				0
21							
22							
23							

3) 기본 그래프 작성

(   ) ① 커서를 〈C-1〉 위에 놓고 마우스 왼쪽 버튼을 누른 상태에서 〈C-20〉
까지 드래그

(   ) ② 주 메뉴 [삽입] → [차트] → [꺾은 선형] → '2차원 꺾은 선형' 창에서 [표
식이 있는 꺾은 선형(둘째 줄 첫째 그림)] 선택

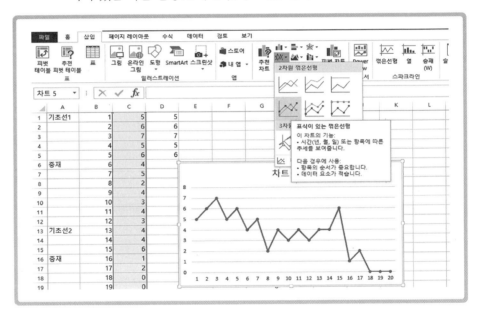

(   ) ③ 차트 윤곽선의 오른쪽의 차트요소(+)를 클릭 → '축'과 '축 제목' 선택
→ 아래와 같은 그래프 형성됨 → 저장

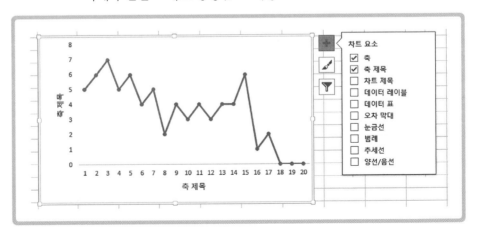

4) 좌표 제목

(   ) ① 가로좌표 아래에 나타난 글자 '축 제목' 클릭 → '축 제목'이라는 글씨
를 지우고 '회기'라고 입력

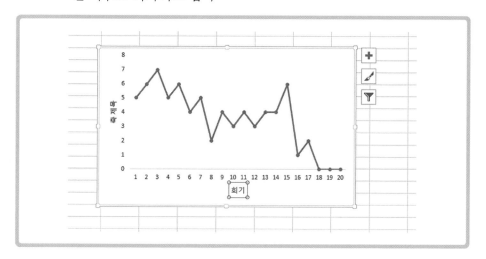

(   ) ② 차트 클릭하여 활성화 → 세로좌표의 '축 제목' 더블 클릭 → 오른쪽에
[축 제목 서식] 창 생성 → 첫째 줄 [제목 옵션]을 클릭 → '세로(값)축 제
목' 클릭 → 세 번째 아이콘 (📋) 클릭 → [맞춤]의 '텍스트 방향'에서 '세로
형' 선택 → 세로좌표의 축 제목이 세로형으로 바뀜

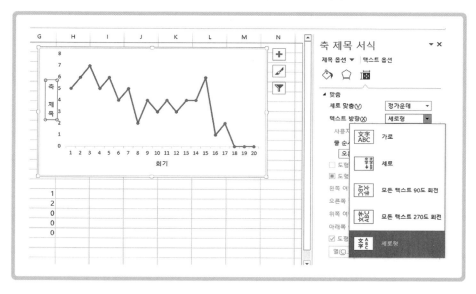

(   ) ③ 차트의 세로좌표의 '축 제목'이라는 글씨를 지우고 '남을 때리기 빈도'
라고 입력 → 아래와 같은 그래프 형성됨 → 저장

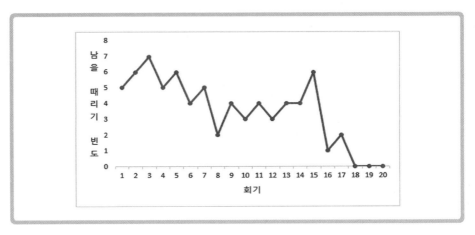

5) 좌표 서식 교정

가로좌표 서식 교정

※ 주의: 가로좌표를 세로좌표보다 먼저 교정해야 한다.

(   ) ① 차트 클릭하여 활성화 → 주 메뉴 [삽입] → [차트] → [분산형] → '분산
형' 새 창에서 [직선 및 표식이 있는 분산형(둘째 줄 왼쪽 그림)] 클릭

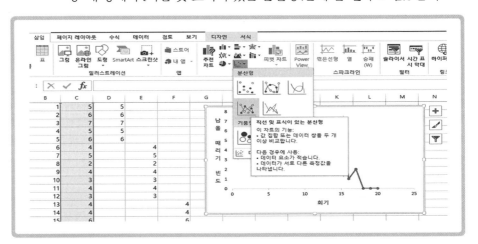

※ 알림: 분산형은 가로좌표 숫자가 눈금 표시선과 눈금 표시선 사이가 아닌 눈금 표시선의 바로 아
래 위치로 오게 함

(   ) ② 가로좌표 숫자에 커서를 놓아 화살표 모양의 커서 나타나면 클릭 → 오른쪽에 [축 서식] 창 생성 → 오른쪽 끝의 네 번째 아이콘 (▮▮) 클릭 → [눈금]에서 '주눈금'의 바깥쪽 선택 → [축 옵션]에서 모든 내용을 아래 그림과 같이 선택하고 숫자 입력('경계'의 최소값은 0.0, 최대값은 20.0, '단위'의 주는 1.0, 보조는 0.2를 입력하고 '세로축 교차'에서 자동을 선택함)

※ 주의: 반드시 커서를 **가로좌표 숫자**에 놓아야 함

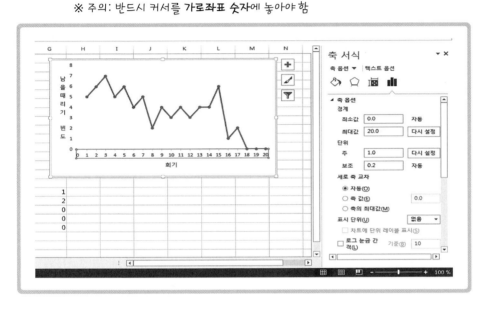

(   ) ③ 그 상태에서 첫 번째 아이콘 (◇) 클릭 → [선]에서 '실선' 선택하고 '색'에서 검은색 선택

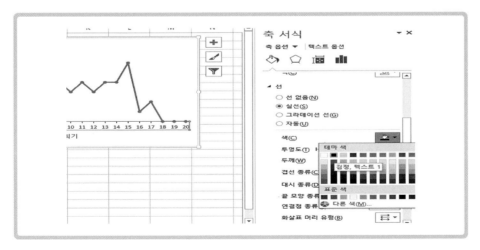

(   ) ④ 아래와 같은 그래프 나타남 → 저장

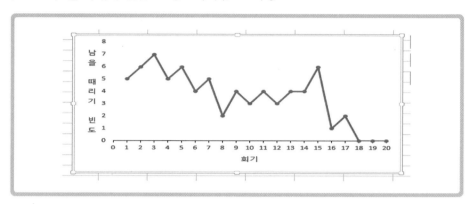

세로좌표 서식 교정

※ 알림: 세로좌표 서식을 먼저 교정하는 경우, [가로축 교차]의 '축 값(T)'을 마이너스로 교정해 놓아도 자동으로 0.0으로 바뀌게 되므로 나중에 다시 [가로축 교차]의 '축 값(T)'을 '-0.5'로 수정해야 하는 번거로움이 있다.

(   ) ① 커서를 세로좌표의 숫자 위에 놓아 화살표 모양으로 바뀌면 클릭 → 오른쪽에 나타난 새 창 [축 서식] 생성 → 오른쪽 끝의 네 번째 아이콘(▮▮) 클릭 → [눈금]에서 '주눈금'의 바깥쪽 선택 → [축 옵션]에서 모든 내용을 아래 그림과 같이 선택하고 숫자 입력('경계'의 최소값은 -2.0, 최대값은 9.0, '단위'의 주는 2.0, 보조는 0.2, '가로축 교차'의 축 값은 -0.5)

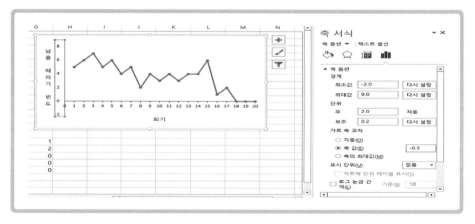

※ 알림: 최소값을 주 단위(2)의 역(-2)으로 하고 가로축 교차의 축 값을 최소값의 사등분(-0.5)으로 입력하는 것은 세로좌표의 0점 위치를 가로좌표보다 올리기 위한 방법이다.

(　　　　) ② 그 상태에서 첫 번째 아이콘 (✍) 클릭 → [선]에서 '실선'을 선택하고
'색'을 검은색으로 선택 → 저장

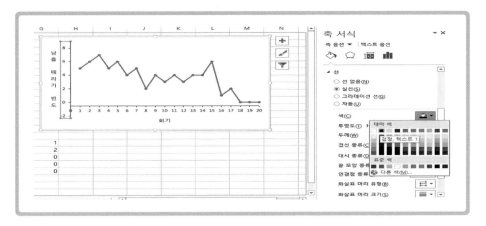

6) 기초선과 중재 자료 사이의 자료 표시선 제거

※ 알림: 기초선 1 자료는 1~5회기, 첫 중재 자료는 6~12회기, 기초선 2 자료는 13~15회기, 두 번째 중재 자료는 16~20회기다.

(　　　　) ① 차트 활성화 → 커서를 자료 표시선 위에서 마우스 왼쪽 버튼 클릭 →
전체 자료 표시선 활성화됨 → 커서가 입체 십자 모양(아래 그림에서 커서
는 나타나지 않음)으로 바뀜 → 그 상태에서 커서를 여섯 번째 자료 표시점
위에 놓으면 입체 십자 모양(아래 그림에서 커서는 나타나지 않음)의 커서가
나타나면서 '계열1 요소 "6"(6,4)'라고 쓰인 작은 창 나타남

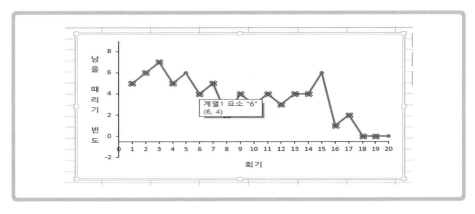

(   ) ② 그 상태에서 마우스 왼쪽 버튼 클릭 → 여섯 번째 자료 표시점을 제외하고 활성화 표시 사라짐

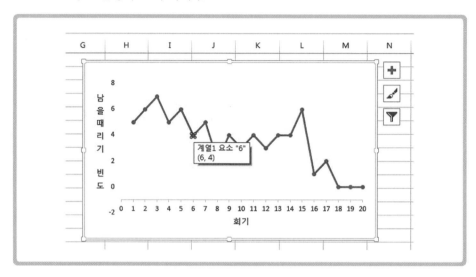

(   ) ③ 그 상태에서 마우스 오른 버튼 클릭 → [데이터 요소 서식] 클릭 → 오른쪽에 [데이터 요소 서식] 새 창 생성 → 첫 번째 아이콘 (🖌) 클릭 → [선]에서 '선 없음' 선택 → 5회기와 6회기 사이의 자료 표시선 제거됨

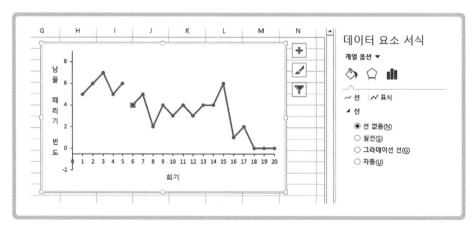

(   ) ④ 그 상태에서 13번째 자료 표시점 클릭 → 오른쪽의 [데이터 요소 서식] 창에서 → 첫 번째 아이콘 (🖌) 클릭 → [선]에서 '선 없음' 선택 → 12회기와 13회기 사이의 자료 표시선 제거됨

(   ) ⑤ 그 상태에서 16번째 자료 표시점 클릭 → 오른쪽의 [데이터 요소 서식]
창에서 → 첫 번째 아이콘 (✋) 클릭 → [선]에서 '선 없음' 선택 → 15회
기와 16회기 사이의 자료 표시선 제거됨 → 아래와 같은 그래프 형성됨
→ 저장

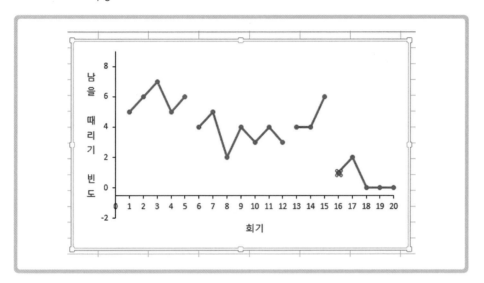

※ 다른 방법: 주 메뉴 [서식] 선택 → 여섯 번째 자료 표시점에 화살표 커서 놓으면 '**계열 1 요소
"6"(6,4)**'라고 쓰인 작은 창 나타남 → 마우스 왼쪽 버튼 클릭 → 자료 표시선 활성화되면서 주
메뉴 왼쪽 끝에 '**계열 1**'이라는 글씨가 나타남 → 다시 마우스 왼쪽 버튼 클릭 → 자료 표시선 활성
화 사라지면서 '**계열 1 요소 "6"**'이라는 글씨로 바뀜 → 바로 그 아래에 있는 [선택 영역 서식] →
새 창의 왼쪽에서 [선 색] 선택 → 오른쪽 [선 없음] 선택 → [닫기] → 다른 자료 표시선도 동일
한 방법으로 제거 → **저장**

7) 상황 구분선

(   ) ① 차트 안쪽의 그림 영역을 클릭하여 활성화 → 주 메뉴 [삽입] → [일러
스트레이션] → [도형] 클릭 → 새 창의 '선'에서 '직선(＼)'을 선택

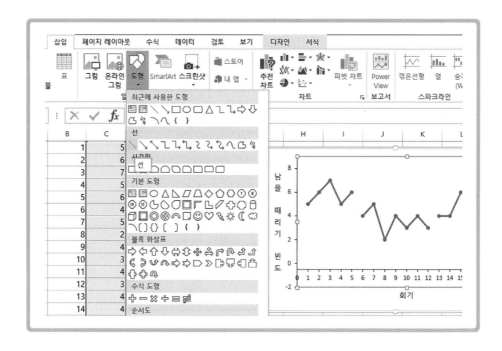

(　　　) ② '도형' 창이 사라지고 십자(+)모양 커서로 바뀜

(　　　) ③ 십자(+) 커서를 가로좌표의 5회기와 6회기 사이 중앙에 위치를 정하고
자판의 'shift'를 누른 채로 마우스 왼쪽 버튼을 누르면서 위로 수직으로
세로좌표 높이만큼 드래그 → 마우스 왼쪽 버튼에서 손 뗌

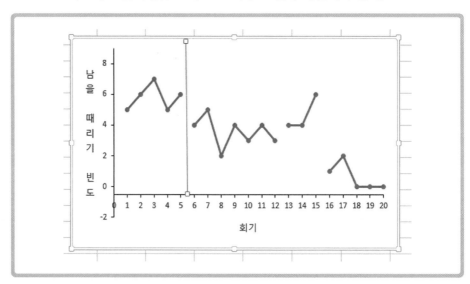

※ 알림: 'Shift' 키를 사용하면 직선이 언제나 가로좌표와 수직을 유지함

(   ) ④ 오른쪽의 [도형서식] 창에서 첫 번째 아이콘 (◇) 클릭 → [선]에서 '실
선' 선택 → '색'에서 검은색 선택 → '대시 종류'에서 실선 선택 → 상황 구
분선이 검은색 실선으로 바뀜

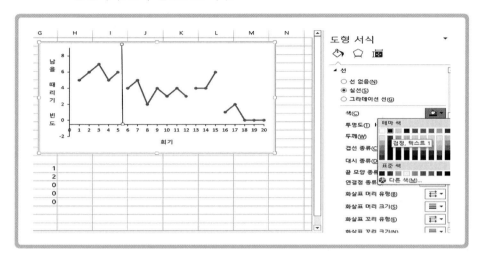

(   ) ⑤ 'Shift' + 'Ctrl' 누른 상태에서 커서를 상황 구분선에 놓아 드래그하여
복사된 상황 구분선을 12회기와 13회기 사이에 놓기 → 동일하게 15회
기와 16회기 사이에 상황 구분선 복사하기 → 차트 가장자리에서 마우스
클릭하여 마무리 → 아래와 같은 그래프 형성됨 → 저장

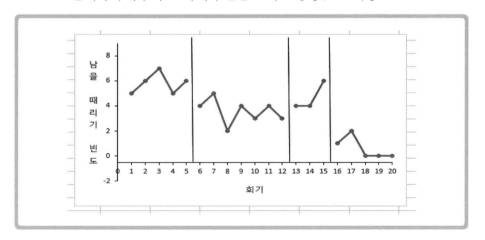

※ 다른 방법: 첫 상황 구분선을 클릭하여 활성화 → 상황 구분선에 커서를 정확히 놓고 마우스 오른 버
튼 클릭 → 새 창에서 [여기에 복사] 선택 → 복사된 상황 구분선 위에 커서를 놓고 마우스 왼쪽 버튼
을 누른 채 원하는 곳으로 이동 → 마우스 왼쪽 버튼에서 손 뗌

8) 상황 제목

(   ) ① 차트 영역 클릭하여 활성화 → 주 메뉴 [삽입] → [텍스트] → [텍스트 상자] → [가로 텍스트 상자(H)] 선택

(   ) ② 십자가 도형(✚)을 거꾸로 놓은 것 같은 커서 나타남

(   ) ③ 커서를 첫 번째 상황(첫 번째 자료 표시선이 있는 곳)의 위쪽에서 클릭

(   ) ④ 만들어진 텍스트 상자에 '기초선 1'이라고 입력

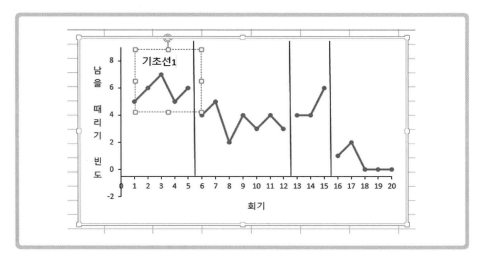

(   ) ⑤ 커서를 텍스트 상자의 세로선 가장자리에 놓아 커서가 양방향 화살표 (⇔) 모양이 되면 드래그하면서 텍스트 상자 너비 줄임 → 커서를 텍스트 상자의 가로선 가장자리에 놓아 같은 방법으로 높이 줄임 → 줄여진 텍스트 상자를 클릭하여 활성화

(   ) ⑥ 주 메뉴 [홈] → [글꼴]에서 원하는 크기와 글꼴을 선택 → 그 상태에서 메뉴의 [맞춤]에서 [위쪽 맞춤]과 [가운데 맞춤]으로 설정

(　　　) ⑦ 텍스트 상자 클릭하여 활성화 → 사방형 화살표가 나타나면 클릭하여 드래그하면서 원하는 위치로 이동

(　　　) ⑧ 'Shift' + 'Ctrl' 누른 상태에서 커서를 활성화된 텍스트 상자에 놓으면 화살표 모양의 커서 옆에 아주 작은 십자 모양이 나타남 → 마우스로 드래그하여 복사된 텍스트 상자를 각 상황 조건 위에 놓아 '중재' '기초선 2' '중재'로 제목을 수정

※ 다른 방법: 처음 텍스트 상자를 만든 것과 같은 방법으로 각 제목을 입력

(　　　) ⑨ 차트 가장자리에서 마우스 클릭하여 마무리 → 저장 → 아래와 같은 그래프 나타남

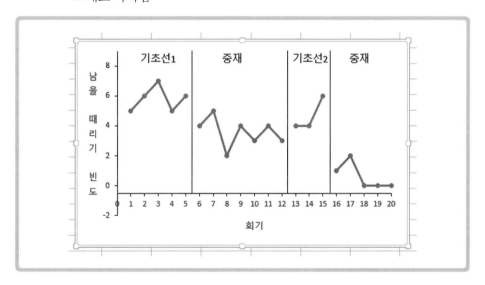

9) 가로좌표의 '0'과 세로좌표의 음수 제거

(　　　) ① 차트 영역 활성화 → 주 메뉴 [삽입] → [일러스트레이션] → [도형] → 새 창의 세 번째 줄 '사각형'에서 첫 번째 사각도형 선택

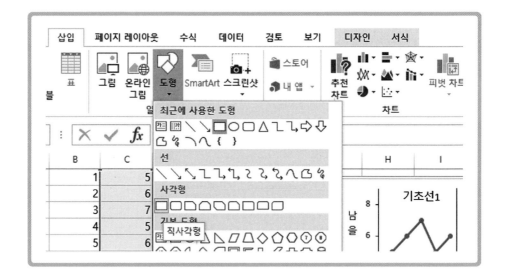

(　　　　) ② '도형' 창 사라지고 나타난 십자 모양 커서를 세로좌표와 가로좌표가 교차하는 지점에 놓고 클릭 → 파란색 사각도형 나타남

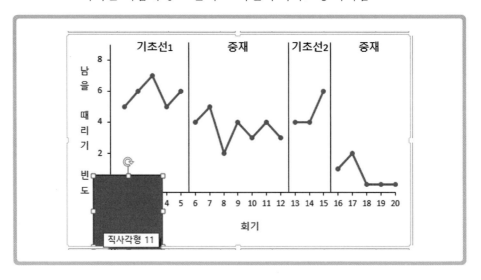

(　　　　) ③ 커서를 사각 도형의 세로선과 가로선 가장자리로 가져가 양방향 화살표(⇔) 모양의 커서가 나타나면 클릭하여 드래그하면서 세로좌표의 음수와 가로좌표의 0을 지우기에 충분한 크기로 조절(텍스트 상자 크기 줄이는 방법과 동일함)

(   ) ④ 사각 도형에 커서 놓아 사방향 화살표 나타나면 클릭하여 드래그하면 서 세로좌표의 음수와 가로좌표의 '0'이 가려지는 위치로 이동 → 마우스 에서 손가락 뗌

(   ) ⑤ 사각형 위에 커서 놓고 클릭 → 그 상태에서 마우스 오른쪽 버튼 클릭 하여 [개체 서식] 선택 → 오른쪽에 [도형 서식] 창 생성 → 첫 번째 아이콘 (♦) 클릭 → [채우기]에서 '단색 채우기' 선택 → '색'은 흰색 선택 → [선] 에서 '선 없음' 선택

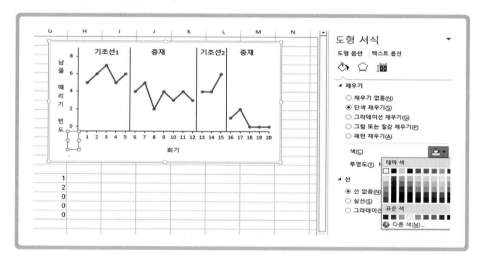

(   ) ⑥ 차트 가장자리에서 마우스 클릭하여 마무리 → 저장 → 아래와 같은 그래프 나타남

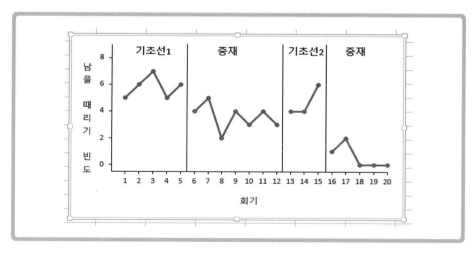

10) 경향선 그리기

(   ) ① 커서를 기초선 1의 자료 표시선에 놓고 마우스 오른 버튼 클릭 → [데이터 선택] 선택

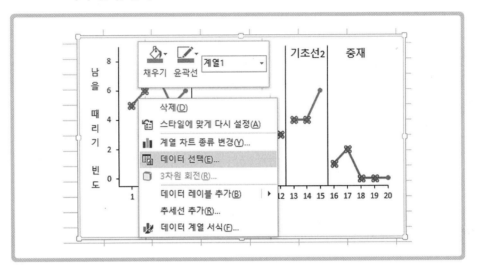

(   ) ② 아래와 같은 새 창 나타남 → [추가] 선택

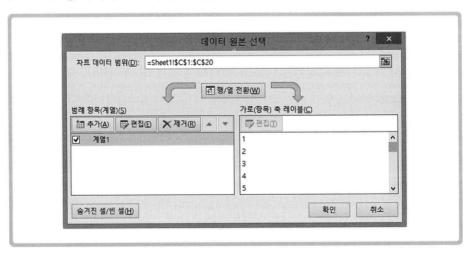

(   ) ③ 아래와 같은 새 창 나타남

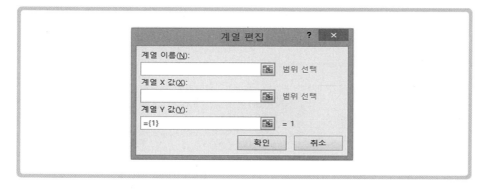

(   ) ④ 커서를 계열 X값(X)에 놓은 후 마우스로 〈B-1〉부터 〈B-5〉까지 워
크시트를 드래그 → 워크시트 자료 둘레로 점선이 반짝이면서 아래와 같
은 작은 창이 나타나면서 그 안의 글자들이 바뀜

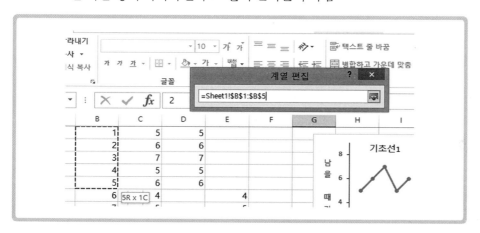

(   ) ⑤ 드래그 끝내고 마우스에서 손 떼면 아래와 같은 창으로 바뀜

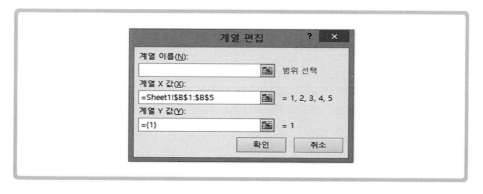

(　　　) ⑥ 커서를 계열 Y값(Y)에 놓고 거기 쓰인 '={1}'을 지움 → 마우스로 〈D-1〉
부터 〈D-5〉까지 워크시트를 드래그 → 워크시트 자료 둘레로 점선이 반
짝이면서 아래와 같은 작은 창이 나타나면서 그 안의 글자들이 바뀜

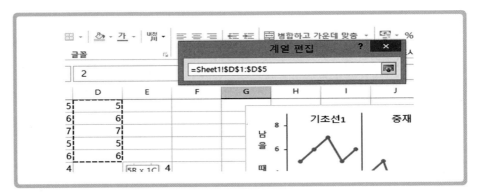

(　　　) ⑦ 드래그 끝내고 마우스에서 손 떼면 아래와 같은 창으로 바뀜 → [확인]
클릭

(　　　) ⑧ 아래와 같은 창이 나타남

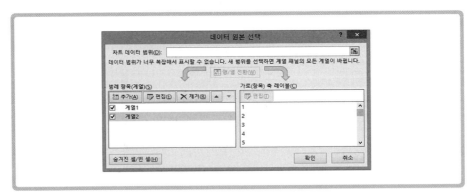

(   ) ⑨ [추가] 클릭 → ③~⑦과 같은 동일한 방법으로 '중재' '기초선 2' '중재'
의 자료를 선택 → 모든 추가가 끝나면 [확인] 선택 → 아래와 같은 그래
프 나타남 → 저장

※ 알림: 자료를 선택할 때 아래 내용을 참고할 것

	기초선 1	첫 번째 중재	기초선 2	두 번째 중재
계열 X값(X)	〈B-1〉 ~ 〈B-5〉	〈B-6〉 ~ 〈B-12〉	〈B-13〉 ~ 〈B-15〉	〈B-16〉 ~ 〈B-20〉
계열 Y값(Y)	〈D-1〉 ~ 〈D-5〉	〈E-6〉 ~ 〈E-12〉	〈F-13〉 ~ 〈F-15〉	〈G-16〉 ~ 〈G-20〉

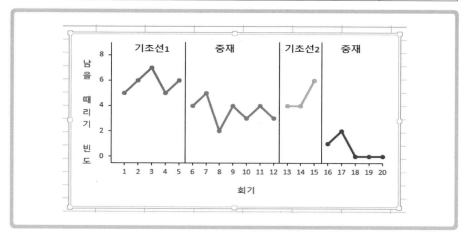

(   ) ⑩ 커서를 '기초선 1'의 자료 표시선에 놓고 마우스 왼쪽 버튼 클릭하여
활성화 → 오른쪽 마우스 버튼 클릭 → [추세선 추가] 선택

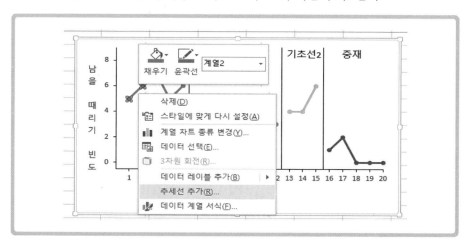

(   ) ⑪ 오른쪽의 [추세선 서식] 창 생성 → 첫 번째 아이콘(🖌) 클릭 → [선]에
서 '실선' 선택 → '색'에서 검은색 선택 → '두께'에 0.75 입력 → '대시 종
류'에서 실선 선택

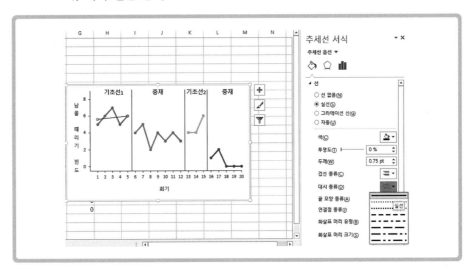

(   ) ⑫ 앞의 ⑩~⑪과 같은 방법으로 '중재' '기초선 2' '중재'의 자료 표시선에
경향선 그리기 → 아래와 같은 그래프 나타남 → 저장

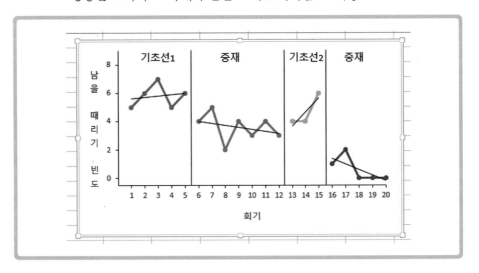

(   ) ⑬ 커서를 '기초선 1' 자료 표시선에 놓고 클릭 → 오른쪽의 새 창에 [데이터
계열 서식] 창 생성 → 첫 번째 아이콘 (🖌) 클릭 → [선]에서 '실선' 선택

→ '색'에서 검은색 선택 → '두께'에 0.75 입력 → '대시 종류'에서 실선 선택

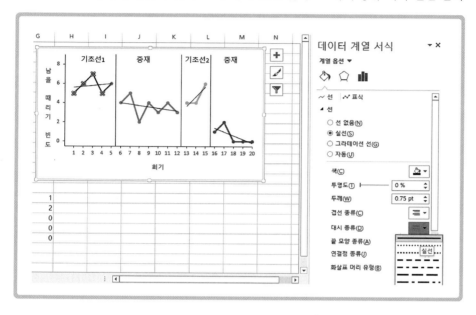

(   ) ⑭ 오른쪽의 [데이터 계열 서식] 창 → 첫 번째 아이콘 클릭 → [표식] 선택
→ [채우기]에서 '단색 채우기' 선택 → '색'에서 검은색 선택 → [테두리]
에서 '실선' 선택 → '색'에서 검은색 선택

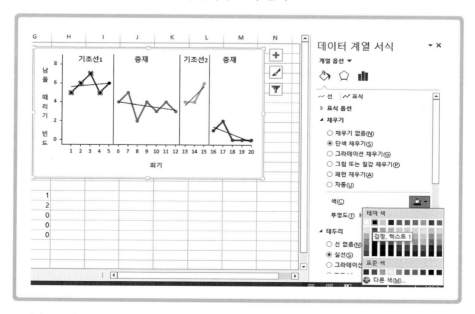

※ 알림: [표식 옵션]에서 자료 표시점의 모양을 바꿀 수 있음

(   ) ⑮ 앞의 ⑬~⑭와 같은 방법으로 '중재' '기초선 2' '중재'의 자료 표시선과

자료 표시점을 수정 → 저장

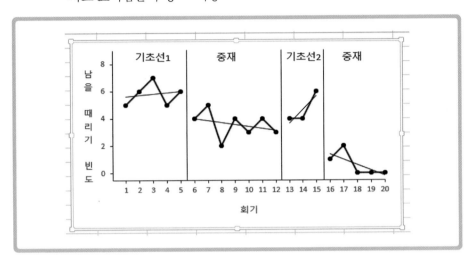

(   ) ⑯ 엑셀의 워크시트에서 C칸 가장 위에 커서 놓고 마우스 왼쪽 버튼 클릭

→ 아래와 같이 C칸 전체가 선택됨 → 그 상태에서 마우스 오른 버튼 클

릭 → 새 창에서 [내용 지우기(N)] 선택

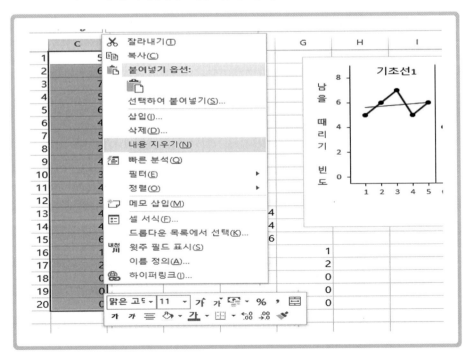

(　　　　　) ⑰ C칸의 숫자들과 그래프의 겹쳐 있던 자료 표시선(굵은 파란선)이 사라짐

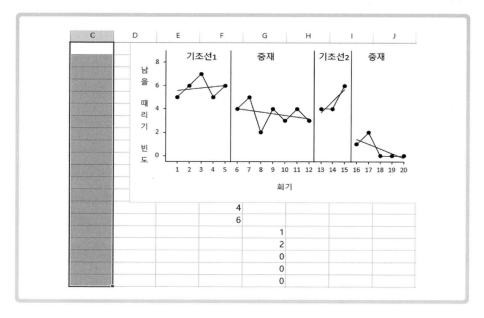

(　　　　　) ⑱ 아래와 같이 완성된 그래프 나타남 → 저장

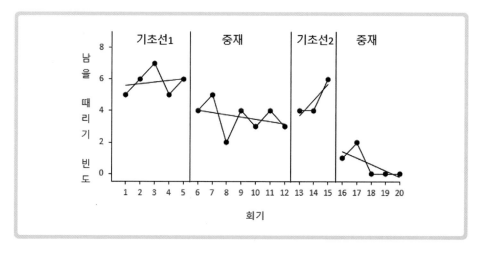

　지금까지 설명한 컴퓨터로 꺾은선 그래프 그리기의 내용은 절대적으로 지켜야 하는 정해진 규칙이 아니다. 따라서 사용자가 얼마든지 더욱 편리하게 수정할 수 있다. 위에서 제공하는 설명으로 그래프 그리기를 연습하여 자신감을 얻게 되면 개별 대상 연구의 다양한 설계 그래프도 더욱 빠르고 정확하게 그리게 될 수 있을 것이다.

제12장

자료 분석

1. 시각적 분석

2. 통계적 분석

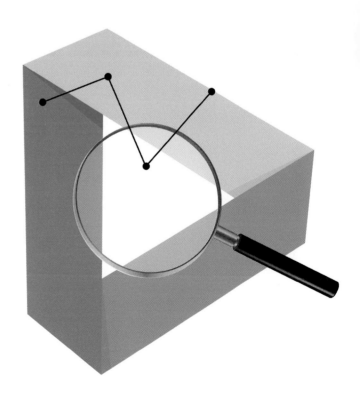

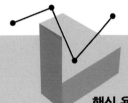

핵심 용어의 정의

시각적 분석

그래프에 나타난 자료에 대해 자료의 수준, 경향, 변화율, 중첩도, 즉각성의 정도 등을 분석하는 방법이다.

추리 통계

모집단의 일부인 표본을 이용하여 모집단의 특성을 추론하기 위한 것으로 연구 결과를 모집단에 일반화할 수 있는지를 통계적 유의성으로 알아보는 방법이다.

자기 상관관계

시간 간격을 두고 수집된 인접한 자료들 사이에서 관찰된 한 자료 값이 이전에 관찰된 자료 값과 관련이 있는 정도를 의미한다.

실천 현장에서 나오는 개별 대상 연구의 자료를 평가하는 기준은 두 가지다. 첫째는 실험적인 측면에서 결과에 대한 신뢰성을 묻는 것이고, 둘째는 응용적인 측면에서 결과에 대한 중요성을 묻는 것이다. 이 장에서는 먼저 실험적 기준으로 연구 결과의 신뢰성을 다루는 자료 분석 방법을 다루고, 다음 장에서는 응용적 기준으로 연구 결과의 중요성을 묻는 사회적 타당도를 다루겠다.

개별 대상 연구에 대한 실험 결과가 우연이 아니라 중재 때문임을 입증하는 자료 분석 방법으로는 시각적 분석 방법과 통계적 분석 방법이 있다. 심리학과 행동 과학 분야에서 자료의 시각적 분석은 Skinner 당시를 출발점으로 볼 수 있는데, Skinner는 자신의 실험 연구에서 당시의 생물학 연구의 도구인 그래프를 심리학적 현상을 분석하는 데 사용했다. Skinner(1963)는 종속 변수를 직접 관찰하는 것을 통해 어떤 변수가 변할 때 연구 대상의 반응이 달라지는 것을 눈을 통하여 그래프로 확인하는 것이 가능한데, 그 변화가 정말로 발생했는지를 굳이 통계적으로 입증하는 것은 불필요하다고 주장했다. 그 후 대부분의 개별 대상 연구 자료는 시각적 분석 방법을 사용하여 왔기 때문에, 시각적 분석이 전부인 것으로 오해하는 경우도 있지만 사실은 개별 대상 연구의 자료도 통계적 분석이 가능하다. 따라서 이 장에서는 개별 대상 연구의 시각적 분석과 통계적 분석을 모두 살펴보고자 한다.

1 시각적 분석

1) 시각적 분석의 장점

개별 대상 연구의 시각적 분석은 여러 가지 장점이 있다. 첫째, 무엇보다도 시각적 분석은 자료의 분석과 결과의 해석이 통계적 분석에 비하여 상대적으로 어렵지 않기 때문에 통계적 분석에 대한 지식이 많지 않은 현장 전문가들도 쉽게 접근할 수 있다.

둘째, 시각적 분석은 형성적 평가가 가능하기 때문에 융통성이 있으며 역동적이다. 즉, 총괄적 평가를 통한 통계적 분석을 적용하는 집단 연구와는 달리, 개별 대상 연구 자료의 시각적 분석은 중재가 진행되는 기간에도 계속적으로 자료를 모으면서 분석하고 평가하는 것이 가능하다는 것이다. 그렇기 때문에 실험 전체 기간 동안 중재나 프로그램 진행 전체를 통하여 어느 시점에라도 개별 대상의 반응에 따른 자료에 근거하여 연구 설계를 바꾸거나 중재를 수정하는 등의 어떤 다른 결정을 할 수 있다. 이렇게 시각적 분석은 역동적 평과 과정을 제공한다.

셋째, 시각적 분석의 형성적 평가를 통해 연구 대상에 대해 뜻하지 않은 발견을 할 수도 있다. 예를 들어, 계속적인 관찰과 측정을 통해 연구 대상에게 아주 효과 높은 교수/치료 방법을 발견한다든지, 문제가 많이 발생하는 어떤 구체적 상황 등을 발견할 수 있다. 이러한 발견은 자료를 시각적으로 분석하지 않는 경우는 쉽게 발견되지 않을 수 있다. 이렇게 원래의 연구 질문과 관련 없는 뜻하지 않은 발견을 한 경우는 새로운 가설을 세워 경험적 검증을 할 수 있는 기회가 주어진다. 즉, 새로운 연구주제가 발견되는 것이다.

넷째, 시각적 분석을 하면 자료를 집단이 아닌 개별적으로 평가할 수 있다. 자료를 집단으로 평가하지 않기 때문에 중재 효과에 대한 한 명의 연구 대상 자료가 과대 또는 과소평가되지 않는다. 즉, 시각적 분석은 연구자에게 개별 연구 대상의 행동과 얻어진 자료를 밀접하게 관련시켜 볼 수 있게 해 준다. 시각적 분석은 자료의 자세하고 구체적인 조사를 가능하게 하므로, 통계적 분석에 의해 합산이나 요약을 통해 자료의 원래 의미가 숨겨지는 것이 아니라 독립적 입증을 가능하게 한다. 따라서 시각적 분석은 연구 대상에 대한 개별화된 중재 계획과 평가에 적절한 방법이다.

이와 같은 시각적 분석의 장점과 관련하여, Parsonson과 Baer(1986)나 Kazdin(2011) 등은 시각적 분석에 근거한 결정이 통계적 분석보다 더 보수적이라고 주장하기도 했다. 보수적 결정이란 중재 효과가 약한 것들은 무시하고 진짜 효과가 있는 것들만 현장에 적용할 수 있도록 한다는 것이다. 다시 말하자면, 시각적 분석에서는 통계 분석에서 얘기하는 1종 오류(중재 효과가 없는데 있다고 결론 내리는 것)보다는 2종 오류(중재 효과가 있는데 없다고 결론 내리는 것)를 더 잘 용납한다는 뜻이다([그림 12-1] 참조). 즉, 중재 효과가 없는데 있다고 하기보다는 중재 효과가 약한 것은 무시해 버리기를 더 선호한다는 것이다. 그러므로 시각적 분석을 하는 경우에는 효과가 명백해야만 중재 효과가 있다고 결론 내린다는 뜻이다. 이에 반하는 의견은 뒤에서 제시하는 통계적 분석에서 설명하였다.

	사실(중재 효과 있음 +)	사실(중재 효과 없음 −)
연구 보고 (효과 있음 +)	참	1종 오류
연구 보고 (효과 없음 −)	2종 오류	참

[그림 12-1] 1종 오류와 2종 오류

이어지는 개별 대상 연구 자료의 시각적 분석의 내용에서 드러나겠지만, 시각적 분석을 위해서는 간편 통계(semistatistics)를 사용하기도 한다. 간편 통계적 분석은 시각적 분석과 통계적 분석의 설명에서 공통적으로 발견되기도 할 것이다.

2) 실험 상황 내 자료의 시각적 분석

(1) 자료의 수준

자료의 수준(level)은 하나의 실험 상황 동안 또는 특정한 기간 동안 자료의 중심이 되는 값을 추정하게 해 주고, 실험 상황 간의 자료 패턴을 비교할 수 있게도 해 준다. 보편적으로 자료의 수준이란 한 실험 상황 내에 있는 자료의 평균을 의미하며, 이는 한 상황의 모든 자료 값에 대한 숫자적 요약이라고 할 수 있다. 따라서 자료의 수준은 평균값을 계산하여 수치로 표현할 수도 있지만, 시각적 분석을 위해서는 주로 평균값이 되는 Y축의 값을 찾아 X축과 평행되게 수평선을 그어 평균선

(mean line)으로 나타내는 것이 좋다.

한 실험 상황 내에서의 수준을 의미하는 평균선을 그리는 방법은 한 상황 내의 모든 자료점의 Y축 값을 합한 것을 그 상황 내의 전체 자료점의 수로 나누어 얻어진 값을 X축과 평행하게 긋는 것이다. 평균선 값을 구하는 공식은 아래와 같다.

$$평균선\ 값 = \frac{모든\ 자료의\ Y축\ 값의\ 합}{전체\ 자료점의\ 수}$$

[그림 12-2]에서 보면 각 상황의 자료의 평균선이 그어진 것을 볼 수 있다.

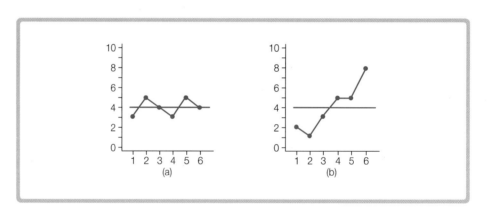

[그림 12-2] 평균선이 그어진 그래프

대개 자료의 수준은 자료의 평균값으로 나타내는데, Gast와 Spriggs(2010)는 자료의 수준을 말할 때 평균값 대신에 중앙값을 사용할 것을 권장했다. 왜냐하면 평균값은 극단의 자료에 대해 영향을 크게 받기 때문이라는 것이다. 예를 들어, 한 상황의 자료 값이 2, 4, 3, 2, 19라면 예외적인 19의 영향 때문에 평균값은 6이 되어서 19를 제외한 전체적인 자료를 잘 설명해 주지 못할 수 있다. 중앙값을 사용할 때는 자료를 Y축 값에 따라 차례로 나열하고 가장 중앙에 위치하는 값을 찾으면 된다. 앞의 예에서 중앙값은 자료를 차례로 나열할 경우, 2, 2, 3, 4, 19가 되므로 가장 중앙에 있는 3이 중앙값이 된다. 자료의 수가 짝수일 때는 중앙에 있는 두 자료의 평균을 구하면 된다. 그렇게 구한 중앙값과 동일한 Y축 값을 지나는 선을 X축에 평행하게 그리면 자료에 대한 중앙선이 된다.

한 상황 내에서 자료 수준의 변화 정도를 보고자 할 때는 두 가지 방법이 있다(Gast & Spriggs, 2010). 먼저, 첫 자료 값과 마지막 자료 값의 차이를 계산하여 그 변화가 증가인지 감소인지를 보는 방법이 있다. 다음으로 한 상황의 자료를 이등분하여 앞부분 자료의 중앙값과 뒷부분 자료의 중앙값 차이를 계산하여 그 변화가 증가인지 감소인지 보는 방법이 있다.

그런데 개별 대상 연구에서는 한 실험 상황의 마지막 몇 개의 자료가 중요한 시사점을 지닌다. 마지막 자료들이 평균선을 중심으로 어디에 위치하는지에 대한 정보도 자료 분석에서 중요하다. 예를 들어, 앞의 [그림 12-2]의 그래프(a)는 6개의 자료점에 대한 평균은 4임을 알 수 있고 평균선 가까이 자료들이 분포된 것을 알 수 있다. 그런데 그래프(b)는 6개의 자료점에 대한 평균은 4이지만, 마지막 3개의 자료는 평균값보다 클 뿐 아니라 계속 상향을 보이는 것을 알 수 있다. 이런 경우, 평균값은 서로 같지만 상황의 마지막 부분의 자료들 때문에 자료를 계속 수집할 것인지 아니면 다음 상황으로 옮겨 갈 것인지에 대한 결정은 반대가 될 수도 있다. 이와 같이 한 상황의 마지막 3~5개의 자료의 분석은 다음 상황으로 옮겨 가야 할지에 대한 중요한 판단 기준을 제공할 수 있으므로, 한 상황의 전체 자료를 살펴보는 것뿐 아니라 마지막 3~5개의 자료를 구별하여 분석하는 것도 필요하다.

(2) 자료의 경향

자료의 경향(trend)이란 시간을 두고 자료가 체계적으로 또는 일관성 있게 감소하거나 증가하는 정도를 의미한다. 자료의 경향은 한 상황 내에 있는 자료에 대한 경사(기울기)의 방향과 크기(magnitude)의 변화로 표현된다(Kennedy, 2005).

자료의 경사 방향은 무변화, 증가, 감소 중 한 가지로 분류될 수 있다. 그런데 증가와 감소라는 용어는 중재 목표 달성과 어떤 관계가 있는지 설명해 주지 못하므로, 증가나 감소보다는 치료적 방향 또는 반치료적 방향이라는 용어를 사용할 것을 권하기도 한다(Kazdin, 2011). 첫째, 자료의 경사 방향 중 무변화는 종속 변수의 자료 경향이 증가하지도 않고, 감소하지도 않고 수평선에 가까운 경우를 뜻한다. 기초선

자료가 기울기가 없는 경우는 뒤이어 적용되는 중재 효과를 보여 주기가 좋다. 중재
를 통해 어떤 변화라도 나타난다면 수평선처럼 기울기가 없는 기초선 자료의 끝 지
점의 수준에서 출발하여 변화를 나타내는 자료들의 경사 방향을 보여 줄 수 있기 때
문이다. 둘째, 자료의 경사 방향 중 치료적 방향은 종속 변수의 자료가 중재를 통해
이루고자 하는 목표와 동일한 방향을 나타내는 경우를 뜻한다. 기초선 자료가 이미
치료적 방향을 보이고 있는 경우는 중재 효과를 보여 주려면 중재 기간의 자료는 기
초선 때보다 훨씬 급경사를 이루어야 할 것이다. 셋째, 종속 변수의 자료 경향이 반
치료적인 방향을 나타내는 경우다. 즉, 중재를 통해 목표하는 방향과 반대 방향으로
자료가 기울어 있다는 뜻이다. 기초선 자료가 반치료적인 경향을 보이는 경우는 중
재를 적용하여 기초선 자료와 반대 방향으로 자료가 변화하는 것을 보여 주는 것이
가장 이상적이다.

자료 경사의 크기 변화는 경사의 기울기 정도를 질적으로 설명하는 것으로, 큼,
보통, 작음 등으로 표현할 수 있다. 경사 기울기의 정도가 크다는 것은 자료가 빠르
게 증가 또는 감소하는 것을 의미하고, 경사 기울기 정도가 작다는 것은 자료가 점
진적으로 증가 또는 감소하는 것을 뜻한다.

[그림 12-3]에 세 종류의 자료의 경향을 보여 주는 그래프가 있다.

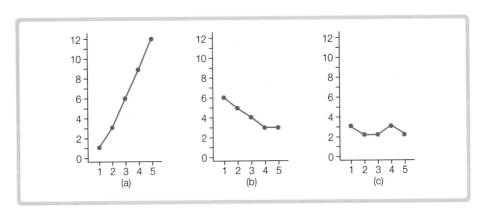

[그림 12-3] **세 종류의 자료 경향**

[그림 12-3]의 그래프(a)는 자료 경사의 방향은 증가를 나타내고 경사의 정도가
큰 경우다. 그래프(b)는 자료의 경사의 방향은 감소를 나타내고 경사의 정도는 보통

인 경우다. 그래프(c)는 자료의 경사의 방향은 무변화이고, 경사의 정도는 없는 경우다.

자료의 경향은 한눈에 볼 수 있을 만큼 분명하게 그 방향이 드러나는 경우도 있지만 그렇지 못한 경우도 있다. 그럴 때는 경향선(trend line)을 그려서 알아볼 수 있다. 경향선이란 자료 경사의 방향과 크기가 얼마나 어떻게 변하는지 가장 잘 나타내 줄 수 있는 직선을 말한다. 즉, 한 실험 상황 내의 전체 자료를 가장 잘 나타내 주는 직선이라고 할 수 있다(Kennedy, 2005). 경향선으로 자료의 방향을 알 수 있고, 경향선을 중심으로 퍼져 있는 자료의 분포를 보고 경향의 변화 정도를 통한 자료의 안정도를 볼 수도 있다.

자료의 경향선을 그리는 방법은 두 가지가 있다. 첫 번째 방법은 '최소 제곱법 회귀 분석(least-squares regression)'(Parsonson & Baer, 1978)으로 경향선을 그리는 것이고, 두 번째 방법은 '중앙 이분법(split-middle technique)'(White, 1971)으로 경향선을 그리는 방법이다. 여기에서는 경향선의 의미를 알기 쉽게 해 주는 '중앙 이분법'에 의한 경향선 그리는 방법을 소개한다. '최소 제곱법 회귀 분석'으로 경향선을 그리고자 한다면 Parsonson과 Baer(1978)의 책을 참고할 수 있다.

[그림 12-4]에 중앙 이분법으로 경향선 그리는 방법을 제시하였다.

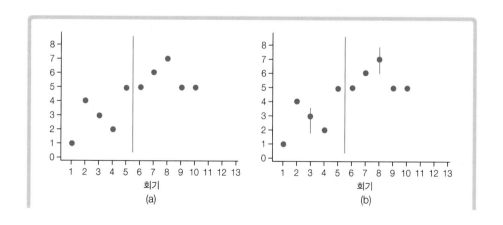

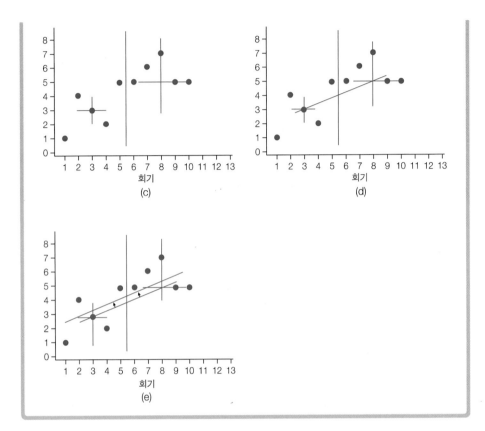

출처: 양명희(2012).

[그림 12-4] 중앙 이분법으로 경향선 그리는 방법

- 자료점이 몇 개인지 세어 자료점의 총 개수를 절반으로 나누어 수직선으로 구분한다. 자료점의 총수가 홀수일 때는 위치상 X축을 중심으로 중앙에 있는 자료점을 지나도록 구분선을 긋는다. [그림 12-4]의 그래프 (a)의 자료점이 10개 이므로 절반으로 나누는 5회기와 6회기 사이에 선을 그었다.

- 반으로 나눈 자료점들에서 X축을 중심으로 한가운데 날짜나 회기에 해당하는 자료점을 찾아 표시하고 그 자료점을 지나도록 세로좌표와 평행이 되는 수직선을 긋는다. 이때 자료점의 수가 짝수이면 자료점과 자료점의 중간 부분에 표시하고 수직선을 긋는다. 반으로 나뉜 나머지 자료도 동일한 방법으로 수직선을 긋는다. [그림 12-4]의 그래프 (b)의 왼쪽 반에 5개의 자료점이 있으므로 X축을 중심으로 가운데 회기인 3회기의 자료점을 지나며 Y축과 평행하는 세로선을 그었다. 그래프 (b)의 오른쪽 반에도 5개의 자료점이 있으므로 가운데 회기

인 8회기의 자료점을 지나며 Y축과 평행이 되는 세로선을 그었다.

- 반으로 나뉜 자료를 가지고 Y축을 중심으로 자료의 중간값을 찾아 각각 표시하고 그 자료점을 지나 가로좌표와 평행이 되도록 수평선을 긋는다. 이때 자료점의 수가 짝수이면 자료점과 자료점의 중간 부분에 각각 표시하고 수평선을 긋는다. 반으로 나뉜 나머지 자료도 동일한 방법으로 수평선을 긋는다. [그림 12-4]의 그래프 (c)의 왼쪽 반의 자료점 값을 Y축을 중심으로 차례로 나열하면 1, 2, 3, 4, 5이므로 자료의 중간점인 3에 해당하는 자료점을 지나는 가로선을 그어 그래프 (b)에서 그어 놓은 세로선과 교차하도록 했다. 그래프의 오른쪽 반에서는 자료의 값을 Y축을 중심으로 차례로 나열하면 5, 5, 5, 6, 7이므로 중간 점인 5에 해당하는 자료점에 가로선을 그어 그래프(b)에서 그은 세로선과 교차하도록 했다.
- 반분된 자료의 양쪽에서 각각의 수직선과 수평선이 교차하여 만든 두 점을 통과하는 직선을 그린다. 일반적으로 여기까지 수행하여 구해진 선을 경향선이라고 한다. 그래프 (d)의 왼쪽과 오른쪽에 있는 두 교차점을 연결하여 경향선을 그렸다.
- 두 교차점을 잇는 선을 중심으로 자료점이 동등한 수로 이분되도록 수평 이동하여 선을 긋는다. 여기까지 수행해서 구한 선을 중앙 이분 경향선(split-middle line)이라고 한다. 그래프 (e)에서는 그래프 (d)에서 그린 경향선을 중심으로 자료점이 동등하게 다섯 개씩으로 이분되도록 경향선을 수평 이동하여 중앙 이분 경향선을 그었다.

(3) 자료의 변화율

자료의 변화율(variability)은 시간에 따른 자료의 변동이 어느 정도인지를 뜻하는 것으로 자료의 안정성을 의미한다. 자료의 변화율은 평균선이나 경향선을 중심으로 자료가 퍼져 있는 범위를 말한다. 자료의 변화율이 클수록 중재 효과에 대한 결론을 내리기가 어려워진다. 따라서 자료의 변화율이 심한 경우에는 자료가 안정될 때까지 좀 더 많은 자료를 구하는 것이 바람직하다. 그러나 안정적인 기초선 자료를 얻기까지 기다릴 수 없는 긴박한 경우에는 기초선 기간을 짧게 할 수도 있지만, 그럴 경우에는 실험 통제가 약해져서 내적 타당도가 낮아질 수 있음을 주의해야 한다.

자료의 변화율을 보고자 할 때는 자료 수준을 의미하는 중앙선(또는 평균선)이나 경향선을 중심으로 살펴볼 수 있다. 먼저, 자료의 중앙선을 중심으로 변화율을 살펴 볼 때는, 한 상황 내의 자료의 80%가 자료의 중앙값의 20% 범위 안에 들어오면 자료는 안정적이라고 할 수 있다(Gast & Spriggs, 2010). 이를 자료의 안정 범위(stability envelop)라고 한다. 예를 들어, 어느 한 상황 내의 자료 중앙값이 30이라면 30에 대한 20%는 6이므로 30±6이 자료의 안정 범위가 된다. 따라서 그 상황 내의 80%에 해당하는 자료가 30±6에 들어오면 그 자료 수준은 안정적이라고 할 수 있다. 동일한 방법을 경향선에도 적용할 수 있다. 자료 수준의 안정 범위(stability envelop)를 그대로 자료의 경향선에 평행하도록 경향선 위 아래로 그어서, 그 범위 안으로 80%의 자료가 들어오면 경향선이 안정성을 보인다고 할 수 있다.

자료의 변화율을 설명할 때는 앞에서 설명한 안정 범위를 밝혀 주고, 변화율 정도를 높음, 보통, 낮음으로 분류하여 질적으로 설명할 수 있다. [그림 12-5]에 자료의 변화율의 세 종류를 보여 주는 그래프를 제시했다.

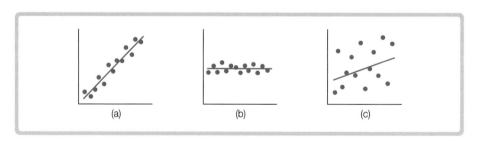

[그림 12-5] 자료의 변화율을 보여 주는 그래프

[그림 12-5]의 그래프(a)와 (b)는 자료의 변화율이 매우 낮은 경우들로, 자료들이 경향선과 거의 일치하게 분포되어 있음을 볼 수 있고, 그래프(c)는 자료의 변화율이 높아서 경향선을 중심으로 볼 때 멀리 분포되어 있는 것을 볼 수 있다.

Kazdin(2011)은 개별 대상 연구에 대한 자료의 변화율을 구하는 다른 방법을 제안했다. 그는 한 상황의 자료에 대한 평균의 표준 오차를 구하여, 평균을 중심으로 ±1 표준 오차에 해당하는 범위를 구할 것을 제안하고, 이렇게 구해진 범위를 오차 막대

(error bars)라고 명명했다. 그는 한 상황의 평균을 나타내는 막대 그래프를 그리고 그 위에 오차 막대를 겹쳐 그려서 자료의 변화율을 표시할 것을 제안했다. 오차 막대가 짧다는 것은 그 상황의 자료들이 서로 가깝다는 것을 의미하므로 변화율이 크지 않음을 의미한다.

[그림 12-2]의 자료를 이용하여 오차 막대를 그리는 방법은 다음과 같다. [그림 12-2]의 그래프 (a)의 자료(3, 5, 4, 3, 5, 4)에 대한 평균, 표준 편차, 표준 오차를 구하면 각각 4, 0.894, 0.365가 나온다. 다음으로 그래프 (a) 자료의 평균값에 해당하는 높이의 막대 그래프를 그린 다음 막대의 맨 위쪽에 [그림 12-6]의 그래프 (a)와 같이 평균값의 위아래로 ±0.365(표준 오차) 길이만큼의 수직선을 그어 주면 된다. 마찬가지로, [그림 12-2]의 그래프 (b)의 자료(2, 1, 3, 5, 5, 8)에 대한 평균, 표준 편차, 표준 오차를 구하면 각각 4, 2.529, 1.032가 나온다. 그래프 (a)와 동일한 방법으로 그래프 (b) 자료의 평균값에 해당하는 막대 그래프를 그린 다음 막대의 맨 위쪽에 [그림 12-6]의 그래프 (b)와 같이 평균값의 위아래로 ±1.032(표준 오차) 길이만큼의 수직선을 그어 주면 된다. 이렇게 그려진 수직선이 길수록 자료 값이 평균에서 멀리 분포된 것을 의미한다.

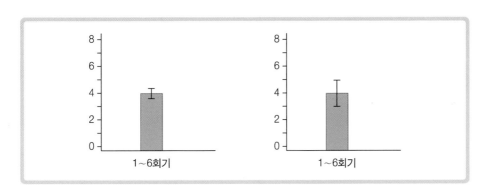

[그림 12-6] 오차 막대를 보여 주는 그래프

앞에서 설명한 대로 한 상황 내의 자료에 대한 수준, 경향, 변화율을 중심으로 자료를 분석한 다음에는 상황과 상황을 비교하여 자료의 변화를 살펴보아야 한다. 그런데 자료 분석을 위해서는 한 상황 내의 자료는 적어도 3개 이상의 연속적 자료가 있어야 자료의 수준이나 경향을 살펴볼 수 있다. 일반적으로 수집된 자료가 많을수록 명확한 분석 결과를 얻는 데 도움이 된다. 언급한 것처럼, 한 상황을 종료하고 다음 상황으로 넘어가는 것이 타당한지에 대한 평가는 그 상황 전체의 자료를 분석하는 것도 필요하지만, 한 상황의 마지막 3~5개의 자료에 대해 수준, 경향, 변화율의 분석이 중요한 판단 기준을 제공할 수 있음을 기억해야 한다.

3) 실험 상황 간 자료의 시각적 분석

(1) 자료의 수준 분석

자료의 수준은 세로좌표 값으로 표기되는 자료의 평균치로 살펴볼 수 있는데, 상황 간의 자료 수준을 비교할 때는 한 상황의 평균선 값과 다른 상황의 평균선 값을 비교하여 평균선의 값이 서로 얼마나 변했는지 알아볼 수 있다. [그림 12-7]은 평균선 값을 비교하는 그래프다. [그림 12-7]에서 보면 기초선 상황에서는 평균 0.5, 중재 상황에는 평균 6, 유지 상황에서는 평균 5이었음을 알 수 있다.

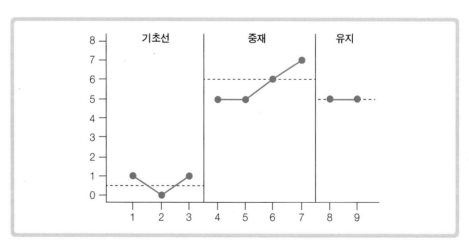

출처: 양명희(2012).

[그림 12-7] 상황 간 평균선을 나타낸 그래프

상황 간 자료 분석에서 경향이나 변화율의 변화가 명확하지 않아서 중재 효과가 분명하지 않을 때, 자료의 수준을 의미하는 평균값은 유용한 근거가 될 수 있다. 예를 들어, [그림 12-8]에서 보면, 두 상황의 자료는 서로 그 경향도 뚜렷하지 않고 변화율 크기도 비슷하지만 평균선을 보면 그래프 (b)의 자료가 그래프 (a)의 자료보다 평균값이 높아서 두 그래프의 자료 간에 차이가 있는 것을 볼 수 있다.

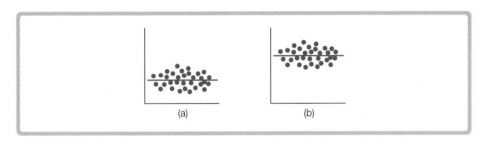

[그림 12-8] 평균선의 차이를 보여 주는 그래프

(2) 자료의 경향 분석

상황 간의 자료 경향은 앞에서 살펴본 경향선을 그어서 알아볼 수 있다. 즉, 경향선을 그어 보면 자료가 증가하는지, 감소하는지, 증가와 감소의 정도는 어느 정도인지, 또는 자료 경향의 변화가 있는지를 알아낼 수 있다. 자료 표시점이 분명하게 한 방향으로 향하고 있는 경우는 자료의 경향을 밝히기가 쉬우나 전반적인 자료의 경향을 명확하게 밝히기 어려운 경우도 많다는 점을 유의해야 한다. 상황 간 자료 분석에서 자료의 경향이 확실히 바뀌거나 기울기 정도가 크게 변하면 자료의 수준은 크게 고려하지 않아도 된다.

한 상황 내에서는 자료의 경향을 증가, 감소, 무변화로 나타내는데, 상황 간 자료의 비교에서는 경향이 변화하는 방향(예: 증가에서 감소, 무변화에서 증가 등)을 나타내 준다. [그림 12-9]에서 보는 바와 같이 자료의 경향을 증가에서 감소(a), 무변화에서 감소(b), 감소에서 증가(c), 무변화에서 증가(d), 무변화에서 무변화(e와 f) 등으로 분석해 볼 수 있다.

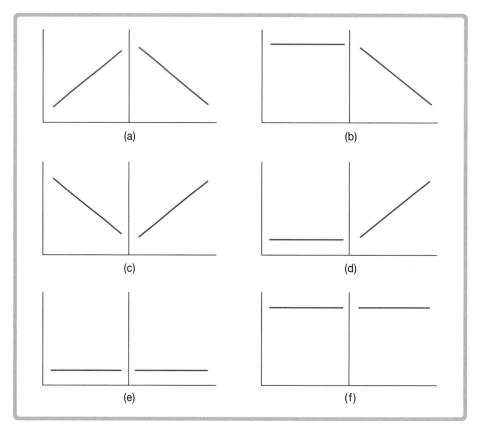

출처: 양명희(2012).

[그림 12-9] 증가에서 감소(a), 무변화에서 감소(b), 감소에서 증가(c), 무변화에서 증가(d),
무변화에서 무변화(e와 f)

(3) 자료의 변화율 분석

자료의 변화율이란 평균선이나 경향선을 중심으로 퍼져 있는 자료의 분포 정도를
의미한다. 변화율은 일반적으로 자료의 세로좌표 값의 하한선 값과 상한선 값으로
그 범위를 나타낼 수도 있고, 앞에서 설명한 자료의 안정 범위를 계산하여 설명할
수도 있다. 한 상황 내에서는 변화율 정도를 큼, 보통, 작음으로 나타내는데, 상황
간 자료의 비교에서는 각 상황 자료의 변화율의 변화를 나타내면 된다. 예를 들어,
[그림 12-10]의 그래프(a)에 나타난 자료의 변화율은 큰 범위에서 작은 범위로 변화
했고, 그래프(b)의 자료는 작은 범위의 변화율에서 큰 범위의 변화율로 변화한 것을
볼 수 있다.

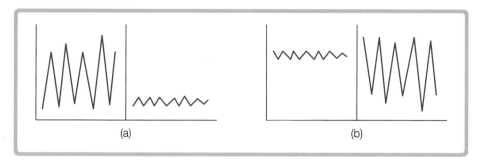

출처: 양명희(2012).

[그림 12-10] 자료의 범위 변화를 나타내는 그래프

(4) 자료의 중첩 정도 분석

상황 간 자료 값이 서로 얼마나 겹치는지를 말해 주는 자료의 중첩 정도는 자료의 비중첩률을 계산하는 방법과 자료의 중첩률을 계산하는 방법 두 가지로 계산할 수 있다. 먼저, Scruggs와 Mastropieri(1998)가 소개한 자료의 비중첩률(percentage of non-overlapping data point vales: PND)을 계산하는 방법을 설명하겠다. 이는 두 번째 실험 상황의 자료 중에서 첫 번째 실험 상황의 자료 범위에 중첩되지 않은 정도를 구하는 것이다. 자료의 비중첩률은 a) 첫 번째 상황의 자료 범위를 계산하고, b) 두 번째 상황의 자료 수를 센 다음, c) 두 번째 상황의 자료 중에서 첫 번째 상황 자료 범위에 포함되지 않은 자료의 수를 세어서, d) c에서 얻은 수를 b로 나누고 100을 곱하여 계산한다.

[그림 12-11]에 나타난 기초선과 중재의 자료의 비중첩률을 구해 보자. 첫째, 기초선의 자료 범위는 0에서 2다. 둘째, 중재 기간의 전체 자료점 수는 8개다. 셋째, 중재 기간의 자료 중에서 기초선 자료 범위에 들어가지 않는 자료는 5개(8, 9, 10, 11, 12회기 자료)다. 넷째, 중재 기간의 전체 자료점 수 8을 중재 기간의 자료 중에서 기초선 자료 범위에 들어가지 않는 자료의 수 5로 나누어 100을 곱하면, 중재 기간 자료의 비중첩률은 5/8 × 100 = 62.5%다.

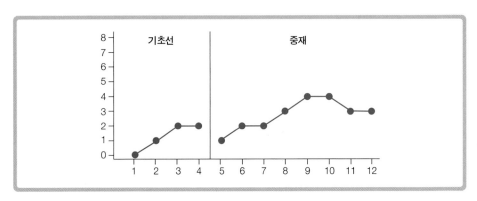

출처: 양명희(2012).

[그림 12-11] 자료 비중첩률 계산을 위한 그래프

　자료의 비중첩률이 클수록 중재 영향이 크다고 말할 수 있다. 즉, 두 상황 간 자료의 세로좌표 값이 서로 중첩되지 않을수록 자료의 변화를 잘 나타낸 것이다. 그러나 자료의 경향 변화 없이는 비중첩률만 가지고는 두 상황 간의 자료의 변화를 설명하기 어렵다. 그러므로 자료의 비중첩률 외의 다른 방법으로도 자료를 분석해야 한다.

　자료의 비중첩률 외에 다른 방법으로도 자료를 분석해야 하는 이유를 [그림 12-12]의 그래프로 설명해 보자.

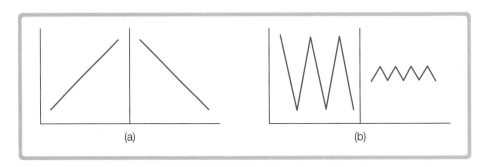

[그림 12-12] 자료의 비중첩률과 중재 효과 비교

　[그림 12-12]를 보면 그림 (a)처럼 자료의 비중첩률이 0%이어도, 즉 기초선 자료 범위와 중재 기간의 자료 범위가 100% 겹쳐도 자료의 경향이 완전히 반대인 경우는 중재 효과가 크므로, 자료의 비중첩률만 가지고 중재 효과가 없다고 해서는 안 된다. 또한 [그림 12-12]의 그림 (b)도 자료의 비중첩률이 0%이지만, 즉 중재 기간의

자료 범위가 기초선의 자료 범위에 완전히 포함되지만, 기초선 자료에 비교하여 중재 기간의 자료의 변화율이 현격하게 작아졌기 때문에 중재 효과를 보여 주는 경우다.

위에서는 자료의 비중첩률을 계산하는 법을 소개했는데, 자료의 중첩 정도 검사에는 자료의 중첩률을 계산하는 방법도 있다. 두 상황 간 자료 범위의 중첩 정도를 구하는 방법은, 먼저 첫 번째 상황의 자료 범위를 계산하고, 두 번째 상황의 자료가 그 범위 안에 포함되는 자료점 수를 세어, 두 번째 상황의 자료점 총수로 나누고 100을 곱하는 것이다. 이 방법으로 [그림 12-11]의 자료 중첩률을 계산해 보자. 첫째, [그림 12-11]에 나타난 첫 번째 상황의 자료 범위는 0에서 2다. 둘째, 두 번째 상황의 자료가 첫 번째 상황의 자료 범위 안에 포함되는 자료점 수는 3개(5, 6, 7 회기 자료)다. 셋째, 두 번째 상황의 자료점 총 수는 8개다. 넷째, 두 번째 상황의 자료가 첫 번째 상황의 자료 범위 안에 포함되는 자료점 수 3을 두 번째 상황의 자료점 총 수 8로 나누고 100을 곱하면, 자료의 중첩도는 3/8 × 100 = 37.5%가 된다. 그러나 언급한 바와 같이 자료에 따라 그 해석에는 주의가 필요하다.

중재 교대 설계를 적용하는 경우에는 자료의 비중첩률이나 중첩률을 구하는 방법이 약간 다르다(8장 참고). 만약에 B와 C라는 두 가지 중재를 교대하는 중재 교대 설계에서는, B를 적용한 첫 번째 자료와 C를 적용한 첫 번째 자료를 비교하고, B를 적용한 두 번째 자료와 C를 적용한 두 번째 자료를 각각 비교하는 방식으로 자료들을 모두 비교한 후, B를 적용한 경우의 자료 값이 C를 적용한 자료 값보다 우수한 경우의 비율 또는 그 반대의 비율을 계산하는 방식으로 자료의 중첩 정도를 구할 수 있다.

(5) 자료 변화의 즉각성 정도의 분석

자료 변화의 즉각성이란 두 상황 간 자료를 비교할 때, 중재 효과가 얼마나 빠르게 나타났는지 평가하는 것이다. 중재 효과가 즉각적일수록 그 효과가 강력하다고 할 수 있으며, 중재 효과의 즉각성이 부족할수록 기능적 관계도 약해진다. 한 상황의 마지막 자료와 다음 상황의 첫 자료 사이의 차이가 크면 즉각적 변화가 있다고 말할 수 있다.

[그림 12-13]은 자료의 즉각적 변화를 보여 주는 다양한 그래프의 예다.

406

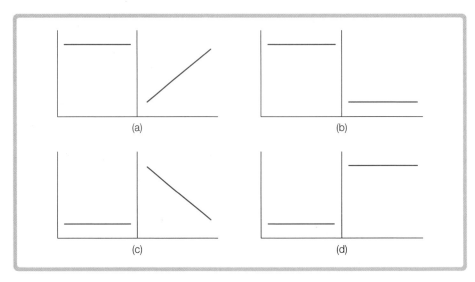

출처: 양명희(2012).

[그림 12-13] 자료의 즉각적 변화를 보여 주는 그래프

그러나 [그림 12-13]의 (a)와 (c)처럼 어떤 자료는 즉각적 변화 후에 점차 이전 상황의 자료 수준으로 되돌아가는 경우도 있고, 반대로 [그림 12-14]의 (a)와 (b)처럼 자료의 즉각적 변화는 없었지만 점진적으로 변화를 보이며 중재 효과를 나타내는 경우도 있다.

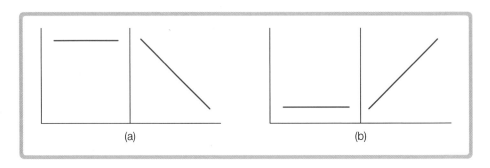

[그림 12-14] 자료의 즉각적 변화는 없지만 점진적 변화를 보이는 경우

또한 [그림 12-15]의 (a)와 (b)처럼, 첫 번째 상황과 두 번째 상황의 자료가 평균이나 수준은 동일하게 나타나지만, 자료의 즉각성 변화를 보이는 경우도 있을 수 있다. 그러므로 자료의 한 가지 요인만으로 자료를 분석해서는 안 될 것이다.

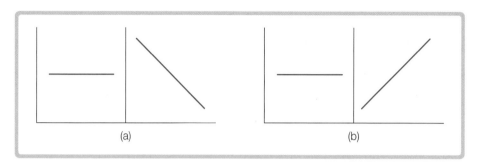

[그림 12-15] 자료의 즉각적 변화를 보여 주는 예

　그런데 Kazdin(2011)은 자료 변화의 즉각성을 수준이라는 용어로 설명하면서, 한 상황의 마지막 자료와 다음 상황의 첫 자료의 차이를 수준의 변화라고 했다. 즉, 그는 수준이라는 용어를 앞에서 설명한 자료의 수준과 다른 의미로 사용한 것이다. 또한 그는 [그림 12-14]의 (a)와 (b)처럼 수준 변화(즉각적 변화)는 없지만 서서히 중재 효과가 나타나는 경우를 자료의 지연성(latency)이라는 용어로 설명하면서, 중재와 종속 변수의 변화 사이에 지연되는 시간이 짧을수록 중재 효과가 분명한 것이라고 했다. 또한 그는 지연되던 중재 효과가 나타나기 시작하는 시점을 중재 상황의 자료가 기초선 자료에 대한 오차 막대 범위 밖으로 벗어나는 때로 볼 수 있다고 했다. 이처럼 학자에 따라 사용하는 동일한 개념에 대한 용어가 조금씩 다를 수 있으므로, 자료 분석 결과를 해석하거나 작성할 때는 자신이 선택하고 사용하는 용어에 대한 분명한 이해가 필요할 것이다.

　전체적으로 시각적 분석에서는 자료의 패턴을 분석하는 것이 중요하다. 개별 대상 연구에서는 실험 설계가 자료의 바람직한 패턴이 어떠해야 하는지 미리 알려 주기 때문에 선택된 설계가 어떤 패턴의 자료를 요구하는지 아는 것이 필요하다. 자료의 패턴을 분석할 때는 한 실험 상황 내에서의 변화와 차이에 주의해야 하는데 특히 자료의 안정도를 살피는 것이 중요하다. 또한 한 실험 상황 내에서 주기적으로 반복되는 자료 패턴이 있다면 그 원인을 찾아야 할 것이다. 실험 상황 간의 자료 변화 분석에서는 실험 상황 간의 자료 중첩이 적고, 수준 변화가 확실하면 중재 효과도 확실한 것을 의미한다. 비슷한 실험 상황 간의 자료 변화를 분석할 때는 기초선 자료 수준이 바뀌지 않고 독립 변수가 시작될 때까지 유지되고 있는지(복수 기초선 설계의 경우), 두 번째 기초선 기간에 자료가 첫 번째 기초선 수준으로 되돌아왔는지(중재 제거 설계의 경우)를 살펴보아야 한다. 즉, 중재의 적용이 시작되고 난 후에 자료의 수준과 경향이 향상되었는지를 살펴보는 것이다. 이때 한 실험의 전체 기간 동안에 최소한 세 번 이상의 중재의 효과를 보여 주는 것이 바람직하다(Gast, 2010).

자료의 분석 방법 내용을 종합해 보면, 한 상황 내에서의 자료 분석에서는 자료가 얼마나 안정적인가 하는 것을 먼저 살펴보고, 상황 간의 자료 분석에서는 자료의 중첩 정도와 수준 변화를 먼저 살피는 것이 중요하다고 하겠다. 자료의 변화율이 클수록 안정적인 수준을 얻을 때까지 계속 더 자료를 구해야 할 필요가 있지만, 변화율이 크더라도 실험 상황 간에 중첩되는 자료점이 없다면 바람직한 것이다.

또한 어느 한 가지 요인만으로 자료를 시각적으로 분석하기 어렵다. 예를 들어, [그림 12-16]의 (a)에서 보듯이 상황 간 자료를 비교할 때 두 상황 모두 변화율이 커도 상황 간에 서로 중첩되는 자료점이 없다면 중재의 효과를 입증할 수 있는 경우가 있고, [그림 12-12]의 (a)나 [그림 12-16]의 (b)에서 보듯이 상황 간에 자료의 중첩 정도가 커도 경향의 변화가 뚜렷하다면 중첩 정도는 중요한 요인이 되지 못한다.

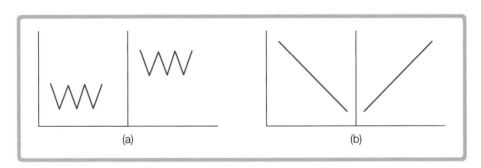

[그림 12-16] 변화율 크지만 중첩되지 않은 자료 (a)와 중첩 정도가 크지만 경향 변화가 확실한 자료 (b)

따라서 자료의 시각적 분석을 할 때는 여러 분석 요인을 종합적으로 적용할 필요가 있다. 앞에서 설명한 것 외에도 상황 간 자료를 분석할 때는 상황이 바뀔 때 함께 바뀐 다른 변수가 있는지 확인하고 밝히는 것이 중요하다. 연구에서 중재 상황을 바꿀 때는 한 가지 변수만 변화시키는 것이 바람직하지만 그렇지 못한 경우가 많다. 그러므로 중재를 패키지로 적용한 경우에는 각 상황에서 변화된 내용이 무엇인지

표를 사용하여 구체적으로 밝힐 필요가 있다.

그래프를 그리고 분석하는 주된 목적이 중재에 대한 평가를 위한 것임을 잊지 말아야 한다. 즉, 그래프에 자료를 옮겨서, 기초선 자료와 중재 자료를 비교하고 중재 자료의 변화 경향을 살펴서 중재 효과를 평가하고, 그 결과에 따라 중재 내용을 수정하는 데 그래프를 사용할 수 있어야 한다.

4) 자료의 시각적 분석의 논쟁점

(1) 시각적 분석의 제한점

그래프의 자료를 시각적으로 분석하는 것은 여러 장점이 있지만 조심스럽고 신중하게 이루어져야 한다. 무엇보다도 시각적 분석 방법에는 중재 효과의 결정에 대한 공식적이고 표준화된 판단 기준이 없으므로 숙련된 분석가의 주관에 크게 의존해야 한다. 그렇기 때문에 그 정확성과 신뢰성에 있어서 중재 효과에 대한 유일한 결정 방법으로는 적합하지 않다는 비판이 계속되고 있다(DeProspero & Cohen, 1979; Furlong & Wampold, 1982).

앞에서 시각적 분석의 장점을 설명하면서 Parsonson과 Baer(1986)가 시각적 분석은 보수적이라는 주장을 했다고 했다. 그러나 그들의 의견과는 반대로 시각적 분석은 1종 오류를 범할 가능성이 높다는 주장이 있다(Ferron & Jones, 2006; Houle, 2009). 1종 오류를 범할 가능성이 높다고 주장한 연구들에서는 시각적 분석을 했을 때 효과 없는 중재를 효과 있는 것으로 부정확한 결론을 내리는 1종 오류가 약 25% 정도로 나타났다고 했다. 이는 시각적 분석의 정확성에 문제가 있음을 의미한다. 그런데 시각적 분석에서 보이는 1종 오류는 개별 대상 연구 자료의 특성인 자기 상관관계와 관련 있다. 강한 정적 자기 상관관계가 있을수록 1종 오류를 범하기 쉬우므로, 이 점이 고려되어야 한다. 자기 상관관계에 대해서는 이 장의 뒷부분에서 설명하겠다.

시각적 분석에 대한 평가자들 간의 일치도에 의심을 보이는 연구들도 있다. 예를 들어, Ottenbacher(1993)는 14개의 개별 대상 연구를 평가한 결과, 검사자들 간의 만족스럽지 못한 일치도가 나타났다고 보고했다. 더 나아가서 평가 전에 시각적 분석에 대한 훈련이 주어진 경우와 그렇지 않은 경우에 의미 있는 차이가 없었다고 했다. 또한 경향선이 그어져 있는 경우와 그렇지 않은 경우에도 큰 차이가 없었다고 했다. 또한 Ottenbacher의 여러 다른 연구(1986, 1990a, b, 1991)에서도 비슷한 결론을 말하고 있다. Normand와 Bailey(2006)도 연구들의 중재 효과에 대해 행동 전문가들도 76%의 일치도를 보였을 뿐이라고 했다. 그들도 경향선이 주어지는 것이 평가의 정확도를 높이지 못했다고 했다. 즉, 시각적 분석을 사용할 경우에 평가자들의 일치도에 문제가 있음을 의미한다.

이처럼 시각적 분석의 결과에 대한 평가자들의 일치도와 정확도 문제는 시각적 분석을 안내하는 일치된 규칙이 없이 시각적 상식에 의존하기 때문이라는 비판을 받아 왔다. 그러나 시각적 분석으로 중재 효과에 대한 결정을 할 수 있는 객관적 규칙을 개발하여 적용한 연구들도 있다. Hagopian과 그의 동료들(1997)은 개별 대상 연구에서 중재 효과를 평가할 수 있는 구조화된 기준을 제시하고, 그들이 개발한 규칙으로 평가자들을 훈련한 결과, 훈련 전에는 평가자 간 일치도가 0.46이었는데 훈련 후에 0.81로 증가한 것을 보여 줌으로써, 명백한 규칙으로 시각적 분석의 일치도를 높일 수 있음을 입증했다. 또한 Fisher와 Kelley, Lomas(2003)도 그들이 제시한 명백한 규칙을 사용하여 평가자들에게 시각적 분석에 대한 훈련을 했을 경우에 정확도가 55%에서 95%로 향상되었다고 했다. 중재 효과를 평가하기 위해 그들이 제시한 방법은 이중 기준 분석(dual-criteria analysis)으로 간편 통계 방법에 해당하므로 뒤에서 설명하겠다. Fisher와 Kelley, Lomas(2003)의 제안을 더 발전시켜 Campbell과 Herzinger(2010)가 제시한 이항 싸인 검정(binomial sign test)도 간편 통계적 방법에 해당하므로 뒤에서 설명하겠다. 간편 통계적 방법을 포함하고 있는 이러한 규칙들은 시각적 분석과 함께 사용할 때 분명한 효과가 있다는 연구 발표가 계속되고 있다. 그러나 여전히 많은 연구자들은 그러한 규칙을 무시하고 모순되는 결론을 내리기도 한다. 아직은 시각적 분석을 위한 공식적이고 표준화된 절차에 대한 의문은 계속 제기되고 있다.

(2) 개별 대상 연구에서 통계적 분석을 고려해야 할 이유

개별 대상 연구에서 통계적 분석을 사용하게 된 것은 연구 방법의 확산이나 발전과 무관하지 않다. 개별 대상 연구가 과거에는 주로 응용 행동 분석에서만 집중적으로 사용되었으나 최근에는 여러 다양한 학문 영역으로 확산되고 있다(예: 작업치료, 물리치료, 언어치료, 심리학, 교육학, 간호학, 체육학 등). 이러한 확산은 종속 변수의 평가와 연구의 설계와 연구 결과의 분석에 있어서도 다양한 방법들의 확산을 가져왔다. 그 과정에서 통계적 분석에 대한 요구도 커진 것이라고 볼 수 있다.

또한 집단 연구의 통계적 분석 방법의 변화와 발전이 시각적 분석에도 영향을 미치게 되었다. 집단 연구의 통계적 분석에서 통계적 유의성은 중재의 효과가 있다는 것은 말해 주지만 그 크기와 강도가 어떤지는 설명해 주지 못한다. 이런 문제점에 대해 중재 효과의 크기에 대한 정보를 부가적으로 추가해야 한다는 목소리가 커지면서, 최근에는 많은 학술지에서 집단 연구의 경우에도 효과 크기를 보고할 것을 요구하고 있다. Kazdin(2011)은 이러한 현상이 개별 대상 연구에도 영향을 미쳐서, 중재 효과의 크기를 객관적인 숫자로 제시해 주는 통계적 분석 결과를 자료의 시각적 분석과 함께 제시하는 개별 대상 연구가 늘어 가고 있다고 했다.

그뿐 아니라 시각적 분석 방법과 비교하여 통계적 분석이 갖는 장점 자체가 개별 대상 연구에서 통계적 분석을 장려하기도 한다. 먼저, 통계적 분석은 표준화된 공정하고 공평한 수식이나 프로그램을 사용하므로 일관성 있는 결과를 얻을 수 있는 객관적 평가 방법이다. 또한 통계적 분석은 중재 효과의 정도를 수량화할 수 있다는 장점이 있다. 시각적 분석은 중재 효과의 유무를 결정하는 데 사용되기는 하지만 그 효과가 어느 정도인지는 주관적으로 평가하게 되는데, 통계적 분석은 그 정도와 크기를 수량화하여 알려 준다. 그 외에도, 통계적 분석은 시각적 분석에서 놓칠 수 있는 작지만 중요한 영향을 찾아낼 수도 있고(Kazdin, 1982), 기초선 자료가 안정적이지 않거나 자료의 변화율이 심한 경우에도 중재 효과를 평가할 수 있기(Huitema, 1986) 때문에, 개별 대상 연구에서 통계 분석을 하는 것이 바람직하다는 주장들이 계속되고 있다.

2 통계적 분석

개별 대상 연구 자료를 통계적으로 분석하는 것에 대해 여전히 찬성(Kratochwill,

1978; Thompson et al., 1999)과 반대(Baer, 1977; Michael, 1974) 의견이 있지만 이러한 논쟁은 학문적인 관심 영역이고, 실질적으로 발표되는 개별 대상 연구의 90% 정도는 여전히 시각적 분석을 사용하고 있다(Parker, Hagan-Burke, & Vannest, 2007). 그럼에도 개별 대상 연구의 결과에 대한 더욱 정확한 판단을 위해 시각적 분석과 통계적 분석을 병행할 것에 대한 주장의 목소리가 커지고 있고, 이를 반영하듯이 국내 연구에서도 시각적 분석과 통계적 분석을 병행하는 연구들이 늘고 있다(예: 유은정 외, 2007; 차태현 외, 2008). 여기에서는 개별 대상 연구 자료의 통계적 분석 방법에 대해 간단히 살펴보도록 하겠다.

1) 개별 대상 연구 자료의 통계적 분석의 기초

(1) 통계의 개념

통계적 절차는 기술 통계와 추리 통계로 구분할 수 있다. 기술 통계는 통계적으로 유의하느냐는 결정과는 상관없이 표본 자료 자체의 내용을 정리하고 요약하여 그 양상과 특징을 설명하는 방법이다. 예를 들어, 자료의 평균, 중앙값, 빈도, 분포 정도 등을 구하여 그래프와 차트 등으로 표현하고 기술하는 것이다.

반면에, 추리 통계는 모집단의 일부인 표본을 이용하여 모집단의 특성을 추론하기 위한 것으로 연구 결과를 모집단에 일반화할 수 있는지를 통계적 유의성으로 알아보는 것이다. 즉, 표본에서 나타난 결과가 모집단에서도 나타날 가능성을 확률적으로 판단해 주는 것으로, 가설의 검정, 분산 분석, 회귀 분석 등이 추리 통계에 해당한다. 추리 통계는 다시 모수 통계 방법과 비모수 통계 방법으로 구분된다. 모집단의 분포가 정규 분포일 때 사용하는 것이 모수 통계이고, 모집단의 분포가 정규 분포가 아닌 편포일 때 사용하는 것이 비모수 통계다. 예를 들어, 일반 아동의 학업 능력은 정규 분포이지만 지적장애 아동의 학업 능력은 편포에 해당한다.

모수 통계의 가장 기본적인 가정은 관찰 자료는 서로 독립적이라는 것이다. 자료가 독립적이라는 것은 하나의 자료 값이 다른 곳에 분포되어 있는 각각의 모든 자료 값에 미치는 영향이 같다는 뜻이다. 그러나 개별 대상 연구의 자료는 한 자료 값이 다른 곳에 분포되어 있는 자료 값들보다 시간상 연속적으로 앞뒤에 위치하는 자료 값에 미치는 영향이 더 크다. 즉, 자료가 독립적이지 않다는 뜻이다. 자료의 이러한 상호 의존성은 각 자료가 독립적일 것을 요구하는 모수 통계의 기본 가정에 위배되므로 개별 대상 연구 자료에 전통적인 통계적 분석을 적용하는 것은 부적절하다. 따라서 개별 대상 연구만을 위한 별도의 통계적 분석 방법이 요구된다.

또한 설명했듯이 통계에 대해 추리 통계라는 말을 사용하는 것은 통계 분석 결과를 모집단에 대해서도 추론 또는 추리하겠다는 것을 의미한다. 그러나 개별 대상 연구는 그 결과를 모집단에 대해 추론하려는 것이 목적이 아니다. 따라서 통계적 분석을 하더라도 개별 대상 연구에서 반복 연구를 통해 외적 타당도를 입증하는 것은 여전히 중요하다.

(2) 자료의 연속적 의존성과 자기 상관관계

설명한 바와 같이 통계적 분석은 각 자료 값이 독립적이라는 가정으로 이루어지지만, 개별 대상 연구의 자료는 독립적이지 않다는 것이 문제다. 개별 대상 연구의 자료가 왜 독립적이지 않은지 그 특성을 살펴보자.

동일한 대상을 시간을 두고 반복해서 관찰하는 개별 대상 연구의 연속적 관찰 자료는 시간 계열(time-series) 자료라고 할 수 있다. 그런데 시간 계열 자료는 연속적인 것과 따로따로 분리되는 비연속적인 것으로 나눌 수 있다(Houle, 2009). 연속적인 시간계열 자료란 끊임없이 계속되는 관찰을 포함한다. 예를 들어, 사람의 체온을 쉼없이 계속 측정하고 기록하는 것이다. 반면에 비연속적 시간 계열 자료는 관찰 기간 동안 규칙적으로 동일한 시간 간격으로 측정하고 기록하는 것이다. 예를 들어, 매일 하루 먹은 음식의 총열량을 측정하고 기록하거나, 매일 아침 동일한 시간의 체온을 측정하고 기록하는 것이다. 자료의 특성으로 볼 때, 개별 대상 연구의 자료는 비연속적 시간 계열 자료에 해당한다. 그러므로 이런 자료는 확률적 자료라고 할 수 있다. 즉, 특정 시간 순서로 수집된 임의 변수(random variable)의 연속이라고 할 수 있다.

그런데 이렇게 수집된 자료에서는 시간상 멀리 떨어진 자료들보다 시간상 인접한 자료들끼리 더 관련이 있게 마련이다. 예를 들어, 광주의 평균 기온을 말할 때 1월의 어느 하루 기온(예: -5℃)이 8월의 어느 하루의 기온(예: 30℃)과 관련 있는 것보다는 1월의 연속적으로 인접한 날짜들의 기온(예: $-7℃$와 $-6℃$)이 서로 더 관련이 있다. 이와 같이 시간 순서로 관찰을 하는 시간 계열 자료는 독립적이지 않다. 그러므로 하나의 관찰 자료가 다른 관찰 자료에 대한 정보를 줄 수 있는 것이다. 이렇게 독립적이지 않은 자료는 자료의 독립성을 기본 가정으로 하는 추리 통계를 적용할 수가 없다.

또한 독립적이지 않은 관찰 자료들은 시간상 가까우면 예측력을 갖게 된다(Houle, 2009). 자료의 비독립성은 가까이 있는 자료들끼리 서로 상관이 있는 잔여 오차를 만들어 낸다. 이러한 오차에 있어서의 의존성(또는 자료의 연속적 의존성)은 추리 통계의 가정에 위배된다. 예를 들어, 광주의 기온을 5년간 관찰한 자료를 그래프에 옮겨 회귀선(regression line)을 그린다면 1월 5일과 6일처럼 서로 시간상 가까이 있는 자료들은 회귀선을 중심으로 볼 때 위쪽이든지 아래쪽이든지 서로 비슷한 거리만큼 떨어진 위치에 있을 것이다. 즉, 시간 계열 자료에서는 가까이 있는 자료들은 평균값에 가깝기보다는 서로의 값에 더 가깝다. 이를 자기 상관관계(autocorrelation)라고 한다.

자기 상관관계란 시간 간격을 두고 수집된 인접한 자료들 사이에서 관찰된 한 자료 값이 이전에 관찰된 자료 값과 관련이 있는 정도를 의미하며, 그 정도는 상관 계수(r)로 표현된다(Kazdin, 2011). 자기 상관의 정도를 찾기 위해서는 시차 1(lag_{-1}) 분석 방법을 사용하여 자기 상관 계수(r_1)를 구한다. 시차 1(lag_{-1}) 분석 방법은 첫 번째 자료와 두 번째 자료를 짝짓고, 두 번째 자료는 세 번째 자료와, 세 번째 자료는 네 번째 자료와 짝을 짓는 것과 같은 방법을 사용하여 상관 계수를 산출한다. 자기 상관 계수(r_1)는 자료들과 뒤따르는 자료들의 관계를 숫자로 표시한 것이라고 할 수 있다. 즉, 상관 계수 값이 크면 강한 상관이 있는 것이다. 자기 상관 계수(r_1)의 범위는 -1에서 $+1$이다. 즉, 자기 상관 계수(r_1)는 상관의 강도뿐 아니라, 상관이 정적인지 부적인지의 방향도 알려 준다. 그런데 시차 1(lag_{-1})의 자기 상관관계가 유의할 때는 전통적인 통계적 분석을 적용하기 어렵다. 왜냐하면 전통적인 통계적 분석을 사용하려면 관찰 자료는 서로 독립적이라는 기본 가정을 만족해야 하기 때문이다.

또한 자기 상관관계는 분석 결과의 정확도에 영향을 준다(Kazdin, 2011). 강한 정적 자기 상관관계가 있으면 오차 분산(error variance)이 감소하게 되어 통계치가 과장된다. 즉, 효과가 없었는데 효과가 있는 것으로 결론을 내리는 1종 오류를 범하게 되는 것이다. 왜냐하면 자기 상관관계가 없다면 p값 0.05는 실제로는 0.10일 것이기 때문이다. 반대로, 만약 자기 상관관계가 강하게 부적이라면 표준 오차(standard error)는 증가하고 매우 보수적인 결론을 내리는 2종 오류를 범하게 된다. 즉, 자기 상관관계 없이는 p값이 0.05일 텐데 0.10이 되기 때문에 영가설을 기각하는 것에 실패하게 된다. 이렇게 자기 상관관계는 분석 결과에 중요한 영향을 준다. 그러므로 개별 대상 연구를 분석할 때는 자기 상관관계가 있는지 조사하고, 자기 상관관계를 고려한 통계적 분석 방법을 선택하는 것이 바람직하다. 그런데 여전히 개별 대상 연구의 자료는 자기 상관이 없다는 의견(예: Huitema, 1986)과 그 반대의 주장(예: Busk & Marascuilo, 1988; Shapley & Alavosius, 1981)이 있으며, 모든 시간 계열 자료가 자기 상관관계가 있는 것은 아니라는 의견(Kazdin, 2011)도 있으므로 주의가 필요하다.

중재란 자료 패턴을 변화시킬 수 있는 새로운 영향력을 포함하고 있다는 것을 의미하기 때문에, 개별 대상 연구 자료의 자기 상관관계를 구할 때는 중재 자료가 아닌 기초선 자료에서 구하는 것이 바람직하다. 그러나 대부분 개별 대상 연구의 기초선 자료는 자기 상관관계를 구할 수 있을 만큼 충분하지 않다는 어려움이 있다. 그뿐만 아니라 자기 상관관계가 있는 시간 계열 자료를 분석하는 많은 통계 방법들이 소개되고 있지만 여전히 문제를 안고 있는 것도 사실이다.

여기에서는 개별 대상 연구의 자료에 대해 자기 상관관계라는 자료의 특성과 상관없이 사용할 수 있는 간편 통계적(semistatistical) 접근 방법과 자기 상관관계라는 자료의 특성을 고려한 통계적(statistical) 방법을 구분하여 설명하겠다.

2) 간편 통계적(semistatistcal) 접근

(1) 평균

많은 자료를 평균값으로 요약하여 결과를 설명하는 것은 자료를 정리 요약하여 그 자료의 특성을 서술하는 통계 기법으로 기술 통계(descriptive statistics)에 해당한다. 기초선과 중재 상황의 평균을 비교하는 것은 실험의 각 상황에서 대상자가 평균적으로 얼마나 다르게 수행했는지 알 수 있게 도와준다. 각 상황의 자료에 대한 평균선을 그래프에 그어 주면 더욱 쉽게 비교할 수 있다. 이 방법은 대부분 시각적 분석을 하는 경우에도 가장 흔하게 사용되고 있는 방법이다.

(2) 경향선

자료의 경향선도 기초선 상황과 중재 상황의 자료들의 변화 정도와 속도를 설명하는 데 사용될 수 있다. 경향선을 그리는 다양한 방법 중에 가장 많이 사용되는 것은 중앙 이분법(split-middle line of progress)(White, 1971)으로 그리는 방법과 최소제곱법에 의한 회귀 분석(least-squares regression)(Parsonson & Baer, 1978)으로 그리는 방법이 있다. 중앙 이분법으로 경향선을 그리는 방법은 앞에서 설명한 바와 같이 손으로 자를 이용하여 손쉽게 그릴 수 있는 반면에 최소 제곱법 회귀 분석으로 그리는 방법은 통계 수식을 사용한다. 최소 제곱법 회귀 분석으로 그린 경향선이란 각 상황의 모든 자료에서 가장 가까운 직선을 뜻하는 것으로, 그 상황 내에 있는 모든 자료를 직선으로 표현한 것이라고 할 수 있다. 회귀선을 그리는 방법은 대부분의 통계책에 나와 있으므로 참고할 수 있다. 회귀선은 대부분 중앙 이분법으로 그린 경향선과 거의 일치하게 그려진다.

경향선을 사용하여 자료 분석을 할 때는 기초선 자료가 예측하는 경향선에 기초하여 이항 싸인 검정(binomial sign test)을 할 수 있다(Campbell & Herzinger, 2010). 이 방법에서는 기초선 상황에서 경향선을 그어서 그 옆의 중재 상황까지 연장한 다음, 그 선을 중심으로 위에 있는 자료와 아래에 있는 자료 수를 계산하는 것이다. 이때 기초선 상황의 자료는 경향선을 중심으로 이분되어 있는지 확인해야 한다. 여기서의 통계적 가정은 기초선 경향선을 중심으로 자료의 50%는 선의 위쪽에, 50%는 선의 아래쪽에 놓일 것이라는 것이다. 그러므로 이항 싸인 검정에서는 중재상황의 자료도 중재의 영향을 받지 않는다면 기초선 상황이 예측하는 경향선을 중심으로 동일한 비율이 될 것이라고 본다. 즉, 중재 상황의 자료도 그 경향선을 중심으로 50%씩 위아래로 가게 된다면 중재 때문에 나타나는 변화는 없는 것으로 볼 수 있다는 것이다. 그러므로 중재가 성공적일 것으로 기대되는 가능성은 0.5라는 얘기다. 0.5에서 벗어나는 수치는 영가설을 기각하게 된다. 그러나 이 방법은 자기 상관관계에 과도하게 영향을 받으므로 주의가 필요하다(Crosbie, 1989).

(3) 자료의 비중첩도: PND(percentage of nonoverlapping data)

PND(percentage of nonoverlapping data) 통계는 Scruggs와 그 동료들(1986)이 소개한 방법이다. 이는 실시하기도 쉽고 해석하기도 쉬운 방법으로 기초선 상황의 예외적인 자료 값들이 중재 상황의 자료 값들과 겹치는 백분율을 계산하는 것이다. 예를 들어, 자료가 감소하는 것이 효과적인 경우라면 중재 상황의 자료 중에서 기초선 상황에서 가장 낮은 자료 값보다 더 낮은 자료가 몇 퍼센트나 되는지 계산하는 방법이다. Scruggs와 그 동료들(1987)은 중재 효과에 대한 판단 기준을 PND가 90% 이상은 매우 강한 효과, 70~90%는 보통의 효과, 50~70%는 의심이 가는 효과, 50% 미만은 효과 없음으로 제안했다.

그런데 설명한 것처럼 PND를 효과 크기로 사용하거나 PND만으로 중재 효과를 판단하는 것에 대한 비판이 있다. 기초선 상황의 경향선이 뚜렷할 때는 PND는 민감하지 못하다는 비평도 있고(White, 1987), 자료의 양이 많지 않을 때는 그 유용성이 떨어진다는 평도 있으며(Allison & Gorman, 1993), 하나의 자료가 전체의 많은 자료를 대표하지 못한다는 평도 있다(Parker, Hagan-Burke, & Vannest, 2007). 사실, 기초선 상황의 한 자료 값이 다른 자료에 비해 크게 다른 경우가 있다면 그 한 자료 값에 따라 PND는 크게 달라질 수 있다. 즉, 다른 자료들에 비해 크게 다른 하나의 자료 때문에 기초선의 자료 범위가 달라질 수 있다. 예외적인 하나의 자료 때문에 중재 상황의 자료와 완전히 겹치게 되는 식으로 PND에 큰 영향을 미칠 수 있다. 예를 들어, 기초선 상황에서 예외적인 하나의 자료 값이 20이고 나머지 자료의 범위는 1에서 5까지이고 중재 상황의 자료의 범위가 8에서 20까지라면, 그 하나의 예외적인 자료 때문에 중재 상황의 자료는 완전히 기초선 자료 범위와 겹치게 되는 것이다. PND를 구하는 것에 대한 대안으로 '모든 비중첩 자료 비율(percentage of all non-overlapping data: PAND)'을 계산하는 방법을 소개하는 연구도 있으니 참고할 수 있다(Parker, Hagan-Burke, & Vannest, 2007).

(4) 2 표준 편차 띠 그리기 방법(Two standard deviation band method)

2 표준 편차 띠 그리기 방법을 간단하게 설명하면, 기초선 자료에 대한 ±2 표준 편차의 넓이만큼의 수평 띠를 그래프 자료 위에 겹치게 그려서, 최소한 중재의 연속

적 자료 두 개가 이 수평 띠 밖으로 떨어지면 중재 때의 반응은 기초선 때의 것과 의미 있게 다른 것으로 간주하는 방법이다(Morgan & Morgan, 2009). 이 방법은 자료가 정상적으로 분포되어 있다고 가정하는 것으로, 어떤 제품을 생산할 때 품질 규격에 맞는 제품을 생산하기 위해 주로 사용되는 통계적 공정 관리(SPC: statistical process control) 방법에 해당한다(Doty, 1996).

제품을 생산하는 곳에서는 제조된 부분들이 실제 설계와 얼마나 크게 다르지 않은지를 알아보기 위해 통계적 공정 관리 도표를 사용한다. 개별 대상 연구에서 통계적 공정 관리 방법을 사용하기 위해서는 먼저 기초선 상황 자료의 평균값과 표준 편차를 구한다. 표준 편차는 자료 값들이 평균값으로부터 얼마나 퍼져 있는지 그 분산 정도를 알려 주는 것이다. 표준 편차를 구하는 공식은 다음과 같다.

$$SD = \sqrt{\frac{\Sigma(x - \overline{x})^2}{n-1}}$$

이 공식에서 x는 각 자료 값이며, $\overline{x}$는 모든 자료 값의 평균이고, n은 자료의 수이다. 이렇게 구한 표준 편차 값이 클수록 자료는 평균을 중심으로 멀리 퍼져 있는 것이며, 작을수록 평균 가까이에 모여 있는 것을 의미한다. 정상 분포 자료에서는 평균으로부터 ±2 표준 편차만큼이면 전체 자료의 95%를 포함한다. 따라서 평균값에서 ±2 표준 편차보다 더 떨어져 있는 자료는 매우 드문 자료로서 발생확률이 5% 이하라는 뜻이다.

기초선 자료의 평균값과 표준 편차를 구한 다음에는 평균값에서 표준 편차가 ±2가 되는 곳에 X축과 평행하는 수평선을 평균선을 중심으로 위와 아래에 그린다. 이 선을 신뢰구간선(confidence interval line)이라고 하는데 기초선 상황 자료의 95%가 이 선 안으로 들어온다는 의미다. 그러므로 신뢰구간선 밖에 있는 자료는 기초선 상황을 대표할 수 있는 자료로 보기 어렵다. 따라서 기초선 상황의 신뢰구간선을 중재 상황까지 확장하여 그려 보아서 중재 상황 자료가 신뢰구간선 밖에 있게 되면, 이는 중재 효과가 있음을 의미하는 것이 된다. 연구자들은 중재 상황의 자료에서 최소한 2개 이상의 연속적 자료점이 신뢰구간선에서 벗어날 때, 중재 효과가 있는 것으로 볼 수 있다고 했다(Orme & Cox, 2001). 그러나 이것은 절대적 기준이 아니기 때문에 중재 효과를 평가하는 다른 방법들과 병행되어야 한다.

[그림 12-17]에서 2 표준 편차 띠 그리기 방법의 예를 그림으로 제시하였다.

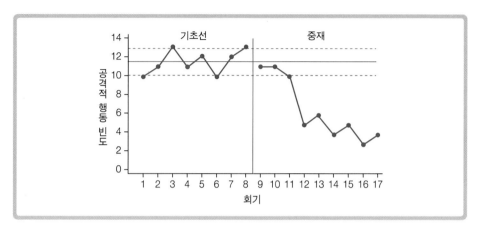

[그림 12-17] **2 표준 편차 띠 그리기 예**

[그림 12-17]을 보면 기초선 상황의 평균값이 11.5(실선으로 표시됨)이고 표준 편차가 1.4임을 알 수 있다. [그림 12-17]에서 평균선을 중심으로 표준 편차가 ±2가 되는 곳(Y 값이 12.9와 10.1)에 X축과 평행되는 신뢰구간선이 점선으로 표시된 것을 볼 수 있다. 그런데 중재 상황의 7개의 연속적 자료점(11회부터 17회기의 자료)이 신뢰구간선에서 벗어나 있으므로 중재 효과가 있는 것으로 볼 수 있다.

(5) 이중 기준 분석(Dual-Criteria Analysis)

이중 기준 분석(dual-criteria analysis)은 Fisher와 Kelley, Lomas(2003)가 소개한 방법이다. '이중 기준'이라는 용어는 두 가지 별개의 기준, 즉 기초선 자료의 평균선과 기초선 자료의 경향선을 그리는 두 가지 기준에 따라 자료를 해석하는 것을 의미한다. 이 방법을 간단히 설명하면 기초선 자료를 가지고 구한 평균선과 경향을 나타내는 회귀선을 각각 중재 상황으로 계속 연장하여 그린 후, 중재 상황의 자료가 이 두 가지의 선 밖으로 떨어지면서 치료적 방향을 나타내면 이는 중재 때문인 것으로 해석하는 것이다.

[그림 12-17]의 그래프의 기초선 자료에 대한 평균선과 경향선을 중재 기간까지

연장하여 그리면 [그림 12-18]과 같이 된다. [그림 12-18]에서 중재 기간의 모든 자료는 기초선 자료의 평균선과 경향선을 중재 기간까지 연장하여 그린 두 선 바깥에 위치하고 있으며, 종속 변수인 공격적 행동이 감소하고 있으므로 치료적 방향을 나타내고 있음을 알 수 있다. 즉, 중재 기간의 자료는 중재 효과를 입증해 주고 있다.

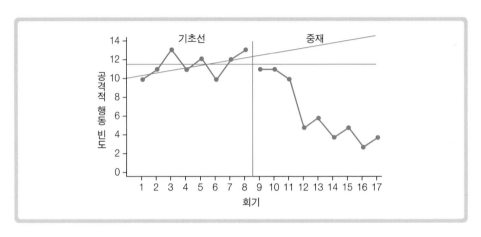

[그림 12-18] 이중 기준 분석을 적용한 예

그런데 Fisher와 Kelley, Lomas(2003)는 이보다 더 보수적인 결정을 하기 위해, 기초선 자료의 경향선을 표준 편차 0.25만큼 치료적 방향으로 이동하여 사용할 것을 권하면서 이런 방법을 '보수적 이중 기준 분석(conservative dual-criteria analysis)'이라고 했다. 그들은 이 방법은 1종 오류와 2종 오류를 줄일 수도 있고 높은 자기 상관이 있는 자료의 경우에도 적용이 가능하다고 주장했다.

3) 통계적 접근

(1) 통계적 방법의 소개

앞에서 독립적이지 않은 자료는 자료의 독립성을 기본 가정으로 하는 t 검정이나 F 검정 등의 추리 통계를 적용할 수 없다고 했다. 그렇다면 연속적 의존성이 있는 시간 계열 자료에 대해서는 어떤 통계 분석 방법을 사용해야 하는가? 사실 개별 대상 연구의 통계 분석을 위해서는 집단 연구를 위한 통계 분석 방법을 그대로 적용할

수 없다. 반가운 소식은 최근 들어 개별 대상 연구를 위한 통계 분석 방법이 점점 더
많아지고 있으며 또 발전되고 있다는 것이다. 지금까지 소개된 개별 대상 연구를 위
한 통계 분석 방법은 〈표 12-1〉처럼 다양하다. 여기에서는 그중에 몇 가지만 소개
하도록 하겠다. 그 외에 더 깊이 알고자 하는 경우에는 개별 대상 연구를 위한 다양
한 통계 분석 방법에 관한 책들이 있으므로 참고할 수 있을 것이다(예: Edgington &
Onghena, 2007; Franklin, Allison, & Gorman, 1997; Satake, Maxwell, & Jagaroo, 2008).

표 12-1 개별 대상 연구를 위한 통계 분석 방법

Name	Resources
Binomial Test 이항 검증	White & Haring, 1980
C Statistic C 통계량	Jones, 2003; Satake et al., 2008; Tryon, 1982
Clinical Outcome Indices 임상 결과 지수	Parker & Hagan-Burke, 2007a
Conventional t, f, & χ^2 tests 통상적 검정들	Virtually any statisrics book on between-group research; Satake et al., 2008
Double Bootstrap Method 이중 붓스트랩 방법(방식)	McKnight, McKean, & Huitema, 2000
Last Treatment Day Technique 최종 중재일 기법	White et al., 1989
Logistic Regression 로지스틱 회귀	Brossert et al., 2008
Mean Baseline Reduction/Increment (for decreases and increases in behavior, respectively) 기초선 자료 평균의 감소/증가	Lundervold & Bourland, 1988
Mean-only/mean-plus Trend Models 평균 단독 모델/평균과 경향 모델	Allison & Gorman, 1993; Center, Skiba, & Casey, 1985~1986; Faith, Allison, & Gorman, 1997
Percent Zero Score(or 100%) for decreases and increases in behavior, respectively 백분율 제로 점수	Scotti, Evans, Meyer, & Walker, 1991

Percentage of Nonoverlapping Data Points 자료의 비중첩률	Busk & Serlin, 1992; Ma, 2006; Mastropieri & Scruggs, 1985-86; Wolery et al., 2008
Randomization Test 임의화 검정	Edgington & Onghena, 2007; Lall & Levin, 2004; Levin & Wampold, 1999
Test of Ranks 순위 검정	Revusky, 1967
Split-Middle Technique 중앙 이분법	Fisher, Kelley, & Lomas, 2003; White 1972, 1974
Time-Series Analyses 시계열 분석	Borckardt et al., 2008; Box et al., 1994; Glass et al., 1975; Hartmann et al., 1980
Trend Analysis Effect Size 경향 분석 효과 크기	Faith et al., 1997; Gorsuch, 1983

(2) C 통계량(C-통계치 방법: C-statistics)

C-통계치 방법은 Tryon(1982)이 제안한 방법으로 기초선과 중재 상황에서 경향선의 기울기에 의미 있는 변화가 있는지 평가하는 방법이다. 그는 기초선 자료에서 의미 있는 기울기가 발견되지 않을 때는 C-통계치 방법을 사용하는 것이 좋다고 했다. 이는 기초선에서 의미 있는 기울기가 발견되지 않을 때, 기초선과 중재의 자료를 합한 자료의 기울기에서 C-통계치 방법을 계산하여 표준 정상 분포 점수(standard normal distribution score: Z 점수)로 변환하여 기울기에 변화가 있는지 검증하는 방법이다. 즉, 기초선에서는 의미 없는 C값이었던 것이 기초선과 중재 자료를 합했을 때 의미 있는 C값으로 변한다면, 기울기 변화는 의미 있는 것이며 중재 효과가 있는 것으로 본다. 이 방법은 최소 8개 이상의 자료를 필요로 하는데, 연속적 의존성의 영향을 받지 않는 시간 계열 자료의 분석을 위한 것이다. 그래서 Crosbie(1989)는 자기 상관관계가 있는 자료에서는 C-통계치 방법을 사용할 경우에 1종 오류를 통제할 수 없고 너무 느슨한 평가를 하게 되기 때문에, 개별 대상 연구에서는 C-통계치 방법을 사용하지 않을 것을 주장하기도 했다.

(3) 비연속적 시간 계열 분석(Interrupted Time-Series Analysis: ITSA)

비연속적 시간 계열 분석(interrupted time-series analysis: ITSA)은 자료의 수준과 기울기 변화를 검사하기 전에 자료의 자기 상관관계를 제거하는 방법이다. 즉, 통계처리를 하기 전에 자료를 통계적으로 자기 상관관계를 구할 수 있도록 변환시키는 것이다. ITSA는 실험 상황마다 50개 이상의 자료를 요구하며, 상당히 복잡하고 정교한 통계 방법이다. 그런데 Crosbie(1993)는 ITSA를 개별 대상 연구에도 적용할 수 있도록 하는 프로그램(independent time series analysis of autocorrelated data: ITSACORR)을 개발하였다. 이 방법으로는 각 실험 상황마다 10~20개의 자료만으로도 자기 상관관계를 구할 수 있다. ITSACORR을 적용한 뒤에 실시하는 t 검정 값은 자료의 수준 변화와 기울기 변화가 통계적으로 의미가 있는지 알려 줄 수 있다. 이 방법을 사용하기 위해서 기초선 자료의 C-통계치가 의미 있는 것이면 기초선 자료에 기초하여 기초선 예측 값(A′)을 구한다. 각각의 기초선 자료 값(B)과 기초선 예측 자료 값(A′)을 짝지어 B값에서 A′값을 빼서 새로운 자료 값 C를 만든다(예: $B_1 - A'_1 = C_1$). C값을 가지고 통계 처리를 했을 때 의미가 있으면 기울기 변화가 있는 것이므로, 중재 효과가 있는 것이라고 할 수 있다. 또한 관찰 자료가 50개 이하인 경우에 이중 부트스트랩(double bootstrap) 방법을 사용할 수 있다(McKnight, McKean, & Huitema, 2000).

(4) 시간 계열 분석(Time-Series Analysis)

시간 계열 분석은 오래전부터 꾸준히 개별 대상 연구의 분석 방법으로 사용되어 왔다. 시간 계열 분석은 연구 자료의 경향과 수준이 인접해 있는 상황들 사이에서 통계적으로 유의미하게 다른지를 평가하는 방법이다. 그러나 시간 계열 분석은 충분히 많은 자료를 요구하고, 이는 중재 효과 있는데 없다고 하는 2종 오류를 범할 가능성을 높인다(Campbell & Herzinger, 2010). 따라서 상대적으로 한 중재 상황의 기간이 짧은 경우에는 시간 계열 분석의 적용이 부적절하다. 이런 경우에는 임의화 검정을 사용할 수 있다.

(5) 임의화 검정(Randomization Test)

임의화 검정은 '확률화 검정'이라고도 하는데, 이를 이해하기 위해서는 집단 연구에서 연구 대상을 무선 할당하는 개념을 먼저 이해할 필요가 있다. 집단 연구에서는 실험 집단과 통제 집단이 독립 변수를 제외하고는 동질의 집단이 되도록 만들기 위해서 연구 대상을 무선으로 할당한다. 그런데 개별 대상 연구는 한 대상밖에 없다. 따라서 연구 대상을 두 집단에 무선으로 할당할 수는 없다. 그 대신에 중재(독립 변수)를 관찰(측정)의 여러 시기에 무선으로 할당한다는 개념을 적용할 수 있다.

종속 변수는 중재가 없다 할지라도 여러 가지 일상의 사건들에 의해 수시로 영향을 받기 때문에 언제나 일정한 값을 유지하는 것이 아니라 평균을 중심으로 위아래로 서로 조금씩 다르게 나타난다. 그런데 중재도 이러한 일상의 여러 사건 중의 하나처럼 종속 변수를 감소 또는 증가시키는 것으로 여겨질 수 있다. 즉, 중재가 중재의 참 가치를 가리고 흐리게 하는 여러 일상의 사건들과 섞일 수 있는 것이다. 중재가 종속 변수에 영향을 주지 못한다면 실제 관찰 자료는 중재에 의해 영향을 받지 않은 것이고, 관찰된 자료 값은 일상의 여러 사건들의 결합을 반영하는 것일 뿐이라고 볼 수 있다.

그렇다면 독립 변수(중재)를 실시한 순서는 상관이 없게 된다. 이런 이유로 일상의 다양한 사건이 계속되고 있는 가운데 중재에 대해 신뢰할 만한 평가를 하기 위해서는 실제 관찰된 자료 값을 중재를 무선으로 할당할 수 있는 모든 가능한 순열로 재배열한 다음, 그 차이를 검사할 수 있다. 이렇게 임의화 검정에서는 관찰된 자료 값이 전체 자료에서 계산되는 값들로부터 우연히 선택되었을 확률을 구하는 것이다.

임의화 검정에서는 두 가지의 무선 할당이 있다(Houle, 2009; Onghena & Edigington, 2005). 첫째, 중재를 어느 시기에라도 교대하는 것이 가능한 경우다(예: 중재 교대 설계). 이런 경우에는 중재를 규칙적으로 교대하는 것이 아니라 예측할 수 없도록 무선으로 할당하는 것이다. 그러므로 관찰과 측정이 많을수록, 그리고 교대하는 중재가 많을수록 가능한 무선 할당의 배열 순서의 수는 증가하게 된다. 이런 중재 교대 설계의 모형에서 영가설은 중재의 효과가 없다는 것이다(A=B). 이런 가설을 가지고는, 실제로 A와 B를 관찰한 값은 A와 B를 배열할 수 있는 모든 가능한 배열 순서에서 나타날 수 있는 값 중의 하나로 취급될 수 있다. 모든 가능한 무선 할당의 배열 순서를 적용하여 A와 B 값을 비교해 보면 차이가 나타나는데 이것이 통계적으로 의미 있느냐는 것이 문제다. 만약 영가설이 참이라면, 즉 중재가 효과 없다면 대부분의 무선 할당의 배열 순서에서 계산된 값은 관찰된 실제 값보다 더 크거나 최소한 같아야 할 것이다. 무선 할당의 배열 순서로 구할 수 있는 값의 확률은 실제 관찰된 값보다 크거나 같아야 한다는 것이다. 검정 통계량(test statistic)이 실제 관찰된 값보다 크거나 같은 값의 수를 모든 가능한 무선 할당의 순열의 수로 나눈다. 이렇게 무선 할당의 배열 순서로 구할 수 있는 값의 확률은 실제 관찰된 값보다 크거나 같을 확률을 의미한다. 즉, A와 B가 같다는 가정 아래에서 A와 B가 같을 수 있는 확률 (B가 영향이 없을 수 있는 확률)의 값을 의미한다. 임의화 검정에서는 전통적인 유의 p값 .05를 사용한다. 그런데 통계학적 힘이 낮으면, 즉 관찰 자료 수가 적으면 유의미한 p값을 구하기 어려워진다는 문제가 있다.

　두 번째 무선 할당의 경우는 미리 정해진 순서에 따라 몇 번의 관찰과 측정 뒤에 중재가 소개되는 경우다(예: 중재 제거 설계나 복수 중재 설계). 이런 경우에는 중재 소개 순서는 미리 정해지는 것이기 때문에 실험 상황이 바뀌는 시기를 무선 할당하는 것이다. 즉, 각 실험 상황의 길이를 예측할 수 없도록 실험 상황이 바뀌게 하는 것이다. 따라서 첫 번째 경우보다 가능한 무선 할당의 배열 순서의 수는 더 적어진다. 즉, 중재 교대 설계에서 A와 B를 배열할 수 있는 모든 가능한 배열 순서 대신에 실험 상황이 구분될 수 있는 모든 가능한 시기에 대한 배열 순서를 적용하면 된다. 그러한 모든 가능한 중재 구분 시기에 대해서 구한 값이 실제 적용된 중재 구분 시기로 구한 값보다 크거나 같을 확률을 구하는 것이다. 임의화 검정에서 얻은 확률은 연구 결과가 우연한 것인지 아니면 중재에 의한 것인지를 알려 주는 것으로, 만약 그 확률이 작다면(예: $p < .05$) 연구 결과는 중재 때문임을 추측할 수 있다.

　그런데 임의화 검정을 적용할 때는 통계학적 힘이 낮으면, 즉 관찰 자료 수가 적으면 유의미한 p값을 구하기 어려워진다. 그러므로 임의화 검정을 사용하려면 통계적 힘(statistical power)이나 효과 크기 등을 고려해야 한다. 또한 자료의 자기 상관관계가 있는 경우는 임의화 검정의 효력이 약화된다는 점을 고려해야 한다.

(6) 메타 분석과 증거 기반의 실제
　최근에 증거 기반의 실제가 강조되면서 개별 대상 연구의 메타 분석들이 증가하고 있다(예: 김동일, 이재호, 이미지, 2013; 김미영, 이소현, 허수연, 2012; 김정민, 임해주, 2013;

남경욱, 신현기, 2008; 윤희봉, 최영종, 강민채, 2011; 전윤희, 장경윤, 2013 등). 메타 분석이란 동일하거나 유사한 주제로 연구된 많은 연구물들의 결과를 객관적으로, 그리고 계량적으로 종합하여 고찰하는 연구 방법을 말한다(한국교육평가학회, 2004). 즉, 메타 분석은 개별의 연구 결과들을 통계적으로 통합 또는 비교하여 포괄이고 거시적인 연구 결론을 이끌어 낼 수 있는 연구 방법이다. 메타 분석이란 용어는 Glass (1976)가 여러 연구들의 분석에 대한 통계적 분석을 지칭하는 것으로 소개한 용어다.

동일한 또는 유사한 연구 질문에 대한 연구 결과들이 서로 일치되거나, 때로는 서로 전혀 상반되는 경우가 있는데, 메타 분석은 그렇게 다양한 설계의 조건들과 서로다른 특징과 조건들을 가진 연구 결과들을 모아서 하나로 통합하여 타당성 있는 일반화된 결론을 이끌어 내는 것이다. 또한 메타 분석은 통계적 분석 방법을 통해 분석된 원래 연구들을 서로 양적 비교가 가능하게 해 준다. 일반적으로 비슷한 주제를 연구한다고 해도 각 개별 연구가 완전히 동일한 조건(독립 변수나 중재의 규모 등)에서 수행될 수 없기 때문에 단순히 개별 연구의 결과를 종합, 비교해서 내리는 결론은 치우친 결론일 수 있다. 그래서 개별 연구에서 나온 결과들을 효과 크기(effect size)로 표준화한 후 종합, 비교하는 통계적 분석을 메타 분석이라고 한다.

Campbell과 Herzinger(2010)는 메타 분석의 절차를 다음 6단계로 소개했다.

1단계: 연구 질문이나 가설을 설정한다.

2단계: 문헌을 찾고 분석할 연구를 찾는다. 이때 분석에 포함시키는 기준을 명백히 설정한다.

3단계: 분석할 연구들의 변인을 부호화(coding)한다. 이때 부호화를 위한 변인의 분류와 부호화에 포함시킬 세부 항목의 수준을 결정해야 한다.

4단계: 개별 연구 결과의 효과 크기(effect size)를 계산한다. 효과 크기란 개별 연구에서 나온 결과들을 통계 절차를 통해 표준화한 것으로, 효과 크기가 0이면 중재 효과가 없다는 뜻이다. 개별 대상 연구의 효과 크기를 계산할 수 있는 방법이 여러 가지 있지만 서로 일치하지 않기 때문에 연구 질문에 가장 합당한 방법을 택하여 효과 크기를 구하는 것이 좋다.

5단계: 결과를 해석하고 보고한다. 일단 효과 크기가 계산되면 모집단에 대한 중재의 일반적 효과를 설명하기 위해 전체적인 평균적 효과를 보고한다. 평균적 효과를 구한 다음에는 다른 변수들에 의해 전반적 중재 효과가 누그러지지는 않았는지 확인하기 위해 추후 분석을 하는데, 개별 대상 연구에서는 이러한 추후 분석은 비모수 통계분석을 사용한다.

6단계: 종합적 결론과 메타 분석의 제한점을 진술한다. 연구들의 주된 중재 효과에 대한 결과와 함께 다른 변수들에 대한 분석 결과를 보고하고, 제한점과 제언을 한다.

그러나 이러한 메타 분석을 개별 대상 연구의 문헌 분석의 절대적 방법으로 받아들여서는 안 된다는 목소리도 높으므로 주의가 필요하다. 개별 대상 연구에는 여러 변수들이 있으므로 한 연구의 설계 내에서도 자료들을 통계적 분석을 위해 통합시키는 것에 문제가 있을 수 있다. 마찬가지로 다양한 중재 절차를 적용하는 여러 개별 대상 연구의 자료를 통합하는 것도 마찬가지로 문제가 될 수 있다. 그리고 통계적 발전이 계속 이루어지고 있기는 하지만 아직 개별 대상 연구에 대한 메타 분석은 초보 단계라고 할 수 있다.

4) 통계적 분석의 의의

개별 대상 연구 자료의 통계적 분석에 대한 결론을 얻기 위하여 개별 대상 연구의 동일한 한 가지 자료를 가지고 여러 통계 분석 방법을 적용하여 비교하는 연구들도 발표되고 있다. 예를 들어, Brossart와 그 동료들(2006)은 같은 자료를 가지고 5개의 다른 통계 분석 방법을 적용했는데 모두 다른 결과를 얻었다. 또한 Parker와 그 동료들(2005)의 연구에서는 통계 검정과 효과 크기 사이의 상관 계수는 0.09에서 0.82로 다양한 결과를 보였다. 이는 시각적 분석의 변덕스러운 일치도와 비교해볼 만한 것이다. 개별 대상 연구에서 어떤 특정한 통계 방법이 사용되어야 하는지를 결정하는 규칙은 시각적 분석에 대한 결정의 규칙만큼이나 필요하다고 하겠다. 서로 다른 각각의 통계적 분석 방법은 연구 자료의 다른 특성을 강조하고 있으며, 자기 상관관계의 영향을 받는 정도도 다 다르다. 중재 효과의 정도, 자기 상관관계의 정도, 기초선과 중재 상황의 길이, 연구 설계의 종류 등이 모두 다양한 개별 대상 연구의 조건을 만족시킬 만한 하나의 통계적 분석 방법은 없다. 어느 경우에 어떤 통계적 분석 방법을 사용해야 하는지에 대한 명확한 지침이 아직은 없다는 것이다.

다시 말하자면, 개별 대상 연구를 위한 통계적 분석 방법과 그 적용은 간단하지 않다. 그 종류가 너무 많고 어떤 방법을 선택하느냐에 따라 사뭇 다른 결과를 얻을 수도 있다. 물론 통계적 분석이 시각적 분석에 비해 객관적인 것이 사실이다. 한 종류의 방법을 선택하면 일관된 결과를 얻을 수 있기 때문이다. 그러나 어떤 방법을 선택하느냐에 따라 너무 다른 결과를 얻게 된다는 것이 문제다. 또한 연구 설계에 맞는 통계적 분석 방법을 찾는 것이 쉽지 않다.

이렇듯 모든 경우에 합당한 통계적 방법을 결정하는 기술은 없다 할지라도, 개별 대상 연구의 통계적 분석들은 최소한 기초선 상황 자료의 자기 상관관계 정도에 대한 정보는 제공해 줄 수 있어야 할 것이다. 그만큼 자기 상관관계의 영향이 크기 때문이다. 만약에 자료에서 자기 상관관계가 발견되면 모든 통계적 분석을 사용하지 않든지, 정교한 시간 계열 분석 절차에 따라 자기 상관관계를 설명하든지, 아니면 자기 상관관계의 잠재적 역할에 대한 적절한 경고와 함께 분석을 하든지 해야 할 것이다.

개별 대상 연구를 위한 통계적 분석 방법에 여전히 해결되어야 할 많은 문제가 있지만, 통계적 분석이 점점 발전하는 가운데 문제점들이 구체적으로 더 명확히 드러나는 것은 참 반가운 일이다. 예를 들어, 전통적인 t 검정이나 F 검정은 자료의 연속적 의존성 때문에 자기 상관관계가 아무리 작을지라도 사용하기 어렵다는 점이 알려졌고, 그 외에도 임의화 검정이나 순위 검정 등도 잘못 해석될 수 있다는 것이 알려지게 되었다.

개별 대상 연구의 시각적 분석은 통계에 대한 지식이 부족해도 연구 결과를 분석할 수 있는 방법이라고 했는데, 역으로 통계적 분석은 개별 대상 연구나 시각적 분석에 대한 이해가 부족한 경우에도 중재 효과에 대한 이해를 가능하게 할 수 있다는 장점이 있다. 그러한 측면에서도 통계적 분석은 개별 대상 연구에서 시각적 분석과 함께 사용되어야 한다. 살펴보았듯이 시각적 분석도 통계적 분석도 개별 대상 연구의 중재 효과에 대한 분석을 충분히 해결하지 못하고 있지만, 두 영역이 협력할 때

의미 있는 발전을 가져올 수 있을 것이다. 또한 통계적 분석은 시각적 분석의 결과를 더욱 확실하게 할 수 있다. 즉, 통계적 분석 결과가 시각적 분석 결과와 일치할 때 우리는 중재 효과에 대해 더욱 확신할 수 있게 된다. 시각적 분석과 통계적 분석은 서로 경쟁 관계가 아니라 각 방법에 대한 독자적 결정을 지지하는 보완적 관계로 이해돼야 할 것이다.

사회적 타당도

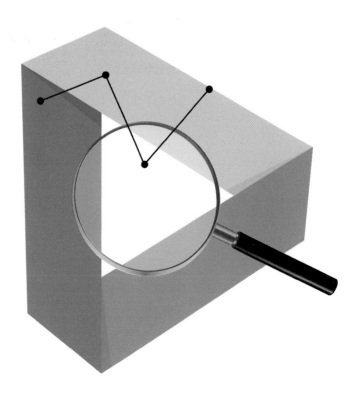

핵심 용어의 정의

사회적 타당도

중재와 관련하여 다양한 사람들이 경험하는 중재의 중요성, 효과성, 적절성, 만족성에 대한 평가를 의미한다.

중재 목표의 중요성

문제 행동이 중재를 필요로 할 만큼 심각한 것인지, 문제 행동이 연구 대상의 삶에서 중요한 문제가 되는 것인지, 중재 목표는 어느 수준으로 하는 것이 적절한지를 의미한다.

중재 절차의 수용성

중재 절차의 적절성에 대해 검사하는 것으로, 중재가 강제적이었는지, 중재 적용이 쉬웠는지, 중재가 위험한 것이었는지, 중재가 주는 이득이 있었는지 등을 평가하는 것이다.

중재 결과의 의미성

중재 결과가 중재 대상의 삶에 실질적으로 어떤 영향을 미쳤는지, 중재 결과에 영향을 받는 다른 사람들은 중재 결과를 어떻게 평가하는지를 검사하는 것이다.

　개별 대상 연구는 두 가지 목적을 갖는다. 첫째, 연구 결과를 통한 이론의 정립, 지지, 또는 수정이며, 둘째, 임상 및 교육의 실천 현장에서 연구 결과의 적용을 통한 연구 대상들에게 주어지는 실질적 유익이다. 개별 대상 연구의 결과가 아무리 효과적이라고 해도 임상 및 교육의 실천 현장에서 그 연구의 중재를 사용하지 않는다면 응용 연구로서의 목적을 온전히 달성했다고 보기 어렵다. 즉, 개별 대상 연구는 독립 변수와 종속 변수 간의 기능적 관계를 밝힘으로써 연구의 내적 타당도를 입증해야 할 뿐 아니라 연구 결과의 현장 적용을 위해 사회적 타당도를 입증할 필요가 있다. 그러나 상당히 많은 개별 대상 연구는 사회적 타당도 검사를 실시하고 있지 않으며, 사회적 타당도 검사에 관한 연구도 활발히 이루어지고 있지 않은 실정이다. 실천 현장에서 개별 대상 연구를 실시하는 연구자들에게 사회적 타당도 검사의 필요성과 방법을 제시하고, 임상가와 교사들에게 실험 연구 결과를 적용할 때 사회적 타당도 검사의 중요성을 일깨워 줄 필요가 있다. 이를 위해 여기에서는 사회적 타당도 평가의 개념, 내용, 대상, 시기, 방법 등을 살펴보고, 앞으로 사회적 타당도 평가를 하게 될 연구자가 고려해야 할 사항을 제시하겠다.

　사회적 타당도가 주로 행동 분석가들 사이에서 사용되는 용어이지만 비슷한 개념을 가진 많은 용어들이 의학적 치료나 심리 치료 또는 기업 경영 등의 영역에서도 사용되어 왔다(Kennedy, 1992). 이런 영역에서 클라이언트, 내담자, 환자, 학생, 연구 대상 등이 받는 중재 또는 치료, 서비스의 유용성과 적절성을 평가하는 것과 관련하여 사용된 용어에는 'clinical importance' 'practical significance' 'applied importance' 'clinical significance' 'qualitative change' 'educational relevance' 'ecological validity' 'cultural validity' 'consumer satisfaction' 등이 있다(Foster & Mash, 1999; Hawkins, 1991). 이 책에서는 개별 대상 연구에서 중재의 목표, 절차, 결과를 검사하는 것에 대해 'social validity'라는 용어를 선택하고, 이를 '사회적 타당도'라는 용어로 번역하여 사용하기로 한다. 이 장은 양명희, 김황용(2002)의 논문을 수정하고 확장한 것이다.

1 사회적 타당도 평가의 의의

실천 현장은 사람들을 상대로 한다. 자연스러운 현장에서 사람을 상대로 하는 연구는 실험실 연구와는 다르다. 즉, 연구가 사회적 환경 내에서 실행되기 때문에 연구는 개별적으로 실행되었다 할지라도 연구 결과로 변화된 행동은 연구 대상뿐 아니라 수많은 관련자들에게 영향을 미치게 된다. 따라서 연구의 중재 결과를 평가할 때는 중재를 현장에서 사용하거나 중재를 받게 될 소비자(예: 교사, 임상가, 치료자, 클라이언트, 환자, 학생, 학생의 부모 등)의 입장에서도 평가해야 한다. 그러므로 개별 대상 연구에서 독립 변수와 종속 변수의 기능적 관계를 넘어서서 연구와 관련 있는 사람들의 중재(독립 변수)에 대한 반응을 아는 것은 중재 효과를 이해하는 중요한 요소가 된다.

사회적 타당도란 중재와 관련하여 다양한 사람들이 경험하는 중재의 중요성, 효과성, 적절성, 만족성에 대한 평가를 의미하는 것에서 출발했다. 사회적 타당도의 개념은 처음에 Kazdin(1977)과 Wolf(1978)에 의해 도입되었다. 하지만 그 이전인 1930년대부터 사업, 심리상담, 의학 등의 분야에서는 각 영역에서 노력한 결과에 대해서 다른 사람들이 기대하고, 경험하고, 인식하는 것이 어느 정도인지에 대한 관심은 계속되어 왔다(예: Makeover, 1950; Rogers, 1942; Roethlisberger & Dickson, 1939).

사회적 타당도의 개념이 처음으로 행동 연구 영역에 소개된 것은 '행동 수정(behavior modification)'을 통해 사람의 행동을 '통제'한다는 것이 과연 윤리적인지 또는 바람직한 것인지에 대한 뜨거운 논쟁에 기인한다. '응용 행동 분석(applied behavior analysis)'이 적용되기 이전에 주로 행동 수정의 개념이 사용되고 있을 때, 행동 수정가들은 독립 변수에 대해 종속 변수가 어떤 변화를 가져오는지에 대해서만 관심이 있었기 때문에 중재에 대해 다른 사람들이 어떻게 느끼는가가에 대해 증명할 자료는 가지고 있지 않았던 것이다. 이런 상황에서 응용 행동 분석이 소개되면서 Kazdin(1977)과 Wolf(1978)가 사회적 타당도라는 개념을 등장시킨 것이다. 따라서 사회적 타당도라는 개념을 행동 연구 분야인 응용 행동 분석 영역에서 찾아보는 것은 어렵지 않다. 왜냐하면 응용 행동 분석 자체가 사회적으로 중요한 행동의 실질적 변화를 가져오는 중재의 실험적 평가와 그 적용이라고 정의될 수 있기 때문이다.

응용 행동 분석(applied behavior analysis)을 처음 소개한 Baer와 Wolf, Risely(1968)는 응용 행동 분석에서 변화시키고자 하는 행동은 연구자의 흥미가 아닌 정말로 변화시켜야 할 만큼 중요한 것이어야 하고, 변화된 행동은 연구 대상의 삶에서 실질적 가치를 지녀야 한다고 주장했다. 응용 행동 분석에서는 중재 효과를 평가하기 위해 관찰 가능한 행동을 객관적이고 체계적인 방법으로 반복해서 측정하는 개별 대상 연구 방법을 주로 사용한다. 1960년대 말에 응용 행동 분석과 개별 대상 연구 방법이 소개된 후, 1970년대 말부터 개별 대상 연구가 활발히 진행되면서 중재 목표의 의미와 중재 적용의 어려움, 중재 결과의 의미성 등에 관한 문제가 제기되기 시작한 것이다(Wolf, 1978). 이 문제에 대해 Kazdin(1977), Van Houten(1979), Wolf(1978)는 응용 행동 분석을 이용한 개별 대상 연구는 행동을 변화시키려는 연구자의 노력이 끼친 영향이 어느 정도인지를 알려 주는 사회적 타당도를 체계적으로 검사해야 한다고 주장했다. 그들이 주장한 사회적 타당도 평가의 공통된 개념은 연구의 중재 목표에 대한 사회적 중요성, 중재 목표를 달성하기 위해 사용된 중재 절차에 대한 사회적 수용성, 사용된 중재 결과에 대한 사회적 의미성을 평가한다는 것이다. 즉, 사회적 타당도 검사에서는 다음 세 가지 질문, 즉 '무엇을 변화시켜야 하는가?' '어떻게 변화시켜야 하는가?' '변화된 것이 효과적임을 어떻게 알 수 있는가?'라는 내용을 중심으로 면담, 서면 조사 등을 통해 연구자나 치료자 이외의 사람들에게 평가해야 한다는 뜻이다.

입증된 연구 결과의 현장 적용을 위해서는 연구에서 사용된 중재가 현장에서 적용될 가능성을 예측할 필요가 있다. 실재 현장에서 중재를 선택하고 사용할 사람들, 즉 중재 결과에 직·간접적으로 영향을 받는 사람들에게 중재 목표의 중요성, 중재 절차의 적절성, 중재 결과의 의미성을 평가하게 하는 것은 중재의 적용 또는 거절 가능성을 예측하게 해 준다(Schwartz & Baer, 1991). 연구 대상이나 그와 관련된 사람들이 중재가 적절한 방법으로 사용되었으며, 중요한 행동을 의미 있게 변화시켰음을 확신하게 된다면 그 중재는 더욱 많이 사용될 것이고 그만큼 실질적 실효를 거두게 될 것이다.

그러나 사회적 타당도 검사가 없으면 연구 대상이나 그 관련자의 평가적 피드백 없이 중재 연구가 계속될 것이고, 결국 비실용적인 중재를 만들 가능성이 있으며,

그러한 중재는 현장에서 사용되기 어려울 것이다. 따라서 효과적 중재의 현장 적용이라는 응용 연구의 목적을 위해서도 개별 대상 연구에서 중재의 실행 가능성을 평가하는 사회적 타당도 검사는 중요한 의미가 있다. 즉, 사회적 타당도 검사는 연구를 현장과 연결 짓는 다리와 같은 역할을 한다.

Wolf(1978)가 처음 사회적 타당도라는 개념을 소개할 때는 중재가 바람직하고 적절한지에 대한 주관적 평가를 사용하는 것에 초점을 두었다. 그는 사회적 타당도 평가는 주로 중재 목표의 중요성, 중재 절차의 적절성, 중재 결과의 의미성이라는 세가지 영역을 주관적 평가 방법으로 검사할 것을 강조했다. 이때, 중재 목표란 중재가 표적으로 하는 사람, 상황, 행동에 대한 목표를 의미하며, 중재 절차란 종속 변수의 변화를 위해 연구자가 사용한 모든 기술을 의미하고, 중재 결과란 중재에 의해서 변화된 것을 의미한다. 사회적 타당도 평가를 위한 주관적 평가가 소개된 이후로 표준 비교와 지속성 검사라는 방법 등이 더 소개되었다(Kennedy, 2005).

2 사회적 타당도 평가의 영역

사회적 타당도 평가의 영역은 중재 목표의 중요성, 중재 절차의 적절성, 중재 결과의 의미성이다. 그런데 연구자의 주된 관심이 연구 대상의 표적 행동이라면 그 행동을 증가시키는 것이 의미 있는 것인지, 연구자의 주된 관심이 새로운 중재 방법이라면 그 중재를 사용한 것이 적절했는지, 연구자의 관심이 중재 효과라면 중재 전후의 행동 변화가 의미 있는 것인지에 대한 평가를 원할 것이다. 따라서 사회적 타당도의 평가 영역은 연구자의 주된 관심에 따라 결정된다고 할 수 있다.

1) 중재 목표의 중요성

(1) 중재 목표 중요성 평가의 의의

개별 대상 연구에서 중재 목표를 결정하는 것에 관해 많은 비평이 있어 왔다(Fuqua & Schwade, 1986). 연구자나 교사, 부모에 의해 일방적으로 선택되고 결정된 중재 목표가 연구 대상에게 정말로 유익하고 중요한 것이기보다는 연구자나 교사, 부모의 편의를 위한 것이 많았다는 것이 비평의 핵심이다. 중재 효과가 아무리 크고, 그 절차가 적절했다 하더라도 연구 대상에게 필요 없는 중재라면 그 연구는 의미가 없는 것이다. 따라서 연구 대상에 대한 중재 목표의 중요성을 평가하는 것이 필요하다. 예를 들어, 한 아동이 학교에서 공격적 행동을 한다면 중재 목표를 공격적 행동의 감소에 두는 것이 당연하게 여겨질지 모른다. 그러나 어떤 사람은 사회에 나가 자신을 방어하려면 공격적 행동도 필요한 것이므로 중재가 필요 없다고 주장할 수도 있고, 또 다른 사람은 공격적 행동은 아동의 사회적 상호 작용에 걸림돌이 되므로 반드시 일정 수준 이하로 감소시켜야 한다고 주장할 수도 있다. 이와 같이 간단해 보이는 문제 행동의 중재 목표에 대해서도 여러 의견이 있을 수 있다. 문제 행동이 중재를 필요로 할 만큼 심각한 것인지, 문제 행동이 아동의 전체 삶에서 중요한 문제가 되는 것인지, 중재 목표는 어느 수준으로 하는 것이 적절한지에 대한 검사가 이루어질 필요가 있다.

(2) 중재 목표의 수준을 결정하는 방법

중재 목표의 중요성을 평가하기 전에 중재 목표를 찾아 그 수준을 결정하는 것도 중요하다(Hawkins, 1991; Little & Witek, 1996; Van Houten, 1979). Hawkins(1991)와 Little과 Witek(1996)은 중재의 유용성과 비용을 계산하여 긍정적인 중재 결과를 극대화하고 비용은 최소화할 수 있는 중재 목표를 선택해야 한다고 했다. 또한 Van Houten(1979)은 중재 목표를 세울 때는 바람직한 중재 결과와 가장 잘 연결 지어 줄 수 있는 최적의 수준을 찾아야 한다고 했다. 즉, 목표 행동의 모범이 될 만한 최적의 수준을 기준으로 하여 중재 목표를 정할 것을 제시했다.

최적의 수준을 찾는 첫 번째 방법은 가장 유능한 자들의 표준 자료를 모아서 유능한 수준을 정하거나, 유능하다고 알려진 집단과 유능하지 않다고 알려진 집단의 표준 자료를 비교하는 것으로 그 절차를 시작할 수 있다. 예를 들어, 타자 치는 행동의 목표는 보통 사람의 평균 타자 치는 속도보다 모범적으로 타자를 잘 치는 사람의 수준을 수행 기준으로 하는 것이 더 낫다는 것이다. 이런 방법으로 최적의 수준을 정하면 타자 치는 행동이 유능한 수준에 이르기 전에 중재를 종료시키는 것을 막아 줄 수 있다. 즉, 유능한 수행 수준은 곧 덜 유능한 개인의 수행 목표가 되기 때문에 최적의 수준을 기준으로 하는 경우에는, 연구 대상의 향상될 수 있는 잠재력을 제한하지 않는다는 장점이 있다. 그러나 동일한 최적의 수준이 모두에게 적용되는 것은 아니다. 개인별 중재 목표에 대한 최적의 수준을 찾아야 한다. 이를 결정하기 위해 목표 행동을 요구하는 사람들(부모, 교사, 고용주 등)에게 어느 수준을 최적이라고 여기는지 물어볼 수 있다.

　최적의 표적 행동 수준을 찾는 두 번째 방법은 실험에 근거하는 것으로, 어떤 행동을 여러 수준에서 수행하게 한 후에 나타나는 각 결과를 분석하여 행동의 가장 적합한 수준을 찾는 것이다. 예를 들어, Warren과 Rogers-Warren, Baer(1976)가 했던 실험에서는 아동이 물건을 나눠 쓰자는 제안의 빈도를 여러 수준으로 나누어 시행하게 하고 또래들의 반응을 분석한 결과 지나치게 자주 제안하거나 너무 적게 제안하는 것보다는 중간 수준에서 제안할 때 또래의 수용이 가장 컸음을 밝혔다. 실험에 근거하는 또 다른 방법은 구체적 표적 행동을 변화시키는 것의 장기적 효과를 제시하는 것이다. 예를 들어, Van Houten(1979)은 구구단 암기 훈련이 없는 상황에 비해 구구단 암기 훈련이 있는 상황에서만 여러 자리 숫자 곱셈과 나눗셈을 수행하는 비율이 향상되는 것을 통해 구구단 암기 훈련의 중요성을 입증했다. 그의 실험에 참여한 아동들은 실험 초기에 구구단 암송을 틀린 적이 없었다. 이런 경우에 대부분 교사는 아동이 구구단을 암송할 수 있으므로 구구단 암송 훈련은 더 이상 필요 없다고 단정할 수 있다. 그러나 문제를 풀기 전에 암송 훈련을 할 때 문제를 정확히 푸는 수행률도 증가하고 더 복잡한 문제도 빠른 시간에 풀 수 있음이 입증되었다. 즉, 구구단 암송이 요구되는 더 복잡한 문제를 빨리 잘 풀 수 있는 수준이 될 때까지 구구단 암송 훈련을 시키는 것이 중요함을 입증했다. 이렇게 실험에 근거하여 찾아낸 최적의 중재 목표 수준은 중재를 언제 어느 정도로 실행해야 하는지를 알려 주는 사회적으로 타당한 기준이 될 수 있다.

　위에서 살펴본 중재 목표의 수준을 설정하는 방법들은 중재 목표가 유용한 중재 결과와 잘 연결 짓는 기능을 해야 함을 강조하는 것이므로 중재 목표의 중요성 자체를 평가하는 것에서는 벗어나지만, 결국 중재 목표를 결정하는 데 있어서 사회적 타당도 검사의 목적에 부합하는 유용한 방법이다. 왜냐하면 사회적 타당도 검사는 중재의 보급과 직접적 관련이 있고, 중재를 보급하기 위해서는 중재는 바람직한 결과를 나타내야 하기 때문이다.

2) 중재 절차의 수용성

(1) 중재 절차 수용성 평가의 의의

중재 절차의 수용성 검사는 중재 절차의 적절성에 대해 검사하는 것으로, 검사 대상에 따라 연구 대상에게 하는 검사와 연구의 비참여자에게 하는 검사로 분류해 볼 수 있다. 중재 절차 수용성을 평가하는 방법으로는 설문지 조사, 면담, 평정 척도 검사 등이 있다(Foster & Mash, 1999; Kazdin, 1980; Storey & Horner, 1991).

중재 절차 수용도 검사는 다음과 같은 두 가지의 중요한 이유 때문에 반드시 검사되어야 한다. 첫째, 중재 절차 수용도 검사는 윤리적, 법적 문제와 관련하여 연구 대상의 권리를 보호해 주기 때문이다. 중재 절차 수용도 검사는 아무 중재나 함부로 사용되는 것을 막아 주는 역할을 하고, 효과적이고 수용할 만한 중재의 사용을 증가시켜 준다. 특히, 중재 절차 수용성에 있어서 사회적 타당도가 검증된 중재는 중재를 통한 장애인/아동 학대가 없을 것을 보장해 준다(Stoery & Horner, 1991). 둘째, 현장에서 중재를 사용할 사람들에게 중재의 수용성 정도를 알려서 중재 선택의 폭을 넓혀 줌으로써 중재를 보급할 수 있기 때문이다(Kazdin, 1980). 사람들은 중재의 수용성이 좋은 것으로 평가된 중재를 사용할 가능성이 높다. 이와 같은 이유로 중재 절차 수용도 평가가 필요하지만, 안타깝게도 사회적 타당도 검사 영역 중에서 가장 적게 검사되고 있는 영역이 중재 절차 수용도다(Lloyd & Heubusch, 1996). 대부분의 연구가 선행 연구에서 제안하는 중재의 필요성을 그대로 받아들여 중재를 선택하고 사용할 뿐, 중재 절차에 대한 사회적 타당도는 검사하지 않고 있는 안타까운 현실이다.

Kazdin(1980)은 연구에 참여하지 않은 대학생들에게 4종류의 중재 절차 내용과 연구 대상의 문제에 대한 정보를 주고 각 중재 절차에 대한 수용도를 평정 척도를 사용하여 평가하게 했다. 그 결과, 연구 대상의 장애 수준의 정도가 중재 절차의 수용성에 영향을 미치기는 했으나 각 중재의 수용성 순위는 바뀌지 않은 것으로 나타났다. 그의 연구에서 중재 절차 수용도 평가에 영향을 줄 수 있는 것으로 밝혀진 변수들은 1) 중재의 상대적 효과성 정도(대안적 다른 중재, 특히 덜 강제적인 절차를 사용한 중재의 효과성), 2) 중재 절차 적용의 용이성 정도, 3) 중재가 연구 대상이나 그 외의 사람들에게 주는 위험의 정도, 4) 중재의 잠재적 이득과 손실의 정도 등이었다. 그의 연구에서 밝혀진 변수 외에도 중재 절차 수용도 평가에 영향을 미칠 수 있는 다른 변수들은 중재 실행 시간의 길이, 중재 설명 용어의 종류(전문 용어 vs. 실용 용어), 연구 대상의 특성(나이, 성별, 문제의 심각성), 검사 제공자와 연구자의 일치 정도 등이 있다. 특히 연구 대상은 중재 절차보다 중재 실시자가 누구인가에 따라 중재 전체에 대해 만족하기도 하고 그렇지 않기도 하다(Foster & Mash, 1999). 따라서 중재 절차 수용도를 검사할 때는 중재 절차 수용성과 관련 없는 변수를 구별해야 한다.

이때 주의할 점은 중재 절차 수용성과는 직접 관련이 없지만 사회적 타당도 검사에 영향을 미치는 변수들을 통해 중재에 대한 만족도를 예측할 수 있는 요인을 찾아낼 수도 있다. 이러한 만족도 예측인자는 중재 절차의 수용도를 높이고 중재를 보급시키는 데 사용될 수 있다. 그러나 중재 절차 수용도가 높은 것이 반드시 가장 효과적인 중재를 의미하지는 않는다. 중재 절차 수용도 검사에만 의존하여 중재를 선택하는 경우에 중재 대상자는 최상의 실제(best practices)를 받을 수 없게 될 수도 있다(Gresham & Lopez, 1996). 그러므로 중재 절차 수용도 검사가 중재 선택의 유일한 기준이 되어서는 안 될 것이다.

(2) 중재 절차 수용도 평가에서 주의할 점

중재 절차에 대한 수용도 평가에서 주의할 점은 중재에 대한 전체적 평가와 구체적 평가가 다양하게 이루어져야 한다는 것이다. 중재에 대한 전반적 평가만 이루어지면 어느 요인이 중재의 만족도를 높이는지 알 수 없고, 중재의 구체적 내용에 대한 평가만 있다면 전체로서의 중재 만족도를 알 수 없다. 그뿐만 아니라 중재 절차에 대한 수용성 검사는 신뢰도를 입증해야 한다. 반복 검사(test-retest) 신뢰도, 내적 일치도 등을 입증할 수 있어야 한다. 그 외에도 연구 대상이 중재 절차 수용도를 평가하는 경우에는 중재를 실시했던 사람이 아닌 다른 사람이 검사를 제공하게 해서 평가자(연구 대상)의 익명성이 충분히 보장된 공평한 평가가 되어야 한다. 그뿐만 아니라 중재 절차 수용도 검사의 조사 대상을 넓혀야 한다. 연구 대상에게 직접 묻는 경우에 중재를 완전히 마친 사람에게만 절차 수용도를 평가하게 한다면, 중재를 처음부터 받지 않거나 중도에 그만둔 사람의 의견은 반영될 수 없다(Foster & Mash, 1999). 또한 연구에 참여하지 않은 다른 사람들에게 묻는 경우에 어떤 부류의 사람에게 묻느냐에 따라 다른 결과를 얻을 수 있다. 실제로 중재 절차 수용도를 검사한 대부분의 연구는 어느 한 부류의 사람들에게만 검사가 이루어진 것으로 보고되고 있다(Storey & Horner, 1991). 여러 부류의 대표할 만한 의견이 수집되어야 한다. 마지막으로, 중재 절차의 수용도에 대한 검사는 일회적으로 끝나서는 안 되고 정기적으로 검사되고 그 결과가 반드시 반영되어야 한다. 그렇게 할 때에 중재 절차 수용도는 더 좋아질 것이고, 중재 사용은 증가할 것이다.

3) 중재 결과의 의미성

개별 대상 연구는 중재를 통한 행동의 변화를 직접 관찰로 측정하고 그 자료를 분석하여 연구자의 의견과 함께 연구 결과를 입증하는 것이다. 연구에서 중재 결과가 바람직한 방향으로 변화했음을 보여 주는 것만으로는 중재 결과가 연구 대상과 그와 관련 있는 자들에게 실제로 어떤 의미가 있는지 알려 주지는 못한다. 중재 결과는 숫자만이 아니라 개인의 삶의 질을 높여 주는 실질적 기능을 보여 줄 때 사회적으로 타당한 결과라 할 수 있다. 중재 결과의 의미성에 대한 사회적 타당도 평가는 중재 결과가 중재 대상의 삶에 실질적으로 어떤 영향을 미쳤는지, 중재 결과에 영향을 받는 다른 사람들은 중재 결과를 어떻게 평가하는지를 검사하는 것이다. 중재 결과가 참으로 의미 있다고 밝혀지면, 그 중재는 현장에서 더욱 잘 사용될 것이다. 중재 결과의 의미성에 대한 검사는 중재의 진정한 성공 기준을 제시해 주는 것이다.

3 사회적 타당도 평가의 방법

사회적 타당도 평가의 주된 방법은 사람들에게 직접 중재에 대해 의견을 묻는 주관적 평가와 사회에서 받아들여질 만한 어떤 기준과 비교하는 규준 비교 평가가 있다. 그 외에도 지속성 평가와 역학 자료 평가 등이 있다.

1) 주관적 평가

(1) 주관적 평가의 의의

사회적 타당도의 주관적 평가란 중재의 목표나 절차, 결과에 대한 사람들의 개인적 의견과 관점에 관한 정보를 수집하는 것이다. 넓은 개념에서 보면 연구 질문의 목적을 평가하는 것이라고 할 수 있다. 주관적 평가의 가장 큰 장점은 실험 결과로 얻은 양적인 정보 외에 질적인 정보를 추가로 갖게 된다는 것이다. 또한 주관적 평가를 통해 연구의 종속 변수 범위가 넓어진다는 것도 큰 장점이다. 이는 주관적 평가를 통해 얻게 된 다양한 정보의 내용은 곧 독립 변수의 영향을 받았다는 것을 의미하기 때문이다. 이런 장점이 있지만, 주관적 평가는 질문이 긍정적인 답이 나오도록 치우쳐 작성될 수 있다는 단점도 있다. 또한 응답자들의 관점이 연구 대상의 변화를 의미 있게 반영하지 못할 수 있다는 것도 단점이다. 그리고 주관적 평가를 위해 제작된 질문지의 신뢰도와 타당도가 밝혀지지 않는 것도 단점이다. 결국, 참으로 유익한 연구 질문이라면 주관적 평가를 통해 얻게 되는 정보는 중요하다.

그런데 주관적 평가는 어디까지나 주관적인 것일 뿐이라고 주관적 평가의 무용론을 주장한 사람들도 있다(Lloyd & Heubusch, 1996). 하지만 그들도 동의하는 것은 어떤 정책을 결정할 때 그 문제에 관심 있는 사람들이 해결 방안 개발에 참여하면 그 해결 방안이 더 자주 사용되는 것처럼, 미래의 중재 사용자에게 중재 목표의 중요성에 대해 주관적 평가를 하게 하는 것이 중재 사용을 증가시킨다면 주관적 평가는 의미 있는 것이 될 수 있다는 점이다. 주관적 평가를 실행한 연구의 중재가 현장에서 얼마나 자주 사용되는지에 대한 상관관계를 조사하면 재미있는 결과가 나올 것이다.

(2) 주관적 평가의 대상

사회적 타당도에 대한 주관적 평가에서 평가 대상의 역할이 중요하다는 것에 대해서는 대부분 학자들의 의견이 일치한다(Schwartz, 1991). 주관적 평가는 중재 목표나 중재 절차, 중재 결과 등이 사회의 가치와 맞는지를 평가하는 것으로, 연구 대상이 속한 사회 구성원의 수용 정도를 나타내는 것이다. 이때 '사회'를 어떻게 정의할 것인지, 즉 누구에게 평가하게 할 것인지가 중요한 문제다. 왜냐하면 사회는 극단의 사람들이 모두 모여 있기 때문이며, 개인의 주관적 의견은 옳지 않을 수도 있고 서로 다를 수도 있기 때문이다. 그뿐만 아니라 긍정적 평가를 할 만한 사람만 모을 수도 있고, 어떤 사람들의 주관적 평가는 중재 목표가 연구 대상 본인에게 정말로 중요한지 결정하는 데 적합하지 않을 수도 있다. 따라서 중재 목표에 대한 주관적 평가를 할 경우, 연구 대상의 행동 때문에 영향을 가장 많이 받는 사람들에게 평가하게 하는 것이 좋다.

지금까지 사회적 타당도에 대한 주관적 평가는 주로 연구자나 치료자(실험자)가 아닌 다른 사람들에게 실시되었다(Carr, Austin, Britton, Kellum, & Bailey, 1999; Lloyd, & Heubusch, 1996; Storey, & Horner, 1991; Test, 1994). 연구자 외의 사람들에게 연구에 대한 평가를 받고자 할 때, 누구에게 그 평가를 하도록 할 것인지 결정해야 한다. 이 점에 대해서 Black과 Meyer(1992)는 사회적 타당도 평가는 평가자가 누구인가(즉, 연구 대상 본인, 부모, 교사, 학교 행정가, 이웃 등)에 따라 영향을 받았음을 밝혔다. 평가자에 따라 중요하게 여기는 기준이 다를 수 있으므로 누구에게 평가하게 할 것인지는 아주 중요한 문제다.

지금까지의 사회적 타당도 평가는 제한된 숫자의 사람에게만 의견을 묻는 정도의 수준이었는데(Lloyd & Heubush, 1996), 사회적 타당도 평가 대상을 어떤 한 부류의 사람으로 너무 제한해서는 안 된다. 사회적 타당도 평가의 목적이 중재의 실행 가능성에 대한 평가이므로, 직접적으로든 간접적으로든 중재의 실행 가능성에 영향을 미치는 모든 사람이 사회적 타당도 검사의 대상이 되어야 할 것이다. 그러므로 누구에게 평가하게 할 것인지가 결정되면 그들이 이 평가와 왜 관련이 되는지를 반드시 밝혀야 한다.

Schwartz와 Baer(1991)는 사회적 타당도에 대한 주관적 평가를 위한 정보 수집 대상을 '소비자'라고 칭하고, 그들을 다음 네 종류로 분류했다: 1) 직접 소비자, 2) 간접 소비자, 3) 근접한 사회 구성원, 4) 확장된 사회 구성원. 첫째, 직접 소비자란 중재를 직접 받는 연구 대상을 뜻한다. 예를 들어, 수중 상지 대칭 운동을 통해 편마비 아동의 상지 운동 기능이 향상되는지를 보려는 연구가 있다고 하자. 이 경우에, 직접 소비자는 수중 상지 대칭 운동을 하게 되는 편마비를 지닌 아동이다. 둘째, 간접 소비자란 연구가 진행되는 상황에 함께 있는 사람들로 중재에 의해 영향을 가장 많이 받는 사람을 의미한다. 간접 소비자는 중재를 직접 받는 사람은 아니지만 중재가 가져오는 직접 소비자의 변화에 가장 영향을 많이 받는 사람과 중재의 비용을 지불하는 사람 등이 여기에 해당한다. 예를 들어, 직접 소비자의 부모, 교사, 또래, 고용주 등이 해당된다. 이때 지불된 비용이란 공간, 시간, 돈 등의 객관적인 것도 있지만, 중재를 적용하는 동안의 고생과 괴로움 등의 주관적 비용도 포함된다(Littel & Witek, 1996). 위의 예에서 간접 소비자는 수중 상지 대칭 운동을 하는 편마비를 지닌 아이의 부모나 학급 교사가 될 수 있다. 셋째, 근접한 사회 구성원이란 연구에 의한 간접 영향을 받는 사람으로 연구의 직접 소비자나 간접 소비자를 직접 또는 간접적으로 만나는 사람을 의미한다. 즉, 간접 소비자만큼은 아니지만 직접 소비자와 정기적으로 상호 작용하는 사람이다. 예를 들면, 위의 예에서는 편마비를 지닌 아동의 학급에 있는 다른 아동들이나 그 학교에 있는 다른 교사들, 아동이 자주 이용하는 학교버스의 기사나 학원의 교사, 동네 놀이터의 아이들 등이다. 넷째, 확장된 사회 구성원이란 연구 소비자들과 직접 접촉하지는 않지만 연구에 의해 혜택을 보거나 손해를 볼 가능성이 있는 사람들로 같은 지역에 살고 있지만 직접 소비자를 모르는 사람을 의미한다. 예를 들어, 수중 상지 대칭 운동을 시키는 모든 다른 작업치료사들이나 재활의학 관계자 등으로, 연구 결과에 관심이 있을 수 있는 어떤 사람들이라도 여기에 해당될 수 있다.

사회적 타당도 검사 대상자를 이러한 네 종류의 소비자로 구분하여 각 소비자 부류의 정확하고 대표할 만한 의견을 수집하는 것이 필요하다. 검사 대상자로 다양한 사람들을 포함시키는 것은 결국 연구 대상에 대한 적절한 서비스를 제공하는 능력을 신장시켜 주고 연구 대상과 관련된 연구의 결과 사용을 증폭시키는 결과를 가져올 가능성이 커지게 한다(Storey & Horner, 1991).

그런데 사회적 타당도 평가를 대표적인 여러 부류의 사람에게 실시하는 것도 중요하지만, 평가 대상의 정확한 의견을 수집하는 것도 중요하다. 사회적 타당도 평가 대상들에게 검사 전에 교육이 충분히 주어지지 않으면 그들의 의견을 정확히 표현할 수 없다는 연구 결과가 있으므로(Lloyd & Heubusch, 1996), 평가 대상에게 평가 전에 교육이 제공되는 것이 필요하다. 따라서 분명히 효과적인 중재인데 사회적 타당도 평가 결과가 낮다면 평가 대상에 대한 교육의 유무를 검토해 볼 필요가 있다. Schwartz(1991)는 사회적 타당도 평가 대상에 대한 교육의 필요성을 상품과 소비자와의 관계에 비유하여 설명했다. 상품의 경우에 소비자에게 상품을 사기 전에 상품에 대한 정보를 주고 상품을 선택하도록 하면 상품에 대한 만족도가 높은 것으로 나타나는 것과 같이, 중재도 상품의 경우와 마찬가지로 연구자가 연구 대상이나 그와 관련된 자들에게 중재에 대한 정보를 주어 중재 선택의 의사결정을 하도록 한다면 중재에 대한 만족도가 높아질 것이라는 것이 그의 가정이다. 그러나 상업 상품과 달리 대부분의 대인 간 서비스 프로그램은 사전에 소비자가 쉽게 정보를 얻을 수 없는 실정이다. 따라서 연구자는 소비자에게 이용 가능한 다른 중재는 무엇인지, 그 중재에 접근할 수 있는 방법은 어떤 것인지 등의 정보를 제공해 주는 것이 바람직하다. 그러한 정보 제공은 중재에 대한 잘못된 개념을 감소시키고 중재의 사회적 타당도를 높이는 결과를 가져올 것이다. 그러나 이러한 소비자 교육 목적은 소비자 행동을 통제하려는 것이 아니라 소비자에게 대안적 지식을 제공해 주는 것에 대한 효과를 보고자 하는 것이어야 한다(Test, 1994).

(3) 주관적 평가의 방법

사회적 타당도에 대한 주관적 평가를 실시할 대상이 결정되면, 어떻게 평가할 것인지를 선택해야 한다. 지금까지 주관적 평가는 설문지 조사, 면담, 평정 척도 등을 사용하여 연구자 외의 사람들에게 중재의 목표에 대한 주관적 의견을 수집하거나, 중재 전후로 연구 대상이나 다른 사람에게 표적 행동의 향상이 있었는지 물어보거나, 연구 대상의 행동을 중재 전후로 견본을 뽑아서 전문가나 중재에 참여하지 않은 다른 사람들에게 행동 변화의 질적인 측면을 평가하게 해 왔다(Foster & Mash, 1999; Kennedy, 2002, 2005; Lloyd & Heubusch, 1996; Schwartz & Baer, 1991; Storey & Horner, 1991; Test, 1994; Wolf, 1978).

주관적 평가에 대한 정보를 수집하는 방법을 구체적으로 나눠 보면 다음 네 가지가 있다: 1) 설문 조사, 2) 강제 선택 조사, 3) 구조화된 면담, 4) 개방적인 면담. 첫째, 설문 조사는 사회적 타당도 평가에서 가장 흔하게 사용되는 방법으로, 여러 질문에 대한 응답을 서면으로 조사하는 것이다. 질문 내용의 예를 들면, 특정 상황에서 중재 절차가 수용 가능한 것인지를 물을 수 있다. 이를 위해 평정 척도 검사가 사용될 수 있다. 둘째, 강제 선택 조사는 정보 제공자가 가능하다고 생각하는 중재들을 제시하고 응답자가 선택하도록 하는 것이다. 예를 들어, 문제 행동을 감소시키기 위한 다양한 중재들을 제시하고 수용의 정도에 따라 정렬하도록 요구하는 것이다. 또는 정보 제공자들에게 그들이 중재를 받는 입장이라면 무엇을 선택할 것인지 묻는 방법일 수도 있다. 셋째, 구조화된 면담은 정보 제공자가 대답할 수 있도록 일련의 질문을 작성하여 직접 면담하는 방법이다. 이런 면담에서는 질문에 대한 답은 열려 있는 것이 아니라, '예.' '아니요.' '아마도' 등으로 답의 범위가 제한되어 있는 것이 전형적이다. 넷째, 개방적인 면담이란 정보 제공자가 얼마든지 대답의 범위를 확장시킬 수 있는 질문을 작성하여 이루어지는 면담을 의미한다. 예를 들어, 'ㅇㅇㅇ 중재에 대해 어떻게 생각하십니까?'라고 물을 수 있다.

그 외에도 중재 목표에 대한 주관적 평가를 위해, 연구 대상자나 다른 사람(전문가, 교사, 부모, 고용주 등)에게 연구 대상의 중재 목표를 직접 수립해 보도록 하는 방법도 사용할 수 있다. 예를 들어, 정신지체인의 직업 기술 중재에서 단순히 어느 한 직업 기술을 택하여 현재 수준을 기준으로 중재 목표를 세우는 것보다는, 연구 대상의 특성에 대한 정보를 주고 직업 현장의 감독에게 현장에서 필요한 기술과 요구되는 수준을 중심으로 중재 목표를 세워 보게 할 수 있다.

[그림 13-1]에 중재 후에 간접 소비자인 교사에게 중재 결과에 대해 주관적 평가를 하도록 작성한 질문지의 예를 제시하였다.

교사 평가지

학생 이름: _____   교사 이름: _____

날   짜: _____

💡 각 질문에 대해 자신의 의견을 가장 잘 표현한 것에 V표 하시오.

1. 이번 가을 학기의 수학 시간에 위 학생의 행동에 변화가 있었다면 전체적으로 그 변화는 어느 정도였나요?

   ① 훨씬 나빠짐   ② 좀 더 나빠짐   ③ 변화 없음   ④ 조금 향상됨   ⑤ 훨씬 향상됨

2. 이번 가을 학기의 수학 시간에 위 학생의 다음 행동은 구체적으로 어느 정도였나요?

   허락 없이 말하기

   ① 훨씬 나빠짐   ② 좀 더 나빠짐   ③ 변화 없음   ④ 조금 향상됨   ⑤ 훨씬 향상됨

   자리 이탈

   ① 훨씬 나빠짐   ② 좀 더 나빠짐   ③ 변화 없음   ④ 조금 향상됨   ⑤ 훨씬 향상됨

   소음 만들기

   ① 훨씬 나빠짐   ② 좀 더 나빠짐   ③ 변화 없음   ④ 조금 향상됨   ⑤ 훨씬 향상됨

   물건/친구 만지기

   ① 훨씬 나빠짐   ② 좀 더 나빠짐   ③ 변화 없음   ④ 조금 향상됨   ⑤ 훨씬 향상됨

   다른 곳 쳐다보기

   ① 훨씬 나빠짐   ② 좀 더 나빠짐   ③ 변화 없음   ④ 조금 향상됨   ⑤ 훨씬 향상됨

3. 선생님이 관찰한 학생의 행동 변화에 있어서 중재의 영향은 어느 정도라고 생각하나요?

   ① 모르겠음   ② 약함   ③ 보통 정도   ④ 강함   ⑤ 없음

4. 이번 가을 학기의 다른 수업 시간에 위 학생의 행동에 변화가 있었다면 전체적으로 그 변화는 어느 정도였나요?

   ① 훨씬 나빠짐   ② 좀 더 나빠짐   ③ 변화 없음   ④ 조금 향상됨   ⑤ 훨씬 향상됨

5. 이런 중재를 교실에서 직접 사용하는 것에 어느 정도 관심이 있나요?

   ① 관심 없음   ② 약간 있음   ③ 많이 있음   ④ 모르겠음

   다른 의견:

   _____

   _____

출처: Kim(1994).

[그림 13-1] 주관적 평가지의 예

[그림 13-1]은 Kim(1994)이 자기 관리 기법들이 학생의 수업 방해 행동에 미치는 영향을 연구한 자신의 논문에서 중재 실행이 끝나고, 교실의 교사에게 연구에 대해 주관적 평가를 하도록 한 질문지의 내용이다.

(4) 주관적 평가의 시기

사회적 타당도 평가를 위한 주관적 평가는 대부분 연구가 끝난 후에 한 번 실시하는 것으로 인식되어 왔으나, 일회적이 아니라 계속 반복되는 과정이어야 한다는 주장이 많다(Finney, 1991; Foster & Mash, 1999; Schwartz & Baer, 1991). 즉, 연구 목표의 중요성, 연구 절차의 적절성, 연구 결과의 의미성에 대한 검사는 연구가 실시되는 전 과정 어느 때라도 실시할 수 있어야 한다는 것이다. 개별 대상 연구는 유연성이라는 특성 때문에 연구 도중 어느 때에라도 사회적 타당도 평가를 실시할 수 있고 그 결과를 적용할 수 있다는 장점이 있다. 사회적 타당도의 구체적 평가 시기는 평가 목적이나 내용에 따라 달라질 수 있다. 예를 들어, 중재 목표의 중요성은 문제 행동을 결정할 때 평가하고, 중재 절차의 수용성은 문제 행동을 분석하고 중재 계획을 세울 때에 평가하고, 중재 결과의 의미성은 중재 종료 후 문제 행동의 평가 때 검사하는 것이 일반적이다.

Kennedy(1992)는 사회적 타당도 평가를 평가 방법(규준 비교, 주관적 비교), 평가의 영역(중재 목표, 중재 절차, 중재 결과), 평가의 시기(중재 전, 중재 후)의 조합에 따라 12가지로 제시했다. 그러나 그들이 언급한 것처럼 사회적 타당도 평가를 중재 전이나 후로 일회적으로만 실시하여 검사 결과의 내용만 발표하는 것으로 끝낸다면, 이는 효과적 중재의 보급이라는 사회적 타당도 평가 목적과 일치하지 않는다. 중재의 보급을 위해서는 연구 전체 과정에 걸쳐 반복적으로 사회적 타당도 평가를 실시하여야 하고 그 평가 결과는 반드시 적용되어야 한다(Finney, 1991). 이는 응용 행동 분석에서 강조하는 형성적 평가의 의미라고 할 수 있다. 연구자는 문제해결을 위해 중재를 실행·평가하고, 중재 결과로 영향을 받는 사람들은 중재 절차와 연구 결과에 대한 평가를 제공하고, 연구자는 그 평가를 바탕으로 중재를 변화시키거나 향상시켜서 중재를 다시 실행하고, 중재 결과로 영향을 받는 사람들은 중재를 다시 평가하는 반복적인 상호 작용 과정이 되어야 한다는 것이다. 이러한 상호 작용 과정을 통해 사회적 타당도 평가 대상은 중재 목표와 결과의 중요성 등을 더 잘 알게 되고, 연구자는 중재나 중재 결과의 장·단점을 명확히 알게 된다. 즉, 사회적 타당도 평가 과정을 통해 연구자와 사회적 타당도 평가 대상이 서로 변화하는 혜택을 받게 될 것이다. 이러한 상호 작용이 이루어져야만 사회적 타당도가 낮은 것으로 평가 결과가 나타나도 실패로 간주되는 것이 아니라, 그 결과를 기초로 해서 새로운 중재를 만드는 데 유용하게 쓸 수 있다. 사회적 타당도 평가 결과를 적용하는 과정을 통해 사회적 타당도 평가 대상은 자신의 의견이 유용했음을 알게 되고 계속해서 더욱 충실한 피드백을 줄 수 있을 것이다. 그런데 평가 결과를 적용하지 않더라도 사회적 타당도를 평가하는 것 자체만으로도 중재 사용을 증가시킬 것이라는 주장도 있다(Lloyd & Heubusch, 1996). 하지만 사회적 타당도 평가 결과의 적용 효과는 추측 또는 가정될 것이 아니라 연구를 통해 객관적으로 검증되어야 한다.

(5) 주관적 평가의 자료 분석

사회적 타당도를 평가하기 위한 주관적 평가 방법을 선택하여 정보를 수집한 다음에는 수집된 자료를 분석해야 하고, 분석된 자료는 연구에서 명백하게 밝혀야 한다. 만약 자료가 수량화할 수 있는 것(예: 리커트 척도, 목록형의 예/아니요 질문)이라면, 기술 통계 분석으로 자료 범위와 평균 등을 보고해야 한다. 아니면 각 질문에서 선택한 답의 수가 어느 정도인지 보고하는 방법도 있다(예: 1번 문항에서 ①을 선택한 사람은 ○○명). 만약에 자료가 개방형 질문에 대한 구술 대답과 같이 질적인 것이라면, 자료의 질적 분석을 위해 가장 많이 쓰이는 내용 분석(content analysis)을 적용할 수 있다. 내용 분석이란 응답자의 각 질문에 대한 여러 답들을 주제별로 정렬하여 범주화하고 각 범주에 해당하는 답의 수를 응답자에 대한 백분율로 계산하거나, 질문에 대한 답의 하위 범주들을 제시하고 실제 응답한 내용들을 범주별로 제시하는 방법이 있다. 이러한 분석에서는 수집한 자료의 특성이 잘 드러나도록 명확하고 간결하게 정리하여 표현하는 것이 중요하다. 내용 분석의 예로는 Cox와 Kennedy(2003)의 연구를 참고할 수 있다.

(6) 주관적 평가의 유의 사항

사회적 타당도 평가를 위한 주관적 평가를 할 때에 주의해야 할 점은 다음과 같다. 첫째, 사회적 타당도 평가에서 주관적 평가를 사용할 경우, 목적에 따라 평가의 구체적 내용을 결정할 수 있는 기준이 제시되어야 한다. 특히, 검사의 질문 내용에서 사회적 타당도 평가의 세 영역(중재의 목표, 절차, 결과)과 관련 없는 변수들을 구별해야 한다. 둘째, 사회적 타당도 평가는 다양한 사람들에게 실시되어야 한다. 평가하는 사람의 수가 많으면 평가 결과의 외적 타당도는 높아지겠지만, 단순히 검사 대상의 숫자만 늘리는 것보다는 전체 검사 대상을 대표할 만한 사람들을 선정하는 것이 더 중요하다. 중재의 실행 가능성에 영향을 주는 사람들을 고루 대표할 수 있는 평가 대상자를 선정해야 한다. 셋째, 사회적 타당도 평가는 연구의 전 과정 중 어느 때라도 실시될 수 있어야 하며, 검사는 일회로 끝나는 것이 아니라 다시 적용되는 상호 작용 과정을 이루어야 한다. 넷째, 사회적 타당도 평가의 신뢰도와 타당도 검사가 있어야 한다. 특히 주관적 평가를 사용할 경우는 사회적 타당도 검사 결과를 신뢰할 수 있다는 입증이 필요하다. 또한 사회적 타당도 평가가 잴 것을 재고 있는지, 즉 사회적 타당도 평가 목적을 얼마나 잘 검사하고 있는지에 대한 평가가 있어야 한다. 다섯째, 사회적 타당도 평가 방법은 사용하기 쉬워야 한다. 즉, 체계적으로 사용할 수 있고, 평가 결과를 객관적으로 해석하고 적용할 수 있어야 한다. 여섯째, 사회적 타당도 평가는 공정하게 이루어져야 한다. 평가 대상의 익명이 보장되어야 하며, 평가 결과에 대한 연구자의 기대가 표현되지 않아야 한다. 일곱째, 사회적 타당도 평가는 평가 대상의 정확한 의견을 수집해야 한다. 평가 대상에게 필요한 정보를 충분히 제공해야 한다는 뜻이다. 여덟째, 사회적 타당도 평가 결과는 중재 효과에 대한 객관적 자료와 함께 제시되어야 한다. 사회적 타당도 평가는 중재 효과를 평가하는 것이 아니므로 중재 효과에 대한 보충 자료로 사용되어야 한다. 아홉째, 사회적 타당도에 대한 주관적 평가는 다른 평가와 함께 사용되어야 한다. 예를 들어, 주관적 평가는 형편없지만 규준 비교는 반대로 나타나는 경우도 있을 수 있다. 규준 비교와 주관적 평가를 함께 사용하여 검사하는 것이 바람직하다.

여덟째의 주의 사항에 대해 좀 더 설명하고자 한다. 중재 결과의 의미성에 대해 주관적 평가를 할 때는 반드시 중재 효과에 대한 객관적 평가와 병행하는 것이 효과적이다. 즉, 행동의 변화에 대한 질적 평가는 양적 평가와 병행되어야 한다는 의미다. 예를 들어, 수업 방해 행동이 중재를 통해 감소되었다는 객관적 측정 결과에 덧붙여, 교사, 또래, 연구 참여자 등에 의해 중재결과가 의미 있다고 보고된 주관적 평가를 더한다면 중재 결과의 의미성을 더욱 강조해 줄 것이다. 반대로 중재를 통해 말더듬 행동이 감소했다는 직접 관찰 자료가 있어도 또래 친구들이 중재 대상의 말더듬 행동이 여전히 문제가 된다고 평가한다면 중재 결과는 큰 의미를 갖지 못하는 것이다. 사회적 타당도를 검사한 연구들을 검토한 Storey와 Horner(1991)의 연구에서 검토된 189개 연구 중 50개 연구가 중재 결과의 의미성을 검사했으며, 그중 90%는 연구 대상의 행동 변화에 대한 직접 관찰 자료를 입증하기 위해 중재 결과에 대한 주관적 평가를 부수적으로 사용한 것으로 나타났다. 이는 많은 연구자들이 중재 결과에 대한 주관적 평가는 행동의 객관적 자료와 함께 사용될 때 중재 결과의 의미성을 더 효과적으로 보여 줄 수 있는 것으로 여기고 있음을 시사한다.

이렇듯 주관적 평가는 흔히 효과성에 대한 객관적 측정과 높은 상관관계를 보일 것 같으나 그렇지 못한 경우들도 있으므로 주의해야 한다. 그런 차이가 발생할 수 있는 이유를 Wolf(1978)는 다음 세 가지로 추정했다. 첫 번째 이유는 주관적 평가를 제공하는 사람이 평가에 영향을 주기 위해 정치적이 될 수 있고, 평가자는 자신이 평가했다는 사실이 알려지면 피해를 입지 않을까 염려할 수 있는 경우가 있기 때문이다. 따라서 평가자가 정당하고 공평하게 평가할 수 있는 환경이 제공되어야 한다. 두 번째 이유는 평가자는 객관적 자료 측정 내용이 아닌 것, 즉 표적 행동이 아닌 것에 민감하게 반응할 수 있기 때문이다. 예를 들면, 객관적 측정을 통해 보면 아동의 수업 방해 행동은 감소하지 않았으나, 교사는 아동의 표정이 밝아진 것을 보고 수업 방해 행동이 향상되었다고 주관적으로 평가할 수 있다. 또한 연구 대상의 행동은 실제로 변했는데도 연구 대상을 평가하는 사람의 선입견 같은 주관적 판단은 변하지 않을 수도 있다. 따라서 중재 결과의 의미성을 중재 결과의 효과성과 관련지을 수 있는 측정 체계를 만들 필요가 있다. 세 번째 이유는 주관적 평가의 신뢰성이 문제가 되기 때문이다. 이 문제에 대해서는 주관적 평가를 믿을 수 있는지 신뢰도 검사가 이루어져야 한다.

종합하면 주관적 평가를 통해 사회적 중요성을 강조하고 싶으면, 중재 결과에 대해 평가자가 공정하고, 정확하고, 믿을 만한 평가를 할 수 있는 체계가 이루어져야 한다는 것이다. 그리고 중재 결과의 의미성에 대한 검사 결과는 중재의 효과성에 대한 직접적 평가가 아니라 중재 결과의 객관적 평가에 대한 보충 자료로만 사용되어야 함을 잊어서는 안 된다.

2) 규준 비교

(1) 규준 비교 평가의 의의

규준 비교(normative comparison) 평가는 주관적 평가의 질적인 정보에 대한 우려에서 나오게 된 사회적 타당도 평가 방법이다. 규준 비교는 Van Houten(1979)이 제안한 것으로, 연구의 목표와 결과를 사회적 규준에 비추어 보는 것이다. 즉, 규준 비교 평가는 중재 목표나 중재 결과의 의미성을 규준과 비교하여 그 규준에서 일탈된 정도를 증명하는 방법이다(Deitz, Cullinan, & Epstein, 1983; Foster & Mash, 1999; Lloyd & Heubusch, 1996). 예를 들어, 지적장애인에게 식사 행동(예: 식기 도구 사용하는 행동, 식사 중 음식 흘리는 행동, 흘린 음식 주워 먹는 행동)을 향상시키기 위한 중재를 실시한 경우, 중재 결과를 중재 전과 비교하여 향상된 정도를 입증할 수도 있지만, 식당에서 음식을 먹는 일반인들의 식사 행동 규준과 비교하여 그 규준 내에 들어온 것을 보여 준다면 중재 결과로 변화된 식사 행동의 의미성을 더욱 잘 설명해 줄 수 있을 것이다. 다시 말하자면, 중재 목표의 중요성을 평가하기 위해서는 연구 대상의 문제에 대한 목표가 어떤 규준에 비교하여 벗어나지 않으면 타당하다고 보고, 중재 결과의 의미성을 평가할 때는 중재 결과가 규준과 비교하여 그 규준의 수준 내에 들어올 때 중재 결과(행동의 변화)를 사회적으로 타당하다고 판단하는 것이다.

사회적 타당도 평가를 위한 규준 비교 평가의 가장 큰 장점은 중재의 목표를 설정하는 데 명백한 기초를 제공한다는 것이다. 예를 들어, 교육 연구에서 어떤 아이의 행동이 규준에서 벗어난 정도가 심하다면, 연구를 통한 그 아이의 행동 변화는 중재가 필요 없는 보통 아이들 또는 그 이상의 수준이기를 기대할 수 있다. 이럴 때 규준을 위한 자료 수집이 필요하다. 또한 규준 비교 평가는 중재 실행이 끝난 다음에 연구 대상의 행동이 사회적으로 받아들여지는 또래들의 행동 수준 범위 안에 들어가는지에 대한 기준을 제공하고, 사용된 규준 비교 자료는 논리적으로 중재 효과를 입증할 수 있는 근거가 되기도 한다.

하지만 이후의 유의사항에서도 설명하겠지만 규준을 제시하기 위해 선택한 집단이 정말로 규준 집단인지에 대한 우려가 있다. 즉, 선택된 규준이 참 표준이 되는 행동 수준보다 너무 높거나 낮을 수 있다는 것이다. 그런데 어떤 연구 대상은 표준으로 제시한 목표에 도달하는 것이 불가능한 경우도 있고, 때로는 어떤 연구 대상에 대한 중재의 성공이 반드시 표준 집단 사람들의 평균 수준 이상이어야 할 필요가 없는 경우도 있기 때문에 주의해야 한다. 그럴 때 규준은 오히려 중재 효과를 판단하는 데 방해가 되기도 한다.

(2) 규준 비교 평가의 방법

연구자는 규준 비교 평가를 하기 위해서는 비교하는 것을 중재 목표에 둘 것인지 아니면 중재 결과에 둘 것인지를 먼저 결정해야 한다. 즉, 규준을 목표로 제시하고 목표 지점에 도달하는지를 볼 것인지, 목표 제시 없이 중재를 실시하고 중재 결과를 규준과 비교할 것인지를 결정해야 하는 것을 의미한다. 두 가지 방법 모두 실시하는 것이 바람직하다. 즉, 도달해야 할 중재 목표를 설정하고, 목표에 도달한 후에 그 중재의 결과가 전형적이거나 바람직하다고 여길 수 있는 규준에 비추어 보아도 가치가 있는지 증명하는 것이다.

또한 연구자는 연구의 관심이 되는 표적 행동에 대한 규준이 되는 집단을 선택하고, 그 집단의 행동을 자연스런 상황에서 관찰하여 자료를 수집해야 한다. 이렇게 수집된 자료를 요약하면 중재의 목표와 결과의 중요성과 의미성 평가를 위해 사용할 수 있다. 이때 선택할 규준 집단은 연구 대상의 표적 행동에 대한 전체적인 양상을 보여 주거나 표적 행동의 바람직한 수준으로서의 예가 될 수 있는 집단이어야 한다. 일찍이 규준 비교를 강조한 Walker와 Hops(1976)는 중재 결과로 나타난 행동 변화를 중재 전의 수준과만 비교하는 것보다 중재 결과를 평가할 수 있는 객관적 기준이 분명히 있어야 한다고 주장하면서 장애 아동의 행동 변화는 비장애 또래의 행동을 규준으로 하여 비교할 것을 강력하게 제안했다. 그들은 비장애 또래의 행동 자료를 규준으로 할 때 연구 대상과 같은 시기에 같은 환경에 있는 비장애 또래의 행동을 측정하여 사용하여야 중재 결과가 사회적으로도 의미 있음을 입증할 수 있다고 했다. 그들은 일반 학교에서 품행 문제가 있다는 학생들의 행동 문제를 연구했는데, 행동 규준으로 교사가 제안한 교실에서의 바람직한 행동과 바람직하지 못한 행동 목록을 사용했다. 그들은 독립된 다른 교실에서 품행 문제가 있는 연구 대상에게 중재를 실시하여 행동 수준이 일반 학생들과 비슷해졌을 때 연구 대상들을 일반 교실에 통합하여 연구 대상의 행동이 일반 학생들 수준만큼 유지되는지를 연구했다. 즉, 품행 문제가 있는 연구 대상의 행동 변화에 대한 규준 비교 자료로 일반 학생의 행동 수준을 사용하였다.

또 다른 연구의 예로는, 양명희와 김황용(1997)의 연구가 있다. 그들은 녹화된 자기 행동을 비디오 테이프를 통해 관찰하는 기법이 초등학교 고립 아동의 사회적 행동에 미치는 영향을 보고자 했다. 그들은 중재 결과에 대한 사회적 타당도를 평가하기 위해 일반 또래 아동의 사회적 행동을 관찰했다. 이때 관찰된 일반 또래는 연구 대상과 같은 교실에 있는 아동들로, 담임이 사회적 행동이 바람직하다고 인정하는 아동 중에서 무작위로 선택한 네 명의 아동들이다. 이 일반 또래 아동들의 자료는 중재 적용 후, 연구 대상의 변화된 행동이 일반인들에게 받아들여질 만한 범주 안에 있는지 평가하기 위한 것이었다. 중재 결과는 연구 대상별로 조금씩 달랐는데, 한 명의 연구 대상은 중재 기간과 유지 기간 동안에 또래와의 긍정적인 대인 행동이 기초선 자료보다 높았을 뿐 아니라 규준 비교를 위한 또래 아동들의 평균보다 높게 나타나, 연구 대상의 행동 변화가 교사에게 받아들여지는 수준까지 향상되었음을 입증했다.

(3) 규준 비교 평가의 유의 사항

규준 비교 평가는 연구자가 중재 목표의 중요성을 객관적으로 제시해 줄 수 있다는 장점이 있지만, 무엇이 규준이 되는지 결정해야 하는 문제가 남아 있다. 규준 비교는 모집단을 무선 표집하여 모집단을 대표하는 규준을 구해야 하는데, 모집단을 대표하는 집단을 구하기도 어렵지만, 무엇을 모집단으로 해야 하는지도 결정하기 어렵다. 신뢰할 만한 규준을 만드는 것은 시간과 비용이 너무 많이 요구되는 작업으로, 중재를 실행하는 원래의 연구보다 더 크고 복잡한 연구가 될 수 있다. 또한 규준 비교를 사용할 경우, 진정한 규준을 정하기가 어렵다는 것이 문제다. 어떤 중재 목표는 규준과 상관없이 윤리적 또는 법적 근거에 따라 정당화되어야 하는 것도 있다. 예를 들어, 십 대의 성 행동이나 흡연이 십 대들 사이에서 숫자로 볼 때 평균을 차지하는 것이라고 해서 그것을 규준으로 정할 수는 없다. 그뿐만 아니라 어떤 행동은 규준에서 벗어났다 하더라도 개인 삶의 기능에 문제가 되지 않는 경우도 있다. 또한 규준 비교를 사용하는 경우에는 중재 목표의 사회적 수용도를 알기는 어렵다. 즉, 규준 비교는 규준이라는 객관적 수치만 나타낼 뿐, 중재 목표가 사회적 가치와 얼마나 일치하는지 그 정도를 나타내 주지는 못한다.

연구 대상의 표적 행동과 똑같은 문제 행동이 없는 일반 아동의 행동 수준을 사회적 타당도 평가 기준으로 해야 한다는 Walker와 Hops(1976)의 주장은 사회적 통합의 입장에서 볼 때는 성공적인 중재의 기준이 된다고 볼 수 있다. 그러나 비장애 아동의 행동이 장애 아동의 행동에 대한 비교 기준이 될 수 있는지에 대해서는 여전히 논란이 많다(Storey & Horner, 1991). 특히 중증의 장애 아동의 행동은 비장애 아동의 행동을 기준으로 평가하기 어렵다. 모든 장애 아동과 비장애 아동의 행동 기준이 될 수 있는 한 가지 규준을 제시하기 어렵다는 뜻이다. 규준 비교 평가를 할 경우 무엇을 규준으로 할 것인지에 대한 결정이 선행되어야 하고, 그것이 왜 규준이 되는지 설명되어야 한다.

또한 규준 비교는 (제시된 규준이 무엇이든지) 행동 변화의 양과 질이 개인의 삶에서 실제로 기능적 변화를 가져왔는지 보여 주지 못하는 경우가 있다(Gresham & Lopez, 1996; Kazdin, 1977). 예를 들어, 글을 읽지 못하던 15세 아동이 글을 읽을 수 있게 되었으나 아동의 생활 연령을 기준으로 하는 규준 범위에는 미치지 못한 경우, 규준 비교로 보면 중재 결과는 의미 없는 것이 되겠지만, 아동의 개인의 삶에는 엄청난 기능적 변화가 일어난 것이다. 역으로 또래와 견줄 만큼의 변화는 가져왔지만 변화된 행동이 개인에게 크게 기능적이지 못할 수도 있다. 예를 들어, 중재를 통해 데이트 기술은 또래 수준 만큼 향상되었지만 실제로 이성과 상호 작용하지 못한 경우나, 중재로 산술 계산은 규준범위만큼 하게 되었지만 가게에 가서 물건을 사고 돈 계산을 하지 못하는 경우다. 이와 같이 규준 비교 평가는 중재 결과의 실제적 의미성을 반영해 주지 못하는 경우가 있으므로, 중재 결과에 대한 기능적 평가가 요구된다.

이러한 문제점이 있을지라도, 규준 비교 자료는 중재를 통해 얼마나 많은 변화를 이루었는지, 규준 범위에 들어가기 위해 앞으로 얼마나 더 많은 변화가 필요한지를 측정하는 유용한 안내자 역할을 해 주는 데 큰 의의가 있다.

3) 기타 사회적 타당도 평가 방법

시간이 지나도 중재가 지속적으로 사용되는 정도도 사회적 타당도의 한 지표가 될 수 있다(Kennedy, 2002). 지속성이란 연구가 종료되고 연구자가 더 이상 개입하지 않는데도 중재 절차나 결과가 사람들에 의해 계속 사용되는 것을 의미한다. 지속성을 사회적 타당도의 지표로 보는 것은 Baer와 Wolf, Risely(1987)가 '만약 중재가 사회적으로 무가치하다면, 설령 그것이 표적 행동을 완전히 바꾸고 투자에 대비하여 효율적이라고 하더라도 효과적이라고 할 수 없다. 사회적 타당도는 중재 효과를 위한 충분조건이 아니라 필요조건이다.(p. 323)'라고 지적한 데서 기인한다. 그러므로 어떤 중재가 계속 사용된다면 그 중재는 사회적으로 타당한 질적인 무언가를 구성하고 있다는 것을 의미한다. 예를 들어, 프로그램의 참여자가 거기에서 사용된 절차나 그로 말미암은 결과를 바람직하다고 여긴다면 그런 프로그램의 사용은 계속 유지될 것이다.

지속성이 사회적 타당도의 지표로서 갖는 장점은 표면 타당도다. 어떤 중재의 사용이 계속 지속된다는 것은 거기에 뭔가가 있어서 이용자들을 강화하고 있다는 의미다. 따라서 지속성은 주관적 평가를 통해 알고 싶은 것에 대한 실질적 테스트라고 할 수 있다. 하지만 지속성을 평가하기 위해서는 논리적으로 실현 가능하지 않을 만큼 너무 긴 시간이 요구될 수 있다. 또한 연구자에게는 알려지지 않은 어떤 변수들이 중재가 계속 사용되게 하는 데 영향을 줄 수도 있다. 예를 들어, 어떤 법률 규정 같은 경우에 그것이 사람들에게 해로운 것일지라도 정치적 이유나 또 다른 이유로 지속되는 경우다. 그럴 경우에는 지속성만으로 중재가 타당하다고 할 수는 없다. 그러므로 지속성은 중재의 절차와 결과가 어느 정도 사회적 타당도를 가지고 있다는 간접적인 지표이지 절대적인 것은 아니다.

사회적 타당도로서 지속성을 평가한 연구의 예는 Altus와 Welsh, Miller, Merrill(1993)이 수행한 연구다. 그들은 대학생들이 자신들의 주거환경을 관리하는 책임에 대해

대학생 협동조합의 새로운 회원을 교육하는 것에 관한 연구를 했다. 벌금을 후속결과로 사용했더니, 학생들은 새로운 회원에게 주거 관리에 관한 훈련 자료를 숙지하도록 교육했다. 처음 14주 동안은 후속 결과를 연구자들이 조정했고, 그 뒤로는 프로그램을 대학생 협동조합이 관리하도록 넘겼다. 새로운 회원에게 주거 관리에 대한 훈련 자료를 숙지하도록 하고 있는지 9년 뒤에 조사했을 때, 처음 연구자들이 후속 결과를 조정할 때의 수준을 그대로 유지하고 있었다. 벌금이라는 조치가 주거 환경을 관리하도록 교육하는 데 유용하고 수용할 만한 것임을 보여 준 것이다.

Rusch와 Kazdin(1981)은 중재 결과의 유지를 연구할 수 있는 방법들을 제안했다. 그들은 여러 가지 가설적인 자료를 보여 주는 그래프를 제시하면서 다양한 중재 제거 설계를 이용하여 중재의 구성 요소를 하나씩 제거해 보면 중재 효과의 유지를 보여 줄 수 있다고 제안했다. 이는 3장에서 소개한 연구 질문의 종류에서 매개 변수적 질문과 구성 요소 분석 질문에 대한 설명과 연결해서 이해할 수 있을 것이다. 즉, 요소 분석은 연구자가 독립 변수의 요소 중에서 하나 또는 그 이상의 요소를 제거하여 그 효과를 평가하고 다시 원래의 모든 요소를 포함하는 조건으로 되돌아가도록 하는 것이다. 이런 분석을 통해 소비자에 의해 유지될 수 있을 만큼 꼭 필요한 요소가 무엇인지 알 수 있게 된다. 매개 변수적 분석을 통해서는 중재의 수준을 달리하여 중재 효과가 지속될 수 있는 수준을 찾는 것이다. 이런 실험은 중재가 어떻게 지속되는지뿐 아니라 왜 지속될 수 있는지에 대한 정보도 제공해 준다.

주관적 평가나 규준 비교 평가 외에, 중재 목표의 중요성을 검사하는 것으로 어떤 행동의 수행과 명백하게 드러난 그 행동의 결과와의 상관관계를 밝히는 방법도 있다(Hawkins, 1991). 예를 들어, 담배 피우는 행동과 담배 피우는 사람들이 갖고 있는 질병과의 상관관계 연구 결과는 담배 피우는 행동의 심각성과 금연 중재의 중요성을 입증해 준다.

또한 중재 목표의 중요성을 입증하고 우선순위를 결정하기 위해 역학(疫學) 자료를 사용하자는 주장도 있다(Winett, Moore, & Anderson, 1991). 역학은 원래 인간 질병의 발생률과 여러 요인 간의 관계를 연구하고 전염병이나 유행병에 관한 조사, 연구, 진단, 예방 등을 다루는 것이다. 역학에서는 질병이 있는 자와 없는 자의 질병 이전의 역사를 분석해서 질병과 관련 있는 요인을 찾고, 질병 요인을 지닌 자와 질병 요인이 없는 자를 일정 기간 동안 추적해서 질병률을 결정하는 방법을 사용한다. 예를 들어, 아동의 문제 행동에 대한 역학적 자료에 기초하여 표적 행동을 선택하고 중재 목표를 결정하는 것은 합리적인 방법이 될 수 있다. 비행, 학업 중단, 자살, 범죄 등과 같은 심각한 결과를 가져오는 사회적 고립 행동과 관련된 요인들을 지닌 아동의 비율에 관한 자료는 고립 행동과 관련된 요인에 대한 예방적 중재 목표의 중요성을 입증해 줄 수 있을 것이다. 또한, 비록 사회적 고립 행동의 출현율이 낮다 해도 그 문제의 심각한 결과에 대한 자료는 현재 아동의 고립 행동에 대한 중재 목표의 중요성을 입증해 줄 수 있다.

4 사회적 타당도 평가의 유의 사항

사회적 타당도는 중재 목표의 중요성, 중재 절차의 수용성, 중재 결과의 의미성 영역에서 검사되어야 한다는 점에 동의하는 연구는 많지만, 세 가지 영역에서 구체적으로 어떤 내용을 조사할 것인지 기준을 제시한 연구는 드물었다. Gresham과 Lopez(1996)가 중재 목표의 중요성, 중재 절차의 적절성, 중재 결과의 의미성에 따라 구분하여 사회적 타당도 평가를 위한 면담 질문 21개를 그의 논문 부록에 제시한 바 있다. 또한 Fawcett(1991)은 중재의 목표, 절차, 결과라는 이 세 영역을 다시 3단계 수준으로 세분하여 검사할 것을 제안했다. 그는 중재 목표의 중요성은 광의의 사회적 목표(broad social goal), 행동 영역(behavioral categories), 세부적 반응(discrete responses)으로 구분하고, 중재 절차의 수용성은 포괄적 프로그램(comprehensive programs), 전체로서의 중재(treatment packages), 구체적 절차(specific procedures)로 구분하며, 중재 결과의 의미성은 가장 근접한 결과(proximal outcomes), 중간 단계의 결과(intermediate outcomes), 가장 멀리 있는 결과(distal outcomes)로 구분하여 질문 내용을 만들자고 했다. 사회적 타당도 평가 내용을 결정하는 것에 대한 기준이 없으면 연구자에 따라 평가 내용이 강조하는 것이 달라지고, 그에 따라 서로 다른 답이 나올 수 있으므로 그 평가 결과를 일반화하기도 어렵게 된다. Fawcett(1991)의 제안을 기초로 하여 사회적 타당도 평가에서 중재의 목표, 절차, 결과의 각 영역과 직접 관련이 있는 변수들과 관련 없는 변수들을 구별하여 밝히고, 사회적 타당도 평가의 구체적 목적과 일치하는 평가 내용을 결정할 수 있는 체계적 기준을 제시하는 연구가 계속되어야 할 것이다.

앞에서 살펴본 바와 같이 사회적 타당도 평가에서 평가 대상의 의견은 대단히 중요한 몫을 차지하지만, 그 의견이 언제나 옳은 것은 아니다. 중재 목표를 결정하고, 중재를 선택하고, 중재 결과를 평가하는 과정에서 전문가의 의견이기 때문에 무조건 수긍하는 것도 문제가 있지만, 연구 대상이나 그의 관련자들이 원하기 때문에 선택하고 따르는 것도 옳지 않다. 연구자와 임상가는 전문가로서 연구 대상이나 그의 관련자들의 '원함(want)'과 '필요(need)'를 구분하고 그들의 필요를 충족시킬 수 있어야 한다(Gresham & Lopez, 1996). 그뿐만 아니라 연구 대상이나 그와 관련 있는 자들에게 유익한 결과를 가져올 수 있는 중재 목표와 중재 절차를 성공적으로 실행하는 것 또한 전문가의 몫이다. 사회적 타당도 평가는 전문가들이 그렇게 할 수 있도록 도와주는 보충 자료의 역할을 하는 것이다.

사회적 타당도 평가는 중재의 실행 가능성을 평가하는 것으로, 밖으로는 연구 목적이 달성되었는지 확인해 주고, 안으로는 연구자의 성과에 대한 확신을 도와주는 것이다. 실험을 통하여 강력한 중재 효과를 입증하고, 사회적 타당도 평가를 통하여 긍정적인 평가를 받는 중재는 널리 보급되어 사용될 수 있을 것이다. 중재 효과와 사회적 타당도를 동시에 보여 줄 수 있는 연구가 계속되어야 한다. 이를 위해, 개별 대상 연구에서 관찰자 간 일치도처럼 사회적 타당도 검사가 개별 대상 연구의 한 규정이 되는 것이 바람직하다.

제**14**장

반복 연구

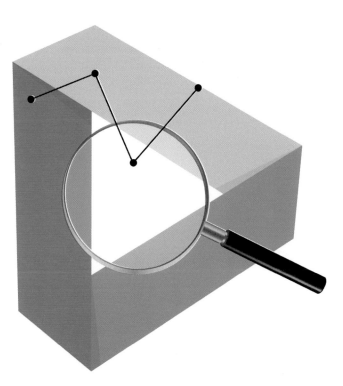

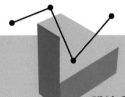

핵심 용어의 정의

직접 반복 연구

같은 연구 내에서 같은 연구 대상에게 중재 효과를 반복 입증하는 연구다.

임상적 반복 연구

직접 반복의 한 형태로, 동일한 연구에서 두 가지 이상으로 구별되는 중재로 구성된 중재 패키지를 동질의 비슷한 문제를 나타내는 사람들에게 특정 장소에서 실행하는 연구다.

체계적 반복 연구

독립 변수, 종속 변수, 연구 대상 등을 원래 연구와 조금씩 다르게 변경하여 중재 효과를 분석하고자 하는 연구다.

　1장과 2장에서 개별 대상 연구는 반복 연구를 통해 연구의 외적 타당도를 높일 수 있다고 했다. 그런데 반복 연구란 단순히 하나의 연구를 그대로 동일한 대상에게 다시 실시하는 것을 의미하지만은 않는다. 여기에서는 반복 연구가 왜 필요한지 알아보고, 반복 연구의 세 가지 종류를 살펴본 후, 반복 연구의 실패는 어떤 의미가 있으며 반복 연구와 외적 타당도는 무슨 관련이 있는지 살펴보겠다.

1 반복 연구의 필요성

　'반복 연구'라는 용어에서 '반복'은 영어 단어의 repeat가 아니라 replication이다. 'replication'이라는 영어 단어의 사전적 의미는 'the action or process of reproducing or duplicating'이다(Daum 사전, 2013). 즉, 재생하거나 복제하거나 복사하는 과정이나 그 행위를 뜻한다. 또한 replication은 'performance of an experiment or procedure more than once'라고 정의되기도 한다(Webster's ninth new collegiate dictionary, 1983). 이렇게 볼 때 연구에서 replication은 본래의 연구가 있는데, 그 연구와 똑같은 과정을 한 번 더 해 본다는 의미를 갖고 있음을 알 수 있다. 그러므로 '반복 연구'라는 용어는 동일한 연구를 다시 한다는 반복(repeat)이라는 의미보다는 원래 연구의 재생(replication)이라는 의미로 이해해야 할 것이다.

　응용 연구이든지 기본 연구이든지, 모든 종류의 연구에서 반복 연구란 독립 변수가 종속 변수에 대해 갖는 효과를 재생할 수 있는 능력이라고 할 수 있다. Sidman(1960)은 오래전에 그의 책 *Tactics of Scientific Research*에서 직접 반복 연구와 체계적 반복 연구의 개념을 소개했다. 그는 직접 반복 연구는 연구 결과의 신뢰성을 평가하는 데 의의가 있고, 체계적 반복 연구는 연구 결과의 일반화를 평가하는 데 의의가 있다고 했다. 모든 과학에서 반복이 핵심이 되는 이유는 성공적인 반복 연구를 통해서만 연구 결과의 내적 타당도와 외적 타당도를 확신할 수 있기 때문이다. 다시 말하자면 연구 결과에 대한 확신은 하나의 연구 안에서 그리고 다른 연구들 사이에서의 일관성과 밀접한 관련이 있다.

Sidman(1960)은 연구의 자료를 신뢰할 수 있는지 알아볼 수 있는 가장 건강한 방법이 반복 연구라고 했다. 연구자는 선행 연구의 고찰을 통해 어떤 중재가 효과가 있는지, 원래 중재를 얼마만큼 수정해도 그 효과를 유지할 수 있는지, 지금 그 중재를 적용할 때는 원래 중재와 어느 정도의 차이가 있는지 등을 알게 된다. 참으로 대부분의 연구는 새로운 연구보다는 이전 연구에서 조금씩 발전되고 변형된 것들이다. 즉, 대부분의 연구는 지금까지 알고 있는 지식을 좀 더 확장하려는 시도인 것이다. 문헌에서 그 격차를 찾아 이전 연구가 다른 연구 대상, 다른 상황, 다른 행동에 적용해도 효과적일지 또는 이전 연구보다 더 효과적일지 등을 연구하여 지식을 확장하게 되는 것이다.

예를 들어, 중재 제거 설계를 이용하여 중재가 효과 있음을 증명했다고 하자. 이는 상대적으로 중재가 기초선 조건보다 효과적임을 한 명에 대해서 입증한 것이다. 그럴 때 '내가 다른 모든 조건을 똑같이 하면서 연구 대상만 달리한다 해도 동일한 결과를 얻을 수 있을까?(직접 반복)'라는 질문이 생길 수 있다. 즉, '이 연구 결과는 다른 대상들에게도 신뢰할 만한 결과를 얻을 수 있는가?'라는 질문이다. 이 질문은 중재 효과의 신뢰도와 일반화를 묻는 질문이다. 그런데 어떤 연구에서 다른 3명의 연구 대상에게 동일한 중재에 대해 효과를 거두었다는 연구 보고서를 읽은 다른 연구자들이 '내가 실험해도 같은 효과를 거둘 수 있을까?(다른 연구자, 다른 대상, 다른 상황)'라는 질문을 가질 수 있다. 즉, 원래의 실험의 범위를 넘어서서 어느 정도까지 그 결과가 일반화될 수 있을까?(체계적 반복)'라는 질문을 갖게 되는 것이다. 원래의 연구와 다른 점이 많아질수록 같은 효과가 반복되지 않을 수 있는 위험은 더 커지겠지만, 효과를 반복하게 된다면 연구 결과의 일반화 범위는 더 커질 것이다.

이와 같이 개별 대상 연구에서 처음에 나타나는 연구 결과는 대체로 한 사람 내지 소수의 참가자에 기초한 것이다. 그러나 연구가 반복될수록 그러한 결과가 산출된 절차를 신뢰할 수 있게 되므로, 연구의 반복은 중요하다. 또한 연구의 반복은 연구 대상들의 행동과 연구 결과가 적용될 수 있는 상황에 관한 정보를 제공함으로써 연구 결과의 일반화를 확립하는 데 기여하기도 한다.

어떤 연구의 결과를 반복(재생)하려는 목적이나 이유는 다음 세 가지로 생각해 볼 수 있다. 첫째, 연구 결과가 신뢰할 만한 것인지 알아보고자 하는 것이다(내적 타당도). 둘째, 연구 결과의 일반화 정도를 알아보고자 하는 것이다(외적 타당도). 셋째, 예외적인 경우가 있는지 알아보고자 하는 것이다.

Sidman(1960)은 다음과 같이 반복 연구의 중요성을 강조했다.

중립적인 관찰자에게 과학이란 사실적 증거를 평가하고 있을지라도 인간의 편견으로부터 자유롭지 못한 것이라는 사실이 자명해진다. 더 나아가서 자연 현상들의 복잡한 전체 매트릭스 안에서 하나의 실험 결과를 고려해 보면, 그 결과는 확고하지 못하고 연구의 자료로부터 도출한 결론은 너무 미약해서 실험이 내놓은 실제 결과에 놀라게 되는 수가 있다. 어떤 실험에서든지 우리는 무엇을 연구해야 하는가라는 질문을 하게 된다. 이에 대한 답은 통제되지도 않고 알려지지도 않은 변수, 이론과 관찰의 편견에서 나오게 되는 선택적 관점 때문에 생기는 오류, 간접적 측정, 측정 기술 자체에 포함되어 있는 이론적 문제, 자료에서 해석으로의 도약에서 나오게 되는 추측의 문제 등이다. 즉, 우리는 실수할 수 있는 가능성이 너무 많기 때문에 어떠한 진보가 있더라도 그것을 우연으로 여길 수 있다. 만약 가설을 진지하게 받아들이는 데 있어서 너무 짧은 시간에 너무나 많은 진짜 진보가 일어난 것이 사실이 아니라면 말이다. (p. 112)

우리는 반복 연구를 통해서 실수의 폭을 감소시키고, 반복되는 연구 결과가 우연이 아니라 실제라는 확신을 증가시키게 된다. 쉽게 설명하자면, 독립 변수 외에 너무나 많은 변수가 동시에 종속 변수에 영향을 미칠 수 있기 때문에 한 번의 실험 결과를 확신하기 어렵다는 것이다. 그러나 그 뒤로 반복되는 연구에서도 계속해서 동일한 결과가 나올 때 그 결과가 우연이 아니라는 확신이 커지게 된다는 것이다.

이처럼 개별 대상 연구에서 일반화를 가능하게 하는 요인은 반복에 있다. 따라서 다른 연구자가 기존의 연구를 적용할 수 있도록 중재가 충분히 표준화되는 것이 필요하다. 그러므로 중재의 성격과 조건은 반복할 수 있을 만큼 충분히 세밀하게 구체화되어야 한다. 그렇다면 개별 대상 연구에서 기능적 관계를 입증하기 위해서는 얼마나 많은 중재 효과의 반복이 필요할까? 통상적으로 처음의 입증을 포함하여 최소

3번의 입증을 요구한다. 저명한 저널인 Journal of Applied Behavior Analysis나 Journal of the Experimental Analysis of Behavior and Science 등에서도 첫 입증을 제외한 두 번 이상의 입증을 요구한다. 하지만 실험 상황, 독립 변수의 특성, 연구 대상의 특성, 연구 주제의 중요성, 연구자의 경험 등의 요인에 따라 몇 번의 반복이 필요한지는 달라질 수도 있다.

그런데 반복 연구를 계속 시행하는 데는 다음과 같은 문제가 있을 수 있다(Kennedy, 2005). 첫째, 반복 연구를 시행하는 것이 연구 대상의 행동에 해로울 수 있다. 즉, 한 대상에 대해 중재의 실행과 철회를 반복하는 것이 좋지 않은 경우가 있다는 것이다. 둘째, 연구 대상이 처한 환경이 반복 연구를 실행하기 어려운 환경일 수 있다. 셋째, 연구자가 반복 연구에만 매달리면 다른 기능적 관계를 연구할 기회를 놓칠 수 있다. 넷째, 연구 자원(연구 대상, 연구 재료, 교실 스케줄 등)이 제한적이어서 반복 연구가 어려울 수 있다. 이런 점을 고려하여 볼 때 반복 연구는 반드시 필요한 것이지만 필요 이상 계속할 필요는 없음을 알 수 있다.

개별 대상 연구에는 직접적, 체계적 그리고 임상적 반복이라는 세 가지 기본적 반복 연구의 유형이 있다. 계속해서 이 세 가지 유형을 좀 더 자세히 살펴보자.

2 직접 반복 연구

1) 직접 반복 연구의 정의

직접 반복 연구(direct replication)에 대해 Sidman(1960)은 '같은 연구자에 의해 동일한 실험을 반복하는 것인데 …… 새로운 대상에게 연구를 반복하여 실행하든지 아니면 동일한 대상을 여러 상황에서 반복하여 관찰 하는 것'이라고 정의했다. 즉, 직접 반복 연구에는 두 가지가 있는데, 하나는 연구 대상 내(집단 내)의 반복이고 다른 하나는 연구 대상 간(집단 간)의 반복이다. 연구 대상 내의 반복과 연구 대상 간의 반복은 둘 다 같은 한 연구 내에서 같은 대상자에게 또는 대상자 간에 실험 효과를 반복하여 시도하는 것을 의미한다. 독립 변수와 종속 변수의 상관관계가 아닌 기능적 관계를 평가하고자 하고 한 명 이상을 대상으로 하는 연구라면 그 연구는 연구 대상 내 반복과 연구 대상 간의 반복이 둘 다 가능하다. 가장 보수적인 직접 반복 연구의 정의가 적용될 수 있는 것은 동물을 사용한 실험실 연구일 것이다. 인간을 대상으로 하는 응용 연구에서의 직접 반복 연구는 좀 더 넓은 개념으로 정의될 수 있으며, 다음에서 설명하는 것처럼 연구 대상 내의 직접 반복 연구와 연구 대상 간의 직접 반복 연구로 구분할 수 있다.

2) 연구 대상 내의 직접 반복 연구

한 연구 대상 내의 직접 반복 연구는 같은 연구 내에서 같은 연구 대상에게 중재 효과를 반복하는 것이다. 예를 들어, $A_1-B_1-A_2-B_2$라는 중재 제거 설계에서 A_2에서 독립 변수를 제거했을 때 종속 변수 수준이 A_1의 수준으로 돌아가고 B_2에서 독립 변수를 다시 실시했을 때 종속 변수가 B_1의 수준으로 돌아갔다면 연구 대상 내의 직접 반복 연구가 이루어진 것이다. 즉, 연구자는 이러한 반복을 통해 독립 변수의 실행 여부가 종속 변수의 수준을 결정하는 것을 보여 준 것이다. Cooper, Heron, Heward(2010)는 $A_1-B_1-A_2-B_2$ 설계에서 이루어지는 연구 대상 내의 직접 반복에 대해 예상(prediction), 확정(affirmation), 입증(verification), 반복(replication)이라는 용어로 설명했다. 이를 그림으로 [그림 14-1]과 같이 나타낼 수 있다.

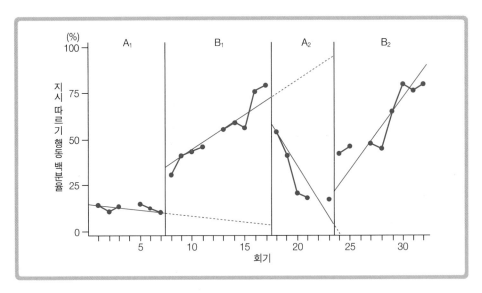

[그림 14-1] 중재 제거 설계의 연구 대상 내 반복 입증

　[그림 14-1]에서 보는 바와 같이 A_1에서 관찰된 자료는 기초선 조건이 바뀌지 않는다면 계속 나타날 수 있는 자료의 경향을 '예상(예측)'하게 해 준다. B_1에서 관찰된 자료의 경향에서 보이는 변화는 독립 변수가 행동에 대해 영향을 주었을 수 있음을 '확정'해 주는 것이다. 그리고 A_2에서 관찰된 자료의 변화는 독립 변수와 종속 변수가 인과 관계가 있음을 '입증'하는 것이다. 마지막으로 B_2에서 관찰된 자료의 경향은 독립 변수가 종속 변수에 대해 가지는 중재 효과를 '반복(재생)'하여 보여 주는 것이다. 결과적으로 중재 효과의 반복을 통해 독립 변수와 종속 변수 사이의 기능적 관계에 확신이 커지게 된다. 이렇게 연구자는 연구 대상 내의 직접 반복을 통해서 '중재 효과의 신뢰성' 즉, '내적 타당도'를 입증했다는 확신을 갖게 된다.

　개별 대상 연구의 다른 설계에서도 직접 반복이 가능하다. 예를 들어, 행동 간 복수 기초선 설계에서도 중재 실시 여부에 따라서만 한 연구 대상의 행동이 변하는 것을 보여 준다면 연구 대상 내의 직접 반복을 보여 주는 것이다. 행동 간 복수 기초선 설계는 여러 개의 A-B 설계에서, 동시에 기초선(A) 자료를 측정하다가 어떤 행동(종속 변수)에 대해 중재(B)를 실시하고, 그 행동(종속 변수)에서 중재의 효과가 나타날 때 또 다른 행동(종속 변수)에 중재를 실시하는 방법을 나머지 행동(종속 변수)에 대해서도 동일한 방법으로 반복 적용하는 설계다. (복수 기초선 설계에 대해서는 7장에서 자세히 설명했다.) 이를 그래프로 나타내면 [그림 14-2]와 같다. [그림 14-2]의 그래 프의 세로좌표 제목이 '행동의 단계별 수준'인 것으로 보아서, 양말 신기, 바지 입기, 스웨터 입기 행동은 행동을 완성하는 데 여러 단계를 거치며 각 회기마다 아동의 양 말 신기, 바지 입기, 스웨터 입기가 어느 단계까지 진전이 있는지 측정했음을 알 수 있다. 기초선 기간에는 양말 신기 행동이 전혀 이루어지지 않았으나 중재가 적용되 는 5회기부터 점차적으로 높은 단계를 수행하게 되었다. 바지 입기 행동은 양말 신 기 행동이 향상되어도 변함없이 낮은 단계에 머물러 있었지만, 중재가 적용되는 8회기부터 점진적 향상을 보이고 있다. 마찬가지로 스웨터 입기 행동도 양말 신기나 바지 입기 행동이 변화해도 여전히 낮은 단계에 있었으나 10회기부터 중재가 적용

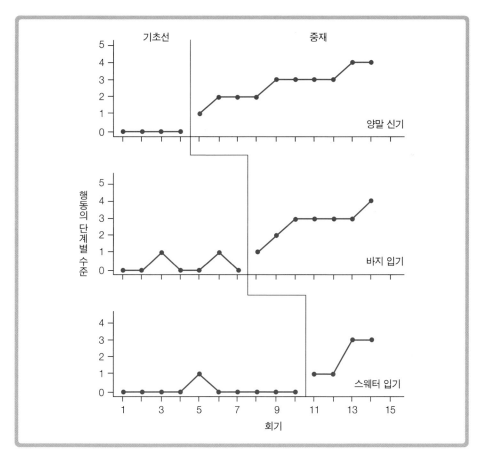

출처: 양명희(2012).

[그림 14-2] 복수 기초선 설계의 연구 대상 내의 반복 입증

되자 점차 높은 단계로 변화했다. 한 명의 연구 대상에 대한 세 가지 행동 모두, 중재가 적용되었을 때에야 비로소 향상되는 변화를 나타냄으로써 각 행동과 중재 간의 기능적 관계를 한 실험에서 세 번 입증하고 있음을 알 수 있다.

또한 [그림 14-3]과 같이 중재 교대 설계에서도 연구 대상 내의 반복 입증은 가능하다. [그림 14-3]에서 보면 7회기에 X 중재를 실시하고 8회기에 Y 중재를 실시하여 X 중재가 공격적 행동을 더 감소시켰음이 입증되었고, 9회기와 10회기에서도 동일한 효과가 입증되었으며, 계속하여 한 실험 내에서 9번의 반복된 중재 효과 입증이 있었음을 알 수 있다.

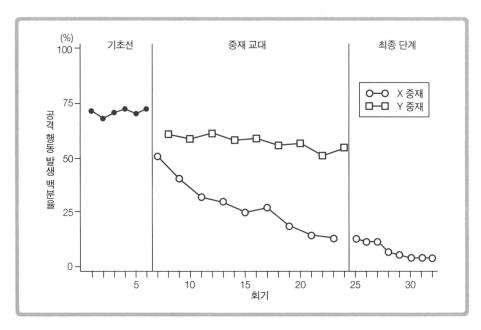

출처: 양명희(2012).

[그림 14-3] 중재 교대 설계의 연구 대상 내의 반복 입증

많은 행동 분석가들은 연구 대상 간의 반복보다는 연구 대상 내의 반복이 더욱 중재 효과의 신뢰도를 입증한다는 데 동의한다. 다음에서는 동일한 연구 대상에게서만 아니라 다른 연구 대상에게서도 같은 효과를 입증하는 연구 대상 간의 직접 반복을 살펴보자.

3) 연구 대상 간의 직접 반복

연구 대상 간의 직접 반복은 연구 대상 내의 반복과 같이 중재의 효과를 하나의 연구 안에서 반복하되, 동일한 대상에게서가 아니라 다른 대상에게서 중재 효과를 반복하는 것이다. 연구 대상 간의 직접 반복에 대해서 Sidman(1960)은 '연구 대상 간의 직접 반복은 원래의 연구 대상이 돌연변이(freak)라는 전제에서 요구되는 것이다.(p. 74)'고 했다. 즉, 원래 연구의 대상이 돌연변이여서 효과가 있었다면 다른 대상에게서는 효과가 없어야 하는데, 다른 대상에게서도 효과가 있고 계속해서 또 다른 대상들에게서도 효과가 있으면, 중재 효과는 돌연변이에게 나타나는 우연이 아니라고 확신할 수 있게 된다는 것이다. 이와 같이 연구 대상 간의 직접 반복의 목적은 통제되지 않거나 알려지지 않은 변수가 중재의 성공적 반복을 방해할 만큼 강력한지 알아보고자 하는 데 있다. 한 연구를 통한 확신의 수준은 한 명의 연구 대상에 제한된다. 따라서 연구 대상이 한 명인 연구는 저명한 학술지에 실린 경우라 할지라도 다른 대상이나 다른 상황에서 그 결과의 일반화가 성립된 것이 아니므로 주의해서 받아들여야 한다. 그럼에도 한 명의 연구 대상으로 이루어진 연구가 출판되는 이유는 새로운 중재나 특이한 행동에 대한 연구들이어서 이런 연구가 반복 연구로 이어지도록 다른 연구자들을 자극하고 격려하기 위한 것이다. 따라서 개별 대상 연구에서는 한 명의 연구 대상으로 가능한 연구라 할지라도 어떤 설계를 사용하든지 최소한 3명의 연구 대상으로 연구를 시작할 것을 권장한다.

4) 직접 반복 연구의 유의 사항

Barlow와 Hersen(1984)은 직접 반복 연구에 대한 유의 사항을 다음과 같이 제안했다. 첫째, 한 명의 연구 대상 내에서 직접 반복할 때이든지, 같은 연구 내에서 연구 대상 간의 직접 반복을 할 때이든지 연구자, 연구 장소, 재료 등은 동일하게 유지해야 한다. 둘째, 종속 변수(표적 행동과 측정 방법)는 완전히 똑같을 필요는 없지만 연구 대상 간에 서로 비슷해야 한다. 셋째, 연구 대상은 생활 연령, 인지 기능, 감각 능력 등이 서로 비슷해야 한다. 대상자 간의 차이가 클수록 연구 결과의 반복은 실패하게 될 가능성이 커진다. Birnbrauer(1981)와 Wolery와 Ezell(1933)은 특히 이 점을 강조했다. 이에 대해서는 4장에서 구체적으로 설명했다. 4장에서도 설명한 바와 같이 연구 대상자 간의 비슷한 점과 차이점을 상세히 기술해야 한다. 넷째, 연구 대상자 간의 독립 변수는 동일해야 한다. 단, 원래 중재가 비효과적일 때는 다른 연구 대상들에게 중재를 조금 변화시켜 적용하는 것이 가능하다. 다섯째, 일반적으로 한 연구 내에서 세 번 정도의 반복이 이루어지는 것이 바람직하다.

3 임상적 반복 연구

임상적(clinical) 반복은 직접 반복의 한 형태다. Hersen과 Barlow(1976)는 '임상적 반복'을 다음과 같이 정의했다.

임상적 반복이란 동일한 연구에서 두 가지 이상으로 구별되는 중재로 구성된 중재 패키지를 …… 동질의 비슷한 문제를 나타내는 클라이언트들에게 특정 장소에서 실행하는 것이다. (p. 336)

그들은 이것을 향상되고 진보된 절차라고 생각했다. 그들은 자신들이 임상적 상황에 있었고 그들의 연구 대상은 다양한 문제를 지닌 클라이언트들이었으므로, 교육적이라는 용어가 아닌 임상적이라는 용어를 사용했다. 그들이 생각하는 임상적 반복이란 임상 심리학과 관련지어 세 단계로 구성된 과학적 절차로 생각해 볼 수 있다. 첫째, 비슷한 문제를 가진 클라이언트들을 상대로 일하는 연구자가 행동 변화를 끌어내는 어떤 중재를 실시한다. 이것은 직접 반복에 해당한다. 다음으로 연구자는 자기가 적용한 각 기술들을 통합하여서 비슷한 문제들을 지닌 여러 사람들에게 중재 패키지의 효과를 입증한다. 이것이 임상적 반복에 해당한다. 이런 장기간에 걸친 절차의 결과가 축적되어 경험적으로 입증된 중재 프로그램이 되는 것이다. 즉, 넓은 의미에서 중재 프로그램은 계속해서 체계적 반복을 통해 여러 다른 사람들에 의해 시험될 것이다. 이러한 전체적인 절차의 결과는 특정 대상의 범위 내에서는 효과적인 중재로 확증되는 것이다. 이런 목표는 Sidman(1960)이 묘사한 과학적 절차의 목표와는 조금 다르다. 이것은 오히려 교육적 목표와 비슷하다. 교육적 목표는 개별적 연구와 체계적 반복 연구들을 통해 입증된 '구별되는 각 중재 절차들(예: 정적 강화, 교수 속도 등)'을 결합하여 가장 효과적이고 효율적인 교수 프로그램을 만들어 내는 데 있다. 교육적이든 임상적이든 오늘날의 많은 응용 연구는 중재 패키지에 대한 것이 많다. 한 중재 조건에서 다른 조건으로 옮겨 갈 때, 이상적으로는 한 가지 변수만 바꾸어야 한다. 하지만 학교나 클리닉 같은 현장에서 실시되는 응용 연구에서는 이것이 결코 쉬운 일은 아니다. 어쨌든 연구자는 연구의 조건들 간의 모든 차이점을 찾아서 보고해야 할 의무가 있다. 이렇게 할 때에야 관찰된 행동 변화에 공헌하는 변수가 무엇인지 찾을 수 있게 되기 때문이다. 중재 패키지의 요소들이 종속 변수 변화에 대해 갖는 상대적 공헌을 평가할 수 있는 설계 방법에 대해서는 10장에서 구체적으로 설명했다.

4 체계적 반복 연구

1) 체계적 반복 연구의 정의

과학의 근본적인 금언(dictum)은 모든 연구 대상자에 대해서는 독립 변수를 제외하고는 똑같게 취급하는 것이라고 했다. 하지만 이것만 지키려고 하면 중재 결과의 신뢰도와 일반화를 수립하기 위한 가장 기본이 되는 방법으로서의 체계적 반복은 묵살되기 쉽다. 이에 대해 Sidman(1960, p. 111)은 다음과 같이 설명했다.

심리학자가 자신의 경험을 통해 자기가 사용한 기술에 대한 확신을 갖게 되었다면 중재 효과의 신뢰도를 수립하기 위해서 그는 직접 반복보다는 체계적 반복을 하려 할 것이다. 단순히 동일한 실험을 반복하는 대신에 그는 이미 수집된 자료들을 사용하여 좀 더 새로운 실험들을 시행하고 거기에서 추가적인 관련 자료를 얻어 내려 할 것이다. (p. 111)

Sidman(1960)은 '체계적 반복은 원래 실험에서와는 다른 조건에서 관찰될 수 있는 발견을 입증하려는 것이다.'고 하면서 체계적 반복을 통한 실험자의 경험적 판단이 원래 실험으로부터 얼마나 멀리 갈 수 있는지를 결정할 수 있을 것이라고 제안했다. 그는 체계적 반복이란 만약에 성공한다면 신뢰도, 일반화 그리고 추가적 정보 세 가지 모두를 얻을 수 있는 도박이라고 했다.

응용 연구에서 체계적 반복은 어떤 것인가? 어떤 연구자가 일련의 연구를 시행하면서 한 연구마다 체계적으로 변화를 주면서 그 연구들을 반복(replication)이라고 명명한다면, 그것은 체계적 반복이라고 할 수 있다. 또 한 연구자가 다른 연구자의 절차를 따라 하면서 다른 연구자의 절차를 반복하려 한다는 자신의 의도를 밝힌다면 그것 또한 체계적 반복의 예가 된다. 주로 실험실에서 연구하는 기초 연구자는 보통 '……한다면 어떤 결과가 나올까?'라는 의문을 갖는다. 그러나 교실이나 클리닉에서 일하는 응용 연구자는 그런 의문보다는 대부분 '어떻게 ○○이 작용되게 할 수 있을까?'라든지, '어떻게 ○○을 더 잘 기능하게 할까?'라든지, 아니면 '다른 사람에게 ○○이 효과가 있었다는데, 어떻게 하면 더 강력한 효과를 낼 수 있을까?'라는 종류의 의문을 갖는다. 그러한 의문에 대한 답을 찾기 위한 것이 체계적 반복 연구라 할 수 있다.

Hersen과 Barlow(1976, p. 339)는 체계적 반복을 '연속적인 직접 반복의 시리즈에서 실험 장소, 연구 대상의 종류 등에 변화를 주면서 중재 결과를 반복하려는 모든 시도'라고 정의했다. 그러나 Tawney와 Gast(1984)가 지적했듯이 이런 체계적 반복의 정의는 '연속적인 직접 반복의 시리즈'라는 용어와 관련하여 볼 때, 체계적 반복은 직접 반복의 시리즈로부터만 나와야 한다는 뜻을 내포하고 있으므로 문제가 될 수 있다. 즉, 시리즈 연구가 아닌 단일 연구의 성과를 반복하려는 연구들은 체계적 반복이 아니라는 뜻이 되기 때문이다. 또한 '반복하려는 모든 시도'라는 표현도 체계적 반복인지 아닌지에 대한 결정이 연구자의 개인적 의견에 달렸음을 내포하기 때문에 너무 광의적이라는 문제를 갖는다. Jones(1978)는 이러한 Hersen과 Barlow(1976)의 표현에 대해 다음과 같이 주장하면서 체계적 반복에 대한 정의를 넓히고자 했다.

반복(복제)은 분명히 응용 행동 과학의 규범인데, 자주 거론되고 있는 것에 비해 자주 실행되고 있지는 않다. 응용 행동 분석에서 Hersen과 Barlow(1976)가 체계적 반복으로 예를 들은 연구들을 살펴보면 사실은 반복이 아닌 것 같다. 완전히 순수한 반복이란 거의 없을 것이다. 순수한 반복은 연구가 행해진 시기만 제외하고 연구 설계의 모든 것을 그대로 복사해야 한다. 이런 연구는 많은 연구자들이 하찮게 여길 뿐 아니라 출판되지도 않을 것이다. 중재가 대단한 효과를 보여 주고 실험 통제에 대해서도 의문의 여지가 없다면, 그런 연구의 순수한 반복은 더욱 하찮은 일이 된다. 하지만 연구자들이 연구 절차를 변경하게 되거나(개별 대상 연구는 유연성이라는 특성이 있음), 다른 장소에서 다른 연구 대상에게 중재를 적용하게 되거나, 연구 설계의 중요한 부분을 바꾸게 된다면 순수한 반복은 불가능해진다. 그럴 때 반복(replication)이란 체계적인 수정을 반복하는 것이다. 이렇게 절차, 연구 대상, 또는 측정 방법 등이 수정된 연구는 원래 연구에 비길 만한 결과를 가져오는지 시험받게 된다. 똑같지 않지만 비슷한 절차, 중재, 측정 방법, 연구 대상이었는데도 한 방향의 연구 결과가 축적되는 것이 개별 대상 연구에서 반복의 가치라고 할 수 있다. 여러 반복을 통한 동일한 색깔의 결과는 연구 결과의 일반화를 결정해 준다. 이것이야말로 응용 행동 분석의 큰 목표다. (p. 313)

오늘날 응용 연구에서 체계적 반복은 Hersen과 Barlow(1976)가 제안한 정의보다는 더 넓은 개념을 갖는다. 즉, 1) 체계적 반복은 직접 반복의 시리즈가 아닌 단일 연구에 대해서도 이루어질 수 있으며, 2) 원래 연구/연구들로부터의 변경(체계적 수정)은 실험 결과의 일반화를 확장시키는 수단이 되므로 그러한 변경은 격려될 수 있다. Tawney와 Gast(1984)는 체계적 반복에 대해 다음과 같이 기술했다.

체계적 반복이란 연구자가 같은 연구 대상이나 다른 연구 대상에게 절차를 변경해 보면서 자신의 절차를 반복하려는 시도다. 또한 연구자가 기본 연구의 결과에 기초하여 절차를 체계적으로 변경하면서 시행하는 계획된 연구 시리즈도 체계적 반복이다. 그리고 출판된 연구의 원래 절차대로 다른 연구자가 시행하는 연구도 체계적 반복을 의미한다. (pp. 97-98)

요약하자면, 체계적 반복은 동일한 연구자 또는 다른 연구자가 독립 변수(예: 집중

감독, 분산 감독 등), 종속 변수, 연구 대상(예: 다른 나이, 다른 성별, 다른 장애 종류 등) 등을 조금씩 다르게 변경할 때의 효과를 분석하고자 하는 것이다. 체계적 반복에는 한 실험 내의 체계적 반복과 실험 간의 체계적 반복이 있다.

2) 실험 내의 체계적 반복

한 실험 내의 체계적 반복에서는 연구 대상에게 주어지는 과제를 조금 달리하든지, 측정하는 행동을 바꾸든지 할 수 있다. 또한 한 실험 연구 내에서 동일한 중재가 다른 연구 대상 또는 다른 행동에도 효과 있는지 체계적 반복을 할 수도 있다. Parsons와 그의 동료들(1999)은 대상자 간 그리고 직무 간 복수 기초선 설계를 적용하여 직무 코칭 중재의 효과를 입증했다. 이러한 설계로 그들은 직무 코칭 중재가 다른 연구 대상에게도 다른 직무에서도 효과가 있었음을 입증했다. 즉, 실험 내 체계적 반복을 실행한 것이다.

일반화란 한 실험 연구 결과를 다른 상황에서도 예측할 수 있는 정도를 뜻한다 (Birnbrauer, 1981). 다른 상황이란 연구 대상자의 나이, 중재 적용의 시간, 교사 훈련의 정도, 강화의 정도 등이 달라진 상황을 말한다. 비슷한 실험이 다른 연구자에 의해서 이루어지는 것도 체계적 반복이라고 할 수 있다. 이런 체계적 반복은 처음 중재 결과가 다른 연구 대상에게 일반화될 수 있는지에만 관심이 있는 것이 아니라, 기능적 관계의 범위가 어느 정도까지 확장될 수 있는지를 결정할 수 있도록 실험 절차를 다양하게 변화시켜 볼 수 있게 해 준다. 즉, 체계적 반복은 어떤 조건에서 기능적 관계가 존재하는지, 언제 기능적 관계가 시작되고 언제 더 이상의 기능적 관계가 존재하지 않는지를 알 수 있게 해 준다. 연구자에게는 단지 연구 결과가 반복될 수 있느냐 하는 것뿐 아니라 독립 변수의 어떤 측면이 바뀔 때 기능적 관계가 어떻게 바뀌는지를 아는 것이 더 중요하다. 예를 들어, 어떤 연구자가 또래 교수라는 중재를 통해 초등학교 저학년 학생의 읽기 수준이 향상되는 효과를 입증했다고 하자. 이에 대한 체계적 반복 연구로는 또래 교수를 20분 동안 실시한 원래 연구를 변경하여 20분과 40분의 또래 교수를 실시하고 비교하여 20분보다 40분의 또래 교수가 더욱 효과 있음을 입증하는 것일 수 있다. 이런 연구는 또래 교수의 효과라는 측면 외에 또래 교수의 시간 길이와 읽기 수준의 상호 작용을 설명해 줄 수 있으므로, 독립 변수와 종속 변수의 관계를 더욱 잘 특징지어 설명해 줄 수 있게 되는 것이다.

3) 실험 간 체계적 반복

체계적 반복은 이전 연구의 실험 결과를 반복하는 것뿐 아니라 연구 결과를 다른 방향으로 확장시키는 일까지 한다. 체계적 반복은 중재 효과의 범위를 넓혀 주기도 하지만 다른 한편으로는 실험 절차의 한계를 설정해 주기도 한다. 이런 것이 체계적 반복의 목적이기도 하다. 즉, 체계적 반복에는 1) 이전 연구 결과를 반복 입증하고, 2) 이전 연구 결과를 더욱 정교하게 다듬는다는 두 가지 기능이 있다. 예를 들어, 코치의 피드백과 자신의 수영 기록을 매일 공개하는 중재가 수영 실력 향상에 효과가 있다는 연구(McKenzie & Rushall, 1974)에 대해, 코치의 피드백과 수영 기록의 발표라는 중재를 따로 적용하는 체계적 반복 연구를 통해 코치 피드백은 효과 없고 수영 기록의 공개 발표가 수영 실력 향상에 효과적이었음을 알 수 있었다는 연구가 있다(Critchfield & Vargas, 1991). 그런데 이러한 연구 결과에 대한 체계적 반복으로, 축구 선수에게 자신이 세운 목표를 달성했는지 여부를 공개적으로 발표하는 것을 통해 축구 실력이 향상됨을 입증했다(Ward & Carnes, 2002). 이러한 체계적 반복을 통해 원래 중재가 다른 연구 대상에게도 효과 있을 뿐 아니라 개인적으로 수립한 목표 달성 결과만 공개 발표되는 것이 바람직함을 알 수 있게 되었다.

Kim(1994)도 자신의 연구에서 당시까지 선행 연구에서 사용되던 자기 관리 기법들에 대해 체계적 반복 연구를 시행하였다. 그녀는 자기 관리 기법에 대한 다음 세 가지의 체계적 반복 연구를 시행하였다: 1) 선행 연구들과는 달리 자기 평가를 여러 기법들과 병행하지 않고, 타인의 개입 없이 단독으로 적용하게 하였으며, 2) 선행 연구들과는 달리 자기 관찰을 자신의 바람직한 행동만 볼 수 있도록 녹화 테이프를 편집하지 않고 바람직하지 않은 행동까지 관찰하도록 했으며, 3) 자신의 바람직하지 않은 행동까지 보여 주는 테이프를 관찰하면서 동시에 자기 기록을 하게 하였는데, 이때 선행 연구들과는 달리 기록의 정확성에 대한 보상은 주지 않았다. 그 결과, 자기 평가나 자기 관찰 방법의 경우 독자적으로 사용되었을 때는 연구 대상들의 문제 행동에 의미 있는 변화가 없는 것으로 나타난 반면, 자기 관찰과 자기 기록 방법이 함께 적용되었을 때에는 실험 대상 아동들의 문제 행동이 감소됨을 입증했다.

4) 체계적 반복 연구의 유의 사항

체계적 반복과 임상적 반복을 구분해 보자면, 체계적(systematic) 반복은 직접 반복에 이어 다른 연구자에 의해 다른 행동을 다른 상황에서 실시하는 것이며, 임상적(clinical) 반복은 개인에게 효과가 있다고 판명된 두 개 이상의 중재로 구성된 중재 패키지의 개발과 적용을 의미한다. 임상적 반복은 복합적 문제를 지닌 대상의 중재 프로그램 개발에 특히 효과적이다. 그리고 체계적 반복 연구는 이전에 성공적이었던 중재가 다른 상황, 다른 치료자, 다른 특성을 가진 대상에게도 효과가 있는지 탐험하는 것이다.

그렇다면 연구자는 어떤 경우에 체계적 반복을 할 필요가 있는가? 정해진 규칙은 없지만 다음과 같은 경우에 체계적 반복이 필요하다(Kennedy, 2005).

첫째, 지금까지 연구가 없었던 분야의 연구 결과가 발표된 경우 체계적 반복 연구가 필요하다. 예를 들어, 읽기 장애가 있는 학생을 위한 새로운 교수법의 효과를 발표한 연구가 있다면, 다른 학교의 읽기 장애 학생에게도 효과가 있는지에 대한 반복 연구가 필요하다.

둘째, 탄탄한 이론을 가지고 아주 잘 연구되어 온 영역보다는 상대적으로 새로운 연구 분야의 경우에 체계적 반복이 필요하다. 예를 들어, 직접 교수법에 대한 연구는 그 이론과 함께 반복 연구의 양도 방대하기 때문에 상대적으로 새로운 읽기 교수법에 비해 체계적 연구의 필요가 덜하다고 할 수 있다.

셋째, 연구 활동에 새로운 기술(예: 컴퓨터를 이용한 새로운 관찰 기법)을 도입했거나 새로운 상황(예: 다른 학교 체제)이 주어졌을 때 이전 연구 결과에 대한 체계적 반복이 필요하다.

넷째, 어떤 연구 결과에 대한 또 다른 설명이 존재하는지 궁금할 때, 체계적 반복이 필요하다.

이와 같은 때에 체계적 반복 연구는 직접 반복에 이어 다른 연구자에 의해 다른 연구 대상에게 다른 상황에서 실시될 수 있다. 또한 체계적 반복은 독립 변수의 변경이나 종속 변수의 측정 방법의 변경을 통해서도 가능하고, 개별 대상 연구 방법 외의 다른 연구 방법을 통해서도 가능하다.

응용 연구자들은 체계적 반복에 대해 조금씩 다른 정의를 주장하지만(예: Barlow & Hersen, 1984; Hersen & Barlow, 1976; Jones, 1978; Kennedy, 2005; Tawney & Gast, 1984), 체계적 반복을 언제, 어떻게 할 것인지에 대해서는 다음과 같은 공통적 의견을 나타내고 있다.

- 직접 반복 연구(들)을 통해 중재 효과의 신뢰도가 수립되었을 때 체계적 반복을 시작한다. 즉, 원래 연구의 내적 타당도를 위협하는 요소들이 통제되었으며 연구 결과가 믿을 수 있고 타당하다는 믿음이 있을 때 체계적 반복을 할 수 있다는 것이다.
- 원래 연구와 체계적 반복 연구의 차이점을 찾아서 보고해야 한다. 이런 차이의 보고를 통해서만 체계적 반복에 실패한 잠재적 이유를 찾아 연구할 수 있게 해 주고, 이전 연구 결과의 일반화 범위를 알 수 있게 해 준다.
- 반복에 실패했다면 먼저 원래 중재를 수정해 보고 필요하다면 치료적 또는 교육적 효과를 가져올 수 있는 다른 중재를 적용한다. 반복의 실패에 대한 이유를 찾아보고, 성공할 수 있는 원래 중재의 변형을 찾을 수 있다면, 반복의 실패를 통해 많은 것을 배울 수 있을 것이다.
- 체계적 반복을 그만두어야 하는 시기란 없다. 체계적 반복은 신뢰도와 일반화를 확고하게 해 주는 데뿐 아니라 예외적인 경우를 찾는 데도 필수적이다. 따라서 원래 연구에 대한 신뢰도와 일반화를 입증한 연구의 수에 상관없이 반복 연구를 그만두어도 좋은 시기란 없는 것이다. 언제 예외적인 것을 발견할지 모르니까 말이다.

체계적 반복 연구를 시작하는 구체적 방법은 연구 질문을 수립하는 과정과 비슷하다. 첫째, 자신의 관심 연구 분야와 관련 있는 다른 연구들을 많이 읽어야 한다. 그 분야에서 최근에 출판된 문헌 비평이나 선행 연구들을 분석한 논문을 통해 비슷한 주제로 실행된 실험 연구들의 목록을 얻을 수 있을 것이다. 둘째, 그러한 실험 연구들의 비슷한 점과 차이점을 기록할 두 개의 표를 만들어서 연구들 간의 구체적인 차이점과 비슷한 점을 찾아 기록해야 한다. 셋째, 다른 연구자들의 미래 연구를 위한 제언을 읽고 그에 대한 목록을 만들어 본다. 넷째, 자신의 연구 질문이 아직 만들어지지 않았다면 다른 연구자들의 제언과 자신의 실질적인 연구 능력(예: 스케줄, 재료와 도구의 사용 가능성, 연구 대상에 대한 접근성 등)을 고려하여 연구 질문을 개발해야 한다. 마지막으로, 연구를 계획하는 단계에서 자신이 계획하는 연구와 선행 연구들의 구체적인 차이를 찾아 기술해야 한다.

연구가 일단 시작되면 독립 변수의 효과가 연구 대상 전부에게 반복되는지 몇몇에게만 반복되는지 주목해야 한다. 반복이 실패했든지 성공했든지 상관없이, 중재에 긍정적으로 반응한 대상과 그렇지 않은 대상의 차이를 구별해 내는 것은 연구자에게 대단히 중요한 능력이다. 반복의 실패는 중재 결과의 신뢰도와 일반화, 그리고 중재의 제한점에 대한 이해를 도울 수 있으며, 궁극적으로는 원래 연구를 성공적으로 변경시켜 실행할 수 있는 능력을 향상시켜 줄 것이다.

5 반복 연구의 실패

반복 연구가 이전 연구 결과를 입증하지 못하고 실패하면 무슨 의미가 있을까? 반복의 실패는 실패로 끝나는 것이 아니라 현행 중재가 지닌 제한점이나 새로운 중재를 발견하게 해 주는 중요한 역할을 한다. 다시 말하자면 직접 반복의 실패이든지 체계적 반복의 실패이든지 간에, 실패는 연구에 박차를 가하게 해 준다. Sidman(1960)은 과학은 모순되는 것처럼 보이는 자료를 던져 버리는 것이 아니라 통합함으로써 진보한다고 했다. 이런 점에서 응용 연구자는 연구 대상에게 유익한 결과를 가져올 수 있도록 원래 중재를 어떻게 변경할지를 찾아낼 책임이 있다. 그러므로 연구자가 반복에 실패했을 때, 반복에 실패했다고만 밝히는 것으로는 충분하지 않다. Baer와 그의 동료들(1968)이 주장한 대로 응용 연구는 결과적으로 연구에 참여한 사람들에게 유익한 것이어야 한다. 그래서 기대되는 치료적 효과를 가져오지 못하고 실패한 반복 연구의 결과에 대해서 연구자는 '원래 중재를 어떻게 바꾼다면 효과가 있을까?'라거나 '원하던 치료적 효과를 가져오려면 어떤 다른 중재를 적용해야 할까?'라는 의문을 가져야 한다. 즉, 실패는 실패의 원인과 성공을 위해서는 무엇을 해야 하는지에 대한 관심을 자극해야 하는 것이다. 원래 중재를 버리고 전혀 새로운 중재를 선택할 것이 아니라 원래 중재를 수정하는 것이 첫 번째로 취해야 할 행위인 것이다. 그러므로 연구자가 반복의 실패에 대해서 올바른 결정을 할 가능성은 선행 연구와 연구 문헌에 얼마나 친숙한가에 달려 있다고 할 수 있다.

일반적으로 반복의 실패는 세 종류로 나눠 볼 수 있다. 첫째, 중재 효과가 없는 경우다. 반복 연구를 실행했으나 연구 대상의 행동에 변화가 나타나지 않은 경우다. 연구 결과의 반복 입증을 실패하는 경우, 대부분은 반복 연구의 충실도를 의심하게 된다. 그러나 원래 연구 절차에 충실했는데도 반복 입증에 실패했다면 원래 연구의 결과를 의심해 봐야 한다.

둘째, 원래 연구와 반대되는 결과를 나타낸 경우다. 물론 이때에도 반복 연구에서 원래 연구의 절차를 충실하게 따라 했는지 검토해야 한다. 그런데 반복 연구에서 원래 연구의 절차에 충실했는데도 반대 결과가 나타났다면, 이전 연구에서 발견하지 못한 상호 작용 효과가 있을 수 있음을 고려해야 한다. 예를 들어, 반복 연구에서 원래 연구에 없었던 어떤 절차가 포함되었을 수도 있고, 측정 도구가 종속 변수의 변화에 충분히 예민하지 못했었을 수도 있다. 반대되는 결과를 통해서는 새로운 중재를 발견하거나 중재 간의 상호 작용 효과를 발견할 수도 있다.

셋째, 부분적 또는 혼합된 결과를 나타내는 경우다. 이 경우도 원래 중재를 충실히 따랐는데도 혼합된 결과를 가져왔다면, 변수 간에 상호 작용 효과를 발견할 가능성이 있다. 살펴본 바와 같이, 반복 입증의 실패는 오히려 연구의 새로운 방향 제시와 연구의 확장이라는 측면에서 환영되어야 한다.

6 개별 대상 연구와 외적 타당도

개별 대상 연구에 대한 가장 흔한 비판은 연구 결과를 개인을 넘어서서 일반화할 수 없다는 것이다. 집단 연구에서는 두 개 이상의 집단에 연구 대상을 무작위로 배정하여 한 집단은 통제 집단이 되고, 한 집단은 실험 비교 집단이 된다. 그래서 집단 연구에서는 연구 대상의 무작위 배정이 외적 타당도를 수립하기 위한 규정으로 여겨진다. 통제 집단이 실험 집단과 비슷할수록 집단 연구의 결과가 연구되지 않은 또 다른 집단에 일반화될 가능성이 높다는 것에 반박하는 사람은 거의 없다. Wolery와 Ezell(1993)은 "두 집단이 비슷할수록 일반화 가능성은 더 커지고, 연구 결과는 더 잘 반복될 것이다.(p. 644)"라고 했다. 이런 주장은 언뜻 보면 맞는 것 같다. 하지만 연구 결과를 집단이 아니라 특정의 한 개인에게 일반화하는 데 관심이 있을 때도 마찬가지일까?

집단 연구에서 자료는 평균으로 보고되는데, 집단 안에는 평균보다 잘하는 사람도 있고 못하는 사람도 있다. 집단 연구는 연구 대상 개인에 대해서는 기술하지도 않을 뿐 아니라 개별 연구 대상들이 독립 변수에 어떻게 반응했는지 보고하지도 않는다. 즉, 관심은 개인이 아니라 집단에 있다. Sidman(1960)은 "두 연구 대상에게서 실험 결과를 반복하는 것이 개별 자료들이 합쳐져 있는 두 집단에게서 실험 결과를 반복하는 것보다 일반화를 더 크게 해 준다."라고 했다. 집단 연구처럼 연구 대상의 수가 많은 경우에 연구를 반복하는 것은 시간과 경비 문제 때문에 그리 쉽지 않은 일이다. 이 말은 실제로 큰 집단 연구가 반복된 경우는 거의 없다는 뜻이며, 그것은 연구 결과의 일반화에 문제가 될 수 있다는 뜻이다. 또한 집단 연구에서는 한 명의 연구 대상을 가지고 연구를 반복하지 않으면 전형적인 집단 연구에서 연구를 반복하기 위해 연구 대상 전체에게 중재를 제거했다가 다시 제시하지도 않는다.

개별 대상 연구의 초점은 개인에게 있다. 따라서 어떤 한 집단의 행동 변화에 관심이 있더라도 개별 대상 연구에서는 집단에 속한 모든 개별 자료가 보고되어야 한다. 개인 내 직접 반복은 개별 대상 연구자들이 중재 효과의 신뢰도를 입증하는 기본적인 수단이며, 연구 결과의 일반화를 강조하는 연구 대상 간 직접 반복은 연구 대상이 어느 정도까지 달라도 중재 효과가 재생되는지 그 범위를 결정하게 해 주는 방법이다. 개별 대상 연구에서는 연구자, 연구 대상, 실험 장소 등은 원래 연구와 다르지만 같은 결과를 가져온 체계적 반복 연구를 통해 외적 타당도가 주로 달성된다. 따라서 중재를 실행하려는 응용 연구자는 제일 먼저 "이 중재가 성공할 수 있는 조건을 결정하려면, 연구 대상의 어떤 특성이 고려되어야 할까?"라는 질문을 하게 된다. 연구 대상 간의 차이와 유사성을 결정할 때 고려할 변수는 참으로 많다. 이에 대해서는 4장에서 연구 대상의 지위 변수에 대해서 자세히 언급했으므로 참고할 수 있다.

그러나 연구 대상의 특성 외에 개별 대상 연구의 일반화를 가장 잘 예측할 수 있는 변수로 '기초선의 수행 수준'을 꼽는 행동 분석가들이 많다. 즉, 중재 효과를 예측해 주는 것은 똑같거나 비슷한 조건에서 두 명의 연구 대상이 독립 변수에 대해 보이는 반응 양식의 유사성에 있다는 것이다. Birnbrauer(1981)는 기초선 조건에서의 유사성, 중재를 시행하기 이전에 보여 주고 있는 기능적 관계, 중재로 말미암아 이전 연구 대상들에게 나타난 기능적 변화 등을 주목해야 한다고 했다. 이러한 것들이 바로 개별 대상 연구들의 일반화에 대한 중요 열쇠라고 본 것이다.

그렇다고 해서 연구 대상의 지위 변수를 무시하라는 뜻은 아니다. 4장에서 설명한 바와 같이 개별 연구 대상에 대해 지위 변수를 포함하여 자세하게 기술하는 것은 중요하다. 하지만 일반화 성공을 예측하는 데 있어서는 Wolery와 Ezell(1993)이 명명한 '기능적 변수(연구 대상과 특정 환경과의 상호 작용 효과)'에 강조점을 두어야 한다. 구체적으로 나열하자면, 중재가 효과 있을 것인지를 더 확신 있게 예측해 주기 위해서는 기초선 조건의 특성(시간, 반응의 기회 수, 반응 뒤에 주어지는 결과 등)과 연구 대상이 보이는 행동 양식을 기술해야 한다. 연구 대상자 간의 반복 연구가 성공할 것인가에 대한 예측은 연구 대상의 지위 변수를 이전 연구와 얼마나 비슷하게 잘 맞추었느냐보다는 기초선 조건에 대한 구체적 자료와 연구자의 독립 변수 적용 경험과 자료에 대한 시각적 분석 능력 등에 더 좌우된다고 할 수 있다.

일반적으로 외적 타당도란 한 실험의 결과가 다른 연구 대상, 다른 장소, 다른 조건에서도 예측될 수 있는 범위를 의미하는 것이다. 집단 연구에서는 외적 타당도를 높이기 위해서는 모집단을 대표할 수 있는 연구 대상 집단을 표집하는 것이 매우 중요하다. 그래서 어떤 연구 결과가 더 큰 집단을 대표하는 것일수록 외적 타당도가 높다고 한다. 만약 연구자가 어느 작은 농촌 도시의 중학교 학생들을 대상으로 실험했다면, 이 연구 결과가 다른 도시의 중학생들에게 적용될 수 있느냐가 관심이 되는 것이다. 그러나 행동 분석가들은 집단 연구를 하는 연구자들과는 달리, 작은 농촌 도시의 중학교 학생들이 그렇게 행동하도록 만든 것이 무엇이냐에 더 관심을 갖는다. 이에 대한 답을 하려면 연구의 내적 타당도와 그렇게 행동하도록 하는 중재 절차에 대해 집중해야 한다. 직접 반복 등을 통해 중재 효과를 확신하게 되면, 이제는 이런 기능적 관계는 어떤 조건에서 어떤 경우에 존재하는지 의문을 갖게 된다. 즉, 기능적 관계의 일반화란 연구의 변수들을 변경하여 실험 효과를 입증할 것을 요구하는 것이다.

사실, 외적 타당도라는 개념은 연역적 추론 과정과 통계적 추리에 뿌리를 두고 있으며, 체계적 반복이라는 개념은 귀납적 추론 과정과 자연 과학에 뿌리를 두고 있다. 즉, 두 용어는 서로 비슷하게 관련 있는 절차 같지만 구별되는 뿌리를 갖고 있음을 알 수 있다. 그럼에도 많은 경우에 두 용어는 비슷한 뜻으로 사용되기도 하고, 두 용어를 어떻게 달리 사용해야 하는지 혼란스러워하기도 한다. 만약 연구자가 무엇이 어떻게 작동되는지 알고 싶다면 체계적 반복이 적절한 전략이 될 것이다. 그러나 만약 연구자가 더 큰 집단에게서도 같은 결과가 발견될 수 있는지 연구 결과의 대표성 정도를 알고자 한다면 외적 타당도에 관심을 가져야 할 것이다. 이러한 외적 타당도와 체계적 반복을 통한 일반화 개념의 차이를 이해하는 것은 중요하다.

이제 개별 대상 연구의 결과를 얼마나 일반화할 수 있는지 결정하는 외적 타당도의 정도를 직접 반복 연구와 체계적 반복 연구를 비교하며 설명하겠다. [그림 14-4]의 화살표가 보여 주듯이 어떤 연구 결과의 외적 타당도 정도는 연구들 사이에 변경된 변수가 어느 정도냐에 달린 것이다(Gast, 2010).

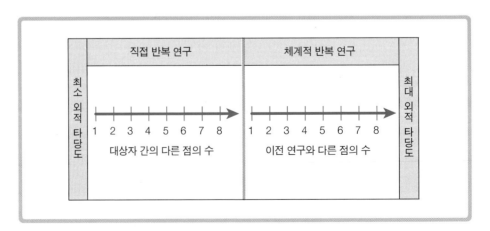

[그림 14-4] 반복 연구와 외적 타당도

[그림 14-4]를 보면, 왼쪽 상자는 연구 대상자 간의 직접 반복을 뜻한다. 같은 시기에 같은 연구자에 의해 시행하는 연구에서 연구 대상자만 조금씩 다른 경우다. 오른쪽으로 갈수록 연구 대상의 다른 점이 많아지는 것이다. 이때 연구 대상은 서로 다르지만 나이, 인지 능력, 중재에 대한 필요 등은 비슷해야 한다. 연구 대상의 지위 변수로 보면 그들은 매우 비슷해야 하는 것이다. 일반화의 범위(외적 타당도의 정도)는 연구 대상이 다른 만큼으로 제한된다고 볼 수 있다. [그림 14-4]의 오른쪽 상자는 이전 연구들과 다른 점이 많은 체계적 반복을 뜻한다. 가장 극단의 체계적 반복은 중재자도 다르고, 연구 장소도 다르고, 연구 대상의 지위 변수도 다르고, 표적 행동도 다르고, 종속 변수의 측정 방법도 다르고, 개별 대상 연구의 설계도 다른 경우다. 즉, 오른쪽으로 갈수록 다른 점은 많고 비슷한 점은 적다. 오른쪽 끝의 연구는 독립 변수가 이전 선행 연구들의 독립 변수와 비슷하다는 점을 제외한다면 완전히 새로운 연구에 더 가깝다. 이 두 가지 극단의 경우에서 반복이 갖는 위험 수준은 서로 같을 수 없다. 즉, 너무 많은 변수에서 선행 연구와 차이가 있는 오른쪽 상자의 화살표 오른쪽 끝의 체계적 반복은 왼쪽 상자의 화살표 왼쪽에 있는 연구 대상자 간의 직접 반복보다 도박성이 강하다. 대부분의 반복 연구는 이 둘 사이에 위치한다. 반복 연구들 간에 변경된 변수의 유형과 숫자가 일반화 범위와 위험 정도를 결정하게 되는 것이다. 이런 이유로 연구자들은 자신들의 연구와 선행 연구들의 차이를 구체적으로 기술해야 할 의무가 있다.

Journal of Applied Behavior Analysis 같은 저명한 학술지에도 연구 대상이 한 명인 연구도 출판된다. 연구 대상이 한 명인 연구는 독립 변수의 외적 타당도에 공헌하는 것이 별로 없는 것이 사실이다. 그 자체로서의 공헌은 연구 대상자 내의 반복을 통해 내적 타당도 위협 요소가 적절히 통제된 중재 효과를 입증했다는 점이라고 할 수 있다. 보통 그러한 연구는 드물게 나타나는 문제 행동을 다루는 중재들을 지지해 준다. 이런 연구 보고서의 출판을 통해 체계적 반복이 계속 격려되고 중재 결과에 대한 신뢰도와 일반화에 대한 이해는 더 깊어지게 된다. 응용 연구자는 그런 효과를 반복하고 싶어 할 것이다. 여기에서 중요한 것은 이런 연구들의 결과를 무시하지 말고 그런 연구들의 제한점을 이해하고 반복 연구를 계속해야 한다는 것이다. 결국 이러한 연구들이 더 많은 연구들을 시도하게 하는 자극제가 되기 때문이다.

살펴본 바와 같이 반복(replication)은 과학적 절차의 핵심 부분이다. 연구 대상자 내의 직접 반복을 통해 연구 결과의 신뢰도가 수립된다. 또한 같은 연구에 많은 연구 대상자를 포함시킴으로써 지위 변수와 기능적 변수가 다른 연구 대상에게까지 일반화를 확장시켜 간다. 이러한 직접 반복 외에도, 개별 대상 연구에서 연구 결과의 일반화는 주로 체계적 반복, 즉 선행 연구들과 연구자, 연구 대상, 종속 변수, 측정 방법 등이 다른 연구들을 수년 동안 시행한 연구들에 의해 수립된다. 체계적 반복은 끝없이 계속된다. 이때 반복에 대한 실패는 언제라도 나타날 수 있다. 반복에 대한 실패가 입증될 때가 바로 선행 연구들의 결과에 대한 예외가 발견되는 때이고, 중재의 제한점이 드러나는 때다. 응용 연구자들은 이러한 실패를 도전으로 받고 실패의 원인을 찾아 바람직한 결과를 가져올 수 있는 원래 중재의 수정을 시도하게 되는 것이다. 이렇게 반복을 통해 인간 행동 과학은 발전하고, 효과적이고 효율적인 교수 및 치료 프로그램을 계획하는 능력이 증대되는 것이다.

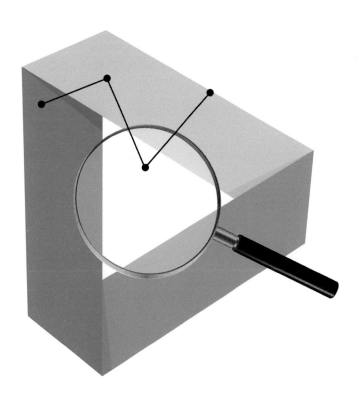

핵심 용어의 정의

연구 계획서

연구를 수행하기 전에 연구에 대한 전체적인 계획을 작성한 것으로, 주로 연구의 중요성이나 수행 가능성 등을 평가하는 데 사용되는 것이다.

연구 보고서

연구 수행을 마친 후 전체적인 연구 내용과 결과를 보고하기 위해 작성하는 것으로, 대부분 학위 논문이나 학술지 논문 등으로 발표되는 것이다.

중재 충실도

중재를 계획대로 얼마나 충실하게 실행했는지를 의미하는 것이다.

연구 보고서를 글로 작성하는 것은 연구자가 자신의 연구 결과를 기록으로 남기는 방법일 뿐 아니라 다른 사람들과 의사소통하는 방법이다. 그러므로 글쓰기는 연구자에게 요구되는 중요한 기술이다. 글로 쓰인 연구 보고서는 글 조직이 체계적이고, 세부내용이 정확하고 간결하며, 독자의 추론이 필요 없는 사실적 보고일수록 더욱 가치 있다. 글쓰기 기술도 여느 다른 기술을 익히는 것처럼 관심을 갖고 시도해 보고, 다른 사람들의 피드백을 받아 보고, 기술 향상을 위해 꾸준히 노력해야 한다. 이 장에서는 개별 대상 연구에 초점을 맞춘 연구 계획서 작성과 연구 보고서 작성의 구체적 내용을 설명하고, 연구 보고서의 편집 양식에 대해 살펴보고자 한다.

1 연구 계획서 작성

여기에서는 주로 석사 또는 박사 학위 논문의 연구 계획서 작성에 초점을 맞추겠다. 일반적으로 개별 대상 연구의 연구 계획서는 1) 서론, 2) 연구 방법, 3) 자료 분석의 부분으로 나누어 작성한다.

1) 서론

학위 논문의 서론 부분은 연구 질문의 진술, 연구의 중요성, 용어의 정의, 연구의 제한점으로 구분하여 독립적으로 기술하는 경우가 많다.

(1) 연구 질문의 진술

이 부분에서는 무엇보다도 독자에게 연구 질문을 소개해야 한다. 첫 단락에서는 일반적인 진술로 연구 질문의 핵심 내용을 소개하는 것이 좋다. 다음으로는 연구에 대한 이론적 또는 경험적 근거를 제시하기 위해 검토된 문헌들을 요약하여 제시하는데, 이 부분이 제일 중요하다. 연구의 이론적 또는 경험적 근거를 제시하는 방법에 대해서는 3장을 참고할 수 있다. 그다음에 연구의 목적과 연구 질문을 진술하는 것으로 마무리한다.

(2) 연구의 중요성

연구는 반드시 학문적 또는 실제적 필요에 의해 이루어진다. 연구 결과는 학문적/실제적인 문제 해결에 기여할 수 있는 과학적 지식을 생산해 낼 수 있어야 하며, 연구 결과의 이론적 또는 실제적인 문제를 해결하기 위한 기여 정도가 바로 연구의 중요성이 된다. 연구의 중요성 역시, 이론적/경험적 근거 위에서 논리적으로 진술되어야 한다. 그러므로 연구자는 자신의 연구 결과가 실제적인 문제를 해결하거나 기존의 이론적 설명에 기여할 수 있는 사항들을 구체적으로 나열한 다음 각 사항에 대한 직간접 근거를 고찰하여 정리하는 것이 좋다. 어떤 변수와 변수 간의 관계에 대해 의문을 제기하게 된 이유는 연구 질문의 도출 배경이 되며 그러한 연구 문제에 대한 해답이 연구 질문과 관련된 분야에서 아직까지 이론적으로 설명되지 못한 부분을 얼마나 설명해 줄 수 있는지 또는 현실 문제를 해결하는 데 얼마나 유용하게 사용될 수 있는지에 대한 근거는 연구의 중요성을 주장할 근거가 된다.

연구 질문이 얼마나 어떻게 중요한지를 설명하는 연구의 중요성 부분은 연구 질문 다음에 진술하는 것이 논리적이다. 왜냐하면 무엇이 중요하다는 말을 하려면 먼저 그 무엇이 무엇인지 밝히는 것이 순서이기 때문이다. 따라서 연구 질문의 도출근거와 함께 연구 질문을 진술한 후, 연구의 중요성을 진술하는 것이 바람직하다.

(3) 용어의 정의

연구자는 연구 질문 속에 포함된 주요 변수가 자신의 연구에서 어떤 의미로 사용되고 있는지에 대한 개념적 정의와 어떻게 측정할 수 있는지에 대한 조작적 정의를 밝혀야 한다. 연구자는 자신의 연구에서 다루고 있는 변수를 어떤 의미로 사용하고 있는지를 분명히 정의함으로써 자신의 연구에서 얻어진 연구 결과의 의미를 독자들에게 분명히 전달할 수 있을 뿐만 아니라 자신의 연구 결과가 다른 의미로 또는 지나치게 확대 해석되지 않도록 보호할 수 있다. 그러므로 용어의 정의는 자신의 연구 결과가 타당할 수 있는 범위를 밝힘으로써 연구를 보호하는 장치가 되기도 한다. 그래서 용어의 정의는 곧 연구의 제한점을 밝히는 것이기도 하다. 하지만 연구 방법의 제한점은 '연구의 제한점'으로 따로 밝히고, 변수와 관련된 제한점은 '용어의 정의'에서 제시하는 것이 좋다.

(4) 연구의 제한점

연구의 제한점은 연구가 갖는 문제점이 아니라 연구 결과가 타당하게 해석될 수 있는 범위를 밝히는 것임을 기억해야 한다. 따라서 연구자는 자신의 연구 결과가 일반화될 수 있는 범위를 파악하여 연구의 제한점으로 명확히 제시할 수 있어야 한다. 개별 대상 연구의 연구 결과는 그 결과가 얻어진 조건, 즉 특정한 연구 대상, 연구 시기와 실험 장소, 특정한 측정 방법과 관련되어 주어진 조건을 넘어서 일반화할 수 없다. 따라서 연구자는 자신의 연구 결과를 일반화시킬 수 있는 범위를 밝혀 주는 것이 곧 연구의 제한점을 진술하는 것이다. 먼저, 연구 대상의 수준과 특성을 밝혀서 그러한 범위를 벗어난 연구 대상에까지 일반화해서 해석할 수 없음을 제한점으로 제시해야 한다. 자료 수집의 경우도 연구자는 자신이 사용한 자료 수집 방법이 가질 수 있는 제한점을 밝혀야 한다. 특정 방법으로 측정된 종속 변수를 다른 방법으로 측정된 것으로까지 일반화시켜 해석하는 경우에 문제가 생길 수 있다. 실험 장소와 실험이 실시된 시기도 마찬가지다.

2) 연구 방법

연구 방법 부분은 연구 계획서의 중심이 되는 부분이므로 자세히 기술해야 한다. 대부분의 연구 계획서는 연구 대상, 실험 장소, 독립 변수와 자료, 종속 변수의 정의와 측정, 연구 설계로 구성된다. 또한 관찰자 간 신뢰도, 중재 충실도, 사회적 타당도가 뒷부분에 포함된다. 연구 방법 부분은 다른 연구자가 읽고 더 이상의 정보를 요구하지 않고 연구를 진행할 수 있을 만큼 자세히 기술해야 한다. 즉, 계획서에 제시한 연구의 실행 가능성과 가치를 평가할 수 있도록 충분한 정보를 제공해야 한다.

따라서 연구 계획서의 연구 방법 부분은 연구 보고서의 내용과 차이가 없을 정도로 자세히 작성하고, 연구 결과를 학술지에 발표할 때보다도 더 구체적으로 기술하는 것이 바람직하다.

(1) 연구 대상

연구 계획서를 쓰는 단계는 아직 자신의 연구 대상이 선정되지 않은 상태다. 따라서 연구 계획서에서는 연구 대상의 선정 기준을 밝혀야 한다. 나이, 진단, 인구통계학적 정보 등의 기본적인 선정 기준을 기술한다. 또한 연구 대상의 현재 상태를 알려 주기 위해 사용할 검사(지능 검사, 사회성 검사 등)가 무엇인지 설명한다. 그리고 연구 대상이 독립 변수에 반응하는 데 필요한 선수 기술이 요구되는지, 이전에 중재에 대한 경험이 없어야 하는지 등의 구체적인 선정 기준도 밝히는 것이 필요하다. 기억할 것은 여러 가지 이유로 도중에 연구 대상을 잃을 수 있으므로 최소 필요 인원보다 더 많은 대상으로 연구를 시작할 계획을 세우는 것이 지혜롭다.

(2) 실험 장소

'실험 장소'에서는 실험 절차가 진행되는 장소에 대해 설명한다. 즉, 독립 변수가 진행되는 장소, 종속 변수 측정이 이루어지는 장소, 일반화를 측정하는 장소 등에 대해 기술하는 것이다. 이런 장소는 동일할 수도 있고 각각 다를 수도 있다. 측량 단위를 사용하여 공간의 크기를 설명하고 공간 배치에 대해 설명하는 것이 좋다. 공간 내에서 중재자와 연구 대상의 위치에 대해서도 설명할 수 있다. 실험 장소에 대한 질적인 평가를 위한 평정 척도 같은 검사가 있다면 그 결과를 기술하는 것도 좋다.

(3) 연구 재료

이 부분에서는 연구에 사용될 재료, 도구, 기구 등에 대해 설명한다. 즉, 연구 대상에게 중재를 적용할 때 사용할 재료, 관찰에 사용될 도구 등을 기술한다. 예를 들어, 연구 대상에게 사용한 교육 과정의 이름, 관찰 도구로 사용된 비디오 카메라의 이름과 모델명 등을 밝히는 것이다.

(4) 종속 변수 정의와 측정

연구에서 측정하는 모든 종속 변수에 대한 정의를 기술하도록 한다. 즉, 종속 변수의 구성 개념에 대한 일반적 정의가 아니라 관찰에서 사용될 조작적 정의를 의미한다. 관찰한 자료를 기록하는 규칙에 대해서도 설명해야 한다. 관찰 기록 체계에 대해서는 구체적으로 자세히 묘사해야 한다. 예를 들어, 부분 간격 기록을 사용한다면 간격 시간도 기록하고, 관찰 횟수, 일회의 관찰 시간 등을 기술한다. 종속 변수 측정을 위해서는 다른 연구에서 사용한 정의와 관찰 절차를 사용할 수 있다. 이때 인용 출처를 밝히도록 한다. 연구자가 관찰 기록지를 직접 개발했다면 부록에 제시하도록 한다. 또한 관찰자 훈련 내용을 밝히고, 관찰자 간 일치도를 구하는 절차를 설명한다. 관찰자 간 일치도는 얼마나 자주 측정할 것인지, 관찰자 간 일치도를 구할 때 사용되는 공식은 무엇인지, 어느 정도의 일치도를 인정할 것인지 등을 밝힌다.

(5) 실험 설계

실험 설계 부분에서는 연구에서 사용될 특정 연구 설계를 설명하고, 그 연구 설계가 어떻게 내적 타당도의 위협을 막을 수 있는지 설명한다. 또한 실험 설계 부분에서는 기초선 조건과 중재 조건을 각각 설명하고 모든 조건에 걸쳐 공통적으로 적용되는 절차도 설명한다. 중재 조건에서는 연구의 독립 변수를 설명해야 하는데, 기초선 조건과 달라지는 것이 무엇인지 기록하면 된다. 특히, 중재 조건에서는 누가 누구에게 무엇을 하는지를 구체적으로 기술하는 것이 필요하다.

(6) 중재 절차 충실도

중재 절차 충실도란 중재를 계획대로 얼마나 충실하게 실행했는지를 의미하는 것이다. 그러므로 중재 절차 충실도를 알아볼 계획의 내용으로는 연구에서 실행된 중요한 절차가 얼마나 자주, 얼마나 정확하게 실행되는지를 어떻게 알아볼 것인지를 기술하면 된다. 이때 중재 절차 충실도 검사 계획에는 중재 조건에서의 절차뿐 아니라 기초선 조건의 절차 내용도 포함해야 한다. 연구 계획서에서는 중재 절차 충실도를 얼마나 자주 측정하고 그 결과를 어떻게 계산할 것인지 설명해야 한다.

(7) 사회적 타당도

연구의 사회적 타당도(목적, 절차, 효과)를 어떻게 측정할 것인지, 언제 어떤 방법으로 확인할 것인지 기술해야 한다. 또한 사회적 타당도를 누가 판단할 것인지도 밝혀야 한다. 즉, 연구를 실행하기 전과 후에 중재에 있어서 중요한 사람들에게 연구의 목적과 절차와 효과에 대해서 언제 어떻게 물을 것인지 기술한다.

3) 자료 분석

자료 분석의 내용은 형성적 평가와 총괄적 평가 부분으로 나누어 볼 수 있다. 형성적 평가에서는 1) 관찰자 간 일치도를 얼마나 자주 측정할 것인지, 2) 어느 정도의 관찰자 간 일치도를 인정할 것인지, 3) 관찰자 간 일치도가 낮을 때는 어떻게 할 것인지, 4) 중재 절차 충실도는 얼마나 자주 측정할 것인지, 5) 어느 정도의 중재 절차 충실도를 인정할 것인지, 6) 중재 절차 충실도가 낮을 때는 어떻게 할 것인지, 7) 종속 변수의 자료를 어떻게 그래프에 옮길 것인지, 8) 실험 조건을 바꾸는 결정을 위해서 그래프에 옮긴 자료를 어떻게 분석할 것인지를 설명한다.

총괄 평가 부분은 1) 관찰자 간 일치도 자료를 연구 결과 보고에서 어떻게 요약하고 보고할 것인지, 2) 중재 절차 충실도 자료를 연구 결과 보고에서 어떻게 요약하고 보고할 것인지, 3) 종속 변수 자료를 연구 결과 보고에서 어떻게 요약하고 보고할 것인지, 4) 종속 변수와 독립 변수 간에 기능적 관계가 있는지에 대한 결정을 하는 데 어떤 규칙을 적용할 것인지를 기술한다. 연구 계획서에서는 예상되는 자료를 가지고 그래프와 표를 만들어 제시하는 것이 바람직하다.

2 연구 보고서 작성

중재가 종료된 후 작성하는 연구 보고서는 논문의 종류(석사 학위 논문, 박사 학위 논문, 학술지 논문)에 따라 약간씩 차이가 있을 수 있지만, 대부분 1) 제목과 초록, 2) 서론, 3) 선행 연구 고찰/이론적 배경, 4) 연구 방법, 5) 연구 결과, 6) 논의, 7) 결론 및 제언으로 구성되어 있다. 여기에서는 이러한 연구 보고서의 구성 형식의 차례대로 설명하고자 한다.

1) 논문 제목과 초록

개별 대상 연구의 논문 제목은 간단명료하게 진술하되 제목을 보고 연구의 내용과 방법을 짐작할 수 있어야 한다. 따라서 제목에는 기본적으로 연구 대상, 종속 변수, 독립 변수가 포함되어야 한다. 즉, 누구에게 무엇을 적용하여 어떤 변화를 보고자 했는지가 제목에 드러나야 한다는 것이다. 예를 들면, '비디오 테이프를 이용한 자기 관찰–자기 기록 기법이 초등학교 저학년 아동의 교실 문제 행동에 미치는 효과'라는 연구 제목을 보면 누구에게(초등학교 저학년 아동) 무엇을(비디오 테이프를 이용한 자기 관찰–자기 기록법) 적용하여 어떤 변화(교실 문제 행동의 변화)를 보고자 했는지 알 수 있다. 또 다른 예로 '한글 자 · 모음 형상화 지도가 학습 부진 아동의 단어 학습에 미치는 효과'라는 연구 제목을 보면 학습 부진 아동에게 한글 자 · 모음 형상화 지도를 적용하여 단어 학습의 변화를 보고자 했음을 알 수 있다. 또한 논문 제목에 사용될 용어는 객관적이고 중립적인 표현이어야 한다. 예를 들어, '향상' '개선' '바람직한' 등의 표현은 부득이한 경우가 아니면 사용하지 않는 것이 좋다.

초록은 짧게 써야 하지만 필요한 중요 정보는 모두 포함해야 한다. 연구자는 자신의 연구 보고서를 제출할 곳에서 초록의 분량을 제한하는지 확인해야 한다. 초록의 구조를 익히기 위해서는 다른 연구의 초록을 읽어 보는 것이 도움이 된다. 보통 개별 대상 연구 논문의 초록에 들어가야 할 내용은 1) 연구의 목적, 2) 연구 방법(연구 대상, 종속 변수와 관찰 방법, 실험 장소, 연구 설계와 중재, 자료 분석), 3) 연구 결과, 4) 논의 및 제언(미래 연구를 위한 제언 또는 이전 연구와의 관계) 등이다. 이런 내용을 일목요연하게 기술하여 논문 전체의 축약된 내용을 기술하는 것이 초록의 목적이다.

2) 서론

연구의 완료 후에 작성하는 보고서의 서론은 연구 계획서의 서론과 크게 다르지 않다. 다만 연구 결과 보고서를 작성하는 시점에서 연구를 진행하는 동안에 동일한 주제와 관련한 최신 연구가 있는지 확인하여 추가하는 것이 필요하다.

3) 이론적 배경/선행 연구 고찰

이론적 배경/선행 연구의 고찰 부분은 3장에서 설명한 대로 문헌 검토의 결과에 대해 기술하는 것이다. 연구 계획서에 이 부분을 포함시키는 경우도 있고, 연구 계획서에는 서론까지만 기술하고 연구 보고서에 이 부분을 포함시키는 경우도 있다. 그런데 초보 연구자들은 서론에서는 자신의 연구와 관련된 이론 및 선행 연구의 고찰 결과를 간단히 요약해서 제시하고, 이론적 배경 및 선행 연구의 고찰은 서론에서 상세히 다루지 못한 내용을 더욱 자세히 소개하는 것으로 오해하는 경우가 있다. 그러나 언급한 바와 같이 서론을 통해서는 자신의 연구에서 다루고자 하는 연구 질문이 무엇이며 어떤 근거에서 그런 질문이 나오게 되었는지를 밝히는 것이다. 즉, 자신의 연구가 어떤 이론적 근거 위에서 행해지며 연구 결과의 타당성이 보장될 수 있는 조건과 상황이 어떠한지를 밝히는 것이다. 그리고 이론적 배경 및 선행 연구의 고찰에서는 자신의 연구 질문에 대한 잠정적인 답을 지지하는 이론이나 선행 연구를 검토하여 진술하는 것이다.

그런데 '이론적 배경 및 선행 연구의 고찰'이라는 부분은 연구 질문의 잠정적 답을 지지해 주는 근거로 고찰된 자료가 무엇이냐에 따라 제목이 달라질 수 있다. 고찰된 근거 자료가 '관련 이론'이면 제목을 '이론적 배경'이라고 하고, 고찰된 근거가 '관련된 선행 연구'이면 제목을 '선행 연구의 고찰'이라고 하면 된다. 두 가지 모두라면 '이론적 배경 및 선행 연구의 고찰'이라고 하면 된다. 즉, 고찰된 근거가 무엇인지에 따라 제목을 정할 수 있다.

문헌 검토를 하는 이 부분을 글로 쓸 때는 소제목을 따로 붙일 필요까지는 없겠지만 서론, 방법, 결과, 토의의 순으로 논리적으로 기술해야 한다. 서론에 해당하는 부분은 연구 질문이 무엇인지 다시 밝히고, 연구 질문과 관련된 문헌을 검토한 기준이 무엇인지 알려 주고, 문헌 검토의 목적에 대한 진술로 마무리하는 것이 좋다. 방법에 해당하는 부분은 문헌 검토가 이루어진 방법에 대해 쓰는 것이다. 즉, 문헌 검토를 위해 사용된 검색어가 무엇이었으며, 그 결과로 찾은 문헌 중에 어떤 기준으로 검토할 문헌의 범위를 제한했으며, 문헌을 어떻게 분석했는지 밝혀 준다. 문헌 검토 의 결과에 해당하는 부분은 종합적이면서 논리적으로 써야 한다. 검토한 문헌별로 하나씩 써 나가는 방법은 검토한 문헌을 종합적으로 볼 수 없기 때문에 좋은 방법이 아니다. 좋은 방법은 검토할 문헌을 분류하고 분석하기 위해 사용했던 용어를 사용 하여 검토한 문헌들을 표로 만들어서 표를 보면서, 연구 방법의 구체적 내용이나 연 구 결과에 중점을 두어 분석하고 요약하는 것이 도움이 된다. 이렇게 해 보면 한눈 에 검토한 문헌들을 볼 수 있다. 예를 들어, 연구에서 일반화에 대한 보고가 있는지 를 분석했다면 자신이 검토한 문헌 중에 일반화가 보고된 연구는 어떤 것들인지 표 에서 바로 찾을 수 있다. 물론 이런 표는 연구 보고서를 작성할 때 포함시키는 경우 는 드물지만, 필요한 경우는 표의 한 부분을 제시할 수도 있다. 토의에 해당하는 마 지막 부분에서는 문헌 검토의 목적을 재언급하고 문헌 검토의 주요 결과를 요약해 준다. 또한 문헌 검토에 사용된 연구들의 강점이나 제한점을 논하는 것도 좋은 방법 이다. 그리고 연구 결과로 기능적 관계가 있다는 것 외에 언제 어느 상황에서 누구 와 있을 때 기능적 관계가 있는지 밝혀 주는 것이 좋다. 역으로 언제 어느 상황에서 누구와 있을 때 기능적 관계가 없는지 밝혀 주는 것도 중요하다. 검토된 연구들의 결 과를 언급하면서 미래 연구와 현장 적용에 대한 제언을 할 수 있다. 그리고 검토한 문헌의 범위를 결정할 때 사용한 기준을 재언급하면서 문헌 검토의 제한점을 분명 히 밝혀야 한다. 더불어 앞으로 더 많은 연구가 필요한 영역을 언급하는 것으로 마 무리한다.

4) 연구 방법

연구 방법의 내용은 연구자가 연구를 진행하면서 무엇을 했는지에 대해 정확하고 자세하게 구체적으로 기록해야 한다. 이 부분도 연구 계획서의 연구 방법 부분과 크 게 다르지 않지만 문장의 시제가 과거형으로 바뀌어야 한다. 연구 방법 부분이 잘 쓰였는지에 대한 판단은 연구 방법의 내용만 읽고도 다른 사람들이 반복 연구하는 것이 가능하느냐에 달려 있다.

(1) 연구 대상, 실험 장소, 재료

연구 대상에 대해 쓸 때는 먼저 연구에 실제 참여한 사람들에 관한 인구 통계학적 정보(성, 나이, 진단명, 인종, 사회 경제 수준 등)를 기술한다. 또한 연구 대상이 현재 받고 있는 중재의 종류나 그 정도를 기술한다. 두 번째로는 연구 대상의 현재 상태와 능력을 알려 주기 위해 사용한 검사(지능 검사, 사회성 검사 등)와 그 결과를 기술한다. 정도가 심한 경우는 객관적 검사 결과 수치보다 부모나 교사 면담 등을 통한 구체적이고 자세한 정보가 더 유용할 때도 있다. 세 번째로 연구 대상의 선정 기준을 자세히 기록해야 한다. 나이, 진단, 인구 통계학적 정보 외에 더 자세한 기준을 기술한다. 즉, 연구 대상이 기초선에서는 어떻게 행동했는지, 독립 변수에 반응하기 위해 필요한 선수 기술을 지니고 있었는지, 강화제를 사용했다면 어떻게 선정했는지, 기능 평가를 했다면 문제 행동을 지속시키는 요인은 무엇이었는지 등을 기술한다. 이때 독자가 한눈에 알아볼 수 있도록 이런 정보를 표로 제시하는 것이 좋다. 실험 장소와 연구 재료에 대해서는 실제의 내용을 기술하면 되는데, 연구 계획서와 달라진 게 없다면 그대로 진술하면 된다.

(2) 종속 변수의 정의와 자료수집 방법

이 부분에서는 연구 계획서의 내용과 바뀐 부분이 없는지 주의해야 한다. 실제 관찰자 훈련 과정이나 관찰이 시작되면서 종속 변수의 정의나 측정 방법이 바뀔 수도 있기 때문이다. 관찰자 간 일치도를 측정한 회기 수의 보고나 관찰자 간 일치도 측정에 사용된 계산식과 관찰자 간 일치도 값을 쓰도록 한다.

(3) 연구 설계

연구 설계에 관한 연구 계획서의 내용에서 바뀐 부분이 없는지 확인하고 수정한다. 개별 대상 연구는 대부분 현장 연구이기 때문에 현장의 사정에 의해서 도중에 연구 설계가 바뀌는 경우가 있으므로 주의해야 한다.

(4) 중재 충실도

중재 충실도를 확인하기 위해 사용된 목록을 제시하고 측정한 절차와 결과를 밝힌다.

(5) 사회적 타당도

연구의 사회적 타당도를 측정하기 위해 사용된 방법에 대해 쓴다. 그리고 사회적 타당도 평가의 결과는 연구 결과의 마지막 부분에 제시한다.

5) 연구 결과

연구 결과 부분은 관찰자 간 일치도 검사 결과와 중재 절차 충실도 검사 결과를 쓰는 것으로 시작하기도 한다. 이 부분에서는 중재 절차 충실도를 측정한 회기의 수, 중재 절차 충실도의 정확성을 평가하기 위해 사용한 공식, 중재 절차 충실도 평가의 결과를 제시한다. 그러나 관찰자 간 일치도 검사 결과와 중재 절차 충실도 검사 결과는 '연구 방법' 부분에 쓰기도 한다.

연구 결과 부분은 중재의 실행에 따라 자료가 어떻게 변화했는지를 기술하는 데 그 목적이 있다. 이 부분은 연구 결과의 의의를 설명하거나, 행동 변화에 영향을 준 것이 무엇인지 추측하거나, 현장 적용에 대한 시사점을 쓰는 부분이 아니다. 종속 변수의 자료 변화를 기술하는 부분이다. 즉, 결과 부분에서는 결과만 기술하고 해석을 하지 않는다. 연구 결과에 대한 의미의 해석이나 그러한 결과를 얻게 된 이유에 대한 설명은 '논의'에 제시한다. 연구 결과는 논의를 위한 사실적 정보에 불과하고, 논의에서 이러한 정보를 비로소 과학적 지식으로 탈바꿈시키는 것이다. 즉, 정보를 지식으로 만드는 과정이 논의다.

연구 결과 부분은 연구 대상별로 또는 종속 변수별로 기술할 수 있다. 연구 대상별로 종속 변수의 결과가 일관된다면 연구 대상별로 기술하고, 연구 대상마다 중재 절차 적용이 다르면 종속 변수별로 기술하는 것이 좋다.

연구 결과 부분에서는 실험 상황 조건별로 연구 대상의 자료를 묘사하는 그래프가 있게 마련이다. 그래프에 대한 설명은 자료에 대한 일반적인 기술, 자료의 안정성에 대한 설명, 자료의 체계적 변화에 대한 설명, 자료가 실험 조건과 함께 변하는 정도, 실험 조건 내에서와 실험 조건 간의 자료 변화의 범위 등을 설명한다. 각 실험 조건의 자료 값의 평균과 범위를 밝히는 저자도 있는데, 조건 내에서나 조건 간에 자료 변화가 증가하지도 않고 감소하지도 않고 수준에서만 차이가 있는 경우가 아니라면 꼭 그렇게 밝힐 필요는 없다. 연구 결과에서는 조건 내에 나타난 패턴과 조건이 바뀌었을 때 발생하거나 발생하지 않은 패턴에 대해 기술해야 한다. 기초선 자료가 안정적인지, 높은지, 낮은지, 증가하고 있는지, 감소하고 있는지 등을 기술하고, 중재가 시작되었을 때 자료가 어떻게 변했는지를 기술하는 것이 핵심이다. 시간 순서대로 실험 조건이 바뀌는 것에 따른 자료 패턴을 기술하는 것이 개별 대상 연구에 적절한 연구 결과의 기술 내용이다. 중재자가 바뀌었거나 연구 대상이 장기 결석을 한 것과 같은 특이한 사건은 반드시 설명하고 그래프에도 표시해야 한다.

6) 논의

앞에서 연구 결과는 결과와 관련된 선행 연구나 관련된 이론적 틀 속에서 논리적으로 해석되고 설명될 때야 비로소 의미 있는 지식으로 바뀔 수 있다고 했다. 즉, 논의에서는 연구 결과가 어떤 의미를 지니고 있는지 선행 연구 및 이론에 비추어 해석하는 것이다.

연구 결과란 이론적 배경이나 선행 연구의 고찰에서 나오게 된 연구 질문을 연구 방법을 통해 자료를 수집하고 그 진위를 확인한 결과를 의미한다. 만약 연구 방법이 적절하고 정확했다면 종속 변수와 독립 변수 간의 기능적 관계가 밝혀지고 또 하나의 사실이 생겨나는 것이다. 연구자는 이러한 사실에 대해 그 의미를 해석하고 그런 결과가 나오게 된 이유를 직간접적 근거에 비추어 설명(논의)해야 한다. 이때 근거란 선행 연구나 이론이 될 수 있다. 그래서 연구자가 이론이나 선행 연구에 근거하지 않고 단순한 호기심 차원에서 연구 질문을 끌어낸 경우는 연구 결과를 논의할 수 있는 아무런 근거가 없게 된다. 그런 경우에 논의 부분에서 연구 결과와 동일한 내용을 반복 설명하는 현상이 나타나게 된다.

연구 문제를 이론에서 끌어낸 경우에 연구 결과는 이론이 타당함을 경험적으로 확인시켜 주는 기능을 한다. 경험적 확인을 통해 법칙이나 원리, 이론에 의한 설명이 사실로 판단되면, 주어진 현상은 그 법칙의 범주 속에 포함되게 되며 법칙의 일반화 가능성은 더 넓어지게 되는 것이다. 이론이란 '사실-법칙-원리-이론'이라는 과정을 통해 귀납적으로 구축된 설명적 틀이기 때문에 연구자가 자신의 연구에서 얻은 결과는 이론으로부터 연역적으로 추론된 변수와 변수 간의 관계에 대해 아직까지 확인되지 않은 또 하나의 사실을 발견한 것이므로 지금까지의 이론이 적용될 수 있는 범위를 더 확장시킨 결과가 된다는 점에서 이론에 기여하는 것이다(김석우, 2002). 따라서 연구자는 자신의 연구 결과와 관련 이론 간의 관계를 통해 자신의 연구 결과가 어떻게 기존의 이론에 기여하는지 논의를 통해 설명해야 한다.

　연구 문제를 선행 연구에서 끌어낸 경우는 추론된 선행 연구들 간의 관계가 자신의 연구 결과에 의해 경험적으로 확인된 것이므로 선행 연구 결과와 자신의 연구 결과를 하나의 관계로 묶어서 설명하면서 자신의 연구 결과가 주어진 변수와 변수 간의 관계를 설명하는 데 있어서 선행 연구와 어떤 점에서 다른지를 부각시켜 논의해야 한다. 이러한 차이점을 파악하여 그러한 차이점이 있을지라도 선행 연구와 맥락을 같이하는 것으로 나타난 자신의 연구 결과를 부각시켜 해석해야 한다.

　연구자가 연구 결과를 설명하고 해석할 수 없다는 말은 왜 그런 결과가 나타났는지 설명하고 해석할 수 있는 지식이나 논리적 틀이 없음을 의미한다. 해석을 위한 지식이나 논리적 틀은 바로 선행 연구의 고찰에서 얻어지기 때문에 연구자가 자신의 연구에서 얻은 결과를 해석할 수 없고 논의할 수 없는 경우는 대체로 연구자가 연구 질문을 직접 도출하지 않았거나 선행 연구나 관련 이론을 충분히 비판적으로 고찰하지 않고 근거 없는 의문을 연구 질문으로 선정했기 때문이다. 그래서 연구 결과의 논의를 위해 인용되는 자료의 양과 질은 바로 연구 질문을 도출하기 위해 고찰된 자료의 양과 질에 달려 있다고 해도 과언이 아니다.

　논의 부분을 쓸 때는 연구 결과에 제시된 자료 범위를 넘어서지 않는다는 것이 기본 규칙이다. 논의의 첫 단락은 연구 목적을 다시 언급하고 연구의 주요 결과를 간략히 기술한다. 논의 부분에서는, 첫째, 연구 결과를 선행 연구들과 관련지어 비슷한 점과 다른 점을 설명하고, 둘째, 미래 연구에서 다루어 볼 수 있는 영역을 제언하고, 셋째, 연구의 제한점을 설명하고, 현장 적용의 가능성을 언급한다.

　논의 부분을 구성하는 첫 번째 방법은 연구 결과가 여러 가지라면 차례로 제시하면서 선행 연구와 비슷한 점과 다른 점을 각각 언급하는 것이다. 선행 연구와 관련성을 설명하는 것은 논의 부분에서 중요한 내용이다. 또한 미래 연구에 대해 중재 절차의 수정 같은 것을 같이 제언한다. 그리고 각 연구 결과에 대한 제한점을 설명한다. 두 번째 방법은 연구 결과와 선행 연구의 관련, 미래 연구를 위한 제언, 연구의 제한점, 현장 적용 가능성을 각각 구분하여 설명하는 것이다. 자신의 연구의 제한점은 약점임에 틀림없지만 현실적으로 연구를 객관성 있게 진행했다는 증거이기도 하다. 제한점과 함께 미래 연구에 대한 제언을 하는 것은 미래 연구의 발전에 큰 도움이 될 것이다.

7) 결론 및 제언

결론 및 제언에서는 연구 결과와 논의의 내용을 요약하여 제시한다. 즉, 연구 문제의 제기에서 논의에 이르기까지 제시되고 언급된 모든 내용을 요약하여 제시하는 것이다. 연구 보고서에서는 연구 질문, 연구 결과, 연구의 결론이 일관성이 있어야 한다. 즉, 서로 관련성이 있어야 한다는 것이다. 결론은 서론에서 밝힌 연구의 제한점의 범위 안에서만 그 타당성을 주장할 수 있기 때문에 연구자는 자신이 얻은 연구 결과를 해석하거나 요약할 때 연구의 제한점에서 밝힌 범위를 벗어나지 않도록 해야 한다.

3 연구 보고서 편집 양식

연구 보고서는 연구자의 연구 결과를 다른 사람들과 공유하기 위한 것이므로 약속된 양식에 따라 작성되어야 한다. 여기에서는 교육학, 작업 치료, 물리 치료, 언어 치료, 심리학 영역 등에서 공통적으로 사용하고 있는 미국심리학회(American Psychological Association: APA)의 편집위원회가 제시한 양식을 중심으로 대표적인 몇 가지 편집 양식을 설명하고자 한다. 더 구체적인 연구 보고서 편집 양식에 관해서는 최근의 APA 매뉴얼이나 www.apastyle.org를 참고할 수 있다.

1) 목차 표기 방법

이 책에서 소개하고 있는 연구 보고서 형식에서는 연구 절차를 안내하기 위해 〈표 15-1〉과 같은 목차를 사용한다.

표 15-1 목차 표기의 예

```
1) 서론
    (1) 연구 문제의 진술
    (2) 연구의 중요성
    (3) 용어의 정의
    (4) 연구의 제한점
2) 선행 연구의 고찰
3) 연구 방법
    (1) 연구 대상
    (2) 실험 장소
    (3) 연구 절차
    (4) 자료 분석
4) 결과
5) 논의
6) 결론 및 제언
참고문헌
```

논문의 본문에서 번호를 부여하는 일반적인 방법은 〈표 15-2〉와 같다.

표 15-2 번호 부여 방법

```
I.
  1.
   1)
    (1)
     ①
```

그러나 번호를 부여하는 방법은 학교마다 또는 학술지마다 다를 수 있으므로 자신의 논문을 발표하는 기관의 규칙을 따르도록 한다. 또한 학위 논문의 경우는 표나 그림이 여러 개일 때는 표 목차와 그림 목차를 따로 작성하여 제시해야 한다. 표 목차와 그림 목차에서는 본문 속에 제시된 표나 그림의 번호와 제목을 제시하고 논문의 해당 페이지를 표시하면 된다.

2) 시제 표기법

(1) 과거형을 사용하는 경우

논문에서 과거형 시제를 사용하는 경우는 선행 연구의 결과를 언급할 때와 자신의 연구 방법과 연구 결과를 기술할 때다.

(2) 현재형을 사용하는 경우

논문에서 현재형 시제를 사용하는 경우는 용어에 대한 정의를 내릴 때, 어떤 이론의 일반적 진술을 인용할 때, 논의에서 연구자 자신의 의견을 삽입할 때, 연구 목적을 진술할 때 등이다.

3) 인칭 및 숫자 표기법

(1) 인칭

논문에서 인칭은 일반적으로 객관성을 높이기 위해 '저자' '연구자' '필자'와 같이 주로 3인칭을 사용한다. 인칭을 사용하지 않으려면 문장을 수동형으로 바꿀 수도 있다. 예를 들어, '연구자는 ～을 연구하였다.'라고 쓰는 대신에 '～이 연구되었다.'고 쓸 수 있다. 논문에서는 존칭어나 겸손을 의미하는 '졸저' '졸고' 등의 표현은 사용하지 않는다.

(2) 숫자

논문에서 10 이상의 경우는 원칙적으로 아리비아 숫자를 사용하고, 10 미만의 한 자리 숫자는 하나, 둘, 셋 등의 문자로 표기한다. 그러나 문장 서두는 10 이상일지라도 숫자를 사용하지 않고 한글로 표기한다. 그리고 10 미만의 숫자일지라도 다음의 경우는 반드시 아라비아 숫자를 사용한다.

- 수를 연속적으로 나타낼 때
- 표나 그림의 목록의 번호
- 책의 쪽수, 날짜, 시간, 연도, 표집의 크기, 척도 점수, 돈의 액수
- 점수, 백분율, 분수, 통계 등의 수학적 기능을 갖는 경우
- 측정 단위 바로 앞의 수
- 10 이상의 수와 비교하기 위해 쓰인 모든 수

서수의 경우는 문자로 표기하는데, 너무 큰 숫자는 숫자와 문자를 함께 표기한다. 소수의 경우는 문자와 단위를 함께 나타낼 때는 소수점은 숫자 옆에 찍고, 1 미만의 수에는 0을 사용한다. 1 미만의 수라도 통계수치의 경우에는 0을 사용하지 않는다. 통계치에서 특별한 경우를 제외하고는 소수 둘째 자리 또는 셋째 자리까지 표기한다. 통계와 관련된 상관 계수, 비율, 유의 수준 등을 표기할 경우에는 0을 사용하지 않는다.

4) 문장 부호 사용 방법

온점(.)은 한 문장이 끝나는 경우와 영어의 약자 뒤에 사용한다. 그 외에도 숫자 표기와 참고문헌 작성에도 온점을 사용하는 규칙이 있다.

반점(,)은 세 가지 이상의 항목을 연속적으로 열거할 때 '그리고'와 '또는' 등의 접속사 앞에 사용한다. 또한 1,000 이상의 숫자를 표기할 때 세 숫자를 한 단위로 하고 반점을 찍는다.

세미콜론(;)은 쉼표가 사용된 문장의 요소들을 구분하기 위해 사용한다. 또한 본문에서 여러 개의 참고문헌을 나열할 때 각 문헌을 구분하기 위해서도 사용한다. 예를 들어, (김석우, 1997; 문수백, 2003; 이강현, 황택주, 박여범, 1998; Gast, 2010)라고 표기하는 경우다.

콜론(:)의 사용은 앞 문장을 부연 설명하는 경우, 논문 제목에 부제를 붙일 경우,

비율을 표시하는 경우, 참고문헌에서 출판 지역과 출판사 사이를 구분하는 경우 등이다.

가운데 점(·)은 문장의 한 성분이 동등한 두 개 이상의 단위로 구성되었을 때나 두 숫자로 된 말의 경우(예: 4·19 학생의거)에 사용한다.

인용 부호는 원전에서 직접 인용한 경우에는 반드시 큰따옴표(" ")를 사용한다. 그리고 속어, 빗대어 한 말, 신생어를 처음 소개하며 표기할 때도 큰따옴표를 사용할 수 있다. 하지만 한 번 사용한 이후에는 사용하지 않는다. 또한 전문학술지에 게재된 논문 제목이나 단행본의 소단원 제목을 표기할 때도 큰따옴표를 사용한다. 그리고 어떤 검사 내용을 그대로 인용할 때 큰따옴표를 사용한다. 큰따옴표로 인용한 인용문 내에서 또 인용 부호를 사용할 때는 작은따옴표(' ')를 사용한다.

5) 외국어 표기법

번역한 용어의 원어는 괄호( ) 속에 삽입한다. 이때 고유 명사를 제외하고는 대문자를 사용하지 않는다. 번역한 용어가 없을 때는 원어의 음을 한글로 표기하고 괄호( ) 속에 원어를 삽입한다. 이때 한글 표기는 외래어표기법을 따른다. 그런데 원어를 괄호( ) 속에 표기하는 것은 처음 한 번에 그치고 반복하지 않는다. 인명을 표기할 때 한국명과 중국명은 성명을 모두 표기하고, 기타 다른 나라의 인명은 성만을 원어로 표기한다.

6) 문장 나열법

길고 복잡한 문장의 경우는 문장의 요소마다 번호나 문자를 붙여서 나열한다. 문장 내의 나열에서는 소괄호 안에 숫자나 문자를 사용하고 각 요소 사이에는 반드시 반점(,)을 사용하도록 한다. 그런데 그 구분된 요소 안에 반점이 사용된 경우는 번호 및 문자로 구분한 문장 요소를 세미콜론을 사용하여 구분한다. 개별적인 문단으로 나열되는 항목별 결론이나 연구절차의 단계를 기술하는 경우에는 괄호를 사용하지 않은 숫자 번호를 이용한다.

7) 참고문헌 작성법

(1) 참고문헌 제시 양식의 주의 사항

논문을 작성하는 데 참고한 문헌 목록을 의미하는 영어 단어 reference와 bibliography는 그 뜻이 각각 다르다. reference는 논문의 본문에서 인용한 자료들을 의미하고, bibliography는 본문에서 인용한 자료뿐 아니라 연구를 위해 간접적으로 사용된 보충 자료까지를 의미한다. 그러므로 reference는 '참고문헌'으로 bibliography는 '서지 목록'으로 구분해서 사용해야 한다. 연구자는 논문에서 인용한 문헌 자료는 반드시 참고문헌의 목록과 일치하게 표기해야 하고, 논문을 제출하는 기관에서 요구하는 양식대로 작성해야 한다. 일반적인 참고문헌 제시 순서는 크게는 우리나라 문헌, 동양권 문헌, 서양권 문헌의 순서로 제시하고, 각각은 철자 순으로 제시해야 한다. 참고문헌의 각 요소는 온점으로 마무리하여 각 요소를 구별하도록 한다.

(2) 참고문헌의 제시 양식

참고문헌에서 가장 많이 사용되는 정기 간행물, 단행본, 학위 논문의 제시 양식을 예를 들어 설명하겠다. 〈표 15-3〉, 〈표 15-4〉, 〈표 15-5〉는 각각 국문과 영문으로 작성된 정기 간행물, 단행본, 학위 논문에 대한 참고문헌 양식의 예다.

표 15-3 정기 간행물 제시 양식

(형식)
연구자명. (발행년). 논문명. 자료명, 권(호), 논문수록면수.

(예)
양명희, 김황용. (2002). 개별 피험자 연구에서 사회적 타당도 검사의 중요성. 정서·학습장애연구, 18(3), 91-111.

Barlow, D. H., & Hayes, S. C. (1979). Alternating treatment design: One strategy for comparing the effects of two treatments in a single subject. *Journal of Applied Behavior Analysis, 12* (2), 199-210.

표 15-4 단행본 제시 양식

(형식)
저자명(역할어). (발행년). 표제(판차, 권차). 발행지: 발행사.

(예)
양명희. (2012). 행동수정 이론에 기초한 행동지원. 서울: 학지사.

Nadeau, K. G., & Dixon, E. B. (2007). 얘들아! 천천히 행동하고 주의집중하는 것을 배워 보자
(양명희, 황명숙. 공역). 서울: 학지사. (원서출판 2004).

Gast, D. L. (2010). *Single subject research methodology in behavioral sciences*. New
York, NY: Routledge.

Reynold, C. R., & Fletcher-Janzen, E. (Eds.). (2000). *Encyclopedia of special education
(2nd)*. Weinheim: John Wiley & Sons.

표 15-5 학위 논문 제시 양식

(형식)
연구자. (수여 연도). 논문명. 학위면. 수여 기관명, 소재지.

(예)
김현숙. (2006). 자극용암법과 정적 강화기법이 선택적 함묵유아의 말하기 행동에 미치는 효과.
석사학위논문. 광신대학교 교육대학원, 광주.

Kim, M. Y. (1994). *The effects of Self-evaluation, Self-observation, and Self-observation
plus Self-recording on the occurrence of disruptive behaviors in classroom*. Unpublished
doctoral dissertation. University of Oregon, Eugene.

○○ 저자

우리나라 인명은 성과 이름을 붙여 쓰고, 여러 명인 경우는 반점으로 연결한다. 서양 인명은 성 뒤에 반점을 사용한 후 이름의 첫 글자를 대문자로 쓰고 온점을 사용한다. 각 저자명을 구분하기 위해 반점을 사용하고 마지막 저자 앞에는 & 표시를 사용한다. 저서가 아닌 경우에는 저자명 자리에 개인 또는 단체명을 쓰고, 괄호 안에 편집인지 번역인지 등에 따라 편, 역, 주 등을 쓰고 괄호 뒤에 온점으로 마무리한다. 영문의 경우에도 편집한 책이면 편집인명을 저자의 자리에 쓰고, 마지막 편집인 뒤에 괄호하여 Editor 또는 Editors를 의미하는 약자 'Ed.' 또는 'Eds.'를 쓴다. 인명은

온점으로 마무리한다. 그러나 서양 인명의 경우에는 저자의 이름의 첫 글자를 대문자로 쓴 것으로 인명이 끝나는 경우에는 다시 온점을 사용하지 않는다. 또한 약자 (Ed.)를 사용한 경우에는 괄호 바로 뒤에 온점을 한다.

○○ 출판 연도

저자 인명 뒤에 출판 연도를 괄호 안에 쓰고, 괄호 밖에 온점으로 마무리한다. 현재 발행 중인 문헌에 대해서는 출판 연도 자리에 (인쇄 중) 또는 (in press)라고 쓴다. 발행 연도가 미상인 경우는 (발행년 미상) 또는 no date를 의미하는 (n.d.)라고 적는다.

○○ 정기 간행물 학술지의 논문 제목

국문의 경우는 논문 제목을 쓰고 온점으로 마무리한다. 영문의 경우는 논문 제목의 첫 글자와 부제(부제가 있는 경우)의 첫 글자를 대문자로 하고 온점으로 마무리한다.

○○ 학술지, 단행본, 학위 논문의 제목

학술지와 단행본과 학위 논문의 제목은 하나의 요소이므로 온점으로 마무리하는 것이 원칙이다. 국문의 경우는 학술지와 단행본과 학위 논문의 제목은 활자를 진하게 표기하거나 고딕체를 사용하여 구분한다.

그런데 서양의 경우는 모두 제목을 이탤릭체로 표기하는 것은 공통이지만 양식은 학술지, 단행본, 학위논문에 따라 각기 조금씩 다르다. 첫째, 서양 정기 간행물의 학술지의 제목의 양식은 다음과 같다:

- 학술지 제목은 전치사를 제외한 모든 단어마다 첫 글자는 대문자로 쓴다.
- 학술지 제목과 권수 번호(volume number)는 이탤릭체로 쓴다.
- 발행 번호(issue number)는 권수 바로 곁에 괄호를 하여 쓴다.
- 발행 번호 곁에 쪽수를 적는다.
- 학술지 제목, 권수 번호, 발행 번호, 쪽수는 각각 반점으로 구분하고, 전체를 온점으로 마무리한다.
- 발행 번호와 쪽수는 이탤릭체로 표기하지 않는다.

둘째, 서양 단행본의 제목은 첫 글자를 대문자로 하고 전체를 이탤릭체로 쓴 다음 온점으로 마무리한다. 단행본이 개정판이나 권차가 있을 경우에는 제목 뒤에 괄호를 하여 적고, 괄호 뒤에 온점으로 마무리한다.

셋째, 서양 학위 논문의 제목은 단행본과 동일하게 첫 글자를 대문자로 하고 전체를 이탤릭체로 쓴 다음 온점으로 마무리한다. 다만 학위 논문은 제목 바로 뒤에 학위명을 쓰도록 한다. 단행본과 학위 논문 제목은 첫 글자만 대문자로 쓰지만 고유명사의 첫 글자는 모두 대문자로 써야 한다.

◯◯ 기타

단행본은 제목 뒤에 발행지와 발행사를 콜론(:)으로 구분하여 제시하고 온점으로 마무리한다. 영문의 경우에 발행지 도시가 유명한 도시가 아니면 도시명을 쓰고 주이름의 약자를 반점으로 구분하여 적는다. 발행 출판사가 여러 곳인 경우는 첫 출판사를 적거나 출판사의 본 사무실이 있는 곳을 적으면 된다. 학위 논문의 경우는 학위 기관명과 기관의 소재지를 반점으로 구분하여 제시한다.

재인용 자료를 참고문헌에 쓴 예를 〈표 15-6〉에 제시했다.

표 15-6 재인용의 예

> Wolery, M., Bailey, Jr., D. B., & Sugai, G. M. (1988). *Effective teaching: Principles and procedures of applied behavior analysis with exceptional students.* Boston: Allyn and Bacon을 인용한 양명희(2012), 행동수정 이론에 기초한 행동지원. 서울: 학지사.

위의 예를 본문에 적을 때는 (Wolery, Bailey, & Sugai, 1988, 재인용)이라고 써서 인용 자료 뒤에 재인용 자료임을 밝힌다.

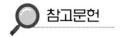 참고문헌

강삼성, 이효신. (2012). 학급수준의 긍정적 행동지원이 통합학급 초등학생의 문제행동과 학교생활 만족도에 미치는 영향. 정서 · 행동장애 연구, 28(3), 1-35.

고동희, 이소현. (2003). 교사의 긍정적 행동지원이 장애학생의 수업시간 문제행동에 미치는 영향. 정서 · 행동장애연구, 19(2), 1-221.

교육인적자원부. (2006). 연구 윤리 소개. 서울: 교육인적자원부.

김경민. (2010). 백색소음이 ADHD 아동의 주의집중과 과제수행에 미치는 영향. 정서 · 행동장애연구, 26(3), 113-126.

김동일, 이재호, 이미지. (2013). 쓰기 학습장애 중재 단일대상연구에 대한 메타분석. 학습장애연구, 10(2), 73-82.

김미영, 이소현, 허수연. (2012). 자폐 범주성 장애 아동을 대상으로 한 중심축 반응 훈련 중재의 메타분석: 단일대상 연구를 중심으로. 특수아동교육연구, 14(3), 1-23.

김석우. (2002). 교육연구법. 서울: 학지사.

김원호, 박은영, 장기연. (2002). 근전도 바이오 피드백을 이용한 훈련이 안면신경마비 환자의 운동 학습에 미치는 영향. 한국전문물리치료학회지, 9(3), 101-111.

김정민, 임해주. (2013). 자폐 스펙트럼 장애 아동의 사회성 중재에 대한 국내 · 외 단일 대상 연구 메타분석. 정서 · 행동장애연구, 29(4), 311-339.

김재은. (1995). 교육 · 심리 · 사회 연구방법. 서울: 교육과학사.

김주아, 박보영, 강진구, 김성길. (2013). 논문이라는 산을 쉽게 오르는 방법. 고양: 공동체.

김환희, 장문영, 심제명. (2007). Fresnel Prism을 이용한 시야확보가 뇌졸중 환자의 편측무시 감소에 미치는 영향: 단일사례연구. 대한작업치료학회지, 15(3), 63-72.

남경욱, 신현기. (2008). 인지적 장애를 지난 아동을 위한 보완 · 대체 의사소통 중재에 대한 메타분석 - 단일대상연구를 중심으로. 특수교육학연구, 42(4), 193-212.

문수백. (2003). 학위논문작성을 위한 연구방법의 실제. 서울: 학지사.

민중서림. (2001). 민중 엣센스 국어사전. 서울: 민중서림.

민중서림. (2002). 엣센스 영한사전. 서울: 민중서림.

박은영, 김삼섭, 조광순. (2005). 우리나라 단일대상연구의 내용과 방법에 관한 고찰. 특수교육학연구, 40(1), 65-89.

서경희. (1987). 자폐아의 수화학습에 관한 사례연구. 정서장애아교육, 3, 20-30.

서이종. (2013). 학문 후속세대를 위한 연구윤리. 서울: 박영사.

성태제. (2001). 교육연구방법의 이해. 서울: 학지사.

손지형, 박소연, 김진경. (2013). 단계적인 주의 집중력 훈련이 경증치매노인의 기억력과 일상생활수행능력에 미치는 효과. 고령자·치매작업치료학회지, 7(1), 1-14.

송성수. (2014). 연구윤리란 무엇인가? 서울: 자유아카데미.

송우진, 박지혁, 정민예, 유은영. (2013). 연하장애를 가진 뇌성마비아동의 구강감각치료의 효과. 대한작업치료학회지, 21(4), 47-58.

신혜정. (1997). 자폐 유아의 주시행동 향상을 위한 형제자매 중재효과. 정서·학습장애연구, 13(1), 137-154.

신화경, 정보인. (2001). 기능적 근력강화 운동이 뇌성마비 아동의 기립균형에 미치는 영향. 한국전문물리치료학회지, 8(3), 97-105.

양명희. (1996). 비디오테잎을 이용한 자기관찰-자기기록기법이 초등학교 저학년 아동의 교실 문제행동에 미치는 효과. 특수교육논총, 13(1), 1-18.

양명희. (2012). 행동수정 이론에 기초한 행동지원. 서울: 학지사.

양명희. (2013). '엑셀 2007로 중재제거 설계 그래프 그리기' 설명서의 유용성 효과. 정서·학습장애연구, 29(1), 357-371.

양명희. (2014). 엑셀로 다중기초선 설계 그래프 그리기. 광신논단, 23, 335-368.

양명희, 김미선. (2002). 비디오테잎 자기관찰 기법이 초등학교 선택적 함묵아동의 말하기 행동에 미치는 효과. 정서·학습장애연구, 17(3), 57-77.

양명희, 김현숙. (2006). 구조화된 놀이상황에서 자극 용암법과 정적 강화 기법 사용이 선택적 함묵유아의 말하기 행동에 미치는 효과. 정서·행동장애연구, 22(2), 29-47.

양명희, 김황용. (1997). 비디오 테잎-자기관찰 기법이 초등학교 고립아동의 사회적 행동향상에 미치는 효과. 특수교육학회지, 18(3), 263-285.

양명희, 김황용. (2002). 개별 피험자 연구에서 사회적 타당도 검사의 중요성. 정서·학습장애연구, 18(3), 91-111.

양명희, 임유경. (2014). 유아행동 관찰 및 평가. 서울: 학지사.

양명희, 최호승. (2004). 개별 피험자 연구의 피험자 특성 기술에 관한 연구. 정서·행동장애연구, 20(1), 1-21.

유은정, 오세진, 문광수, 이요행, 이충원. (2007). VDT작업환경에서 앉은 자세에 대한 즉각적 피드백과 지연된 피드백의 효과비교. 한국심리학회지 산업 및 조직, 20(2), 135-155.

윤희봉, 최영종, 강민채. (2011). 긍정적 행동지원 관련 단일대상 연구의 메타분석. 특수아동교육연구, 13(4), 605-624.

이강현, 황택주, 박여범. (1998). 논문 작성의 이론과 실제. 서울: 학지사.

이소현, 박은혜, 김영태. (2000). 교육 및 임상현장 적용을 위한 단일대상연구. 서울: 학지사.

이순형, 이혜승, 권혜진, 이영미, 정윤주, 한유진, 성미영, 권기남, 김정민. (2008). 아동관찰 및 행동

참고문헌

연구. 서울: 학지사.

이안나, 김은경. (2012). 기능평가에 근거한 상황이야기 중재가 고기능 자폐성 장애 초등학생의 문제행동 및 대체행동에 미치는 영향. 특수교육저널 : 이론과 실천, 13(2), 65-93.

이에리사, 이경선, 성정아. (2008). 고무 밴드 자극과 범실횟수 기억이 탁구선수의 범실 줄이기에 미치는 효과. 체육과학연구논총, 18(1), 147-161.

이은해, 이미리, 박소연. (2006). 아동연구방법의 이해. 서울: 학지사.

이종승. (1984). 교육연구법. 서울: 배영사.

이형복, 양명희. (2009). 요리활동이 유아의 편식과 부적절한 식사행동의 개선에 미치는 효과. 발달장애연구, 13(2), 77-100.

이효신(역). (2007). 교사를 위한 응용행동분석. 서울: 학지사.

전병운, 이미애, 권회연. (2008). 보완-대체의사소통체계의 적용이 비구어 정신지체 아동의 발성에 미치는 효과. 재활복지, 12(1), 46-62.

전윤희, 장경윤. (2013). 학습장애 또는 학습부진 학생들의 수학문장제 문제해결력 중재효과에 대한 메타분석. 특수교육학연구, 47(4), 139-163.

정동훈. (2013). 뇌성마비 학생의 컴퓨터 접근성 증진을 위한 포인팅기기의 효율성 비교. 특수교육재활과학연구, 52(2), 33-53.

정병록, 정보인. (2009). 자폐아동의 상동행동 치료에서 감각통합치료와 응용행동분석의 치료효과 비교. 대한작업치료학회지, 17(1), 17-27.

정희진, 양명희. (2014). 사회적 강화와 촉구의 용암에 의한 발달지체 유아의 착석행동 및 지시 따르기의 변화 연구. 특수교육재활과학연구, 53(1), 261-276.

조민희, 전혜인. (2011). 비디오 자기관찰을 활용한 자기관리전략이 초등학교 정신지체 학생의 수업행동에 미치는 영향. 정서·행동장애 연구, 27(4), 161-184.

조현춘 외. (2009). 쉽고 재미있는 논문연구법. 서울: 아카데미프레스.

차태현, 유은영, 오덕원, 신숙연, 우희순, 오종치(2008). 비위관을 이용하여 섭식하는 뇌졸중 환자들의 연하장애에 대한 전기자극 치료와 전통적 연하재활 치료의 비교. 대한작업치료학회지, 16(1), 1-10.

천승철, 오덕원. (2010). 수중 강제유도운동치료가 편마비를 가진 뇌성마비 아동의 상지기능과 일상생활동작에 미치는 영향. 대한작업치료학회지, 18(2), 121-131.

최유진, 김경미. (2008). 신경발달치료원리에 기초한 일상생활활동 훈련이 뇌성마비 아동의 분리된 움직임과 앉은 자세 균형에 미치는 효과. 특수교육재활과학연구, 47(1), 191-212.

최호승, 양명희. (2003). 한글 자·모음 형상화 지도가 학습부진아동의 단어학습에 미치는 효과, 정서·행동장애연구, 19(3), 195-215.

한국교육평가학회. (2004). 교육평가용어사전. 서울: 학지사.

홍준표. (2009). 응용행동분석. 서울: 학지사.

Agras, W. S., Leitenberg, H., Barlow, D, H, & Thomson, L. E. (1969). Instructions and reinforcement in the modification of neurotic behavior. *American Journal of Psychiatry, 125*, 1435–1439.

Alberto, P. A., & Troutman, A. C. (2006). *Applied behavior analysis for teachers* (7th ed.). Englewood Cliffs, NJ: Prentice–Hall.

Allison, D. B., & Gorman, B. S. (1993). Calculating effect sizes for meta–analysis: The case of the single case. *Behavior Research Therapy, 31*, 621–631.

Altus, D. E., Welsh, T. M., Miller, L. K., & Merrill, M. H. (1993). Efficacy and maintenance of an education program for a consumer cooperative. *Journal of Applied Behavior Analysis, 26*, 403–404.

American Psychological Association. (1992). Ethical principles of psychologists and code of conduct. *American Psychologist, 47*, 1597–1611.

American Psychological Association. (2001). *Publication manual of American Psychological Association* (5th ed.). Washington DC: Author.

Backman, C. L. & Harris, S. R. (1999). Single–subject research, and N of 1 randomized trials: Comparisons and contrasts. *American Journal of Physical Medicine and Rehabilitation, 78* (2), 170–176.

Baer, D. M. (1977). Perhaps it would be better not to know everything. *Journal of Applied Behavior Analysis, 10*, 167–172.

Baer, D. M., Wolf, M. M., & Risley, T. R. (1968). Some current dimensions of applied behavior analysis. *Journal of Applied Behavior Analysis, 1*(1), 91–97.

Baer, D. M., Wolf, M. M., & Risley, T. R. (1987). Some still–current dimensions of applied behavior analysis. *Journal of Applied Behavior Analysis, 20*, 313–327.

Barlow, D. H., & Hayes, S. C. (1979). Alternating treatment design: One strategy for comparing the effects of two treatments in a single subject. *Journal of Applied Behavior Analysis, 12*(2), 199–210.

Barlow, D. H., & Hersen, M. (1984). *Single case experimental designs: Strategies for studying behavior change* (2nd ed.). New York: Pergamon.

Barlow, D. H., Nock, M. K., & Hersen, M. (2009). *Single case experimental designs: Strategies for studying behavior change*. Boston, MA: Allyn & Bacon.

Best, J. W., & Kahn, J. V. (2006). *Research in education* (10th ed.). Boston, MA: Allyn & Bacon.

Bibelow, K. M., Huynen, K. B., & Lutzker, J. R. (1993). Using a changing criterion design to teach fire escape to a child with developmental disabilities. *Journal of Developmental and Physical Disabilities, 5*(2), 121.

Birnbrauer, J. S. (1981). External validity and experimental investigation of individual behavior. *Analysis and Intervention in Developmental Disabilities, 1,* 117–132.

Birnbrauer, J. S., Peterson, C. R., & Solnick, J. V. (1974). Design and interpretation of studies of single subjects. *American Journal of Mental Deficiency, 79,* 191–203.

Bisconer, S. W., Green, M., Mallon-Czajka, J., & Johnson, J. S. (2006). Managing aggression in a psychiatric hospital using a behavioral plan: A case study. *Journal of Psychiatric and Mental Health Nursing, 13,* 515–521.

Black, J. W., & Meyer, L. H. (1992). But … is it really work? Social validity of employment training for persons with very severely disabilities. *American Journal on Mental Retardation, 96*(5), 463–474.

Borg, W. R., & Gall, M. D. (1989). *Educational research.* New York: Longman.

Boren, J. J. (1963). The repeated acquisition of new behavioral chains. *American Psychologist, 18,* 421.

Boren, J. J., & Devine, D. D. (1968). The repeated acquisition of behavioral chains. *Journal of the Experimental Analysis of Behavior, 11,* 651–660.

Bracht, G. H., & Glass, G. V. (1968). The external validity of experiments. *American Education Research Journal, 5,* 437–474.

Brookshire, R. H. (1983). Subject description, and generality of results in experiments with aphasic adults. *Journal of Speech and Hearing Disorders, 48,* 342–346.

Brossart, D. F., Parker, R. I., Olson, E. A., & Mahadevan, L. (2006). The relationship between visual analysis and five statistical analyses in a simple AB single-case research design. *Behavior Modification, 30,* 531–563.

Browning, R. M. (1967). A same-subject design for simultaneous comparison of three reinforcement contingencies. *Behaviour Research and Therapy, 5,* 237–243.

Busk, P. L., & Marascuilo, L. A. (1988). Autocorrelation in single-subject research: A counterargument to the myth of no autocorrelation. *Behavioral Assessment, 10,* 229–242.

Campbell, D. T., & Stanley, I. C. (1963). *Experimental and quasi-experimental designs for research.* Boston: Houghton Mifflin Company.

Campbell, J. M. (2005). Statistical comparison of four effect sizes for single-subject designs. *Behavior Modification, 28*(2), 234–246.

Campbell, J. M., & Herzinger, C. V. (2010). Statistics and single subject research methodology. In D. L. Gast (Eds.), *Single subject research methodology in behavioral sciences* (pp. 417–453). New York, NY: Routledge.

Carr, J. E., Austin, J. L., Britton, L. N., Kellum, K. K., & Bailey, J. S. (1999). An assessment of social validity trends in applied behavior analysis. *Behavioral Interventions, 14*(4), 223–

232.

Carr, J. E., & Burkholder, E. O. (1998). Creating single-subject design graphs with Microsoft Excel™. *Journal of Applied Behavior Analysis, 31*(2), 245-251.

CLD Research Committee: Rosenberg, M. S., Bott, D., Majsterek, D., Chiang, B., Gartlan, D., Wesson, C., Graham, S., Smith-Myles, B., Miller, M., Swanson, L., Bender, W., Rivera, D., & Wilson, R. (1992). Minimum standards for the description of participants in learning disabilities research. *Learning Disability Quarterly, 15*(1), 65-70.

CLD Research Committee: Rosenberg, M. S., Bott, D., Majsterek, D., Chiang, B., Gartland, D., Wesson, C., Graham, S., Smith-Myles, B., Miller, M., Swanson, L., Bender, W., Rivera, D., & Wilson, R. (1993). Minimum standards for the description of participants in learning disabilities research. *Journal of Learning Disabilities, 26*(4), 210-213.

CLD Research Committee: Smith, D. D., Deshler, D., Hallahan, D., Lovitt, T., Robinson, S., Voress, J., & Ysseldyke, J. (1984). Minimum standards for the description of subjects in learning disabilities research reports. *Learning Disability Quarterly, 7*(3), 221-225.

Cohen, J. A. (1960). A coefficient of agreement for nominal scales. *Educational and Psychological Measurement, 20*, 37-46.

Cook, T. D., & Campbell, D. T. (1979). *Quasi-experimentation: Design and analysis issues for field settings*. Chicago: Rand McNally.

Cooke, N. L., Test, D. W., Heard, W. L., Spooner, F., & Courson, F. H. (1993). Teachers' opinions of research and instructional analysis in the classroom. *Teacher Education and Special Education, 16*, 319-329.

Cooper, J. O., Heron, T. E., & Heward, W. L. (2010). 응용행동분석(상)(정경미, 김혜진, 양유진, 양소정, 장현숙 역). 서울: 시그마프레스. (원저 2007년 출간)

Cox, J. A., & Kennedy, C. H. (2003). Transitions between school and hospital for students with multiple disabilities: A survey of causes, educational continuity, and parental perceptions. *Research and Practice for People with Severe Disabilities (formerly JASH), 28*, 1-6.

Critchfield, T. S., & Vargas, E. A. (1991). Self-recording, instructions, and public self-graphing: Effects on swimming in the absence of coach verbal interaction. *Behavior Modification, 15*, 95-112.

Cronbach, L. J. (1975). Five decades of public controversy over mental testing. *American Psychologist, 30*, 1-14.

Crosbie, J. (1989). The inappropriateness of the C statistics for assessing stability or treatment effects with single subject data. *Behavioral Assessment, 11*, 315-325.

Crosbie, J. (1993). Interrupted time-series analysis with brief single subject data. *Journal of*

Consulting and Clinical Psychology, 61, 966–974.

Daum 사전. (2013). Daum 영영사전. http://dic.daum.net/word/view.

Deitz, D. E. D., Cullinan, D., & Epstein, M. H. (1983). Considerations for evaluating single-subject research. *Exceptional Education Quarterly, 4*(3), 52–60.

Deitz, S. M. (1988). Another's view of observer agreement and observer accuracy. *Journal of Applied Behavior Analysis, 21*, 113.

DeLuca, R. V., & Holborn, S. W. (1992). Effects of a variable-ratio reinforcement schedule with change criteria on exercise on obese and nonobese boys. *Journal of Applied Behavior Analysis, 25*, 671–679.

DeProspero, A., & Cohen, S. (1979). Inconsistent visual analyses of intrasubject data. *Journal of Applied Behavior Analysis, 12*, 573–579.

Dixon, M. R. (2003). Creating a portable data-collection system with Microsoft Embedded Visual Tools for the Pocket PC. *Journal of Applied Behavior Analysis, 36*, 271–284.

Dixon, M. R., Jackson, J. W., Small, S. L., Horner-king, M. J., Lik, N. M. K., Garcia, Y, & Rosales, R. (2009). Creating single-subject design graphs in Microsoft Excel™ 2007. *Journal of Applied Behavior Analysis, 42*(2), 277–293.

Doty, L. A. (1996). *Statistical process control* (2nd ed.). New York: Industrial Press.

Edgington, E. S. (1972). N=1 experiments: Hypothesis testing. *The Canadian Psychologist, 13*, 121–135.

Edgington, E. S., & Onghena, P. (2007). *Randomization tests* (4th ed.). Boca Raton, FL: Chapman & Hall/CRC.

Fawcett, S. B. (1991). Social validity: A note on methodology. *Journal of Applied Behavior Analysis, 24*(2), 235–239.

Ferron, J., & Jones, P. K. (2006). Tests for the visual analysis of response-guided multiple-baseline data. *The Journal of Experimental Education, 75*, 66–81.

Finney, J. W. (1991). On further development of the concept of social validity. *Journal of Applied Behavior Analysis, 24*(2), 245–249.

Fisher, W. W., Kelley, M. E., & Lomas, J. E. (2003). Visual aids and structured criteria for improving visual inspection and interpretation of single-case designs. *Journal of Applied Behavior analysis, 36*, 387–406.

Foster, L. H., Watson, T. S., Meeks, C., & Young, S. J. (2002). Single-subject research design for school counselors: Becoming an applied researcher. *Professional School Counseling, 6*(2), 146–155.

Foster, S. L., & Mash, E. J. (1999). Assessing social validity in clinical treatment research: Issues and procedures. *Journal of Consulting Clinical Psychology, 67*(3), 308–319.

Foxx, R. M., & Rubinoff, A. (1979). Behavioral treatment of caffeinism: Reducing excessive coffee drinking. *Journal of Applied Behavior Analysis, 12,* 335–344.

Fraenkel, J. R., & Wallen, N. E. (1996). *How to design and evaluate research in education* (3rd ed.). New York: McGraw–Hill. Inc.

Franklin, R. D., Allison, D. B., & Gorman, B. S.(Eds.). (1997). *Design and analysis of single-case research.* Mahwmo, NJ: Lawrence Erlbaum Associates.

Friman, P. C. (2009). Behavior assessment. In D. H. Barlow, M. K. Nock, & M. Hersen (Eds.), *Single case experimental designs: Strategies for studying behavior change* (pp. 99–134). Boston, MA: Allyn & Bacon.

Fuqua, R. W., & Schwade, J. (1986). Social validation of applied behavioral research: A selective review and critique. In A. D. Poling & R. W. Fuqua (Eds.), *Research methods in applied behavior analysis* (pp. 265–291). New York: Plenum Press.

Furlong, M. J., & Wampold, B. E. (1982). Intervention effects and relative variations as dimensions in experts' use of visual inference. *Journal of Applied Behavior Analysis, 15,* 415–421.

Gast, D. L. (2010). *Single subject research methodology in behavioral sciences.* New York, NY: Routledge.

Gast, D. L., & Spriggs, A. D. (2010). Visual analysis of graphic data. In D. L. Gast (Ed.), *Single subject research methodology in behavioral sciences* (pp. 199–233). New York, NY: Routledge.

Gast, D., & Wolery, M. (1988). Parallel treatments design: A nested single-subject design for comparing instructional procedures. *Education and Treatment of Children, 11,* 270–285.

Glass, G. V. (1976). Primary, secondary, and meta-analysis of research. *Educational Researchers, 5,* 3–8.

Glass, G. V., Wilson, V. L., & Gottman, L. J. (1975). *Design and analysis of time series experiments.* Boulder, CO: Colorado Associated Univeristy Press.

Gresham, F. M., & Lopez, M. F. (1996). Social valdation: A unifying concept for school-based consultation research and practice. *School Psychology Quarterly, 11(3),* 204–227.

Gutowski, S. J., & Stomer, R. (2003). Delayed matching to two-picture samples by individuals with and without disabilities: An analysis of the role of naming. *Journal of Applied Behavior Analysis, 36,* 487–505.

Hagopian, L. P., Fisher, W. W., Thompson, R. H., Owen-DeSchryver, J., Iwata, B. A., & Wacker, D. P. (1997). Toward the development of structured criteria for interpretation of functional analysis data. *Journal of Applied Behavior Analysis, 30,* 313–326.

Hains, A. H., & Baer, D. M. (1989). Interaction effects in multielement designs: Inevitable, desirable, and ignorable. *Journal of Applied Behavior Analysis, 22,* 57–69.

Hall, R. V. (1971). *Managing behavior: Behavior modification, the measurement of behavior.* Lawrence, KS: H & H Enterprises.

Hammill, D. D., Bryant, B. R., Brown, L., Dunn, C., & Marten, A. (1989). How replicable is current LD research? A follow–up to the CLD Research Committee's recommendations. *Learning Disability Quarterly, 12*(3), 174–179.

Hammond, D., & Gast, D. L. (2010). Descriptive analysis of single subject research Designs: 1983–2007. *Education and Training in Autism and Developmental Disabilities, 45*(2), 187–202.

Hains, A. H., & Baer, D. M. (1989). Interaction effects in multi–element designs: Inevitable, desirable, and ignorable. *Journal of Applied Behavior Analysis, 22,* 57–69.

Harvey, M. T., May, M. E., & Kennedy. C. H. (2004). Nonconcurrent multiple baseline designs and the evaluation of educational systems. *Journal of Behavioral Education, 13*(4), 267–276.

Hartmann, D. P. (1977). Considerations in the choice of inter–observer reliability estimates. *Journal of Applied Behavior Analysis, 10,* 103–116.

Hartmann, D. P., & Hall, R. V. (1976). The changing criterion design. *Journal of Applied Behavior Analysis, 9*(4), 527–532.

Hawkins, R. P. (1991). Is social validity what we are interested in? Argument for a functional approach. *Journal of Applied Behavior Analysis, 24*(2), 205–213.

Hawkins, R. P. & Dobes, R. W. (1977). Behavioral definitions in applied behavior analysis: Explicit or implicit. In B. C. Etzel, J. M. LeBlane, & D. M. Baer (Eds.), *New developments in behavioral research: Theory, methods, and applications.* In honor of Sidney W. Bijou. Hillsdale, NJ: Lawrence Erlbaum Associates.

Hemmeter, M. L., Doyle, P. M., Collins, B. G., & Ault, M. J. (1996). Checklise for successful implemention of field–based research. *Teacher Education and Special Education, 19*(4), 342–354.

Henry, G. T. (1995). *Graphing data: Techniques for display and analysis.* Thousand Oaks, CA: Sage Publications.

Hersen, M., & Barlow, D. H. (1976). *Single–case experimental designs: Strategies for studying behavior change.* New York: Pergamon.

Hillman, H. L., & Miller, L. K. (2004). Designing multiple baseline graphs using Microsoft Excel. *The Behavior Analyst Today, 5,* 372–387.

Hoch, H., McComas, J. J., Thompson, A. L., & Paone, D. (2002). Concurrent reinforcement schedules: Behavior change and maintenance without extinction. *Journal of Applied*

Behavior Analysis, 35, 155−169.

Holcombe, A., Wolery, M., & Gast, D. L. (1994). Comparative single−subject research: Description of designs and discussion of problems. *Topics in Early Childhood Special Education, 14*(1), 119−145.

Horner, R. D., & Baer, D. M. (1978). Multiple−probe technique: A variation of the multiple baseline. *Journal of Applied Behavior Analysis, 11*(1), 189−196.

Horner, R. H., Carr, E. G., Halle, J., Mcgee, G., Odom, S., & Wolery, M. (2005). The use of single−subject research to identify evidence−based practice in special education. *Council for Exceptional Children, 71*(2), 165−179.

Houle, T. T. (2009). Statistical analyses for single−case experimental designs. In D. H. Barlow, M. K. Nock, & M. Hersen, *Single case experimental designs: Strategies for studying behavior change* (pp. 271−305). Boston, MA: Allyn & Bacon.

Huitema, B. E. (1986). Statistical analysis and single subject designs: Some misunderstandings. In A. S. Bellack & M. Hersen (Series Ed.) & A. Poling & R. W. Fuqua (Vol. Eds.), *Applied clinical psychology: Research methods in apllied behavior analysis: Issues and advances* (pp. 209−232). New York: Plenum.

Johnston, J. M., & Pennypacker, H. S. (1993). *Strategies and tactics of behavioral research* (2nd ed.). Hillsdale, NJ: Lawrence Erlbaum Associates.

Jones, R. R. (1978). Invited book review of 'Single−case experimental designs: Strategies for studying behavior change' by Michel Hersen and David H. Barlow. *Journal of Applied Behavior Analysis, 11*(2), 309−313.

Kahng, S., & Iwata, B. A. (1998). Computerized systems for collecting real−time observational data. *Journal of Applied Behavior Analysis, 31*, 253−261.

Kahng, S., & Iwata, B. A. (2000). Computer systems for collecting real−time observational data. In T. Thompson, D. Felce, & F. J. Symons (Eds.), *Behavioral observation: Technology and applications in developmental disabilities* (pp. 35−45). Baltimore, Md.: Brookes.

Kazdin, A. E. (1975). On resolving ambiguities of the multiple−baseline design: Problems and recommendations. *Behavior Therapy, 6*, 601−608.

Kazdin, A. E. (1977). Assessing the clinical or applied importance of behavior change through social validation. *Behavior Modification, 1*(4), 427−451.

Kazdin, A. E. (1980). Acceptability of alternative treatments for deviant child behavior. *Journal of Applied Behavior Analysis, 13*, 259−273.

Kazdin, A. E. (1981a). Drawing valid inferences from case studies. *Journal of Consulting and Clinical Psychology, 49*, 183−192.

Kazdin, A. E. (1981b). External validity and single–case experimentation: Issues and limitations (A response to J. S. Birnbrauer). *Analysis and Intervention in Developmental Disabilities, 1*, 133–143.

Kazdin, A. E. (1982). *Single–case research designs*. New York: Oxford University Press.

Kazdin, A. E. (2011). *Single–case research designs: Methods for clinical and applied settings* (2nd ed.). New York: Oxford University Press.

Kazdin, A. E., & Hartmann, D. P. (1978). The simultaneous–treatment design. *Behavior Therapy, 9*, 812–922.

Kennedy, C. H. (1992). Trends in the measurement of social validity. *Behavior Analysis, 15*(2), 147–156.

Kennedy, C. H. (2002). The maintenance of behavior as an indicator of social validity. *Behavior Modification, 26*, 594–606.

Kennedy, C. H. (2005). *Single–case designs for educational research*. Boston, MA: Allyn & Bacon.

Kerlinger, F. N. (1988). *Foundations of behavioral research*. New York: Holt Rinehart and Winston.

Kerr, M. M., & Nelson, C. M. (1989). *Strategies for managing behavior problems in the classroom* (2nd ed.). Columbus, OH: Charles E. Merrill Publishing Company.

Kim, H. (1995). *The Effects of Combined Self–management Strategies on the Generalization of Social Behavior Changes in Children with Social Skills Deficits*. Eugene, OR: University of Oregon.

Kim, M. Y. (1994). *The Effects of Self–evaluation, Self–observation, and Self–observation plus Self–recording on the occurrence of disruptive behaviors in classroom*. Eugene, OR: University of Oregon.

Kratochwill, T. R.(Ed.). (1978). *Single–subject research–Strategies for evaluating change*. New York: Academic Press.

Leitenberg, H. (1973). The use of single–case methodology in psychotherapy research. *Journal of Abnormal Psychology, 82*(1), 87–101.

Lessen, E., Dudzinski, M., Karsh, K., & Van Acker, R. (1989). A survey of ten years of academic intervention research with learning disabled students: Implications for research practice. *LD Focus, 4*(2), 106–122.

Lewis, R. B., & Blackhurst, A. E. (1983). Special education practitioners as consumers and producers of research: A hierarchy of competencies. *Exceptional Education Quarterly, 4*(3), 8–17.

Lindsley, O. R. (1965). Direct measurement and prosthesis of retarded behavior. *Journal of*

Education, 147, 62−80.

Little, S. G., & Witek, J. M. (1996). Inclusion: Considerations from social validity and functional outcome analysis. *Journal of Behavioral Education, 6*(3), 283−292.

Lloyd, J. W., & Heubusch, J. D. (1996). Issues of social validation in research on serving individuals with emotional or behavioral disorders. *Behavioral Disorders, 22*(1), 8−14.

Lovitt, T. C., & Jenkins, J. R. (1979). Learning disabilities research: Defining populations. *Learning Disability Quarterly, 1*(3), 45−59.

Makeover, H. B. (1950). The quality of medical care. *American Journal of Public Health, 41*, 824−832.

Manuscript preparation checklist. (2000). Manuscript preparation checklist. *Journal of Applied Behavior Analysis, 33*(3), 399−400.

Martin, D. W. (1985). *Doing psychology experiments*(2nd ed.). Pacific Grove, CA: Brooks/Cole.

McDougall, D. (2005). The range−bound changing criterion design. *Behavioral Interventions, 20*, 129−137.

McDougall, D. (2006). The distributed criterion design. *Journal of Behavioral Education, 15*, 237−247.

McDougall, D., Skouge, J., Farrell, C. A., & Hoff, K. (2006, summer). Research on self−management techniques used by students with disabilities in general education settings: A promise fulfilled? *Journal of the American Academy of Special Education Professions*, 36−73.

McGonigle, J. J., Rojahn, J., Dixon, J., & Strain, P.S. (1987). Multiple treatment interference in the alternating treatements design as a function of the intercomponent interval length. *Journal of Applied Behavior Analysis, 20*, 171−178.

McKenzie, T. L., & Rushall, B. S. (1974). Effects of self−recording on attendance and performance in a competitive swimming training environment. *Journal of Applied Behavior Analysis, 7*(2), 199−206.

McKnight, D. L., McKean, J. W., & Huitema, B. E. (2000). A double bootstrap method to analyze linear models with autoregressive error terms. *Psychological Methods, 5*, 87−101.

Michael, J. (1974). Statistical inference for individual organism research: Mixed blessing or curse? *Journal of Applied Behavior Analysis, 7*, 647−653.

Miltenberger, R. G., Rapp, J. T. & Long, E. S. (1999). A low−tech method for conducting real−time recording. *Journal of Aplied Behavior Analysis, 32*, 119−120.

Mooney, P., Epstein, M. H., Reid, R., & Nelson, R. (2003). Status and trend in academic intervention research for students with emotional disturbance. *Remedial and Special*

Education, 24(5), 273−287.

Moran, D. J., & Hirschbine, B. (2002). Constructing single−subject reversal design graphs using Microsoft Excel™: A comprehensive tutorial. *The Behavior Analyst Today, 3*, 179−187.

Morgan, D. L., & Morgan, R. K. (2009). *Single−case research methods for the behavioral and health sciences.* Thousand Oaks, CA: SAGE Publications.

Neef, N. A. (1995). Research on trainng trainers in program implementation: An introduction and future directions. *Journal of Applied Behavior Analysis, 28*, 297−299.

Nelson, C. M., Gast, D. L., & Trout, D.D. (1979). A charting system for monitoring student performance on instructional programs. *Journal of Special Education Technology, 3*(1), 43−39.

Nelson, C. M., McDonnell, A. P., Johnston, S. S., Crompton, A., & Nelson, A. R. (2007). Keys to play: A strategy to increase the social interaction of young children with autism and their typically developing peers. *Education and Training in Developmental Disabilities, 42*, 223−237.

Normand, M. P., & Bailey, J. S. (2006). The effects of celeration lines on visual data analysis. *Behavior Modification, 30*, 395−314.

O'Callaghan, P. M., Allen, K. D., Powell, S., & Salama, F. (2006). The efficacy of noncontingent escape for decreasing children's disruptive behavior during restorative dental treatment. *Journal of Applied Behavior Analysis, 39*, 161−171.

Oliver, M. L., & Smith, B. W. (2005). Effect size calculations and single subject designs. *Educational Psychology, 25*(2), 313−333.

Onghena, P., & Edginton, E. S. (2005). Customization of pain treatments: Single−case design and analysis. *The Clinical Journal of Pain, 21*, 56−68.

Orme, J. G., & Cox, M. E. (2001). Analyzing single−subject design data using statistical process control charts. *Social Work Research, 25*(2), 115−127.

Ottenbacher, K. (1986). Reliability and accuracy of visually analyzing graphed data from single−subject designs. *American Journal of Occupational Therapy, 40*, 464−469.

Ottenbacher, K. J. (1990a). Visual inspection of single−subject data: An empirical analysis. *Mental Retardation, 28*, 283−290.

Ottenbacher, K. J. (1990b). When is a picture worth a thousand *p* values? A comparison of visual and qunatitative methods to analyze single subject data. *Journal of Special Education, 23*(4), 436−449.

Ottenbacher, K. J., & Cusick, A. (1991). An empirical investigation of interrater agreement for single−subject data using graphs with and without trend lines. *Journal of the Association for Persons with Severe handicaps (JASH), 16*(1), 48-55.

Ottenbacher, K. J. (1993). Interrater agreement of visual analysis in single-subject decision: Quantitative review and analysis. *American Journal of Mental Retardation, 98*, 135-142.

Page, T. J., & Iwata, B. A. (1986). Interobserver agreement: History, theory, and current methods. In A. Poling, R. W. Fuqua, & R. Ulrich(Eds.), *Research methods in applied behavior analysis: Issues and advances* (pp. 99-126). New York: Plenum.

Park, H., Marascuilo, L., & Gaylord-Ross, R. (1990). Visual inspection and statistical analysis in single-case designs. *Journal of Experimental Education, 58*(4), 311-320.

Parker, R. I., Brossart, D. F., Vannest, K. J., Long, J. R., De-Alba, R. G., Baugh, F. G., & Sullivan, J. R. (2005). Effect sizes in single case research: How large is large? *School Psychology Review, 34*, 116-132.

Parker, R. I., Hagan-Burke, S., & Vannest, K. (2007). Percentage of all non-overlapping data(PAND): An alternative to PND. *Journal of Special Education, 40*, 194-204.

Parsons, M. B., Reid, D. H., Green, C. W., & Browning, L. B. (1999). Reducing individualized job coach assistance provided to persons with multiple severe disabilities in work settings. *Journal of the Association for Persons with Severe Handcaps, 24*, 292-297.

Parsonson, B. S., & Baer, D. M. (1978). The analysis and presentation of graphic data. In T. R. Kratochwill(Ed.), *Single subject research-Strategies for evaluating change* (pp. 101-165). New York: Academic Press.

Parsonson, B. S., & Baer, D. M. (1986). The graphic analysis of data. In A. Piling & R. W. Fuqua(Eds.), *Research methods in applied behavior analysis: Issues and advances* (pp. 157-186). New York: Plenum Press.

Pellegrini, A. D., & Bjorklund, D. F. (1998). *Appled child study: A developmental approach* (3rd ed.). Mahwah, NJ: Lawrence Erlbaum.

Poling, A., Methot, L., & LeSage, M. (1995). *Fundermentals of behavior analytic research.* New York: Plenum Press.

Porritt, M., Burt, A., & Poling, A. (2006). Increasing fiction writers' productivity through an Internet based intervention. *Journal of Applied Behavior Analysis, 39*, 393-397.

Richards, S. B., Taylor, R. L., Ramasamy, R., & Richards, R. Y. (1999). *Single subject research: Applications in educational and clinical settings.* San Diego, CA: Singular Publishing Group.

Roethlisberger, F. J., & Dickson, W. J. (1939). *Management and the worker.* Cambridge, MA: Harvard University Press.

Rogers, C. R. (1942). *Counseling and psychotherapy: New concepts in practice.* New York: Houghton Mifflin.

Rusch, F. R., & Kazdin, A. E. (1981). Toward a methodology of withdrawal designs for the assessment of response maintenance. *Journal of Applied Behavior Analysis, 14*(2), 131–140.

Russo, D. C., & Koegel, R. L. (1977). A method for integrating an autistic child into a normal school classroom. *Journal of Applied Behavior Analysis, 10*, 579–590.

Salkind, N. J. (2003). *Exploring research* (5th ed.). Upper Saddle River, NJ: Prentice–Hall.

Satake, E., Maxwell, D. L., & Jagaroo, V. (2008). *Handbook of statistical methods: Single subject design*. San Diego, CA: Plural Publishing.

Schlosser, R. W. (2002). On the importance of being earnest about treatment integrity. *Augmentative & Alternative Communication, 18*, 36–44.

Schwartz, I. S. (1991). The study of consumer behavior and social validity: An essential partnership for applied behavior analysis. *Journal of Applied Behavior Analysis, 24*(2), 241–244.

Schwartz, I. S., & Baer, D. M. (1991). Social validity assessment : Is current practice state of the art? *Journal of Applied Behavior Analysis, 24*(2), 189–204.

Scruggs, T. E., & Mastropieri, M. A. (1987). The quantitative synthesis of single–subject research: Methodology and validation. *Remedial and Special Education, 8*, 24–33.

Scruggs, T. E., & Mastropieri, M. A. (1998). Summarizing single–subjects research: Issues and applications. *Behavior Modification, 22*, 221–242.

Scruggs, T. E., Mastropieri, M. A., Cook, S., & Escobar, C. (1986). Early intervention for children with conduct disorders: A quantative synthesis of single–subject research. *Behavioral Disorders, 11*, 260–270.

Shapiro, E., Kazdin, A., & McGonigle, J. (1982). Multiple treatment inference in the simultaneous or alternating treatment design. *Behavior Assessment, 4*, 105–115.

Sharpley, C. (1981). Visual analysis of operant data: Can we believe our eyes? *Australian Behavior Therapist, 8*, 13–21.

Sharpley, C. F., & Alavosius, M. P. (1988). Autocorrelation in behavioral data: An alternative pespective. *Behavioral Assessment, 10*, 243–251.

Sidener, T. M., Shabani, D. B., & Carr, J. E. (2004). A reviews of the behavioral evaluation strategy taxonomy(BEST) software application. *Behavioral Interventions, 19*, 275–285.

Sidener, T. M., Shabani, D. B., Carr, J. E., & Roland, J. P. (2006). An evaluation of strategies to maintain mands at practical levels. *Research in Developmental Disabilities, 27*, 632–644.

Sidman, M. (1960). *Tactics of scientific research–Evaluating experimental data in psychology*. New York: Basic Books.

Simon, J. L., & Thompson, R. H. (2006). The effects of undergarment type on the urinary continence of toddlers. *Journal of Applied Behavior Analysis, 39*, 363−368.

Sindelar, P. T., Rosenberg, M. S., & Wilson, R. J. (1985). An adapted alternating treatments design for instructional research. *Education and Treatment of Children, 8*, 67−76.

Skinner, B. F. (1963). Operant behavior. *American Psychologist, 18*, 503−515.

Sowers, J., Rusch, F. R., Connis, R. T., & Cumming, L. T. (1980). Teaching mentally retarded adults to time−manage in a vocational setting. *Journal of Applied Behavior Analysis, 13*, 119−128.

Stolz, S. B. (1977). Why no guidelines for behavior modification? *Journal of Applied Behavior Analysis, 10*(3), 541−547.

Storey, K., & Horner, R. H. (1991). An evaluative review of social validation research involving persons with handicaps. *Journal of Special Education, 25*(3), 352−401.

Sugai, G. M., & Tindal, G. A. (1993). *Effective school consultation: An interactive approach.* Pacific Grove, CA: Brooks/Cole Publishing Company.

Sundberg, M. L., Endicott, K., & Eigenheer, P. (2000). Using intraverbal prompts to establish tacts for children with autism. *The Analysis of Verbal Behavior, 17*, 89−104.

Tapp, J. T., Wehby, J. H., & Ellis, D. N. (1995). A multiple option observation system for experimental studies: MOOSES. *Behavior Research Methods, Instruments and Computer, 27*, 25−31.

Tapp, J. T., & Walden, T. (2000). Procoder: A system for collecting & analysis of observational data from videotape. In T. Thompson, D. Felce, & F. J. Symons (Eds.), *Behavioral observation: Technology and applications in developmental disabilities* (Ch. 5). Baltimore, Md.: Brookes.

Tawney, J. W., & Gast, D. L. (1984). *Single subject research in special education.* Columbus, OH: Charles E. Merrill Publishing Company.

Test, D. W. (1994). Supported employment and social validity. *Journal of the Association for Persons with Severe Handicaps, 19*(2), 116−129.

Thompson, T., Felce, D., & Symons, F. (1999). *Behavioral observation: Technology and applications in developmental disabilities.* Baltimore, Md.: Brookes.

Tryon, W. W. (1982). A simplified time−series analysis for evaluating treatment interventions. *Journal of Applied Behavior Analysis, 15*, 423−429.

Tuckman, B. W. (1988). *Conducting educational research* (3rd ed.). New York: Macmillan Publishing Company.

Tufte, E. R. (1997). *Visual explanations: Images and quantities, evidence and narrative.* Cheshire. CT: Graphics Press.

Ulman, J. D., & Sulzer-Azaroff, B. (1975). Multielement baseline design in educational research. In E. Ramp & G. Semb (Eds.), *Behavior-Analysis: Areas of research and application* (pp. 359-376). Englewood Cliffs, NJ: Prentice-Hall.

Van Houten, R. (1979). Social validation: The evolution of standards of competency for target behaviors. *Journal of Applied Behavior Analysis, 12*(4), 581-591.

Wacker, D., McMahon, C., Steege, M., Berg, W., Sasso, G., & Melloy, K. (1990). Applications of sequential alternating treatments design. *Journal of Applied Behavior Analysis, 23*, 333-339.

Walker, H. M., & Hops, H. (1976). Use of normative peer data as a standard for evaluating classroom treatment effects. *Journal of Applied Behavior Analysis, 9*, 159-168,

Ward, P. & Carnes M. (2002). Effects of posting self-set goals on collegiate football players' skill execution during practices and games. *Journal of Applied Behavior Analysis, 35*, 1-12.

Ware, C. (2000). *Information visualization: Perception for design.* New York: Morgan Kauffman.

Warren, S. F., Rogers-Warren, A. & Baer, D. M. (1976). The role of offer rates in controlling sharing by young children. *Journal of Applied Behavior Analysis, 9*(4), 491-497.

Watkins, M. W., & Pacheco, M. P. (2001). Interobserver agreement in behavioral research: Importance and calculation. *Journal of Behavioral Education, 10*(4), 205-212.

Watson, P. J., & Workman, E. A. (1981). The non-concurrent multiple baseline across-individuals design: An extension of the traditional multiple baseline design. *Journal of Behavior Therapy and Experimental Psychiatry, 12*(3), 257-259.

Webster's ninth new collegiate dictionary. (1983). Springfield, MA: Merriam-Webster.

White, O. R. (1971). *The "slit-middle": A "quick" method of trend estimation*(Working Paper No. 1). Eugene: University of Oregon, Regional Center for Handicapped Children.

White, O. R. (1987). Some comments concerning "the quantitative synthesis of single-subject research." *Remedial and Special Education, 8*, 34-39.

Wickstrom, S., Goldstein, H., & Johnson, L. (1985). On the subject of subjects: Suggestions for describing subjects in language intervention studies. *Journal of Speech and Hearing Disorders, 50*, 282-286.

Wilder, D. A., Atwell, J., & Wine, B. (2006). The effects of varying levels of treatment integrity on child compliance during treatment with a three-step prompting procedures. *Journal of Applied Behavior Analysis, 39*, 369-373.

Wilkinson, L., Wills, D., Rope, D., Norton, A., & Dubbs, R. (2005). *The grammar of graphics.* Chicago: SPSS Inc.

Winett, R. A., Moore, J. F., & Anderson, E. S. (1991). Extending concept of social validity: Behavior analysis for disease prevention and health promotion. *Journal of Applied Behavior Analysis, 24*(2), 215–230.

Wolery, M., & Ezell, H. K. (1993). Subject descriptions and single–subject research. *Journal of Learning Disabilities, 26*(10), 642–647.

Wolery, M., & Harris, S. R. (1982). Interpreting results of single–subject research designs. *Physical Therapy, 62*(4). 445–452.

Wolery, M., & Lane, K. L. (2010). Writing tasks: Literature reviews, research proposals, and final reports. In D. L. Gast. *Single subject research methodology in behavioral sciences.* New York, NY: Routledge.

Wolery, M., Bailey, Jr., D. B., & Sugai, G. M. (1988). *Effective teaching: Principles and procedures of applied behavior analysis with exceptional students.* Boston: Allyn and Bacon.

Wolf, M. M. (1978). Social validity: The case for subjective measurement or how applied behavior analysis is finding its heart. *Journal of Applied Behavior Analysis, 11*(2), 203–214.

Worsdell, A. S., Iwata, B. A., Dozier, C. L., Johnson, A. D., Neidert, P. L., & Thompson, J. L. (2005). Analysis of response repetition as an error–correction strategy during sight–word reading. *Journal of Applied Behavior Analysis, 38*, 511–527.

🔍 찾아보기

〈내 용〉

저자 소개

양명희

현재 광신대학교에서 특수교육을 가르치고 있다. 전남대학교 영어영문학과와 대구대학교 대학원의 특수교육학과를 졸업한 후 미국 오레곤 대학교 특수교육학과에서 정서 및 행동 장애 전공으로 석·박사 학위를 취득했다. 유학 기간에 미국 연방정부 교육부에서 지원을 받아 문제 행동 지도 방법에 관한 연구를 수행했다. 자기 관리 방법, 선택적 함묵 아동, 개별 대상 연구 방법, 정서 장애의 명칭, 인지·행동주의적 기법, 행동지원 등에 관한 다수의 논문을 발표하였다. 통합 교육과 문제 행동 지도, 개별 대상 연구 방법에 관심을 가지고 연구하고 있다.

개별 대상 연구
Single Subject Research

2015년 6월 20일 1판 1쇄 발행
2017년 2월 15일 1판 2쇄 발행

지은이 • 양명희
펴낸이 • 김진환
펴낸곳 • ㈜ **학지사**

　　　　04031 서울특별시 마포구 양화로 15길 20 마인드월드빌딩
대표전화 • 02)330-5114　　　　팩스 • 02)324-2345
등록번호 • 제313-2006-000265호

홈페이지 • http://www.hakjisa.co.kr
페이스북 • https://www.facebook.com/hakjisa

ISBN 978-89-997-0701-8　93370

정가 22,000원

저자와의 협약으로 인지는 생략합니다.
파본은 구입처에서 교환해 드립니다.

이 도서의 국립중앙도서관 출판시도서목록(CIP)은 서지정보유통지원시스템 홈페이지(http://seoji.nl.go.kr)와 국가자료공동목록시스템(http://www.nl.go.kr/kolisnet)에서 이용하실 수 있습니다.
(CIP제어번호: CIP2015013335)

―――――― 교육문화출판미디어그룹 **학지사** ――――――

심리검사연구소 **인싸이트** www.inpsyt.co.kr
원격교육연수원 **카운피아** www.counpia.com
학술논문서비스 **뉴논문** www.newnonmun.com